TopBook
饕书客

一个人，遇见一本书

叶舒宪学术文集

《庄子》的文化解析

ZHUANGZI DE WENHUA JIEXI

叶舒宪 著

陕西新华出版传媒集团
陕 西 人 民 出 版 社

图书在版编目（CIP）数据

《庄子》的文化解析 / 叶舒宪著 . —西安：陕西人民出版社，2020.9

（文化人类学文丛）

ISBN 978-7-224-12899-4

Ⅰ. ①庄… Ⅱ. ①叶… Ⅲ. ①道家②《庄子》—研究 Ⅳ. ① B223.55

中国版本图书馆 CIP 数据核字（2018）第 206982 号

出 品 人 | 宋亚萍
出版统筹 | 关 宁 王 凌
策划编辑 | 韩 琳 王 倩
责任编辑 | 张启阳 王 强
整体设计 | 开朗文化

饕书客

微信扫一扫，关注饕书客

《庄子》的文化解析

作　　者 叶舒宪
出版发行 陕西新华出版传媒集团 陕西人民出版社
（西安北大街 147 号 邮编：710003）
印　　刷 中煤地西安地图制印有限公司
开　　本 787mm × 1092mm 1/16
印　　张 37
字　　数 480 千字
版　　次 2020 年 9 月第 1 版
印　　次 2020 年 9 月第 1 次印刷
书　　号 ISBN 978-7-224-12899-4
定　　价 156.00 元

叶舒宪

北京人，文学博士。

现任上海交通大学资深教授。

曾任中国社会科学院比较文学中心主任、研究员。

兼任中国民间文艺家协会副主席、文学人类学研究会会长、中国比较文学学会副会长。

1999—2000 年美国耶鲁大学客座教授；

2001 年英国学术院、剑桥大学访问教授；

2003 年、2010 年荷兰皇家学院访问教授；

2009 年台湾中兴大学客座教授。

著作有《玉石神话信仰与华夏精神》《图说中华文明发生史》等 50 种，译著 7 种。

1966年夏，我挥泪作别生活了12个年头的首都北京，独自登上绿皮火车，观望着“西去列车的窗口”，转学来到陕西西安。这便是个人命运中与陕西这个省份结缘的开端。当时根本无法预料的是，1971年从西安市第四十一中学毕业时，本应随应届毕业生去安康修三线铁路，但因为体重不足80斤，没有去成安康，阴差阳错地被分配到昆仑机械厂当工人。1977年侥幸通过十年空缺后刚恢复的高考，1978年春季步入大雁塔南侧高校；1982年毕业留校任教。直到1993年“自我流放”海南岛，我连续在陕西生活了27个年头，其间只有一年在北京师范大学学习，半年在北京语言大学修英语，还有半年在澳大利亚访学。

这里的个人学术文集，是我早年写的十部书汇总，其中多为学术著作，有六部在上世纪90年代出过第一版，2005年由陕西人民出版社再版，作为“新世纪学术文存”的个人著作选粹。当时再版的六部书是：

1.《英雄与太阳：中国上古史诗原型重构》，上海：上海社会科学院出版社，1991年。

2.《中国神话哲学》，北京：中国社会科学出版社，1992年。第二版，社会科学文库版，1997年。

3.《诗经的文化阐释——中国诗歌发生研究》，武汉：湖北人民出版社，1994 年。

4.《高唐神女与维纳斯——中西文化中的爱与美主题》，北京：中国社会科学出版社，1997 年。

5.《〈庄子〉的文化解析——前古典与后现代的视界融合》，武汉：湖北人民出版社，1997 年。

6.《〈老子〉的文化解读》，与萧兵合著，武汉：湖北人民出版社，1994 年。

以上六书，除了合著的《老子的文化解读》一书，将本人单独写的部分提取出来，改名《老子与神话》再版之外，其他五部书都是原样再版的。此次承蒙陕西人民出版社的厚意，再度给我的学术著作结集出版，并在以上六书之外，又增加了 21 世纪初出版的四部书：

7.《两种旅行的足迹》，上海：上海文艺出版社，2000 年。

8.《耶鲁笔记》，厦门：鹭江出版社，2002 年。

9.《千面女神——性别神话的象征史》，上海：上海社会科学院出版社，2004 年。

10.《现代性危机与文化寻根》，济南：山东教育出版社，2008 年。

其中两部是学术随笔：《两种旅行的足迹》是讲述 20 世纪 90 年代访学澳大利亚、加拿大和美国的见闻和札记。这次再版又补充了 21 世纪初年访学英伦的若干则笔记。《耶鲁笔记》是 1999 年笔者调入中国社会科学院后在美国耶鲁大学短期任教时的学术随笔集。另外两部则是学术专题著作：《千面女神——性别神话的象征史》，是笔者第一次尝试出版的图文并茂之书，根据在耶鲁大学期间收集到的资料，用数百幅彩图呈现世界各地女神的风采，并从学术上描述当代风起云涌的女神复兴运动。《现代性危机与文化寻根》则是我从海南大学调入中国社会科学院后，与文学研究所所长杨义先生共同主持的第一个院重大项目中，由本人撰写的当代文化理论专题著作。

这十部书，从1980年代最早写出的《英雄与太阳》和《中国神话哲学》，到2008年的《现代性危机与文化寻根》，前后历时约20年，总体上可以呈现出个人所经历的学术成长之路：从早年学习马克思主义原著（本人在1983年发表的学士学位论文是《马克思主义人学初探》），转向全面关注和译介当代西方文学理论，曾经特别关注的三大文学理论流派是神话—原型批评、结构主义、精神分析。本人早年的学术起步期，除了马克思、恩格斯的原著之外，也深受这三大理论流派的影响。如《英雄与太阳》和《中国神话哲学》两书，表现出神话—原型理论和结构主义理论相互融合的深刻印记；而《高唐神女与维纳斯》《〈诗经〉的文化阐释》等，则带有浓重的精神分析理论的色彩。直到同时期或稍后写的《太阳女神的沉浮——日本文学中的女性原型》《阉割与狂狷》，以及在海南大学时主编的《文学与治疗》《性别诗学》等，仍然透露出相当强烈的精神分析、女性主义或性别研究加文化分析的治学倾向。

正是由于常年沉浸在多种理论与方法思路的训练和运用实践中，因此个人在问学道路上能有某种博采众长的经验积累，给后来的文学人类学一派跨学科研究，并努力创建中国版的文化理论体系，带来某种必要的前提条件。如今回头看，要总结归纳出以上十部书的共同旨趣，那就是为2009年正式提出“神话中国”理论命题，做出的前期铺垫和理论准备。从新兴交叉学科的意义看，则是给具有中国本土特色的人文新学科——文学人类学——的问世，所做的问题探索和个案研究尝试。

2010年夏，笔者在上海交通大学创建文学人类学研究中心。2017年冬，在文学人类学研究中心基础上，又组建起神话学研究院。2019年4月，神话学研究院协同中国社会科学院比较文学研究中心主办的学术专刊《神话中国》在北京的三联书店问世。其宗旨是拓展并完善文学人类学派独家倡导的“神话中国”理论：神话并不是归属于文学的一个子类；神话是文史哲、宗教、政治、艺术等意识形态的共同源头。神话讲述活动大大早于文字的起源，它先是伴随着人类语言叙述能力的口传文化传统，在文字起源后衍生为书面记录的最早的重要内容。驱动神话发生发展的是初民的信仰观念和想象。

“神话中国”论旨在突显中国文化的上古时期并没有经历类似古希腊文明的哲学—科学突破为标志的“轴心时代”，中国文化的特征是自古及今都被神话思维、神话观念和神话信仰所笼罩，包括“中”的神话地理观和“国”的神话政治观。主体民族“汉”的命名则起源于“天汉”的神话天文观。如果说中国有哲学，那一定是某种大大有别于西方哲学形而上思维传统的“神话哲学”；中国的正史则是一部名副其实的不断延续的“神话历史”。“神话中国”的第一神山昆仑，充分体现着华夏文明独有的万年玉石神话信仰驱动的国家级的资源依赖现象，其原型是盛产全球最优质透闪石玉即和田玉的新疆南疆“于阗南山”。从于阗南山即昆仑地区向中原文明输送和田玉的历史，便成为一部“玉成华夏”的4000年国史，其运输路径则成为德国人命名的“丝路”之中国本土原型。

回到对“丝路”的学术认知方面，正是在30年前陕西西安举办的一次学术会议（1989年6月，陕西师范大学中外文化研究交流中心举办的“长安、东亚、环太平洋国际学术研讨会”）上，笔者提交的论文《文化研究中的模式构拟方法 以传统思维定向模式为例》，基于对传统思维“东向而望”的定向模式的反思与超越意识，倡导一种向中国西部开放的反潮流新理念，并正式提出“重开丝绸之路”的理论设想。就连精神分析学的顶级释梦专家也不会预料到，30年前一个西部书生的斗胆梦想，竟然变成如今举世瞩目的现实景观。

如果说“神话中国”论要开启对中国文化的深度认知新境界，那么这种深度认知的模型，一定是始于30多年译介神话—原型理论和结构主义方法时摸索出的“模式构拟”研究范式。所不同的是，如今的“模式构拟”已经完全依据本土文化传统的现实，升格为前文字时代“大传统”与文字书写时代“小传统”对接的文化理论体系。

以上对这十部书的来龙去脉的简要回顾，或已引出某种学术发展的前瞻意识。窃以为，在如今这个文化变迁速率大大超常的时代，治学者十分需要的就是这种基于学术史自觉的前瞻能力。

是为序。

作　者

2019年4月25日于上海

自序 PREFACE
『我读庄子』与『庄子读我』

中国的解经学史上向来有所谓“我注六经”与“六经注我”之争议。一般的看法是认为“我注六经”要比“六经注我”略高一筹。“我注”虽然会因人而异，出现千差万别的六经理解方式，但毕竟以“经”为主，以“我”为辅。而“注我”则不免反客为主，拿圣人传下来的圣典当成为个人装点门面的摆设，这实在是离经叛道或异端邪说的同义语了。

解构主义的“文本”概念的提出，给传统的解经模式和一般的阅读范式都带来了根本的变革。开放性、召唤性的“文本”概念实际上为一切“六经注我”的尝试发放了永恒的通行证，不仅确认了其合法性，也更加灵活多变地开启了“文本”阐释的广阔的意义空间。

普鲁斯特在《追忆逝水年华》的结尾处让叙述主人公说出如下的话：我的读者们将转变为“恰如其分地阅读他们自己”，在我的书中，他们将阅读他们自己和他们的局限性。

这样，“阅读”概念原有的固定的主客关系得到改变，阅读本身也成为一种名副其实的双向交流。准此，我读庄子的书的同时也伴随着两千三百年前的庄子在读我的过程，换句话说，则是我借助于庄子的文本来认识我自己，考验我的智力、判断力和理解力，并用庄子的眼光和语言来反观我的受蔽之处、我的思维定式的偏颇和我的视界的局限性、盲点，等等。

乔纳森·卡勒指出：“实现阅读自我的最佳途径就是试着去弄清自己对于可理解的和不可理解的、有意义的和无意义的、有序的和无序的等等的感觉。”[1]他还附带告诉人们，这种阅读自我的过程也许是痛苦的，也许是快乐的，但其圆满的完成有待于如下前提：读者对于构成自身文化背景的“解释模式”（the interpretive models）的自觉把握。[2]理由很清楚：文本的意义效应取决于解释模式，而文学上革命则意味着新的模式取代旧的模式。

赫施在《解释的有效性》中亦指出，当一个解释过程很难再继续下去或必须做修正的时候，范型概念在解释中所起的作用就尤其明显。“当完全非期待的语词类型或表达类型出现时，一个解释者要么去修正从自身到所理解事物的所有东西并接受一个新的、异样的含义类型，要么就得出这样的结论，他并没有理解也属于这种新类型的含义”。[3]中国式的解经传统在20世纪的文化交流和大变迁之中是否到了它“很难再继续下去或必须做修正的时候”，我想时贤都会有自己的判断。西方人文科学的理论和阐释方法作为“完全非期待的语词类型或表达类型”，已经将一整套与我们的传统迥异的意义的范型摆在我们面前，在两个“要么”之间做出抉择已迫在眉睫而且无法避免。

在这种学术转型的大格局中，一般来说，是那些有外语专业背景或留学欧美的学人更容易自觉地接受新的意义范型，成为某种意义上的先觉者，并通过研究实践发挥出引导学术变革的示范导向作用。当然也不排除少数浅薄者“并没有理解”或“吃透”这种新的意义范型和实质，沦为玩弄“新瓶装旧酒”的哗众取宠把戏的笑柄。

[1]乔纳森·卡勒（Jonathan Culler）：《结构主义诗学》（*Structuralist Poetics*），康奈尔大学出版社1975年版，第129—130页。

[2]乔纳森·卡勒（Jonathan Culler）：《结构主义诗学》（*Structuralist Poetics*），康奈尔大学出版社1975年版，第129—130页。

[3]赫施（E.D.Hirsch）：《解释的有效性》，王才勇译，三联书店1991年版，第84页。

就庄学研究这一有限的学术领域来说，意义范型的更新换代虽比其他先锋学科领域要来得迟缓一些，规模和声势也相对弱小一些，但毕竟还是出现了可观的新动向。20世纪30年代问世的郎擎霄《庄子学案》已开辟出庄子“本体论”“进化论”“政治哲学”“经济思想”“心理学”“辩证法”这样一些章节，透露着诠释范型在西学影响下的新变化。20世纪60年代黄锦鋐先生作《六十年来的庄子学》，其结论部分更有如下一段评语：“近世中西文化交流，学者治庄，颇引西哲之说，以比较方法论述庄子之思想，于是有以庄子为中国古代之存在主义者，有以庄子思想与笛卡儿、柏格森相类者，然庄子岂豫知西洋有所谓存在主义者耶？又岂豫知有所谓笛卡儿、柏格森之流者耶？虽然，不赅不徧，未必尽合庄子之本意，亦颇可为后世以西洋方法研究庄学另辟一蹊径。此近世治庄之方法较清代为尤广，而庄学之所以昌明者又一原因也。”[1]西哲思想“未必尽合庄子之本意”，但解构阅读确实已超越了追寻本意的传统诠释思路，这就使跨文化的对话、对比式解读成为现代庄学的重要趋势之一。进入20世纪80年代以来，这方面的尝试已蔚然成风，不仅笛卡儿、柏格森和存在主义可与庄子思想相互沟通，还出现了柏拉图、亚里士多德、黑格尔、尼采、海德格尔、帕斯卡尔、苏斐教、容格和马斯洛心理学等多维度的比较研究。奚密（Michelle Yeh）在1983年夏威夷出版的《中国哲学杂志》上刊出《解构之道：德里达与庄子的比较研究》，从反叛传统、自由解放精神、尖刻与召唤性的文风、质疑语言与意指活动、哲学与文艺的双重影响等五方面论证了庄子与解构主义的可比性。[2]这就不仅强化了中西思想对话的启悟效应，而且还昭示着古今思想对阐的相互发明作用。张石的《庄子与现代主义》、廖炳慧的《洞见与不见——晚近文评对庄子的新读法》，

---

[1] 黄锦鋐：《六十年来的庄子学》，《庄子及其文学》，台北：东大图书公司1977年版，第280页。

[2] 奚密：《解构之道：德里达与庄子的比较研究》（*The Deconstructive Way: A Comparative Study of Derrida and Chuang Tzu*），《中国哲学杂志》第10期，夏威夷：对话出版公司1983年版，第95—126页。

也都在这个方向上做了有益的探索。吴光明于20世纪80年代末出版的《庄子》一书引论中，更明确声称“本书是《庄书西翼》”[1]，让读者也能跟着参与超越时空的思想对话。“入书而忘言，忘庄，而致忘己入化”。果真有如此效果的话，可以算是解经学的“柳暗花明又一村”，因为寻章摘句的旧式阅读也可由此而转化为逍遥之游的精神旅行了。

带着现代理论家们重新定义了的“文本”和“阅读”的观念回到庄学研究史中，我们无意中发现自己的立场和观点都将面临前所未有的大变化：“我读庄子”与“庄子读我”不可避免地重合起来。“我读庄子”的“我”，无论在文化视野、理论素养方面，还是在知识结构和个人趣味方面都不同于《庄子》解读史上的任何一位前辈权威，从向秀、郭象到成玄英、王夫之，从林云铭、宣颖到郭庆藩、严复。受到后现代主义文化洗礼和解构阅读熏陶的“我”，无论如何不可能像前辈注释家们那样面对庄子的文本了，这一文本自身连同所有的注释和解说成规都成了开启新的意义对话的媒介。既然我们已然承认阐释是像长江后浪推前浪那样无穷尽的过程，那么作为阐释者的个人充其量只能在阐释的长河之中占据一朵浪花的位置。他从文本中所读解出的意义也只是无限开放的意义之网上的一根蛛丝而已。这也就是“我读庄子”的同时被庄子读出的“我”的局限性吧。“岂唯形骸有聋盲哉？夫知亦有之。是其言也，犹时女也。”[2]可以这样说，凡是未能通过庄子而读出自己局限的人，实际上都未能真正理会庄子从事著述的苦心。既然他深知语言表达的致命局限，为什么还要洋洋洒洒留下这许多“筌蹄”给我们呢？

本书是在尝试借鉴文化人类学视野解读《老子》之后的继续课题，希望从神话思维、原型意象、神秘数字和宗教礼仪诸方面探讨《庄子》及道家思想的深广文化渊源，对卮言、天钧、环中、鲲鹏、浑沌、壹其性、机发于踵、

[1] 吴光明：《庄子》，台北：东大图书公司1988年版，第9页。

[2]《庄子·逍遥游》连叔对肩吾语。

返胎复朴、十九年、内篇七、四段循环式、轮回、悬解、齐物、至德之世等疑难问题提供跨文化阐释的思路及相关背景资料，使中国上古道家典籍中蕴藏着的智慧与洞见在更开阔的古今对话与中外参照中获得新的开掘和理解的可能性。书中引用了中外学人已有的研究成果，并试图在此基础上对某些问题的探讨有所深入或有所突破。这些尝试能否收到预期的效果，人类学作为“第三重证据”能否和能在多大程度上推进中国古典文化的更新过程，仍有待于专家、同仁和广大读者的检验与裁定。

生有涯而知无涯，以有涯随无涯，唯人而已。是为序。

作　者

1996 年 5 月 20 日

于海南

目录
CONTENTS

THE SIXTH PART

第六章 道之数

THE SEVENTH PART

第七章 四段循环式

THE EIGHTH PART

第八章 庄子轮回观

THE NINTH PART

第九章 解之双解——《养生主》的生命礼仪

THE TENTH PART

第十章　道的创世记

THE ELEVENTH PART

第十一章　人神之间——神话置换为仙话的轨迹

THE TWELFTH PART

第十二章　庄子生态观

INTRODUCTION

导论

庄子与神话：
20 世纪庄学研究新视点

以谬悠之说，荒唐之言，无端崖之辞，时恣纵而不傥，不以觭见之也。

——《庄子·天下》

我们很欣赏《庄子》的富有比喻、富有神话传说的文体。这种写法在西方文学中很难找到，它的启发作用给我们留下很深刻的印象。

——［德］费南山：《现代西方人为什么对庄子感兴趣》

一、“神话”概念的引入

庄子是世界古代思想家中最善用神话的少数人之一。以神话和寓言来启发认识、揭示哲理，在古希腊有柏拉图，希伯来有耶稣，印度有佛陀，中国则首推庄子。

由于汉民族相对封闭的定居农耕生活方式和早熟的先秦理性精神，尤其是儒家务实致用的思维定式，孔子“不语怪力乱神”的激进态度，华夏文明中神话发展受阻，保存亦不完整。与此相应的是想象力的萎缩和大史诗的缺如，乃至整个叙述文学发育不良。庄子以其特有的神话思维方式、气象万千的想象力、寓言重言的表达策略，为发扬和传承中国神话遗产、拓展民族性的幻想空间，做出了最重要的个人贡献，成为对后代哲学和文学艺术具有双重深远影响的里程碑式的思想家。

道家哲学的创始人老子以神话式的类比推理传达思想，庄子将类比推理改造为叙述性的故事说理，再造古神话为喻示性的寓言。构成庄子思想体系的基本概念如“道”“一”“气”“化”“游”等，均可在神话思维时代找到形而下的原型。

然而，与庄学的漫长历史相对而言，用神话的眼光来读庄解庄，确实是晚近较新颖的尝试。中国本土文化学术传统中并没有留下“神话”的概念。20世纪初年，西方文化中的“神话”概念经由日本而辗转输入中国学坛[1]，不久即掀起一股神话研究的旋风，影响所及，有“古史辨”派的神话—历史的还原论研究，有郑振铎、闻一多派的人类学视角的文史研究，有《歌谣周刊》派的民俗文化调查研究，有李玄伯等人的图腾论古史研究，等等。开辟中国

[1] 迄今所知最早的中国神话论文是留日学生蒋观云的《神话历史养成之人物》（1903），初刊于《新民丛报》，收入马昌仪编的《中国神话学论文选粹》上，中国广播电视出版社1994年版，第18—19页。

神话学研究的先驱们在用西文的“神话”概念反观上古文学和文化典籍时，自然也间或注意到以想象和虚构为突出特色的《庄子》一书。

二、寓言：神话哲理化

王国维于1906年写的《屈子文学之精神》是借鉴西方的“文学 ”观念去考察中国文学史源流的创辟之作，其中将《庄子》同“神话”概念相联系的观点或可视为解庄史上开时代风气的先觉之见。王国维将先秦文学的发端划分为北方南方两大源头，北方为“诗歌的文学”，南方为“散文的文学”。但从想象力去看，似又不尽然：

然南方文学中，又非无诗歌的原质也。南人想象力之伟大丰富，胜于北人远甚。彼等巧于比类，而善于滑稽：故言大则有若北溟之鱼，语小则有若蜗角之国；语久则大椿冥灵，语短则蟪蛄朝菌。……故《庄》《列》书中之某部分，即谓之散文诗，无不可也。夫儿童想象力之活泼，此人人公认之事实也。国民文化发达之初期亦然。古代印度及希腊之壮丽之神话，皆此等想象之产物。以我中国论，则南方之文化发达较后于北方，则南人之富于想象，亦自然之势也。[1]

此处虽未明说“庄子神话”，但将其想象比类之宏文与印度、希腊神话等量齐观，以为是文化发达初期共有的文学现象，这实际上开以神话眼光看《庄子》的先河。至于所举诸例说明南人想象之伟大丰富，皆取自庄书，四者中有三者出于首篇《逍遥游》，唯蜗角之国一例出自《则阳》。北冥之鱼

[1] 录自《中国近代文论选》，人民文学出版社1959年版，第774页。

与蜗角之国在王国维看来是凭借想象力完成的比类与滑稽，二者分别在大与小的空间感方面创造出非同寻常的新鲜经验。而大椿冥灵与蟪蛄朝菌则在持久与短暂的时间感上形成巧妙的反比关系。如果参照人类学家普雷斯顿[1]所归纳出的“想象的界域”（domains of imaginative experience）之四类属性，北冥之鱼当属于“空间属性”（spatial properties）中的第二种“放大”（magnification）。人类想象的放大能量不仅可以创作出《格列佛游记》和《艾丽丝漫游奇遇记》中的大人国，而且在构建模型、观赏艺术品和对付复杂社会境遇的梦幻体验中均发挥着重要作用。法国哲学家巴什拉将缩小与放大解释为通过空间变化而达成的“自由的现象学”。个人凭借想象力而改变现实的空间关系——那些被夸大或缩小到荒诞不经地步的形象恰恰充当了自由感的源泉。神话和宗教当然最早发现并大力开发了人类想象的这种能量，凡是观赏过乐山大佛或在其脚趾上留过影的人也许更容易回忆起类似的放大体验。普雷斯顿还指出，放大和缩小（miniaturization）是相互为用的想象潜能。随着意识的延展，世界可以在某一层面被缩小，而在另一层面上被放大。由此可以获得某种奇妙的关系效果：形象及其背景的相互作用。在印度的传统艺术中，湿婆神常被表现为坐在喜马拉雅山上冥想的巨人。这一造像便戏剧性地缩小了喜马拉雅山（使之成为湿婆神的坐垫）却反过来夸大了神力之无限。[2]由此不难体会到，宗教冥想训练之所以常常借助于夸大或缩小的意象媒介，正是为了有效地打破修行者被束缚于其中的现实时空观，从而获得精神超越的条件。《逍遥游》一方面夸饰鲲鹏之巨大，另一方面又特意设置了作为对照背景的缩小意象——“复杯水于坳堂之上，则芥为之舟”。还有“翱

[1] 普雷斯顿（J.J.Preston）：《揭除假面的狡徒：人类学与想象》（*The Trickster Unmasked: Anthropology and the Imagination*），伊凡·布雷迪编《人类学诗学》（*Anthropological Poetics*），若曼与雷托费尔德出版公司1991年版，第77页。

[2] 普雷斯顿：《揭除假面的狡徒：人类学与想象》，伊凡·布雷迪编《人类学诗学》，若曼与雷托费尔德出版公司1991年版，第80—181页。

翔蓬蒿之间”的斥鴳、学鸠之属。这样就在阐发逍遥精神之前预先给读者准备好了超离于现实时空经验束缚的想象媒介，直接将其引入神话的宗教的冥想世界之中，赋予心灵自由飞翔的双翼，由全书的这个精心设计的开场白来看，《庄子》之善用想象，已不是一般的文学技巧的运用问题，而是包含着更深层的本体论的用意。若不从神话学的角度入手，恐怕很难透彻地把握这千古奇书了。

在我们的注重现实秩序而蔑视虚构和想象的文化传统中，似乎不足以自发地产生由神话学入手理解庄书的学术条件。王国维能够从想象力着眼确认《庄子》《列子》具有西方神话一类的性质，这毕竟是在晚清时代西学东渐条件下的一种反映。而真正把《庄子》一书做神话研究的对象，还要等到新文化运动以后学术格局的进一步大变革。朱自清先生在《诗言志辨》序中开篇说道：“西方文化的输入改变了我们的‘史’的意念，也改变了我们的‘文学’的意念。我们有了文学史，并且将小说、词曲都放进文学史里，也就是放进‘文’或‘文学’里；……新文学运动加强了新的文学意念的发展。小说的地位增高，我们有了鲁迅先生的《中国小说史略》。”[1]《中国小说史略》第二章题为“神话与传说”，显然是仿效西方文学史的体例将神话传说作为小说等叙事文学之源头来处理的。鲁迅先生早在1908年写《破恶声论》时已有这种认识。当时国人对于译介过来的外国神话不甚理解，乃至于嘲笑和排斥。鲁迅针对这种误解而为神话辩解说：

夫神话之作，本于古民，睹天物之奇觚，则逞神思而施以人化，想出古异，諔诡可观，虽信之失当，而嘲之则大惑也。太古之民，神思如是，为后人者，当若何惊异瑰大之；矧欧西艺文，多蒙其泽，思想文术，赖是而庄严美妙者，

[1] 朱自清：《诗言志辨》，《朱自清选集》第2卷，河北教育出版社1989年版，第101页。

不知几何。倘欲究西国人文，治此则其首事，盖不知神话，即莫由解其艺文，暗艺文者，于内部文明何获焉。[1]

读了这段话，不难明白鲁迅为何要以神话为中国小说史之开端。“不知神话，即莫由解其艺文”，不仅是考察西洋文学的必要原则，也同样适用于中国文学史的研究。而“太古之民，神思如是”，就不只是和王国维所强调的想象力相对应，而且还含有对神话思维时代的历史性体认。“神思”可解为想象，但若与特定的初民时代相联系，当然也可理解为维柯、卡西尔等人所说的神话思维。《中国小说史略》又说：“昔者初民，见天地万物，变异不常，其诸现象，又出于人力所能以上，则自造众说以解释之：凡所解释，今谓之神话。”[2]这里表现的神话观反映着鲁迅完全接受了人类学派的观点：神话是初民对超自然现象的象征性解释，因而既体现着当时人的神话思维方式，又集中代表着该社会的意识形态整体。

在1924年的讲稿《中国小说的历史变迁》中，第一讲即为“从神话到神仙传”，鲁迅提出神话的演进，故事渐近于人性，出现半神半人的英雄，如简狄吞卵生商、尧使羿射十日等，即今人谓之“传说”。由此再演进，则正事归为史，逸史即变为小说了。[3]接下来讲到中国汉族神话保存不完整的原因，鲁迅只举出《山海经》和《穆天子传》两书作为著录神话的代表。这些见解以稍详的形式又出现在《中国小说史略》中时，是以庄子所言“齐谐”和列子所言“夷坚”的讨论开始的：

志怪之作，庄子谓有齐谐，列子则称夷坚，然皆寓言，不足征信。《汉

[1] 鲁迅：《破恶声论》，《鲁迅全集》第8卷，人民文学出版社1981年版，第30页。
[2]《鲁迅全集》第9卷，人民文学出版社1981年版，第17页。
[3]《鲁迅全集》第9卷，人民文学出版社1981年版，第17页。

志》乃云出于稗官，然稗官者，职唯采集而非创作，“街谈巷语”自生于民间，固非一谁某之所独造也，探其本根，则亦犹他民族然，在于神话与传说。[1]

推考文意，鲁迅将庄子所称的齐谐视同志怪小说，上溯其源则为神话与传说。但庄子书中的种种神奇故事似乎并未被当作神话，而只当作寓言了。所以列举神话之书，只有《山海经》《穆天子传》当之。至1926年作《汉文学史纲要》，在《书》与《诗》之下，专讲老庄，也未做神话理解。其评价庄书云：“著书十余万言，大抵寓言，人物土地，皆空言无事实，而其文则汪洋辟阖，仪态万方，晚周诸子之作，莫能先也。”[2]此评语前半沿用《史记》，“皆空言无事实”仍反映着古代正统文化的价值观念；后半从文章风格上给《庄子》以至高评价，似仍嫌笼统。总之，鲁迅在王国维之后注意到中国文学的神话渊源问题，但他对神话的理解仍较局限，像《庄子》《楚辞》等借神话而驰骋想象力的作品，仍未当作神话看。这样，对于“汪洋辟阖，仪态万方”从何而来的问题也就未能做出明确的阐释。

三、神秘思想与“古道教”

在中国现代学术史上可以称为第一位神话学家的茅盾先生那里，情况终于有了改变。他在1929年作《中国神话研究ABC》（笔名玄珠）时，较系统地考察了汉民族上古神话的保存情况，提出战国时代有两种人对保留古神话有大贡献，一是哲学家，二是文学家。文学家采用神话以屈原为首，而哲学家方面则首推庄子：

[1]《鲁迅全集》第9卷，人民文学出版社1981年版，第17页。
[2]鲁迅：《汉文学史纲要》，《鲁迅全集》第9卷，人民文学出版社1981年版，第364页。

《庄子》和《韩非子》都有神话的断片，尤以《庄子》为多。今本的《庄子》已非原形，外篇和杂篇，佚亡的很多。所以保存着的神话材料如鲲鹏之变，蜗角之争，藐姑射的仙人，十日并出等，已经不很像神话，或者太零碎。然据陆德明《庄子释文序》则谓《庄子》杂篇内的文章多似《山海经》，或类占梦书，因其驳杂，不为后人重视，故多佚亡。又郭璞注《山海经》，则常引《庄子》为参证。可知《庄子》杂篇的文学很含有神话分子，或竟是庄子的门人取当时民间流传的神话托为庄子所作而归之于杂篇。[1]

经过这一番辨析，《庄子》虽有保存上古口传神话之功，但似乎主要集中在《杂篇》之中，而且由于这些与《山海经》和占梦书相似的荒诞内容多出于庄子后学之伪托，所以大部分已经亡佚了。《内篇》中的神话题材既零碎散漫，又失去了本来面目，“不很像神话”了。所以茅盾在他这部为中国神话学奠基的著作中并没有着重考虑《庄子》神话的问题，其所取材主要是《山海经》《楚辞》《穆天子传》《列子》《淮南子》等，甚至连书后附录的“中国神话研究参考用书”的目录题解中也未提到《庄子》。可见在 20 世纪 30 年代以前，《庄子》的神话研究只是随着神话学的兴起而初露端倪，尚未正式取得进展和实绩。

与茅盾同时或稍后从事于神话学著述的学者们，如谢六逸、林惠祥、黄石等，则更偏重于西方和日本的神话学理论的译介，对中国本土神话的研究未有推进。如林惠祥先生 1933 年出版的《神话论》一书，便提到研究中国神话所面临的资料上的困难：“中国神话数量不多，散漫不整；且又与历史寓言神怪小说等混在一起，不像希腊北欧巴比伦等族神话的有系统，也不像野蛮民族神话的纯粹。中国的古史常采自神话，很难分得清楚；诸子中常引

[1] 玄珠：《中国神话研究 ABC》，世界书局 1929 年版，第 37—38 页。

寓言，也不易判断那一则是实在民间流行的神话，那一则是作者自己造成的寓言；还有许多方士的妄语和文人写成的神怪小说都不是神话。”[1] 用西方文化中移植来的新概念“神话”去辨别本土文学遗产中的对应物，其困难的程度如何，已由林氏这段话和盘托出了。尽管如此，还是不断有学者在这方面知难而进，大胆尝试，丰富着中国神话的矿藏储量。

黄华沛分析了中国神话贫乏的原因，以为既不在于原始初民的厚生实用这方面，也未必全落于儒教的抑制中，而是殷周以迄春秋战国这时代把神话伦理化和历史化，而竟没有伟大的诗人艺术家提携，发扬光大的缘故。针对这种状况，他提出“今后整理或重记中国神话，则须由殷周文字以迄春秋战国诸子，才是方法”。[2] 古文字学家陈梦家先生借助于甲骨文字的新材料，撰写出《古文字中之商周祭祀》《商代的神话与巫术》《高禖郊社祖庙通考》等一系列长篇论文，大大拓展了研究和重构古神话的思路。在诸子方面，郎擎霄 1934 年出版的《庄子学案》首开其例，试图从庄书中寻觅出更多的神话传说之线索。

郎擎霄书中辟有讨论庄子文学的一章，借用西方文论术语将庄子文学称为“浪漫派文学”，并从庄书中发掘出神话传说、小说、散文和学术批评四类体裁。关于神话传说，他引述了鲁迅《中国小说史略》中的释义，却将鲁迅所忽略的《庄子》看作保存神话的要典：“迨至战国，学术思想异常发达，则此种神话渐趋减少，唯《庄子》书中则仍有之，且语辞艳丽，描写生动，颇有艺术价值。”[3] 指出了庄书中神话的艺术价值。郎氏还举出《逍遥游》中藐姑射山神人、《大宗师》得道诸神、《应帝王》中儵忽为浑沌开窍和天根问于无名人四段叙述为例，说明庄子借神话寄寓其思想的高妙艺术。今观

[1] 林惠祥：《神话论》，商务印书馆 1933 年版，第 67 页。

[2] 黄华沛：《论中国的神话》（1936），马昌仪编：《中国神话学论文选粹》上，中国广播电视出版社 1994 年版，第 334 页。

[3] 郎擎霄：《庄子学案》，商务印书馆 1934 年版，第 207—208 页。

此四事，是否皆为神话尚不能确定，其出处皆在《内篇》，表明庄书中不独《外》《杂》篇中多引用神话，就是庄子自作可能性最大的内七篇中亦不乏神话材料。可惜郎氏未能就神话与哲学之关系展开讨论，仅仅突出庄子的艺术手法之高明而已。如评论《大宗师》得道诸神一段，是对四个神话之例解说最多的一段文字："盖假神道而发其义以坚民信焉。此不独庄子为然也，儒墨亦不外是，唯庄子以艺术手腕出之，则稍异耳。"[1]从这个评语可以看出，郎氏提倡以神话眼光审视庄书（尤其是《内篇》），这是他的学术创意，在解庄的历史上当有承前启后的意义，但真正从这一角度进入新的研究领域，取得实质性进展，还有待于后继学人。一个有争议的问题是，庄子对于神话究竟抱何种态度，他对民间流传的神话所进行的艺术处理，是有利于神话的保留和传承呢，还是歪曲或篡改了神话原貌。

按照茅盾先生较早提出的看法，现存古籍中保留神话材料最多者，几乎全是南方人的作品。《庄子》亦属南方人所作之书，本应有利于神话的传承，但可惜《杂篇》大部佚亡，造成中国神话一大损失。从现存《内篇》看，已"没有严格的神话材料；鲲化为鹏之说，混沌凿窍之谈，河伯海若的对话，黄帝广成的论道，虽均奇诡有趣，然而严格说来，究竟不是神话材料"。[2]又说，哲学家在自己的著作中引用神话，是当作寓言来发明己意的，所以"一定是任意改变了神话的内容的；庄子著书，自称寓言八九（当为"十九"——引者），我们现在看他的书里引黄帝，引北海若，引冯夷，都是神话中人物，然而他们的故事很少神话气味，反倒哲理玄妙：这就是一例"。[3]如此看来，茅盾先生的意见是，庄子在改造利用神话材料为寓言的过程中已经使神话非神话化了。鲁迅先生之所以在探讨中国神话问题时不以《庄子》为对象，大

[1] 郎擎霄：《庄子学案》，商务印书馆1934年版，第207—208页。
[2] 茅盾：《神话杂论》（1929），见《神话研究》，百花文艺出版社1981年新版，第28页。
[3] 茅盾：《神话杂论》（1929），见《神话研究》，百花文艺出版社1981年新版，第81页。

概也是出于这种考虑。这种意见提出在中国神话学的初创时期，对后世影响之大也就可想而知了。虽有郎擎霄等人主张用神话的眼光去看《庄子》，却只是个别人的一种意愿，未能形成气候。

闻一多先生1929年作《庄子》一文，盛赞其文学成就，却也只讲想象、谐趣和寓言技巧，未提到神话问题。关于庄子使用寓言对中国文学的影响，闻先生说："寓言本也是从辞令演化来的，不过庄子用得最多，也最精；寓言成为一种文艺，是从庄子起的，我们试想《桃花源记》《毛颖传》等作品对于中国文学的贡献，便明了庄子的贡献。往下再不必问了，你可以一直推到《西游记》《儒林外史》等等，都可以说是庄子的赐予。"[1]如若写中国寓言史自然要以庄子为鼻祖，但是在中国神话史上庄子又该占有怎样的地位呢？闻一多没有直接涉及这个问题。不过，他后来写《道教的精神》却强调了庄子在中国宗教史上的特殊地位，尤其是庄子的神秘思想对于所谓"古道教"的奠基作用。比如说，"后世的新道教虽奉老子为祖师，但真正接近道教的宗教精神的还是庄子。《庄子》书里实在充满了神秘思想，这种思想很明显的是一种古宗教的反影。《老子》书中虽也带有很浓的神秘色彩，但比起《庄子》似乎还淡得多"。[2]这是一些什么样的神秘思想呢？闻先生举出藐姑射山神人和《大宗师》得道诸神、《齐物论》至人游乎四海之外三例，认为这些都不是寓言，因为庄子对这些神人至人真人之类是"真心相信确有其'人'的"[3]。从本源上看，神人或真人乃是"人格化的灵魂"[4]，原始宗教中的灵魂不死信念构成庄子神秘思想的基础。再同儒家思想相对照，推考其地望，他又说："这古道教如果真正存在的话，我疑心它原是中国古代西方某民族的宗教，与那儒家所从导源的东方宗教比起来，这宗教实在超卓多了，伟大多了，美丽多了，

[1] 闻一多：《古典新义》，《闻一多全集》第2卷，三联书店1982年版，第288页。
[2] 闻一多：《神话与诗》，《闻一多全集》第1卷，三联书店1982年版，第144页。
[3] 闻一多：《神话与诗》，《闻一多全集》第1卷，三联书店1982年版，第145—146页。
[4] 闻一多：《神话与诗》，《闻一多全集》第1卷，三联书店1982年版，第151—152页。

姑无论它的流裔是如何没出息！”[1]把道家思想上溯于“古道教”，再从灵魂不死的信仰追索其本源，从西部民族的迁徙流变推测其传播过程，这是闻一多透视《庄子》神秘思想的理论背景框架，虽没有用神话这个概念，却对后人研究上古神话及其同宗教的关系提供了很大的启迪。还有他的《神仙考》一文，也可视为研究中国神话的变体形式——仙话的先驱之作。将这两篇文献同顾颉刚先生发表于20世纪70年代末的《〈庄子〉和〈楚辞〉中昆仑和蓬莱两个神话系统的融合》一文联系起来看，自会有更透彻的理解。

从新中国成立以前的半个世纪看，庄子与神话的关系虽由王国维先生于20世纪初年就提出来，但始终未能得到深入的探讨。这一方面由于“神话”这个外来的概念在本土学术中尚植根未深，理解上又多有分歧，一般人不习惯把它用在哲学家庄子的头上；另一方面也由于神话学初兴，研究者们自然更多地把注意力投向较为纯粹正宗的神话书如《山海经》，而对改制神话材料为寓言的《庄子》一书的神话学价值自然未免忽略或过分低估。我们看方克立等编的《中国哲学史论文索引（1900—1949）》一书，五十年间发表的有关庄子论文（著）一百六十七篇中竟无一篇正面探讨庄子神话的[2]；而再看马昌仪等编的《1902—1949年中国神话学论文》目录，三百七十多篇次中也没有一篇以庄子神话为题的文章。哲学、思想史方面与神话学方面本来是互不通声气，但在这一点上却几乎达成了默契。这种情况，在新中国成立以后的相当时期里依然延续下来。

四、发掘隐藏的神话

袁珂先生早年研究《山海经》神话，后为缀集零散的神话材料，编成有

[1] 闻一多：《神话与诗》，《闻一多全集》第1卷，三联书店1982年版，第152页。
[2] 唯有李行之《庄子“鲲化为鹏”说旁证》（《泾涛》第7期）一文虽以训诂学旁证为主，也多少涉及神话观念。

系统的中国神话专书而旁搜别采，终于大大拓宽了我们的“神话”观念。他1956年完成的《中国古代神话》一书，“全书所注明引用的神话传说的片段，不下千条”[1]，其中有好些以前不敢用的仙话和传说的资料，“这么一来神话的时代延长了，神话的领域扩大了，而且触类旁通，左右逢源的结果，连一些看来是哲学里的寓言的东西都复原成了神话资料而被运用进神话去：像《庄子》里的鲲鹏之变，黄帝遗失玄珠，藐姑射仙人……”[2]袁先生的这种努力之中不只是在资料上推进了中国神话研究，而且也包含着方法上的革新。所谓“复原”神话的说法，意味着将被哲学家改制了的、寓言化的神话材料重新恢复其神话原貌。尽管这种工作需要冒一些风险，复原的结果也是相对的，但毕竟为停滞不前的中国神话研究辟出一条新途径，其意义可与王国维、陈梦家等借助于地下材料从事殷商宗教与神话的复原研究方法相提并论。

日本汉学家白川静所著《中国神话》第一章“中国神话学的方法”指出，域外学者虽有称中国为“没有神话的国家”之例，但应该看到中国神话存在的特殊形式，或可叫作“被隐藏了的神话”[3]。因此，中国的神话研究首先必须从发掘这类隐藏的神话，复原其原有形态的工作入手。白川静还认为在这方面有一个外国学者——其父亲为西方的埃及学泰斗——古史学家马伯乐做出了划时代的成就，他的《书经中的神话》（1924）便从中国最古的经典之一《尚书》中发掘出太阳神御者羲和的故事、禹的洪水故事、讲述天地开辟的重黎的故事等，对于处在草创之中的中国神话研究而言，这可以算是惊人的创获。[4]参照白川静的这一说法，国内学者中在复原或发掘神话方面用功最勤，成果也最多的当推袁珂先生。他的《中国古代神话》一书就是这种针对中国汉族神话存在的特殊性而采用的“复原”方法的实绩。仅就《庄子》

[1] 袁珂：《中国古代神话》序，中华书局1960年新版，第9页。
[2] 袁珂：《中国古代神话》序，中华书局1960年新版，第10页。
[3] 白川静：《中国神话》，中央公论社昭和五十五年，第43—45页。
[4] 白川静：《中国神话》，中央公论社昭和五十五年，第43—45页。

而言，该书中有十次分别引用内、外、杂篇中的寓言加以复原和连缀的尝试。[1]至20世纪70年代末神话学研究在大陆复兴之际，袁先生在《中国神话对于后世文学的影响》一文中再次提到庄子神话问题，他这样写道：

《庄子》文章里有很多寓言，有些固然是作者本人的创造，但往往也有些实际上是以古代神话做蓝本而改写的：如《逍遥游》篇的鲲鹏之变，鲲和鹏实在都是北海海神而兼风神的禺彊的化身；同篇的藐姑射神人，即《山海经·海内北经》所记的“姑射国”（神人）；《应帝王篇》的倏忽为浑沌凿七窍，浑沌即《山海经·北次三经》所记的“浑敦无面目，是识歌舞”的天山神鸟帝江；《天地篇》的黄帝失玄珠，这个故事又见于《淮南子·人间篇》，象罔易名为忽恍，又于诸天神中增一攫掇，可见是有古代民间传说做依据，故二书所记大同小异。除以上所述而外，散见于《庄子》书中的神话点滴还很多，如冥灵大椿、神龟若鱼之类。[2]

这一见解到20世纪80年代所著《中国神话史》中仍有发挥。该书不仅集中讨论了《山海经》中的神话，也还辟了“诸子中的神话”专门章节，对《穆天子传》《诗经》《楚辞》先秦诸子作品乃至《吕氏春秋》《淮南子》《世本》《尔雅》和《说文解字》中的神话材料做了全面的清理和比照。关于《庄子》，有如下评语：“《庄子》这部书，本身就汪洋宏肆，色彩瑰丽，它的某些部分的浪漫主义的精神实质，和古代神话是比较接近的。它当中所包含的神话材料的零星点滴很多，大部分转化做了寓言形式的东西。”[3]这里的见解上承世纪之初的王国维，确认庄书整体精神上与神话接近的特质，但泛泛地称

[1] 袁珂：《中国古代神话》，中华书局1960年新版，第33、67、68、104、171、179、248页。
[2] 袁珂：《神话论文集》，上海古籍出版社1982年版，第104—105页。
[3] 袁珂：《中国神话史》，上海文艺出版社1988年版，第76—77页。

之为“浪漫主义”却无助于我们对这种特质的深入认识。而神话与寓言在体裁上的纠葛仍有碍于对庄书的进一步神话学发掘。除了以前多次说到的鲲鹏、浑沌等题材外，似乎“复原”的努力已快到尽头，再难开掘出更丰富的神话素材了：认为《秋水》篇夔怜蚿和坎井之蛙等几则动物故事是早期神话的改装或遗留，苦无证据，仅供参考。[1]

顾颉刚先生在20世纪70年代末发表的《〈庄子〉和〈楚辞〉中昆仑和蓬莱两个神话系统的融合》一文，是当代学人中涉及庄子神话问题的少数论述之一。该文虽不以《庄子》为单一对象，却将庄书和屈原作品并列为上古神话两个渊薮，着重分析了《庄子》中保留的昆仑神话系统的诸成分，如《至乐》中休于昆仑的黄帝、《大宗师》诸多得道神人、《天地》中象罔得珠故事、《知北游》中知拜见黄帝故事等，让人们看到战国时期随羌、戎文化的东传而流入楚地的西域神话情况。还依据《山木》中“涉于江而浮于海”之说，参照《逍遥游》开篇的海阔天空之想象，推测作者“一定是亲历海洋生活的人”[2]。燕、齐、吴、越等东方沿海地域的方士受巫师们传来的西方昆仑区神奇故事和不死观念的激发，构造出以海上寻仙为主题的蓬莱神话系统。庄周居于宋，偏近东方，把东西方神话都接触到了。这种从文化传播角度追溯庄子思想地域背景的努力，上承闻一多、傅斯年等人的古史研究路线，给单纯从文本中“复原”庄子神话的做法又增添了一个历史地理的维度，对于随后到来的“神话热”有一定启发作用，尽管文中的观点未获得学界的认同。

20世纪80年代以来，庄学研究获得前所未有的大发展，十余年来发表的专著和论文数量超过新中国成立以来三十年的四倍多，可是除了两篇短文谈到《庄子》对神话形象的改造技巧外，[3]正面研究庄子神话的论著却几乎缺如，

[1] 袁珂：《中国神话史》，上海文艺出版社1988年版，第76—77页。

[2] 顾颉刚文，见《中华文史论丛》1979年第2辑，第33页。

[3] 孟传书：《庄子对神话形象的再创造》，《天津教育学院院刊》1986年第5期；王景琳、徐匋：《庄、屈对神话传说运用之异同》，《求索》1984年第6期。

大部分从文学角度探讨《庄子》的文章仍热衷于“浪漫主义”特征的辨识或寓言艺术的分析。这种情况或可表明自郎擎霄、袁珂以来的《庄子》神话“复原”工作暂告一段落，更进一层的发掘则有待于新的理论视野和切入角度。

与大陆的这种停滞不前的状况形成对照，对《庄子》的神话学观照在当代海外学界却有长足进展。这里所说的海外学界包括日本、欧美的汉学界。在日本，20世纪60—70年代以来已有学者从不同角度涉及庄子神话问题。井简俊彦从比较哲学和比较宗教的立场上研究老庄思想与苏斐教的对应关系，著有《苏斐教与道家》等著作。该书前半部分探讨伊斯兰哲学家伊本·阿拉比的思想，后半部分论述老庄的思想，辟有“从神话术到形而上学”一节。他所使用的“神话术”（mythopoiesis）概念是西方神话学和比较宗教学的常见术语，略相当于维柯、卡西尔等人所说的“神话思维”。井简俊彦认为，在漫长的中国思想传统中流行着一种思维模式，可称之为“萨满教式思维模式”（a shamantic mode of thinking）。以老庄为代表的道家哲学便是此种萨满教思维的理念化成果。“一方面，从其世界观的经验基础看，创作出《道德经》和《庄子》一类著作的道家哲人乃是‘萨满’；另一方面，他们又是不满足于停留在民间萨满教原始水平上的智者和思想家，运用其智慧去提升和扩展原初的萨满视点，形成能够解说存在（Being）之结构的形上概念系统”。[1]在井简俊彦氏看来，老子所称之“圣人”和庄子所称之“真人”“至人”“神人”，无非是一种“哲学化的萨满”[2]，与远古传承的圣王（巫师王）传统一脉相承。萨满精神的一个最重要特点就是“神话术”。萨满自身拥有一种出神入幻的原型性景观，与常人在正常状态下通过感官经验所看到的东西截然不同，这自然导致萨满译解和构成那个超常世界的努力。以象征

[1] 井简俊彦（Toshihiko Izutsu）：《苏斐教与道家》（*Sufism and Taoism*），Iwanami Shoten，Publishers，东京，1983年，第300页。

[2] 井简俊彦（Toshihiko Izutsu）：《苏斐教与道家》（*Sufism and Taoism*），Iwanami Shoten，Publishers，东京，1983年，第301页。

的和神话的形式展开其想象的意识，就这样成为他们现实体验的突出特征。亨利·考宾（Henry Corbin）将萨满在出神状态所看到的世界命名为“创造性想象”之世界。在这种意识状态中，我们所感受到的周围事物脱离了其自然的日常存在模式，自己转化为意象与象征。当这些意象按照其内在的发展程式得到系统化的秩序时，就会产生出神话的宇宙观。从《楚辞》到《淮南子》，可以清晰地看到神话的世界观如何转化为道的本体论。对于庄子哲学特性的把握也可以放置在这种从神话到哲学的发生背景上。

从理论依据上看，井简俊彦关于萨满教和神话术的见解主要来自比较宗教学家艾利亚德的经典性著作《萨满教：古代的迷幻技术》。[1] 日本学界引入萨满—巫教视野研究楚辞的种种观点已引起相当的争议，井简俊彦将这种视角用于道家思想的研究，也引发出不同的反应。香港的王煜先生评论说：“陈荣捷《中国道家》首节谈道家起源，检讨了八种学派——王官、隐者、阴阳家、儒家、墨家、黄帝、杨朱、老子，而未及‘巫师主义’或‘巫教’或‘黄教’（shamanism），也许巫教说可充第九说吧。美国宗教家 Eliade《论巫教》一书（即艾利亚德的《萨满教》）掀起太多余波了！”[2] 萨满—巫教说能否成为道家起源的第九说，从今日的立场上看已不成为问题了。不过王煜先生对此持保留态度，他在《庄子论道之先在性与实现性》（1973）一文中也不指名地批评了“神话术”说：

生于神话流传时代的庄子，虽常创作寓言而罕作神话，他不热心于神话创作（mythopoesis），但颇喜爱征引传说中的帝王与神话中的山水之神灵，以辅助陈述天道的全能与遍在。然而天道既非上帝，便无全知。庄子并未表

[1] 井简俊彦（Toshihiko Izutsu）：《苏斐教与道家》（*Sufism and Taoism*），Iwanami Shoten, Publishers，东京，1983 年，第 308 页注⑧。

[2] 王煜：《井简俊彦：〈苏斐教与道家思想〉中主要哲学概念之比较研究》，香港中文大学《中国文化研究所学报》第 7 卷第 1 期，1974 年，第 361 页。

示确信此等神话的真实性，他采用的不是神话的字面意义，而是它们象征的哲学意义。因此我们不能断章取义而谓庄子迷信或宣传神话。[1]

这一批评实在误解了井筒俊彦的原意，神话术概念（王译为神话创作）用来揭示老庄思维方式之根源，并不意味着他们在宣传神话，而旨在说明他们如何对神话思想加以形而上的转化改造。

在井简氏著作的感召下，日本学者中钵雅量和台湾学者杨儒宾结合萨满神话的常见主题对《庄子》中的变形、升天和不惧水火等描述做出新的还原式分析；[2] 日本汉学家赤塚忠所著《庄子》一书也在《逍遥游》篇中发掘出一系列神话形象衍化而成的人物——姑射仙人、彭祖、肩吾、连叔、尧、许由、列子等。[3] 白川静先生则试图从文化源流方面论证庄子神话思维的来源在于殷商的传统，与闻一多、顾颉刚等的西部民族说形成对照。在《中国神话》一书中他指出，以《山海经》为代表的昆仑神话发生于西部民族，通过草原和沙漠而影响到中国。“如果说殷的神话是 a 型神话，那么昆仑神话是 b 型的，是具有平面性和同时性的神话”。[4]“被灭亡的殷的子孙是宋国……神话随着国灭而灭绝。失去了神话的宋地，后来出现了庄子哲学，在其寓言之中，有神话性的思维方法，神话被隐藏于思想之中”。[5] 在《中国古代文化》一书中，他又指出，庄子拒绝用概念化的方法表达思想，反而转向一种象征性的、诗形式的方法。“寓言表现的最有力素材就是神话；神话，因其构想这个东西的本身里具有意义的缘故”。[6] 庄子抨击儒墨的最有效手段就是将

[1] 王煜：《老庄思想论集》，台北：联经出版事业公司 1979 年版，第 3 页。

[2] 中钵雅量：《神话与老庄——关于古代人的宗教体验》，《森三树三郎博士颂寿纪念东洋学论集》（1979）第 203—218 页；杨儒宾：《升天、变形与不惧水火》，《汉学研究》第 7 卷第 1 期，台北，1989 年。

[3] 赤塚忠：《庄子》上，集英社，东京，1974 年，第 25 页以下。参看市川安司：《庄子书所见真人的考察》，《东京大学教养学部人文科学科纪要》第 51 卷，1970 年，第 1—32 页。

[4] 白川静：《中国神话》，王孝廉译，台北：长安出版社 1983 年版，第 27 页。

[5] 白川静：《中国神话》，王孝廉译，台北：长安出版社 1983 年版，第 27 页。

[6] 白川静：《中国古代文化》，加地伸行、范月娇译，台北：文津出版社 1983 年版，第 249 页。

儒墨神圣化了的尧舜故事用寓言的方法加以否定。如《逍遥游》《大宗师》《徐无鬼》《外物》《让王》各篇中都有尧让位给许由而见拒的故事，而许由是庄子为反对儒家的圣王正统而搬出来的神话人物，白川静以为是姜姓祖神，原是耸立于颍水之上游北面的嵩山岳神。在追溯这类神话人物的宗教背景时，白川静似与巫教说的见解相一致了：

庄子学派在寓言里大量采用神话人物，似乎对于神话的传说甚为详悉，被视为庄子手笔的内七篇中，古代神话的神祇多登场，他们恐怕是隶属于巫祝者上层阶级的大祭司也说不定呢！[1]

在《甲骨文的世界》一书里，白川静还将产生出庄子的宋地说成保留殷商时代巫祝传统最深厚之地，也是滋生出对周朝以来的礼乐文化持否定精神的思想摇篮，由此将老庄与神话思维的关系转换成道家思想与殷商宗教文化的关系。[2] 上述种种努力对于打破庄子神话发掘方面停滞不前的僵局开辟了更广阔的视野和新的可能性，预示着思想史研究的新契机。类似的看法还可参看英国汉学家艾兰所著《龟之谜——商代神话、祭祀、艺术和宇宙观研究》中关于商代神话传统与南方楚文化的承递关系的论述。[3]

五、《庄子》与神话思维

20 世纪 80 年代以来用比较神话学方法写出道家神话研究专著的有美国的吉拉道特和台湾大学的杜而未。后者在欧洲留学期间接受了泛月神话学派

[1] 白川静：《中国古代文化》，加地伸行、范月娇译，台北：文津出版社 1983 年版，第 251 页。

[2] 白川静：《甲骨文的世界——古殷王朝缔构》，温天河译，台北：巨流图书公司 1977 年版，第 195 页。

[3] 艾兰（Sarah Allan）：《龟之谜》（*The Shape of the Turtle*），汪涛译，四川人民出版社 1992 年版，第 15—16 页。

的理论，大力倡导用月神宗教的眼光来发掘和重整中国古文化的精神世界。继《中国古代宗教系统》《山海经神话系统》《易经原义的发明》《老子的月神宗教》等一系列著述之后，杜而未先生又于 1985 年推出《庄子宗教与神话》一书，把月神神话的理论和视角完全落实在对庄子思想的解释中。杜氏曾称老子为战国时代的“一位神话学家”[1]，把《周易》和《道德经》视为月神神话分化后的两方面代表，前者偏重月之阳面，发展出人生哲学；后者偏重月之阴面，使人务本求实，谦虚自强。《庄子宗教与神话》一书共分十五章，前十四章的篇幅分别探研《庄子》内涵的宗教层面意蕴，如真宰、道神、道与气、气与造物者、元气幽冥、大块噫气、泛神论、有无混同、现象循环、月之古语、宇宙原意等；第十五章题为“庄子神话解释”，是 1981 年发表的单独论文的照录。该书卷首“引言”中开宗明义，要应用月神宗教的眼光重读庄书，把庄子哲学视为某种以月为主的泛神论哲学：

按《庄子》一书，自古以来，很难使人彻底明白，究其原因，并非由于学者不用功，亦非由于学者不聪明，主要是因为没有得到研究的方法。……我们在学习文化人类学期间，发见“道”字在史前古语中指“月”，此一古语也在其他古民族语言中指“月”，并且带出与“月”相关的宗教神话，于是乃顺此路线，解释了《易经》和《老子》，自认解释成功；今亦用“道”字指“月”的意思解释《庄子》，自觉进行也非常顺利，《庄子》内容有古代人类学根据。[2]

就在这种“自认成功”的感觉之下，杜先生对《庄子》做出了别出心裁的解说：庄书所言之“道”乃是南方农业文化中的至上神，与北方游牧文化

[1] 杜而未：《老子的月神宗教》，台北：学生书局 1984 年再版，第 132 页。
[2] 杜而未：《庄子宗教与神话》，台北：学生书局 1985 年版，第 1 页。

的至上神“天”不同源。游牧社会中的至上天神往往为男性父神，或视为太阳神，而母系农业文化中则将月亮女神奉为至上神。老庄所奉之“道”即为月神。这一判断使我们想起维也纳学派人类学家施密特的文化圈理论关于大家庭父权文化圈和自由母权文化圈的识别特征，[1]可以确定杜先生立论之基础。不过中国上古文化的实际情况较为复杂，北方除游牧文化外也是农业文化的发祥地，而南方是否属于母系农业文化，也还是未经论证的假设。杜先生将人类学理论与方法引入道家思想的研究，自然功不可没，但又过于执着泛月神话派的先入之见，不免限制了自己的眼界和人类学方法的应用广度。

既已将道家得名之“道”指认为月神，杜先生进而对阴阳、气等概念做了自成一体的解说：举世尚不明白的“阴阳”，原来就是月盘上的黑白两块；以月盘为阴阳之气消长变化的根源，则万物起于阴阳说和气化创生说便并行不悖。万物和人类皆受命于阴阳，故阴阳和月神又是“性命”“命运”之主宰。埃及、印度、希腊和北美都有月为命运之神的信念，《大宗师》中四子寓言也是以阴阳变化解说命运的例子。[2]有了这些认识，作者也就有充分的自信告诉读者：如果以《庄子》为哲学书，那么这种哲学不是别的，就是月神宗教与神话形成的哲学。[3]在专门解说庄书神话的末章里，作者分别对鹏鸟、蜗牛、浑沌、悬解、玄珠、血化碧、罔两问景、蛇蚹蜩翼、风化、种有几、朝彻等十五个神话题材或母题做了跨文化的横向比较分析，其中不乏极富启发性的新见解，对于停滞不前的庄子神话“发掘”工作来说，这无异于柳暗花明又一村式的重要突破。然而令人遗憾的是，作者广泛的人类学知识和丰富的比较神话学资料全都受制于泛月论的求证需要，乃至局部的精彩洞见被整体的偏颇之论所遮蔽、所扭曲。且看该书最终结论中的如下对答：

[1] 参看 W. 施密特：《原始宗教与神话》，萧师毅等译，原名《比较宗教史》，上海文艺出版社 1987 年版，影印本，第 293—298 页。

[2] 杜而未：《庄子宗教与神话》，台北：学生书局 1985 年版，第 2 页。

[3] 杜而未：《庄子宗教与神话》，台北：学生书局 1985 年版，第 31—33 页。

> 或者说，庄子书中的神话，难道说都一律的是月亮神话吗？答：这不但是可能的，而实际上也只是如此。何以言之？道家之称为道家，是因以“道”字为原始基本意义的，而“道”字的原始意义指的是“月亮”……[1]

研究的最后结论又返回到立论的前提上去了，杜先生这部学术书的构思似乎也在仿效“道”的永恒回归运动，作为神话作品看当符合庄子“卮言日出”之旨，但从逻辑层面上看，却难免循环论证之嫌。

台湾辅仁大学刘光义教授在《庄子谬悠之说与神话》一文中也尝试对庄书中的潜隐的神话情节和人物做出清理，认为庄子所说的寓言十九都未必荒唐，未必无端崖，“荒唐无端崖者乃神话”[2]。文章还具体分析了十二例神话题材，认为与《山海经》一书的记载有关的约占九例——神人至人真人、十日并出、得道诸神堪坏西王母等、神巫季咸、谆芒与苑风、夔怜蚿、桓公见鬼、工倕；独见于庄书的有三例——《至乐》篇庄子之楚见髑髅、《外物》篇庄周问鲋鱼和宋元君梦神龟。这些题材有不少是庄子神话研究所未尝涉及的，问题在于对“神话”概念的理解有差异，一般不把庄周个人创作的荒唐之言谬悠之说当作神话。

美国莱海特大学宗教研究系的吉拉道特教授曾师事著名比较宗教家艾利亚德，他把从老师那里学得的模式分析法应用于道家思想的比较考察，著有《早期道家的神话与意义》一书，成为美国汉学界近年来引人注目的新成果。该书以道家文本中的“混沌”主题为中心，打破神话与哲学、传说与历史、汉族与少数民族、中国与外国等科际界限，展开语义、语源、意象、母题、象征等多层面的系统性分析与重构，将《道德经》《庄子》《淮南子》和《列

[1] 杜而未：《庄子宗教与神话》，台北：学生书局 1985 年版，第 178 页。
[2] 刘光义：《庄子谬悠之说与神话》，《庄学蠡测》，台北：学生书局 1986 年版，第 264 页。

子》四部道家典籍中的共同主题做出整合性论证。书中论及庄子神话的两章是第三章“浑沌氏之术”和第四章“浑沌之‘治’与仁义之‘乱’”。在阐释《应帝王》篇末的浑沌凿窍故事时，作者将它放在创世神话与启蒙仪式的宗教象征网络系统中，结合《道德经》所显示的数字（一、二、三、万物）创生模式以及盘古垂死化生型创世说，展开以下四层次的分析：（一）神秘数字“二”与“三”：倏与忽二帝代表阴阳二分的创生动力，浑沌则象征“万物”产生前的“三”的阶段。倏与忽在中央之帝浑沌处相遇，又意味着“三合为一”，重回原初的、理想化的“一”的乐园状态。（二）互惠（reciprocity）与善。人类由天堂状态堕落是世界性神话主题，在道家文本中这一主题不是与造人的情节相联系，而是同造出堕落的人文世界的情节相联系。倏忽二帝谋报浑沌之德，意味着道家的混沌理想状态之结束，堕落的文明世界之开始。（三）凿窍七日。七日是创世神话常见母题，这一情节强调了浑沌故事的宇宙发生论蕴含：七日作为创造之期意味着第二次创造的人文世界将取代先前存在的乐园世界。（四）死亡、牺生与堕落。浑沌之帝在被开七窍之后死去，意味着在宇宙发生论的层面上，乐园状态的毁灭是建立人类文化世界的必要条件；在个人的层面上，再生或开启一种新的生存状态都需要象征性的死亡及创造之重演。浑沌之死与盘古之死同样，是新的创生之前提，尽管新的创生未必优于旧的存在。吉拉道特称之为“否定性的创生”（negative creation）[1]，或“堕落到文明”（the fall into civilization）。《庄子》确认了“堕落到文明”的事实，却并未将它当作终极的事实或永久性的好的秩序，因为堕落即由“圣”到“俗”（用艾利亚德术语）的转化原因乃在于如下自我幻觉——将浑沌之死视为一种再生，把生命的文明开化之价值作为人类本性的根本和规范来加以接受。“道家还必须经验一种死亡，那是文明化

[1] 吉拉道特（N.J.Girardot）：《早期道家的神话与意义》（*Myth and Meaning in Early Taoism*），加州大学出版社 1983 年版，第 89 页。

的世界的日常状态的死亡，同时也是回返到浑沌那原初的、原始的或神话的生活中去。这就产生了早期道家的一种基本意义模式，经历七阶段冥想的神秘启蒙仪式，象征着与浑沌之死相反的过程，使灵魂与肉体得到重新组合”。[1]对于个人修道者而言，这就意味着重新回归或体验浑沌无面目的状态是完全可能的。

由上例中不难看出，吉拉道特对《庄子》文本的具体阐释或许还有再检讨的必要，但他所运用的神话学分析与思想分析融为一体的阐释方法本身却足以使传统的注释学方法得到改造更新，提升到更具有理论广度的层次上来。“与杜而未的研究相比，吉拉道特的著作眼界更为开阔，材料的占有更充分，对作品文本的分析也更为深入和具体，他所发掘出的道家浑沌神话体系比之‘月神宗教’显然更具有系统性，因而也有较多的说服力”。[2]问世以来屡为国际上治庄学者所引用。1987年出版的艾利亚德主编的《宗教百科全书》第三卷“中国宗教”部分，也收录了吉拉道特撰写的专论《神话主题》，对道家神话在中国本土宗教思想传承中的作用做了进一步论说。

20世纪80年代汉学研究中对庄子神话给予特别关注的另一部英文著作是美国的罗伯特·艾利森教授的《精神超越的庄子——内篇解析》（1989）。艾利森并不满足于艾利亚德、吉拉道特等人的宗教史的或比较宗教学模式的研究方法对于《庄子》的解读效果，他认为他们过于强调创世之初与回归的主题，并过分偏重《庄子》中的浑沌故事，反倒忽略了更具有神话学意义的鱼—鸟变形主题，因而未能更准确地把握庄书内篇的主旨——精神超越问题。艾利森赞同格雷厄姆（A.C.Graham）的观点，认为《应帝王》篇是庄子不大注重的一篇，其中的浑沌寓言似也无足轻重了，而全书开篇的第一个神话

[1] 吉拉道特（N.J.Girardot）：《早期道家的神话与意义》（*Myth and Meaning in Early Taoism*），加州大学出版社1983年版，第98页。

[2] 叶舒宪：《老子与神话思维》，《求索》1992年第6期；又见萧兵、叶舒宪：《老子的文化解读》，湖北人民出版社1994年版，第13页。

（鲲化鹏）才是“中心的神话”[1]。作为哲学家的庄子所创作的这一神奇故事不仅构成他全部哲思表现之起点，而且也对中国汉族神话内容传承产生重要影响：我们发现大鹏腾飞九万里这一空间距离的隐喻意象又在三国时期记载的盘古化生神话中重复出现。哲学家九万里意象对后起神话内容提供了某种原型。[2]艾利森还指出，如果仔细考察庄子书中鱼鸟神话，还会发现它是化蝶故事的事先预演。无论是鱼化鸟还是人化蝶，都属于变形神话。《庄子》中反复运用这类神话表达自我转化（超越）的中心主题，而不是创造世界之类的其他主题。

在研究方法上，艾利森也希望同艾利亚德、吉拉道特式的比较宗教学有所区别，不去过分倚重文本以外的因素，专注于神话的内容和形式在庄书文本之内的特殊效用。“一言以蔽之，我们的出发点和终点都是文本，而不是所谓‘作者要表达的真实意义’”。[3]与井筒俊彦的“神话术”观念不同，艾利森虽然也强调神话对于庄子的绝对重要性，却不理会它与萨满—巫教的思维传统的渊源关系，只关心作为“隐喻的艺术”之神话如何形成庄子特有的思想传达，启发读者自己挣脱“概念信仰系统的精神牢房”，超越到一种“开放的心灵”状态，从而重新获得更加优越的认知构架。[4]基于这种思想与表达形式的有机性整体意识，艾利森在书中第二章“神话与怪物：隐喻的艺术”和第三章“神话的内容”中，分别考察了神话对于形成庄子文体风格的作用，以及这种文体本身特有的思想价值和认识论意义。正像吉拉道特紧紧围绕《庄子》内篇末尾的浑沌神话大做文章那样，艾利森则针对内篇之首的鲲鹏神话而借题发挥，提出足以发人深省的尖锐问题：“为什么把神话放在全书文本

---

[1]艾利森（Robert E.Allison）：《精神超越的庄子——内篇解析》（*Chuang-Tzu For Spiritual Transformation*），纽约州立大学出版社1989年版，第180页注②。

[2]参看俞大卫（David C.Yu）：《古代道家的创世神话及象征》（*The Creation Myth and its Symbolism in Classical Taoism*），《东西方哲学》第4卷第31期，1981年10月，第479页。

[3]艾利森：《精神超越的庄子——内篇解析》，纽约州立大学出版社1989年版，第11页。

[4]艾利森：《精神超越的庄子——内篇解析》，纽约州立大学出版社1989年版，第9页。

的开端处？”[1]他自己提供的解答包括两个原因：其一，庄子要暗示他的读者，书中所要说的是不能够直接说的。于是，神话具有了表达策略上的两面疑问词的作用。其二，神话更为独特的功用在于暗示，书中所要说的显然不能按其字面意义去理解，因为神话本是“非真实的故事”。从另一方面看，神话的实质上的非字面真实又使它拥有了另外一层的真实价值。就像两面的问题，神话在肯定的同时也否定。

神话的这种两面性似乎最适合相对主义观点的表达需要。但是艾利森并不认为庄子是相对主义者，庄书中屡见不鲜的相对化的表述策略，其目的不在于宣传相对主义的真理，而在于认识方式上的破除成见和打碎教条，为精神的自我超越准备条件。“简言之，我们可以认为庄子试图迫使读者脱离自己头脑中的概念的或分析的力量……同时沉浸到直觉的或审美的方式中去”[2]。由此看来，《逍遥游》开篇的神话运用正是旨在终止分析理性的日常逻辑，同时开启直觉理性的幻想世界。

艾利森对庄子神话的上述见解在一定程度上获益于美籍华人学者吴光明教授的庄学著作。吴氏1982年用英文发表的《庄子：游戏中的世界大哲》[3]一书、1988年用中文发表的《庄子》等书都论及庄书内容与形式的有机统一性问题，虽然没有专就神话展开整章节的探讨，却在讨论庄书的隐喻和诗性结构方面涉及相关的问题。例如吴光明在《蝴蝶伴侣》一书中开篇讲到庄书的诗性文体，概括出“内容体现于形式”[4]的根本特点；若不留意其形式的特殊性，则无从深入其思想的特殊性。根据这一原则，吴氏认为历来的注庄解庄都未得要领，只能算是对庄书的误解。《庄子》第三章列举了九种误解方

[1] 艾利森：《精神超越的庄子——内篇解析》，纽约州立大学出版社 1989 年版，第 27 页。
[2] 艾利森：《精神超越的庄子——内篇解析》，纽约州立大学出版社 1989 年版，第 23 页。
[3]Kuang-Ming Wu：*Chuang Tzu：World Philosopher at Play*，The Crossroad Publishing Co.，New York，1982.
[4] 吴光明（Kuang-Ming Wu）：《蝴蝶伴侣》（*The Butterfly as Companion*），纽约州立大学出版社 1990 年版，第 23 页。

式，其中第九种便是：

……向庄书冥晦的讽示语法大感不满意不耐烦，想用现代严密哲学的理论论说来从庄书神话般的语句中提炼出庄子的真意。又以精确的概念整理成一套首尾一贯的庞大体系。

很可惜庄子正是要避免这种“精确的哲学”。但是庄学家一直要俯就庄书，阐释里面“愚谬而含糊”的卮言，以“清楚的思维”阐明“庄子的本意”。这样一来，庄书原有的特色就完全变质而丢失了。[1]

作者还举出美国汉学家顾立雅（H.G.Greel）出于欧洲中心主义立场，要将庄书乱杂蒙雾的词句“非神话化”（demythologize），以便从中提炼出抽象的思想体系的例子，说明不理解庄书独特形式所造成的误会：“干燥地总括庄子思想的要点，等于只抓到庄子活哲思的死骨。”[2] 此种误解的深层原因是预先独断只有西方式的抽象理论思维才是哲学，其他方式的思维都不是。这种独断正是庄书要质疑和反驳的。

从建设性的方面，如何避免对庄书的进一步误解，吴光明教授标出“唤起”一词，倡导读者的自我参与：“庄书的文体是寓言性唤起性的。如要传达字面上文章，著者要明明晰晰地直说其意，不可另解。在隐喻暗示的活动中，著者却不直说，只用沉默非言或题外妄言来唤起读者自创意义。有时著者偏要说些明明是完全不合理的谬言，来激惹我们的反抗而去自寻要义。”[3] 在这里明显可以看出当代接受美学和读者反映批评关于文学文本“召唤结构”说的应用。对于像《庄子》这样诗哲合一的特殊个案而言，引入接受美学的

[1] 吴光明：《庄子》，台北：东大图书公司 1988 年版，第 50 页。
[2] 吴光明：《庄子》，台北：东大图书公司 1988 年版，第 52 页。
[3] 吴光明：《庄子》，台北：东大图书公司 1988 年版，第 60 页。

读者维度，确实不失为一种切实有效的阐释策略吧。吴先生根据此点把《庄子》视为未完成的书，它以美妙的文体招呼我们在生活中完成他在书里所开始的。

在 20 世纪 90 年代发表的《庄子的身体思维》一文里，吴氏又借助于“身体思维”这个别致的概念来昭示庄子自我超越的途径，解说庄书中神话想象的体验性质。他告诉人们，若离开身体感受的具体性，庄子的论证和故事都将失去意义。当我们读到鲲化而为鹏，抟扶摇而上九万里的神话故事，如果我们不是在想象中也感同身受，会有如此强烈的兴奋之情吗？当庄子终于明白庄周和蝴蝶之间身份的急剧转变，当庄子终于能开启惠施的疑问，说明他的自我和鱼乐的同化，这些都因我们身在当场才呈现出意义。我们的身体充当了真理经验的所在地、方法、条件和观点，身体构成了真理。从这一意义上作者发出召唤说：“如果我们能仿效庄子的模式来思想，我们就可以获得无边的快乐。庄子提倡宇宙的自由自在的喜悦，他的身体自由自在地逍遥游，穿透所有的高度、宽度，还有深度，透过全然的想象，由此界穿越到超越界，并使得超越界在此界止遏、生光，即让此界和超越界相互辉映。这些过程只在身体的具体性中显出意义，这就是庄子的身体思维中最能博君一粲的妙趣！”[1]

仿效庄子的模式去思想，按照艾利森的看法，就是放弃概念的和分析的思维习惯，回归到神话的和隐喻的思维传统中。这可以称为以庄解庄的新方式或新思路。郑志明先生宁愿用通行的“原始思维”概念去帮助切入庄子所追求的与万物冥合的人生境界，通过“浑沌”“鬼”“精”“神”等重构庄子形上学。[2]

---

[1] 吴光明：《庄子的身体思维》，蔡丽玲译，《中国古代思想中的气论及身体观》，杨儒宾编，台北：巨流图书公司 1993 年版，第 414 页。

[2] 郑志明：《庄子的鬼神观》，《鹅湖》1994 年第 11 期，第 15 页。

总结以上的专题回顾，大致可以对近百年来庄学研究中新兴的神话视点有一个较为详尽的历史观照。经历了海内外学者几代人的努力，我们对庄子与神话的关系之认识，可以说是从无到有，由浅入深，从局部的微观考索到整体的有机把握。神话对于理解庄子思想和庄书构成的重要性，也随着20世纪以来神话学在人文科学总体格局中的长足发展而变得日益彰显。“神话术”和“神话思维”等西学概念继“神话”概念之后被引入庄子研究乃至道家文化研究中来，必将产生极其重要而又非常深远的革新效应，对此，20世纪的后期已经出现了全新的苗头，虽然还仅仅是个开始，却足以将两千年来的寻章摘句式注庄解庄传统改换方向，形成深度透视和整合把握的理论性突破。可以预期的是，此种由“神话思维”角度的切入而引发的庄学大变革在未来的世纪中将伴随着国学解经学传统的现代转化而融入国际性的文化阐释方法，并借助于文献分析的电脑化和考古学、民族学等跨文化资料的空前共享而取得前人无法想象的成果。

现代庄学史的回顾所带来的此种前瞻性的附加认识可以使当今的研究者更加明确自己在学术转型变革期的位置，从而对自己能做什么和应当怎样做的问题有一个较为自觉的意识，在力所能及的范围内完成其中介者的过渡性学术使命。笔者近十年来的译介和研究工作大体上都与神话思维这个命题有直接或间接的关联，也曾尝试以神话原型为基点的哲学史前史探索。本书将以《庄子》为个案继续这种跨学科研究的尝试，希望能借助人类学的宏观透视去把握庄书的神话思维方式和宇宙论结构，并在微观分析中揭示某些重要的神话主题、原型意象和象征、神秘数字、叙述模式等的深广文化蕴含，及其在《庄子》整体结构中的意指作用，在思想史和文化史中的反响与回应。

笔者还希望这一个案研究能够有助于对道家思想源流的现代理解，进一步沟通神话与哲学之间的人为界域，并将古典思想家庄子与现代西方思想家之间的某些默契或同构之处昭示出来，从而说明一种拒绝理性抽象和概念切割、借助于神话术和象征编码来建构哲学文本的方式如何可能；在经历了“解构”和语言学转向的后现代立场上看，庄子的神话哲学又能给我们怎样的启示。

THE FIRST PART

第一章

道之回归

神话在某种意义上乃是无法击败的。理性的论证于它无动于衷，三段论演绎也不能将它驳倒。不过，哲学对我们能起到另一种重要的作用：它能使我们认清这位敌手。

——卡西尔：《国家的神话》

真其归乎！假所以悟。假其归乎！真自以出。

——纯阳真人：《金玉经·归真篇》

一、庄子的诗性智慧

古往今来喜好《庄子》的读者不计其数，品庄解庄的著述也已汗牛充栋，观严灵峰先生所编《无求备斋庄子集成》可知其大概。然而真正领会《庄子》妙文胜义的人恐怕并不很多，尤其是能够参透作者诗性智慧并用自己的方式表达出来的人也许更是寥寥吧？

何以如此呢？主要的原因就在于：诗性智慧不同于一般的哲理、教义、信条，难以用常规的语言形式去传达和教授，只能通过特殊的间接语言形式去激发和启导。《庄子》之文本便是行使此种激发、诱导功能的载体。诗性智慧是《庄子》一书的最大特色，单纯从哲学的或文学的角度去观照都无法有效地把握。汪洋恣肆也好，行云流水也好，都不仅仅是《庄子》文体风格的体现，也是表达庄子哲学，启发诗性智慧的内在需要使然。如果不能洞悉庄书汪洋恣肆和行云流水的文体背后凝聚着的独特思想的深层结构，那么此种纯文学的欣赏就不免有买椟还珠之嫌。

一个流行甚广的成见是，庄子善用文学的形式去表达他的哲理，因此他的书能够同时成为文学史上的杰作和思想史上的经典。在学问被划分成义理、考据、辞章的往昔时代，这种认识当然不足为怪。可是此种成见自现代以来又自然被纳入一种貌似科学的两分法模式：内容 / 形式。这种译自西文的语汇（内容——content；形式——form）所反映的西方分析理性认识方式也随着现代西化教育体系在我国的普及而被大家所认同。于是，在我们从中小学的语文课堂上就已熟知的那种“通过什么表现了什么”的俗套语言背后，是我们已被铸塑成为机械两分式的那种思维定式，习焉不察，人云亦云，貌似天经地义，再难超越。然而在庄子那里，内容和形式不是可不可分合的问题，而是根本就没有这样一种程式化的两分法。在“道通为一”的整体主义观照之下，岂能产生出西方分析理性式的概念切割和机械划分呢?

要知道，在庄子的时代尚不存在“通过什么表现了什么”的机械套语，甚至不存在现代专业分工视为森严壁垒的哲学与文学的学科划分。那时所有的只是“质胜文则野，文胜质则史”的儒家式权衡和“信言不美，美言不信”的道家信条。庄子对语言的负面作用早有超前的领悟，他深知得意忘言和得鱼忘筌的表达策略，更对老子的辩证语言观——“正言若反”心领神会，把“反”的语言实践从字法、词法拓展到句法、章法乃至整体构思。于是，前后矛盾和前后重复构成了意义的陷阱和歧解的迷宫。

现代学者受西方逻辑思维训练后又试图以此去分辨解析《庄子》书中的矛盾，乃至根据西方标准的矛盾律，从自相矛盾的表达中区别出庄子本人思想和庄学后人的观点，却忽略了这种分析理性本身与庄子的诗性智慧恰恰是扞格不入的两套路子。庄生的神话、重言、悖论、反语、寓言等皆为体道喻道的启迪媒介，与分析理性的逻辑推论本是难以相容并存的。正是在这一意义上，弗莱把“文学”视作对纯粹理性的批判，并建议我们在哲学文本后面的文化基层中去发掘那些被蔑视为“非理性”成分的思想之根，诸如隐喻、想象和梦幻。[1]本书之作就是在这一方向上的初次探险。为了避免迷失，让我们从庄书的由来背景入手。

二、“道术”之裂与回归

道家思想的由来问题，在《庄子》一书的“后序”《天下》篇中即有所提示，那便是“古之道术”。“道术”与“方术”相对而言，指的是贯通天

[1] 弗莱（Northrop Frye）：《作为“纯粹理性批判”的文学》（*Literature as a Critique of Pure Reason*），邓南（R.D.Denham）编：《神话与隐喻》（*Myth and Metaphor*），弗吉尼亚大学出版社 1991 年版，第 168—182 页。

地人的完整周全之术，而不是只能偏向一个方面或一个局部的“方术”。《天下》篇的作者认为古时候的完整周全、普遍适用的道术被后世学者的狭隘和偏见所割裂，弄得支离破碎，门派蜂起，各是其所是而非其所非。只有到了关尹、老聃，“古之博大真人”出现，才有恢复古之道术的可能；而至庄子，终于重现了“万物毕罗”的道术境界，使以前“往而不返”的诸家学说获得再度整合、破镜重圆的契机——

彼其充实不可以已，上与造物者游，而下与外死生无终始者为友。其于本也，弘大而辟，深闳而肆，其于宗也，可谓稠适而上遂矣。

成玄英疏末句云：“遂，达也。言至本深大，申畅开通，真宗调适，上达玄道也。”[1] 也只有这种合乎天道的学理才可能做到“应于化而解于物也，其理不竭，其来不蜕，芒乎昧乎，未之尽者”。用现代的术语来阐释，《庄子》所言此种无始终、无穷尽的道术也就是宗教史学家所谓“永恒回归”（Eternal return，又译“永恒循环”“永恒复返论”等）之道。

艾利亚德指出，如若从世界上各种宗教、仪式和神话中找出一种最具普遍性和原始性的模式化主题，那就是“永恒回归”。这个主题产生于史前人类基本的生活经验和与之相应的神话思维方式，是人类从天体运行、四季变迁、动植物繁衍等自然现象之中一切循环变易表象所归纳和总结出的第一个宇宙大法。又由此推及社会和人生，发展为以周期性复归为特色的生命观念和历史哲学。它同哲学和科学理性后来确立的直线前行的时间观相对峙，通过宗教、神话和文学在文明中不绝如缕地传承下来。《庄子·天下》所向往的“古之道术”，似乎在理性大觉醒的春秋战国时代面临着分

[1] 郭庆藩：《庄子集释》，中华书局 1961 年版，第 1101 页（以下一般只标出页码）。

裂消解的危机，老庄哲学正是面对这种思想分化的局面，重新阐发永恒回归之道的创造性结晶。

《汉书·艺文志》追索诸子源流，将道家置于儒家之后，其所陈述常为后人引以为据："道家者流，盖出于史官，历记成败存亡祸福古今之道，然后知秉要执本，清虚以自守，卑弱以自持，此君人南面之术也。"班固对道家源出于史官的这一看法似乎与《庄子·天下》所言有一些出入，但究其实质，则仍与庄生道术的永恒回归主旨相暗合。吕思勉先生分析说，道家的核心要义"卑弱以自持"，出自古人对宇宙动力之循环性的认识。老子言"道"即以"周行而不殆"和"大曰逝，逝曰远，远曰反"为特征，"此言宇宙之本，唯是动力，而其动之方向为循环也。唯自然力之方向为循环，故凡事无不走回头路者，而盛强绝不足恃。……夫如是，故有祸福倚伏之义。故贵知白守黑，知雄守雌。此盖观众事而得其会通，而知柔弱者可以久存，刚强者终必挫折，遂乃立为公例。所谓历记成败存亡祸福者也。内'清虚以自守'，外'卑弱以自持'，'君人南面之术'，尽于此矣。此《汉志》所谓'秉要执本'者也"。[1]可知老子由宇宙本体论上的循环性认识直接反推出人生论上的柔弱谦下之道，从而奠定了道家思想的基调。不过庄子却并没有完全按照老子的意思去发挥和强调卑弱自持的君人南面之术，而是紧紧扣住本体论上的循环运动，发展出一套随缘乘化的精神超越理论，可以说是用永恒回归之道去贯通自然与社会，统合宇宙与人生。就此意义而言，庄子哲学从渊源上看正是一种典型的神话哲学。

《庄子》书中除了直接沿用《老子》表达永恒回归主题的惯用术语——"反""复""归""玄"等之外，还从神话思维中提炼出一些原型意象，作为表达同一主题的置换变体的隐喻，如"环""环中""天钧""天伦""天

[1] 吕思勉：《先秦学术概论》，中国大百科全书出版社 1985 年版，第 25—26 页。

行”“道枢”“天倪”“卮言”“子祀”“子舆”“子犁”“子来（麦）”“蛇蜕”“蝉”“蝶”“化轮”“圆机”“壶子”，等等。由于这些原型意象以古老的神话传统为其深厚土壤，在象征蕴含方面又具有殊途同归的指向，所以使《庄子》的文本具有了一种非同一般的语言表达的意义结构，形成了前后呼应、往复回环的有机整体效应。如果我们期望能够通过《庄子》的文本而体悟到道的永恒运动，那就只有按照“道术未为天下裂”的整体性原则去经历庄书中的那种“始卒若环”的意指游戏，在那“荒唐之言”和“无端崖之辞”中去品味“言无言”的妙旨，领略精神遨游的“无端崖”乐趣。

三、《庄子》“归真”情结

以老庄为代表的道家哲学直接承袭着原始宗教与神话思维的永恒回归主题，并将这一主题扩展为统合宇宙论与人生论的、新的思想体系。对此，笔者在《老子的文化解读》中针对老子哲学做了初步探讨，着重分析了《道德经》中“返”与“归”的中心命题，阐述了“道”的基本运行规律。庄子作为老子思想的创造性继承者，一方面以更加开阔的语境发挥着“返”与“归”的基本命题，拓展着“正言若反”式的思维路径；另一方面又尝试补充老子在表达永恒回归之道方面的缺失与不足，使未圆满的变得圆满，不充分的变得充分，以便更加彰显自然之道“周行而不殆”的总体特性。

这样，我们在老子与庄子的著作中既可看到思想上的一脉相承之关系，又可看到二者在语言表现形式方面的明显差异。简单地说，老子只尝试用对立统一的概念范畴去表达永恒回归主题，从内容上看是无可厚非的，但从形式上看就未必周全、圆足。这种以非循环往复的语言形式传达循环往复的“道”之思想的重大欠缺，正为庄子施展他的创造性语言能力与叙述技巧，在寓言、重言和卮言的复杂变幻中兑现循环回归式的表达形式，留下了充分的用武之地，从而将在老子那里初露端倪的诗哲合一的思维风范一下子拓展到更高级的全新境界，使《庄子》这部书成为文化史上前无古人、后无来者的文章极品，对历代思想家和诗人墨客都同样具有未可替代的启示作用。

具体而言，当《庄子》一书中用正面议论的方式表达“反”（返）、“复”、“归”的中心命题时，我们所看到的似乎是《道德经》中同类思想和语言的再现与发挥；或者从更根本的意义上说，是老子和庄子分别对神话时代的回归主题之重新阐发。

《庄子》中“反”字共出现八十八次，其中用于归返之义的占了大多数。在用作“返”的五十多例中，作为术语表达回归命题的又占半数以上，或可视为《道德经》第四十章“反者道之动”一说的发扬光大。如《大宗师》中的“反复终始，不知端倪”和“反其真”；《在宥》中的“今夫百昌，皆生于土，而反于土”；《天地》中的“性修反德，德至同于初……是谓玄德，同乎大顺”；《缮性》中的“然后民始惑乱，无以反其性情而复其初”；《秋水》中的“谨守而勿失，是谓反其真”，同篇中的“始于玄冥，反于大通”；《至乐》中的“人又反入于机”；《田子方》中的“生有所乎萌，死有所乎归，始终相反乎无端，而莫知乎其所穷”；《知北游》中的“直且为人，将反于宗”；《庚桑楚》中的“以死为反也”；《徐无鬼》中的“驰其形性，潜之万物，终身不反”，“反己而不穷，循古而不摩”；《则阳》中的“穷则反，终则始”；《盗跖》中的“使天下学士不反其本”；《天下》中的“百家往而不反”，“逐万物而不反”；等等。这些话都明确提到返即回归的可行性、必要性以及对“不反（返）”的忧虑。在老子那里只有“与物反矣”之说，庄子则发展出“反真”“反德”“反宗”“反于大通”“反其性情”等一系列说法，并显示出终始相续的循环意蕴，即通过“返”而达到“往”与“返”的统一，实现“周”的理想，以“游于无穷”。《秋水》篇“反要而语极”句成玄英疏云：“虽复混迹人间而心恒凝静，常居枢要而反本还源。”[1]同篇“反于大通”句又疏云：“夫庄子之言，穷理性妙，能仰登旻苍之上，俯极黄泉之下，四方八极，奭然无碍。此智隐没，不可测量，始于玄极而其道杳冥，反于域中而大通于物也。”[2]万物既然都遵循着变化回返、推衍不已的自然大法，人类个体的处世态度也就以能否“返本”或“返其真”为根本的判断尺度，期望由此实现天道与人道的统一对应。

与“反”的概念相呼应的第二个词是“归”。《老子》的五千言中“归”字出现了十一次，典型的措辞有“归根”和“复归”两种。《庄子》中言“归”共计三十三次，其中作为术语的用法明显依循老子之说，如《山木》中的“复归于朴”与《知北游》中的“欲复归根”；以及多少表现出自铸新意的个别用法，如《列子》篇中所说“归精神乎无始”；《知北游》中用“大归”指代死亡等。《齐物论》中两次说到“不知归”的人，并深表悲哀之情。先则云：

终身役役而不见其成功，苶然疲役而不知其所归，可不哀邪！[3]

再则云：

圣人愚钝，参万岁而一成纯。万物尽然，而以是相蕴。予恶乎知说（悦）生之非惑邪！ 予恶乎知恶死之非弱丧而不知归者耶！[4]

这两处“归”均喻指死而言，旨在借此隐喻表达死生如一之理。成疏：“蕴，积也。积是于万岁，则万岁一是也；积然于万物，则万物尽然也。故

[1]《庄子集释》，第 590 页。
[2]《庄子集释》，第 602 页。
[3]《庄子集释》，第 56 页。
[4]《庄子集释》，第 100—103 页。

不知死生先后之所在，彼我胜负之所如也。”“弱者弱龄，丧之言失。谓少年遭乱，丧失桑梓，遂安他土而不知归，谓之弱失。从无出有，谓之为生，自有还无，谓之为死。遂其恋生恶死，岂非弱丧不知归邪！”与这种隐喻意义的“归”相呼应的还有“气散”和“解”等多种比喻，我们拟在以后的章节中分别加以探讨。

与“反”相应的第三个词是“复”。《道德经》中共出现了十五次，作为术语的用法除前述“复归”（六次）外，还有第十六章的“复”与“复命”，乃作为“归根”之喻的别称。《庄子》中亦极善于用此“复”字来表达回归主题，总计出现了约五十次。作为术语而用的例子有：《齐物论》：“道通为一，其分也成也，其成也毁也。凡物无成与毁，复通为一。”《知北游》：“臭腐复化为神奇，神奇复化为臭腐。”“魏魏乎其终则复始也”。《应帝王》：“雕琢复朴。”《天地》：“无为复朴。”《在宥》：“各复其根而不知。”《天地》：“万物复情。”《达生》：“夫形全精复。”《则阳》：“复命摇作而以天为师。”等等。另外，《缮性》篇还提出通过个人修养而“复其初”的可能性，以及古之人在“混芒”之中的无为自然理想，体现出老子关于“初始完美”神话观的深刻影响。《韩非子·解老》诠释“常道”之理云：

凡理者，方圆、短长、麤靡、坚脆之分也。故理定而后可得道也。故定理有存亡，有死生，有盛衰。夫物之一存一亡，乍死乍生，初盛而后衰者，不可谓常。唯夫与天地之剖判也具生，至天地之消散也不死不衰者谓常。而常者，无攸易，无定理，无定理非在于常所，是以不可道也。圣人观其玄虚，用其周行，强字之曰道。[1]

[1] 陈奇猷校注《韩非子集释》卷六，上海人民出版社 1974 年版，第 369 页。

道之周行本源于开天辟地时的创造。艾利亚德等把那时的创造视为后世一切创造活动的原始范型。“人类所做的一切在某种意义上都可视为一种卓绝的伟业即造物主的原型性行为之重复”[1]，因为只有那种初始之生命力才是无比强大和永不衰退的。老子说的“复命曰常”和庄书中的“复其初”，乃至“无为复朴”“万物复情”“各复其根”等多种比喻措辞，按照韩非的诠释就是要回归“与天地之剖判也具生”的终极源头。个人通过复归于生命本源（婴儿与胎状）的精神修炼，即可象征性地回返创世之初或之前的神圣开端，实现道家所特有的“复乐园”理想。蒋锡昌云：“盖老子以生存为暂，寂灭为常；暂则假而多变，常则真而不易；故以‘常’为道。五十二章，‘无遗身殃，是为习常’；五十五章，‘知和曰常，知常曰明’；皆以‘常’为道也。……‘复命曰常’，谓复命就是常道也。”[2]既然复归就意味着弃假求真，与道的永恒运行契合为一体，所以庄子特创制出指代造物主的“真君”和“真宰”[3]两名，同时还将能够“无为复朴”或“复其初”的体道之高人称为“真人”。所有这类以“真”命名的神圣楷模为道家和道教奠定了“归”和“复”的根本价值取向，修道又可称“修真道”或“修真”；返朴则与“归真”并列为词。

“真人”在《庄子》的内、外、杂篇中都有用例，总计出现了十七次。与此相关的其他措辞还有《让王》篇所说“道之真以治身”；《大宗师》篇的“反其真”；《天道》篇的“极物之真”；《应帝王》篇的“其德甚真”；《田子方》篇的“其为人也真”；《渔父》篇的“圣人法天贵真”；等等。汉代的道教经书完全承袭了这一用法，《老子想尔注》和《太平经》都善言“真道”，亦称“道真”。陶弘景则以“真”为名作《真诰》，将“真”与“归”

[1] 艾利亚德（M.Eliade）：《神话与现实》，特拉斯克英译本，哈波出版公司1963年版，第32页。
[2] 蒋锡昌：《老子校诂》，商务印书馆1937年版，第104页。
[3] 均见《齐物论》。

的实质性联系仍然落实在创世之本源中，如《甄命授》云：

道者混然，是生元炁。元炁成然后有太极，太极则天地之父母，道之奥也。故道有大归，是为素真。故非道无以成真，非真无以成道。

"真"和"道"如此相互依存，以归真返璞为特征的真人亦不妨理解为道人，即人格化的"道"与"真"。如此一种以归真为复命的信念，自然不同于其他宗教中以肉体死而再生为特质的复活观念，其远源仍被宗教史学家追溯于史前社会中的永恒回归神话。如果要问"归"的目标"真"为什么常与创世之道相联系，那么还是让艾利亚德的考察结论来做解答：宇宙的生命力不是通过复活，而是通过再创造（re-creation）而得到更新的，因为再创造乃是对宇宙发生时的神圣创造之重复。许多部落社会中常见的治病仪式都表现为创世神话的重演，或可视为象征性的归真返始之表演。"正是经过创世过程的再现——那是所有生命的本源模型，人们期望恢复患者身体的健康和精神的整合。在这些部落之中，创世神话还会在生育、结婚和丧葬的礼仪上唱诵出来，因为人们设想为确保这些人生礼仪的完美的实现，总是要象征性地回归创造初始的生命力之源"。[1]与"归"与"复"的执着要求相互配合的"混沌"与"元气"之恋，为什么能够在道家和道教体系中占据那样显赫的位置，从这种原始信念的联系上或可有较为深入的理解吧。

以上简略考察了《庄子》中表达回归主题的几个关键概念"反（返）、归、复、真"及其在思想文化史上的承前启后作用，从而为更加全面地把握这一主题在庄书内外的种种复杂多样的变奏形式确立了一个基点。本书以下内容将主要由这个视角切入，结合庄书文本中的具体对象及整体思路和篇章结构

[1] 艾利亚德：《永恒回归的神话》，特拉斯克英译本，罗特累齐与凯根·保尔出版公司 1954 年版，第 82 页。

等方面分别加以探究和阐释，尤其关注庄书形式与思想的有机整体性，以及由此而构成的特殊审美效应。

四、解庄法门：大、远、返

如果要对老子和庄子表达同样一种回归主题时的差异之处有所思考，并不简单地将庄子看作前代思想的一个复述者或阐发人的话，那么首先引起我们注意的就是二者判然有别的文体风格，以及内在地决定着此种风格差异的思路展开方式。前已提及，老子的《道德经》是以通常的说理方式来表达回归主题的，其间虽有极巧妙运用的对立范畴的正反依存关系，但全书八十一章并无内在的有机联系，尚不能从表达形式上完成与道之周行规则相默契的循环整体之建构。这种体用二分的缺陷一方面受制于先秦诸子较普遍的著述体例，另一方面则与老子那种脱胎于诗歌传统的引譬取类式论说方式有直接关联。

老子既公开宣称“信言不美，美言不信”[1]，又在自己的写作中大量运用比喻，作为一种推理的初级类比形式，使其五千言颇有“哲理诗”的风貌。“值得注意的是，老子的比喻并非后世诗人墨客所用来增加修辞效果的文学技巧，而是他得自神话类比思维的一种独特的思维方式和论证方式。对此，只有把老子的比喻思维放置在自神话语言向概念语言演进的历史过程之中，才能获得清晰的观照”。[2] 从这种演进过程中看，“老子的比喻之中实际完成着从具体到抽象的理念过程，这意味着得之于神话思维的比喻正在向‘舍象取义’的方向发展，也就是从自发的类比联想向有意识的图解观念发展，

[1] 俞樾以为此二句中“言”为“者”之误。但河上公本《道德经》注有“信言者，实言也”，可证俞据误本。参看蒋锡昌《老子校诂》，第 467 页。

[2] 萧兵、叶舒宪：《老子的文化解读》，湖北人民出版社 1994 年版，第 41 页。

从比喻向寓言发展。像第七十四章中用代替木匠砍木头的人难免自伤其手的现象比喻司杀者没有好结果，这已经十分接近《庄子》之中的寓言了”。[1]从比喻推理到寓言说理或故事说理，从思想史的传承上看似乎只是一步之隔，但其真正的实现和完成却足足跨越了春秋和战国两个时代。刘师培先生说：“中国文学，至周末而臻极盛。庄、列之深远，苏、张之纵横，韩非之排奡，荀、吕之平易，皆为后世文章之祖。”[2]这是极有见地的判断，把握各家之风格，可谓言简意赅。《列子》能否与《庄子》并列为晚周之书，暂且不论，以“深远”二字概括其为后世文章之祖的特性，不可谓不精辟。《庄子·天下》称庄周之言“弘大而辟，深闳而肆”，正可为“深远”说发凡张本。

如果从所以然的角度探讨《庄子》“深远”风格的发生学道理，那么我们又不得不把“文章之祖”的位置相对化，进而在庄子的荒唐之言的表象背后去寻找更深远的“祖”。从永恒回归的原始神话在文明之中的失传与再发现这一大背景下，重新审视道家学说的兴起及其思想渊源，不光是那种强烈的归根情结和复朴思想可以完全找到着落，就是其“弘大”和“深远”的风格亦能得到有效的透视。其实《道德经》第二十五章强调那“独立不改，周行而不殆”的“道”的特性时，已经点明了什么才是“弘大”和“深远”的根源：

大曰逝，逝曰远，远曰返。[3]

往而不返就称不上“周行”，因而也与“大”和“远”无缘。庄子把这个道理熔铸到他的学理、他的文章乃至他的姓名之中（详见第二章第四节“庄

[1] 萧兵、叶舒宪：《老子的文化解读》，湖北人民出版社 1994 年版，第 49 页。
[2] 刘师培：《中国中古文学史·论文杂记》，人民文学出版社 1959 年版，第 110 页。
[3] 朱谦之：《老子校释》，中华书局 1984 年版，第 102 页。

周释名”），从而真正补足了老子之缺，实现了永恒回归的语言形式与永恒回归的思想内容的重新统一。从另外的意义上说，就是道和道的表现有机结合为一体。这样看来，庄书中的寓言和重言之使用，表面上与同时代的诸子之书没有太大的差别，实际上却潜藏着较为特殊的著述旨趣。这一点，只有将庄书所独创的卮言式回环结构同寓言、重言的具体联系结合起来，并同神话思维的传统结合起来，才能得到透彻的解说。

然而十分可惜的是，由于道家思想与永恒回归神话之间的联系在历史发展和实用理性占统治地位的意识形态中被人们忽略和忘却，《庄子》一书的深层结构也就不可能得到相应的认识和理解。其“深远”之旨虽然曾令无数后人叹赏与玩味，追慕与仿效，但其所以然之谜却无法在有效的理论框架中得到深入的说明。站在与神话传统相对立的儒家理性主义立场去看待庄书，或者如荀子那样讥讽他“蔽于天而不知人”[1]；或者像太史公那样以“大抵率寓言也”和“皆空语无事实”来做评判；或者求其折中，否弃其虚诞不实，择采其美言善意，如桓谭《新论》所云：“庄周寓言，乃云尧问孔子，《淮南子》云共工争帝，地维绝，皆为妄作，故世人多云短书不可用。然论天间莫明于圣人，庄周等虽虚诞，故当采其善。何云尽弃耶？”[2]凡此种种，可见战国末期以降一般学人对待庄书的态度。这些“蔽”“不知”“空语”“无事实”“妄作”“虚诞”“不可用”一类的判词，或可从一个侧面说明为什么在向秀注庄以前的几个世纪里，竟无一部注本出现。蒋伯潜先生说：

汉代言道家，曰“黄老”，不曰“老庄”。《汉志》于《老子》，称之曰“经”，录其“传”与“说”，有四种之多；《庄子》则未有“经”名，并不录其注本。

[1]见《荀子·解蔽》。
[2]《太平御览》卷六百二引。

是其时《庄子》尚不为学者所重视也。[1]

岂止是不重视，简直可以算得上“长时期的埋没”了。闻一多先生即主此说，他还认为，庄子说他要“处乎材与不材之间”，他怕的是名，一心要逃名，果然他几乎要达到目的，永远淹没了。幸亏魏晋之间注庄者蜂起，他又从沉睡中复苏，几乎成了那个时代“文明的核心”[2]。从读者反映批评的视野去看这种历史的落差是颇为耐人寻味的。方东美先生便从世风变化方面寻找原因，以为汉代学术低落，“无法了解真正有创造性的思想家”。再有就是“儒家从汉武帝用董仲舒以后，并不奖掖真正有思想的人，而是奖掖有学问的人，但那学问也很肤浅；至于有创造的思想则从来不提倡的。当时所谓对国家有贡献的人才，事实上都是奴才！衰世出来的奴才！”[3]庄子的不羁精神自然不是一个奴才得逞的时代所欢迎的，可是庄书那种与道委蛇、体用不二的恢宏结构和深远旨趣，对一切时代的读者来说都不啻为一种挑战和考验。不要说那些坚持“事实”标准，以“虚”为“妄”的理性主义者无法得其门径而入庄书，就是那些与他旨趣相近，对寓言式虚构说理有相当经验的人也未必能恰切地把握庄书语言形式中道的往返运动之轨迹。《逍遥游》篇就有庄生好友惠子不能理解庄子之言的事例，乃有“大而无用”之讥，实在是未明“大曰逝，逝曰远，远曰返”的回归之理，领略不到那种“其理不竭”“未之尽者”的奥妙所在。难怪《天下》篇要为惠施之才未得其用，“逐万物而不反”[4]的情形深表悲哀与惋惜呢。同篇还对“百家往而不反”的普遍状况表示了同样的悲哀，不难看出庄书作者对于永恒回归之道的失传有着怎样刻骨铭心的

[1] 蒋伯潜：《诸子通考》，浙江古籍出版社 1985 年版，第 416 页。

[2] 闻一多：《庄子》，《闻一多全集》第 2 卷，三联书店 1982 年版，第 279 页。

[3] 方东美：《道家精神与佛学智慧》，见蒋国保、周亚洲编《方东美新儒学论著辑要：生命理想与文化类型》，中国广播电视出版社 1993 年版，第 85—286 页。

[4]《庄子集释》，第 1112 页。

体会。由此可以推知他为何要冒天下人皆误解的大风险去尝试他那道与言合一的、能往能返的文体实验。在这场恢复古之道术的写作实验中，寓言与重言的超常规运用已将老子的比喻推理法大大超越了，但这还不是庄书独特思路的关键，更值得注意的也许是另一种直接得自神话思维的表达技术，即同一主旋律的反复变奏。

英国人类学家利奇指出：神话体系中的一个共同特点就是重要的故事全都会改变形式反复出现。《创世记》第一章第二十七节讲述了人类的创造，但在第二章第七节里又重讲一遍。到了第八章又不厌其烦地讲述挪亚的新生。《新约》的情况更加明显：不管细部的差别乃至矛盾，不停地反复讲述同一故事。关于耶稣的事迹就有四部福音同时存在。利奇对此种现象不禁发问："这到底是为什么？"[1]我们也可顺着这个发问的思路，去面对《庄子》中的同类情形：有许多话语都是不止一次出现在各篇之中，包括假托古人之口的某些重言；还有许多寓言好像似曾相识，讲了又讲，角色常换而主旨不变，有如"朝三暮四"和"朝四暮三"。这种重复现象使得很多注疏专家感到不耐烦，武断地行使删削的权力。更为严重的则是诱发出对庄书真伪的疑虑：既然出于古今少有之大手笔，岂能如此不顾写作常识，屡犯重出骈枝的文章大忌？然而，足以使删削者和怀疑者感到不可思议的事实是，《新约》中彼此重复、大同小异的四福音却按照原样完整地保存至今，基督徒们对其中的每一部都同样虔信其真。这又是为什么？

神话学家有关神话与语言的相互作用的见解在此会有相当的启发作用。阿尔伯特·库克认为，神话以一种自然语言无法企及的方式去把握材料，弗洛伊德将神话的这一技巧视为情感动力学，而列维-斯特劳斯则视为认知辩证法。[2]神话受语言表达的制约，反过来也会铸塑出语言表达的模式。如果

[1] 利奇：《作为神话的创世记》，中译文见叶舒宪编《结构主义神话学》，陕西师范大学出版社1988年版，第128页。

[2] 库克（Albert Cook）：《神话与语言》（*Myth and Language*），印第安纳大学出版社1980年版，第1页。

我们赞同列维－斯特劳斯关于神话思维与理性认识并非截然对立、水火不容的看法，那就可以将神话叙述中的二项对立模式理解为人类思维的根本范式，而将神话叙述中的重复视为人类信息传递中的重要技巧。对列维－斯特劳斯的神话学造诣颇深的利奇正是这样来解答问题的：

从信仰者的内心来说，神话确实是神的话语的信息传递方式。对于这样的信徒来说，神话的反复性正是说服力的要素。每个孤立的神话都好像因受到噪音干扰而变得混乱不堪的编码化了的信息。无论怎样虔诚的信徒，对于神话到底讲述的是什么，多少都会产生一点迷茫的感觉吧。但是，反复出现的结果使得信徒感觉到，即使反复出现的神话在细节方面不统一，却有着共同的本质，从而加深了对它们的理解。[1]

众所周知，最初流行的神话都不是作为纯文学作品供人阅读欣赏的东西，而是信仰或仪式活动的组成部分。仪式作为一种无尽重复的象征性活动，实际为神话叙述中的重复奠定了基础。《庄子》充分利用了这种“神话术”的策略，为永恒回归之道营造出周而复始的文体形式。其宗旨不在于向读者灌输某种教诲性的义理，而在于启发人们自己去体道悟道。这样，前后呼应的重言和置换变形（displacement）的寓言反复出现，就可以从局部上造成往而又返的终始循环之效，并使众多的局部上的反复变奏合成全书总体的回环性主旋律。

要从理论上把握这种神话术的实际功效，透过荒唐的、反复的，甚至是矛盾的表层陈述进入庄书的深层结构，最好从书中提示的重要法门——卮言的认识入手。

---

[1] 利奇：《作为神话的创世记》，中译文见叶舒宪编《结构主义神话学》，第129—130页。

THE SECOND PART

第二章

卮言与天钧
——《庄子》的回旋结构

注焉而不满，酌焉而不竭，而不知其所由来，此之谓葆光。

庄子：《齐物论》

卮，酒器也。……夫卮满则倾，卮空则仰，空满任物，倾仰随人。

——成玄英：《庄子·寓言》疏

这脆薄的杯儿，你不断地把它倒空，又不断地以新生命来充满。

——泰戈尔：《吉檀迦利》第一首

一、卮言的"诗性智慧"

在《庄子》书中具有全书导论性质的"三言"之说里，古今争议最大、歧解最多的一言乃是"卮言"。因为《寓言》篇讲到寓言、重言的一段相对来说较为明确，后人虽然也有一些解释上的分歧，但基本的理解大体上还是比较一致的。讲到卮言的一段文字却给人留下了无穷的困惑。仅从篇幅字数上看，关于卮言所做的论说比关于寓言和重言的论说加在一起还要多出许多，这似乎表明作者在"三言"之中更加看中和突出的一言乃是卮言。然而对卮言的介绍却毫无铺垫，直接用一大串绕口令似的话来陈说卮言的表达功能：

卮言日出，和以天倪，因以曼衍，所以穷年。不言则齐，齐与言不齐，言与齐不齐也，故曰无言。言无言，终身言，未尝不言；终身不言，未尝不言。有自也而可，有自也而不可；有自也而然，有自也而不然。恶乎然？然于然。恶乎不然？不然于不然。恶乎可？可于可。恶乎不可？不可于不可。物固有所然，物固有所可，无物不然，无物不可。非卮言日出，和以天倪，孰得其久！万物皆种也，以不同形相禅，始卒若环，莫得其伦，是谓天钧。天钧者天倪也。[1]

郭象注云："夫卮，满则倾，空则仰，非持故也。况之于言，因物随变，唯彼之从，故曰日出。日出，谓日新也，日新则尽其自然之分，自然之分尽则和也。"成玄英疏："卮，酒器也。……夫卮满则倾，卮空则仰，空满任物，倾仰随人。无心之言，即卮言也，是以不言，言而无系倾仰，乃合于自然之分也。"以上观点可概括为"酒器"说，即从卮言得名的取喻原型——卮的

[1]《庄子集释》，第949—950页。

解释入手，从酒器可空可满的特征去类比可说可不说的“无心之言”；陈鼓应先生今译为“没有主观成见的言论”。

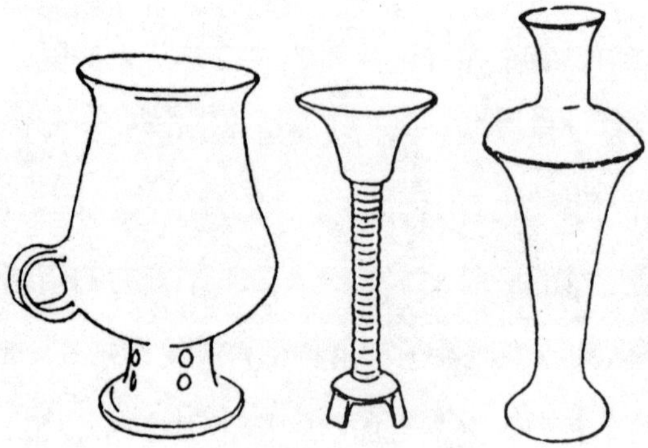

图 1　卮的原型
山东大汶口新石器文化出土的黑陶酒器

古代注庄者中与“酒器”说并行的另一解释是“支离”说。《经典释文》引司马彪云：“谓支离无首尾言也。”成玄英疏又解：“卮，支也。支离其言，言无的当，故谓之卮言耳。”按照此说，卮只是支的通假字，卮言与酒器的比喻并不相干了。清人林云铭《庄子杂说》发挥此义说：“卮言者，随口而出，不论是非也。”[1] 今之注者曹础基先生也据此释卮言为穿插在寓言与重言之中的“零星之言”[2]；英译者梅维恒先生既直译为“酒杯之言”（goblet words），又意译为“即兴之言”（impromptu words），并申说对后者的理解——“为无意识地、无准备地随口说出之语言”。[3] 如此，“支离”之言倒是同超现实主义所标榜之“自动写作”相去不远了。

张默生先生认为卮不是一般的盛酒之器，而是漏斗。“卮言就是漏斗式的话。……庄子卮言的取义，就是说，他说的话，都是无成见之言，正有似

[1]《昭代丛书》卷十九，《读庄子法 · 杂说》之七。
[2] 曹础基：《庄子浅注》，中华书局 1982 年版，第 421 页。
[3] 梅维恒（Victor H.Mair）：*Wandering On the Way*，Bantam Books，1994，P.278，P.376.

于漏斗，他是替大自然宣泄声音的”[1]。取喻的对象与酒器虽不同，所引出的意义与“无心之言”却相近似，仍可备一说。

还有把卮作为换喻来解说的，如明人陆长庚以为卮言有如酒器之中的美酒，是“有味之言，可以饮人”；还比较“三言”之差异说：“寓言意在言外，卮言味在言内，重言徵在言先。”[2]三者似乎泾渭分明，不容混淆。而近人胡远濬却不同意这种绝对化的划分，认为“三言”其实彼此相通。他在《庄子诠诂·序例》中写道：

庄子自别其言，有寓重卮三者，其实重言，皆卮言也，亦即寓言。以天下沉浊，不可与庄语，故往往正言若反。[3]

从反复回环的意义着眼，日本美学家今道友信对《天下》篇关于卮言的一段话做了如下语译：“他的卮言即酒杯的语言，满是如酒盈欲溢的形象，恰似杯在宴席上到处轮转一样，尽可能包罗现象而进行整体的阐明。”[4]这种“酒杯在宴席上轮转”的说法或出于解说者自己的想象，未必切合庄书作者之初意，但将卮言的特征从“轮转”方面加以考虑，认为它能包罗现象而进行整体的阐明，还是颇有启发性的。

“轮转”的东西当为圆形之物，王叔岷先生便从圆环入手解释卮字：

《说文》：“卮，圜器也。圜，天体也。”朱骏声云：“浑圆为圜，平圆为圆。”然则“卮言”即浑圆之言，不可端倪之言……卮言浑圆无际，故“为

[1] 张默生：《庄子新释》上册，台北：时代书局1974年版，第14页。
[2] 陆长庚：《读南华真经杂说》，见严灵峰：《庄子集成续编》第7册，第26—27页。
[3] 胡远濬：《庄子诠诂》，商务印书馆1931年版，第5页。
[4] 今道友信：《东方的美学》，蒋寅等译，三联书店1991年版，第121页。

曼衍”。[1]

将卮言理解为“浑圆无际”的、能够“轮转”而无穷的语言表达技术，当然可以将寓言和重言都包括在其内，如胡远濬氏所说，作为“正言若反”的实例，同日常规范的“庄语”相区别了。闻一多先生也体会到《庄子》一书在整体上具有的“浑圆”之特征，并把思想与文字、外形与本质的水乳交融作为写作上“空前绝后”的一种境界来昭示世人。

读《庄子》，本分不出那是思想的美，那是文字的美。那思想与文字，外形与本质的极端的调和，那种不可捉摸的浑圆的机体，便是文章家的极致；只那一点，便足注定庄子在文学中的地位。

……言情状物要作到文辞与意义兼到，固然不容易，纯粹说理的文做到那地步尤其难，几乎不可能。……读《庄子》的人，定知道那是多层的愉快。你正在惊异那思想的奇警，在那踌躇的当儿，忽然又发觉一件事，你问那精微奥妙的思想何以竟有那样凑巧的、曲达圆妙的辞句来表现它，你更惊异，再定神一看，又不知道那是思想那是文字了，也许什么也不是，而是经过化合作用的第三种东西。[2]

此种文字辞章与思想内容彼此浑圆一体的境界究竟是怎样创作出来的，闻先生没有进而深究之，我们若从卮言轮转无端、“曲达圆妙”的特殊功用上着眼，或许会对《庄子》文本的空前绝后性有所了悟吧。

重言的运用，可以说是先秦诸子的通例，几乎很少人只是自己说自己的道理而不引用古人古书。寓言的运用，是庄子超越老子之处，但也不是他个

[1] 王叔岷：《庄子校诠》下册，台北：“中央研究院历史语言研究所”，1988 年，第 1090—1091 页。
[2] 闻一多：《古典新义·庄子》，《闻一多全集》第 2 卷，三联书店 1982 年版，第 284—285 页。

人的专利，在《孟子》《荀子》《韩非子》等子书中，寓言的使用频率呈日渐增高的趋势。唯有卮言才是庄书文体上最独特的所在，可以说正是卮言使庄子成其为庄子，奠定了他那诗人哲人兼于一身的卓绝地位。

《寓言》篇述说卮言功用的一大段话，实际上本身就是重言，是从《齐物论》中论道的一段话中化生出来的：

可乎可，不可乎不可。道行之而成，物谓之而然。恶乎然？然于然。恶乎不然？不然于不然。物固有所然，物固有所可。无物不然，无物不可。可于可，而不可于不可，不可于不可，而可于可也。故为是举莛与楹，厉与西施，恢恑憰怪，道通为一。[1]

从道的立场看，屋梁与小草、丑婆与美女本来无二。只是世俗之人以常情观之，好像事物的是非高下判然有别，所以引发出无穷的然与不然、可与不可之争执分辩，这实在是人同自己的语言称谓之争，或者说是人创制出来的静止不动的语词概念之间的差异之争。从道的观点看，一切都处在运动流转的变异之中（所谓“道行之而成”），今日的屋梁日后必会腐朽，这和小草的衰败完全是一样的。所谓“物无成与毁，复通为一”，正是体现了道的回环往复运动之特征。

道的特性在于回环往复之运动，那么求道体道之人也必须使自己的思维适应于道的这种运行特点，也就是说，回到永恒回归的神话思维方式上来。今道友信则发明出“回旋式思维”一词来界定这一特点：“他（指庄子——引者）关注的主要问题是将思维还原到根源……他的方法是回旋式的思维，因此必须运用作为运动契机的象征手法与逆说。何以呢？因为必须避免由那样的思想、

[1]《庄子集释》，第69—70页。“可于可，而不可于不可”句据《释文》引崔本校补。

由概念的直线的方法产生的辩难。”[1] 美国的庄学研究者艾利森教授表示了类似的看法：“《庄子》的文本设计具有强烈的认知心理学的目的，作者意图让他的读者自己中止那种分析理性的概念思维方式，因为他深知‘不能用非神话的方式去理解神话的真理’。”[2] 由此可以透视出回旋式思维的重要认识论价值，包括庄书中常见的违反常规、不合逻辑的表达手法的实际意义。

庄子一定非常明白人们所使用的语言对于思维所具有的重要制约作用。为了体悟回环运行的道，就要诱导人们进入回旋式思路；诱导人们进入回旋式思路的最有效途径，莫过于运用轮转无端、回环往返式的语言表达形式。这就是庄子要诉诸“卮言日出”的全部奥秘了吧？由此观之，卮言岂止是单纯的修辞技巧，它乃是庄生合一天人、交融道与言的法宝利器，也是创造出形式与内容、文字与思想水乳不分境界的匠意所在。

今之注庄者或以为“三言”中的卮言、重言、寓言可以从内容与形式上去划分：“寓言是它文章的基本形式，卮言是它思想学说的具体内容，而重言乃是它借以申明它的思想学说的一些往古佐证。”“《寓言》篇把寓言放在第一位，它是从《庄子》文章的主要形式说起的；而《天下》篇把卮言放在第一位，它是从《庄子》思想的具体内容说起的；两者各有所属，并没有任何矛盾。那么，《庄子》的思想学说，主要的是表现在它的卮言和寓言两种形式里面，它主要是通过寓言的文章形式来表达它的卮言的思想内容的”。[3] 如此二分法，用教科书式的机械划分去切割《庄子》的浑圆之言，硬要从中解析出“通过什么形式表达了什么内容”的世俗常套，确实让人感到得不偿失。殊不知庄书文章的最大特色之一就是内容形式的有机融合，难解难分。

牟宗三先生以发展的眼光将庄子的表达策略同老子联系起来考察，确认

[1] 今道友信：《东方的美学》，中译本，三联书店 1991 年版，第 122 页。
[2] 艾利森（R.E.Allinson）：《精神超越的庄子》，纽约州立大学出版社 1989 年版，第 32 页。
[3] 杨柳桥：《庄子“三言”试论》，《庄子译诂》代序，上海古籍出版社 1991 年版，第 7 页。

出其“体用不二”的整体圆融特色，对于卮言之奥妙的理解颇有帮助：“至于庄子，则随诡辞为用，化体用而为一。其诡辞为用，亦非平说，而乃表现。表现者，则所谓描述的讲法也。彼将老子由分解的讲法所展现者，一起消融于描述的讲法中，而芒忽恣纵以烘托之，此所谓表现也。……卮言、重言、寓言，即是描述的讲法。并无形式的逻辑关系，亦无概念的辩解理路……在此漫画式的描述讲法中，正藏有‘诡辞为用’之玄智。此谓‘无理路之理路’，亦曰‘从混沌中见秩序’。全部《庄子》是一混沌，亦是一大玄智，亦整个是大诡辞，……而成为全体透明之圆教。”[1]从整体上把握《庄子》“化体用而为一”的表达策略，最可注意者莫过于卮言。

卮言的首要功用在于契合诗意与哲思，把艺术思维与抽象说理之间的隔膜消解融化，使《庄子》独超众类地获得形式即内容的有机特性。“它的文体及文意错画合一，其文即等于其意，其意即是其文，两者不可须臾乖离，这种文意相缠互错可竟称为‘诗体’”。[2]意大利哲学家维柯曾采用“诗性智慧”一词概括神话与史诗时代的思想表达之特色，那是西方近代思想回溯其本源、寻觅其根脉的努力的最初尝试之标志。现代的学人立足于全球一体化的跨文化大视野，借助于“诗性智慧”的观照角度去重审《庄子》，发现“庄书奇特的文意文体，是中华文学的精华，是欧美、印度的诸哲学系统中找不到的”。此种带有鲜明的民族文化特征的诗性智慧的再发现与再诠释，将具有何等重要的人类学价值呢？治西洋哲学出身又回到庄子研究的美籍华人学者吴光明教授也许对此体会至深，他的论断显得十分激进：“庄书的哲思必掀起震动全世界方法论上的革命”。[3]且不论此言是否有夸大之嫌，20世纪西方哲学已经历过的方法论革命如现象学革命、语言学转向等，均与庄子的哲思有着

[1] 牟宗三：《才性与玄理》，台北：学生书局1985年版，第176页。
[2] 吴光明：《庄子》，台北：东大图书公司1988年版，第3页。
[3] 吴光明：《庄子》，台北：东大图书公司1988年版，第4页。

某种超时空的冥契暗合之处，这还是可以大体上得到确认的。[1] 更加值得注意的还有：西方现代主义文学中显现的哲理化倾向及其形式与内容有机整合的表达方式，也都充分表明庄子诗性智慧与卮言结构技巧的某种跨越时空的现代复兴。这一方面的具体比较暂且留待后文中随处展开，此处所需集中探讨的还是庄子诗性智慧表达方式的由来问题。

王夫之曾把庄子的“道”和“环中”的观念追溯到上古宇宙论之浑天说：“天之体浑然一环而已，春非始，冬非终，相禅相承者至密而无畛域，其浑然一气流动充满，则自黍米之小，放乎七曜天以上，宗动天之无穷，上不测之高，下不测之深，皆一而已。”“庄生以此见道之大圜，流通以成化，而不可以形气名义滞之于小成。故其曰：以视下亦如此而已；曰：天均；曰：以有形象无形；曰：未始出吾宗；与《天运篇》屡诘问而不能答其故。又曰：实而无乎处者，宇也；皆浑天无内外之环也”。[2] 王氏此论，确实相当敏锐地把握住了构成庄书大思路的一个原型表象——环状运动，为进一步透视其思想与文体、内容与形式的有机整体性确立了切入点。如果站在现代人文学的知识高度重审庄子的环状运行之道，则可将这基本思路及其派生的种种原型意象上溯至神话思维的永恒回归运动模式。作为卮言式表达模式的原型，比“环中”之象更为根本的动态旋转表象就潜伏在庄子创制的“天钧”与“天倪（研）”的宏大隐喻背后。

二、天钧与天倪的取象原型

永恒回环运转的神话主题在新石器时代的制陶生产实践中获得一个重要

---

[1] 参看奚密（Miehelle Yeh）：《解构之道：德里达与庄子的比较研究》（*The Deconstructive Way*），《中国哲学杂志》第 10 期，夏威夷，1983 年，第 95—126 页。

[2] 王夫之：《庄子解》，见《船山全书》第十三册。

意象，那就是在旋转中运作的陶均。《庄子》中所说的“天钧”或“天均”，《吕氏春秋》所说的“钧天”，《墨子》所说的“员钧”和《管子》所说的“运均”等，皆取象于陶均。要想彻底解开卮言曼衍不息的窍门，当然不能不参照庄子借来做双重喻示的这个意味深长的原始表象。

《齐物论》在“朝三暮四”之寓言后总结说：“是以圣人和之以是非而休乎天钧，是之谓两行。”成疏：“天均者，自然均平之理也。”只就义理层面发挥，忘却了“钧”之原型意象。《释文》引崔云：“钧，陶钧也。”总算保留了“钧”之本相。“天钧”之喻在《寓言》篇再度出现时又假作“天均”。正因为“钧”与“均”皆可指陶均。

陶均又叫陶轮，是制陶技术演进过程中的重要革新之结果。庄书作者对古代社会生产生活有着非常丰富的知识，对于制陶术的发展也了若指掌，并时常从制陶术之生产实践中选取某些意象作为说理的比喻例证。《逍遥游》有“其尘垢秕糠将犹陶铸尧舜者也”的比喻措辞，《马蹄》说到“伯乐善治马而陶匠善治埴木”，《达生》说到“飘瓦”，《知北游》说到“瓦甓”，《让王》说到用破瓮为窗户，《德充符》用巨大陶器比喻形体上的肉瘤，《天地》讲到抱着大陶瓮去灌溉田地的寓言……至于取象陶均的天均之喻，更为庄书所津津乐道，一共在三篇中出现了四次。陶均或陶轮在技术上有怎样的特点可以为庄子提供多边之喻的原型呢？稍回顾一下制陶术的发展历程便不难找到解答。

人类学家一致公认，制陶术之发明是人类进入新石器时代之后的一项伟大功绩。处在狩猎采集的游动性社会中，并没有使用陶器的必然需求。而伴随着农业生产的来临，存储和加工粮食的日常需求，是催生制陶术的现实因素。罗伯特·路威指出，真正的陶器不到公元前 8000 年左右找不到痕迹。澳洲原住民始终没有懂得制陶术，另外一些原始民族也是如此，以至于可以用陶器之有无和技术之高下来“判断一个民族的文化程度”[1]。他还认为从初级的手工制陶到采用陶轮技术，这是公元前 3000 年由埃及人发明的，后传播到西亚地区，又进而传播到了中国[2]。英国人类学家泰勒也根据埃及法老陵墓壁画中的陶工图像，论证了陶轮出现于古埃及的情形：可以看出，画中的陶工在用手转动着一个轮。一个印度陶工也是以这种样式描绘着。他把一块胶泥滚成圆柱形，把它插在地上，在它的顶端平放一块木板，推动木板旋转。后来的改进措施是用脚来运转陶轮。可以想象发明陶轮技术在当时的古埃及像是创造之峰巅，以致人们把一位神表现为躺在车床上的陶工模样[3]。

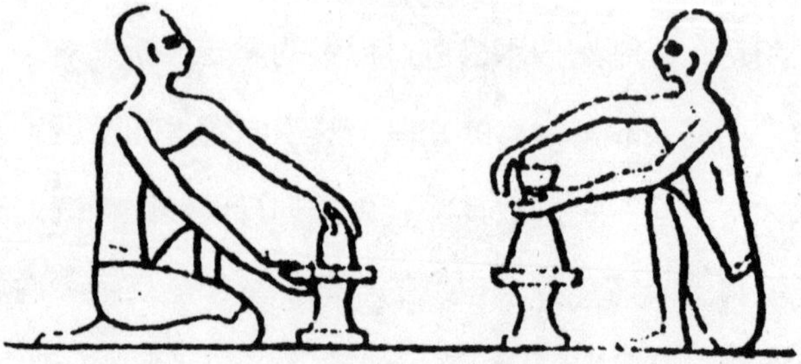

图 2　古代埃及人的陶器作业

早从远古时代起，人们就已经知道陶工车床了。这是绘在皇帝陵壁上的陶工图像。可以看出，他们在用手转动着一个轮

近年中国考古学发现对于上述制陶术传播说提出了根本性的挑战。从年代上看，1977 年江苏溧水县白马回峰山发现的红陶片的测定年代为距今一万年左右。类似的早期陶片还见于江西万年县仙人洞遗址下层。均表明长江流域万年前已使用陶器。距今六七千年的河姆渡文化，陶器制作已相当成熟，在手工制作的基础上发展出慢轮修整技术，陶器造型规整均匀，圆度好，器壁厚薄适中，其弧度自上到下也有较为一致的中心轴。河姆渡文化后期遗层

[1] 罗伯特・路威：《文明与野蛮》，吕叔湘译，三联书店 1984 年版，第 101 页。
[2] 罗伯特・路威：《文明与野蛮》，吕叔湘译，三联书店 1984 年版，第 104 页。
[3] 泰勒：《人类学——人及其文化研究》，连树声译，上海文艺出版社 1993 年版，第 247 页。

中发现“木筒”，似乎就是转轮之下的“套筒”，有一种推测认为这就是原始陶车的雏形。[1] 果真如此的话，中国的陶轮技术先于文明而产生，比古埃及早了数千年 。另外，在太湖地区的良渚文化中，所出土陶器已普遍采用了轮制工艺。[2] 北方的大汶口文化显示，从早期遗存到晚期遗存，轮制陶器的比例逐渐增大，以至能够制出薄胎磨光黑陶器，胎厚仅 1—2 毫米，“均”的程度已相当惊人。稍后的龙山文化，制陶技术上又超过大汶口文化晚期。“典型龙山文化，其陶器特征是：轮制极为发达，故使器形浑圆、胎壁厚薄均匀，器身各部比例匀称、和谐，造型规整、优美；陶色纯正，表里透黑，火候高”。[3] 以上材料足以说明，中国南北方新石器时代文化已普遍发展出陶轮技术，并从其生产经验中派生出有关“旋转”“运行”“均匀”“匀称”等相关的观念，成为后人取譬连类的基型。

《诗经·小雅·节南山》有“秉国之均，四方是维”的比喻，即用操纵制陶之转轮来类比执掌国政。陶器胎壁制作上要求均平、均匀，这也成为“均”和“钧”二字常用的引申义。《小雅·北山》二章：“大夫不均，我从事独贤。”《集传》：“王不均平，使我从事独劳也。”《大雅·行苇》五章：“敦弓既坚，四鍭既钧。”《传疏》：“钧者，均之假借字。”《尚书》“均于江海”句马注：“均，均平。”又由于旋转运动即代表着变化，所以“均”又可训“易”。如《尔雅·释诂》：“均，易也。”

直接取象于陶轮而用于比喻说理，也不仅有庄子一家。《管子·七法》云：“不明于则而欲错仪画制，犹立朝夕于运均之上。”郭沫若《集校》：“丁士涵云：‘运均’，《墨子·非命中篇》作‘员钧’，音相近。《广雅》‘运，转也’。运均转移无定，故尹《注》以为陶者之轮。《集韵》‘钧，一曰陶

[1] 参看林华东：《河姆渡文化初探》，浙江人民出版社 1992 年版，第 89 页。
[2] 彭适凡：《中国南方古代印纹陶》，文物出版社 1987 年版，第 45 页。
[3] 张之恒：《中国新石器时代文化》，南京大学出版社 1992 年版，第 149 页。

旐轮是也'。"[1]同一个比喻在《墨子》中更是连续使用过三次，可见这一形而下之器对于先秦思想家来说具有取象设喻的充分吸引力。

制陶的工艺发展中有一个始终不变的旋转运动的操作模式，对于由蒙昧走向文明的初民心理来说，这种人工转动的操作模式经过数以千年计的重复而得到不断的经验性强化。而当陶轮技术发明之后，就更成为人类视觉可感的直观世界中最为典型也最为常见的旋转表象。据人类学家的报告，世界各地迄今可见的古老制陶器方式约有五种：分别为旋转拍打法、泥条盘筑法、泥圈叠加法、底加边拼合法和陶轮法。不论哪一种制器方法都需要环绕性的旋转操作，只不过前四种原始方法具有纯手工的性质，而陶轮法却多少具有了机械转动的雏形，其意义之深远并不限于制陶术方面。利普斯便认为：

> 第五种方法使用了陶轮设备，这是发达文化特有的发明。陶轮的发明和所有轮子的发明一样，具有革命性，所利用的机械原理在自然界中是没有先例的，它的发现是人类想象力的胜利，而不是模仿从自然界中观察到的现象。[2]

陶轮的机械转动特征是环绕着一个不动的轴心的旋转，它给神话思维所带来的启示是富有创造性和生成性的。《庄子》所使用的"道枢""环中""天均""天钧""天伦""天行""天道""天运"等一系列隐喻可以说都同这个旋转运动的原型有关。古人宇宙观中的"浑天"说与"钧天"说亦取象于此。把均匀旋转、永不停息的天宇设想为一个大陶均，这是人类中心主义的类比想象，把人工活动的尺度赋予天体自然。《汉书·贾谊传》即有"大钧播物"一喻，注引师古云："今造瓦者，谓所转者为钧。"变动不居的自

[1] 郭沫若：《管子集校》（一），《郭沫若全集·历史编》第5卷，人民出版社1984年版，第159页。
[2] 利普斯：《事物的起源》，汪宁生译，四川民族出版社1982年版，第127页。

然造化就这样也可命名为“钧”。《正字通》：“钧、大钧，天也。”《史记·邹阳列传》：“独化于陶钧之上。”《索引》：“钧，范也，作器下所转者名钧。”正由于天体被类比为大钧，所以“天运”之说得以流行。《庄子·天运》篇开端设问云：

天其运乎？地其处乎？日月其争于所乎？孰主张是？孰维纲是？孰居无事推而行是？意者其有机缄而不得已邪？意者其运转而不能自止邪？[1]

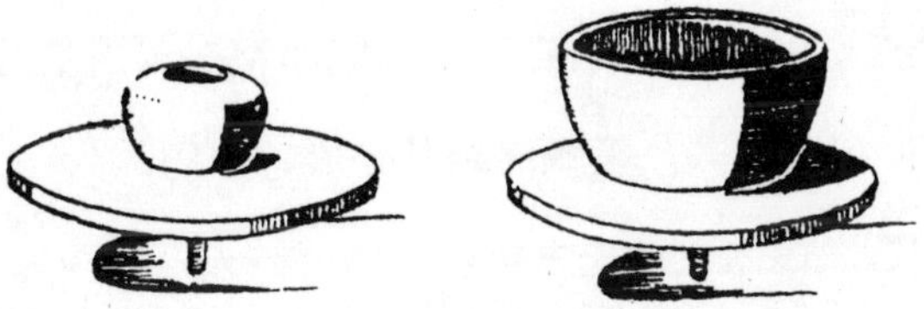

图3 陶轮制坯法

如果陶均之运转是靠人力之推动，那么同样旋转不停的天又是以什么为动力源的呢？难道也有某种伟人的生命力量在暗中推着天体转动？或者是有某种永动机类的装置促使“天均”做往复循环的旅行？或者是它一经发动后的惯性作用使自己停不下来了？在《天运》作者的这一连串问题背后，不难看出陶均旋转的类比想象发挥着怎样的作用。今人或有从中悟出牛顿万有引力说之先声者，亦有与“动者恒动之原理”[2]相默契

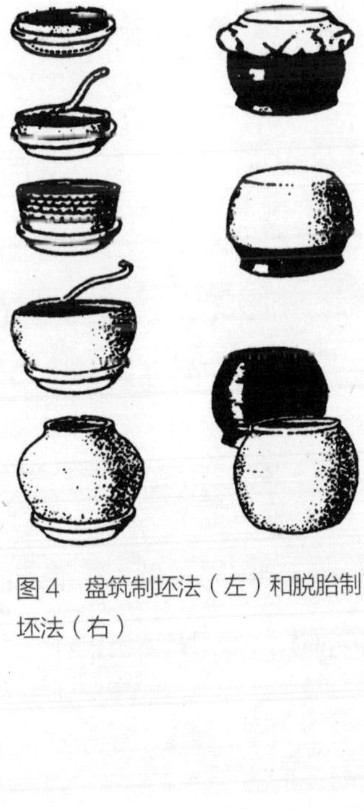

图4 盘筑制坯法（左）和脱胎制坯法（右）

[1]《庄子集释》，第493页。
[2]朱季海：《庄子故言》，中华书局1987年版，第63页。

之处。

古人是怎样推论天在转动的呢？他们产生出这种错觉的感观依据是什么呢？《吕氏春秋·当赏》所说的“民以四时寒暑、日月星辰之行知天”，似可作为一个基本的答案。春夏秋冬的季节变换、冷暖寒暑的气温变化，都给人以周而复始的强烈印象，这自然可以同运转回环的陶均联系到一起。而日月群星的出没升落，也总好像周而复始地画出规则性的圆环形轨迹，《吕氏春秋·圜道》篇对此已有很明确的说明。《淮南子·原道训》所云“是故能天运地滞，轮转而无废……钧旋毂转，周而复匝”，可以视为对庄子的“天钧”“天倪”“天运”说的注释和发挥。高诱注云：“钧，陶人作瓦器法，下转旋者。一曰，天也。”[1]天既然是一个旋转不已的大钧，那么其所环绕的必然是一个中心。古人又把天之中心叫作“钧天”，作为“九天”之一，与周边的其他部分形成环状的对应关系。《史记·赵世家》讲到赵简子病愈后述说梦境：“我之帝所，甚乐。与百神游于钧天，广乐九奏，万舞，不类三代之乐。”[2]《正义》引《淮南子》：“中央曰钧天。”又《吕氏春秋·有始》亦云：“中央曰钧天，其星角亢氐；东方曰苍天，其星房心尾……”注云：“钧，平也，为四方主，故曰钧天。”并未揭示出取象于陶钧之轴心的“钧天”之喻的底蕴。王充《论衡·纪妖篇》则公开批驳赵简子之妄说，认为他“所游之天非天也”。而《列子·周穆王》却对“钧天”说情有独钟，在叙说西极之国化人领穆王巡游之事中，让他们也有幸体验到“钧天、广乐，帝之所居”的胜境妙景。

天体旋转观念除了以钧天为中央外，还有一种以北极为轴心的说法，其由来似乎更为久远。孔子云：“譬如北辰，居其所而众星共之。”“共”即拱，指环绕，众星所环绕的中心为北极星。桓谭《新论》说：“北极，天枢。枢，

[1] 刘文典：《淮南鸿烈集解》卷一，中华书局 1989 年版，第 2 页。
[2] 泷川资言：《史记会注考证》卷四十三，上海古籍出版社 1986 年版，第 1065 页。

天轴也……盖虽转而保斗不移，天亦转周匝而斗极常在，知为天之中也。”北斗星的运转似乎总是围绕着一个轴心，这就是北极了。《庄子·大宗师》说到得道之后的海神禺强就是“立乎北极”的。而庄书中所用的“道枢”之喻，实与“天枢”说互为表里。《周易》说“日月星辰丽乎天”，丽者，附也。正因为日月星的规则转动，古人才推论天体也在转动。转动即有轴心，这个“枢”的观念多少与陶钧意象有着不解之缘。

王充《论衡·说日篇》中有人提出质疑说：“日月天皆行，行度不同，三者舒疾，验之人物，为以何喻？”回答是十分有趣的：

日行一度二千里，日昼行千里，夜行千里。骐骥昼日亦行千里，然则日行舒疾与骐骥之步相似类也。月行十三度，十度二万里，三度六千里。月一日一夜行二万六千里，与晨凫飞相类似也。天行三百六十五度，积凡七十三万里也。其行甚疾，无以为验，当与陶钧之运、弩矢之流相类似乎？[1]

由于天的旋转速度远远超过了太阳和月亮，所以王充以为快马和飞鸟的运动只适合于比喻后二者，而不足以比喻天之运行。唯有飞快转动的陶均和射出的箭，或许还与之相类似吧。从先秦到两汉，思想家们对于“天钧”之喻，看来非但没有淡忘，反而运用得更为得心应手了。就此而言，庄子所起的作用可说是承前启后，他把新石器时代以来的陶均表象改造为天道运行的哲理象征，又特意效法天均的运转回旋特性创制出曼衍无穷的卮言形式，让人们通过他的文章而体悟天均之道即是永恒回归、永恒均平。这就将《老子》所说的“天之道，损有余而补不足”的抽象道理化为可联想的意象了。易佩绅《老子解》云：“道在天下均而已，均而后适于用。此有余则彼不足，此

[1]《论衡·说日篇》，“诸子集成”本。

不足而彼有余，皆不可用矣。抑其高者，损有余也，举其下者，补不足也。天之道如是，故其用不穷也。”[1]这种“不足”与“有余”经过“损”和“补”而达致“均”的观念，不用远求，其实就是从制陶做器的实践中抽象而来的。正是陶钧技术的发明使得器皿胎壁的加工达到了“均匀”和圆整的新境界，比单纯用手捏盘绕的制器效果大大提高了一步。

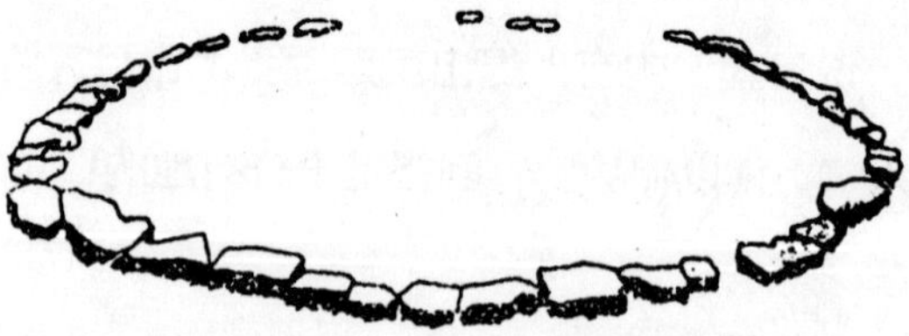

图5 辽宁喀左东山嘴发现的石圆圈祭坛
有学者以为这神秘之“圆”反映着天道为圆的观念

把“天钧”损有余而补不足的原理应用到认识论和价值判断上，自然就有了等贵贱、齐万物、和是非的效应，这就是《齐物论》篇所说的“是以圣人和之以是非而休乎天钧，是之谓两行”。冯友兰先生解说此句：“‘钧’是一个运转着的盘子。盘子绕着它的轴心转。这个轴心就叫‘枢’。自然界和社会的制度在变动之中，好像一个钧，称为‘天钧’。这个‘天钧’的轴心称‘道枢’。‘圣人’站在‘道枢’的立场上，不随着彼、此的是非打圈子。这就叫‘休乎天钧’。那些彼一套、此一套的是非，不过是猴子们的喜怒，听其自然好了。这就叫‘和之以是非’，这就叫‘两行’，也就是《天下》篇所说的，‘不谴是非，以与世俗处’。”[2]此“转盘”说虽略嫌含混，未切入“钧”之语义背景，但毕竟把握住了旋转这一核心意象，比所谓“自然均平”[3]一类泛泛解释要具体而明晰。王孝鱼先生说：是非之间无固定界限，

[1] 转引自朱谦之《老子校释》，中华书局 1984 年版，第 299 页。
[2] 冯友兰：《中国哲学史新编》第 2 册，人民出版社 1984 年版，第 117 页。
[3] 成玄英疏语，《庄子集释》，第 74 页。

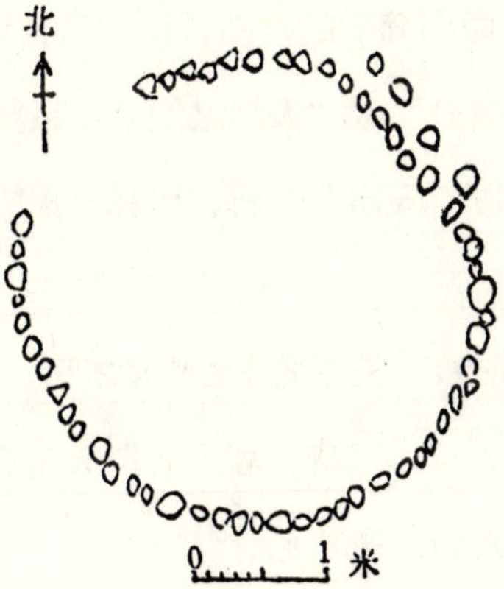

图 6 大河庄齐家文化原始祭祀遗迹“石圆圈”
这个圆直径约四米，系利用天然砾石排列而成，周围分布着墓葬，还发现卜骨和牛羊骨架。可与辽西红山文化的石块圆祭台相对照

“这就是圣人所以和同是非，以休养他主观心理中的大均浑圆之天，使其可以远行不滞的唯一办法。这种办法也可以叫作两行之道，也就是说是非两端，都可在这一连环线上同样行走，各不相违忤。圣人只是‘执其环中，以应无穷’而已”。[1] 把“天钧”引向圣人的主观心理方面的“大均浑圆之天”，可备一说，以示道家心物不二的“玄同”之境。《则阳》篇所说的“万物殊理，道不私”，也是从道枢或环中的立场上得出的均衡立场。所谓“随序之相理，桥运之相使，穷则反，终则始”，还是从天钧旋转的表象中得出的至理。终即是始，是即是非，“两行”之说当由回环运动去解释。用赫拉克利特之言，说是“上升的路的下降的路是同一条路”[2]。可知从静止的意义上是无论如何不能理解“两行”或“道通为一”之理的。换句话说，“天钧”“天道”一类概念都必须首先从“天运”的角度才易于理解。

与陶钧的运转回旋之表象极为类似的另一种日常生活表象是磨轮。《寓言》篇的作者在连续三次说到“卮言日出，和以天倪”之后，特意将“天钧”

[1] 王孝鱼：《庄子内篇新解》，岳麓书社 1983 年版，第 44 页。
[2] 北大哲学系编：《古希腊罗马哲学》，商务印书馆 1982 年版，第 24 页。

与“天倪”牵合在一起，做出简明的判断，作为卮言说的小结：“天均者，天倪也。”旧注以“自然有分”或“天然之倪分”来释“天倪”，未得确解。马叙伦《庄子校诂》引班固“天研”之解，可算一语中的。

天倪与《大宗师篇》端倪、《天下篇》之端崖不同。倪当从班固作研，“疑”纽双声相通借也。《说文》曰：“研，礦也。”天研犹言自然之礦。礦道回旋，终而复始，以谕是非之初无是非也。[1]

此处所云“礦”，《说文》训为“石”，即俗语所说石磨盘。与陶钧一样，早自新石器时代农业社会中就已使用磨盘加工作物了。磨盘的转动也呈现为回旋往复之状，也有不动的轴心作为“环中”或“道枢”，所以庄子把天体之运转又类比为“天倪”，就是天磨的意思。在庄书以外自有旁证表明此种类比联想具有一定的普遍性。《晋书·天文志》引《周髀家》云：“天圆如张盖……旁转如推磨而左行”；嵇含《八磨赋》云：“方木矩跱，圆质规旋。下静以坤，上转以乾。巨轮内建，八部外连。”阮元《御试拟张衡天象赋》开篇写道：“唯圆象之昭回，建北极以环拱。拟磨旋以西行，俨笠帽而中拥。”[2]

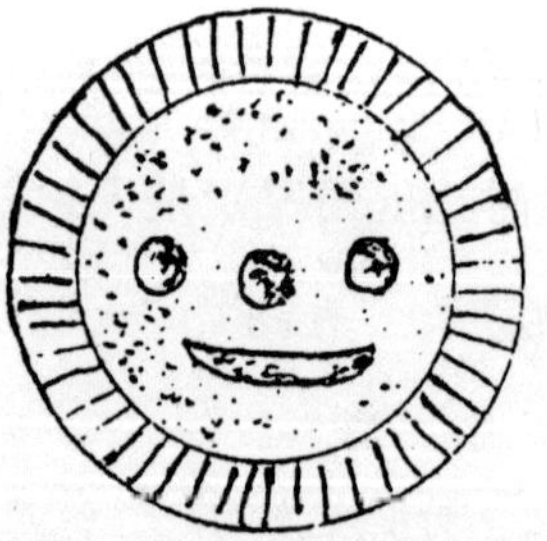

图7　江苏常熟农村山墙中的石磨盘

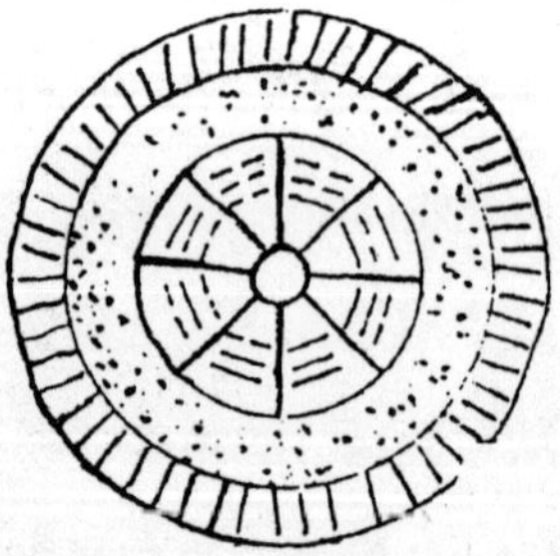

图8　江苏如皋农村村头路面上埋着的石磨盘，中央刻有八卦纹

[1] 转引自王煜：《老庄思想论集》，台北：联经出版事业公司1979年版，第225—226页。
[2] 阮元：《揅经室集》，中华书局1993年版，第717页。

这些例子中都把天想象成转动的大磨盘，看来是把生活中常见的旋转物的表象作为取譬联类的对象，与天钧之喻殊途而同归了。从西文中也可看到类似的比喻说法，如英语中有俗谚曰：The mills of God grind slowly but sure，直译便是“上帝之磨轮虽转动缓慢，却不会疏漏”（或可意译成“天网恢恢”的汉语成语）。又有 Run of the mill 一成语，可译为“如磨之旋”，喻指正常运作中的事物或秩序。[1] 也使我们想起《庄子·天下》篇评述慎到等人齐物观时所用的三联比喻：

若飘风之还，若羽之旋，若磨石之隧；全而无非，动静无过，未尝有罪。[2]

《经典释文》引《尔雅》：“回风为飘。”“之还”音旋，一音环。“磨石之隧”音遂，回也。可知三个意象都喻指旋转回还的运动。成玄英疏：“磨，碹也。隧，转也。如飘风之回，如落羽之旋，若碹石之转。三者无心，故能全得，是以无是无非，无罪无过，无情任物，故致然也。”《天下》篇的作者对各家学说多有批评，不过对属于黄老一派的慎到之齐物观尚有相认同之意。“磨石”之喻盖与“天倪（研）”说相通，“旋”“还”亦为道家所乐道的主题词。

三、《庄子》回旋结构

从文体特征上考察庄书，不难看出类似天钧的回旋运动和类似卮器的注满与酌空式往返运动构成最根本的表达模式，不仅直接体现于内、外篇之整体结构，而且也体现在每一篇的内部结构，乃至具体章法、句法、词法和字

[1] 参看 *Brewer's Dictionary of Phrase and Fable*，London，1975，p.945.

[2]《庄子集释》，第 1088 页。

法等各方面，令读者目不暇接，无意识中隐隐感到作者有心设置的回旋之道的召唤，启发他自己去体悟那“卮言日出，和以天倪”的神秘“玄”境。

具体而言，整部《庄子》即可视为一个大回环或一种浑然一体、莫得其伦的大卮言；其内七篇自身又构成一个中回环，七篇中的每一篇又分别构成一个小回环，小回环内部又穿插点缀着众多的微回环。庄书正是凭借这一系列的循环往复、圆圈套圆圈式的螺旋运动获得其体用不二、道言合一的有机整体构造，实现其“因以曼衍，所以穷年”的永恒回归之旨，并获致艺术美学上的巨大成功，应验了“其辞虽参差，而諔诡可观”的智慧预期，收到“注焉而不满，酌焉而不竭”的奇妙效果。不仅足以“独与天地精神往来”，而且好像透过“言无言”的自我解构，弥平了是与非、然与不然、可与不可之间的形式对立，让人体悟到“大智大言”的玄奥和“终身言，未尝言；终身不言，未尝不言”的辩证道理。

下面拟按照由整体到部分的渐进次序对庄书的回环结构做一初步的巡视，并参照时贤已有的相关论述做综合性的讨论。

首先看《庄子》全书的构造。内篇与外篇的划分不论是原著者所为还是后来改编者所为[1]，在整体上确有回旋对应、首尾圆通的匠心安排，并不能当成互不相干的篇章机械拼凑而成的庄学文献汇编。整体效应的关键部位在开端和结尾处最易找到。内篇开端为《逍遥游》，外篇结尾为《知北游》，仅从两篇的命名上已可略见全书之遨游无端，曼衍穷年的“游”动特性了。现存《庄子》三十三篇，以“游”为篇题者恰恰是内篇第一篇和外篇最末一篇，这到底是无心的巧合呢，还是刻意所为？再看内、外篇的篇名规则，内篇每篇都以三字词为篇名，七篇一律，并无例外；外篇以二字词为篇名，唯第十四篇《田子方》和第十五篇《知北游》是例外。进而推究，《田子方》

[1] 余嘉锡《古书通例》卷三“古书之分内外篇”云：凡一书之内，自分内外者，多出于刘向，其外篇大抵较为肤浅，或并疑为依托者也。

一篇以魏国贤人——魏文侯之师田子方的名字命名，如杂篇之《列御寇》《徐无鬼》和《庚桑楚》，皆得篇题于三个字的人名（或单姓、复名，或复姓、单名）。所有这些篇都是在篇首第一句中出现主人公之名。外、杂篇全算在一起共计是二十六篇，除了上述《田子方》《徐无鬼》《庚桑楚》《列御寇》四篇取三字为名外，只有《知北游》一篇例外，其余二十一篇皆取二字为篇名：《骈拇》《马蹄》《胠箧》《在宥》《天地》《天道》《天运》《刻意》《缮性》《秋水》《至乐》《达生》《山木》（以上为外篇）、《则阳》《外物》《寓言》《让王》《盗跖》《说剑》《渔父》《天下》。如此看来，《知北游》是今本《庄子》内篇之外唯一用三字为篇名而且这三字又不是人名的一篇，其命篇之法独与内七篇相符，如果不是有意与之呼应，为什么不按照外、杂篇之通例以二字为名呢?

《汉书·艺文志》所记《庄子》为五十二篇，比今本多十九篇。《吕氏春秋·必己》高诱注亦说庄子“著书五十二篇”，唐人陆德明《经典释文·序录》所记五十二篇本的分篇情况是“内篇七，外篇二十八，杂篇十四，解说三”。其中“解说三”似不是庄书原有，从《文选》李善注所引淮南王《庄子后解》《庄子略要》的情况看，显然是后附到庄书上去的。“这样，古本《庄子》实际上应是四十九篇”[1]。不论这四十九篇本写定的年代在先秦抑或西汉，内篇七、外篇二十八、杂篇十四的篇数结构本身已构成七七四十九之数的大循环，而内、外、杂三类的篇数比则为1∶4∶2，即外篇和杂篇的篇数皆为内篇七之倍数。杂篇的真伪问题自苏轼以来，怀疑和争议颇多，且暂不去考虑，从内篇七、外篇二十八的结构对应上看，恰形成大圆环中套小圆环的三十五篇回旋体系。假设今本外篇末篇之《知北游》即为古本外篇之末篇，那么其内、外篇的展开与契合可图示为以“游”始、以“游”终的双重循环。

[1] 崔大华：《庄学研究》，人民出版社1992年版，第45页。

再从内容意象的对应上看，内篇开端于《逍遥游》篇首的北冥，终于《应帝王》浑沌之死，外篇终于《知北游》之“玄水”，三者名目虽异，从神话象征方面看却是同一的，那就是黑暗不明的原始大水——混沌。也就是说，“游”之起点与终点其实是“道通为一”的。从“无端崖”和“莫得其伦”的意义上说，又实际上并无起点与终点之分际，因为圆周上任意一点都可作为起点，同时也就成了终点。这样的“旋”而“游”之历程也就真正构成“玄而又玄”的“玄游”了。

吴光明先生以禅宗“无门”之喻解说庄书之整体性，认为“庄书的引论等于其本论。这（是）禅宗里的《无门关》之颠倒。‘无门关’即是无门之门，庄书却处处皆门，从外篇任何一篇读起也可，从最终了的《天下》篇开始也行。首（尾）反复相映互响，无所不通”。[1] 又说：“庄书提示我们自己即是进入天地真理之门，我们之进入庄书之门，是要进入自己之门，而致进入天地合一之无境之境。”[2]《逍遥游》始于北冥之水，《应帝王》终乎浑沌之海，《知北游》特标出“玄水之上”这一虚造的意象，可以说每一处混沌都可作

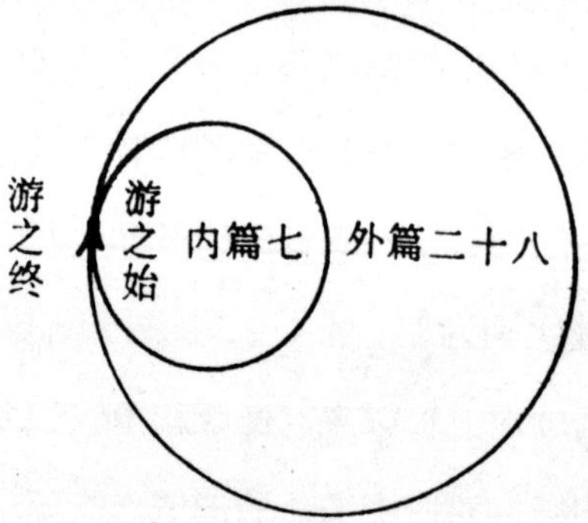

图 9 《庄子》内、外篇循环结构示意图

为入庄书之“门”。同篇中借孔子问老聃之对话，再点明“渊渊乎其若海，

[1] 吴光明：《庄子》，台北：东大图书公司 1988 年版，第 8 页。
[2] 吴光明：《庄子》，台北：东大图书公司 1988 年版，第 8 页。

魏魏乎其终则复始也”[1]乃是混沌之道的运行特征。篇中还以“冥冥”为喻，回扣北冥之开端意象；重申“帝之所兴，王之所起”的德与道之本根，对应《应帝王》篇主旨；最后以“至言无言，至为去为”[2]收束全篇，实际上又回到了《逍遥游》所启示的“无用之用”。这真可以说是“反复互响，无所不通”的圆妙之书了。杨儒宾先生也将庄书整个看作一篇卮言，用另一种描述称道其“处处皆可为门”的特点：

> 很显然地，《庄子》这些文字是蓄意制造出来的，它用以瓦解我们日常的思维习惯。它希望我们的思考像那流转不已的圆环一样，没有一个地方不能成为起点，也没有一个地方不能成为终点。随着圆环的忽大忽小，每个地方都可以成为中心，每个地方也都可以成为边境。庄子这种语言与其说像论辩文字，还不如说它像音乐或像诗。[3]

既然道的运动呈现为永恒回环之圆状，那么庄子要“蓄意制造”出一种回旋思维式的文章风格，也就不难理解了。胡远濬先生指出：“庄子论道，本体用兼尽。读者宜穷理以达其用，尤宜居敬以明其体。”[4]明其体的最佳途径在于考察卮言在庄书各个层面上的巧妙应用。冯契先生也认为，卮言乃是“以道观之”之言，其展开方式自然与道的运动同步。[5]我们将这些观点落实到庄书结构上，若古本庄书以四十九篇之数完成一个大的循环回归，那么内七篇就是自成一圆的小回归，内外篇合起来构成一个中回归。外篇起始以《骈拇》打头，意味着内七篇自足整体之环完成后的“节外生枝”；而骈

[1]《庄子集释》，第745页。
[2]《庄子集释》，第765页。
[3]杨儒宾：《卮言论：庄子论如何使用语言表达思想》，《汉学研究》第10卷第2期，台北，1992年，第152页。
[4]胡远濬：《庄子诠诂·序例》，商务印书馆1931年版，第9页。
[5]冯契：《中国古代哲学的逻辑发展》上册，上海人民出版社1983年版，第215页。

枝一旦生出，又会按照自身的循环程式完成四倍于内篇的生命行程。如果我们按照庄子的说法把天道之行看作伟大的“天钧”或“天磨”在做永恒的旋转，那么庄子自己创造的文章体系就可视为同样循环无端的“言钧”或“言磨”了。庄书和那些“往而不返”的诸子之书的根本差别就在于此，“终则复始”的美学完整性亦在于此。

近有学者从认识论方面谈及庄书内、外篇的整体意义，认为书中“存在着一个由北至南，由昏暗走向光明的逻辑联系”。《逍遥游》讲的鲲化鹏由北冥入南冥，象征着由蒙昧走向智慧；而《知北游》中的“知”（智）重新返回原始蒙昧。“但这里的复归不是简单的重复，而是智慧在经历了质的飞跃之后重新回到自然。这颇类似于禅宗语录中的‘老僧三十年前参禅时，见山是山，见水是水，及至后来，亲见知识，有个入处，见山不是山，见水不是水，而今得个休歇处，依然见山是山，见水是水’”。[1] 从黑暗到光明的空间变化取决于《逍遥游》开篇的创世神话表达模式，是否象征从蒙昧到智慧的认识飞跃，是很值得怀疑的。从老子和庄子的“玄冥”哲学看，黑暗的创世前的混沌状态在价值上比创世后的世界秩序更优越，也更理想，因而降生于创世后的真人至人总有一种回归混沌或母腹的强烈愿望，构成与永恒回归神话一脉相承的道家主题。[2] 不过，能够把《知北游》篇的意象和空间运动同《逍遥游》联系起来考察的这种整体回环思路，还是深得庄书卮言结构之法的。我们不妨把自北而南的鲲鹏之化视为“有生于无”，而“知”的“北游”玄水和“反于帝宫”，所寻求的正是“欲复归根”之道，或可理解为自有归无的努力。宣颖将本篇主题归结为一个“无”字，确实在义理层面上把握了核心。从“天钧”“天倪”的旋动立场上看，“有无相生”的交替过程是永不停顿的，所以认识上的复归于混沌仍然蕴含着

[1] 傅道彬：《烛光灯影里的中国诗》，《文艺研究》1995 年第 4 期。
[2] 叶舒宪：《混沌・玄同・馄饨》，《中国比较文学》1992 年第 2 期。

新一轮循环的起点和生命原动力。

据艾利亚德氏的介绍，有无相生的循环主题本是原始部落启蒙仪式的派生物，在此类仪礼中最常见的象征表演为“生—死—再生”的模拟剧。其中“死”即复归混沌这一重要环节又可演示为回返子宫、被神圣生物或海中妖怪吞入腹中、地下或海底的旅行、森林或荒漠中的隔离、化为鬼魂等情节[1]，凡此种种都构成原始神话和后起的史诗文学的叙述原型。《庄子》书中的混沌主题当然与其神话思维的源头保持着深潜的联系，并对于卮言式回旋结构的形成起到结构素的有机作用。这一点，在我们考察了内七篇所构成的较小规模的“始卒若环”之后，当会有进一步的理解。

“道”的往复运动产生出“无”与“有”的对峙和转化关系。二者之中“无”才是更加具有本源性的一极，所以庄子可以将作为起点和终点的“无”看作“道”的代称。邬昆如先生说：“‘无’是一切否定的根本，同时也是最高的肯定。‘无’之所以能成为最高的肯定，就是因为它解脱了一切束缚。‘无’的消极面固然说明‘道’体之不可知，不可言传；但是，其积极面则指出，没有丝毫的阻碍，根本不受外界的限制，更不受任何感官世界的束缚。道是无说明了道之绝对超越性。”[2]从环状运动去理解，道的超越性既可表现为无中生有，鲲之化鹏，亦可表现为有复归无，重返玄冥混沌。这两种运动形式的空间坐标分别为向上与向下，只有统合起来看才能构成完整的圆周。《逍遥游》开篇所显现的上升运动如果孤立起来看，或许会误解为奋发向上、积极有为、从蒙昧到光明等不符合道家本相的观念；同理，《齐物论》的“道亏”之说、《骈拇》《马蹄》《在宥》《天道》《知北游》诸篇的“道之沦降”说，若仅执着于“沦降”一面观之，也不符合卮言圆通无端的精神。只有将扶摇直上九万里的雄伟上升与“每下愈况”的卑微沉沦看成互为条件互

[1] 艾利亚德（M.Eliade）：《生与再生》（*Birth and Rebirth*），哈泼兄弟出版公司 1958 年版，第 13—17 页。
[2] 邬昆如：《庄子与古希腊哲学中的道》，台北：“中华书局”1976 年版，第 146 页。

为因果的联系过程，才不失“天钧”与“两行”之初衷吧。无中生有和青云直上当然可以代表道的超越能力，但是有复化无和沉降屎溺也同样可表达道的超越特性。这其中的道理，《知北游》篇在东郭子问庄子的寓言结尾处已有说明：

物物者与物无际，而物有际者，所谓物际者也；不际之际，际之不际者也。谓盈虚衰杀，彼为盈虚非盈虚，彼为衰杀非衰杀，彼为本末非本末，彼为积散非积散也。[1]

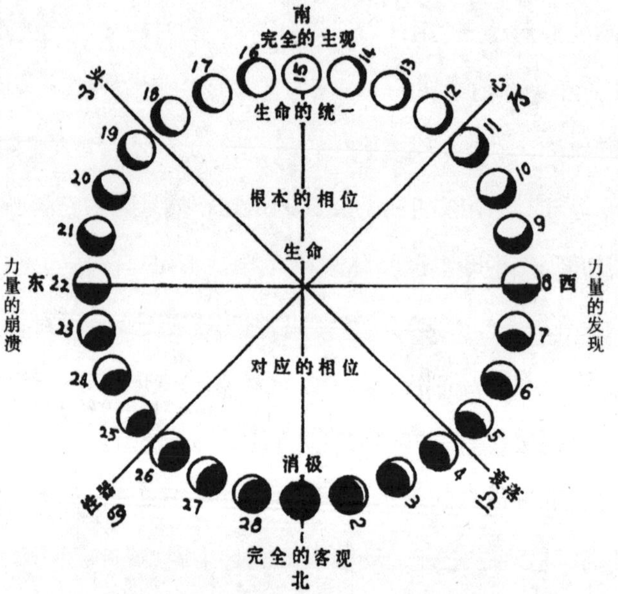

图10 叶芝《幻象》中的二十八相轮形图
一切可能的人类类型都可归于二十八相中的某相

从“不际之际”的立场上说，界限永远只是相对的，盈虚、衰杀、本末、积散都没有绝对的区别。同样道理，雄伟与卑琐、翱翔蓝天与瓦甓屎溺又岂

[1]《庄子集释》，第752页。

能截然判分出不同价值，进而乐此而恶彼呢？就此而言，内篇开端的上升运动与外篇收尾的下降运动正体现着珠联璧合的一个完整循环周期。

四、庄周释名

在我们对卮言与天均的周行不殆规则有了相当的了解，对《庄子》一书所体现出的回旋往复式思维结构有了初步认识之后，一个十分容易产生的联想就是关于“庄周”这个意味深长的名字究竟是怎样得来的。

很可惜有关庄子的生平家世，后人所知甚少，仅凭一鳞半爪的点滴史料，实在不足以窥其真相，反倒越是深究，疑点越多起来。比如困惑古今学人的一大疑团是：庄子与孟子为同时代之人，两位大师无由相见倒也罢了，可是为什么他们的言论著作之中都没有一次提到过对方呢？儒家的亚圣与道家的二祖之间这种不合常理的相互回避，终于引发了对他们是否真实存在过的怀疑。当然，怀疑的对象不是以浩然之气彪炳史册的孟轲，而只能是满纸荒唐言的庄周了。严复便猜测“庄周”这个名字可能是从“杨朱”一名的发音转换出来的。理由仅仅是“庄”与“杨”为叠韵，“周”与“朱”为双声。如此一来，庄子就成了在《孟子》书中遭到痛斥的利己主义者杨朱的代名，正像老子、屈原这些与儒家思想有所背离的南楚先哲也都有人出来辨伪揭疑一样。蔡元培先生著《中国伦理学史》还举出庄、杨二人在贵己、保真、为我等方面的近似之处，进一步发挥严复的庄周即杨朱说。王树荣先生则在《庄周即子莫说》一文中认定庄周是《孟子》中批评的子莫，理由是二名意义相互对应：“周”训普遍，“莫”训广漠无垠。名周，字子莫，固意义相生也。[1]查考现存唯一的庄生传记资料——《史记·老子列传》，只说他“名周”，

[1] 王树荣：《庄周即子莫说》，《古史辨》第6册。

却只字未提他有没有字，先秦所有旧籍亦无一言及庄子之字者。可是千年后的唐代法师成玄英却在《庄子序》中明言："其人姓庄，名周，字子休。"[1]于是，陆德明的《经典释文序录》也在"姓庄，名周"句后加上一个不明不白的自注云："太史公云，字子休。"可《史记》本传中绝无此语，难道会另有所本？

《正统道藏》本"庄子字休"，吴承仕先生推测"此为六朝以来之通说"[2]，显然可信度不高。字休也好，字子休也好，既为后人所添加，则字子莫说也就失去了依托。庄子本无字，或没有传下来真实之字，他究竟是梁国人，抑或是宋国人，也还难以定论，因为司马迁只说他"尝为蒙漆园吏"，后学也习惯称"漆园"为其雅号，但这个"蒙"的地望却成了问题。梁之蒙，在今山东省菏泽县北；宋之蒙，在今河南省商丘县东北；而安徽省定远县东三十里也有漆园——让人莫衷一是。在这种情况下，司马迁的片言只语也难免成为怀疑的对象了。他根据什么说庄子"名周"呢？原来就根据庄书中作者的自称。今本《庄子》中，称庄周之例共有九次，称周之例有十七次，称庄子则达八十次之多。以内篇为例，《逍遥游》中有"惠子谓庄子曰"和"庄子曰"；《齐物论》中有"庄周梦为蝴蝶"和"周与蝶""不知周也"一类说法；《德充符》中"庄子曰"出现了四次。凡此种种，皆可使庄周之名为杨朱声转的看法难圆其说，又让司马迁的说法显得内证确凿。

据郑樵《通志·氏族略》"以谥为氏"条："庄氏，芈姓，楚庄王之后，以谥为氏。楚有大儒，曰庄周。"由此看来，庄周之姓的由来应追溯到楚庄王的谥号了。作为楚国王族的后裔的庄子，和我们已经熟悉的那位蔑视王侯、攻击一切统治者的庄子，确实有些对不上号。所以不妨从寓言的意义上来看待庄周之名。

[1]《庄子集释》卷首，第6页。
[2]吴承仕：《经典释文序录疏证》，中华书局1984年版，第161页。

庄，因汉明帝讳，《说文》无解。段注以为草大，朱(骏声)以为草整齐貌，引申指端庄、严肃。《论语·为政》："临之以庄则敬。"《集解》："庄，严也。"《玉篇》："庄，敬也。"可是庄子对这些庄严恭敬的意义实在没有兴趣，他偏偏要反其道而行之，强调"不可与庄语"，而主张"以谬悠之说，荒唐之言，无端崖之辞，时恣纵而不傥"。[1]这一连串的谬悠、荒唐、无端崖、恣纵，其实都是"庄语"的反面。成疏："谬，虚远也。荒唐，广大也。恣纵犹放任也。"《释文》谓："谬悠，谓若忘于情实者也。荒唐，谓广大无域畔者也。"也就相当于《逍遥游》篇列子批评的："今子之言，大而无用，众所同去也。"马其昶云："谬悠，迂远也。荒唐，虚无也。无端崖，放旷也。"[2]既大而无用，又虚无缥缈、忘于情实，这样一种发言的放任形式当然要同正襟危坐的庄重严正之言相去万里的，故郭象《庄子序》说他"未始藏其狂言，言虽无会而独应者也"[3]。庄子之表达有如天马行空，独来独往，与他的"庄"姓背道而驰，人们视为狂话、疯话、妄话，势在难免。朱子称"庄子当时也，无人宗之，他只在僻处自说"[4]。从其嬉笑怒骂的行文风格看，庄子改名为谐子或狂子倒更适合一些。由此不难推测，其取名为"庄"，实寄寓着颠倒世俗价值的"正言若反"之旨。

然而问题又不是如此简单，"庄"还有另外一层古义，即作为道家核心范畴"道"的同义语。《尔雅·释宫》：

一达谓之道路……四达谓之衢，五达谓之康，六达谓之庄。[5]

[1]《庄子集释》，第1098页。
[2]胡远濬：《庄子诠诂》，商务印书馆1931年版，第282页。
[3]《庄子集释》卷首，第3页。
[4]朱熹：《朱子语类》卷一百廿五。
[5]郝懿行：《尔雅义疏》中一，上海古籍出版社1989年版，第165页。

六面通达的大道称“庄”，故又有康庄大道之说，沿用至今。《说文》：“一达之谓道。”无“路”字。六达之道正可喻驰骋六合，无所不通之意。无所不通不仅呼应“庄”，也暗示着周遍、周行、周全，故庄生取名“周”也。又同“通天下一气耳”“通而不失于兑”（《德充符》）、“通于天地者”“立之本原而知通于神”（《天地》）、“通于万物”（《天道》）、“通于一而万事毕”（《天地》）、“通乎道”（《天道》）、“一之精通”（《刻意》）、“君子通于道之谓通”（《让王》）、“道通为一”“唯达者知通为一”（《齐物论》）等一系列观点形成照应，甚至埋藏着周游六合，精神四达并流，无所不及，可名为“同帝”的狂妄用心，亦未可知。“六达谓之庄”的古训还启示我们注意，《庄子》中两次出现的“六通四辟”之说与“庄周”一名的暗中对应：

《天道》篇云：“天道运而无所积，故万物成；帝道运而无所积，故天下归；圣道运而无所积，故海内服。明于天，通于圣，六通四辟于帝王之德者，其自为也，昧然无不静者矣。”[1]

《天下》篇又云：“古之人其备乎！配神明，醇天地，育万物，和天下，泽及百姓，明于本数，系于末度，六通四辟，小大精粗，其运无乎不在。[2]

前一处“六通四辟”，成玄英解为“天道”之代称：“六通，谓四方上下也。四辟者，谓春秋冬夏也。夫唯照天道之无为，洞圣情之绝虑，通六合以生化，顺四序以施为，以此而总万乘。可谓帝王之德也。”后一处“六通四辟”，成疏又云：“……通六合以遨游，法四时而变化，随机运动，无所不在也。”[3]

[1]《庄子集释》，第457页。
[2]《庄子集释》，第1067页。
[3]《庄子集释》，第1068页。

这些解说针对的是《庄子》文本的内容，可我们读起来却仿佛在说明“庄周”之得名的原因。《应帝王》篇已表明，应为帝王者正是浑沌无为者。那么传授浑沌无为之道的庄子本人，不也符合“明于天，通于圣，六通四辟于帝王之德”的标准吗？如此看来，庄周之名与庄周之学实在是相辅相成，天衣无缝。《玉篇》又云：“六达道曰庄。”依据“庄”与“道”的这种关系，不妨将“庄子”理解为“道”的人格化，而“周”之取义，又恰恰在于大道运行的无所不在与周行不殆之特点。

“周”字，《说文》训“密也，从用口”。今语仍用“周密”一词，源出于此。《诗经·小雅·鹿鸣》“示我周行”句毛传：“至也。”《周书·谥法》：“周，至也。”《小尔雅·广言》：“周，匝也。”《广雅·释诂》：“周，遍也。”《释诂》又云：“周，旋也。”朱骏声云：“《汉书·司马迁传》：出入周卫之中。按：环绕也。……《羽猎赋》：章皇周流。皆旋转匝遍之谓，亦叠韵连语。仲尼弟子公伯缭字周；《左·襄廿三传》齐华周字还。”[1]扬雄《方言》：“逭，周也。”注：“谓周转也。”钱绎《笺疏》：“上卷云，逭，转也。旋转与周匝同义，故逭又训为周。”[2]《释名·释州国》对周人之国名亦做了如下解释：“周地在岐山之南，其山四周也。”这些以周全、周旋、周转之义为名的现象自然应以《周易》最为典型。

《周易》之“周”，历来注家有二解，孔颖达《周易正义·序》据《世谱》等书谓连山为神农，归藏为黄帝。故《连山》《归藏》皆是代号，《周易》也应如此。郑玄《易论》却认为：周易也，言易道周普无所不备。贾公彦也说，《连山》《归藏》皆不言地号，则周非地。《周易》纯乾为首，乾为天，天能周匝于四时，故名《易》为周也。《庄子》书中两次提到《周易》，均简称为《易》。《天下》篇还概括《周易》之旨曰：“《易》以道阴阳。”显

[1] 朱骏声：《说文通训定声》，武汉市古籍书店，影印本，1983 年，第 253 页。
[2] 钱绎：《方言笺疏》，上海古籍出版社 1989 年版，第 969 页。

然对其阴阳变化、周而复始之理是了若指掌的。今人概括《周易》之思想都不会不讲“循环变化”[1]，这正是《周易》与老庄思想最引人注目的默契之处。王弼在此三者之间悟透了相通之理，后人将三者并奉为“三玄”，都不是没有理由的。因此，理解了《周易》之名的蕴意也就等于理解了庄子名周的缘由，正如认识到《周易·复卦》之彖传所说“七日来复”的变化周期，就不难理解庄子的“日凿一窍，七日而浑沌死”（《应帝王》）、“七日不火食”（《天运》）、“七日七夜至老子之所”（《庚桑楚》）等说法的由来一样。

尚秉和先生《周易尚氏学总论》释“周”字云：

按三《易》之名，皆缘首卦。《连山》以艮为首，上艮下艮，故曰《连山》。《归藏》以坤为首，万物皆藏于地，故曰《归藏》。《周易》以乾为首，乾元亨利贞，即春夏秋冬，周而复始，无有穷期，故曰《周易》。

周者《易》之理。十二消息卦周也；元亨利贞周也；大明终始，六位时成，周也。彖传分释元亨利贞既毕，又曰首出庶物，即贞下启元也，周也；古圣人之卦气图，起中孚，终颐，周也；此其理唯扬子云识之最深，《太玄》以中拟中孚，以周拟复，终以养拟颐，其次序与卦气图，丝毫不紊。而于玄首，则释其所以然。其罔直蒙酋冥，即元亨利贞，故以中羡从为始，更睟廓为中，减沈成为终。循环往来，无一非周之理。[2]

借鉴此精当之阐析，反观庄书，完全有理由认为：周者，亦《庄子》之理。内篇始自北冥之鲲，终于浑沌之死，七日之凿与七篇七章结构吻合无间，曲尽“反复其道，七日来复”的循环义理。至于《周易》所示反复、终始、消息一类循环变易的法则，无一不再现于庄书之中。如《大宗师》所言“反复

[1] 金谷治：《易的占筮与义理》，齐鲁书社 1990 年版，第 5 章第 2 节“变易与循环”。
[2] 尚秉和：《周易尚氏学》，中华书局 1980 年版，第 1—2 页，

始终”、《田子方》所云“始终相反乎无端”、《天地》所云“是终始本末不相坐”、《秋水》所云“终则有始”“终始无故”、《达生》所云“游乎万物之所终始”、《知北游》所云“魏魏乎其终则复始也”“吾已往来焉而不知其所终始”、《则阳》所云“终则始”和“与物终始”、《秋水》所云“消息盈虚”、《田子方》所云“消息满虚”、《盗跖》所云“与时消息”，等等，皆直接化用《易》理之例。除此之外，庄书还有一些类似的对峙概念，如（气之）聚散、往来、出入、盈虚、满虚等，也都可视为对《易》的循环变化思想的创造性发挥。[1]这样看来，庄子以“周”为名实在是有据有凭，理所当然的。庄者，道也；道之行，周也。“庄”与“周”的配合，正如“周”与“易”的配合，均有内在的逻辑统一性。

庄子以“周”为名还有另一层可阐发的蕴意，那就是周密、周全、周遍一类语义。[2]《庄子·天下》篇为庄生的创作描述了一个十分清楚的学术背景，那就是以周备、统一为特征的古之道术即将湮没无闻，分裂成各家各派各自为政的“方术”异说，作者对此种状况表示了明确的不满，大有恢复古道，非我其谁的意向：

天下大乱，贤圣不明，道德不一，天下多得一察焉以自好。譬如耳目鼻口，皆有所明，不能相通。犹百家众技也，皆有所长，时有所用。虽然，不该不遍，一曲之士也。判天地之美，析万物之理，察古人之全，寡能备于天地之美，称神明之容。是故内圣外王之道，闇而不明，郁而不发，天下之人各为其所欲焉以自为方。悲夫，百家往而不反，必不合矣！后世之学者，

[1] 杨希枚先生以为庄子思想体系基本上就是《周易》的思想体系。可参看，但不宜绝对化，毕竟还有差异的一面。见《先秦文化史论集》，中国社会科学出版社1995年版，第728页。

[2] 梅维恒先生英译《庄子》附录词汇释“庄”为“庄严神圣”（solemn），未能点破“庄”为“道”之同义语；又释“周”兼“圆转”（all round）与“周全”（whole）二义，得之矣。见 *Wandering On the Way*，p.350.

不幸不见天地之纯，古人之大体，道术将为天下裂。[1]

这一段重要表白中所使用的一系列概念如“该遍”“全”“备”“反”“合”“大体”皆与庄周之“周”暗中应合，作为“一察”“自好”“不通”“一曲”“以自为方”“往而不反”和“天下裂”的对立面，用意至为明晰。而“庄”亦作为“不通”的对立面，非“庄”而“周”者，孰能重新齐一是非，整合方术，恢复“古之所谓道术”呢？如成玄英所云：“宇内学人，各滞所执，偏得一术，岂能弘通！”又云：“虽复各有所长，而未能该通周遍，斯乃偏僻之士，滞一之人，非圆通合变者也。”此处所说“该通周遍”与“圆通合变”“弘通”皆为一个意思，正可借来为庄周之名做注脚。下文再看“周”之一名多边：

《左传·昭公二十年》“出入周疏”句注云：“周，密也。”《荀子·儒效》：“其知虑多当矣，而未周密也。”注：“周密，尽善也。”《广雅·释诂》：“周，遍也。”《周易》上经释文：“周，遍也。”《诗经·大雅·崧高》“周邦咸喜”句郑笺：“周，遍也。”《淮南子·天文训》：“十二岁而周”，高诱注：“周，遍也。”《左传·文公三年》：“举人之周也。”注：“周，备也。”《史记·秦本纪》：“缪公之与人周也。”《集解》引服虔云：“周，备也。”《楚辞·离骚》：“虽不周于今之人兮”，王逸注：“周，合也。”《淮南子·原道训》：“贵其周于数，而合于时也。”周与合对言，高注“周”为调，亦取调和之义。以上训诂材料表明，“周”与“密”“遍”“备”“合”等概念本来就有意义上的相通之处，庄周这个名称不仅概尽《庄子》一书之要旨，而且也充分体现了作者在《天下》篇所表明的回归“该通周遍”的古之道术的著述动机。

[1]《庄子集释》，第1069页。

自《周易》书名到庄周人名，思想史上独具魅力的一种天道与人道为一的观念线索已隐约呈现出来。一种周旋循环或圆通合变的理念日渐沉潜于民族集体无意识深层，成为文化传统中影响至深且远的一个原型主题。钱锺书先生曾引用张英《聪训斋语》以为说明："天体至圆，万物做到极精妙者，无有不圆。圣人之至德，古今之至文、法帖，以至一艺一术，必极圆而后登峰造极。"[1]"极圆"即周密、周全、周遍之谓，亦可取象圆周。此种境界自然同"一察""自好"的"一曲之士"形成天壤之别。钱先生又评曹丕《典论·论文》中"夫人善于自见，而文非一体，鲜能备善，是以各以所长，相轻所短"一段云：数行之内，语若刺背，理实圆成。又云：《荀》曰"周道"，《经》曰"圆觉"，与《典论》之标"备善"，比物此志，皆以戒拘守一隅、一偏、一边、一体之弊。歌德称谈艺者之"见"曰："能入，能遍，能透"；遍则不偏，透则无障，入而能出，庶几免乎见之为蔽矣。[2]对照《庄子·天下》言"古之人其备乎"之理，有"六通四辟，小大精粗，其运无乎不在"，则又先于《荀子》揭示"解蔽"之方，且为曹丕"备善"、佛经"圆觉"说开先河矣。

荀子虽然指名批评过"庄子蔽于天而不知人"，但是谁能肯定他的"周道"之说不是"庄周"二字的倒文呢？

---

[1] 钱锺书：《管锥编》第3册，中华书局1979年版，第922页。

[2] 钱锺书：《管锥编》第3册，中华书局1979年版，第1051—1052页。

THE THIRD PART

第三章

鲲鹏与浑沌

艺术家比他同时代的人更原始，也更文明。

——T.S. 艾略特

如果我们给庄子思想起一个总名的话，似乎应该叫作浑沌主义。

——王孝鱼：《庄子通》疏证

一、“神话结构”与内篇的整体性

《庄子》一书问世于战国后期，其时约在公元前3世纪至前2世纪之间。然而，直到西晋时代向秀和郭象之时，并没有什么人能够完整地把握庄书的思想总体，可以说是被相对埋没、冷落了五百多年。所以房玄龄等作《晋书·向秀传》要说：“庄周著内外数十篇，历世才士虽有观者，莫适论其旨统也。秀乃为之隐解，发明奇趣，振起玄风……”作《郭象传》又重复地说：“先是，注庄子者数十家，莫能究其旨统。”这两处说的“旨统”，或相当于今人所说的思想体系。为什么几十家注者都不能把握住庄生的思想真谛呢？

庄子的书不像《论语》《孟子》是家常话一般晓畅明白，因为他的书不是当作普通教育的语录教本来写的，也不是正襟危坐式的实话实说；他在书里用说胡话、妄话和反话的方式表达自己的思想。所以不要说一般大众与之无缘相契，就是专家学者也未必能读懂读透、升其堂而入其室。难怪成玄英法师要感叹说：《庄子》一书，“其言大而博，其旨深而远，非下士之所闻，岂浅识之能究？”[1]

《庄子》一书虽历来就存在着篇目划分和真伪辨识上的纷争，但相对来说《内篇》却较为完整和稳定，自古及今争议最少，而且篇数也固定不变，保持着“七”数，不同于《外篇》和《杂篇》前后出入颇多的情况。

唐人陆德明《经典释文序录》云：“《汉书·艺文志》‘庄子五十二篇’，即司马彪、孟氏所注是也。言多诡诞，或似《山海经》，或类《占梦书》，故注者以意去取。其《内篇》众家并同。自余或有《外》而无《杂》。”[2]

[1] 成玄英：《庄子序》，见郭庆藩：《庄子集释》卷首，中华书局1961年版，第6页。
[2] 陆德明：《经典释文》卷第一，中华书局1983年版，影印本，第17页。

由于《庄子》书中内容荒诞不经，非比儒家之典籍庄重严肃，所以后代之注家也就不把它当成正经之书，乃至出现了篇目选择和划分上的“以意去取”的随意性倾向，因此而导致《庄子》一书各传本之间的歧出差异。尽管如此，《内篇》却能处变不乱，任人“以意去取”之后，仍保留着“众家并同”的稳固性。在《经典释文》所罗列的崔譔、向秀、司马彪、郭象、李颐、孟氏、王叔之等注疏本中，标明《内篇》七的就有三种，[1] 其余虽未标示内外之别及篇数，显然也包括在陆氏所见“众家并同”的范围之内。吴承仕先生在《经典释文序录疏证》中说：

盖古书行世，依讬坿益，事所常有，不独《庄子》书为然也。司马、孟氏《注》本：《内篇》七，《外篇》二十八，《杂篇》十四，《解说》三，为五十二。见行郭氏《注》本：《内篇》七，《外篇》十五，《杂篇》十一，为三十三。《内篇》为众家所同；而《外篇》《杂篇》则以注者所见有殊，而意为取舍，故自崔譔以下，或有《外》而无《杂》，或《外》《杂》并有而篇数不同。然今本定著三十三篇，亦非郭氏创意为之。寻高诱《淮南·修务篇注》云：“庄周作书三十三篇，为道家之言。”是汉末已有三十三篇之本矣。[2]

五十二篇本和三十三篇本在汉代同时存在，篇幅差别之大可想而知，但《内篇》却是统一不乱的，这其中的原因何在呢？

从义理方面去划分《内》《外》《杂》之别，是解答上述疑问的常见途径。近人王树曰：

[1] 唯马端临《文献通考·经籍考》卷三十八“郭象注《庄子》十卷”晁氏曰：“《内篇》八，《外篇》十五，《杂篇》十一。”

[2] 吴承仕：《经典释文序录疏证》，中华书局 1983 年版，第 162 页。

其书《内篇》即“内圣”之道，《外篇》即“外王”之道。所谓“静而圣，动而王”也。《杂篇》者，杂述“内圣”“外王”之事，篇各为意，犹今人之杂记也。[1]

如此“内”与“外”之划分，完全取决于庄子学说的不同方面的内容，《内篇》与“内圣”之学，《外篇》与“外王”之道，似乎名义上恰好两两对应，不无道理。然细按庄书，却又不尽然，让人无法确信了。“《内篇》中之《应帝王篇》正论‘外王’之道。《外篇》中论‘内圣’之道者更多。且诸子之书，分内篇外篇者，不仅《庄子》，岂能皆以‘内圣’‘外王’为分内外之标准乎？”[2]如此看来，以内圣外王的二分法来区别庄书篇目显然是十分勉强的做法。按照庄生“其小无内，其大无外”的相对原则，内圣与外王本来就是一纸之两面，不可机械为之分割并列的。

从内圣外王说的整一性着眼，也有学者认为《内篇》的主旨即在于此：

《天下篇》深致慨于内圣外王之道暗而不明，郁而不发。而此七篇，则所以反复发明内圣外王之学者也。是故《逍遥游》之辨小大，为内圣外王之学标其趣也。《齐物论》之泯是非，为内圣外王之学会其通也。《养生主》，内圣外王之学之基也。《人间世》，内圣外王之学之验也。《德充符》，则其学之成，充实而形著于外也。若是，斯内可以圣，而外可以王矣。故以《大宗师》《应帝王》二篇终之。宗师者，圣之异名。帝者，王之极致也。是故内七篇分之则为七，合之则只是一篇。[3]

[1] 转引自蒋伯潜：《诸子通考》，浙江古籍出版社 1985 年版，第 426 页。
[2] 转引自蒋伯潜：《诸子通考》，浙江古籍出版社 1985 年版，第 427 页。
[3] 钟泰：《庄子发微》，上海古籍出版社 1988 年版，第 2 页。

把内七篇当作“一篇”来看，将前后义理贯通起来解说，前人早有尝试。如褚伯秀《庄子管见》认为：

《内篇》始于《逍遥游》，终以《应帝王》者，学道之要，在反求诸己，无适非乐，然后外观万物，理无不齐，物齐而己可忘，己忘而养生之主得矣，养生所以善己，应世所以善物，皆在德以充之，充则万物符契，宗之为师，大宗师之本立矣，措诸治道也何难？内则为圣为神，外则应帝应王，斯道之所以敛之一身，不为有余，散之天下，不为不足也。

还有更为大胆的看法，把整部庄书三十三篇均视作一篇，如清周金然《南华经传释》云：

谛阅《南华》，则自经自传，不自秘也，而千载无人觑破。盖其意尽于内七篇，至外篇杂篇，无非引申内七篇，唯末篇自序耳。……因内七篇为经，余篇析为：

《逍遥游》第一　《秋水》《马蹄》《山木》

《齐物论》第二　《徐无鬼》《则阳》《外物》

《养生主》第三　《刻意》《缮性》《至乐》《达生》《让王》

《人间世》第四　《庚桑楚》《渔父》

《德充符》第五　《骈拇》《列御寇》

《大宗师》第六　《田子方》《盗跖》《天道》《天运》《知北游》

《应帝王》第七　《胠箧》《说剑》《在宥》《天地》

凡外杂共二十有六篇，其二十四篇，总是解内七篇。内七篇由旷观而后忘宾，忘宾而后得主，得主而后冥世，冥世而后形真，形真而后见宗，见宗而后化成，节合珠联，七篇犹是一篇。[1]

这种“自经自传”说虽颇新颖，但应和者并不多。从《内》《外》《杂》三类文本性质的差异着眼，近人郎擎霄先生又提出“经传”主从之说，或可视为“自经自传”说的发展：

《庄子》一书，《汉志》云五十二篇，无内外杂篇之名，至《隋书·艺文志》始有周弘正撰之《庄子内篇讲疏》八卷，梁简文帝撰之《庄子内外篇》《杂音》各一卷，可知现行之有内外杂篇之分者，已非汉时所见之本矣。然夷考其实，《内篇》之与《外》《杂》，本有经传主从之分，即就篇名论之，《外》《杂》仅以篇首二字为名，而《内篇》则具有深意，盖约全篇之旨趣为之，是其书之起，必不与《外》《杂》同时。以理推之，当在其前。其义理之宏深，才思之精辟，有非蒙周莫能发者；文亦汪洋淑诡，而气势衔接。七篇之文，分之则篇明一义，合之则首尾相承：首建逍遥，神游方外，若全书之总纲；次申齐物，理绝名言，为立论之前驱；或明养生之道，或论涉世之方，或著至德之符。其体维何，以大道为宗师；其用为何，以帝王为格致。自余诸篇，反复以明，校其细钜，咸有可述。[2]

张默生先生主张依据文体结构来划分《庄子》一书各篇之“真假”，他把书中的文体分为四等：

第一等作品又可细分为二：甲类，先总论，次分论，无结论；乙类，先分论，次结论，无总论。

第二等作品：只有分论，没有总论和结论，每篇中每段各自成篇，意不

[1] 转引自郎擎霄：《庄子学案》，商务印书馆 1934 年版，第 23 页。
[2] 郎擎霄：《庄子学案》，商务印书馆 1934 年版，第 21—22 页。

相属。

第三等作品：没有总论和分论，全篇联成一气，近乎后世文体。

第四等作品：文体上模仿前三等的作品，文理肤浅。[1]

属于第一等的有《内篇》七篇和《秋水》《至乐》《达生》《天下》《寓言》共十二篇，大部分可视为庄子自著。属于第二等的作品有《在宥》《徐无鬼》等。第三等则有《骈拇》《胠箧》《马蹄》《刻意》《缮性》等。这两类作品可视为庄子后学所作。第四等有历来争议较大的《让王》《盗跖》《说剑》《渔父》四篇，可视为后代人伪托之作。

张先生对庄书文体的分析不可不谓细致，然而他的分析完全依照作文法则以求其起、承、转、合之迹象，这又未免以流俗的文章章法来衡量非凡大哲的超常文本，有违于庄生“意之所随者，不可以言传也”[2]的妙旨。

考察《庄子》内七篇的内在统一性的工作，在20世纪80年代以来的学术复兴中又获得了新的进展。除了过去偏重从义理和文风方面的论证以外[3]，还揭开了一些新的角度和层面，如发掘《庄子》书中关于庄子本人言论与行动的二十九段记载；从汉语词汇发展过程的角度比斟《内篇》与《外篇》《杂篇》在用词惯例上的差异；[4]从《内篇》篇名以三字为题不见于战国子书，而与汉代纬书篇名相似，推论刘向校理庄书的可能性；[5]从全书各篇的文章结构方式着眼进行分类，划分出庄子自著和后学手笔；[6]等等。

之所以会有庄学界不约而同的这样一种重新确认内七篇统一性的尝试，主要是由于20世纪以来中国学术在外来思想冲击和政治变迁的屡屡干扰之

[1] 张默生：《庄子新释》，台北：时代书局1974年版，第2—5页。
[2]《庄子·天道》语。
[3] 如胡楚生：《〈庄子〉内篇要义通释》，《老庄研究》，台北：学生书局，“中国哲学丛刊”，1992年，第243—257页；谢祥皓：《〈庄子〉导读》，巴蜀书社1988年版，第69页以下。
[4] 刘笑敢：《庄子哲学及其演变》，中国社会科学出版社1988年版，第4页。
[5] 崔大华：《庄学研究》，人民出版社1992年版，第56—58页。
[6] 张默生：《庄子新释》，台北：时代书局1974年版，第2页。

下，已经大体脱离了原有的传统轨道，出现了一个前所未有的断裂层。在厚今薄古的学风浸染之下，学者们可以不完全受制于几千年形成的学统和成规、定论，思想空前活跃，角度和方法也呈日新月异之状。

以上所述古今学人的观点，大体上确认内七篇在思想、文风、用词习惯等方面均表现出相当的统一性，几乎没有多少例外的意见，可作为定论来接受。笔者在此基础上拟提出进一步探究的可能，期望使问题再深入一层：

1. 内篇的篇数为什么是“七”这个定数，从古本到今本从未变化或错乱；这个数对于内篇的有机整体性有没有意义？

2. 内七篇仅仅是思想和文风上的统一体呢，还是艺术上的统一体？如果是后者的话，能否找出构成艺术整体性的结构要素。

当我们尝试用神话思维的眼光去重新审视《庄子》内篇时，对于上述两个相关的问题都可找到适当的解答。我们发现，内七篇之间的关联并不只是部分与部分之间的外在统一，而且具有一种内在的逻辑上的呼应，使七篇文字紧密结合为一个整体。这种内在的呼应就是神话主题和原型的呼应，这种呼应足以同《圣经》中《旧约》与《新约》的呼应相提并论，使《庄子》一书在先秦诸子中别具一格，成为首尾圆通的艺术整体。

《庄子》的内篇作为一篇来看，它以神话开篇，又以神话来结尾，还有哪一点比这更让人惊异的呢？遍检古代思想家的著作，又有谁尝试过此种写法呢？《逍遥游》发端的鲲鹏转化神话与《应帝王》终篇的浑沌凿窍神话，就叙述层面看完全是不同的情节故事，彼此无缘无关，但是从神话学的象征分析入手，却不难看出二者原来都属于神话类型中最根本的创世神话。因而北冥之鲲与中央之帝浑沌作为神话意象具有异形同构的意指功能，即都象征着作为创生本源的原始未分化状态——混沌。庄子正是用变化的手法把内七篇设计在一个以混沌为起点和终点的神话回环之中，使文本的结构形式同所要表达的回归与永恒的中心主题吻合无间，获得诗哲合一、思想的展开与音乐的韵律两相协调的艺境效果。从比较神话学的视野去看，“七”这个数字并非只表达数量意义的普通数字，而是创世神话中象征时空限度的宇宙数和模式数，又可作为表达周期循环的基数。庄子把首尾相接的内篇文字分为七个单元，也是让形式成为内容的神话象征手法之妙用，正如十九、七十二等神秘数字的运用一样，不能仅从数量实指意义上去理解。本章拟由神话意象的比较分析入手透视内七篇之宇宙论结构，将对神秘数字的探讨留待后面的专章中再行展开。

二、鲲鹏辩证法

关于《庄子》开篇为何以神话为叙述起点，近有美国学者罗伯特·艾利森教授从认识论方面加以解说：

如果庄子意在构造观念的体系，这很容易从概念的层次上做起。他以使用隐喻的方式告诫人们《庄子》中的信息是某种不能用分析性的概念加以翻译转换的东西。但这也并不意味着《庄子》完全是超验的，假如它是完全超验的，那么我们今天就不会有《庄子》了。

既然我们确实有一部《庄子》，那我们就必须按照它自身的方式去理解它。假如我们能将其隐喻翻译成散文体的评注，那也就不需要有《庄子》了。假如我们不能将其隐喻从字面上翻译成散文体的评注同时又无损于实质上的理解，那么我们就可以说这些隐喻在一种前概念的层次上或一种我们可称之为原始的认识过程的层次上才是易于领悟的。[1]

[1] 艾利森：《精神超越的庄子——内篇分析》，纽约州立大学出版社 1989 年版，第 37 页。

如前所述，此种前概念的、原始的认识过程已经由神话的运用而在《庄子》全书的开篇之处就为读者准备就绪了，隐喻的运用只不过是使之继续运作罢了。艾利森还借容格和弗莱的术语把神话的实质解释为“原型性的隐喻”（the archetypal metaphor）[1]。由创世神话所提供的混沌初开这一母题，正可作为庄书中一线贯穿到底的、最为根本的“原型性隐喻”。千百年来的注家和读者仅从字面上对这些渊源深远的原型做表层的理解，其原有的神话学蕴含则隐而不彰，有待于重新发掘和复原性的阐释。

《逍遥游》是怎样为“不可庄语”的神话表达揭开第一页的呢？且看其千古传诵之首段：

北冥有鱼，其名为鲲。鲲之大，不知其几千里也。化而为鸟，其名为鹏。鹏之背，不知其几千里也；怒而飞，其翼若垂天之云。是鸟也，海运则将徙于南冥。南冥者，天池也。[2]

叙述层面首先出现的是鱼化鸟的母题，似乎不难归结为变形神话一类。

图 11　印第安神话中的雷鸟

[1] 艾利森：《精神超越的庄子——内篇分析》，纽约州立大学出版社 1989 年版，第 37 页。
[2]《庄子集释》，第 2 页。

细加分析，则又不尽然。鱼化鸟的母题实际只是具有宇宙论意义的空间运动之序幕。而这场由北冥到南冥的运动，如果放在神话宇宙模式中看，又象征着由地下到天顶、由黑暗之混沌到开辟之光明的运动。换言之，变形神话的表象背后隐约可见的乃是创世神话的运动模式。依照神话宇宙观中北方与地下世界的沟通与认同关系，“北冥在象征意义上等同于地底的冥界之水，而南冥在庄子的本文中说明是‘天池’，显系上界即天界的象征，所以从北冥到南冥的水平运动也就是自下界到上界的垂直运动。鲲，有的注家说是鲸鱼，也有人考据为龙，当属水族动物无疑；鹏乃飞行动物，与鹰同类。水族动物化为飞行动物，从黑暗的北极向光明的南极运行，这正是‘道’的运动，太极的运动。当然也是太一即太阳的运动模式，因为太阳是能以其循环运动而贯通上中下、海陆空三界的死而复生的象征”。[1]太阳创世主型的创世神话通常以太阳运行的周期性模式为深层结构，演示由下而上、由黑暗到光明的宇宙创生。太阳的升降变化又可以象征性地表现为能够进入地下的爬行动物、水生动物同能够遨游天空的飞行动物之间的争斗、变形或相互转化。在世界范围内最具有普遍性的太阳创世主运行程式不外乎这样两种：太阳鸟被海中巨鲸（或混沌海怪、巨龙）所吞下，次日晨又被吐出；鹰战胜蛇（光明）与蛇战胜鹰（黑暗）。原始的宇宙哲学就是这样借助于自然意象来展开神话情节，用以解释大自然的周期变化规律的。从此种深广的神话思维背景上去看待鲲鹏寓言，它就不仅仅是庄子或哪位个人创制的寓言了。北冥、南冥、鲲与鹏的神话象征意蕴都有待于多方面的发微索隐，方可凸显出来。

吴光明先生便以创世神话的眼光来看待鲲鹏故事。认为“庄书开端的那伟大的鱼鸟故事必定是模仿当时通行的宇宙形成论的打油诗文”。“比较《圣经》那庄肃的天地形成论，庄书这样的天地形成真是太平淡太俗气了。在《圣

[1] 叶舒宪：《中国神话哲学》，中国社会科学出版社 1992 年版，第 57 页。

经》里全能上帝的圣气（圣灵）飘浮于水面上。全地空洞无形，渊面黑暗。忽然上帝懔然发出严命，泛响深渊的澹默——‘有光’，光就出现了。可是在庄书里，却只有普通的景色，如鱼、鸟、升潮、刮风，它们就已经够有力震撼我们的想象力，使我们飞回到事物的开始，而且事物每天的开始”。[1]庄子让象征宇宙开始的鲲鹏之化作为他的著作的开始，莫非是要让他的整个著述成为体现“道”之运动的卮言吗？对于那些渴望获得“道”的奥秘的读者来说，这样安排的开篇会有怎样的阅读效果呢？

图 12　鹰蛇母题的中国变体“龙凤呈祥”
（明代瓷器图案）

神话学家早就告诉我们，创世神话通过追溯我们世界的本源而赋予这个世界神圣的价值。神话追溯的结果不同，则人们的信仰和价值观也就不同。《圣经》追溯到终极，只看到全知全能的上帝是一切创造的本源和一切生命的造物主。所以犹太教徒和基督教徒都奉上帝为精神救主。庄子和道家的创

[1] 吴光明：《庄子》，台北：东大图书公司 1988 年版，第 134—135 页。

生论均不突出超越时空之外的有意志有目的的创造主，而是把自然本身的“有无相生”和“相化”视为世界的本源和生命的过程。这样，作为自然之原生状态的“混沌”也就非常独特地具有了理想的价值，在《应帝王》篇中被美称为“中央之帝”，在《刻意》篇又称为“同帝”，其根本特征就是“无为”。相对于“有为”的妄作者南海之帝和北海之帝，庄子的价值倾向是显而易见的。而鲲之化鹏的开辟寓言同样突出一个自然而然的“化”，回避了有意志人格神的“造”。这样就从本源上消解了创造主与混沌、上帝与恶魔的对立，从而也就消解了人神之间的对立与紧张。自然无为之化在某种程度上也填平了圣与俗之间的鸿沟，使神与人之间的关系摆脱了一神教固有的不可逾越的障碍物，为人通过自我修炼而通向神性提供了现实可能性，给道家的“真人”和“仙人”理想留下了充分的发展余地。从这种宇宙论与人生论浑然合一的意义上去理解鲲鹏神话，自然又可引出创世说以外的题旨。吴怡先生说：

> 把鲲鹏拿来象征人世，鲲化为鹏的历程，说明一个人在成为至人、神人，或圣人之前的一段修炼功夫。这条鲲在北冥中，由小变为大，正同我们在人世间的求学与奋斗，唯有一点一滴的努力，才有一点一滴的成就。也唯有一点一滴的成就，才使我们慢慢地经验丰富了、知识渊博了、意志坚强了，而变成一位巨人，从世俗中脱颖而出。[1]

不论这种解说是否合于作者之初意，在鱼鸟相化的神话情节背后，确实可以发掘出同宇宙论意义同样重要的心理学方面的意义。对此，有必要诉诸原型研究家关于鹰与蛇、龙与凤等具有普遍性的神话动物的研究成果。专家们公认：“鹰蛇二元性在世界各地都表示天地二元性，或者表示天使和魔鬼

[1] 吴怡：《从逍遥游一文看庄子逍遥的境界与功夫》，《逍遥的庄子》，台北：东大图书公司1991年版，第54页。

的斗争。”[1] 坎贝尔描述随着新石器时代农耕文化而出现的“高文明”的共有特征，也指出在玛雅—阿兹忒克、埃及、两河流域、印度和中国等地均有类似的宇宙树神话意象：上有巨鹰下有盘蛇。

这一原型意象由于鹏与凤的置换关系又常常在中国神话中表现为夔凤之争或凤与蛇的对应。长沙陈家大山出土帛画中的妇人与夔凤形象便是典型的完整例证。《韩非子·十过》讲道“黄帝合鬼神……螣蛇伏地，凤皇覆上”。蛇与凤的对应又象征着鬼与神、地与天、坤与乾、阴与阳的对应。《山海经·海内西经》讲道“开明西有凤皇、鸾鸟，皆戴蛇践蛇，膺有赤蛇”[2]。这又好像是将飞禽与爬行动物的对立统合为一种整体形象了。商周铜器造型和战国织绣纹样、漆器图案中均可看到这种“凤鸟践蛇纹”的程式化表现。[3] 可见这个世界性的原型通过神话观念的传承已经渗透到华夏文明的基层。其所内隐的精神—心理蕴含又是怎样的呢?

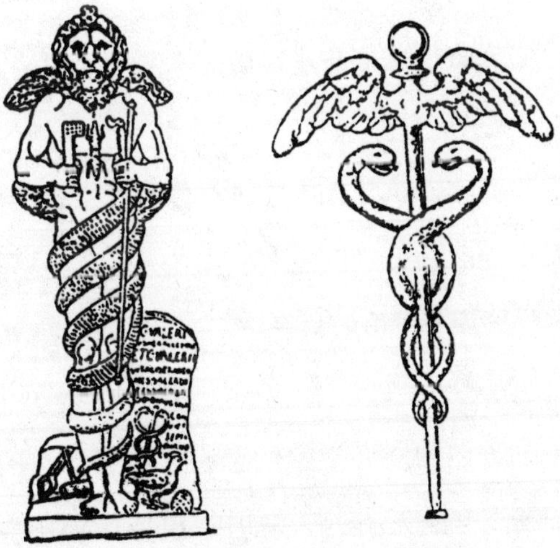

图 13 鹰蛇对立的世界性神话表象
（采自佩特斯）

[1] 让·谢瓦利埃等编：《世界文化象征辞典》，湖南文艺出版社 1994 年版，第 1186 页。
[2] 袁珂：《山海经校注》，上海古籍出版社 1980 年版，第 299 页。
[3] 参看彭浩：《楚人织绣纹样的历史考察》，《文艺研究》1992 年第 3 期。

英国分析心理学家罗德里克·佩特斯在归纳了许多患者的梦幻体验之后发现，这些患者都以其各自的方式同某种矛盾经验做斗争，此类矛盾经验乃是他们的理智的、精神的生活同情感的、本能的生活之间的冲突所致。引人注目的是这一冲突往往是以鹰和蛇的象征而出现在梦幻之中。当类似的案例积累到相当程度时，佩特斯便不得不为自己提出下列问题：

为什么会出现这种现象？如果只是个别人梦到鹰和蛇的对立，当然可以解释为偶然的特例；如果做梦人在日常生活中就职业性地与鹰和蛇接触，问题也就容易理解了。但是假如这两个意象出现在许许多多人的梦中，而且这些人与鹰和蛇并没有特别的、不寻常的关系，那么，为什么会这样呢？事实上，虽然我所引用的这些梦者中没有一个人意识到这一点。但是鹰与蛇的对立不仅仅是一个古老的故事，而且是一个出现在全世界的故事。

这是一个出现在美索不达米亚印章上的、于6000年前的史前时代黑暗之中诞生的故事；它也出现在荷马以前的古希腊传说中、前哥伦比亚的美洲波奈欧神话中、古印度的吠陀传说中、中国艺术中和北欧人的《撒迦》（*sagas*）故事中。在经历了所有时代和所有地区的严格的时空筛选之后，这个故事的底蕴逐渐向世人显露出来，我们不得不承认它一定是个以某种程度满足了和表达着人类普遍经验的某一方面的故事。[1]

无独有偶，美国著名的神话学家约瑟夫·坎贝尔教授在1985年接受电视记者比尔·莫耶斯（Bill Moyers）采访时也特意提出鹰蛇对立之意象，作为传达神话经验的一种世界通用的秘密语言。坎贝尔指出：神话经验的传承是人类集体无意识的伟大杰作。既然人类的生活从两万年前的洞穴猎手到

[1] 罗德里克·佩特斯（Roderick Peters）：《鹰与蛇，或事物的心灵化》（*The Eagle and the Serpent, or—the Minding of Matter*），《分析心理学杂志》1987年第32期，第361页。

今日纽约的市民都有同样的中心体验：诞生、成长、成年、婚配、生育、衰老、死亡，我们的身体仍是一样的，身体的经历也是一样的，所以对同一意象也会做出相类似的反应。“比如说，一个历久不衰的意象便是鹰蛇之争。蛇注定生于地下，鹰则像精灵一样高飞——这难道不是我们都体验过的某种东西吗？”[1]作为补证，我们还直接联想到歌德《浮士德》诗剧中主人公的切身体会：

有两个灵魂住在我的胸中，一个怀着一种强烈的情欲，以它的卷须紧紧攀附着现世；另一个却要拼命地脱离尘俗，高飞到崇高的先辈的居地。[2]

这种一半向下一半向上的精神体验还可以转换为上帝与魔鬼、天堂与地狱等一系列基督教的原型语言，从而得到外化的、对象化的表达。

地狱之苦已经摆脱，天堂未必更加快活。[3]

中国先秦时代没有像基督教那样明确的天堂地狱的神话表现，但这种二元对立的价值模式还是通过北冥与南冥（天池）的对立、鲲与鹏的对立而体现出来了。所不同的是，中国汉民族神话突出呈现的主题不是对立面之间的斗争，而是二者之间的相互依存和相互转化，从而消解矛盾，调和两极，达致价值上相对认同的“道通为一”境界。

不论是静处北冥的巨鲲，还是扶摇直上的大鹏，他们在“不知其几千里”的庞大特征上是一致的，庄生也就用这种不避重复的描述语言向人们暗示着“异中之同”的一面，然后再导演出以“化”为主题词的变形神话剧，让对

[1] 坎贝尔（J.Campbell）：《神话的力量》（*The Power of Myth*），纽约，1988 年，第 37 页。
[2] 歌德：《浮士德》，钱春绮译本，上海译文出版社 1982 年版，第 67 页。
[3] 歌德：《浮士德》，钱春绮译本，上海译文出版社 1982 年版，第 44 页。

立面通过神秘的转化而得到统一。同样道理，不论是做梦的庄子，还是被梦的蝴蝶，其各自的主客体身份也不是截然对立、固定不变的，而是可以通过相互认同、转化而统一的。那种“不知周之梦为胡蝶与，胡蝶之梦为周与”[1]的奇妙体验与西方文化中鹰蛇对立或上帝魔鬼对立的典型经验毕竟差别明显。如果我们赞同容格、坎贝尔等关于“神话是集体之梦，梦是个人之神话”[2]的看法，那么《逍遥游》开篇的变形神话与《齐物论》终篇的物化之梦所表现的诗性智慧就是前后呼应、上下贯通的了。清儒宣颖说“庄子之书与《中庸》相表里”[3]，多少还是有些道理的，不能以调和儒道简单对待之。对立面相互依存和转化的思想在道家哲学和儒家中庸学说中同样得到了高度肯定。

图 14　鹰蛇母题的中国化表现
（汉画像石中的伏羲女娲与西王母）

即使在西方神话中，处于尖锐对立状态的鹰和蛇也有调和为一的情形，其通常的表现形式是爬行动物与飞禽组合而成的怪诞形象。希腊神话中的神使赫尔墨斯就是一个通行天界和阴间的循行游客，他的雕像常附有蛇的造型，又附有鸟的造型。“在希腊神话的奥林匹斯山时期，赫尔墨斯发现鸟的生活习性补充了它作为蛇的地下本性。它的躯干在盘绕的蛇上获得了翅膀，变成宗教使者墨丘利的手杖（上有两蛇和双翼）或墨丘利有翅膀的躯干，并且这个神本身变成戴着有翅膀的帽子、穿着有翅

[1]《庄子集释》，中华书局 1963 年版，第 112 页。

[2] 容格：《思维的两种形式》（*Two Kinds of Thinking*），《容格选集》第 5 卷第 1 部《变形的象征》，1959 年，英文版；坎贝尔：《神话的力量》，1988 年，英文版，第 42 页。

[3] 宣颖：《南华经解·自序》。

膀的鞋子的巨人。”[1]除了这种人、蛇、鸟合躯的怪异形象外，更为多见的有“羽蛇”或“龙”的造型表现，坎贝尔确信地指出：“全世界的人都认识这类形象，不论我们读波利尼西亚的、易洛魁人的，还是埃及人的神话，这类形象是同样的，而且它们讲述的问题也是同样的。”[2]

在神话学家和精神分析学家眼中，怪异的超自然组合形象的出现并非任意狂想的产物，而是具有特定象征意指作用的。亨德生说：“古代神话与显现于现代患者梦中的故事之间的相似，既不是琐碎的，也不是偶然的。这类相似的存在是因为现代人的无意识心理具有制造象征的能力，这种能力曾经在原始的信仰和仪式中表现出来。”[3]我们的意识在许多方面依赖于由这些象征所传递的信息，并且我们的态度和行为也都受其影响。

具体落实到爬行的蛇和高飞的鸟类的形象上，它们所具有的象征蕴含是什么呢？亨德生认为是二者都是常用来表达“超越”象征的。“超越”这个术语取自容格心理学所强调的“心灵的超越作用”，即个体超越自身的有限生存模式，朝着优越和完美的境界升腾起来。借助于此种精神的超越作用，一个人能够完成最高的目标，——道家可以称为“得道”，禅家可以称为“明心见性”，印度教徒则称为“梵我合一”，气功师称为大小周天。通往超越的途径是由象征构成的，对于企望超越的个人来说：

他的力量在于他所设想的功能之中，他能够脱离躯体，并作为一只鸟翱翔于宇宙之中。

在这种情况下，鸟最适合于超越象征，它表现了直觉的特殊本性，这种直觉通过一个“中介”即个人而起作用，这个人通过进入阴魂附身的状况而

[1] 约瑟夫·L. 亨德生：《古老神话与现代人》，见容格：《人及其象征》，中译本，河北人民出版社 1989 年版，第 139—140 页。

[2] 坎贝尔：《神话的力量》，第 38 页。

[3] 亨德生：《古老神话与现代人》，见容格：《人及其象征》，第 89 页。

获得有关遥远事件的知识——或者他从来没意识到的事实知识。[1]

也许世界文学中没有比庄子所构想出来的大鹏更能体现这种超越的象征了："其翼若垂天之云""背负青天而莫之夭阏者"，这不暗示着它的独往独来于天地间的绝妙禀性吗？成玄英疏云："夭，折也。阏，塞也。初赖扶摇，故能开翥；重积风吹，然后飞行。既而上负青天，下乘风脊，一凌霄汉，六月方止。网罗不逮，毕弋无侵，折塞之祸，于何而至！良由资待合宜，自致得所，逍遥南海，不亦宜乎！"[2] 这里所说的"无折塞"译成今语就是没有遮拦、无可阻挡、无往而不顺的意思，这乃是对有限的真正突破，体现"逍遥"之游的自在精神。

在亨德生列举的超越象征中，与"鸟"的意象密切相伴的正是"游"的意象。坎贝尔也曾针对法国拉斯科克（Lascaux）发现的史前洞穴壁画中戴着鸟头面具的巫师形象评论说，"从那鸟形服装和鸟的变形特征来看，他一定是位萨满巫师，就像我们至今在西伯利亚和北美看到的萨满教传说那样"。[3] 萨满巫师的典型特征便是致幻术和幻梦中的魂游，其超现实的心理功能类似于东方修道体验和瑜伽功的迷醉出神。鸟类因其飞翔特性最适合充当超常幻游的象征。庄子用鲲化鹏后怒腾云天的描绘来为他的神话理想"逍遥游"揭开序幕，这确实有些像萨满巫师用致幻术主持某种启蒙仪式，让读者像参加仪式的少年那样获得精神上超越即超凡脱俗的启悟。如亨德生所述："不仅飞鸟和荒野漫游表现了这个象征，而且任何作为解脱范例的强烈运动都表现了这个特征。在生命的前期，当一个人仍然依附于出身的家庭和社会团体的时候，这个象征也许在成年的时刻经历到，一个人必须学会自己采取步入生

[1] 亨德生：《古老神话与现代人》，见容格：《人及其象征》，第 134 页。

[2]《庄子集释》，中华书局 1963 年版，第 8 页。

[3] 坎贝尔（J. Campbell）：《神之面具：原始神话学》（*The Masks of God：Primitive Mythology*），纽约，海盗出版公司 1959 年版，第 301 页。

活的定性步骤。”[1] 在印度教的成年礼仪中一种常见的考验方式就是让成年者暂时脱离他所生活的社会现实，到荒野或森林等远离尘俗之处去经历仪式性的漫游。此种仪式性漫游构成梵语叙事文学的一个流行母题，表现在史诗和民间传说中。从社会规范的现实原则立场看，这种脱离社会群体的个人漫游也可视为一种流放式的人格考验，其最终的目标还是经历荒野漫游考验后的成年者真正告别少年时代，重新作为合格的社会成员而回到群体规范生活中来。相比之下，庄子这位萨满师却一心一意地把“游”当作目的而不是手段，他希望通过逍遥游之训练为人们暗示出一种终极的人格理想，从而永久性地超凡脱俗，在广漠之野、无何有之乡无为无不为，从而远离人世间的束缚、网罗和伤神伐性之灾祸，达致精神上的恒常的超越。

图 15 海达人图腾柱上所刻站在鲨鱼头上的鹰

如果将处在北极冥暗状态的鲲视作精魂启动之前的冬眠状态，那么化鹏冲天的南游就正是由昧到亮、由昏暗到光明的飞跃过程了，这同时也是从低到高、从下到上、从阴间地狱超升天堂乐园的渐进过程。亨德生对蛇与鹰这对二元象征的希腊罗马神话再现——墨丘利那上有鹰翅下有盘蛇的金手杖的解说实有助于鲲鹏二元象征的理解：

> 这里，我们明白了它的全部超越力量，依靠这力量它从阴间蛇的意识的低级超越，通过地上实在性的媒介，最终获得对超人的超越，或在展翅高飞中获得超个人的实在性。[2]

[1] 亨德生：《古老神话与现代人》，见容格：《人及其象征》，第 135 页。
[2] 亨德生：《古老神话与现代人》，见容格：《人及其象征》，第 140 页。

由此看来，不仅扶摇而上的大鹏充当了精神超越的诱导形象，而且象征北冥阴府的巨鲲也是同类的超越形象。庄子以这两个夸张意象打通了海洋、陆地与天空三界，突出了精神超越性时空的无限性。对照《齐物论》中“罔两问景”时说到的“吾待蛇蚹蜩翼邪”，鲲鹏的时空超越特性就更显而易见了。“蛇蚹”，即爬行动物蛇所赖以行进于陆地和游动于水中的鳞介，“蜩翼”，就是蝉的翅膀，赖之以飞翔。将蛇蚹与蜩翼组合在一体，构成了又一组二元象征，但同极度夸张了的鲲鹏形象相比，就显得太平淡无奇，又怎么能充当精神超越的向导呢？景回答罔两之问是用反问的语气：

吾有待而然者邪？……吾待蛇蚹蜩翼邪？恶识所以然？恶识所以不然？[1]

由《齐物论》中的蛇蜩与《逍遥游》中的鲲鹏所构成的对照颇为耐人寻味，因为我们知道蛇与鲲在今日的动物学分类中完全是两码事，可在古人的认知框架中却被归为同类。《尔雅·释鱼》中明明把多种蛇名都收录了进去，

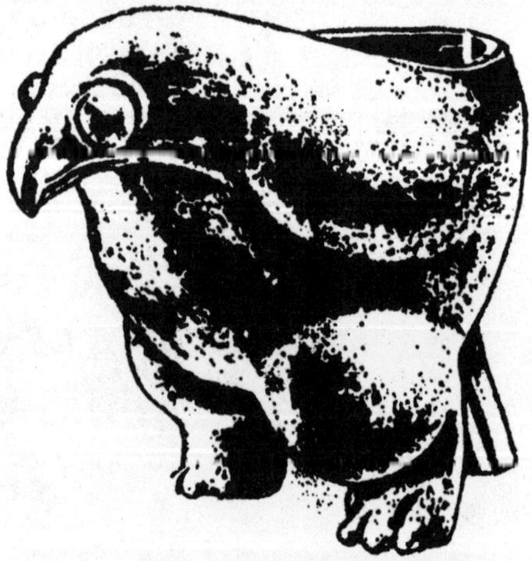

图 16　仰韶文化庙底沟类型的鸟形陶器

[1]《庄子集释》，第 111 页。

究其原因，实由神话思维之类比逻辑使然。黄侃先生解释说："鱼有鳞者也，蛇亦有鳞者也。鴃螣蟒蝮诸蛇在《释鱼篇》，因有鳞而及有鳞者也。"[1] 由此不难推论出鹏与蜩的相关性，不也是"因有翼而及有翼者"吗？庄子为了借宇宙发生论背景的神话意象传达"超越"之意识，自觉地对鹰蛇二元性的普遍原型加以改制和再构思，让出奇制胜的鲲鹏形象去斩断读者对古老原型的定型化联想，开辟出超拔而浩瀚的想象空间。从这一意义上看，《庄子》内篇的神话结构正是一种精心设置的"召唤结构"，它能够在保持宇宙发生论框架的同时开启个体精神的超越之旅，成全每一个渴求自由的飞升之梦。

三、千面浑沌

道家哲学在某种意义上可称为"混沌哲学"，混沌这个概念为道家神话作者特别看重，反复运用，成为汉民族神话哲学的核心概念，也是把握老庄思想的最重要又最便捷的门径。略有不同的是，混沌在老子那里写作"混成"，是一种非人格化的意象，而其外在特征则是液态、黑暗朦胧、空无玄妙。到了《庄子》一书中，由于说理的方式从意象类比变成了寓言故事，浑沌也就从非人格化的意象变成人格化的生命存在，哲学理念完全潜藏在浑沌君被凿开七窍的故事情节背后，引发出后世永无止境的遗憾和猜想。

如果从人类学和神话学的立场看，浑沌这样一种意象和观念绝不是个别天才思想家的杜撰，而是神话思维时代人类最普遍、最常见的一种象征语汇。综观世界各民族的创世神话，宇宙万物始源于混沌大水的情节实在屡见不鲜。道家创始人以混沌为万物之本的观念显然直接承袭自神话思维，由混沌敷衍出来的哲理也应视为一种诗性智慧的产物。老子将神话中的混沌意象抽象化

[1] 黄侃：《尔雅释例笺识》，《量守庐群书笺识》，武汉大学出版社1985年版，第74页。

图 17　古埃及《亡灵书》配图

来自永生之国的鹤鸟给混沌之水的世界带来光明与生命，最初的陆地中央有圣杆，即造物主鹤鸟的栖息点

为一种宇宙发生论的本源观念，庄子则赋予这个概念以人格化的故事形态，二者借此所表达的理念还是基本一致的。在《老子》和《庄子》中，浑沌（混沌）既有客观方面的意义，又有主观方面的意义。可以说，这两方面的意义都植根于创世神话。当神话讲述原初的混沌大水演化出天地万物的创生故事时，叙述层面似乎只描写了客观世界由混沌到有序的变化过程，但神话中普遍重现的这个模式化过程之所以不约而同地存在于众多文化之中，乃是由于人类主观世界发生过程的趋同性，也就是从“无名”的混沌思维到“有名”的推理思维。主观世界的这种发生过程无意识地投射到讲述宇宙开辟的神话中，这才会普遍产生客观世界从混沌到有序的叙述母题。简言之，神话叙述表层的雷同实质上取决于人类认识发生过程的普遍性。[1] 老庄的重要贡献就在于，他们把在神话中无意识地暗示出来的混沌的主观方面的意义完全揭示出来，变成有意识地追求的一种精神境界，由此而奠定了中国式修道传统的基本法则。老子所说“塞其兑，闭其门，挫其锐，解其分，和其光，同其尘”（《老子》第五十六章），正是以神秘语言描绘的主观上重返混沌状态。如果用简明的语汇直接表达，则可以说圣人“浑其心”（《老子》第四十九章）或古之人“混若浊”（《老子》第十五章）。用神话思维中混沌意象的特征来形容描绘人的主观精神状态，这是老子的一大发明。老子的此一发明在思想史上具有承上启下的重要作用。它一

[1] 叶舒宪：《言意之间：从语言观看中西文化》，《陕西师范大学学报》1992 年第 3 期。

方面把神话原型改造升华为哲学范畴，开启了由神话到哲学的转化历程，另一方面也为后代哲人提供了诗性智慧的巧妙思路和半意象半观念的原型语汇，促成了立象设教、因象达义的思维传统。

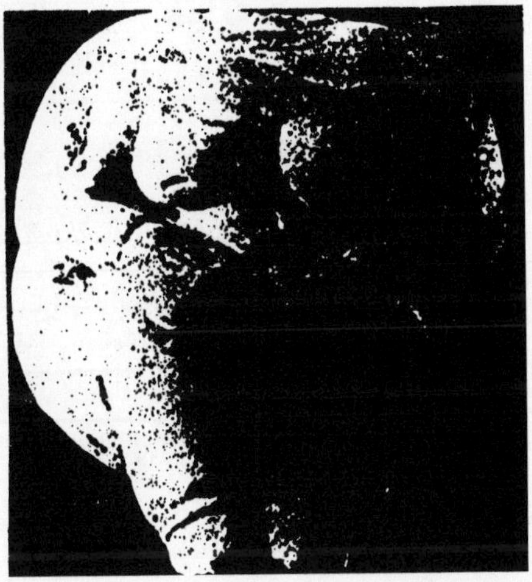

图 18 土耳其出土“混沌母神”陶像

在《庄子》一书中，浑沌观念的表达采用了更加丰富多样的形式，约略说来，有北冥之鲲、中央之山昆仑、中央之帝、浑沌氏之术、古之“混芒”或“混冥”状态、涬溟与鸿蒙，还有利用重言造出的“浑浑沌沌”等。

1. 北冥之鲲

“昆”字的异读为“混”（hùn），指广大无垠之形貌。扬雄《太玄·中》有句云：“昆仑旁薄，思之贞也。”司马光注：“昆仑者，天象之大也。”在马王堆出土的帛书《老子》甲本和乙本中，“混”字皆通假为“昆”。今本之“有物混成”，在帛书本中为“有物昆成”，可推知二字在先秦古语中本可通用。

王力先生根据古书中大量的训诂学实例证明，“昆”本义为同，昆同引申为混同、混合，混同引申为混浊，“故昆混浑溷……同源”[1]。

“昆”与“混”或“混沌”的语义联系既明，则“鲲”与“混沌”的象征认同也就顺理成章了。钟泰先生说：“‘其名为鲲’者，‘鲲’之为言混也。老子曰：‘有物混成，先天地生。’是也。继之曰‘鲲之大不知其几千里’，则所谓‘吾不知其名，字之曰道，强为之名曰大’者也。”[2] 将鲲之寓意解

[1] 王力：《同源字典》，商务印书馆 1982 年版，第 503—504 页。
[2] 钟泰：《庄子发微》，上海古籍出版社 1988 年版，第 5 页。

为老子的混沌宇宙发生论，这不仅具有语义学方面的根据，还可从神话学方面获得论证。汉学家厄克（E. Erke）就曾指出，“有物混成”一说可能是“混沌”的讹传，后者乃是“原始的混沌创造母”；他还指出《老子》第二十五章与宇宙卵型神话的关联，以为首句应释为混沌创造母生下宇宙卵，先于天地之生。[1] 如果说老子将创世神话中混沌抽象为非人格化的概念，那么庄子则在内七篇的一首一尾试图恢复混沌的具象性特征。北冥之海中的巨大鳞介类生物这一意象，自然会使熟悉神话的人联想到创世之前混沌海母或原始的宇宙汤中的怪兽。

图 19 “鲲”的抽象表现
印第安夸扣特尔人住房正面绘的鲸鱼（采自博厄斯）

神话学家劳里（Shirley Park Lowry）在其新著中从比较的角度讨论了神话中常见的混沌妖怪形象，认为那是创世之前的原始能量之表现。最著名的例子是巴比伦神话中的混沌海怪蒂阿马特（Tiamat），她也是众神之母；创造主马杜克用她的尸体创造了天地。于是，“原初生命的巨大创生能量产生

[1] 转引自吉拉道特：《早期道家的神话与意义》，加州大学出版社 1983 年版，第 50—51 页。

出宇宙及万物"[1]。到了基督教创世神话，混沌海怪转变为魔鬼撒旦；在苏美尔神话中则讲述了天神尼努塔(Ninurta)肢解地下病魔阿萨各(Asag)的情节；希腊神话中有众多英雄与混沌妖怪战斗的故事，这些妖怪有堤丰（Typhon）、皮同（Pyphon）、堤坦神族等。劳里认为神话中的混沌妖怪到了中古史诗中又再度置换为巨龙，如《贝奥武甫》等都有屠龙母题。[2]

图 20 印第安特林吉特人造型艺术中的海妖

从独断的概念性认识的立场去看，"鲲"只能是一种定性的生物，要么是鲸鱼，要么是鱼子，二者岂能兼得呢？这一场训诂公案也就如此延续了下来，让所有的注庄者都难逃非此即彼的选择之难题。《经典释文》："……大鱼名也。崔譔云：鲲当为鲸，简文同。"王叔岷《庄子校释》赞同此说，并补证以《文选·宋玉对楚王问》"故鸟有凤而鱼有鲲"之说，在《新序·杂事篇》作"鸟有凤而鱼有鲸"，可知鲲鲸异名同指。然而《尔雅·释鱼》却认定鲲为鱼子，郭庆藩又旁搜博采出一系列证据：

凡鱼之子名鲲，《鲁语》鱼禁鲲鲕，韦昭注：鲲，鱼子也。张衡《西京赋》摷鲲鲕，薛综注：鲲，鱼子也。《说文》无鲲篆。段玉裁曰：鱼子未生者曰鲲。鲲即卵子。……《礼记·内则》濡鱼卵酱，郑读卵若鲲。凡未出者曰卵，

[1] 劳里：《熟悉的神秘：神话中的真理》（*Familiar Mysteries*），牛津大学出版社 1982 年版，第 188、194 页。
[2] 劳里：《熟悉的神秘：神话中的真理》（*Familiar Mysteries*），牛津大学出版社 1982 年版，第 194 页。

已出者曰子。鲲即鱼卵……[1]

鲸鱼说与鱼子（卵）说各有所据，难分高下。好在庄子自己惯用的说反话的策略启示人们，最大与最小之间并无截然分界，如果有的话那只是人为强加的主观成见。“天下莫大于秋毫之末，而泰山为小”，按照这种相对化逻辑，不照样可以说“天下莫大于鱼卵，而鲸为小”吗？如此看来，没有一个字比“鲲”更能兼容相反相成之义而又作为鳞介类动物之名的词了。庄子的语言策略从一开篇就旨在消解我们日常思维的独断论偏执，让我们惊奇地醒悟到最大也就是最小的悖论道理，并由此而联想到好的也是不好的、开端亦为结尾……等一系列“天均”与“两行”之理。

清人杭世骏在其读书笔记中针对《逍遥游》首段之“鲲”写下了如下心得：

鲲本鱼子，见《尔雅》。其细如蚕，《庄子》系寓言，往往反物理而言之，故曰鲲之大不知其几千里。犹偈所谓龟毛兔角，石女怀胎，一口吸尽西江水，新罗日午打三更，皆反言以喻之也。如鱼之大者，莫如鳝，舟行七日逢头，

图 21　古希腊德尔斐神庙半圆祭坛象征着世界之中心
半圆造型取象神话中的宇宙圆顶，宙斯的神鹰代表神的监护

[1]《庄子集释》，第 3 页。

九日逢尾。已属妄言不可信，况有几千里之大乎？即有之，亦孰行几千里而穷其首尾乎？后人不知以小为大，取为名号，其细已甚矣。[1]

杭氏的这种“以小为大”说可谓深得庄书“正言若反”“不可庄语”的表达策略，可供今日解构学派作为自我解构的参照之例。

有了这样一个“两行”的开头，《逍遥游》篇中所要展开的“小大之辨”，其实已预设好了标准答案。接下来读到蜩与学鸠、斥鴳一类小禽鸟对大鹏南飞的讥笑，也就可以平心静气，不为所惑了。从“化”的立场去看，“小大之辨”并无实际意义。从“有待”“无待”的尺度去判断，大鹏与蜩鸠也都有各自的局限。“因此大鹏不是真正的‘大’，真正的‘大’者要包括大者与小者。真大者不但能从大鲲化为大鹏，又要能从大变小，又返回大。许由是圣大者，因为他知道他自己的地位是在小鷦鷯小鼹鼠之中。大小之差别犹然存在，可是这差别是要往返旅行其间的地图，不是为要互相排斥嗤笑”。[2]鹏之徙于南冥也，水击三千里，抟扶摇而上者九万里。这景象固然壮观。不过庄子还是告诉人们鹏的运动周期是“去以六月息者也”，这就等于暗示自北极至南极的运动时间恰恰为半年。那么另外的半年呢？鹏显然不会长住在天池胜境的，神话叙述的召唤结构预设着另外六个月的下降运动，鹏还要由天顶降至地底，还要自南徙北，还要复化为鲲、为鱼子、为鱼卵，或者说“神奇复化为臭腐”。总之，象征混沌之母的鲲既是化生之始，又是回归之终。《逍遥游》的叙述层面只交代了化生运动的前一半，另一半则作为永恒回环神话的潜本文保留在“无言”状态，等待《应帝王》或《知北游》的内、外篇结尾处再做对应的暗示。如列维 - 斯特劳斯所说：“不论神话是个人的再创造，还是借取自传统，它从个人的或集体的源头中（这两者之间不断发生着互渗

[1] 杭世骏：《订类编》，上海书店，影印嘉业堂丛书本，1986 年，第 349 页。
[2] 吴光明：《庄子》，台北：东大图书公司 1988 年版，第 136 页。

和交换）汲取它所操纵的形象素材。但是结构保持不变，象征功能正是通过这种不变的结构来完成的。”[1] 我们看庄子笔下的鲲化鹏神话虽具有十足的个性化再创造色彩，但从结构模式上判断，它和那种讲述海中巨鲸吞食太阳鸟（鹰或乌鸦）又将它吐出的世界性神话仍然是同构的。因为任何一种化生和运动，如果“往而不返”的话，都将与永恒无缘。庄子为说明鹏之运动的依赖条件特意交代了“海运”这一细节，常被读者所忽略。什么是“海运”？《释文》引司马注：“运，转也。”《广雅·释诂四》：“运，转也。”《楚辞·九章·哀郢》注：“运，回也。”据此可知“海运”并非一般的海动，而是旋转的、回旋式的运动。“海运”的这种性质当然也预先决定了鹏的运动也是往而能返的。

杜而未先生倡导以月亮神话去解读全部庄书，对于鲲鹏故事的解释是：“大鲲、大鹏是月形神话。鱼化鸟一类的说法，是根据月形的变化，别无解释。鲲鱼化成的鹏鸟，由北冥徙于南冥，在天上飞。这是说冬季的月亮（月鸟）在北天，到夏季即徙至南天（与太阳正相反），所以说‘去以六月息者也’。自冬至到夏至有六个月，月亮自北天到南天需要半岁。明明指月亮说话，实因天上除日、月外，没有其他东西自北天到南天需要六个月的。但太阳不变形，不能作鲲变为鹏的根据。”[2] 如果摆脱泛月主义的偏执，这一见解对于理解鲲鹏运动的周期性回归以及“六月”的奥秘都是有益的。至于太阳可否变化为动物，与鲲鹏之化是否有神话学上的联系，只需举出著名的羽蛇——太阳神形象就可以不证自明了。其实就连中国古人想象中的龙凤，也具有鳞介类水生动物与飞禽类互相渗透组合的特性，如龙的造型总是在蛇的有鳞之躯干上添加鹏凤一类飞禽的羽翅和利爪。由这种综合意象来代表太阳上天入地周

---

[1] 列维－斯特劳斯：《象征的效用》（*The Effectiveness of Symbols*），《结构人类学》第1卷，雅各布逊（C.Jacobson）英译本，纽约，1963年，第203页。

[2] 杜而未：《庄子宗教与神话》，台北：学生书局1985年版，第126页。

行三界的能力，实在与美洲神话中构想的羽蛇太阳神异曲而同工。

鲲兼指巨鲸与鱼子的语义张力已如前论，但若还原为神话来看，其张力自然会消失，因为作为神物的鱼本来就是可大可小、具有幻化变形功能的。印度洪水神话中出现的鱼就是生主大梵天的化身，它可以是小鱼，也可以重达万斤。

“鱼”或“鲸”的意象早自神话思维时代起就具有了宇宙性的象征蕴含。弗莱与哈伦（Don Harron）的谈话录《天堂与启示录之间》中下面一段对话谈到西方文化语境中鲸鱼类意象的原型意义，可以作为解说“鲲”的参考：

哈伦：约拿神话——讲到一桩从生理意义上看是不可能的事情：人进入鲸的肚子里。

弗莱：不只是鲸，还有约拿掉下去的那大海以及海中怪兽利维坦，也就是我们全被监禁于其中的整个时空的世界，或许还有那约拿要去给予预言的邪教王国尼尼微。那就是神话精神运作的方式（一个意象暗喻整个世界）吧。

哈伦：那不是《白鲸》所要表现的一切吗?

弗莱：正是。麦尔维尔是用他自己的方式讲述那巨鲸的含义。

哈伦：有一则斯堪的那维亚神话说，你如果拉住那只大鱼你就拉住了整个世界。

弗莱：还有一个故事讲到世上最强有力的大神托尔（Thor）也拉不住那鱼，因为它就是环绕世界的巨蛇——利维坦。

哈伦：但是约拿还是从那鱼腹中逃出来了。

弗莱：是的。

哈伦：那是个复活神话吗?

弗莱：是的，因为我们全都降生在利维坦腹中。

哈伦：还有，约拿在鱼腹中待了三天吗?

弗莱：是的。

哈伦：那不正是耶稣复活时所用的时间吗？

弗莱：正是。耶稣接受了约拿故事作为他自己死而复活的一种基型。[1]

2. 中央之帝浑沌

在《庄子》一书中直接以人格化形式出现的浑沌是在《应帝王》篇末所述浑沌开窍故事，这也是庄子寓言中最耐人寻味的一个：

南海之帝为倏，北海之帝为忽，中央之帝为浑沌。倏与忽时相遇于浑沌之地，浑沌待之甚善。倏与忽谋报浑沌之德，曰：“人皆有七窍，以视、听、食、息。此独无有。尝试凿之。”日凿一窍，七日而浑沌死。

自古以来的注家大都倾向于对这段故事中的三位人物做寓言性的解释，但在倏、忽和浑沌的具体喻义上却见仁见智，众说纷纭。李颐说：“倏，喻有象也；忽，喻无形也；浑沌，清浊未分也，此喻自然。”梁简文帝说：“倏、忽取神速为名，浑沌以合和为貌。神速譬有为，合和譬无为。”郭象也说故事的寓意是“为者败之”。李勉说：“倏、忽皆取其敏捷有为之义，与浑沌反，浑沌则譬其纯朴自然。倏忽有为，反伤浑沌之自然。”成玄英疏云：“南海是显明之方，故以倏为有。北是幽暗之域，故以忽为无。中央既非北非南，故以浑沌为非无非有者也。”又云：“夫运四肢以滞境，凿七窍以染尘，乖浑沌之至淳，顺有无之取舍；是以不终天年，中途夭折。勗哉学者，幸勉之焉！故郭注云为者败之也。”[2] 陈深认为故事中三个人物既然皆称为“帝”，

[1] 邓南（R. D. Denham）编：《沙粒中见世界·弗莱的22次谈话》（*A World in a Grain of Sand*），兰彼得出版公司1991年版，第160页。

[2] 郭庆藩：《庄子集释》卷三下，中华书局1963年版，第309—310页。

那么其所寓托的便是“帝王之道，以纯朴未散自然之为贵也”。[1]

还有人以阴阳五行说阐发此寓言，把儵、忽、浑沌分别视作火、水、土的象征。如陆长庚说：

南海之帝，火德也。北海之帝，水德也。中央之帝，土德也。水能流，火能焰，故名之曰儵曰忽。土冲气，故名之曰浑沌。[2]

照此看法，儵与忽为浑沌开窍的情节意味着火与水结合并克土德。不过从更深一层的比喻看，“玄家以火喻神，以水喻气，以土喻真意”，[3]则此情节又可解为修真炼道的寓言。

释德清从《庄子》一书的篇章整体着眼，强调浑沌寓言处于内七篇结尾处的特殊位置，因而联系内篇的主旨来解说此一情节的画龙点睛之效：“此实总结内七篇大意，言人之不得逍遥而伤生失性者，皆知巧之过也。”近人也有从认识论角度发挥此说，把儵忽和浑沌视为“知”与“不知”象征的，如钟泰先生说：

“儵”与“忽”，皆喻知，《楚辞·少司命》云“儵而来者忽而逝”。儵言知之来，忽言知之逝。一来一逝，迅如飘风，故名之以“儵”“忽”也。来者其出也，象阳明，故曰“南海之帝”。逝者其入也，象阴晦，故曰“北海之帝”。“浑沌”，喻不知之体，居中以运其知者，故曰“中央之帝”。人之知，恃其所不知而后知，故曰“儵与忽时相与遇于浑沌之地，浑沌待之甚善”也。谋报浑沌之德，从而凿之，而浑沌死矣。“凿”者，穿凿之，反

[1] 陈鼓应：《庄子今注今译》，中华书局1983年版，第229页引。
[2] 胡远濬：《庄子诠诂》，商务印书馆1931年版，第69页。
[3] 胡远濬：《庄子诠诂》，商务印书馆1931年版，第69页。

乎自然者也。夫浑沌死，而知亦凌乱破碎，无复统纪。则贼浑沌者，亦即所以自贼其知，故外篇如《骈拇》《马蹄》《胠箧》《在宥》诸篇，欲绝圣弃知，使人含其聪明，以不淫其性，不迁其德，盖皆由此出矣。[1]

从"知"与"不知"的角度解说此一故事中三个人物的寓意，这同从主观意义方面理解浑沌的做法是大致相同的。如前所述，浑沌意象本身兼有客观世界和人的主观世界两方面的象征意义，因而解释此一寓言的较通达的做法是兼顾这两方面。从庄子精心埋设的暗示性线索看，他是高度自觉地运用着神话的象征语言来传达他的哲学思考的，而象征语言本身的最大特点就在于它的多义性和含混性。解读此种象征密码的有效途径便是将我们的抽象的理性思维改换为具象的神话思维。

在浑沌寓言中，庄子埋设的暗示性解读线索就是他对故事中三个人物的命名。通观《庄子》全书已可隐约领悟到，作者借用神话人物和虚设故事人物时的命名往往寄寓着象征蕴含，成为影射真情、暗示主题的伏笔所在。

此种借人物名字来暗示某种深层寓意的技巧在上古时代的经典中并非罕见。希伯来文明的宗教经书《圣经・旧约》中就常用此种技巧来传达特殊的意蕴，给寓言式的解读提供一种若隐若现的暗示性线索。如著名的"牧歌体小说"《路得记》，在近代以来通常被视为后人插入经书之中的古希伯来风俗故事，或最早的短篇小说之一。而加拿大批评家诺斯洛普・弗莱则在1985年的一篇演讲中揭示出，路得的婆婆拿俄米要把名字改为玛拉，表明自己的生活境遇由"甜"（拿俄米是甜之意）变"苦"（玛拉是苦之意），这乃是《约伯记》主人公抱怨身世的一种变相回声。拿俄米的两个儿子玛伦和基连也都有寓言式的名字，玛伦意为弱，基连意为废。《路得记》的作者并非出于文

[1] 钟泰：《庄子发微》，上海古籍出版社1988年版，第180页。

学修辞的雅兴才要这样做，而是通过名字揭示整篇的主题思想——回归“福地”。以色列人离开上帝赐福的家园意味着由甜到苦的转变契机，“弱”与“废”暗示着沦落异乡为异客的以色列人的宿命。《路得记》开篇交代了这样的事实，拿俄米正在回归她的故乡犹大，俄珥巴正在回归她的娘家摩押。那么路得呢？这位摩押女子有一个肉体的家和一个精神的家，而她却自愿舍弃了前者而选择了后者。正像以色列人为重返福地而离开埃及，她的回归也是恰得其所。可以说，《路得记》是以较小的背景和规模重演整部《圣经》的回归故事和拯救主题。[1]正是回归和拯救方使种下苦种的人苦尽甘来，有如《诗篇》第一百二十六首所歌咏的：

主啊，求你把我们带回故乡，
像雨把水引进干涸的河道。
愿那含泪撒种的人，含笑获享收成！
愿那流着眼泪出外耕作的人，
背着禾捆，欢天喜地回到家里！

了解到犹太教经典中的这种命名寓托式的暗示技巧，再反观《庄子》中的类似现象，不难看出由于汉字在形、音、义方面的特殊关系，给寓托者留下了更方便、更耐人寻味的施展余地。庄生笔下一大批虚构的人物之名实际上都发挥着表达观念，暗传思想的微妙功能。除了以上讨论的儵、忽和下文要论及的知、离朱、象罔、喫诟等，最值得注意的还是内篇开卷处的“北冥之鲲”与收卷处的“浑沌之死”。若能参透二者的象征认同关系，那就不难体会意义上的旋转循环了。

[1] 弗莱（N.Frye）：《异乡来的新娘》，《创造的永恒行动》，印第安纳大学出版社 1993 年版，第 59 页。

3. 中央之山昆仑

从形、音、义的相关性看，作为神话中的中央之帝与神话的宇宙之山，“混沌”一名与“昆仑”一名的对应关系早已引起学者们的注意。《庄子》书中“昆仑”（又作崑崙）之名先后出现了四次：内篇《大宗师》讲到得道的堪坏“以袭昆仑”。外篇《天地》的玄珠寓言讲到黄帝游赤水、登昆仑之丘而南望。《至乐》篇中叙述支离叔与滑介叔观于冥伯之丘，昆仑之虚，黄帝之所休。注家以为支离、滑介皆虚设之人名，前者表示忘形，后者表示忘智。冥伯之丘喻恍惚不清，“观于冥伯之丘，比喻进入了混混沌沌的境界”。[1]可见冥伯之丘对应昆仑之虚，二者皆取义于混沌。

廖平先生《六变记》倡导“天人学”之所分，将先秦典籍言“六合之内”者视为“人学”，言“六合之外”者为“天学”。《列子》《庄子》《山海经》《楚辞》等皆属“天学”，屡言“游于六合之外”“无何有之乡”“游于尘垢之外”，皆不在本世界，“故其所列地名，旧来多附会中土，今知为‘天学’，其事乃得大明”。[2]廖先生所说之“天学”正对应今人所习称之神话学，神话中讲述的事皆非实有，亦不在本世界。又案：“《地形训》所引昆仑三十六民、与龙凤种族，此皆为‘天学’诸书，所言混合不一。地球之昆仑，实则‘混沌’音之转也。若以为葱岭，安得云中？又安得有神仙往来？所谓名同实异。”[3]廖氏虽未引据神话学的知识，却能从经学的传统藩篱中跳出，用纯虚构的假想世界之眼光来解释古书中的仙山昆仑，并将其名称推源于“混沌”。蔡凤圻作《混沌——〈语源〉初稿之一节》，又认为昆仑之合音为“鲧”，就是洪水神话中那位失败的英雄，而“鲧”名之义亦为浑沌。[4]晚近学者从语源学、神话学诸方面讨论昆仑与混沌之关系的论述渐多，基本可确认昆仑为比较神

[1] 曹础基：《庄子浅注》，中华书局 1982 年版，第 262 页。
[2] 廖平：《廖平学术论著选集》，巴蜀书社 1989 年版，第 555 页。
[3] 廖平：《廖平学术论著选集》，巴蜀书社 1989 年版，第 555 页。
[4] 见《说文月刊》1941 年第 2 卷第 11 期。

话学和比较宗教学所说的“宇宙山”或“世界轴”在中国上古神话观中的体现。何新认为，开辟神话所叙述的无形无名状态当是“混沦”“浑沌”“浑沦”“昆仑”诸词的语义本源。古人所称昆仑山，可能有三种意义：

其一，“昆仑”象征这座山在天地未开（混沌）之时即已存在，形容其来历之古老。

其二，以“昆仑”象征此山顶天立地，云气缭绕（混沌）。

其三，以“昆仑”称颂其山之高。[1]

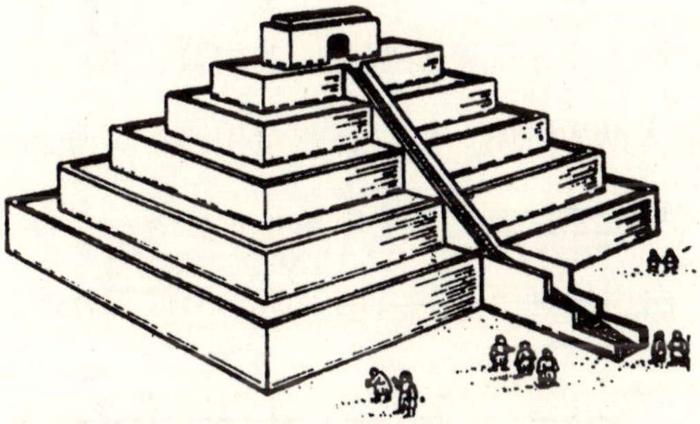

图 22　苏美尔后期通天塔复原图

原为尼普尔城（前 2050—前 1950）祭祀主神恩利尔之圣地，象征天与地之间的中央通道，亦可视为人工建造的宇宙山

这些看法似未把握住昆仑之名的实质，至于把昆仑山等同于地理上的泰山，则又将神话与现实牵合混同了。吕微《昆仑语义释源》则解“昆仑”本义为圆，根据《淮南子》《神异经》等书中记述的昆仑山上有琁室、瑶台、回转而笑并自咋其尾的浑沌怪兽等，推测昆仑是能旋转的山，象征着女性和母体、死亡与再生（不死药）等神话母题。对于“河出昆仑”这一观念，吕微也认为不能从地理学上去实证，而应视为虚构的神话地理观念：“象征生育之水的洪水本是源出于母体——昆仑的。”“洪水又言鸿水，而浑沌既可

[1] 何新：《诸神的起源》，三联书店 1986 年版，第 95 页。

拼读成一个鸿，苦蛮也可急读如鸿”。[1]杜而未也主张昆仑有神话的和实际的两种理解，神话的理解就是所谓世界大山，也是月山。[2]又说《应帝王》篇“而游无何有之乡，以处圹埌之野”，圹埌即等于昆仑，昆仑又等于月。[3]实际上作为宇宙山的昆仑，是日月阴阳的出入变化的标志，不只是与月亮有关。《史记·大宛列传》引《禹本纪》说：“昆仑其高二千五百余里，日月相避隐为光明也。”如果再同其他民族神话中的宇宙山相参照，昆仑的世界枢纽意义就更容易理解了。[4]日本学者曾布宽结合近年出土的马王堆汉墓帛画、长沙砂子塘汉墓外棺漆画等一批视觉艺术资料，论证昆仑山就是大地中央耸立之高柱形，与天空中天帝所居北辰的位置正相对应。它不仅是神话宇宙观中沟通天地神人两界的唯一媒介，也是引渡亡灵升仙的重要符号工具，所以上古墓葬艺术中经常绘制出昆仑的象征形象，与游仙文学中的昆仑升仙主题形成对应。[5]白川静甚至认为《逍遥游》所说神人所居的藐姑射之山也

图 23　中央之山，通天之柱
（长沙砂子塘汉墓外棺漆画中的昆仑山抽象造型）

[1] 吕微：《昆仑语义释源》，《民间文学论坛》1987 年第 5 期。把洪水与混沌、昆仑联系起来的是神话，这一观点已由法国汉学家马伯乐在 20 世纪初叶提出。参看吉拉道特《早期道家的神话与意义》，第 173—174 页。

[2] 杜而未：《山海经神话系统》，台北：学生书局 1984 年版，第 30 页。

[3] 杜而未：《庄子宗教与神话》，台北：学生书局 1985 年版，第 107 页。

[4] 叶舒宪：《英雄与太阳》，上海社会科学院出版社 1991 年版，第 122 页。

[5] 曾布宽：《昆仑山的升仙》，东京：中央公论社 1981 年版，第 19—27 页。

就是神话中的昆仑一类地方，那也是屈原在《离骚》中驱驰天路而求的神境。[1]

尽管《楚辞》《山海经》等书中的昆仑地望问题总难免与西北牵扯在一起，《庄子》中的昆仑却保持着神话的中央混沌的象征意义。

4. 中央之帝黄帝及玄珠、罔象

《庄子》一书是最早也最多提到黄帝的先秦子书。《论语》《孟子》《墨子》《老子》《荀子》都不言黄帝。《庄子》却三十六次言及黄帝。《天地》篇讲述的黄帝遗玄珠的故事，完全出于作者的创造，是表达求道方式的哲理寓言。

> 黄帝游于赤水之北，登乎昆仑之丘而南望，还归，遗其玄珠。使知索之而不得，使离朱索之而不得，使喫诟索之而不得也。乃使象罔，象罔得之。[2]

这里同时出现的黄帝、昆仑、玄珠、象罔，四者之间的神话联系是颇为耐人寻味的。先看独有得玄珠之异能的象罔，这个名字本身就寄寓着恍惚浑沌的意思。王叔岷校释据宋本以“象罔”作“罔象”。《御览》八〇三引同。李白《大猎赋》“使罔象掇玄珠于赤水”；白居易《求玄珠赋》“与罔象而同归”，并用此文，皆作“罔象”，可推知唐人所见《庄子》如此。罔者，无也，不也，可做否定副词。《尚书·盘庚下》：“罔罪尔众”，即不归罪之意。用“罔象”做人名，似可喻指无象无形、恍惚不明，当为浑沌的同义词。《文选·郭璞江赋》李善注引《春秋命历序》云：“冥茎无形，濛鸿萌兆，浑浑混混。”便把“无形”与“浑沌”相提并论。《天问》叙开辟之前有“上下未形，何由考之”之说；《淮南子·天文训》则说“古未有天地之时，唯象无形”。都是以无形作为混沌的视觉特征，可为罔象之名的参照。

---

[1] 白川静：《中国神话》，王孝廉译，台北：长安出版社 1991 年版，第 162 页。

[2]《庄子集释》，第 414 页。

为什么与黄帝相关的昆仑、罔象、滑介、玄珠等一系列地名、人名和物名，都若隐若现地与混沌相关呢？原来黄帝本身的名原与形象皆可由混沌置换而来。《左传·文公十八年》："帝鸿氏有不才子……天下之民谓之浑敦。"杜预注："帝鸿，黄帝。"又《山海经·西次三经》还有帝江之称："天山……有神焉，其状如黄囊，赤如丹火，六足四翼，浑敦无面目，是识歌舞，实唯帝江也。"毕沅注："江读如鸿。"是帝江、帝鸿皆为黄帝浑敦之别名。顾颉刚说，"至称之'帝鸿氏'者，黄与皇音 huáng，鸿音 hóng，转变甚易。江苏·无锡县有皇山，为泰伯墓所在，而一作'鸿山'……知'皇'之可转为'鸿'，则知'帝鸿'即'帝黄'，颠倒其字耳，犹周赧王之亦称王赧也。"[1]黄帝即为浑敦之神，其所居之地当亦非混沌莫属，故昆仑亦为混沌之别名或化名。而古书中每说及黄帝，往往标明昆仑地望。顾颉刚以为实指西北昆仑山，则未免把神话之名当成现实的地理了。

回到《天地》黄帝遗玄珠寓言，实在是围绕着浑沌原型的智力游戏：黄帝即为无面目之浑敦圆团，他所丢失的玄珠也是一个浑敦球，让三位弟子知、离朱、喫诟去寻找浑敦丢失的浑敦球，当然是所托非人了，因为他们三位分别喻指耳聪目明、口舌善辩的所谓智者，与浑沌之术背道而驰了。只有罔象即"浑其心"的弟子才得乃师之真传，能够以浑致浑，找回那玄珠浑敦球。黄帝曰："异哉，象罔乃可以得之乎？"完全是明知故问，因为赤水昆仑之地就是浑沌之地，在浑沌之地用浑沌之术的也只能是浑沌之人了。

《徐无鬼》篇点出的"以不惑解惑，复于不惑"，盖可与玄珠之喻相对而观。同篇提到黄帝将见大隗，手下有昆阍、滑稽追随于车后。这个滑稽好像是《至乐》篇滑介叔的再现，而这个昆阍，恐怕是混沌的又一个变体了吧。钟泰先生解说玄珠寓言颇有见地，他说：

[1] 顾颉刚：《黄帝》，《史林杂识初编》，中华书局 1963 年版，第 184 页。

此寓言也。托之于黄帝者，“黄”，中央之色，犹之《应帝王》言中央之帝也。

中央之帝为浑沌，那么符应中央之色的黄帝不是同浑沌相互认同了吗？又说：

“崑崙”犹混沦，混沦犹浑沌也。“赤”，离火之色。“水”，坎也。水而曰赤，则坎离合也。坎离合，是以有“崑崙之丘”焉。“玄”，水色。“珠”，水产也。水，北方之卦也，故“游乎赤水之北”而得之，“南望而还归”则遗失之矣。“南望”，向明也。以向明而失之，故使知索之而不得，使离朱索之而不得，使喫诟索之而不得，为其愈用而愈远也。乃使“象罔”，“象罔”恍惚之貌（《淮南子·人间训》即作忽怳），斯与玄冥混沦为近，故得之也。[1]

从原型意象的置换变形规则看，黄帝、昆仑、玄珠、象罔或罔象这些名目皆可视为混沌的衍化派生物，彼此之间具有象征意义上的同源对应关系。

图 24 阿卡德印章中的宇宙山（公元前 2300 年）

图中贝雕圣山代表大地之中央，为天神上下之中介，山顶有生命树，两旁是征服野牛的巨人与牛人。现存不列颠博物馆

[1] 钟泰：《庄子发微》，上海古籍出版社 1988 年版，第 254 页。

从表达方式上看，亦可算得上是“卮言日出”了。整个故事又同浑沌开窍、修浑沌氏之术、壶子四示等寓言相互对应，在义理上完全是此唱彼和、殊途同归的。

5. 广成子与空同山

《大宗师》篇的黄帝是独自“得道”的圣王楷模；而《在宥》篇中的黄帝却在求道方面只是一个谦卑的学徒，他问道的老师名为广成子，住在空同之山。这人名和山名自然使人想到浑沌和昆仑。老子叫浑沌为混成，帛书本又作昆成。昆成与广成，徐读之为二，急读之则一。看来黄帝的这位师傅还是浑沌的千面变化之一种。昆仑的所在，或者叫都广之野，或者叫广都之野，这个“广”字与广成子似也多少有些瓜葛。而昆仑与空同的声转关系也是不难判断的。《释文》引司马彪注“空同”云：“当北斗下山也。”《尔雅》云：“北戴斗极为空同。”我们已知北斗星、北极星有天宇中枢的象征意义，那么地上与之对应的空同山当然也符合宇宙山的条件了。《史记·五帝本纪》中说到黄帝曾至“空桐”，与《山海经》等说黄帝处昆仑对应，或可推测“空同”“空桐”均为“昆仑”之异写，后又仿昆仑而作崆峒，落实其地望为凉州北界，即今之甘肃平凉县西。

黄帝本源自混沌，已如前论。他后来做了天子十九年，刚好完成了一个统治周期（十九年之周期意请参看本书第六章第三节），又向空同山上的广成子询问至道之精，这情节似乎暗指他又复归于混沌本源去寻找生命力之根。如果把黄帝立为天子十九年的治理业绩视作“有为”，那么广成子教给他的一番道理恰好相反是“无为”，也就是老庄所醉心体悟的浑沌哲学。黄帝聆教后，果然迷途知返，他“捐天下，筑特室，席白茅，闲居三月”，再去拜见广成子。这一次的场面颇具有戏剧性：

广成子南首而卧，黄帝顺下风膝行而进，再拜稽首而问曰：“闻吾子达于至道，敢问，治身奈何而可以长久？”广成子蹶然而起，曰：“善哉问乎！来！吾语女至道。至道之精，窈窈冥冥；至道之极，昏昏默默。无视无听，抱神以静，形将自正。必静必清，无劳女形，无摇女精，乃可以长生。目无所见，耳无所闻，心无所知，女神将守形，形乃长生。慎女内，闭女外，多知为败。我为女遂于大明之上矣，至彼至阳之原也；为女入于窈冥之门矣，至彼至阴之原也。天地有官，阴阳有藏，慎守女身，物将自壮。我守其一以处其和，故我修身千二百岁矣，吾形未常衰。”

黄帝再拜稽首曰：“广成子之谓天矣！”

广成子曰：“来！余语女。彼其物无穷，而人皆以为有终；彼其物无测，而人皆以为有极。得吾道者，上为皇而下为王；失吾道者，上见光而下为土。今夫百昌，皆生于土而反于土，故余将去女，入无穷之门，以游无极之野。吾与日月参光，吾与天地为常。当我，缗乎！远我，昏乎！人其尽死，而我独存乎！”[1]

与黄帝前一次问道略为不同，广成子此番所教全在于个人修身养生长寿之法。主要方式是修行者练习闭目塞听的混沌感觉，所谓昏昏默默，抱神以静。那种心理状态又可称作“倥侗”，即指昏昧无知无觉的稚拙状态。《汉书·扬雄传》引《法言》：“天降生民，倥侗颛蒙。”此种原初的、未经开凿教化的纯朴之民正可与创世之前的鸿蒙混沌状态两相对应，故有“倥侗”与“空同”两种写法的差异。“倥”与“侗”二字从人，显然从形容浑沌的“空同”二字中化出。这位以“守一处和”为主要教旨的广成先生自己就是鸿蒙混成状态的人格化身，他所居处之地为“空同”，此乃《庄子·在宥》的作者利用人名与地名之间的隐喻认同关系，迹象显然，且不为其他先秦古书所习用。

[1]《庄子集释》，第 381—384 页。

唯《淮南子·氾论训》说到是非无固定标准时提到“空同”，并与“丹穴”“太蒙”“反踵”等七处神秘地名相并列，推论“是非各异，习俗相反”的道理。高诱注“空同”，说是“戴胜极下之地”[1]，与《庄子》所创造的这个山名本义已有差别；而《文选·南都赋》“崆峒”一词李善注则云“高峻之貌”，与高山泛称“昆仑”相去无几了。

“空同”从山名转为人名，故有复姓曰空同。《通志·氏族略·以地为氏》云：“空同，《世本》云：子姓，盖因空同山也。”后世姓空同的人并不多见，但明代文豪李梦阳自号空同子，文集则称《空同集》。武侠小说中讲述江湖各派武术源流，也常常搬出空同一派，使《庄子》中首见的这一名号广播于后代通俗文化之中。而广成子除了衍化为复姓之外，《神仙传》等书亦加传扬，成为上古知名度最高的隐居大仙人之一。[2]《文选》所收江淹《从建平王登庐山香炉峰诗》有“广成爱神鼎，淮南好丹经”之句，李善注引《神仙传》：“广成子者，古之仙人也，居崆峒之山石室中。”神话就这样通过传播和历史进入道教徒的仙话系统。广成与空同的共同原型混沌则隐而不彰，为后人所淡忘了。只有会心的修道之人才能从这位大仙的长生教诲之中悟出混沌哲学的至理吧。

宋代张君房所辑《云笈七籤》一书素有“小道藏”之称，全书共有一百二十二卷，其中第二卷题为“混元混洞开辟劫运部”，收录与宇宙发生论主题相关的道教文献六篇，其前四篇分别题为《混元》《空洞》《混沌》《混洞》，从这些名称中已暗示出四者间的对应关系。《空洞》篇云：

道君曰：元气于眇莽之内，幽冥之外，生乎空洞。空洞之内，生乎太无。

[1] 刘文典：《淮南鸿烈集解》，中华书局1989年版，第436页。

[2]《文苑英华》卷七三九所载唐人梁肃《神仙传论》云：“览葛洪所记……《神仙传》凡一百九十人，予所尚者唯柱史、广成二人而已。”

太无变而三气明焉。三气混沌，生乎太虚而立洞，因洞而立无，因无而生有，因有而立空。空无之化，虚生自然。……[1]

按照此篇所列的创生程序，则空洞又在元气、太无之先，可称之为本源之本源、开端之开端了。从立名上看，空洞与空同实难脱干系，或为山名人名的抽象化所得。“洞”字与“沌”字在宇宙发生论中皆为常用概念。《淮南子·诠言训》开篇曰“洞同天地，浑沌为朴，未造而成物，谓之太一”。艾利亚德从精神分析的立场看待汉字“洞”的始源之义，认为那是石器时代的初民以洞穴为（地母）子宫的神话类比在文明时代留下的遗响，“洞”字能有神秘、深邃、超越等方面的引申义，当与此种古老神话类比有直接关系。[2]根据这一提示，似可将“空洞”“洞同”“洞洞”（《淮南子·天文训》及《汜论训》）乃至“空同”这一系列意义相近的语词认同为老子的专利词“玄牝”。“玄牝之门是谓天地根”，“空洞”之门又何尝不是天地之根呢？宇宙万有生于此根，又最终归于此根，所以老子在《道德经》第五十六章又创立“玄同”之词，而后代仙人也以居住在洞中为荣耀。我们这一辈人所熟悉的毛泽东诗词中“天生一个仙人洞”一句，把天然的山洞作为吕洞宾求仙之所；唐传奇《游仙窟》借神仙洞窟写艳游故事，多少照应了神话类比的隐喻意涵。至于汉代中山靖王刘胜夫妇将人工开凿的岩洞作为“洞同天地”的坟墓，并试以铁水封洞的壮举，我们在第四章中再结合葫芦母题加以探讨。

6. “大同乎涬溟”

道家的浑沌哲学在老子那里已有了一个自造的概念“玄同”，出现在《道德经》第五十六章：

---

[1] 张君房辑：《云笈七籤》卷二，齐鲁书社影印本，1988年，第6页。

[2] 艾利亚德（M. Eliade）：《生与再生》（*Birth and Rebirth*），哈泼兄弟出版公司1958年版，英文版，纽约，第58页。

知者不言，言者不知。塞其兑，闭其门，挫其锐，解其分，和其光，同其尘。是谓玄同。

蒋锡昌云："玄"即道，亦即无名。"玄同"即无名之同，犹云同于道也。此言能塞兑闭门，挫锐解纷，和光同尘，是谓同于道也。[1]无论是"玄"还是"同"，对于宗教史研究者吉拉道特来说，都是具有根本性的道家—道教概念，足以构成早期的道家哲学和后代的道教传承之间的"结构的连续性"（structural continuity）[2]；梅维恒教授新译马王堆帛书本《道德经》则把"玄同"译为"神秘的认同"（mysterious identity），[3]或相当于今语"混同"或"混沌不分"。《庄子》一书中除了因袭老子的"玄同"概念（《胠箧》篇"天下之德始玄同矣"）外，又改造创制出"大同"一语和"同帝"创造神。这里先看"大同"概念出现的上下文：《在宥》篇"云将问鸿蒙"故事中讲到养心的窍门，鸿蒙教以浑沌之道：

意！心养。汝徒处无为，而物自化。堕尔形体，吐尔聪明[4]，伦与物忘；大同乎涬溟，解心释神，莫然无魂。万物云云，各复其根，各复其根而不知；浑浑沌沌，终身不离；若彼知之，乃是离之。无问其名，无阙其情，物固自生。[5]

养心的关键在于能忘身（堕形体）和忘心（吐聪明），也相当于老子的"塞兑闭门"之术，以及"心斋""坐忘""吾丧我"等庄子特有的表述。在物

[1] 蒋锡昌：《老子校诂》，商务印书馆 1937 年版，第 346 页。
[2] 吉拉道特：《早期道家的神话与意义》，加州大学出版社 1983 年英文版，第 278 页。
[3] 梅维恒（Victor H. Mair）：《道德经》（*Tao Te Ching*），"矮脚鸡丛书"纽约，1990 年，第 25 页。
[4] 刘文典《庄子补正》以为"吐"或为"绌"字之坏。
[5]《庄子集释》，第 390 页。

我两忘的条件下，个体方能体认“大同涬溟”之神秘认同经验。郭象注谓“与物无际”；成疏云：“溟涬，自然之气也。茫荡身心大同，自然合体也。”[1]这种个人内心修炼所达到的境界与宇宙开辟之前的创生准备状态是相通的，意味着无限的生命力之源头，故又说“各复其根”，还说“浑浑沌沌”，可知“大同涬溟”即浑沌的同义词，从语言学上亦可找到相互关联的线索。于省吾先生举证说：

按：涬溟当即溟溟。涬溟双声叠韵。《文选·海赋》“经途瀴溟”注：“瀴溟犹绝远杳冥也。”瀴亦作嵤。《吴都赋》：“嵤冥郁岪。”刘注：“山气暗昧之状。”《论衡·谈天》：“溟涬濛澒，气未分之类也。”涬溟，《天地》篇作溟涬。按绝远杳冥与暗昧未分之义并相因。涬溟犹《天地》篇“此之谓混冥”之“混冥”也。[2]

这些语词彼此呼应，又让人回想《庄子》内篇之始的“北冥”意象以及终篇的“浑沌之死”意象，好像仍在循环之圈中无尽地回味着那无始无终的道之运行。至于有人怀疑鸿蒙所说的“万物复根”“浑浑沌沌”究竟同“物固自生”有什么样的关联，我们可以借用原型心理学家容格的一个观点来加以说明。容格在讨论他所提出的人格中“阴性灵魂相”（anima）原型时指出：阴性灵魂相和生命本身都是无意义的，因为它们本身并未提供任何阐释。不过它们却有被阐释的性质，因为“在所有的混沌（chaos）之中都有一个宇宙（cosmos），在所有的无序之中都有隐秘的秩序……这是由于万物的运作必然走向其反面。”[3]《庄子·在宥》篇用“大同涬溟”来变奏其浑沌主

[1]《庄子集释》，第 391 页。
[2] 于省吾：《双剑庄子新证》，见于大成等编：《庄子论文集》，台北：木铎出版社 1976 年版，第 115 页。
[3] 容格：《集体无意识的原型》（*Archetypes Of the Collective Unconcious*），《容格选集》第 9 卷第 1 部，罗特累齐与凯根·保尔公司，1968 年，第 32 页。

题时显然对这种物极必反的逻辑早有体会，所以能将老子关于复归混沌、复归婴儿、复归于根的教诲同“物固自生”的潜在后果联系起来考虑，并用现身说法的方式寄托到鸿蒙这个象征蕴含十足的人物口中，作为个人修道的不二法门来传授。

坎贝尔在谈到神话中普遍出现的一种观念时说：“就在深渊的底部迎来拯救的声音。黑暗的时刻正是转变的信息即将到来的时刻。在最黑暗的一刻出现光明。”[1]这种情况最常见的表现就是创世神话从混沌到开辟后的光明，从无形的黑暗状态到有形的万物秩序的存在。《圣经·旧约·创世记》便以上帝一句“要有光”而结束了开辟前的“渊面黑暗”混沌状态。《庄子·知北游》则以较为概括的叙述表达创世神话的这种主题：

> 夫昭昭生于冥冥，有伦生于无形，精神生于道，形本生于精……[2]

《经典释文》谓“无形”乃“太初”之义，也就是创世前的混沌不分状态。昭昭既然生于冥冥，有伦既然生于无形，庄子一再要求个体修道者追寻内心深处那涬溟之境，其言外的理由也就不难理解了吧。这种个体性的先暗后明悟道经验其实是同宇宙论意义上的末世或衰亡神话主题两相对应的，笔者也曾把“玄同大同”之理想解说为中国式的“复乐园神话”：“道家所追求的‘游于物之初’，从神话学立场上看，就是借助于想象和幻想重返那样一种‘原初’‘起始’的神幻时间的精神尝试。这种尝试为个人摆脱不完美的现状，回归‘初始之完美’提供了一种心理途径。可以说是一种个人性的复乐园神话。”[3]“大同”理想又经过儒家思想的改造，剥落了“混”的神秘性之后，

[1] 坎贝尔：《神话的力量》，纽约，1988年，第39页。
[2]《庄子集释》，第741页。
[3] 叶舒宪：《混沌·玄同·馄饨——中国上古复乐园神话发掘》，《中国比较文学》1992年第2期，第180页。

才从个人性的复归神话升格为全社会性的政治乌托邦之代称。

7. 鸿蒙与混芒

《庄子·在宥》为揭示"大同涬溟"之养心妙法，特意编织出一个"云将求教于鸿蒙"的寓言，前文已提到这个主人公的名字本身就暗示着微妙的象征意蕴，原来"鸿蒙"就是"混沌"的别称。古人习语中常说的"开辟鸿蒙"，其实也就是由创世前的混沌不分状态转化为天地开辟、万物降生的简化表达法。《在宥》篇让鸿蒙的现身说法紧接在广成子的现身说法之后，使黄帝问道于空同的情节与云将讨教于鸿蒙的情节贯通为一体，在变化中突出不变，以显示天均之运、天倪之旋的文章策略。

关于云将与鸿蒙两个人名的寓意，成玄英疏已揭其端，不过似乎略偏离了方向。他认为云将为云主将，鸿蒙为元气。二者相遇之地"扶摇之枝"，指东海之神木。故事的寓意在于：

> 大气是生物之元也，云为雨泽之本也，木是春阳之乡，东为仁惠之方。举此四事，示君王御物，以德泽为先也。[1]

一个养心修道之术的主题就这样被转换成了君王德治的教训，显然与作者原意有相当距离，故后人多不取此说。胡远濬注云："将，行也。云行，犹有迹。鸿濛，则混然一气，故以取喻。"[2] 云将作为行而有迹的自然化身，求教于行而无迹、混然一体的自然元气，喻示有形归于无形，有为莫若无为的道理。这一解释显得顺理成章，而鸿蒙作为混然一气，与混沌也就无甚差别了。钟泰先生发挥此说云："盖云有形者也。风（扶摇）无形，而触之如

[1]《庄子集释》，第 385 页。
[2]《庄子诠诂》，商务印书馆 1931 年版，第 88 页。

有物，则犹有迹也。至鸿蒙，则混然一气，并迹而无之。此其寓言之次第也。”[1]又注“‘涬溟’云：‘涬溟’即鸿蒙之别名。鸿蒙不得自举其名，故易言曰‘涬溟’也。‘大同乎涬溟’，同于一气之浑沦也。”[2]浑沦与浑沌一声之转，是鸿蒙、涬溟皆以浑沌为宗。鸿与澒通，鸿蒙又作澒蒙。《楚辞·远游》有“贯澒蒙而东朅兮，维六龙于扶桑”之句，王逸注：“澒蒙，气也。”《淮南子·精神训》叙开辟之前的样态说：“古未有天地之时，唯象无形。窈窈冥冥，芒芠漠闵，澒蒙鸿洞，莫知其门。”高诱注：“皆未成形之气也。”[3]许多少数民族流传至今的创世神话都将宇宙万有之源追溯于太初的混沌之气，可见此种观念由来久远，又极为普及。中国古代思想中表现宇宙发生论观念的最有代表性的说法“气化宇宙论”，当然与混沌、鸿蒙的母题一脉相承。[4]这些措辞对于英语读者来说是否能够引向创世神话的混沌主题，看来是很值得怀疑的。好在还有吉拉道特的著作念念不忘地强调混沌主题对道家著述的核心意义。

鸿蒙作为隐喻人物还有另一层潜在的语义指向——洪水。孔安国《尚书传》云：“洪，大也。”丁福保案：大鸟曰鸿，大水曰洪，引申为凡大之偁。《书·益稷》“洪水滔天”，《史记·夏本纪》作“鸿水滔天”。《洪范》“鲧陻洪水”，《宋微子世家》作“鲧陻鸿水”。《乐记注》“声之鸿杀也”，《释文》：“鸿”本作“洪”[5]。如果我们还记得浑沌另一别名就叫“帝鸿”，那就很方便联想出洪水（鸿水）与浑沌亦有某种语音上的联系。[6]究其实质，

[1] 钟泰：《庄子发微》，上海古籍出版社 1988 年版，第 233 页。

[2] 钟泰：《庄子发微》，上海古籍出版社 1988 年版，第 236 页。

[3] 刘文典：《淮南鸿烈集解》，中华书局 1989 年版，第 218 页。

[4] 瞿理斯英译本《庄子》干脆把“鸿蒙”意译为“生命力之根”（The Vital Principle），Herbert A. Giles：*Chuang Tzu*，*Mandala Books*，London，1926,p.112. 页梅维恒新译本则译作“浩大之昏冥”（Vast Obscurity），Mair：*Wandering On the Way*，A Bantam Books，1994,p.97.

[5] 丁福保：《文选类诂》，中华书局 1990 年版，第 451 页。

[6]《孟子·滕文公下》：“洚水者，洪水也。”赵注：“水之逆行，洚洞无涯，故曰洚水也。洪，大也。”可知鸿、洪、洚、浑声近义通之关联。

这种语音上的联系或许正植根于神话思维的逻辑：创世之后的洪水神话往往把淹没世界与万物的大洪水理解为复归浑沌的象征；反过来看也是如此，创世之前的混沌大水在许多神话中都被描述为洪水，如侗族《张良歌》开头便有“开天辟地洪水登天”之说；布依族《阿祖犁土》写道：“开天辟地那阵，洪水潮天，满世界成了一片汪洋……”[1] 由于浑沌与洪水混同为一种“宇宙洪荒”的观念，治水造陆的英雄当然也可以奉为开辟大神了。丁山先生便参照《圣经·创世记》和《摩奴法典》中的洪水神话，认定《尚书·尧典》中所述“汤汤洪水方割”乃是中国历史的起点，“禹平水土，当然是中国的‘辟地’大神；所以两周王朝与列国的重要文献，一回溯远祖的历史，必断自伯禹了。”[2] 这个说法若再上推至开辟之初，真正的宇宙之祖当是鸿蒙或浑沌。治水者大禹倘若真可认同为开辟者，那他实际上充当的只是“凿破鸿蒙”的角色而已。按照《庄子》原意，人为凿破鸿蒙并不可取，可取的是“汝徒处无为，而物自化”的创生方式。这就意味着复归于根，返回到生命本源——鸿蒙。

难怪本来向往有为的云将在听了鸿蒙的一番混冥之教后恍然觉悟过来了——

云将曰：“天降朕以德，示朕以默；躬身求之，乃今也得。”再拜稽首，起辞而行。[3]

黄帝从空同广成子那里学到的，云将也从鸿蒙这里学到了。而作为《庄子》上演的学道滑稽剧之现代观众的我们，是否可以把广成、空同、鸿蒙、大同

[1] 叶舒宪：《中国神话哲学》，中国社会科学出版社 1992 年版，第 356—358 页。
[2] 丁山：《中国古代宗教与神话考》，龙门书局 1961 年版，第 213 页。
[3]《庄子集释》，第 392 页。

等种种名目统统理解为同一种浑沌原型的不同分身呢?

按照语言自身的衍生规则，浑沌——鸿蒙作为原型又在秦汉以后派生出更多的变形或分身表达形式，如“虹洞”，《后汉书·马融传》：“虹洞天地，固无端涯。”《文选·枚乘〈七发〉》：“虹洞兮苍天。”又作“鸿绸”和“鸿洞”，如《羽猎赋》《洞箫赋》等。又作“鸿同”与“洪同”，《文子·道原》：“水为道也，无私无心，与天地洪同。”又作“混同”，如《汉书·地理志》：“此混同天下，壹之乎中和，然后王教成也。”《晋书·陶璜传》：“今四海混同，无思不服。”《韩非子·亡徵》亦有“外内混同”一说。此外如“和同”“会同”等，兹不具引。[1]甚至国人所常说的“糊涂”或骂人用的“混蛋”，也都同这个原型有着或隐或显的联系。

“鸿蒙”在《庄子》书中还有另一种非人格化的置换表达叫作“混芒”。《缮性》篇为说明“以恬养知”的生命智慧方法，特搬出远古的人生榜样来，做如下描绘：

古之治道者，以恬养知；知生而无以知为也，谓之以知养恬。知与恬交相养，而和理出其性。……

古之人，在混芒之中，与一世而得澹漠焉。当是时也，阴阳和静，鬼神不扰，四时得节，万物不伤，群生不夭，人虽有知，无所用之，此之谓至一。当是时也，莫之为而常自然。[2]

作者把智慧与恬静的互养看成培育理想人格的途径，反对俗世之学激发人的欲望与功名之心，要求回复到古之人那种“混芒之中”的精神状态。这

[1] 参看丁福保《文选类诂》；蔡凤圻《混沌》，《说文月刊》1941年第2卷第11期；吴泽顺：《混沌转语记》，《淮阴师专学报》1992年第1期。

[2]《庄子集释》，第548—551页。

就和广成子教黄帝、鸿蒙教云将的那种混沌哲学完全一致了。《释文》引崔注："混混芒芒，未分时也。"成疏："谓三皇之前，玄古无名号之君也。其时淳风未散，故处在混沌芒昧之中而与时世为一，冥然无迹，君臣上下不相往来，俱得恬澹寂寞无为之道也。"又云："当是混沌之时，淳朴之世，举世恬惔，体合无为。遂使阴升阳降，二气和而静泰；鬼幽人显，各守分而不扰。炎凉顺序，四时得节，既无灾眚，万物不伤，群生各尽天年，终无夭折。人虽有心知之术，无为，故无用之也。"[1]不论这种描绘中有多少虚构的理想化成分，毕竟是将创世神话—宇宙发生论的"混沌"意象—概念作为基准，用来形容社会生活和人的精神状态，由此形成宗教信仰一般的号召力，给处在茫茫欲海、变乱之世中的人们提供了一条避世全生的心理解脱之道。推至极端，庄子的这种宗教修行要求是指向宇宙与生命之本源的，人的生命存在只不过是混沌衍化的循环历程中小小的插曲。如《知北游》篇所云："中国有人焉，非阴非阳，处于天地之间，直且为人，将反于宗。自本观之，生者，喑醷物也（气聚也）。虽有寿夭，相去几何？须臾之说也。"[2]准此，真正意义上的"缮性"与"养生"，都不会在寿与夭之间去斤斤计较，而是能够做到"反本还原，归于宗极"（成玄英疏）。于是乎，作为本原和宗极的混沌，自然会被道家奉为至上理想了。

8. 浑沌氏之术

《天地》篇继黄帝遗玄珠等喻道故事之后，又再度回应《应帝王》的浑沌主题，写到孔子弟子子贡在汉阴被抱瓮丈人训斥后悟出"全德"之理，回告孔子，孔子称该丈人为修炼"浑沌氏之术者"，并表示自己对此术有忘尘莫及之感。孔子的那一段话是这样说的：

---

[1]《庄子集释》，第 548—551 页。
[2]《庄子集释》，744 页。

彼假修浑沌氏之术者也；识其一，不知其二；治其内，而不治其外。夫明白入素，无为复朴，体性抱神，以游世俗之间者，汝将固惊邪？且浑沌氏之术，予与汝何足以识之哉！[1]

此处“假修”一词被郭注、成疏解为虚假之假，作为真修的反面。这样说来，孔子是在批评丈人。后之注者以为郭、成误解了“假”字，实应作为“假借”之“假”，孔子对丈人是肯定的态度，认为他是“借浑沌氏之术以修身者”（李勉）。元代的李治辨析说：“旧解及吕解，皆以汉阴丈人，背今向古，不知因时任物之易，为非真修浑沌氏之术者。故孔子有假修之语，而且有不知其二、不治其外之讥。以予观之，理或不然。顾前后问答，皆深与汉阴之意。初无夺之之辞，盖浑沌氏之术，无得而修，汉阴丈人特假之耳，亦犹直寄焉。与夫寓诸庸之谓也。识其一，抱一之谓。不知其二，无所于杂之谓。治其内，立乎本原之谓。不治其外，无所事事之谓。岂以不知其二便谓不通，不治其外便谓偏枯耶？古人之文，不必以势拘，所贵以情得。语似相戾，而意实相贯。诗书中类此者，不可以概举也。读者承上假修之语，遂并其下文而误认之，甚无谓也。夫所谓明白入素，至以游世俗之间者，正所谓识其一不知其二，治其内而不治其外也。夫所谓汝将固惊者，正所谓浑沌氏之术，予与汝何足以识之也。若别以明白入素，至以游于世俗之间者，以为真修，则前所谓全德之人，果谓谁哉？”[2]其说甚是。汉阴丈人作为全德之人的样板，正由于他没有“机心”。用子贡的赞叹来表达，就是“执道者德全，德全者形全，形全者神全。神全者，圣人之道也。托生与民并行而不知其所之，汒乎淳备哉！功利机巧必忘夫人之心。”[3]从内心中剔除功利机巧和是非毁誉，

[1]《庄子集释》，第438页。
[2]李治：《敬斋古今黈》卷二，中华书局1995年版，第27页。
[3]《庄子集释》，第436页。

唯一的办法是让心灵“明白人素，无为复朴”，这也就是所谓“浑沌氏之术”的实质。它和“玄珠”“象罔”（罔象）所象征的那种恍惚浑茫的认知境界，和鸿蒙传授给云将、广成子传授给黄帝的那种“大同乎涬溟”“抱神以静”的心理训练，其实都是基本一致的。

李治从这种贯通的理解出发，称此篇中的汉阴丈人为庄子所向往的“至人”，乃至“内圣外王”之道的充分体现者：“夫天人之无际，动静之两遂，谓之混同无间。以併包内圣外王之道，固也。亦盍以此章前后之旨明之：此章本旨，大率不过以机械、机事、机心为非道；以德全、形全、神全为至道。”[1]就此而推论，《天地》篇中推举的德、形、神俱全的抱瓮丈人，也就是“浑沌氏”之替身，也就是《应帝王》篇未凿七窍的浑沌帝君的人间活标本，都可视为“道成肉身”的理想演员。换言之，“浑沌氏之术”不是别的旁门左道之术，它就是“道术”或“得道”之术的别名。“道术”以“整”和“全”为特征，其反面乃是“裂”与“凿”。用混沌不分的整全状态来象征道的境界，当然要把内心的“明白人素”和说一不二作为基本条件。从浑沌原型的本义着眼，难道不是独一无二、有内无外的吗？因为那正是未分化与无为之朴的最好体现。比较宗教学家帕林德尔指出：“道家寻求返回到‘朴’的单纯状态：太和、大道、万物之母及自然最初的和谐。他们依靠的是‘无行动的行动’（无为）并醉心于‘不言之教’，通过放弃一切而获取支配一切生物的能力。其目的在于不离静并进而达到虚，从而使万物不能逃出其支配。”帕林德尔还引述《道德经》中的“圣人抱一为天下式”来说明道家的此种心理修炼技巧：“‘一’即规定且制约所有万物的道。在它的基本的且未分裂的统一性中，所有的矛盾和道德生活的区别都消解了。”[2]日本学者井筒俊彦更进一步探讨了从混沌神话到修道技术的内在理路，以萨满教的致幻术作

[1] 李治：《敬斋古今黈》卷二，中华书局 1995 年版，第 28 页。
[2] 杰弗里·帕林德尔：《世界宗教中的神秘主义》，舒晓炜等译，今日中国出版社 1992 年版，第 76 页。

为参照，解说道家混沌哲学的心理学效应。他指出，在老庄的观点看来，存在的现实就是混沌，道家由此为基点构建其本体论。不过我们日常生活的这个世界以及我们由这个世界所获得的经验都并非单纯的混沌和无序。恰恰相反，这个世界上我们所观察到的万物都是彼此区别开来的，每一物都有其特定的名称和特定的确实性。我们的心灵很难在日常经验的这个世界中对万物之区别视而不见，听而不闻。简言之，此一世界不是混沌的。庄子的首要任务就是粉碎此种存在的无懈可击的分隔状态，使我们能够洞见那深不可测的原始混沌。然而这不是一件容易做到的事。庄子实际上尝试了多种方式，其中对于我们来说最容易理解的一种或许就是他的“混沌化”（chaotification）之企图，旨在将我们带到一种梦幻和现实并无区分的本体论水平上，二者的混同将导致一种“无定形的”（amorphous）状态。[1] 井筒俊彦举出《齐物论》篇末的庄周梦蝶故事作为混沌化的典型案例，这就给我们如下暗示：外篇中借孔子之口说到的“浑沌氏之术”其实早已在内篇中由庄子本人多次演示过了。庄周通过消解梦与现实的界限同时消解了人与蝶的自我身份，进入到一种无差别的物我不分的意识状态，这正是主观上所达到的混沌之境。《大宗师》篇借仲尼之口重述此种梦觉不分的意识说：

且汝梦为鸟而厉乎天，梦为鱼而没于渊。不识今之言者，其觉者乎？其梦者乎？造适不及笑，献笑不及排，安排而去化，乃入于寥天一。[2]

庄周就这样把一切都转化成一个大梦，此种对“现实”的断然否定只不过是通向他的哲学的第一步。世界是一个梦，我们通常意识中确实存在的“现实”也不过是一个梦。那些向他人讲述一切都是梦的道理的人，以及听其教

[1] 井筒俊彦（Toshihiko Izutsu）：《苏斐教与道家》（*Sufism and Taoism*），东京，1983 年，第 310 页。
[2]《庄子集释》，第 275 页。

导的人，都是梦中的组成部分。从《齐物论》结尾的梦境回到《逍遥游》的开篇，谁能说那北冥之鲲数千里的奇异意象不是一种梦幻中的景象呢？廖平先生曾把《庄子》《楚辞》《山海经》等书视为与儒家典籍相异的“灵魂学”的对象，《远游》全篇“专为梦游，即《易》之‘游魂’‘归魂’。所说皆不在本世界”。[1]《列》《庄》《尸》等书皆主张“游于尘垢之外”，亦“皆不在本世界”。从认识论的意义上看，庄子打破现实与梦幻的区别，似乎要让人从“本世界”规定的理性偏执中解脱出来，意识到“真正意义上的‘现实’与‘理性’所认定的现实完全是两码事”。[2]为了不带偏执地把握“现实”的意蕴，我们的常规意识必须首先放弃其自我身份，我们的感官与对象物也都放弃各自的身份，于是方可进入“玄同”状态，那正是以原始的鸿蒙未凿为其原型的。

研究印度神话中的梦幻经验及表达方式的奥弗拉赫蒂指出：最引人注目的神话经验之一是使我们疑惑我们是真实的亦是不真实的这种确定性的事件的经验。从印度人的观点来看，人类经验的基本状况是幻觉状况。当我们在醒觉生活中瞥见幻觉的力量时，会本能地抵制和排斥它，不能理解它；但在睡眠时理性思想停止压制，我们便放开了幻觉之梦的运作，梦见事物从一种样式转变为另一种样式。[3]与印度人确信神话和梦幻中的真实一样，庄子在解构儒家理性的精神宰治的同时，假借源自原始宗教体验的致幻——梦游技术，将它发展为人人皆可通过心理训练而习得的“浑沌氏之术”。

吉拉道特指出，原始社会中通行的入社礼仪以不同的形式在儒、道两家传统中承续下来。儒家的冠礼让二十岁的青年被接纳为成人社会中的一员，这种礼仪在华夏文明中更侧重于强调普遍社会秩序的整合与平衡功能，象征

[1] 廖平：《四变记》，《廖平学术论著选集》，巴蜀书社 1989 年版，第 553 页。
[2] 井筒俊彦：《苏斐教与道家》，东京，1983 年，第 312 页。
[3] 奥弗拉赫蒂：《印度梦幻世界》，吴康译，陕西人民出版社 1992 年版，第 2—3 页。

着个体的社会化转变过程。而道家的修行术更偏重于个体心灵的成熟与自我调节，暗示出一种神秘性地返回初始秩序（liminal order）的个人化途径。其所培育的目标不是如何成为更好的社会成员，而是当社会衰败之时个人如何自我依赖，即不依赖社会而自我生存的能力。[1]《庄子》中的“浑沌氏之术”大约就是这种自我训练的自我依赖之术。难怪从儒家的社会学立场出发的孔子对它感到神秘莫测，难免要敬而远之了。此正所谓“道不同不相与谋”。孔子对子贡说的“且浑沌氏之术，予与汝何足以识之哉”，便是儒道两家传统思路和立场差异的鲜明写照。不过《天地》篇的作者有意借孔子之叹服来抬高“浑沌氏之术”的声誉，如钟泰先生所说：“此节与《论语》所记长沮桀溺、荷蓧丈人颇相类而主旨不同。此于汉阴丈人极尽其褒美之辞，不独子贡赞之，孔子亦推之，盖意在表浑沌之德，申治身之要，故不惜屈孔子以扬其人。”[2] 在庄书行文之间寄寓的这种褒贬抑扬之倾向，直到今日仍然是不同观点争论的所在。心理治疗学和精神分析学者一般倾向于道家的浑沌之术的立场，希望从中发掘出足以拯救现代人性异化的良药秘方；科学主义和技术进取派则对庄子不加区别地反对“机心”持尖锐批判态度，遂把抱瓮老人讥为“修浑沌氏的道术而走火入魔”的食古不化之人。王煜先生更进一步批评说：

道家仅知爱惜和向往宇宙万物的本来面貌或原初性格，未知星云、生物、人性、道德和社会政治都在演变或进化。既不可能恢复宇宙的混沌状态，何苦恢复社会的浑沌境况？初民头脑浑沌，现代文明人耻于头脑浑沌，两者同样“自然”而非造作。文明人发展科学技术，争取便利、健康、免于饥寒夭折的物质生活，并非排斥精神生活。真人安于贫病逆境，这是无可奈何的自

[1] 吉拉道特：《早期道家的神话与意义》，加州大学出版社 1983 年版，英文版，第 86 页。
[2] 钟泰：《庄子发微》，上海古籍出版社 1988 年版，第 269 页。

然；然而对付逆境、消灭贫病的要求是较高级的自然，兼为人类进化的必然。勉强维持浑沌的心境与社会，便是反文明与进化，局限于初级的自然，蒙昧于高级的自然。借用《天地篇》孔子对灌园老丈的批评，可说道家“知其一不知其二”。[1]

此说虽甚雄辩，但所站位置似乎偏在直线进化历史观一边，与道家的循环历史观或退化历史观截然不同。老庄的混沌之恋是要彻底消解随着开辟以来的一切社会的、人性的、生态的负面作用，重新回到创造之前的生命本源中去。这种回归要求是否具有充分的可行性是另一回事，至少它让人们警觉“进化”表象背后潜伏的危机和“高级自然”外观之下正加速蔓延的痼疾，还是不乏积极意义的。况且回归也不等于永远的退化和反向运动，回归混沌是为了重新开始又一轮的创造，这是从循环论的哲学中自然推衍出来的“以退为进”的策略，或者说是对盲目乐观的冒进与激进的一种矫枉或制衡力量。在道家的观点看来，只看到物质文明的进展就对“进化”或“进步”盲目乐观，那也算是“只知其一不知其二”的一种表现吧。海德格尔惊呼“技术正把我们从地球上连根拔起”的声音之中多少可以听到上古时代道家先哲智慧的某种回响。据说海氏本人从不驾驶汽车，其“反文明”倾向与唯恐“机心”害己的抱瓮老丈正可比观参照，让人们在“机心”与“浑其心”之间重新权衡利弊得失，从而决定自己的价值取舍。

四、中央的生物学意义和宇宙论意义

从人们的日常经验中可以知道，生物体的构造有一个大致相似的特征，

[1] 王煜：《浑沌·浑沌氏》，韦政通主编：《中国哲学辞典大全》，台北：水牛出版社1983年版，第595页。

即生物体的中央部分往往是生命力的所在。这种经验的认识在早期哲学家那里得到理论性的归纳，于是便有了亚里士多德的灵魂居中之说。

亚氏指出，生物的躯体大都可以划分出“上”和“下”两部分：食物进入的部分我们就叫作上面的部分；排泄基本排泄物的部分就叫作下面的部分。在上下两部分之间还可确认出第三个部分：中央。在大动物中这个中央部分被称为胸腔，在其他动物中这个部分则是与此类似的东西。灵魂即存在于这个中央部分，主宰着生物体的生命。有许多动物，即使上部或下部被割下来，其中央部分依然能够生存。[1] 亚里士多德经过周密的观察还发现，中央部分在动物体和植物体上都有至关重要的作用，他写道：“在植物中，我们会在种子的繁殖中或在嫁接和接枝中发现它。种子总是从中间开始生长。所有的种子都有两瓣，它们的交合处就在相接触的那一点上，在两者之间部分属于这两瓣；植物的根和茎就是从这个部分出现的，发生点就位于它们的中间。”[2] 由这一现象出发，回顾庄子的南、北、中央的三帝划分，或许可以做出这样的推论：从浑沌在宇宙创生中的本源地位和作用看，他也就是生命之本和生物之本的象征；南海之帝与北海之帝的生命存在也必有其本源，若追溯上去则非浑沌莫属了，就如同种子的两瓣依存于中间处的结合点一样。从较抽象的空间分割上看，“南”和“北”或“前”和“后”的划分基准正是“中”。换言之，若无中央之分界，也就无从划分出相反相成的对立空间范畴。就此一意义而言，先有中央之帝，然后才有派生的南、北二帝，这也是合乎情理的假设。如若将浑沌视为广大无垠的象征，则后起的一切空间划分都是对浑沌的一种分割了。

从生物学意义上看待“中央”，亚里士多德还发现这个位置正是动物

[1] 亚里士多德：《论生和死》，《亚里士多德全集》中译本，第 3 卷，中国人民大学出版社 1992 年版，第 196—197 页。

[2] 亚里士多德：《论生和死》，《亚里士多德全集》中译本，第 3 卷，中国人民大学出版社 1992 年版，第 198 页。

体中心脏的所在。而在有血动物中，最先形成的就是心脏，在无血动物中，最先形成的则是类似于心脏的部分。心脏的供血活动等于为生命体提供热能，所以“一旦心脏这个区域变冷，那么死亡就会发生”[1]。在这位古代哲人看来，心脏还是动物的感觉器官的共同感觉中枢，也是营养的本源。如果把作为生命前提的灵魂划分为三的话，那么应该推出如下论断：“感觉灵魂，还有生长灵魂和营养灵魂都存在于这里，即存在于身体三个部分的中间位置上。”[2] 与这种古老的灵魂即生命的信念相联系，亚里士多德也相信生物体中的气息流动——呼吸——就是灵魂的功能或灵魂本身。[3] 人体小宇宙如此，那么大宇宙又如何呢？

图 25　古埃及人想象的天之中心中央圣柱为宇宙树之变体，柱顶神鹰象征世界秩序的守护者

被汉民族奉为人文初祖的黄帝也是作为中央之神王而受到崇拜的。有关黄帝的较早文献记载总是说到他的中央之山昆仑，就好比佛经中说到佛陀的悟道总离不开菩提树一样。如果把昆仑看作是一座旋转着的宇宙山，那么位于山顶的黄帝就处在“环中”之定点了。这种旋转运动的联想一方面可启发我们为庄子的“天均”和“天倪”之类惯用比喻形象寻觅取象之根源，另一方面也可对黄帝的雅号“轩辕氏”多几分思考。“轩”为车之别称，《太平御览》卷七七二引《释名》说，“黄帝造车，故号轩辕氏”，似乎是后起的

[1] 亚里士多德：《论生和死》，《亚里士多德全集》中译本，第 3 卷，中国人民大学出版社 1992 年版，第 200 页。
[2] 亚里士多德：《论生和死》，《亚里士多德全集》中译本，第 3 卷，中国人民大学出版社 1992 年版，第 199 页。
[3] 参看亚里士多德《论气息》，《亚里士多德全集》中译本，第 3 卷，中国人民大学出版社 1992 年版，第 238 页。

附会之说。车的表象给人印象最深者莫过于车轮之旋转；而天地宇宙的运动亦可比喻为终古不息的圆轮（参照本书第二章第三节），旋转的圆轮与旋转的昆仑、圆形的浑沌都被神话思维确认为中央、中心的象征，正因为它们都有引譬连类的共性，不仅是世界的心脏，一切生命力之本根，而且是天人交通之枢纽，宇宙运动的轴心，动中之静的最佳象征。《天道》篇云：

天道运而无所积，故万物成；帝道运而无所积，故天下归；圣道运而无所积，故海内服。明于天，通于圣，六通四辟于帝王之德者，其自为也，昧然无不静者矣。[1]

图 26 罗马皇帝的权力象征
球体代表宇宙，中央上方十字架由救主耶稣或造物主上帝把持，意味着神统御一切

此处所说的天道、帝道、圣道之“运”与《逍遥游》作为鹏之飞往天池的条件“海运”之“运”同样，均指旋转运动。唯有处在这种旋转运动的表象中心，“静”才是相对可能的。《则阳》篇说到“得其环中以随成”的冉相氏，便能够做到动中之静，变中不变：“日与物化者，一不化者也。”相传黄帝“作钻燧生火”[2]，又造指南车，都给人以动中之静的联想。《胠箧》篇罗列远古帝王之名，在轩辕氏之后又有“中央氏”，莫非是在玩文字游戏，用宇宙之轴的特定方位再次暗示黄帝与浑沌的一而二、二而一关系？

丁山先生从语音学上提出的见解认为，轩辕与昆仑其实就是同名异译，

[1]《庄子集释》，第 457 页。
[2]《管子 · 轻重戊》。

原型为印度婆罗门教神话大山须弥。早在公元前6世纪时印度思想就由荆楚而传入中国，故庄子和屈原的作品中首先出现了“昆仑”一词。汉译佛经中把梵文 Sumeru 译为“须弥”“须迷卢”，又把须弥山王北面（须弥山王共有东南西北四面，是为四大天王）Uttarakuru 的尾音 Kuru 译为“北拘卢”，

图27 公元1世纪中印度佛塔

圆顶形的佛陀纪念碑象征着宇宙，塔顶的中央三重伞将神的威力传给整个世界

若再简译则为“昆仑”。今蒙古语称天为“库伦”，正是“拘卢”的音转。Kuru 除译作“昆仑”外，另一译法为“轩辕”，二者发音相同，而写法特异。[1] 后人不察，衍化为不相干的两个名称。此说虽缺乏传播方面的证据，但昆仑与轩辕的同源性还是值得探讨的，二者均与混沌或中央有联系。

《楚辞·九章·惜诵》“令五帝以折中兮”句王逸注：“五帝，谓五方神也。东方为太皞，南方为炎帝，西方为少昊，北方为颛顼，中央为黄帝。”从五方帝的系统观念看，中央氏也就是轩辕氏，故《楚辞·远游》说到轩辕不可攀时，又列举四帝四佐，依次构成围绕中央的环拱之势：

轩辕不可攀缘兮，

吾将从王乔而娱戏，

[1] 参看丁山：《中国古代宗教与神话考》，龙门书局1961年版，第410—418页。

……

吾将过乎句芒，

历太皓（皋）以右转兮，

前飞廉以启路。

……

凤皇翼其承旗兮，

遇蓐收乎西皇。

……

指炎神而直驰兮，

吾将往乎南疑。

……

祝融戒而还衡兮，

腾告鸾鸟迎宓妃。

……

轶迅风于清源兮，

从颛顼乎层冰。

历玄冥以邪径兮，

乘间维以反顾。

在周流六漠、经营四荒之后，《远游》终篇的“乱辞”也像《庄子》内篇结尾一样，让我们回归混沌未开之境：

下峥嵘而无地兮，

上寥廓而无天，

视儵忽而无见兮，

听惝怳而无闻，

超无为以至清兮，

与泰初而为邻。[1]

此处所描述的上无天下无地、倏忽无见、惝怳无闻的“泰初”情境，可作为未开之混沌的原始整体状态的一种说明。而“远游”的终极目标乃是“无为”，这就和“逍遥游”的性质相一致，表明了一种动中之静的精神训练之结晶，其最终指向仍然是主客冥合的混沌玄同之内在体验。在这种修道体验中既可充分享受灵魂自由翱翔之“至乐”，又可回溯于大小宇宙共有的生命力之源，达到冉相氏那种“日与物化者，一不化者也”的境界。成玄英解释此句说：“顺于日新，与物俱化者，动而常寂，故凝寂一道，嶷然不化。”[2]

图28　佛陀觉悟于菩提树下
这个印度形象表达着精神的创世记，菩提树荫象征天穹，树干则为上达神性的通道

这里的化与不化、动与寂的全部奥秘当然离不开所谓“环中之妙”的独特体会。对东西方神秘主义有很高造诣的宗教学家劳里为佛陀于菩提树下悟道的景象

[1] 谭介甫：《屈赋新编》，中华书局1978年版，第643—647页。
[2]《庄子集释》，第885页。

所做的解释，十分相似地突出了“中”的精神意义：佛陀在那棵菩提树下获得觉悟，那树是印度造型艺术中象征着开辟精神宇宙的形象，树荫之盖代表圆形天穹，树干则为神灵之通道。整个图像有如埃及金字塔、巴比伦高台神庙或基督教的十字架，借宇宙中心的确认而获致身体的和道德的神圣秩序。[1]

《远游》“乱辞”形容复归泰初混沌状态的主观条件，有“视儵忽而无见，听惝恍而无闻”，似对应《在宥》篇广成子语黄帝一段所说的“目无所见，耳无所闻”的那种“昏昏默默”的状态。

邓廷桢从语音学角度论证“儵忽”为老子所言“恍惚”之声转，并将“浑沌”语源上推自天象历法中的太岁在子曰“困敦”。他写道：

困敦，岁所次也，叠韵也。其于人也为浑敦，其于物也为浑沌。恍惚，不定也，双声也。亦为仿佛，声之转则为儵忽，人之名则为突忽。[2]

“子”为十二支之首，亦可作为一个循环周期的起点。太岁在子曰“困敦”，生命的混然未分状态曰“浑敦”，世界之始则曰“浑沌”，此一组叠韵词在音与义两方面都有联系。

[1] 劳里：《熟悉的神秘：神话中的真理》，牛津大学出版社 1982 年版，第 164 页。
[2] 邓廷桢：《双砚斋笔记》卷三，中华书局 1987 年版，第 239 页。

THE FOURTH PART

第四章

壹与葫芦

知一者无一不知也，不知一者无一能知也。

一者至贵无偶之号也。

——《五符经》

器用陶匏，事返其始，故配以远祖。

——《晋书 · 礼志上》

一、原型研究：从神话到概念

本章仍然依照原型研究的特有思路，对道家思想中形而上的概念进行形而下的发掘式探讨，或可借用福柯氏的说法叫作“范畴考古学”的研究。这种视角与一般的哲学或思想史研究的不同之处在于，要从发生学的意义上对某一哲学范畴的产生及所以然做出打破砂锅问到底的理性说明，让人们弄清楚为什么会有这样的范畴，它又是怎样从具体的表象联想中抽象出来的。原型理论家弗莱主要是从文学批评的实践中提出这一方法论原则的，但他并未把自己束缚在纯粹的文学艺术的界域之内，而是及时提示了原型研究对于思想和文化史的普遍适用性及其功效的问题。弗莱在《批评的解剖》一书结论部分指出：文学的形式和数学的形式一样，都是有规律可循的。二者间最引人注目的相似处是其单位。文学的单位是隐喻，而数学的单位是等号。隐喻构成文学语言表达的基础，正如等号使数学的计算推衍得以展开。隐喻的实质在于某种假定性的认同（hypothetical identification），批评性的阅读可从文学经验中意识到由此种认同所形成的结构模式，或者说是一种“理念化了的神话”（conceptualized myth）。[1] 弗莱举弗洛伊德的“俄狄浦斯情结”为例，认为这正是神话的理念化之产物：也许并不是弗洛伊德发明了这一概念，而是俄狄浦斯神话启发了心理学并赋了心理分析的观点以某种结构。文学原型才是更加古老也更加权威的。

基于这种认识，弗莱试图赋予批评家一种超出文学研究本身的文化重构任务：

[1] 弗莱（N. Frye）：《批评的解剖》（*Anatomy of Criticism*），普林斯顿大学出版社 1957 年版，第 352—353 页。

重构或再造（reforging）被人为割裂的一些原始联系，如创造与知识、艺术与科学、神话与概念之间的联系。[1]

在经历了20世纪初的剑桥学派人类学的冲击之后，从神话入手研究哲学已经不再是稀罕的事了。如何利用文学批评的原型视角去“重构”神话与概念之间的原初联系，弗莱也没有就此展开，因为上引一段话已是《批评的解剖》最后一段结束语了。这一任务留给了后来者。不过弗莱本人似乎对此还是念念不忘的。二十多年后的一次讲座中，他又以另外的方式谈到这个问题，并引用了著名的哲学家罗素《西方哲学史》中的一个看法：“要理解亚里士多德的物理学观点，就必须了解他们在想象方面的背景。每一个哲学家除了他向世界所提出的正式体系而外，还有着另一种更简单得多的、可能为他自己所完全不曾察觉到的体系。”[2] 弗莱对罗素等人的这个见解深有感触，他接着说，我们由此可以获得这样一种哲学概念，它只不过是一些语词制作的衣裳，穿在它所由产生的“想象的背景”的裸体之上。“我的一生试图研究的正是这种隐退于衣装之后的裸体，我称之为隐喻的或神话的结构。许多哲学都在隐藏这种内在结构的尝试中形成了，而文学却更直接地把握它，一代又一代地再创造着它。文学批评的一个主要功能就在于帮助我们更加自觉地意识到这一‘神秘的想象的背景’，因为它过去在发挥作用，现在仍在发挥作用”[3]。根据这一新的界说，文学原型的研究确实具有了概念发生学或哲学史前史的认知价值，对于中国的人文研究或许还有特殊的意义。

中国文化史上没有像希腊神话那样发展充分、保留完整的神话、史诗体系，也没有像《圣经》那样的宗教圣典，探求原型的途径亦应与弗莱有所不同。

[1] 弗莱（N. Frye）：《批评的解剖》（*Anatomy of Criticism*），普林斯顿大学出版社1957年版，第352—353页。
[2] 参看罗素：《西方哲学史》，何兆武、李约瑟译，商务印书馆1981年版，第261页。
[3] 弗莱：《作为纯粹理性批判的文学》（*Litera ture as a Critique of Pure Reason*），邓南编：《神话与隐喻》，弗吉尼亚大学出版社1991年版，第169页。

汉语文化的主要书面符号——汉字，因其“象形”特性而对原型理论有重要贡献。容格、弗莱等对原型的释义均突出其“表象”“意象”的性质，这种“象”是通过语言的联想而构成的。汉字的初始形态以象形为基础，字体本身保留了造字之初的集体表象和象征意象，其中不少具有原型的意义，或者说是一种视觉直观的原型，可以补西方文化表音文字之缺失，对于原型研究具有活化石的价值。[1]

弗莱赋予批评家重构神话与概念之间的联系的重要职能。就西方语言材料而言，这种重构工作相当艰难，而汉字的活化石作用则可事半功倍。造字者处在神话思维时代，象形字的表象对于理解从神话到概念的抽象化过程极有助益。如汉语“象”概念的发生便可从字形中获得直观启示：图画字的造字者最初努力把物形描画得逼真。当一头大象的草图完成，人们喊出“象”，这个“象”字在汉语中就成了形象、想象、像似等语的语根。甲骨文“象”字乃是当时中原常见的大象的速写图。但若追索西文 image 概念的原初表象，似无异于大海捞针。

再如中国哲学的至高范畴“道”与“一”均可由文字本身提示的原型表象得到溯源性的认识。“道”为农耕文化特有的猎头祭谷信仰进入文明社会后哲学化的结果。会意字“道”表示藏于首中的生命力、生殖力的循环不已。“一”与“道”相通，其原型为“壹”，从壶，实取象于葫芦。所谓“道生一，一生二”的形而下表象为葫芦剖判型创世神话，葫芦作为原型意象在中国各族神话和文学中普遍存在。道家哲学标榜的“抱一”“得一”“归一”，意指回归创世之前未分化的原始浑融状态，亦即葫芦、母腹、子宫、婴儿状态。中国哲学常说“一分为二”“合二为一”则以葫芦与瓢的分合关系为直观经验表象。

[1] 参看叶舒宪《原型与汉字》，《北京大学学报》1995 年第 2 期。

图29 马家窑文化的彩陶壶

下文将以《庄子》文本为中心，对道家的崇一哲学与其“想象的背景”及葫芦剖判型创世神话的潜在关联做进一步的分析与探究，并对作为文化原型的葫芦及其变体做一总体性的阐释，以期对此一“理念化的神话”表象在中国哲学与传统文化中的作用有新的认识。

二、儒、道话语中的“一”与“壹”

“一”是世界性的哲学概念，在中国哲学思维中尤其占有突出地位，故历来为研究者所重视。[1]人们也意识到，儒家话语中的“一”与道家话语中的“一”名同而实异。相对而言，是道家哲人对此神秘的“一”更加情有独钟，从而赋予它更丰富的哲理蕴含。而在孔、孟的言论中，“一”虽然也得到某种程度的强调，但其哲学术语的意义却并不像在老、庄那里来得明确。

《论语·里仁》中孔子对曾参说：“吾道一以贯之。”门人后来问曾参此话怎讲，曾参的解说是：“夫子之道，忠恕而已矣。”阮元作《论语一贯说》，认为《论语》中凡三见之“贯”字都应解为“行事”。孔子的话意思是他所推崇之道皆于行事见之，非徒以文学为教也。此处的“一”当解为“专一”即“壹”：

[1] 参看张舜徽：《周秦道论发微》，中华书局1982年版，第34页；张岱年：《中国哲学大纲》，中国社会科学出版社1982年版，第22页，第109页以下；韦政通主编：《中国哲学辞典大全》，台北：水牛出版社1983年版，第1—2页；赵纪彬：《困知二录》，中华书局1991年版，第106—246页；张立文：《中国哲学范畴发展史·天道篇》，中国人民大学出版社1988年版，第14章。

“一”与“壹”通，经史中并训为“专”，又并训为“皆”。《后汉书·冯绲传》《淮南·说山训》《管子·心术篇》皆训“一”为“专”。《大戴·卫将军》《荀子·劝学》《臣道》《后汉书·顺帝纪》皆训“一”为“皆”。《荀子·大略》、《左》昭二十六年、《穀梁》僖九年、《礼记·表记》《大学》皆训“壹”为“专”。至于一、壹二字通用之处，经史中不可胜举矣。[1]

由是观之，“吾道一以贯之”也就相当于“吾道壹以贯之”。旧注有以为“贯”当训“通彻”者，阮元批评这种“豁然贯通”说使儒者的圣贤之道接近禅家的顿悟之道了。应将《里仁》《卫灵公》两篇的“一以贯之”统一起来看才是。

《孟子·梁惠王上》记孟子见梁襄王，出语人曰：“望之不似人君，就之而不见所畏焉。卒然问曰：‘天下恶乎定？’吾对曰：‘定于一。’‘孰能一之？’对曰：‘不嗜杀人者能一之。’……”赵岐注：“孟子谓仁政为一也。”这和孔子谓忠恕之道为一同样，都是将某种政治伦理的价值视为至高无上，足以统一和号召天下人之心。焦循正义云：“《易·文言传》云：元者，善之长也。君子体仁足以长人。董子《繁露·重政篇》云：唯圣人能属万物于一而系之元也。……是以《春秋》变一谓之元。元即仁，仁即一。故赵氏以仁政为一。孟子对滕文公亦云：夫道一而已。赵氏章指言定天下者，一道而已。谓孟子对梁襄王之定于一，即对滕文公之道一也。”[2] 在儒者看来，一或壹均可作为道的同义语，不过他们所讲的道偏重在修身治国的法则和策略方面，较少带有本体论的色彩。忠恕与仁政在《语》《孟》中分别认同为“一”，正表明了儒家话语特有的价值论倾向。

从发生学上考察这种政治伦理色彩浓厚的“一”之来源，有学者追溯到殷周之际天子的“予一人”之称，并将“专”的意蕴也落实到统治者的政治

[1] 阮元：《论语一贯说》，《揅经室集》，中华书局 1993 年版，第 53 页。
[2] 焦循：《孟子正义》卷一，“诸子集成”本，第 42 页。

需要之中了。赵纪彬先生写道：

> 第一，殷人万事问卜于“帝”……天子都是上帝的唯一代理人。因此，天子自称专用的“一人”之“一”，遂亦成为神学的政治范畴。
>
> 第二，“一人”的神学政治意义，是殷周“井田”公有制的反映。……土地的公有虚构与神学的天命虚构相结合，却又反过来形成为奴隶主贵族阶级世袭专政的前提条件；上自天命，下及土地，皆为“一人”所专有。殷周天子自称“予一人”的“一”字，所以能够孳乳为“壹”，于义训“专”，即由来于此。[1]

这一分析十分有趣，但似乎还只能作为假说来看。至少有一点应该明确，“予一人”之称呼不能成为“一”的神秘意义之原因，倒应是其结果或派生物。单音词的产生总是先于多音词，没有“一人”的概念之前，“一”早已存在了；而没有“一”，则根本不可能有“一人”。至于“一”与“壹”的关系究竟是不是“孳乳”或派生，还有待于进一步的论证，也不宜当成定论来看。因为在道家话语中的情况表明，“一”的本体论意义先于政治伦理意义而存在，其根源亦不在殷周之际的奴隶主专制与阶级斗争，而在于神话思维时代的宇宙发生论。

“一”在《老子》中共出现了十五次，除了表示数量关系和序数的一般用法之外，作为哲学概念而使用的有十三次之多。诸如“抱一”“得一”“一生二”等重要概念都为后代道家学人所继承。《庄子》一书在字数上超出《老子》十多倍，“一”的使用也多出十多倍，达一百七十五次。作为非普通数量词而使用的情况，亦比《老子》更为复杂。除了沿用老子

[1] 赵纪彬：《释一二》之一，《困知二录》，第108—109页。

的“抱一”“得一”观念外，又自创有“守一”“通一”“反一”“贵一”“为一”“齐一”等语词，充分奠定了它在道家话语背景中的突出地位。吴怡《庄子内篇中的一些重要术语》便注意到《齐物论》篇对“一”的术语用法，并试图与《老子》中的“一”做出某种区别：

图30 圣人抱一为天下式
（公元前24世纪美索不达米亚陶像）

……可以看出庄子所谓的一，乃是指人和天，或人和道的本一的境界。这和老子所谓的“一”是从道的作用来说，是有所不同的，如：老子说：“道生一，一生二。”“昔之得一者，天得一以清；地得一以宁；神得一以灵；谷得一以盈；万物得一以生；侯王得一以为天下贞”。

庄子是通“一”以归体，而老子则是得“一”以为用。[1]

其实，老子关于“抱一”的观念也是“归体”的，而庄子也不乏“得一以为用”的诸种表述，上述区别似有些勉强。下文将通过几方面的联类分析，说明《庄子》中的“一”的多样性用法及体用不二之特征。

三、《庄子》中的“一”

1. 一与道

“一”常常可以作为最高范畴“道”的别称来使用，在一些语境中“一”

[1] 吴怡：《逍遥的庄子》附录，台北：东大图书公司1991年版，第149—150页。

即“道”，“道”即“一”，彼此并无截然的分别。《齐物论》有著名的“道通为一”之说：

道通为一。其分也，成也；其成也，毁也。凡物无成与毁，复通为一。唯达者知通为一，为是不用而寓诸庸。庸也者，用也；用也者，通也；通也者，得也；适得而几矣。因是已。

从事物自身的变化看，似乎是有生成有毁灭，这就显出了“不一”的一面。但是若从道的立场看，“我之所谓成而彼或谓之毁”（郭注），如“散毛成毡，伐木为舍”等（成疏）[1]，所以实际上并无成毁，一切变化皆是相通的，这就是永恒的“一”。徐复观说：“庄子不从物的分、成、毁的分别变化中来看物，而只从物之‘用’的这一方面来看物，则物各有其用，亦即各得其性，而各物一律归于平等，这便谓之‘寓诸庸’。”[2] 就这样，庄子用变化原理来看待对立面的矛盾，将“一”与“不一”统合到永恒之道中了。《大宗师》篇说：

其一也一，其不一也一。其一与天为徒，其不一与人为徒，天与人不相胜也，是之谓真人。[3]

由于道即是永恒的“一”，得道的真人亦从主观上达致“一”的境界，于是，“一”与“不一”被视为“圣智”与“凡情”的区别，真人能做到凡圣不二，合同天人，均彼我，通大化，“故不一皆一之也”（成疏）。《让王》篇假

[1]《庄子集释》，第 72 页。
[2] 徐复观：《中国人性论史·先秦篇》，台北：“商务印书馆”，第 402 页。
[3]《庄子集释》，第 234 页。

借孔子之口说“君子通于道之谓通”，这个“通于道”也就是“通于一”。《徐无鬼》篇又有“至矣道之所一者，德不能同也；知之所不能知者，辩不能举也”之说，则“一”又可视为道之功能了。

从道的独一无二性看，其创生万物、统一天地的功能似乎是无须求证的。美国学者陈汉生即将庄子所崇奉之“道”的绝对独一性与巴门尼德的存在论相对照，称之为“神秘一元论”（the mystical monism）：万物一体的公式与怀疑主义的认识论正相吻合。因为知就要区分事物，不知则不用区分事物。此种混冥如一的不分状态，乃是庄生一元论的全部神秘所在。[1] 杜善牧在西班牙文《庄子》导论中也特辟出“道的单一性”一章，论说“一”与“道”的互指关系。他认为，数是从“一”来的，哲学家亦称天主为“一”。这个“一”不同于作为数字的“一”，因为它是纯的，又是单的。按照毕达哥拉斯的宇宙观，存在两个“一”。一个是至一的天主，另一个是数目的开始，也是可知与不可知之分、有形与无形之分。老子所云“道生一”，就是天地的总和，庄子又称为“大块”。柏拉图和亚里士多德都曾主张万物源一说，而道家的崇一不重在形而上的研究，重的是个人人格之修养。[2] 而从解构主义角度考察庄子的一元论，奚密得出的看法与此截然不同。他认为庄子崇一尚同的动机不在于修养论，而在于认识论：现代语义学告诉我们，二元论乃是人类感知现实的最基本、最普遍之形式。但二元论也有排他性的倾向，往往导致认识上的独断论。一个术语必然排斥与之相对的术语。也就是说，A 属于“是”的范畴，就不能同时属于“非”的范畴，这就不可避免地导致判断上的分歧。庄子认为，一旦世界被二元论的语言（对与错、好与坏、生与死、美与丑等）

[1] 陈汉生（Chad Hansen）：《庄子的道之道》（*A Tao of Tao in Chuang-Tzu*），梅维恒编：《实验的庄子论集》（*Experimental Essays on Chuang-Tzu*），夏威夷大学出版社 1983 年版，第 47—48 页。

[2] 宋稚青：《老庄思想与西方哲学》，台北：三民书局 1978 年版，第 45 页。

分割开来，人也就难以不带偏见地面对现实了。[1] 语言由于具有了这种先在的概念倾向，在很大程度上制约着人的态度和行为取向。庄子正是针对这种二元对立的语言一概念的制约作用而提出他的颠覆性对策的，旨在摆脱独断论的立场而转换到相对论的立场。由此观之，“万物齐一”的主张本身具有泯是非、等贵贱的激进解构性质。

2. 一与混沌、元气

道家的神话观念中作为宇宙创生本源的“道”可以认同为混沌，这就从发生学上提供了“一”与混沌相互指涉的逻辑依据。我们在讨论混沌概念时已经明确：作为创生之前的未分化状态，混沌乃是原始的整体之象征，用数字之始“一”来表示这种未分的整体状态，本是顺理成章的。在一些古朴的创世神话中，尚可以直接观察到混沌与一的相关性。如彝族史诗《查姆》所述鸿蒙未开之际：

远古的时候，
天地连成一片，
下面没有地，
分不出黑夜，
分不出白天。

只有雾露一团团，
只有雾露滚滚翻。
雾露里有地，
雾露里有天；

[1] 奚密（Michell Yeh）：《解构之道：德里达与庄子的比较研究》，《中国哲学杂志》（*Journal of Chinese Philosophy*）第10期，对话出版公司，夏威夷，1983年，英文版，第102页。

时昏时暗多变幻，
时清时浊年复年。[1]

又如彝族史诗《勒俄特衣》中用数字表述的创生变化史：

混沌演出水是一，
浑水满盈盈是二，
水色变金黄是三，
星光闪闪亮是四，
亮中偶发声是五，
发声后一段是六，
停顿后又变是七，
变化来势猛是八，
下方全毁灭是九，
万物全殒尽是十，
此为天地变化史。[2]

以上两例分别将混沌描述为雾露（气）和水，并均对应于数字“一”，显然是由于雾露与水那浑然不分的自然状态更易使人联想到原初之整体。《庄子·天下》篇历数各家学说之精要，讲到关尹、老聃的时候称赞为“古之博大真人”，而其要点则有“建之以常无有，主之以太一”的概括。这个“太一”作为哲学本体概念，就是“道”，作为宇宙发生论的创生始源，就是混沌，在《易》学体系中又称作“太极”，总之是先天地而生，万有变化之总根。

[1] 朱桂元等编：《中国少数民族神话汇编·开天辟地篇》，中央民族学院印行，第 86 页。
[2] 朱桂元等编：《中国少数民族神话汇编·开天辟地篇》，中央民族学院印行，第 96 页。

《吕氏春秋·大乐篇》有如下解释："道也者，至精也。不可为形，不可为名。强为之名，谓之太一。"[1]此种"无形""无名"的状态，创世神话多称之为混沌。故同篇中又说："太一出两仪，两仪出阴阳。阴阳变化，一上一下，合而成章。浑浑沌沌，离则复合，合则复离。是谓天常。"《淮南子·诠言训》也有称混沌为太一之例："洞同天地，浑沌为朴，未造而成物，谓之太一。同出于一，所为各异，有鸟有鱼有兽，谓之分物。方以类别，物以群分，性命不同，皆形于有。"[2]此处更明确了太一作为万物创生之本源的意义。《礼记·礼运》孔颖达疏亦云："太一者，谓天地未分，混沌之元气也。极大曰太，未分曰一。其气既极大而未分，故曰太一也。"这个解释又将混沌与一落实到元气这种物质形态中了，与《庄子·知北游》中关于"通天下一气耳"的说法似有对应关系。《大宗师》篇借孔子之口所说"彼方且与造物者为人，而游乎天地之一气"[3]，显然也指作为始初状态的混沌之气。这样看来，老子的"归一"或庄子的"复通为一"当可理解为复归于混沌或生命之本源。庄子所向往的真人以"天人不相胜"为特征，也就是真正意义上的"天人合一"。凡夫俗子与真人之间的心理距离，就在于能否使自己的心境达致此种混一之状态。缩短这一距离并不只是空想，庄子为人们开出了"心斋"和"坐忘""丧我"等一系列异名同实的秘方。邬昆如先生以为此种修道技术的心理学效应在于"把殊相的感观事物，存而不论"，"好使殊相减损，而共相增长"；也就是以"一"之整体感去消除"一"与"多"的对立，物质宇宙借此而被超度到精神境界上，"道"或"造物者"都会与人一同逍遥。[4]

《人间世》假托仲尼与颜回的对话，将心斋与道、气、一的关系做了理论上的说明：

[1]《吕氏春秋》卷第五，"诸子集成"本，第 46 页。
[2] 刘文典：《淮南鸿烈集解》，中华书局 1989 年版，第 463 页。
[3]《庄子集释》，第 268 页。
[4] 邬昆如：《庄子与古希腊哲学中的道》，台北："中华书局"1976 年版，第 279 页。

……

回曰："敢问心斋。"

仲尼曰："若一志，无听之以耳而听之以心，无听之以心而听之以气！听止于耳，心止于符。气也者，虚而待物者也。唯道集虚。虚者，心斋也。"[1]

这段教诲实际已将万物为一的哲理完全落实到个人的实践感受中去了。何谓"一志"？郭象云："去异端而任独也。"如今语"专心致志，排除杂念"。成玄英云："志一汝心，无复异端，凝寂虚忘，冥府独化。"后之修行者由此悟出气功养生之妙法，其流被之广已不可尽述。

仅从道教的传承实践中看，《老子》所说的"抱一"和《庄子》所说的"守其一""守神"等得到充分的发扬，又称"真一"或"守真一"，发展出一整套严格的长生修炼方法。《抱朴子》卷十八"地真"一篇对此做了简要说明：

夫长生仙方，则唯有金丹，守形却恶，则独有真一，故古人尤重也。

……守一存真，乃能通神；少欲约食，一乃留息；白刃临颈，思一得生；知一不难，难在于终；守之不失，可以无穷；陆辟恶兽，水却蛟龙，不畏魍魉，挟毒之虫，鬼不敢近，刃不敢中。此真一之大略也。[2]

海外有汉学研究者将"守一"之法英译为 guarding the one，并解释为某种高度集中的冥想技术，可以为现代精神医疗提供宝贵的经验遗产，并同精神分析学的催眠术等相互补充。[3]

[1]《庄子集释》，第 147 页。

[2] 王明：《抱朴子内篇校释》，中华书局 1985 年版，"新编诸子集成"本，第 324 页。

[3] 利维亚·科恩（Livia Kohn）：《守一：道教的集中冥想术》（*Guarding the One: Concentrative Meditation in Taoism*），见《道教的冥想与长生术》一书，密歇根大学出版社 1989 年版，第 125—158 页。

“守一”修炼法还因其与“气”的讲究密切相关，成为中华气功传统中的静功的理论源头之一。汉代张陵作《老子想尔注》时于“抱一”之句注云：“神成气来，载营人身，欲令此功无离一。一者道也，今在人身何许？守之云何？一不在人身也，诸附身者悉世间常伪伎，非真道也；一在天地外，入在天地间，但往来人身中耳，都皮里悉是，非独一处。一散形为气，聚形为太上老君，常治昆仑，或言虚无，或言自然，或言无名，皆同一耳。”这就把气认可为出入人体的“一”。唐人张耒《送张坚道人归固始山中序》云：“（至柔）教余以养性之妙，其言曰：大道甚简，守心而已。守心无他，守一而已。静一之极，则玄通四达，而真气应之。大非意之所能测、言之所能尽也，得者知之矣。真气来降，则百疾除而永年矣。”[1]现代气功学者更将庄子“心斋”守一之法解说为“听息法”，以为“听之以气”指的是听自己的鼻中呼吸的训练积累到一定功夫，心和气已经融为一片，分不开彼此，达成物我两忘之混沌境界。《庄子》书中一再描绘的那种“形若槁骸，心若死灰”的形象，“都是练静功所达到的一种高级‘忘我’的境界，使自我身心得到彻底的解放。从现代医学的观点看，静坐练功对于人体恢复元气，积聚精力，增强抵抗力，治疗疾病，消除障碍，是有积极作用的，确实能达到祛病延年之效”。[2]如此看来，庄子的“一志”之教、“心斋”之法所造福于后人者，或可称之为精神医学的自我治疗术。那“天地与我并生，万物与我为一”的自我标榜之词，若放置在静坐者的虚幻体验中看，其心理真实就容易理解了。

从以上引述中可以看出，庄子的“一”的概念同“混”（沌）的概念一样，兼具客观方面的创生本源和主观方面的冥合万有的双重蕴含，这两者又是通过主体的心理训练技术而获得统一的。在此种修道训练中，“气”成为贯通

[1]《张右史文集》卷五十一。

[2]陈广忠：《〈庄子〉气功试解》，《庄子与中国文化》，黄山文化书院编，安徽人民出版社1990年版，第365页。

今古、媒合个体与宇宙的物质中介，这是由于“气”既出入于每个活人的口鼻之间，又超越时空阻隔与开辟之初的鸿蒙未凿之元气相通相连，足以构成一种整体存在的经验。如曾昭旭先生所说：

就庄子所体会的生命存在而言，很显然是一种即言即道的整体存在感。在这里所谓的整体存在可以有两种意涵，其一是指通散殊的万物而为一体（即所谓“将旁薄万物以为一世蕲乎乱”及“参万岁而一成纯”），这一体存在就是道。其二是指通言与“道”而为一体，这一体当然也是道。所以这两种一体其实是一样的，只是经由不同的角度以立言，以互相转注罢了。

这样的整体存在感是介乎可说不可说之间的……这样带着玄意的整体存在感就是庄子所谓“天均”，亦即老子所谓混沌、恍惚、杳冥。或者我们也无妨称之为纯粹经验。[1]

从个体的经验来说，“混沌”“恍惚”“天均”“道”和“一”等神秘概念均可充当整体存在感的传达媒介。不过，从发生学的意义上看，这些概念又有各自不同的来源，分别与不同的神话表象或宗教体验相关。关于“混沌”的讨论已在上一章中展开，关于“天均”等原型的探究拟留待后面专章进行，本章下节仅就“一”的形而下原型做一试验性的发掘和阐释。

四、“一”与创世葫芦

哲学中作为宇宙万物创生本源的“太一”或“一”，直接承袭自创世神话所描述的原初之整体。当老子写下“道生一，一生二，二生三，三生万物”

[1] 曾昭旭：《论庄子的整体存在感与人我相通感》，《鹅湖》1991 年 7 月号，台北。

的数码序列时，当《庄子·天下》宣称“圣有所生，王有所成，皆原于一”[1]时，实际上或多或少地复述着创世神话的主题。更为明晰的一例出自《庄子·天地》：

泰初有无，无有无名；一之所起，有一而未形。物得以生，谓之德；未形者有分，且然无间，谓之命；留动而生物，物成生理，谓之形；形体保神，各有仪则，谓之性。[2]

这一段说的是宇宙生物从无到有的创生过程，语言虽较抽象，却多少保留着创世神话的原型表象——“一”。郭象注：“一者，有之初，至妙者也，至妙，故未有物理之形耳。夫一之所起，起于至一，非起于无也。”成玄英疏：“一（者）道也，有一之名而无万物之状。”作为哲学理念的“一”也就是“道”的同义语，前文对此已列出大量佐证，殆无可怀疑。

值得深究的是，“一”与“道”两个看似风马牛不相及的概念如何会有意义上的认同关系？看来字源学的考察同神话学相结合便不难找到合理的答案。而这答案对于理解老庄关于“一”的玄奥义理也是至关重要的。

“一”作为汉字中最简单的一个字，的确无法从字形中窥见多少神话表象了。不过，“一”的另一种写法“壹”字中却完整保留着神话表象。姜亮夫先生《释一》一文从语音上推考汉字发展衍生之迹象，指出：“一”孳乳为“壹”，缓读为“壹壶”，又作“氤氲”，后起者还有“壹郁”“夭遏”等。这个“壹”字至今沿用在人民币等标示金融价值的场合，作为大写字与“一”并行不悖，可是二字之间的神话关联却早已被人们忘得一干二净了。

古书中讲到开天辟地常用“絪缊”一类语词，似保留着一点联系。方以

[1]《庄子集释》，第1065页。

[2]《庄子集释》，第424页。

智《通雅·释诂》释“絪缊”等诸双声语云：

> 絪缊，一作烟煴、氤氲、絪缊、壹壶。《说文》引《易》作“𡔷𡕀”。《典引》作“烟烟煴煴”。魏《大飨碑》亦用“烟煴”。《抱朴子》用“絪缊”。魏《元丕碑》作“壹缊”。[1]

邓廷桢《双砚斋笔记》卷三通释诸双声叠韵之语词亦注意到此：“絪缊，阴阳和也。叠韵也。亦为壹壶，亦为烟煴，亦为氤氲，声之转则为氤氲。”[2]此处所说“阴阳和也”实应指阴阳二元尚未分化的原初状态，当然本于创世神话观。“壹壶”表象或为“太一”说之原型？

《说文》解释“一”字完全因袭创世神话的观念：“唯初太始，道立于一，造分天地，化成万物。”在这十六字“真传”之中已包孕着中国哲学宇宙发生论的观念系统，它与神话实在是不可分割的。马叙伦《说文解字六书疏证》引严可均曰：“宋本太作大。纽树玉曰，《玉篇》引同，《韵会》始作极。成作生。”[3]可见在训诂学传统中“太极”、“太一”（泰一）、化生等重要哲理范畴均与“一”密切相关联。清代说文学家王筠对此四句的解说是：

> 唯初太极：此论道·非论世，故举《系辞》易有太极以立言，大徐本作大始，非也。……道立于一：《系辞》：“天下之动，贞夫一。”造分大地：“大极生两仪。”化成万物：乾道变化，坤作成物。[4]

按照这种解释，许慎在注说“一”字本义时完全依照《易·系辞》的宇

[1] 方以智：《通雅》卷七，《方以智全书》第1册，上海古籍出版社1988年版，第307页。
[2] 邓廷桢：《双砚斋笔记》卷三，中华书局1987年版，第245—246页。
[3] 马叙伦：《说文解字六书疏证》卷之一，上海书店影印本，1985年，第1页。
[4] 王筠：《说文句读》卷一，北京市中国书店影印本，1983年，第1—2页。

宙发生论敷衍出十六字哲学命题，未免有点小题大做或故作高深之嫌疑。庄有可说，“许说太精深，反欠亲切。古以筹计数，纵横皆始于一。专属于横，后人分析也。古或以为天，或以为地”。郭沫若更通俗地解释说，数生于手，古文一二三亖都是手指的象形。马叙伦也赞同这种化繁为简的说字策略，甚至干脆怀疑那十六字哲言不是许君所写，而是晋人吕忱作《字林》时后加上的。今本《说文》或许是吕书与许书混合后的产物。

看来这桩公案暂时还难下定论。汉代的文字学家许慎为什么在解说九千三百五十三字的第一字时变成阐发《易》理的哲人？这一问题单单局限在《说文》学史的领域之内是难以解决的。不过，从推本溯源的神话思维立场上或许很容易找到现成的解答。

“一”在神话思维之中绝不仅仅是数字，它作为宇宙万物即“多”的对立面，正是创世之前的本源状态或神秘存在物的象征。神话在描述创世前的情形时使用了各种“异形而同质”的象征性意象，如混沌、元气、鸡卵、葫芦、肉蛋、人体，等等，就其象征性而言，都是与“一”的状态相同或相通的，那就是一种无差别的、未分化的、原始混一的混融状态。随后开始的创世过程则通常被表现为此种原初混融体的分化瓦解和万物化生。分化的第一步又通常是所谓“元气剖判，乾坤始奠”；或天父地母从拥抱合一状态的分离；或宇宙卵的一分为二：上壳为天，下壳为地；或葫芦瓜破碎为两半：上瓢成天，下瓢成地；或混沌海怪肢体被分解离异；等等。万变不离其宗，都是在演出老子所说的“道生一、一生二”的创世活剧。也只有从“二”的立场上看，即着眼于混沌存在的分解和离异，才更容易理解“一”所象征的那种无差别的整体以及它所特有的完整、和同、无矛盾、整齐划一、专一不二等价值蕴含，从而为中国宗教和哲学所标榜的“归一”“抱一”或“反本复始”找到最初的原始依据。

无怪乎“一”或“壹”在古汉语中能够具有那样奇妙的特征，衍化出那么多美善的意思来。与“一”相关的语义演变前文已涉及，下面再来看看“壹”字的语义家族之例：

（1）专壹也。《左传·昭公二十年》：“若琴瑟之专壹，谁能听之？”

（2）同也。均一也。《国语·晋语七》：“镇靖者修之则壹。”注：“壹，均一也。”

（3）合也。《广韵》：“壹，合也。”

（4）诚也。《礼记·缁衣》：“从容有常，以齐其民，则民德壹。”

（5）齐也。《诗·都人士序》“则民德归壹”。郑笺：“壹者，齐一之义。”

如果单纯从数字意义上着眼，恐怕无论如何也看不透“一”和“壹”为何会有这些相近似的引申义。按照因形求义的训诂原则，“壹”字形中残留的神话思维表象或许能告诉我们此中奥秘吧。

图31 “壹”字取象于壶，壶则取象于葫芦

《说文》：“壹，专一也，从，吉声。”从字形上看，正是一有盖之壶的表象。朱骏声《说文通训定声》云：“《易·系辞传》‘天地壹壶’，按：气凝聚也。亦双声连语。据壶训则吉亦意。”其实，壹壶即氤氲、絪缊。丁福保《文选类诂》释为“元气也”，亦指创世前的未分化状态。而“壹”字取象之“壶”，也正是葫芦剖判创世观的活化石了。《诗·七月》“八月断壶”句毛传：“壶，瓠也。”是葫芦称壶的明证。臧克和君已指出：

“壶”之得名，在于“胡芦”，两器在功能上、形态上相类。高鸿缙《中国字例》：“古代之壶则极类胡芦。”《鹖冠子·学问》：“中河失船，一壶千金。”陆注：“壶，瓠也。佩之可以济涉，南人谓之腰舟。”“瓠”即瓠瓜，又名胡芦。“壶”之名原，在于胡芦；由是制作壶器之人亦得呼为“壶”，将其名长读，是为“昆（混）吾”。《说文·壶部》：“壶，昆吾圜器也。”窃疑“昆吾”“胡芦”殆即“壶”之缓读也。[1]

由此看来，“壹”取象于壶即葫芦，正可说明“壹”与“一”的宇宙论意蕴来源于葫芦剖判型创世神话。《新大英百科全书》第五卷收有《创世神话与教义》一文，其中对世界各地的创世神话做了归纳分类，计有世界父母型、宇宙卵型等共五大类型，并无葫芦剖判型。美国学者吉拉道特所著《早期道家的神话与意义》一书将中国式葫芦剖判型神话列为宇宙卵型创世神话的亚型变体，并参照中国少数民族神话材料，构拟出与道家的混沌主题相关的创世神话谱系规则。这位比较宗教学家很有见地地指出，瓜瓠与卵、混沌与无、阴阳原人（hermaphroditic giant）与乱伦配偶的原始兄妹（incestuous primordial couple）均可理解为整体和完满存在（the fullness of being）的神话表征，它们所强调的都是“性别的原初合一性”（primordial unity of the sexes），也就是男女两性未经分化离异之前的兼性统一状态。[2] 这样看来，神秘数字“一”的宇宙论意蕴背后还潜藏着一层生物学的意蕴。天地初开也好，瓠瓜始判也好，原始父母分离也好，所有的创世神话表层叙述都影射着双性同体的统一生命状态向两性分化状态的转化过渡。

从这种意义上来理解“壹”及其神话表象“壶”（葫芦），当然会有柳暗花明一般的效果。附带还可以使一些相关的歧义得以冰释。如“壹”之缓读“壹壶”“絪缊”或“氤氲”，本亦指阴阳二性未分化的浑融状态。王筠《说文句读》“壹”字下云：

[1] 臧克和：《语象论——〈管锥编〉疏证》，贵州教育出版社 1992 年版，第 123 页。
[2] 吉拉道特：《早期道家的神话与意义》，加州大学出版社 1983 年版，第 6 章。

壸，壹壸也，从凶从壶，不得泄也，凶也。《易》曰："天地壹壸。"《系辞》文今本作絪缊，虞本作氤氲，《广雅》及班固《典引》作烟煴，蔡邕注《典引》曰："烟烟煴煴，阴阳合一相扶貌也。"张载注《鲁灵光殿赋》曰："烟煴，天地之蒸气也。"《韩诗外传》："阴阳相胜，氛祲絪氲也。"[1]

其实"壹壸"本指阴阳未分化之状，所谓"阴阳相胜"或"相扶"之说当是似是而非的后起之说。因为"壹"永远是中性或兼性的。

"壹"之本义即指未剖分的葫芦整体，无怪乎它兼有"合""实"等引申义。另外，它还有"闭塞"之义：《增韵》："壹，闭塞也。"《管子·形势》："臣下赋敛，竟得使民伦壹。"作"闭塞"之义的"壹"几乎与《庄子》所讲浑沌君未凿七窍的闭锁状态不谋而合了，二者都是象征开辟之前未分化的宇宙生命本源的神话意象，其实质完全相通。

了解到"壹"字的神话背景，可以推知它同"一"字虽然意义相关，却各自有着不同的发生根源，只不过在应用中逐渐消解了差别，混为一谈了。宋人洪迈《容斋五笔·一二三与壹贰叁同》写道："古书及汉人用字，如一之与壹、二之与贰、三之与叁，其义皆同。《鸤鸠》序'刺不壹也'，云用心之不壹也，而正文'其仪一兮'。《表记》'节以壹惠'，注言'声誉虽有众多者，节以其行一大善者为谥耳'。《华山碑》：'五载壹巡狩。'《祠孔庙碑》：'恢崇壹变。'《祝睦碑》：'非礼壹不得犯。'而后碑云：'非礼之常，一不得当。'则与壹通用也。"又由于笔画繁简之故，后人一般场合多用"一"而不用"壹"，这个数字背后的神话隐义也就彻底被集体意识所遗忘掉了。

[1] 王筠：《说文句读》卷二十，第8页。

明代科学家方以智认为，古人用“壹”或“弌”代替“一”，用“贰”或“弍”代替“二”，是一种“借以为数”[1]的使用法。可是以他的博学多识也还是看不出“壹”字中潜伏着的比“一”更为古老的神话表象了。

五、瓜瓠与祭仪

创世神话直接催生了哲学的宇宙发生论，作为创造本源的原初整体——葫芦（或宇宙卵等）也随着理性化思维的展开而逐步抽象为概念，从“壹”到“一”，其本来面目一旦丧失，也就完成了从形而下到形而上的升华，变得神秘莫测了。葫芦的表象虽然从汉字的简化使用中被排除掉了，但是与神话互为表里的仪式活动却依然沿袭古老的旧例保留着这一神圣表象，只不过在后代人的眼中越来越不易理解了。

人类学家的研究表明，仪式甚至先于神话而存在。创世神话在原始部落社会中常常就是对成人仪式（或新年礼仪、启蒙仪式）的一种理论性的溯源证明。[2]这样，仪式上的象征行为和象征性道具就可以成为反过来验证神话内容的参照物。尤其当神话变得残缺不全或本义消失的时候，仪式的象征系统就更显出其破译与重构的可能效应了。

英国人类学家利奇指出：“原始社会的许多仪式序列和神话序列的特点是，行仪式者必须扼要重述世界的创始，而这种创始也就是通过神话把一连串的名称赋予各种各样的人、地方、动物和事物。”“虽然原始的无文字民族知道的纯抽象概念要少些，但是这并不意味着原始人不能理解抽象观念”。[3]

[1] 方以智：《通雅》卷四十“算术”，《方以智全书》第1册，第1234页。

[2] 参看威廉·多蒂（W.G.Doty）：《神话编纂学：神话与仪式研究》（*Mythography*）第3章，阿拉巴马大学出版社1986年版，第72—103页。

[3] 利奇：《从概念和社会的发展看人的仪式化》，史宗主编：《20世纪西方宗教人类学文选》，上海三联书店1995年版，第507页。

他还举出南美印第安神话用生肉和熟肉的形而下对比象征“自然”与“文化”的形而上区分。同样道理，仪式上供奉一个瓜瓠类的象征物，也是为了传达出回归到创世之前的整体未分状态的形而上意蕴。

好在上古典籍中确实保留着以瓜瓠为祭的记载。《诗经·小雅·信南山》有“中田有庐，疆场有瓜，是剥是菹，献之皇祖”几句，历来注解无大分歧，只是对“庐”一字认识各异。旧说认为此处之“庐”就是“结庐在人境”或“三顾茅庐”之“庐”，指人工搭成的简易住所，如瓜农看守瓜地常用的窝棚、草房之类。郑玄笺便持此种观点，他说：“中田，田中也。家人作庐焉，以便其田事。”郑玄这一解释的依据是《韩诗》一派的观点。清儒马瑞辰又援引《穀梁传》“古者公田为居”一说来发挥郑玄的解释，认为古代施行井田制时，私田在外，公田在中，庐舍又在公田之中，故曰“中田有庐”。[1]金鹗作《井田考》亦采此说。唯王闿运《诗经补笺》力排众议，以“庐”为植物。郭沫若先生根据《诗经》中对文惯例（如《七月》中的“七月食瓜，八月断壶”，瓜壶对文）阐发王说，以为“庐”当与“瓜”为对文，当同为植物，庐为芦之假借。《说文》训芦为芦菔，如今人所言之萝卜。[2]查考清代厉荃所辑《事物异名录》可知，萝卜在古代又叫芦服、莱菔、萝瓝。《埤雅》还从语源上推究“莱服”一名的起因说：“能制面毒，言来麰之所服也。”[3]似乎郭说有一定的语言学证据，但也有可疑之处：以瓜瓠为祭礼之用品，在古代不乏其例，而以萝卜为祭却较缺乏根据。钱剑夫先生带着此一疑团重新思索这个与“卢”字相通的“庐”字究竟指哪种植物。经过对古籍的一番认真爬梳，得出其为葫芦的论断：

[1] 马瑞辰：《毛诗传笺通释》卷二十一，中华书局 1989 年版，第 711 页。

[2] 郭沫若：《由周代农事诗论到周代社会》，《青铜时代》，《郭沫若全集·历史编》第 1 卷，人民出版社 1982 年版，第 416 页。

[3] 厉荃辑录，关槐增补：《事物异名录》，岳麓书社 1991 年版，第 321 页。

……考司马相如《子虚赋》："其卑湿则生藏莨蒹葭，东蘠雕胡，莲藕觚卢。"张晏注："觚卢，扈鲁也。"郭璞注："苽，蒋也；芦，苇也。"颜师古注："书不为'苽芦'字，郭说非也。但不知'觚芦'是何草耳。"王先谦补注："张注'觚卢'，官本作'觚芦'，颜注'觚芦'当作'觚卢'，官本不误。……'觚卢'即'瓠𤬏'。'觚卢''瓠𤬏''扈鲁'并一声之转。"案，"觚庐"当从张晏说，王辨甚确。唯"觚卢"又为何物，则仍未甚明晓。考《诗·豳风·七月)："七月食瓜，八月断壶。"毛传："壶，瓠也。"郑玄亦谓"瓜瓠之属"。《尔雅·释草》："瓠栖瓣。"郝懿行义疏："瓠曰'瓠㼤'，或作'壶卢'，亦作'瓠瓡'。"说尤明白。则《子虚赋》所言之"觚卢"，实即"壶卢"，亦即今言"葫芦"，自无疑义。……"瓠𤬏"之"瓠"可作"匏"、作"瓢"、作"觚"、作"菰"、作"苽"、作"壶"、作"扈"，俗又作"胡"、作"葫"；故"瓠𤬏"之"𤬏"亦可作"瓡"、作"卢"、作"鲁"，俗又作"芦"。皆所谓声转，或为假借。[1]

我们在前文中已经明白了葫芦瓜在创世神话中的重要象征功能，对于这里的祭祖礼仪上为何出现葫芦也就不会感到惊奇了。至于汉语汉字中这么多假借的或异写的葫芦之名，也可理解了。葫芦作为神圣礼仪上的祭祀道具，在上古礼书中也有不少迹象可寻。如《周礼·地官·场人》：

掌国之场圃，而树之果蓏珍异之物，以时敛而藏之，凡祭祀，宾客共其果蓏。

[1] 钱剑夫：《〈诗〉"中田有庐"解新探》，《中华文史论丛》增刊《语言文字研究专辑》下，上海古籍出版社 1982 年版，第 462—463 页。

又如《礼记·郊特牲》说到天子亦有种瓜瓠的礼仪行为：

天子树瓜华，不敛藏之种也。

这里所说的“蓏”和“瓜华”均指葫芦科的植物。孙诒让《周礼正义》云：

注云“果，枣李之属，蓏，瓜瓠之属”者，《甸师》注云：“果，桃李之属。蓏，瓜瓞之属。”《说文·瓜部》云：“瓠，瓢也。”枣亦木实，瓠与瓞同为瓜类，此注与彼义同。[1]

按照此说，《周礼》中有名为场人、甸师的专职官员负责国家祭礼所需用的果蓏供品，而场人与甸师的职司是相同的。也有学者把礼书和《诗经》中的三种记载区别对待，分析出三种用瓜之方式。黄焯《诗疏平议》便认为，“今合经注而核之，用瓜之法有三：甸师共野果蓏之荐，则荐新之用也。载师之税，与此诗（指《信南山》——引者）税而菹为一，则享宗庙笾豆之用也。场人‘凡祭祀宾客，共其果蓏’，则国中祭事之用也。”[2]黄氏还进一步做出了如下推测，古人在祭礼所用果实以瓜为重，其作用似乎远远超出其他果品，所以有“天子树瓜华”的条文规定，又有《曲礼》中有关削瓜之仪的详细陈述，《玉藻》也有“瓜，祭上环”之说，《论语》还有瓜祭之文。这都表明瓜瓠在早期宗教礼仪中的不可或缺性。[3]就连青铜时代以来那一系列祭祀用的铜制礼器，乃至新石器时代末期的大批陶制礼器，也有不少

[1]《周礼正义》卷三十一，中华书局1987年版，第1222页。
[2] 黄焯：《诗疏平议》卷九，上海古籍出版社1985年版，第384页。
[3] 黄焯：《诗疏平议》卷九，上海古籍出版社1985年版，第385页。

是以天然的葫芦形状为模范而制造出来的。

日本汉学家小南一郎甚至认为，早在仰韶文化的半坡遗址中发现的装有谷种的陶壶，也同创世神话观念有关，因而可以理解为宗教礼器：“壶既是粮种（即谷物之灵）的安息之处，又是用于等待即临的播种季节的暂安处。然而，这不单纯是种子在壶中越冬，在古代人的观念中，种子发芽是由于其中蕴有世界始源的、创世的‘生命力’，盛放粮种的壶发挥着使谷物的原始生命力传播至今的桥梁作用。”[1] 如果此说正确，那么同样在半坡遗址中出土的所谓“瓮棺”葬俗——将未成年儿童之尸体装进壶形陶罐的做法，又可否做出宇宙论意义的解说呢？[2] 那瓮棺究竟应该按照精神分析学的象征谱系解释为回归母亲（大地）子宫的象征呢，还是按照艾利亚德的比较宗教学模式，确认为重返创世前的生命力之源——混沌或葫芦呢？

在祭祖的礼仪中用葫芦作为神圣象征物，在除汉民族以外的中国境内少

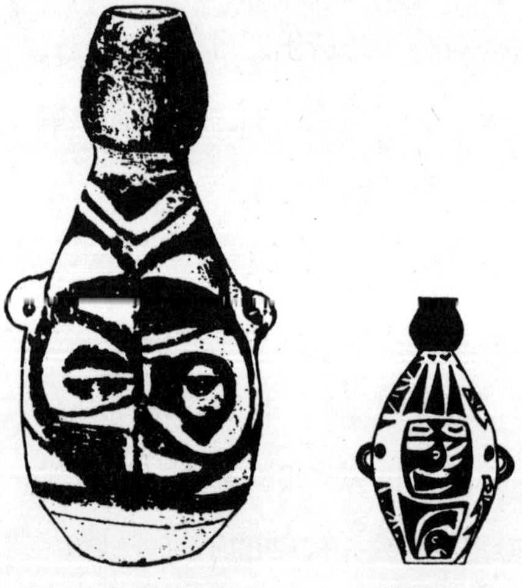

图 32　西安半坡遗址出土葫芦形陶器

[1] 小南一郎：《壶形的宇宙》，日本《东方学报》1989 年，第 61 期；朱丹阳等中译文见《北京师范大学学报》1991 年第 2 期。

[2] 参看桥口达也：《瓮棺——以制作技术为中心的诸问题》，日本考古学研究会：《考古研究》第 40 卷 3 号，1993 年 12 月，第 10—29 页。

数民族中亦有不少报道。尤其在台湾的一些少数民族社会中最为流行，今有学者干脆使用“拜壶民族”这样的称呼来强调其传统礼俗的特征。[1]在排湾人、鲁凯人的日常生活中，陶壶按照其不同的来源而分为实用性的和非实用性的两类。非实用性之壶乃是祖传之宝，用于婚聘或馈赠之礼，世世代代供奉在屋内最里面的架子上，首领和贵族还可以拥有陶壶之多寡来象征其权力、财富或地位，让人联想到上古社会中的鼎器。西拉雅人的陶壶被公认为是“阿立祖”灵的化身，放置在公庙中供祭祀用，这就给《诗经》中“献庐皇祖”的说法提供了实物的旁证。排湾人还有神话说到人祖的由来——太初时太阳和陶壶结婚生下一女性的蛋，由此繁衍出人祖。[2]我们从古文字学者关于“古代之壶则极类葫芦”[3]的判断出发，可以推知“壶生人”之神话与“葫芦生人”的神话当属于同一种象征类型。将人祖溯源于壶或瓠，文献中可见的早期实例可举出《搜神记》卷三与《后汉书·南蛮西南夷列传》中所述犬戎之国的祖先盘瓠。由盘瓠这个象征性名号中又可引出一系列相关的母题。如常任侠先生云：“伏羲一名，古无定书，或作伏戏、庖牺、宓羲、虙牺，同声俱可相假。伏羲与盘瓠为双声。伏羲、庖牺、盘古、盘瓠，声训可通，殆属一词。无间汉苗，俱自承为盘古之后，两者神话，盖同出于一源也。”[4]除了上举诸位古神之名皆有同源于葫芦的嫌疑之外，作为炎黄子孙共祖的轩辕黄帝，近来也被列入了同一个葫芦谱系。庞朴先生推测说：“可以想见创世神话中的葫芦，或亦与混沌同源：浑沦—葫芦—槃瓠—盘古，走的是民俗学的道路，混（沌）—（帝）鸿—黄（帝），走的是历史学的道路。《淮南子·说林》中，有‘黄帝生阴阳’之说，此阴阳指男女二性，为黄帝制器故事中的特例；注者皆不解其所以。如果相信混沌就是葫芦，则黄帝生阴阳，也就是葫芦里

[1] 参看石万寿：《台湾的拜壶民族》，台北：台原出版社 1990 年版。
[2] 任先民：《台湾排湾族的古陶壶》，台北，“中央研究院”《民族学研究所集刊》1960 年第 9 期，第 210 页。
[3]《金文诂林》第 12 册，香港中文大学出版，第 6107 页，引高鸿缙《字例》语。
[4] 常任侠：《沙坪坝出土之石棺画像研究》，《说文月刊》1941 年第 2 卷，第 10、11 期合刊。

剖出一对男女来的故事而已，何不解之有？”[1] 笔者曾依据太阳创世主的神话类型把“黄帝生阴阳”与“黄帝四面”之说同“太极—两仪—四象”的创生程式联系起来解释，将黄帝还原为“光帝”即太阳神。[2] 这里尚可补充太阳与葫芦作为生命之源的象征对应关系的材料。除了前引排湾人人祖诞生神话外，在葫芦的原产地非洲，葫芦也是“西非多贡人心目中女性和太阳的象征……葫芦是太阳的模型——陶罐的代用品，周围缠上八圈螺旋形的红铜线，代表阳光、圣言、水、精液以及授胎的原理。神话中的公羊是太阳的长子，在两只角的中间挂着一个漆成红色的葫芦，这正是太阳的模型。代表‘水—土’本原的公羊，用额头上竖起的阳具使葫芦受孕。水神诺莫，多贡人宇宙起源论中伟大的造物主，有时就是化成葫芦来到人间的。与葫芦同科的植物都和空间、区域以及贸易有关；葫芦是个体的整体形象，也是世界的整体形象。”[3] 这里提到西非多贡人观念中葫芦的双重象征——人之整体与世界之整体，正可说明它为什么同时充当了宇宙起源和人祖起源的共同始基。而太阳神在神话思维中也是作为生命力源头而兼职这两重角色的。由此来看，黄帝与混沌的认同似乎丝毫也不辱没其华夏人文初祖的身份，反而更进一步表明了神话思维自身的象征逻辑：当初民们用日常经验中的母体胎孕现象去类比解释世界整体的由来难题时，“葫芦胎”的意象自然成为首选的对象之一；而当类比的经验依据是所谓“卵生”型现象时，则又有宇宙卵一类的放大式联想。按照神话类比的可逆性原则，人类也可被说成是由太阳、葫芦、卵中生出来的。排湾人一则神话说：在太古时，太阳由天降下成两个蛋至地面，其中一个成为男人，另一个成为女人，是为山地人的原祖。[4] 比这稍复杂一些的卵生人

[1] 庞朴：《黄帝与混沌——中华文明的起点》，《一分为三》，海天出版社 1995 年版，第 24 页；参看何新：《诸神的起源》，第 14 章。

[2] 参看叶舒宪：《中国神话哲学》，第 6 章。

[3] 让・谢瓦利埃等编：《世界文化象征辞典》，中译本，湖南文艺出版社 1994 年版，第 345 页。

[4] 尹建中编：《台湾山胞各族传统神话故事与传说文献编纂研究》，《台湾大学考古人类学专刊》第20种，1994年，第119页。

神话，我们在“玄鸟生商”的故事中早已熟悉了。

鉴于中国上古流传下来的神祖与人祖都与葫芦表象多少有些牵连，而且《诗经·大雅·绵》也有“绵绵瓜瓞，民之初生”的古老信念，近有学者提出“中华葫芦文化”的概念，并将其源头追溯到彝族的葫芦崇拜。刘尧汉先生发表了《中华民族的原始葫芦文化》《中国文明源头新探》等系列论著，首倡这一观点，并主编“彝族文化研究丛书”，试图从多方面论证彝族文化为道家思想乃至整个中国文明的源头。丛书中直接涉及葫芦主题的就有刘小幸《母体崇拜——彝族祖灵葫芦溯源》、普珍《中华创世葫芦》《道家混沌哲学与彝族创世神话》等多种，取得了可喜的业绩，发掘出丰富的田野作业资料。这种用民族学视野同传统文史考据研究相结合互证的做法，这种以夷证夏的大胆思路，无疑体现了这个时代的治学新风尚，其影响远播海内外，也就是情理之中的事了。美国汉学家梅维恒教授1995年新撰《中国南方葫芦神话及其在道家的应用》[1]一文，便充分肯定了上述研究成果，并做了进一步的发挥，认为十多个少数民族都有神话说自己是葫芦传人，而从地理分布上可确认这些民族均处在南方的非汉族（non-Sinitic peoples）地区。汉语中对葫芦的

图33　彝族祖灵葫芦
云南新平彝户墓碑上雕刻葫芦（采自普珍）

[1]Victor Henry Mair：*Southern Bottle-gourd Myths in China and Their Appropriation by Taoism*，台北，汉学研究中心“中国神话与传说学术研讨会”论文，1995年4月宣读，于1996年正式出版。

多种称呼和异体写法似乎表明这是一个外来词，在不同时期不同地区有不同译名。道家和道教文献与传说中对葫芦的偏爱乃是接受了南方非汉族影响的结果。

对于上述观点，笔者以为尚有待进一步的研究，目前还没有充分的证据对此做出令人信服的证明。植物学家认为，葫芦的原产地在非洲，前引非洲神话观也表明了葫芦创世与生人的信念具有相当的普遍性，并非中国所独有。因此“中华葫芦文化”的说法要有必要的限制性说明，才能避免作茧自缚、画地为牢之嫌。至于中国境内的葫芦神话的分布情况偏重在南方少数民族，这只是就其现状而言。南方少数民族的由来和族源等问题相当复杂错综，现今的研究水平远未到盖棺论定的时候。这样，笼统地说葫芦神话从南方传入中原就略显轻率；再把彝族或其他少数民族现在的主要居住地同一百七十万年前的“元谋猿人”联系在一起，就更显得大胆假设有余而小心求证不足了。我们很愿意承认中华文明的形成是融合了南来北往的多种文化成分的，但要证明浙江余姚河姆渡文化出土的七千年前的葫芦[1]与彝族或其他西南少数民族的葫芦文化有什么事实上的联系，或者半坡遗址中六千余年前的瓠状陶器是否曾受南方文化影响，恐怕都是相当困难的。有鉴于此，笔者对道家文本中葫芦母题的文化分析更侧重形态学意义上的结构与功能方面，而对其来源的具体地域或民族的指认则采取保留态度。

六、“壹其性”与壶中世界

《庄子》的现有文本中并未直接出现葫芦生人或祖灵葫芦的神话与祭仪主题，但在《艺文类聚》卷八十七《果部》下所引庄子佚文却有“朽瓜化为鱼，

[1] 参看游修龄：《葫芦的家世——从河姆渡出土的葫芦种子谈起》，《文物》1977年第8期。

物之变”[1]的说法，显然承袭着远古的变形神话母题，反映着生命通过改换形态而更新、延续的原始信仰。这也同汉族及诸少数民族的瓜生人、瓜生物故事同出一种信仰之源。如侗族的《人类起源歌》中雷公之牙变为大北瓜；黎族的《南瓜的故事》中神秘的南瓜成为兄妹避洪水之挪亚方舟；傣族的《丹秀》中主人公丹秀名字意味着绿瓜，他可在人与瓜之间往复变形；西盟佤族有“西岗里”传说，这个词意为葫芦瓜，传说从一个名叫西岗里的岩洞中先后生出佤、汉、拉祜、傣各族之人。[2]前文讲到瓜瓠在神话思维中具有象征母体与世界整体的双重蕴含，这后一种蕴含自然引发了后人关于“壶里乾坤”或“瓠中世界”的再创造性想象，为神仙的超越境界提供了表现原型。从原始的神话描述看，在天地分离之前的时代被表现得并不是那样美好，那时最突出的特征是一团黑暗笼罩，因为瓠瓜或容器之内的封闭空间是没有光线的。加罗人（Garo）的一个神话说，整个世界被一个又大又深的罐子罩在下面，大地一片荒凉，没有光明，没有生命，根本不适合人类居住。[3]但是在道家思想的改制之后，混沌时代被奉为理想的极乐时期，不仅由于那时的生命原力最健全旺盛，而且那种在“混芒”之中的状态最符合自然与无为的准则。庄子一再夸耀的真人、至人，便充分体现着鸿蒙未凿之前的壶中世界的生命原则。

取象于壶的大写“壹”字不见于《老子》，却两次出现在《庄子》之中，如《达生》篇关尹向列子讲述至人的特性时便使用了这个“壹”字：

子列子问关尹曰：“至人潜行不窒，蹈火不热，行乎万物之上而不栗。请问何以至于此？”

[1] 欧阳询撰，汪绍楹校：《艺文类聚》，上海古籍出版社 1965 年版，第 1504 页。

[2] 参看尼嘎（魏德明）：《西岗里神话——传感神话的典型》，台北，汉学研究中心，“中国神话与传说学术研讨会”论文，1995 年 4 月宣读，于 1996 年正式出版。

[3] 沼泽喜市：《天地分离神话的文化历史背景》，阿兰·邓迪斯编：《西方神话学论文选》，朝金戈等译，上海文艺出版社 1994 年版，第 248 页。

关尹曰："是纯气之守也，非知巧果敢之列。居，予语女！凡有貌象声色者，皆物也，物与物何以相远？夫奚足以至乎先？是色而已。则物之造乎不形而止乎无所化，夫得是而穷之者，物焉得而止焉！彼将处乎不淫之度，而藏乎无端之纪，游乎万物之所终始，壹其性，养其气，合其德，以通乎物之所造。夫若是者，其天守全，其神无郤，物奚自入焉！[1]

关尹在《天下》篇与老子并列为道家学说的鼻祖，在这里又成为传授混沌——葫芦哲学的传道授业解惑者，为列子消除了疑窦，树立起修炼成真的至人榜样。他所说的这段话看似玄虚而不着边际，但会心者自能体会什么叫"游乎万物之所终始"和"通乎物之所造"。那分明在暗示天地未开、乾坤未奠之前的创世之初。至人能够守住"纯气"，自然和创生之始的原初生命力息息相通，这是他能够不惧水火之害并且超然于被造的万物之上的关键。所谓"壹其性"，当然要同"养其气，合其德"联系起来理解。关于中国文化中的"气"概念，美国学者刘达从西方文化的相异立场去看，便不难发现其特殊性：

"气"是一种充满体内甚至人体周围空间的生命活力，一种支持人体运动和所有日常活动的活力。……必须指出，自古以来中国人所说的"呼吸"这一概念，不仅指肺部呼吸空气，而且包括从人体细胞中吐故纳新的循环系统的功能，在西方直到近代才出现对呼吸过程的类似理解。中国人倾向于用精神术语描述呼吸过程，他们运用"气"的概念，可能是部分地出于这一认识：人们在日常生活中显示出来的精力，是精神和肉体因素的作用。[2]

[1]《庄子集释》，第633—634页。
[2] 刘达：《道与中国文化》，刘泰山等译，广西人民出版社1990年版，第76页。

刘达的这一解释尚缺少一个所以然的层面：气作为生命活力，其源头在于创世之初的鸿蒙元气。改换用宗教学的眼光看，气和血都是灵魂的住所和媒介。“守纯气”和“养其气”就能“合其德”，也就是与天地万物共享生命本源之力，使魂魄不消不散的意思。成语中“魂飞魄散”本指生命原力的流失，当是“壹其性”的反面。徐锴《说文系传》解说“壹”从壶的造字理由极有见地：“从壶，取其不泄也。”壶即葫芦（瓠）之中闭而不泄的东西，当然是浑然一体的元极之气了。《应帝王》篇的中央之帝浑沌不正是由于开窍之后散失了真元之气而丧生的吗？那浑敦无面目无孔窍的原生状态不也恰如瓠瓜未剖之闭而“不泄”吗？难怪老庄都要倡导“塞其兑，闭其门”的反开窍战略，以确保生命原力之“不泄”。此种闭与塞的养生原则，或称“守其一”，或称“壹其性”，名目不同，实质未变，或可叫作“壶其性”，更容易理解一些。《后汉书·南蛮西南夷列传》中有个壶生人故事，便将哀牢夷的葫芦母亲称作“沙壹”。王先谦《集解》引惠栋曰：“壹，《华阳国志》作壶。”[1] 这位沙壶不经过通常的两性交合就能独自感生出“男十人”，可知其生育力之旺盛。《应帝王》篇中庄子特意为列子虚构出一位道行高深莫测的老师，并且取名叫“壶子”，看来绝非偶然，或可视为“壹其性”的最佳楷模（详后）。

近年考古学方面的一些发现对于理解道家“塞闭”之术颇有助益。1968年在河北满城县的陵山上发现了开凿于岩石之中的人型墓穴，根据墓中出土铜器铭文中有“中山府”等字样，确认为西汉中期的中山靖王刘胜（汉景帝刘启之子）及其妻窦绾之墓。刘胜死于武帝元鼎四年（前113），在位42年，其墓经过精心设计，为略呈葫芦状的大型洞室墓，与战国和西汉初期常见的长方形木椁墓（如长沙马王堆1号、2号、3号墓）风格迥异。刘胜墓全长

[1] 王先谦：《后汉书集解》，中华书局影印虚受堂刊本，1984年，第997页。

51米，最宽处37米，最高处6.8米，容积约为2700立方米；窦绾墓长50米，最宽处65米，最高处7.9米，容积达3000立方米，简直像在营造一个全封闭而宽敞的壶中世界。其“塞兑闭门”之术更具匠心：刘胜墓以土坯封门；窦绾墓以砖封门，在砖墙、土坯墙之间又浇铸铁水，铸成名副其实的铜墙铁壁，让两千年后的发掘者叹为观止。[1] 墓室中随葬器物十分丰盛，如刘胜墓甬道和耳室中共置实用的车6辆，马16匹，11只狗和1只鹿；各种陶器中分别装着酒、粮食、鱼类等，似乎要让死者在这壶中世界中依旧享受花天酒地、山珍海味的生活。最令人惊讶的莫过于镶玉漆棺之内、尸身之外的“金缕玉衣”了。刘胜的玉衣全长1.88米，由2498块玉片用金丝编缀而成，从头到脚把人体团团封闭起来，如头部有脸盖和头罩（窦绾的玉衣头罩两侧还造出两个圆形的耳罩），手脚各有左右分开的手套和鞋，就连生殖器处也有特制的玉罩。这样完整成套的金缕玉衣在我国还是首次发现，它的特殊形制已向我们的认知能力发出挑战。好奇者都不免发问：用金玉其外的方式把尸体封住的动机是什么呢？

《老子》第九章曾有“金玉满堂，莫之能守”的感叹，告诫那些聚敛钱财的达官贵人：“富贵而骄，自遗其咎。”[2] 谁料到西汉年代的这位诸侯王连同他的妻子却都奢望用“金玉满身”（刘胜玉衣所用金丝重约1100克，窦绾玉衣金丝重约700克）的方式守住其身体永不衰朽，结果还是“莫之能守”，两具尸体均已腐败无存。据玉衣某些玉片背面残存的编号数字推测，玉衣的制作可能使用了人体模型，先在模型上画出纵横的行格，然后逐格编号，制作玉片，根据人体各部位的形态，设计出数以千计的不同形状的玉片。有些玉片背面残存玉璧花纹，而生殖器罩则显然是利用一件工琮改制而成的。[3]

---

[1] 参看中国社科院考古所、河北省文物管理局：《满城汉墓发掘报告》，文物出版社1980年版。

[2] 朱谦之：《老子校释》，中华书局1984年版，第35页。

[3]《满城汉墓发掘报告》附录一《满城汉墓“金缕玉衣”的清理和复原》；又见《考古》1972年第2期。

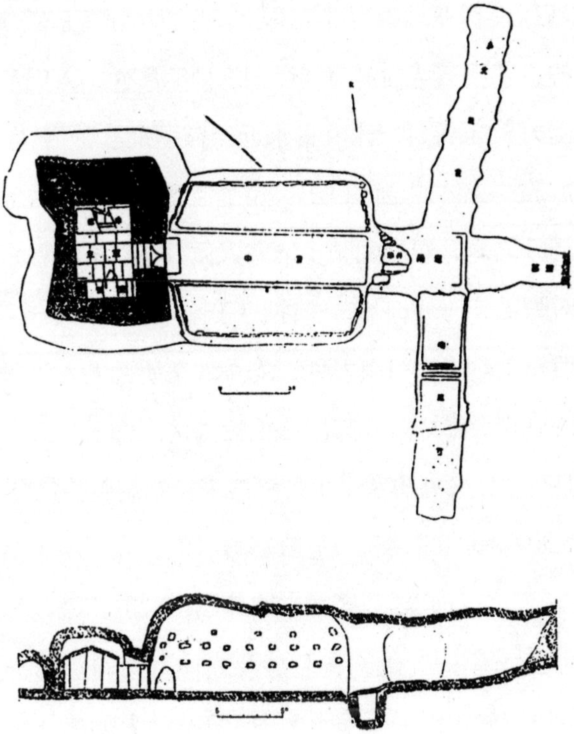

图34 西汉刘胜墓平、剖面图
（河北满城陵山出土）

这些情况表明，玉衣制作者为了完成这件足以包裹全身的珍贵葬具，在玉片原料并不充足的情况下设法采取了必要的弥补措施，改造利用了一些成品玉器，可谓用心良苦。在此种奇特现象背后隐含的观念更值得研究者关注。之所以要想方设法将尸身所有部位全都罩住，显然是对死后的生命有所期望，并未将尸体视为生命的终结。丧葬人类学的材料表明，人类各文化中所发展出的各式各样保存尸体的方法，大体上出于相似的动机，即唯有让尸体不朽才能保证生命长存。还魂的信仰和各类招魂习俗为此提供了旁证。

英国汉学家鲁惟一尝试用中国古代“魂魄”二分的观念来解说汉代葬俗：“有的人主张服用不死之药，和寻求取得这种灵丹妙药之道。另一些人设法使死人复生，以期延长在人世的时期。更有一些人尽量试图使肉体保持不朽，这样魂魄就能自在地附着在肉体上。”[1]中山靖王墓的壶形宇宙显然是为了后一目的：“玉被认为具有神奇和永恒的属性，人们希望通过让尸体穿上一件精心量好的玉衣，尸体就将永远保存下来。”[2]鲁惟一似乎未能注意到，魄的保留需要身体的全面封闭，除了包裹全身的金缕玉衣之外，还仿效老庄的塞兑闭门之术，专门配制了堵塞人体九窍的玉器：计有一对耳塞，一对鼻塞，一对眼盖，一片口唅，一件肛门塞，一件阳具套（刘胜墓）或一件阴道塞（窦绾墓）。夫妇各有九件，均发现在所用的人体各器官处，将尸体上所有明显的孔窍全部堵死。其用心恰恰与《应帝王》篇儵与忽二帝的开凿行为相反，似乎要让死者重新恢复到浑沌未凿的葫芦胎状态。

从现有出土资料看，完整的九窍盖塞器以刘胜夫妇墓中出土的为最早，好像只在汉代流行。或许同独尊儒术之前黄老学说的广泛流行有一定关系。在现有的道家一系文献中，确实多有涉及人体九窍的记载。《庄子》说到“七窍”专指耳目口鼻，仅《应帝王》中一次，大约是为了配合凿七日的程序和内七篇的篇数；而说到“九窍”则有三次。《齐物论》谈到人体中若有真宰、真君的一段说：“百骸、九窍、六脏，赅而存焉，吾谁与为亲？”成玄英疏：“百骸，百骨节也。九窍，谓眼耳鼻舌口及下二漏也。”[3]与满城汉墓之九窍玉器相合。《经典释文》又云身别有九脏气，分天地人：天以候头角之气，人候耳目之气，地候口齿之气。三部各有天地人，三三而九，神脏五，形脏四，故九。《达生》篇专论全精、养神、守气之用，篇末扁子对孙休一段教训亦提到“九窍”；还有《知北游》篇老聃为孔子讲道，说“九窍者胎生，八窍者卵生，其来无迹，其往无崖”。成疏云：“人兽九窍而胎生，禽鱼八窍而卵生。”[4]《管子·心术上》：“九窍之有职，官之分也。”

[1] 崔瑞德、鲁惟一编：《剑桥中国秦汉史》，杨品泉等译，中国社会科学出版社 1992 年版，第 768 页。
[2] 崔瑞德、鲁惟一编：《剑桥中国秦汉史》，杨品泉等译，中国社会科学出版社 1992 年版，第 772 页。
[3]《庄子集释》，第 57 页。又：佛家语亦称九窍为九漏。
[4]《庄子集释》，第 742 页。

《太玄经·太玄数》还以神秘数字附会九窍之说："九窍：一六为前为耳，二七为目，三八为鼻，四九为口，五五为后。"《周礼·天官·疾医》"两之以九窍之变"句注："阳窍七，阴窍二。"这是把人头部外露的七窍视为阳窍，把下体不见阳光的二窍视为阴窍。

从传统医学的立场看，九窍既然是人兽躯体共有的天然孔窍，分别行使着吐故纳新的生理功能，自然应当以畅通无碍为好。宋玉《高唐赋》篇末有句云："九窍通郁，精神察滞，延年益寿千万岁。"李善注："《文子》曰：九窍者，精神之户牖；气者，五脏之使候。《吕氏春秋》曰：凡人，九窍五脏，恶之，精气郁。高诱曰：郁滞不通也。"[1] 这种九窍通畅可使精神不郁结从而健身延寿的观念当是普通人的流行见解。故《齐物论》成玄英疏亦讲到九窍宜"通"的自然功能：体骨在外，脏腑在内，窍通内外。备此三事以成一身。[2] 然而，老庄的立场与此流俗之见明显不同，从老子的塞闭之说到庄子的浑沌开窍而死之寓言，都在昭示一种宁肯封闭不通也不愿泄漏精气的身体观，或曰"守其一"，或曰"壹其性"，旨在保守生来所禀之真元之气——一种与创世本源相联系的生命能量，把个人之躯体修炼为"不泄"之壶体。如果有人怀疑关闭九窍之人如何能够视听食息以维持生命，那么老子已经告诉我们"五色令人目盲，五音令人耳聋"的道理，这无异于为闭目塞听的实践提供了反向证据；而庄子也告诉我们"不食五谷，吸风饮露"的生存方式不仅是可能的，而且比之满足口腹之欲的生存方式更高级也更理想。他还告诉我们呼吸未必依赖九窍，理想的真人呼吸法完全是通过脚后跟。《释文》诠释《大宗师》"真人之息以踵"句引家世父曰：

存息于无息之地，而后纳之深，泊然寂然，无出无入，无往无来，郁怒

[1]《文选》卷一九，中华书局，影印胡克家刻本，1977 年，第 267 页。
[2]《庄子集释》，第 57 页。《素问·玉机真脏论》讲到脾气不足，"则令人九窍不通"，亦以为病。

之所不能结，耆欲之所不能加，百骸九窍六脏，一不与为灌输，而退而寄之于踵，乃以养息于深微博厚而寓诸无究。[1]

这一类描述听起来几近神话，但老庄讲起来却十分认真，因为他们确实相信在常人的生理秩序之外还有更神秘、更高超的生命境界。如果不“堕肢体，黜聪明，离形去知，同于大通”[2]，彻底打破常态的生理秩序，则无由接近那高超的生命体验。而塞闭所有的孔窍，无异于从感官上与常态世界主动隔离的有效手段。故《大宗师》描绘古之真人又有“连乎其似好闭也”一说，成疏云：“连，长也。圣德遐长，连绵难测。心知路绝，孰见其门，昏默音声，似如关闭，不闻见人也。”[3]这种与外界隔绝的自我关闭之方正可引为“壹其性”的脚注。

活人既然需要如此的塞闭训练，那么死人要保其尸身不朽，当然也要靠相应的措施。从汉墓中所见的九窍塞盖之术到东晋葛洪《抱朴子》中所总结的“金玉在九窍，则死人为不朽”之说，约略可见道家的特有身体观一脉相续的大致线索吧。

小南一郎还敏锐地注意到从祖灵信仰到神仙信仰之间壶的意象所起到的重要作用大约也在魏晋以降。如《史记·封禅书》中有东海三神山蓬莱、方丈、瀛洲。在《列子》中方丈改称“方壶”，六朝的《王子年拾遗记》卷一中，三神山已均加改壶字，成为方壶、蓬壶、瀛壶。与此相应，在自三国至西晋时期的江南墓葬中普遍出现了具有东吴文化特点的陪葬品——神亭壶。其远源或者上溯到松泽文化出土的葫芦瓶，属于南方壶文化在神仙思想刺激之下衍生出的新形式。其最精美的制作为五联罐形的陶壶，顶部有人形或建筑物

[1] 见《庄子集释》，第228页。
[2] 见《庄子集释》，第284页。
[3] 见《庄子集释》，第238页。

堆塑。从宗教学或民俗学视点看又叫“魂瓶”，是江南豪族专用于葬仪的。[1]从功能上看，如果把用九窍塞封闭尸体的努力看成是为死者守住“魄”的尝试，那么神亭壶在墓穴中的作用则是招引亡魂通向祖灵世界的中介渠道。《晋书·礼志上》讲到祭器采用陶匏的原因正是“事返其始”，彝族至今流行的人死魂归葫芦的信念更可引作活化石的证明。

现今彝族家堂中不仅仍然供奉着祖灵葫芦，墓碑上雕刻着祖灵葫芦，相当于埃及《亡灵书》的彝族《指路经》中还具体描绘了魂归壶天的景象。如滇东罗平《指路经》中写道：“……寿终要归祖，回归祖先地，先妣在那里。祭上五谷粮，献上玉颇勒（彝语‘玉颇勒’即葫芦），带着到阴间。……明月高空照，星星在闪烁，阴世多美丽。如今你过世，设灵来祭你，送你回阴世。不论老或少，不论男或女，死后都归天。虽然身亡故，人魂却长存。”[2]看到人死后的壶中世界如此美丽温馨，不难理会神仙理想为何要如此偏爱壶与葫芦，而丧葬礼俗中大量用壶或壶形意象的初衷，亦可借此民族学的参照材料而获得洞察的线索吧。小南一郎曾对马王堆汉墓出土的帛画（非衣）试

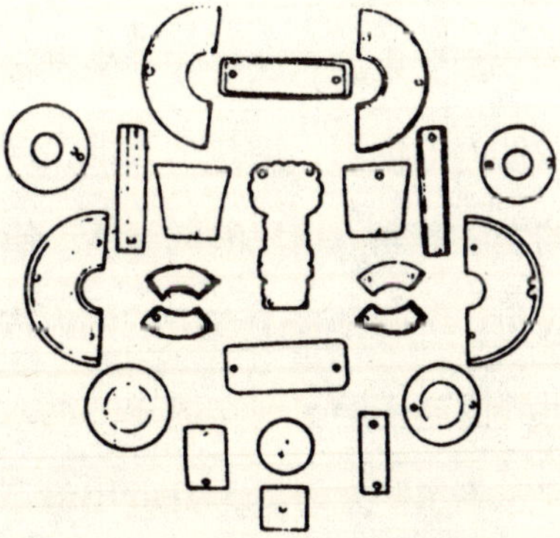

图 35　徐州子房山汉墓出土缀玉面罩
共由二十三片玉掩盖死者面部七窍

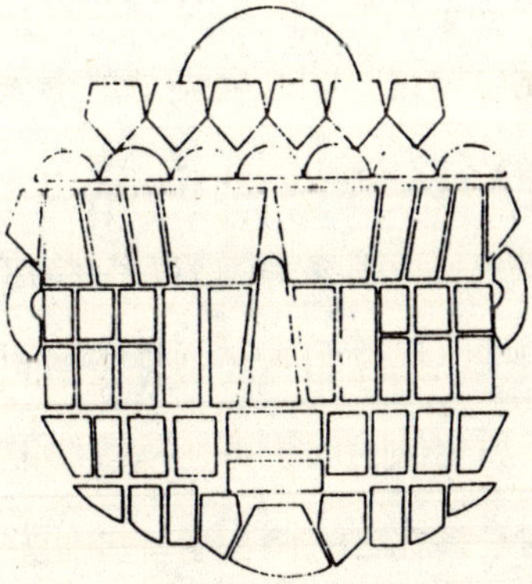

图 36　拖龙山汉墓出土玉头套前片结构图

[1] 小南一郎：《神亭壶与东吴文化》，京都大学，人文科学研究所《东方学报》第 65 册，1993 年 3 月，第 223—312 页。

[2]《指路经》，转引自普珍《中华创世葫芦》，云南人民出版社 1993 年版，第 122 页。

做这类的解释："整个画面由天上、现世、地下三界构成，描绘出死者欲从现世升入天上世界的景观。分布于现世和地界左右的龙，构成一幅壶形的宇宙，死者从壶颈脱离现世升上天界。"相形之下，满城汉墓试图在岩石中营造出一个壶形宇宙的意愿是否更加彰显了呢？推而广之，古代墓葬中常见的那种穹隆式墓穴，日月交辉的彩色壁画和雍容华丽的仕女图等，岂不是为死者准备的理想化彼岸世界，将传说中缥缈的壶山仙境用人为的设计对象化到地下墓穴之中？

这样理解之后，永生思想如何借神仙幻境的想象在传统文化中催生出变地狱为天堂的墓葬实践，就显得清晰可见了。文献中僵死的文字经过地下发掘实物和民族学、民俗学实物的相互参证，足以缩小今人与古人的实际距离，使跨越时空的破译和重构成为可能。有了壶之原型的文化巡礼，回过头来再看庄子关于"有一而未形"的创生论与"守其一""一志""壹其性"的人格论之关系，我们已经具备了贯通理解的前提。曹雪芹在跛足道人的《好了歌》中告诫人们："世人都晓神仙好，唯有功名忘不了！"当然还有"金银""娇妻"和"儿孙"等世间留恋之事。庄子用驭繁于简的"一"来教人们忘掉这一切，用壶子这个人格化的"壹"来演示此种守一坐忘之术，后世道教徒对此心领神会，常用一壶来做仙人的标志，把整个天地宇宙都收束到壶中。《周易参同契》又将这外在的壶还原到人自己的肉身："修丹者法天象地，反身而求，则身中自有一壶天也。"此种身中壶天的伟大构想终于把死后化仙的理想寄托从缥缈的坟墓世界重新还给了现实世界的活人，从而以内丹修炼之法调和了"神仙好"与"忘不了"之矛盾，开辟出最富有中国特色的宗教实践之路。

在考虑身中壶天或人体鼎炉一类奇妙构想时，自然不应忘了庄生"天地与我并生"的名言和"壹其性"的教诲，以及老子那"圣人抱一为天下式"的古训。

七、“一分为二”的原型

作为哲学范畴的“一”与“二”密切相关。葫芦原型为“一”与“二”的关系奠定了形而下的基础。近有学者提出，中国古代哲学中有关“一分为二”的思想的成立，是由于受到庄子的启发。理由在于，“天地万物千差万别，成与毁等都具矛盾对峙的含义。即使是种种怪异现象，亦具有统一性，道便是天地万物的统一性。可贵的是，庄子把一这个范畴与分相联系，这就启迪了后来一二范畴与分合范畴的结合，即一分而为二，二合而为一的思想”。[1]这一说法从文献学史的立场看或许是无可挑剔的。不过假若我们还记得本章开端引用弗莱的见解——“俄狄浦斯情结”概念并非弗洛伊德个人发明，而是神话给予心理学的启示，那么按照同样道理，一二范畴的分合关系也由神话表象预先昭示给哲人了。

人类现有的计数进位制五花八门，有七进位、十进位、十二进位、二十进位，等等。从发生历程上看，所有这些进位制都是后起的，或者说是在较发达的数概念形成以后的产物。要说人类最原始的进位制为何，那只有二进位制才是名副其实的鼻祖吧。除了上古《易》经的二进制卦象以外，还可以举出许多建立在最原始的数概念上的二进制例子，就连现代人列队操练时喊的口令“一二一”，也是这种原初简朴的进位制的一种活化石呢。

为什么“二”能成为基数，过了“二”就又回到“一”呢？其实，人类真正开始有数的观念正是以“二”的诞生为标志的。按照语言学与符号学的意义通则，一个符号的意义只存在于它同其他符号的关系之中。“大”的概念是相对“小”而言的，“热”是相对“冷”而言的，“有”是相对“无”

[1] 张立文：《中国哲学范畴发展史·天道篇》，中国人民大学出版社1988年版，第504—505页。

而言的，如老子所说，“是故高下相倾，音声相和，前后相随”，少了其中的一个，另一个也就不成立了。数的概念也是如此，只有“一”一个数，那就不成其为数了，唯有“二”产生以后，数的概念才开始从“一”“二”两数的关系中建立起来，成为最古朴的数字观念和计数体系，二进制，说穿了，乃是此种原初计数体系的遗留物。在“三”的概念成立并加入计数体系之中来以前的相当时期里，可以说唯一通行的进位制就是二进制。

从常理上推测，事物的发展总是遵循着从简单到复杂的规律。“二”这个数字的出现当然是以“一”为基础和前提的，所以老子才有那传播千古的数字创生论的命题“道生一，一生二”吧。然而，若从以上所说的语义相对性原则判断，没有“二”，也就无所谓“一”，应该说人类的数概念是在有了“一”与“二”的相对性之后才正式诞生的。果真如此，又该怎样理解“一生二”的真实性呢？“一”既然只有相对于“二”才能成立，这两个数字的关系就应当是孪生兄弟的关系，而不是母“生”子的关系。这样看来，“一生二”岂不成了老子信口编出来的戏言了吗？

图 37　铁拐李肩挑葫芦渡海图

葫芦原型在道教文化中的再现：八仙之一铁拐李肩挑葫芦骑游龙渡海（采自梅维恒）

关于“一”如何生育出“二”的问题，古人看得比较通达，曾对老子的话做出过多种解释，当今学者也还在继续做新的解释，下面便是几个例子。

《吕氏春秋·大乐篇》说：“太一出两仪，两仪出阴阳。”这是用哲学语汇讲述“一生二”的所以然。其所根据的出处是《易·系辞》中的“易有太极，是生两仪”。《淮南子·天文训》也说：“一而不生，故分而为阴阳，阴阳合和万物生。故曰一生二，二生三，三生万物。”这是用“一分为阴阳”来解说“一生二”。据此，数字“二”是对以阴阳为范畴的事物对立统一规律的概括。朱熹又将这一规律叫作“一生两”，强调每一事物都可分为阴阳两个相对的方面。《朱子语类》卷六十五云：

每个便生两个。就一个阳上，又生一个阳，一个阴。就一个阴上，又生一个阴，一个阳。

这倒有些像分子裂变的无穷序列了。上古著名的医书《黄帝内经》也发挥了阴阳对立统一的道理，其《素问·阴阳离合论》一篇中说：“阴阳者，数之可十，推之可百，数之可万，万之大不可胜数，然其要一也。”[1] 这就把阴阳（二）的对立统一视为宇宙万物的普遍大法，也等于把“一”和“二”的相对关系视为一切数字的发生源头。注云“一谓离合也”，尤其精当。

把“一分阴阳”作为对“一生二”的理性阐释并不为错，但这还不能说是真正溯本求源的解释。因为在抽象化的“阴阳”范畴背后，一定还有数字“二”的形而下的表象。这是两个什么表象呢？隋杨上善撰注《黄帝内经·太素》有确切的回答：

一分为二，谓天地也。

原来古今哲学流行的说法“一分为二”也是借用的古老成语，脱胎于神秘数字的创生序列。“一分为二”既说明了“一生二”的真相，也说明了“太

[1]《黄帝内经·素问》卷二，“二十二子”本，上海古籍出版社 1986 年版，第 883 页。

极生两仪”的秘密。所分出来的“二”本指天和地从混沌一团中分化和独立的结果。这就在道家和《周易》的数理公式背后寻找出了抽象之前的神话表象，暗示出“一生二”命题所概括的创世神话的重要信息。

高亨先生《老子正诂》发挥说，一二三都是取代了实物的虚数。一代表天地未分之元素，二代表天地，三代表阴气阳气相合后产生的和气。《礼记·礼运》：“礼必本于太一，分而为天地，转而为阴阳。”这类说法可以说同样是把讲述开天辟地的宇宙发生神话改变为论述性语言而已。真正原始的神话语言既不是“一生二”，也不是“一分为二”，而是葫芦瓜剖判！

一个圆滚滚的葫芦若从中间一刀剖开分成两半儿，那不就变成两只瓢了吗？这具体的景象给任何人都会从直观上留下“一分为二”的印象。也许类似的直观表象对于种瓠为食的农耕民族太普遍也太强烈了，初民们在编造世界起源的神话故事时总不免要借用这葫芦剖判的原型表象。我们已经明白汉字“壹”的造字结构本取象于一颗大葫芦，这样就不难理解数字“二”为什么同神话中的剖判母题难解难分了。

“剖”和“判”本为一对同义词。《说文解字》释“剖”字云：判也，从刀杏声。《广雅·释诂》：“剖，分也。”更确切地说，“剖”指从中间分开为两半，就像人们通常切瓜那样。《庄子·逍遥游》中惠子说他有五石之瓠，“剖之以为瓢，则瓠落无所容”。[1]成语中所谓“瓜剖豆分”正是对此类“一分为二”现象的最生动写照。故《玉篇》又云：中分为剖。《左传·襄公十四年》也有“与女（汝）剖分而食之”的话，注云：“中分为剖。”这都确切无疑地指明了“剖判”的本义。《广雅·释诂》干脆把中分的结果视为剖字所指：“剖，半也。”一个葫芦被中分为两半，这本是极常见的经验现象，古人偏偏要用这一表象去图解宇宙开辟之初的非经验现象，所以就有

[1]《庄子集释》，第36页，成玄英疏：“剖，分割之也。”

了讲述“天地剖判”的神话传说，并且世代沿袭成为流行不衰的熟语。《庄子·天下》有“判天地之美”一说。

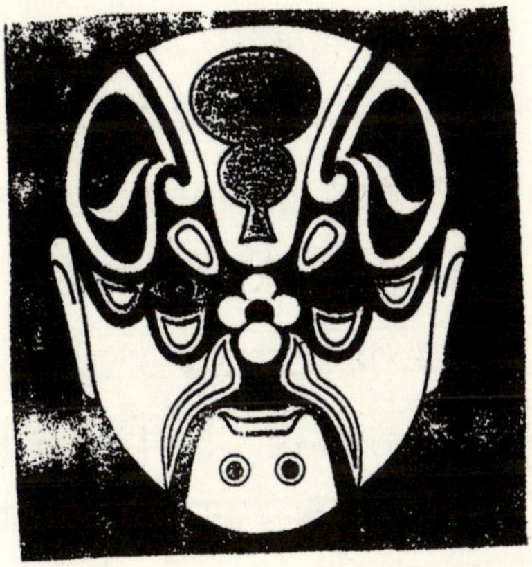

图38　京剧脸谱中的葫芦造型（采自吉拉道特）

《韩非子·解老》中有“自天地之剖判以至于今”[1]的说法，这是将世界的创始形容为天地剖判。《史记·孟子荀卿列传》也说：“天地剖判以来，五德转移。”《汉书·陆贾传》又说：“自天地剖判，未有始也。”《史记·陆贾列传》中也引用了这句话，剖判写作剖泮。此外，还可以将“剖”与“判”分开来使用，构成对文：

成公绥《天地赋》：清浊剖分，玄黄判离。

《淮南子·真训》：天地未剖，阴阳未判，四时未分，万物未生，汪然平静，寂然清澄，莫见其形。[2]

以上这些措辞大同小异，都用未剖判前的状态描摹那无限神秘的“一”。可见一分为二式的剖判说早在先秦两汉之际就已经深入人心，成为民族集体意识中宇宙发生观的常见表达模式了。与天地剖判说相类似的另一种语词模式叫“凿破鸿蒙”，或“开辟溟蒙”，等等。其实这类说法或可视为剖判母题派生出的异名。因为“剖”字本身又有“破”“开”的意思。《广韵》：“剖，破也。”《文选·海赋》李善注：“剖，犹破也。”《荀子·强国》：“剖刑而莫邪已。”注：“剖，开也。”以上语言训诂方面的证据足以说明，中国古代宇宙论认为创世之前的混沌状态是以天地合为一体的有机整体为特

[1] 陈奇猷：《韩非子集释》，上海人民出版社1974年版，第344页。
[2] 刘文典：《淮南鸿烈集解》，中华书局1989年版，第45页。

征的，其物化形象乃是葫芦，其人格化形象则是盘古（盘瓠）、伏羲、女娲，等等。从混沌到世界的创生过程，形象化地叙述为葫芦从中央剖开，亦即所谓天地剖判，阴阳分离。后代相继出现的少数民族神话中，葫芦剖判的母题衍生出大量洪水方舟型的故事，葫芦作为容器成为人类再生的象征。闻一多诸先生对此已做过详尽的探讨，在此就不必赘述了。近来日本的比较神话学家伊藤清司从更广的时空背景上讨论到葫芦母题，他指出，葫芦在七千年以前的浙江河姆渡遗址中就已出土。另外，从六七千年前的陕西半坡遗址中，也发现了葫芦形状的陶器，可见在中国，葫芦文化从古时便发达起来。根据植物栽培学家中尾佐助的论断，葫芦的原产地是非洲西部的尼日尔河流域和印度南部。民俗学家们确实在非洲发现了许多围绕葫芦剖判而展开的人类起源的神话。在那里，葫芦被认为是女性的象征，有些民族则干脆视葫芦为能孕育生养的子宫。伊藤清司引用吉田氏的解释说：

葫芦是女性为主的家庭里不可缺少的东西。小的用来做匙、勺，等等，大的作为贮存像饮料、种子、食物、调料、黄油等等的容器，特别大的葫芦用来收藏如布匹、衣服、宝贝等贵重物品。因此，在非洲，葫芦自然同女性及母性的观念联系在一起，从而产生丰富的联想。另外，被分为两半成为家庭生活中重要容器的葫芦，由于结婚……像割开葫芦一样刺破肉体，这与作为家庭主妇和母亲而在家庭中扮演着重要角色的女人一相比较，两个自然就被一样看待了。[1]

在葫芦的另一个原产地印度，古代文献中也留下了与葫芦联系在一起的开辟传说，美国学者雷蒙德·奥弗编的《太阳之歌——世界各地创世神话》

[1] 伊藤清司：《神话中的性——被视为妇女和母体的葫芦》，陈晓林译，《民间文艺季刊》1987 年第 4 期。

中收录了如下一例印度中部地区穆里亚人的神话：神造出的人类始祖是两个幼小的孩子。当时的世界尚处在混沌大水的无形状态，两孩子无处容身，藏进一个大葫芦，这葫芦像一棵巨大的蔓藤从水中长出，伸到了天上。后来神摘下葫芦，从中放出两个孩子，让他们兄妹结婚，繁衍出后代人类。[1]如果把这则神话用数字来概括的话，应当也是“一生二”的公式吧。未分化的葫芦象征母体和“一”，两个小孩从中获得再生，则象征二从一中诞化出来，这类神话讲述的中心是人的由来，其原型却是讲述世界由来的葫芦剖判创世神话。

汉字中“二”为何又写作“贰”呢？下面略做探讨。吉田氏在分析葫芦与女性类比的原因时指出的“像割开葫芦一样刺破肉体”，是一个意味深长的细节上的相似性。这使人们想起男女之间的交合活动也恰恰同“一分为二”的公式有着数量上的对应。古人把男根视为“一”，相应的把女阴视为被“一”分开的“二”。此种中分活动既可借葫芦的剖判来表示，也可通俗地叫作“破瓜”。另外，与葫芦、瓜等自然物体相比更适合于“剖判”概念的生物是天然生成一分为二形态的海生贝类，即人通常说的蚌。古语中有“剖蚌”一词，大概稍晚于“剖判”而出现。《三国志·蜀志·秦宓传》有云：“甫欲剖蚌求珠”，苏东坡《鰒鱼行》诗有句云“剖蚌作脯分余波”，皆是其例。把贝壳分开的表象对于以渔猎为生的初民来说一定十分常见，所以早在求取珍珠的行为产生之前，剖贝同剖瓜剖葫芦同样，都已经具有了“一分为二”哲理的蕴含，所以造字祖先在设计表达“二”数的汉字时，特别用“贝”做意符，造出一个大写的“贰”字来，似乎不是偶然吧。在《左传》《周礼》等上古典籍中已有了这个“贰”字，东汉《说文解字》却在“二”的下面只列出“弍”作为古文，也许不大妥当。当我们看到当今的人

[1] 雷蒙德·奥弗：《太阳之歌》，毛天祜译，中国人民大学出版社 1989 年版，第 292 页。

民币上印着的这个“贰”字，或许没有人会想到这个数字与“贝”有什么关系吧？当然更不会意识到这个数字中蕴藏着的一分为二的道理了。

同葫芦类比为女性的原理一样，贝也是典型的女性符号。古希腊的美神阿弗洛狄忒从贝壳中诞生的神话，由于被文艺复兴时期的艺术家波提切利画成了世界名画，在西方已经家喻户晓。一则南美印第安人神话讲到人类起源时，最初的女人也是由贝壳变出来的：

始初之时只有孤零零的一个男人马武齐尼姆。没有人和他一起生活。他没有妻子，他没有儿子，也没有任何亲戚。他是完全孤独的。

一天，他把一个贝壳变成一个女人，同她结了婚。当他的儿子出生时，他问他的妻子，“他是男的还是女的？”

“他是男的。”

“我要带着他。”

然后他走了。母亲哭了，并回到她的村庄，即环礁湖，在那里她又变成一个贝壳。

印第安人说：“我们是马武齐尼姆之子的孙辈。”[1]

这个神话鲜明地体现了人类起源观上的“一生二，二生三，三生万”的生成序列。女人作为“第二性”，作为男性的配偶，就像分开的贝壳另一半那样，只能依存这一半而确证自己的存在。女人出于贝壳又归于贝壳，这个微妙的细节规定了男性中心社会中女子的“贰”性地位和配偶身份。著名的罗马尼亚裔美国宗教学家艾利亚德在《意象与象征》一书中专辟一章，收集了五大洲的素材，专门说明贝壳与女性为什么联系在一起，成为普遍的象征。

[1] 雷蒙德·奥弗：《太阳之歌》，毛天祜译，中国人民大学出版社 1989 年版，第 89 页。

在此可以补充一则中国神话，作为表演“一分为二”哲理剧的贝壳寓言：

白族的《创世纪》打歌中讲到洪水淹没世界，只有一对兄妹阿布帖和阿约帖听从神谕躲进葫芦中逃得性命。为了繁衍人类，哥哥要妹妹做自己的妻，妹妹说要先问神意，让哥哥在河西放了一个贝壳，妹妹拿根棍子从河东扔过去，棍子正好击中贝壳的中间，使之一剖为二。这意味着神恩准了他们兄妹间的性结合，于是二人结为夫妻，继续承担起“二生三”的神圣使命。在这里不用去论证，棍子象征“一”与阳物，贝壳象征“二”与女阴的意思已经很明白了。而贝壳与葫芦两种母题同时出现并且遥相对应，把哲理数码“一”和“二”的故事敷衍得格外生动。

艾利亚德在《意象与象征》中用专章的篇幅论述了贝螺的象征系统，其第二节题为“多产的象征”，谈到贝类形象与女性生殖器的类比对应，由此引出生育力、生命本源的意蕴。这种类比思维的迹象甚至在语言中都有保留，如丹麦语指称牡蛎的词 kudefisk，便从指称女阴的 kude 词根派生而来。在日本发现的新石器时代女性造像以一只特大海贝表现巨型的玄牝，暗示着此种象征传统源于史前的神话思维时代。一个相关的信仰是，海贝和牡蛎像子宫那样具有法术的力量，成为丰饶、多产、生育力的神秘符号。“阿坎巴（Akamba）妇女以贝壳为装饰，在头一次生育之后则不再佩戴这一饰物。在其他地区，人们将牡蛎作为最合适的婚礼赠品。古代印度南部的姑娘们佩戴海贝项链；现代印度医学仍利用珍珠粉作为兴奋剂和催欲剂。”[1]

古老的宗教礼仪上常常见到牡蛎、海贝和珍珠的特殊道具作用。给妇女、儿童佩戴贝类饰品是为了借助其法术力量保护佩戴者免遭疾病、伤害和鬼祟；在葬仪上使用贝类是为了发挥其生命再生的作用或防止尸体的腐朽。[2] 杨学

[1] 艾利亚德（M. Eliade）：《意象与象征》（*Images and Symbols*），麦瑞特（P. Mairet）英译本，哈维尔出版公司，伦敦，1961 年，第 128 页。

[2] 艾利亚德（M. Eliade）：《意象与象征》（*Images and Symbols*），麦瑞特（P. Mairet）英译本，哈维尔出版公司，伦敦，1961 年，第 133—134 页。

政先生在西南少数民族考察中发现，藏族、普米族、纳西族和摩梭人中都盛行海螺崇拜。在他们的传统观念中，海螺具有保佑妇女繁育多产和家庭人财兴旺的灵物特性。在川滇边界居住的这些少数民族常对海螺进行祭祀，每家正屋火塘上方，砌有泥塑浮雕的藏巴拉火塘神，图案绘的是莲花、海螺和火焰，三者均表示旺盛的生殖力。普米族和摩梭人的家庭，每逢喜庆年节时，要将海螺供于神龛上，或绘海螺图贴于正屋火塘前壁上，然后供酥油、牛奶、水果、茶、米、青稞等祭品，家长代表全家叩头祷告，祈求海螺保佑家庭人畜繁殖，谷物丰收。[1]敦煌写本《天地开辟以来帝王纪》叙最古之圣帝系谱有九皇说，而为首的叫作“配罗皇”，或可视为“配螺皇”之异写？

昔者天地未分之时，若风若云。既分之后，未有君臣，复无帝主。百劫始有圣帝，自称配罗皇。乃有九头十八眼，治经廿万年，遂即灭矣。其次复有九皇而治。九皇者，配罗皇生容成皇，容成皇生大达皇……[2]

《庄子·胠箧》提到远古十二皇，容成氏居其首，而敦煌本创世说则让配罗皇更先于容成氏，成为原初第一圣帝。究其取象原型之意蕴，或是贝螺一类海洋生物的启闭开合之特性最宜充当自“天地未分”到“天地既分”的实物象征作用吧？果真是这样的话，配罗（螺）之名实际上与葫芦或庄子所称的“尊卢氏”就有了异名同指的对应关系，均为“一分为二”的象征性意象。

至于在丧葬习俗中使用贝类和珍珠，作为保存尸体并促使其再生之观念，《荀子·礼论》所说人死后“饭以生稻，唅以槁骨，反生术矣”，可作为直接的证明。杨注：“槁，枯也；槁骨，贝也。术，法也……反于生之法也。”[3]

[1] 杨学政：《衍生的秘律》，云南人民出版社 1992 年版，第 47 页。
[2]《敦煌学辑刊》1988 年第 1、2 期，第 108 页。郭锋校注。
[3] 王先谦：《荀子集解》卷十三，“诸子集成”本，第 244 页。

杜而未先生解释说："贝壳盛饭置于口中，何以为复生之术？贝蚌之壳中有珠，珠在此与贝蚌意同。蚌珠为月之象征，月亮死而复生，为许多民族共有之复生象征。"[1]这种月亮神话的解释可自圆其说，不过也可考虑另一种"合二而一"的解说：正像彝族用"破壶成亲"来象征一分为二的变化，用"魂归壶天"表示人死后的归一状态[2]，贝螺之器不是和葫芦之器一样可以充当归一的原始整体象征么？艺术家比他同时代的人更原始，也更文明。

[1] 杜而未：《庄子宗教与神话》，台北：学生书局1985年版，第137页。
[2] 参看普珍：《中华创世葫芦——彝族破壶成亲，魂归壶天》，云南人民出版社1993年版。

THE FIFTH PART

第五章

返胎与复朴

吾所以有大患，为我有身；及我无身，吾有何患？

——老子：《道德经》

人丁母体洞悉宇宙，人离母体忘却宇宙。

——犹太教格言

抱一灵台月夜开，息息返中胎在胎。

神气若凝归作宝，元灵欲散却还来。

——《胎息抱一歌》

一、壶子示相的逆行特性

在《庄子·内篇》中也许没有哪个虚构的形象能够像壶子那样完美无缺而又生动具体地展现“壹其性”的真人理想了。只可惜历来的注释家却大都未能从“壹”或“葫芦”主题的人格化方面去考察列子这位高师的真正面目，信以为真地把他当成历史上实有的人物了。自从司马彪注《庄子》把壶子确认为郑国人，名林，是列子之师；又加上《列子·天瑞篇》也说到有位叫壶丘子林的人与列子同时，这种化虚为实的说法就逐渐为大多数人所接受了下来。成玄英云：“壶子，郑之得道人也。号壶子，名林，即列子之师也。”因袭司马彪之说，却与《列子》相左。“号壶子”与“复姓壶丘”[1]毕竟是两码事。而王先谦《庄子集解》引《列子》又作“壶邱子”[2]；这就使此一神秘人物有了三个称呼。其他史籍之中并无点滴有关壶子的记载，后人无从稽考，也就不了而了之了。唯王孝鱼先生别出心裁，提出壶子乃庄生自命一说，多少揭开了这个寓言人物的一角面纱。王氏《庄子内篇新解》写道：

（《应帝王》）以上四则寓言，主要都是阐发道家的无为之治，另外评讥与此相反的人，而这一则关于季咸壶子的寓言，性质则完全不同，突然相接，似乎有点不伦。而且夹引列子，作为线索，本为壶子之徒，见了季咸而心移神醉，竟想舍弃壶子而拜季咸为师，此下又不厌其详地描写壶子怎样折服了季咸，才把列子改造过来，重新学道，终于成功。我们以为本则寓言，或即庄子以壶子自命，希望他的好友惠施也能像列子似的，终

[1] 见严北溟等：《列子译注》，上海古籍出版社1986年版，第2页。
[2] 王先谦：《庄子集解》卷二，“诸子集成”本，第49页。

于能够得到改造。[1]

把壶子视为庄子为了表达的需要而虚设的寓言人物，这才会对他的这个奇特名称做出寓意的解释，不过是否专为说服惠施而作，好像并没有多少把握。吉拉道特即从象征层面解说壶子之名的用意，他不满足于冯友兰译本和瞿理斯译本对壶子的音译法 Hu Tzu，又加上括号注明 Gourd Master（瓠先生），并将他与鸿蒙并列为庄子的浑沌主题的两个人格化变体，做出了神话学的新阐释："在这个故事中，壶子作为葫芦先生渐进性地揭示了他的真形，其显形的程序与宇宙发生的程序正相逆反。这是一种包括九种原始浑沌状态在内的逐步回归太初的方式。"[2]

图 39 "壶子"的史前表象
马家窑新石器文化出土人头陶壶

我们在讨论道家以混沌理想为目标的复乐园神话时，对于这类与创世程序反向而动的回归主题已经有所了解，[3]并按照比较神话学与比较宗教学的通称，把此一类神话的"宇宙衰亡论"（Eschatology）倾向与儒家价值观中的宇宙发生论倾向（即从一到多）做了对照。这里再度面对壶子示相的寓言，可以确信这是庄生导演的一幕"道成肉身"的活剧，旨在将宇宙衰亡论的题旨对象化到一位得道高人的直观表演之中。类似的返本复始的个人表演经过民间叙事的幻想加工不断拓展场面和规模，终于在庄子死后两千年达到一个阶段性的顶点：《石头记》从大荒山青埂峰下的石头写起，让其化形为宝玉到滚

[1] 王孝鱼：《庄子内篇新解·庄子通疏证》，岳麓书社 1983 年版，第 151 页。
[2] 吉拉道特：《早期道家的神话与意义》，加州大学出版社 1983 年版，第 110 页。
[3] 叶舒宪：《老子哲学的人类学阐释》，《陕西师范大学学报》1993 年第 2 期；萧兵、叶舒宪：《老子的文化解读》，湖北人民出版社 1994 年版，第 3 章"永恒回归"。

滚红尘中阅历种种悲欢离合之后又回到大荒山下复归为石头。壶子和宝玉的表演在某种意义上都可视为现代科学最重要的理论发现——热力学第二定律在中国古代思想中预设的实例。根据这一定律，宇宙衰亡论同宇宙发生论的对峙在环状运动中获得统一，我们生活于其中的有序世界并不是从来就这样有序，也不会永久如此存在下去，它的无序程度将与日俱增，最终无可挽回地复归于混沌。

物理学家们已经发明了一个叫作熵的数学量来给无序定量。很多精心的实验也证明，一个系统中的总体的熵从来不会减少。假如一系统与其环境隔离开了，那么，该系统内的任何变化都会无情地使熵值增大，最后达到大到不能再大的程度。从此以后，就不会再有任何变化，整个系统就会达到一种热力平衡的状态。……

假如说宇宙真有一个有限的有序量，而是在不可逆转地向着无序变化，最后达到热力学平衡，那么，就可以立即得出两个很重要的推论。推论一是，宇宙最终将会死去，消沉在它自己的熵里。这个推理，物理学家们称之为宇宙的“热死”。推论二是，宇宙不可能已有无限的过去。[1]

从宇宙热寂学说和传统宗教的宇宙衰亡论的契合点来考虑，道家的归根复朴情结就不能再简单地视为消极悲观的厌世主义或开历史倒车了，其中某些具有超前性洞见的智慧尚有待于开发和理解。假使现在就用熵的原理去重新观照壶子的表演程序，一定会有人觉得牵强附会。不过站在相对论的立场上看，历史上已有的各种注解诠释也都难免各自的附会之处。简约地说，不仅有儒、道、佛、禅各家的解释，还有神秘主义的、科学主义的、现代西方

[1] 保罗·戴维斯：《上帝与新物理学》，徐培译，湖南科学技术出版社 1995 年版，第 12 页。

哲学诸派的解释，比不同时期的人们从《红楼梦》中读出的多重意蕴似乎一点也不少。所以，即使再多加上一种现代物理学的或混沌学的解释，也不足为奇。

从《应帝王》全篇结构看，这是一篇标准的七幕寓言剧，每一幕出场的主人公都有变化，但全剧的主旨却是贯穿始终的，那就是理想的“应帝王”治世之方就在于无为不治、归真返朴。壶子作为第五幕的主人公，与列子和季咸共同演示了相面的故事。此幕一开场登台的是郑国神巫季咸，其相术高超，能够占出人的生死祸福，所预测的年月日准确无误。列子本为壶子之徒弟，却对季咸的相术佩服得五体投地。他公开向壶子表达了自己对季咸的膜拜之情，并认为季咸的道术远在壶子之上。壶子当面驳斥了列子的妄言，并让他把季咸找来看相。就这样，一场空前绝后的相术师与被相者之间的斗法大赛开始了。

图 40　壶人原型的外域表现
美洲印第安文化的人面壶

相面一共进行了四次，分四天进行，或可视为此幕中作为剧情主体的四场比赛。壶子运用他高深的功力，使每一次所呈现出的面相都变化莫测。前两次季咸还勉强相之，但所测完全不灵，神巫的盛名已遮掩不住马脚。第三次面对壶子时已感到束手无策，推托下次再相。结果第四次见到壶子，脚跟尚未站稳，就心慌气短，往日的神机妙算本领荡然无存，只好落荒而逃，壶子叫列子马上去追都未能追上。这场看相大赛就在这高潮之中宣告结束了。

现代人很容易把这场实力悬殊的较量看成中国最早的破除迷信、揭露相术虚伪实质的生动教材，甚至是批判封建宿命论的开创性壮举。陈耀森先生以为，从这个故事中“可知庄子绝不主张把变化莫测的命运交给他人摆布”，“命运可因人的自主而得有改变”。[1]从那仓皇而逃的神巫远去的背影上，难道不可以看出庄生对那些自命不凡的江湖术士们的极度轻蔑吗？季咸这个名字就已告诉我们，庄子似乎要借此一巫而呵退天下所有之巫。何以见得呢？钟泰先生说：“巫，托于神以为术者。《尚书·君奭》之篇曰：‘在太戊时，巫咸乂王家。’是殷时有巫名咸，故此名季咸也。”[2]可补充的是，记载巫的活动最多的先秦古书《山海经》亦多次提到巫咸，而且《海外西经》还把群巫所在称为“巫咸国”。袁珂先生注：“则巫咸国者，乃一群巫师组织之国家也。《世本·作篇》：‘巫咸作筮。’而《路史·后纪三》乃谓神农使巫咸主筮，则巫咸神农时人也；《御览》卷七九引《归藏》：‘昔黄神与炎神争斗涿鹿之野，将战，筮于巫咸……’则巫咸黄帝时人也；《御览》卷七二一引《世本》宋注云：‘巫咸，尧臣也，以鸿术为帝尧医。’是巫咸又尧时人也；诸说不同。……然《外国图》谓巫咸民去南海万千里，又与《山海经》所说西方之巫咸国抵牾，终莫可究诘也。”[3]从这种莫衷一是的情况看，自传说中的神农黄帝时代直到战国时期都有巫咸存在，盖为巫者皆可名咸，如善射者皆可称羿一样。《淮南子·地形训》：“巫咸在其北方。”高诱注：“巫咸，知天道，明吉凶。”庄子给他寓言中的神巫起名叫季咸，显然对巫咸的悠久职业传统了如指掌，并让壶子那道高一丈的修炼境界给巫者的历史画上一个句号。

然而，庄子并不是出于科学的意识去揭发相术之伪的。壶子胜过季咸当然也不能引申出科学战胜迷信的教训。[4]《水浒传》中的假李逵见到真李逵

[1] 陈耀森：《庄子新窥》，台北：“商务印书馆”1988年版，第48页。
[2] 钟泰：《庄子发微》，上海古籍出版社1988年版，第174页。
[3] 袁珂：《山海经校注》，上海古籍出版社1980年版，第219页。
[4] 崔大华《庄学研究》有“庄子思想的古代科学背景”一节，认为“庄子塑造的壶子形象，本质上是理智的、理性的化身”，这则“理智战胜巫术的故事，表现了人的理性的觉醒”。人民出版社1992年版，第321页。

时要落荒而走，但二者却都姓李，外貌上也有相近似之处。季咸见壶子的情形使人想起李鬼的假威风如何败露真形，用俗语中的“小巫见大巫”来形容，也许恰如其分。把壶子确认为大巫、真巫，这就意味着有保留地认同闻一多、井筒俊彦等人的观点，把道家思想视为远古神秘宗教或萨满——巫教的某种变相延续。问题的复杂性在于，在这种延续中确实也发生了划时代的变革，由庄子所完成的关键性变革就在于将传统神话与巫术的仪式化、表演化的公共社会倾向置换成了纯粹个人性的内心修持取向。[1]道术的有无高下，完全取决于个体内在的精神品格和炼养程度，诸如抱一、守一、心斋、坐忘、壹其性、返朴、丧我、封戎等一系列术语所强调的，而不取决于世袭的、生理的、师承的、法器的等外在条件。这也就意味着，任何个人都有可能成为“神巫”，庄子称之为真人、至人、神人，以便同巫咸传统有所区别，尽管在不惧水火、幻游变形等外在技术方面与传统的萨满巫师仍有一脉相承之处。对于神话思维时代结束之后沦为哗众取宠、街头开业的巫者末裔之流如郑国季咸，庄子所给予的讥刺是入木三分的：他们只能蒙蔽一般不能把握自身的俗众以及道术未成的初学者如列子等，一旦面对壶子这样得萨满巫教之真传的大师，就只能是雕虫小技而无地自容了。

图41　么些经书封面的神巫图
巫师头戴法冠口中诵经

[1]《庄子·天下》称此为“内圣外王之道”；蒋锡昌称之为“圣道”。参见蒋著：《庄子哲学》，商务印书馆1935年版，第29页以下。

二、返胎的四步程序

壶子借以战胜季咸相术的法宝既然与科学思想风马牛不相及，那究竟是怎样一种功夫或特异本领呢？所谓与宇宙发生相反的程序又是怎样体现在个人身上的呢？这还需具体看一看壶子四示的每一示之象征内容：

第一日：季咸看相后告诉列子，你的先生活不长了，恐怕出不了十天。我看出怪异的征兆，有如湿灰（根本不可能复燃了）。列子听后痛哭流涕地去报告壶子，壶子泰然自若地说："乡吾示之以地文，萌乎不震不正，是殆见吾杜德机也。尝又与来。"

第二日：季咸看相后出来对列子说："真是幸运呵！你的先生多亏碰上我，有救了！我看他面色已有生气，闭塞的生机有了转机。"列子如实告诉壶子。壶子说："乡吾示之以天壤，名实不入，而机发于踵。是殆见吾善者机也。尝又与来。"

第三日：季咸看相后出来告诉列子，你先生面相变化不定，简直无从判断。等他不变时再来看相吧。列子又如实告诉壶子。壶子说："乡吾示之以太冲莫眹[1]，是殆见吾衡气机也。鲵桓之审为渊，止水之审为渊，流水之审为渊。渊有九名，此处三焉。尝又与来。"

第四日：就是季咸逃之夭夭的日子，列子没有追上，回来听壶子解释说："乡吾示之以未始出吾宗。吾与之虚而委蛇，不知其谁何，因以为弟靡，因以为波流，故逃也。"[2]

这四次示相虽不乏黑色幽默之趣，但其具体蕴含的理解却呈现为诗无达诂般的多样化。有学者提出，"地文""天壤""太冲莫眹""未始出吾

[1] 眹，本作胜，义难通。今据《列子·黄帝篇》改。莫眹，即无兆。
[2]《庄子集释》，第 299—304 页。

宗”四者“都是表示宁神运气的不同阶段：入静、运气、守气、忘我”。[1]也有参照老子并用易学术语为释者：地文，示以纯坤。老子所谓归根也。天壤，示以乾坤交媾。老子所谓虚而不屈。太冲莫眹，示以太极。未始出吾宗，则示以无极，而动静泯绝。[2]还有释德清《庄子内篇注》援引佛氏之一心三观之说为释之例；成玄英牵合佛道以“本迹”说为释之例：

而壶丘示见，义有四重：第一，示妙本虚凝，寂而不动；第二，示垂迹应感，动而不寂；第三，本迹相即，动寂一时；第四，本迹两忘，动寂双遣。[3]

还有借用“四机”说为释之例：

（一）杜德机，杜塞至德的权机。
（二）善者机，畅通内德的权机。
（三）衡气机，齐平神气的机动。
（四）随波机，随顺波流的权机。[4]

胡楚生先生主张从《应帝王》全篇的理想政治这一主旨来诠释壶子四示，以为此寓言是在印证发挥上一段中“立乎不测”之说。他引用宣颖《南华经解》的观点：“壶子便是帝王垂拱榜样，季咸便是百姓具瞻榜样。”壶子四示，譬喻君王的“不可测”；季咸四相，譬喻百姓的“不能测”。胡氏修正说，君王之不可测，不应理解为增加自己统治神秘性的政治权术，而应理解为在

[1] 曹础基：《庄子浅注》，中华书局1982年版，第117页。
[2] 胡远濬：《庄子诠诂》，商务印书馆1931年版，第67页。
[3]《庄子集释》，第300页。
[4] 王煜：《游方外兼方内：太冲莫胜与未始出吾宗》，《老庄思想论集》，台北：联经出版事业公司1979年版，第393—395页。

位者“要深自隐晦，任物自化，而不自居其功，不自居其名，使百姓不知其上竟有君王的存在，这才是庄子的理想政治，也才是《应帝王》全篇的要旨所在，也才是壶子四示那则寓言的象征意义所在”。[1]此一见解应和了王夫之《庄子通》有关《应帝王》乃针对天子立言的看法，未免将叛逆成性的庄生当成了准御用文人。其实，按照《庄子·内篇》的一贯思想来判断，“应”为“帝王”的条件简单而明确，那就是必先“内圣”后能“外王”。壶子正是作为内圣之榜样而塑造出来的，他的“四示”无非是以现身说法的形式说明内圣修炼之程序，精神超越之步骤，并由此而证明，他虽然无权亦无冕，却确确实实“应帝王”。就像古希腊的弃儿俄狄浦斯猜破了斯芬克斯谜语，吓走了那妖怪之后，理应登上至尊之位一样。

这里更值得注意的还是壶子的四阶段精神复归之旅如何巧妙地对应着宇宙衰亡论的神话主题，或者说如何自觉地体现出熵的原理。前文曾引述吉拉道特的见解已涉及此。看来他把庄子说的“渊有九名”理解为混沌的九种状态，多少显得有些拘泥，但把四示表演解说为从有序向混沌的回归，却是富有启示意义的。一般创世神话总是先讲混沌无极之状，再叙述混沌之分化，太极生两仪，乾坤天地之构成……而壶子的演示程序却呈现出逆反的运动：

地文→天壤→太冲莫眹（元气未分）→未始出吾宗（混沌无极）

这种可逆性的宇宙化生程序由象征瓠瓜祖灵的壶子来表现，更显得意味深长了。后世道教徒以葫芦为随身法器，并能将天地和自身都一一收束到葫芦（或壶器）中去，这种神幻本领原来都是以庄子塑造的壶子形象为原型的。《后汉书·方术列传·费长房传》与《神仙传》中的壶公故事；《云笈七签》

[1] 胡楚生：《〈庄子·应帝王〉中“壶子四示”的象征意义》，《中华文化复兴月刊》第22卷12期，台北，1989年12月。

中的道士施存成为壶公的故事；元稹《幽栖诗》“壶中天地乾坤外，梦里身名旦暮间”；王维《赠道士诗》“坐知千里外，跳向一壶中”；苏轼《次前韵寄子由诗》“还乡亦何有，暂假壶公龙”；蒙求标题“壶公谪天，苏训历家”；清人钱杜、张之洞分别自号“壶公”；王夫之为其弟子唐须竹作《躬园说》以壶子自命。凡此种种，皆可视为庄子所塑造的这一形象在后代文化中的遗音反响。法国汉学家石泰安的大著《壶中九华》，其书名出典虽直承苏东坡诗所称九奇石，但其讨论的壶文化内容却上溯于中华文明之始源。

上章探讨壶（瓠）之双重象征时已表明，这一原型意象既可代表宇宙未化之整体，又可代表人之身体。笔者在《高唐神女与维纳斯》一书中已辟有“女性·躯体·容器·世界”一节专论及此，这里尚可针对壶子四示，为吉拉道特的宇宙衰亡神话说再做补充。在《老子》第二十八章中已可见到“复归于无极”与“复归于婴儿”的象征等值关系，所以壶子最后所示之“未始出吾宗”的境界在解作混沌无极的同时，也就伏下了解作复归母体或子宫的可能。换句话说，宇宙从无到有的发生历程可类比为个体生命的孕育与诞生过程；反过来也是一样，宇宙从有序复归混沌，也相当于个体生命重新回返孕育之胎状。从这一意义上看，壶子第一日所示之“地文”，之所以被季咸误解为死之兆，或许就是个体复归地母之体的象征。所谓“萌乎不震不正”，即回到生命萌发之源。成疏云：“震，动也。地以无心而宁静，故以不动为地文也。萌然寂泊，曾不震动，无心自正。”这只是以常理解说大地的宁静之性，未联系到神话中的大地乃万物之母。母胎中之生命，看似不动，其实静中有动。《列子》此句作“不諔不止”。俞樾认为可据以订正《庄子》“不正”之误。[1]不动亦不止，是始萌状态生命之特征，亦表达为既止又动，如《诗·生民》讲到姜嫄（闻一多等以为即地母）孕育后稷，有“攸介攸止，载震载夙”一说，

[1] 俞樾：《诸子平议》：上海书店影印本，1988年，第342页。

亦“震”与“止”对言，或为庄子所本。所谓“杜德机”，一般就字面解为杜塞了生机，实际或指孕胎在子宫中的封闭，其常见表象则为壶或葫芦之封口。梅维恒教授还以为季咸所看到的“湿灰”这一表象也同彝族祭礼上向葫芦中充填灰烬的行为有牵连[1]，可备一说，以待进一步的考察。

古人讲个体生命的孕育，有先生魄后生魂的说法。如《左传·昭公七年》子产曰：“人生始化曰魄，既生魄，阳曰魂。”《礼记·郊特牲》又有人死“魂气归于天，形魄归于地”的著名论断。壶（或葫芦）既然为天地合体之象，其孕育过程当兼摄魄与魂才是。壶子第二示之“天壤”，诸注家或释为乾象、阳之动，或释为“乾坤交媾”；正可从魂魄会合的意义上加以理解。王孝鱼云：

“天壤”与“地文”似乎相对而言，但不只是说表面之天。壤者地也，天壤者，地在天中，天在地中，天地无间，合而为一之义。“地文”的表面虽然不见生机，而“天壤”则天的阳气已然在地下暗中发动，所以壶子又说“机发于踵”来透露此意。阳气发动即可称作善，所以又说是“善者机”。[2]

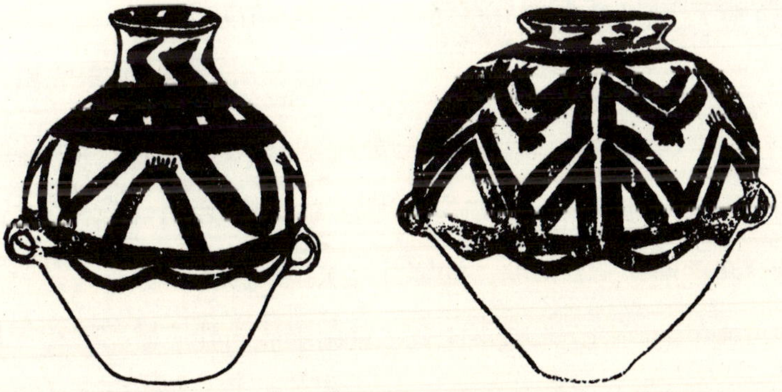

图 42 马家窑新石器文化的蛙纹陶壶

[1] 梅维恒：《中国南方葫芦神话及其在道家的应用》，台北，汉学研究中心，1995 年 4 月。
[2] 王孝鱼：《庄子内篇新解·庄子通疏证》，第 152 页。

此“天地合一”说甚确，但阳气发动说不如魂魄相合更能表明生命化育之始的情形。如果前一示象征与诞生相反的过程——重回母腹或葫芦胎状，那么此一示则进一步回溯到了结胎之前的阴阳相合、魂魄相会的阶段。也不妨将前者视为老子说的“二生三”之逆反，将天壤视为“一生二”的逆反，即“二合一”的过程。而下面的第三示“太冲莫眹”，则指浑然无分的太极或太一了，或相当于“道生一”的逆反。针对个体生命来说，约等于禀受父精之前的母体之血气。

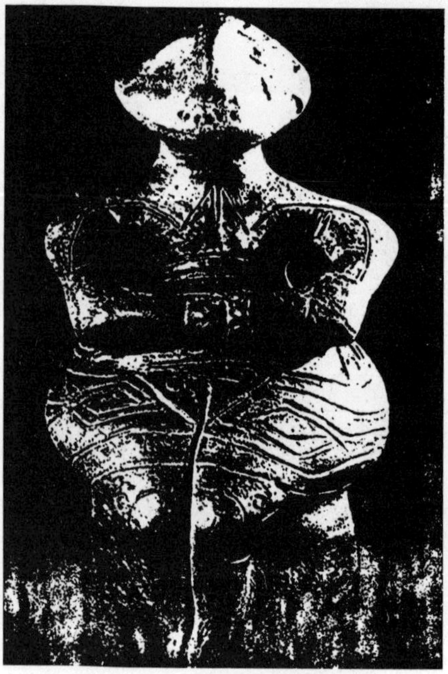

图43 混沌无面目的葫芦形母神
欧洲新石器时期陶塑

“太冲”之“冲”，本自《老子》第四十二章、第四章、第四十五章之“冲气以为和”“道冲而用之或不盈”“大盈若冲”。蒋锡昌诂云：此字老子用以形容牝牡相合时，摇动精气之状，甚为确切。“气”指阴阳之精气而言。“和”者，阴阳精气互相调和也。《庄子·田子方》：“至阴肃肃，至阳赫赫；……两者交通成和，而物生焉。”“万物负阴而抱阳，冲气以为和”，即万物生育之理。[1]“莫眹”一词与“太冲”连用，或又本于《老子》第二十章“我独泊兮，其未兆，如婴儿之未孩”。眹即眹兆，莫眹与未兆同谊。只不过壶子的回归之术似乎比老子青出于蓝而胜于蓝，显得更加彻底和深邃莫测：老子只言“复归婴儿”“比于赤子”，壶子却要退到阴阳化感之前，元气絪蕴未分之初。正如老子追溯万物由来只说“天下万物生于有，有

[1] 蒋锡昌：《老子校诂》，商务印书馆1937年版，第280页。

生于无”[1]；《庄子》却又造出“至无”“无无”一类语词，试图在玄牝之门里面再择门而入。难怪傅伟勋先生要赞扬他说：庄子确是人类思想史上第一个提示超形上学与形上学所以一体两面而又可合可分的终极道理的超等哲学家。如说一般形上学家执“有”而老子亦有执“无”之嫌，则庄子算是以“无无”彻底突破有无二执的超形上学家了，早于印度的龙树五百年。[2]

图44 “未始出吾宗”图解
（采自坎贝尔《神话的力量》）

谁知壶子回到太冲和气仍未满足，乃有第四示“未始出吾宗”。此“宗”或本于《老子》第四章“渊兮，似万物之宗”。第十四章王弼注又云：“无形无名者，万物之宗也。”郭象注《庄》云：“虽变化无常，而常深根冥极也。”总之一个意思，是回到了创生之本根。钟泰先生以为“此于《易》唯太极可以当之。阴阳未兆，动静未分，盖一虚而已，故曰‘吾与之虚而委蛇’，‘委蛇’者，随顺也”。[3]根据太极有先，象帝亦有先之理，还是“无极”一名更近乎庄生所言“吾宗”。下言“不知其谁何”，“谁何”旧注皆未通畅，疑为《老子》第二十章的“唯与之阿，相去几何”的变通说法。“唯阿”与“谁何”形近而误。吴澄注“唯”“阿”皆应声，“唯”，正顺；“阿”，邪谄。几何，言甚不相远也。[4]用今语来说，“唯”指唯唯诺诺之唯，是情愿的应声；阿指不情愿的勉强应声。这一极富

[1] 蒋锡昌：《老子校诂》，商务印书馆1937年版，第269页。

[2] 傅伟勋：《老庄、郭象与禅宗——禅道哲理联贯性的诠释学试探》，《从西方哲学到禅佛教》，三联书店1989年版，第393页。

[3] 钟泰：《庄子发微》，上海古籍出版社1988年版，第177页。

[4] 转引自朱谦之：《老子校释》，中华书局1984年版，第77页。

符号学意蕴的语音差别，无心的听者恐怕分辨不来的。[1] 壶子既已复归化入母体生命之根，连阴阳刚柔的分别都已消泯，哪里还有判断唯与阿之别的雅兴呢。故下文又有“因以为弟靡，因以为波流”二句，指随顺应变的委蛇之情态。亦对应于老子的“和其光，同其尘”。这样一种尚未出乎生命母宗的状态，为什么要用“波流”这样的液态比喻来加以形容呢？原来先秦道家的人体发生论已经提出了人生于水，胚胎源于液态、经过膏脂状态而生成有形的身体之类观点。《管子·水地》云：“人，水也；男女精气合，而水流形。……五月而成，十月而坐。”[2] 马王堆出土帛书《胎产书》叙述十月怀胎之全过程，四个月以前皆为液态：“一月名曰留（流）刑”，“二月始膏”，“三月始脂”，“四月而水受（授）之，乃使成血”。五月以后才是成气、成筋、成骨、成肤革、成毫毛乃至出生。[3] 照此程序来看，壶子第四次示相表明他是要彻底恢复到胚胎未成的“水流形”状态。

此种泯灭自我的返本复始之相，当然不是任何神巫相师可以看破的，季咸之逃也就在情理之中了。一位在宋国人人皆畏避的人这次总算也亲身体悟到畏惧的滋味。

三、道家的胎恋及胎息

《老子》第五十二章所传授的母与子之间的微妙关系是以“复守其母”为“没身不殆”之法的。壶子四示生动地表现了这样一种“既知其子，复守其母”的回归历程，从而为后世的仙道们开辟出重享“壶天日月”的修行途径，也为贾宝玉们昭示出如何重返大荒山为石的不二法门。怪不得王阳明借道家

[1]《老子想尔注》把“唯之与阿”改作“唯之与何”，是“阿”“何”误用之先例。

[2] 郭沫若：《管子集校》，《郭沫若全集·历史编》第 6 卷，第 485—491 页。

[3] 周一谋等编：《马王堆医书考注》，天津科技出版社 1988 年版，第 346—348 页。

的天地万物一体观去发展孟子的“反身而诚”之说，在《咏良知》诗中写出了如下彻悟之句：

无声无臭独知时，
此是乾坤万有基。
抛却自家无尽藏，
沿门持钵效贫儿。

说者皆以为此诗中的禅意是来自《坛经》之“菩提只向心觅，何劳向外求玄”，或为佛家“佛性就在你脚下”之说的心学翻版。但通盘考虑之下，谁说这里没有道家归胎返本之术的反响呢？《胎息精微论》说得明白：

还年返婴，
道之自然。
至道不远，
近在己身。[1]

在道家思维中，“人身像天地”[2]，内圣则外王，一切只需从“己身”上着想，而“己身”又自然而然地上溯到“绵绵瓜瓞，民之初生”的归根意识，合乎逻辑地指向庄子说的“吾宗”。

也难怪王夫之苦心孤诣为《庄子解》，解至“未始出吾宗”五字便豁然开朗，顿生贯通全篇（内篇）的卓见：“不出吾宗者弗能以知见自立小成之宗，大小无不可游，物论无不可齐，德无不充，生无不可养，死无不可忘，人间

[1] 张君房辑：《云笈七籤》卷五十八，齐鲁书社影印本，1988 年，第 323 页。
[2]《老子想尔注》语，引见饶宗颐《老子想尔注校证》，上海古籍出版社 1991 年版，第 13 页。

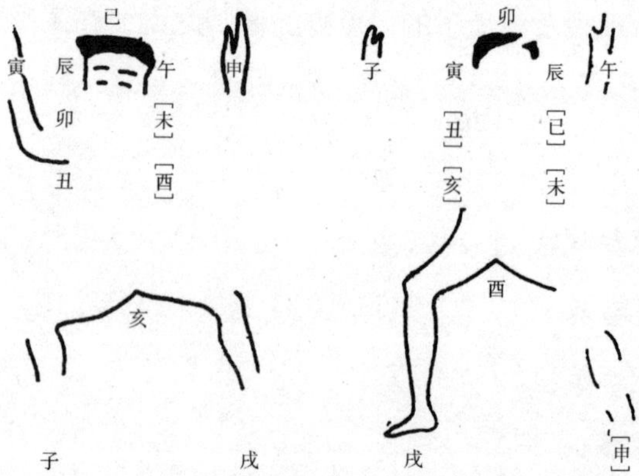

图 45 马王堆汉墓出土帛书《胎产书》附"人字图"
图中十二支为计日用，分布人体各部位，据婴儿所产之日对照图中当日日支所在以预卜其命运。可与《睡虎地秦墓竹简日书甲种》之"人字图"对观

世无不可入，此浑然至一之宗也，于以应帝王也何有！"庄生自己恐怕也不会料到，他放在壶子口中的这五个字竟会被千百年后的思想家读（误读？）为全书的点睛之笔。今人皆知王夫之号船山，因有《船山学案》《船山遗书》刊行于世，却不知他还有一雅号"一瓠道人"，另有别名叫"王壶"。好像他对壶子的向往之情丝毫不亚于壶子对瓠胎母体的无限眷恋。

耐人寻味的壶子启示还可以在道教文化的世代传承中找到实例。如石泰安教授所指出的，真人退隐，原是为"归根"，回到原始、纯粹的世界中去，必藏身于深山野林，如此才能回归"真我"。道教修行技术中的胎息导引法，颇能用作归隐现象深层含义的说明和比较。胎息之法的实质在于回到（或象征性地回到）母胎之中，再体验此一未生的、关闭的初始状态，并做由母至婴、由婴至母的血、气循环。[1]《后汉书·王真传》说王真能行胎息、胎食之方。李贤注引《汉武内传》："习闭气而吞之，名曰胎息；习漱舌下泉而咽之，名曰胎食。"这有如塞兑闭门和"壹其性"所要求的把人体变成自我封闭的

[1] 参看石泰安：《壶中九华》（*Le Monde en Petit*），巴黎，1987 年；布鲁克斯（Phyllis Brooks）英译本（*The World in Miniature*），斯坦福大学出版社 1990 年版，第一部分。

"闷葫芦"了。这种胎息与胎食的效果，虽未必如壶子"未始出吾宗"那般神奇，却也接近了老子"含德之厚比于赤子"的标准。《汉武内传》说王真炼到"断谷二百余日，肉色光美，力并数人"，不会是向壁虚构的说法。《抱朴子》的作者葛洪对庄子颇为不满，但其《释滞》一篇讲到神仙之道的至要不外三点：宝精，行炁，服药。行炁关键又在于胎息：

得胎息者，能不以鼻口嘘吸，如在胞胎之中，则道成矣。[1]

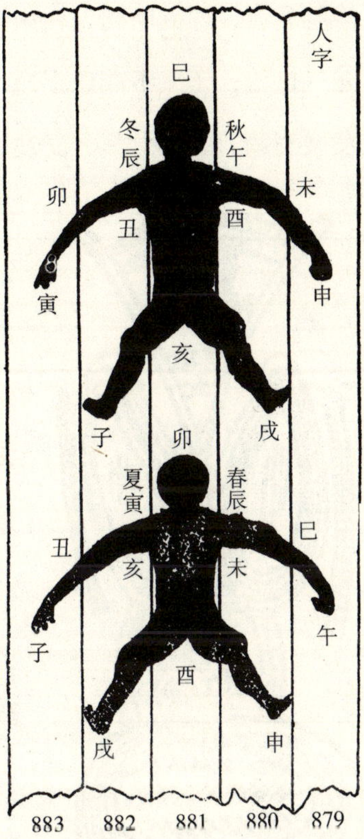

图46 《睡虎地秦墓竹简》"人字图"

不用口鼻的呼吸可上溯于庄子"真人之息以踵"，虽非专利，毕竟给后学启示无穷。谁能肯定"真人息以踵"不是从娘胎中带来的呢？"如在胞胎之中"，亦如在壶体之内，其生存的依据如老子说的"贵食母"，其情态当如庄子说的"不知其谁何，因以为弟靡，因以为波流"。《胎息精微论》所形容的"潜气不动，意如流水"的胎中感觉与壶子"波流"说相应。胎息的实践在后代又催生出一系列理论技法的总结之作，如《云笈七籤》卷五十八"诸家气法"收有《胎息精微论》《胎息根旨要诀》《胎息杂诀》《胎息口诀》；《道藏》收有《高上玉皇胎息经》《胎息经注》《太上养生胎息气经》等多种。从这些著述的情况看，胎息食气的原则未变，但具体操作方法已形成不同流派，与葛洪所述区别明显。如《胎息根旨要诀》便批评说："古

[1] 王明：《抱朴子内篇校释》（增订本），中华书局1985年版，第149页。

修胎息者，寻其所著，皆未达于玄门。据其文字所陈，悉皆互有得失。或云，无气是胎；闭气不喘息是息。各执一门，未有所趣。”[1]从“无气”“闭气”发展到调节内外之气，又发展出不论呼吸方式而专注于精神复归的“真胎息”法，以及内丹学的“真胎”及“真种子”等种种讲究。其“道成”的奥妙，也可借王阳明的“无声无臭独知时，此是乾坤万有基”来概括。仙道之徒那种执着的“如在胞胎中”的幻觉体验或可对精神分析学的恋母情结理论有重要贡献，因为从恋母到恋胎，“力比多”中的性欲成分已全然释解，成为毫无外向攻击性的纯粹“自恋”冲动了。这当然可以理解为中华文明升华俄狄浦斯情结、改造阳性攻击欲的又一途径。[2]

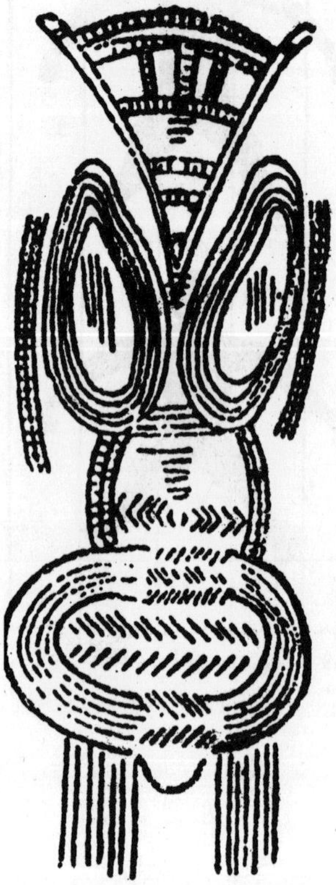

图47 返胎情结的原始造型
捷克斯洛伐克出土的旧石器时代晚期象牙雕刻女性形象，用类似透视法突出刻画有胎孕的子宫

艾利亚德在其《生与再生》一书中专辟有“胎儿的多重象征意蕴”一节，把中国道教修行中的胎息术视为一种世界性的宗教观念原型在华夏传统的特殊表现。他指出，同样的返胎母题在西方炼金术文献中亦有相应的表现：“炼金术之高师必须回归母亲的怀抱，或者甚至与母亲同居（‘复守其母’的西方形式？——引者）。按照巴拉塞尔士[3]的说法：‘那些有意进入神国的人必须带着他的身体进入他的母亲并在那里死去。’在某些情况下，复归子宫被表现为与母亲乱伦的形式。迈克尔·迈耶（Michael Maier）告诉我们，一位隐去真

[1] 张君房辑：《云笈七籤》卷五十八，齐鲁书社影印本，1988年，第324页。

[2] 儒家的核心伦理“孝”对于消解俄狄浦斯情结的作用，笔者曾有初步探讨，见《“孝”与中国文化的精神分析》，《文艺研究》1996年第1期。

[3] 巴拉塞尔士（Philippus Aureolus Paracelsus，1493—1541）是瑞士炼金家及医生。

名的哲学家德裴纳斯（Dephinas）在其论文《最大的奥秘》中明确讲到母亲出于自然的需要必须与她的儿子相结合。显而易见的是，母亲象征着自然的原生状态，亦即炼金术士的‘原生物’。这就证实了回返子宫的多重象征性，这种多重意蕴可以根据不同的精神背景和文化背景不断地给以重新解释。”[1]有了西方式回归母体的传统实践作为参照，也许对道家道教的胎恋情结之特性有进一层的理解。无论是庄子的“未始出吾宗”，还是道教徒的胎息训练，都不是实际上的与母亲结合的尝试，而是一种幻觉中的模拟，一种静坐冥想中的内在体验，这就自然避免了西方炼金术士以母子乱伦方式去实验回归子宫的鲁莽冒险，将归根返宗完全限制在纯个人的心理—生理调节的范围以内，不至于同社会公共伦理和集体规范发生直接的对抗性冲突。

道家胎恋情结对人类本能中的恋母情结所特有的改造升华作用，是同道家哲学那种反对外向攻击、倡导内向性的谦下不争的基本倾向相一致的。弗洛伊德曾提出，男孩对母亲的依恋是由纯粹本能的性欲所驱动的。弗洛姆则修正说，性欲的作用可能恰恰相反。他写道：

> 一旦孩子对母亲的固恋带有性的依恋——这一情况无疑是存在的——这是因为孩子对母亲的感情固恋太强烈以致触发了性欲，而不是因为这种固恋就起源于性欲望。相反，孩子的性欲对它的对象很不专一；一般说来，正是这种性欲成为促使人脱离其母亲的力量。[2]

道家主张“少私寡欲”，母腹中的胎儿正可引为这方面的楷模。以胎儿状态为修行者效法的对象，这就在消解性欲、攻击欲等本能冲动的同时恢复了与母亲原有的亲缘关系，并使这种关系净化为毫无性的色彩的天然依存关

[1] 艾利亚德（M. Eliade）：《生与再生》（*Birth and Rebirth*），哈泼兄弟出版公司 1958 年版，第 57—58 页。
[2] 弗洛姆：《健全的社会》，欧阳谦译，中国文联出版公司 1988 年版，第 40—41 页。

系——复守其母的生命哲学奥旨即在于此。现代德国哲学家马丁·布伯对此有透辟的理论分析。他认为："母腹中婴儿之人生乃是纯粹自然之相融，身体朝夕相接，生命相互奔流。婴儿的生命地平线形成之时，其似乎奇妙地伫立于又脱离于承负它的母亲之生命地平线，因为他并非仅只栖息于她的子宫内。此相融深蕴着宇宙性。'人于母体洞悉宇宙，人离母体忘却宇宙'，这条犹太教神秘格言可谓是对远古铭文冥濛的诠释。"[1]母婴之间的这种生命互流的相融关系，在现存最早的中国妇产科文献——马王堆出土《胎产书》中已有明确记述和描绘：

图48 "复守其母"
秘鲁的母子壶造型

故人之产殹（也），入于冥冥，出于冥冥，乃使为人。一月名留（流）刑（形），食饮必精，酸羹必（熟），毋食辛星（腥），是谓财贞。二月始膏，毋食辛臊，居处必静……[2]

四、"婴儿未孩"与"机发于踵"

道家文本的"婴儿"具有特殊的隐喻蕴含，揭示老子庄子所说"婴儿"的具体所指，对于全面理解返胎复朴的人生哲理，通观道教文化中的诸多相关现象，都是十分必要的。

[1] 马丁·布伯：《我与你》，陈维纲译，三联书店1986年版，第41页。
[2]《胎产书》，《马王堆医书考注》，天津科技出版社1988年版，第346页。

《庄子》一书中直接说到“婴儿”一词共计五次，分别见于内篇的《人间世》、外篇的《天地》《达生》和杂篇的《外物》，此外还有“赤子”“儿子”等相关的措辞。历来注家对此或未深究，今天看来仍有较大的阐释余地。《庚桑楚》篇老子关于“卫生之经”一段讲道：

卫生之经，能抱一乎？能勿失乎？能无卜筮而知吉凶乎？能止乎？能已乎？能舍诸人而求诸己乎？能翛然乎？能侗然乎？能儿子乎？儿子终日嗥而嗌不嗄，和之至也；终日握而手不掜，共其德也；终日视而不瞚，偏不在外也。行不知所之，居不知所为，与物委蛇，而同其波。是卫生之经已。[1]

此处一连用九个问句来间接表达“卫生之经”的基本原则，然后举“儿子”为例，说明其生存状态如何符合“卫生之经”。注家以“赤子”来对释此处的“儿子”，也就是新生儿的意思。因为刚降生的幼婴浑身泛红色，故得名“赤子”。《老子》第五十五章讲赤子含厚德，“骨弱筋柔而握固”，“终日嗥而嗌不嗄，和之至也”；显然为《庚桑楚》作者所本。老庄在将赤子作为体现生命理想的楷模这一点上，无疑是一脉相承的。“正如耶稣重视孩子的清纯，佛教谓直心是道场，道家以赤子或婴儿喻真诚。因为幼童天真无邪，未有作为罪恶根源的财色权势诸欲望，更无因满足欲望而加荒诞矫饰与耍卑鄙手段”。[2]除了这些道德方面的对比之外，老庄还认为生命的初始状态要比成长以后的状态更理想，更富有潜力，也更符合自然无为的生态法则。“与物委蛇，而同其波”句与《应帝王》壶子形容母胎中的“未始出吾宗”时那种“虚而委蛇”状态正相对应。而老子也曾先于庄子用“婴儿”一词来喻指诞育之前的母腹之中胎儿，这就比“赤子”之喻更加深入了一层，相当于庄子在壶子第四次

[1]《庄子集释》，第785页。
[2] 王煜：《专气致柔似母亲哺育的婴孩》，《老庄思想论集》，台北：联经出版事业公司1979年版，第265页。

示相时表明的“未始出”的状态。可惜后世注家根据通常理解的“婴儿”来解说，当成已出生之后的幼婴了。《道德经》中“赤子”一见，“婴儿”三见，两种称呼看似同义词，但细究仍有区别。第十章“载营魄抱一，能无离乎？专气致柔，能婴儿乎？”此处之“婴儿”是诞生前还是诞生后呢？从“抱一”“无离”的描绘看应是未出生之胎儿。因为只有子宫内的胎儿才可能是“抱”成“一”团的。所谓营魄，也符合“人生始化曰魄”的初级生命观念。日本学者石田秀实根据出土的《胎产书》和《黄帝内经·灵枢·本神篇》等文献，确认魂与魄的合成期在妊娠四个月之际，五脏也在此时生成。他写道：

这个“作为居住处所的场域”的肝（血与魂）、肺（卫气与魄）都于此时完备。此外，因为营血是营气变化而来的，宿于营气的“意”，也在这个时期开始流动。[1]

参照这种情形，有理由把胎儿身体的发育成形视为“载营魄抱一”之说的形而下原型，这样，婴儿也就指胎儿了。《道德经》第二十八章“复归于婴儿”说，是否也可理解为归母返胎呢？第二十章的另一种表述为此提供了相应的“内证”：

众人熙熙，若享太牢，若春登台。我魄未兆，若婴儿未孩。乘乘无所归！众人皆有余，我独若遗。我愚人之心，纯纯。俗人昭昭，我独若昏。俗人察察，我独闷闷。淡若海，漂无所止。众人皆有已，我独顽似鄙。我独异于人，而贵食母。[2]

[1] 石田秀实：《由身体生成过程的认识来看中国古代身体观的特质》，杨儒宾编：《中国古代思想中的气论与身体观》，台北：巨流图书公司1993年版，第190页。

[2] 朱谦之：《老子校释》，中华书局1984年版，第79页。

此处的“婴儿未孩”四字从时间上表明了婴儿与孩的先后次序，是非常有趣的一种说法。后人对此理解上有相当偏差。王弼注云：“言我廓然无形之可名，无兆之可举，如婴儿之未能孩也。”[1]无形可名与无兆可举的婴儿似乎应相当于未出生的胎儿吧。王注把“婴儿之未能孩”当成众所周知的事实，故未做具体说明。现在可以看到的最早的注《老》者之一张道陵《老子想尔注》云：“我，仙士也……无心意如婴儿未生时也”。[2]婴儿未生时当然就指母腹中的未分离之胎儿，所以“复归于婴儿”亦指返胎而言，当为壶子“未始出吾宗”说所本。不过，《想尔注》在唐代以来就渐被遗忘，《道藏》中亦未收，今幸赖敦煌石室发现残卷，重显于世。而后世注本却多不用此说，仅据《说文》“孩”与“咳”同字说，将婴儿未孩等同为婴儿未咳，《经典释文》、景福、傅、范诸本皆作“咳”。魏源《老子本义》曰：“淡泊然情欲未萌，如婴儿未能咳笑之时，初不知外物之可乐也。”又曰：“食母，见《礼记·内则》篇，即乳母也。贵食母者，即婴儿未咳之义。”[3]这样的解说与《想尔注》大异其趣，“婴儿未孩”不指胎儿未出生时，而指生下来尚不会笑时。查今本《辞海》《中文大辞典》等也都以“小儿笑”释“孩”，遂使《广韵》“孩，始生小儿”的古训湮没无闻。《颜氏家训·教子》有“子生咳”一说，盖新生儿之啼叫与胎中之静默判然有别，即为“咳”或“孩”取义之本。“咳”又作“孩提”。《史记·扁鹊列传》又有“咳婴之儿”一词，亦指新生儿。王符《潜夫论·德化》则以“咳”与“笑”并言，作为婴儿出生后的外在征兆：“和德气于未生之前，正表仪于咳笑之后。”皆可证“婴儿未孩”指未出生。

蒋锡昌《老子校诂》按：《说文》“咳，小儿笑也；从口，亥声；孩，

[1] 王弼：《老子注》，“诸子集成”本，第11页。
[2] 饶宗颐：《老子想尔注校证》，上海古籍出版社1991年版，第25页。
[3] 魏源：《老子本义》上篇，“诸子集成”本，第16页

古文咳，从子”；是“咳”“孩”一字。小儿初生，未能作笑。此时除饮乳本能外，可谓毫无其他情欲。“如婴儿之未孩”，谓圣人情欲之少，一如婴儿犹未能作笑时也。[1]蒋氏此书为现代注《老》之学中影响较广的一种，故其说多为后人采纳。比蒋书稍后问世的高亨《老子正诂》卷上注此句除先引《说文》外，又举出三条旁证材料，使此说更显得无懈可击：

《礼记·内则》：“咳而名之。”《孟子·尽心》篇：“孩提之童。”《庄子·天运》篇：“于生五月而能言，至乎孩而始谁。”皆孩笑之义，与此同。[2]

王煜先生从“婴”字的造字取象上入手，认为婴儿可指乳儿，“婴儿的哲学”意义一方面在于无知无欲，另一方面在于比喻圣人依循天道。他写道：

在道(母)的怀中受哺育，毕生感恩不尽。婴字原是动词兼名词，说文:“婴，绕也，从女賏，賏连也，颈饰。”幼童绕抱生母或乳母而啜乳时，状似系属连贯的贝壳作饰物时环绕颈项，所以婴字作名词的引申义便是乳儿。《释名·释长幼》：“人始生曰婴儿，胸前曰婴，抱之婴前，乳养之也。”《玉篇》：“婴，女曰婴，男曰儿。”婴儿接受哺乳，好比万物受道衣养，都是既自然且必然，没有营为造作的成分。婴孩自动缠绕乳母，正如圣人自然依循天道。[3]

与乳儿说相似的还有“奶娃”说、无情无欲说等。

台湾版“中国历代经典宝库”本、余培林《生命的大智慧：老子》一书的解说是：“泊兮”，淡泊的样子。“兆”是征兆、迹象的意思。“未兆”

[1] 蒋锡昌：《老子校诂》，商务印书馆 1937 年版，第 130 页。
[2] 高亨：《老子正诂》，开明书店 1943 年版，第 47 页。
[3] 王煜：《专气致柔似母亲哺育的婴孩》，《老庄思想论集》，第 269 页。

是说心胸淳朴，无情无欲。“孩”与“咳”同，婴儿的笑。“婴儿之未孩”，是说心胸廓然，好像还不会笑的婴儿一样。[1]

图 49 法国南部新石器时代石雕女像以抽象线条表现母性的孕育哺养功能

与“不会笑婴儿”相应的另一说是“初生婴儿”即“奶娃儿”说，由台湾南怀瑾先生为代表。其《老子他说》云：“老子提醒修道者，别于众人，应该‘我独泊兮其未兆’。要如一潭清水，微波不兴，澄澈到底。应该‘如婴儿之未孩’。平常心境，保持得像初生婴儿般的纯洁天真。老子一再提到，我们人修道至适当程度后，不但是返老还童，甚至整个人的筋骨、肌肉、观念、态度，等等，都恢复到‘奶娃儿’的状态（湖北、四川地区，称呼还在吃奶的婴儿为‘奶娃儿’）。”[2]“奶娃说”与“不会笑婴儿说”虽略有差别，但在确认婴儿为已出生这一点上仍是一致的，都不包含“未生时”的意思。

1973 年马王堆汉墓帛书本《道德经》出土，甲本此句残缺，乙本作“我博焉未，若婴儿未咳”。由于“咳”在《说文》训小儿笑，所以 20 世纪 80 年代以来大陆的新注新译本大都接纳了“婴而未咳”指不会笑的小儿说，几乎没有异议。

任继愈《老子新译》释“泊”为淡，释“孩”为婴儿笑声，故翻译此句为：

独有我，却淡淡地，无动于衷，

[1] 余培林：《生命的大智慧：老子》，河北人民出版社 1989 年版，第 42 页。
[2] 南怀瑾：《老子他说》，国际文化出版公司 1991 年版，第 203 页。

像婴儿还不会发出笑声。[1]

陈鼓应《老子注释及评介》以淡泊、恬静释“泊”，以婴儿笑释“孩”，并依马叙伦《老子校诂》将后文中“沌沌兮”三字移至此二句之间，翻译成如下：

而我独个儿淡泊宁静啊，不炫耀自己；
浑浑沌沌啊，好像不知嘻笑的婴儿。[2]

并进而评述说：“老子说明他在生活态度上，和世俗价值取向的不同，世俗的人，熙熙攘攘，纵情于声色货利，老子则甘守淡泊，澹然无系，但求精神的提升。在这里，老子还显示出和人群的疏离感。”道家思想的基本取向就是与世俗社会的疏离，这里值得特别注意的是疏离之方式——返归母胎。

“婴儿未笑”之说不仅在国内老学注译方面占据了一统天下，而且还借助于种种渠道而远播海外，成为通行于世的权威解说，几乎到了积重难返的境地。林语堂在其风靡西方的《老子的智慧》中译解此句为：

惟独我淡泊恬静，
心中没有一点情欲，
就像不知嘻笑的婴孩。[3]

美国宾夕法尼亚大学东方研究教授梅维恒新译马王堆帛书本《道德经》，

[1] 任继愈：《老子新译》（修订本），上海古籍出版社1985年版，第102页。
[2] 陈鼓应：《老子注释及评介》，中华书局1984年版，第146页。
[3] 林语堂：《老子的智慧》，中译本，台北：“国家出版社”1988年版，第115页。

以 motionless（无情欲）译“泊”，以 as a baby that has yet to gurgle 译“如婴儿之未孩”[1]。baby 一词专指幼儿、婴儿，但与胎中之未生者（foetus，embryo）判然有别，不可互换。

意大利巴维亚大学教授贺荣一从“保持生理机能的和谐自然”这一角度去解释老子关于复归婴儿的观点：“婴儿无知无欲，完全听任生理机能的自然进行，因此婴儿生理机能之进行最为和谐自然。……只要吾人心静如天下幽谷之溪流，不起欲心，便能达到婴儿的那样境界。”[2] 婴儿既作为自然生理状态之理想，复归也就是效法此一理想。不过此处说的婴儿仍是已脱离母胎的个体生命，当与老子所言“善抱者不脱”有了明显距离。

南斯拉夫学者拉多萨夫结合老子关于道、玄牝、谷神、复命等观念系统来看待婴儿的比喻意义，他认为，“每个事物都有开端，都有它的来源。知道了事物的开端就可以推知它的结果。反过来，知道了事物的结果，也就把握了它的来源。这样结果又变成原因。在不断的转化之中隐藏着永恒的道”。玄牝、谷神有生养之义，代表生殖本能和微妙的母性，回到生命本源即称“复命”。有深厚修养的人能返到婴儿的纯真柔和的境界就是体道的人。老子把他叫作“圣人”。[3] 拉多萨夫虽未指明婴儿相当于母体孕生中的胎儿，但把婴儿作为“复命”和回归“玄牝”的象征，也就包含了返胎的意思。孙隆基先生不赞同道家的复归婴儿说，以为那是老子提供的一套维持“活死人”状态的“死亡崇拜”。但却看到道家炼身的终极目标是“重新回到母胎状态中去”；复归于婴儿，也就是钻回娘胎，尽管没有举出这种等同的实证材料。我们在《老子的文化解读》中对此已略有评述，不过当时尚未超出“婴”与“孩”的区

[1]Victor H. Mair：*Tao Te Ching*，Bantam Books，1990，p.83.
[2] 贺荣一：《老子之朴治主义》，百花文艺出版社 1994 年版，第 174 页。
[3] 拉多萨夫：《老子：婴儿与水》，《道家文化研究》第 4 辑，上海古籍出版社 1994 年版，第 60 页。

别即在会笑不会笑这一老的解说套路。[1]

总结上文的讨论，“婴儿”在老子那里似乎直指母胎状态，相当于庄子“未始出吾宗”。这一层深隐之义并未得到后代注释家和思想家的理解，只在道教修行者内部有限的范围内得到认同，从《想尔注》以“未生时”解“未孩”，到《胎息口诀并序》“在胎为婴，初生曰孩”[2]的明确说明，与众口一词的婴儿未笑时之说相抗衡。

从科学的角度看，胚胎只是哺乳动物的个体生命最初在子宫中发育成形。而从神话和宗教的类比思维看，胚胎可以是事物开始的象征，乃至整个宇宙发生之前的浑然状态的象征。《尔雅·释诂》便云：“胎，始也。”郭璞注：“胚胎未成，亦物之始也。”李纲《同叔易季言游虎丘寺》诗云：“镌刻露天巧，胚胎劳混茫。”皆是此种类比思维的延伸表现。在古印度的《吠陀》神话中，宇宙开端被描绘为一种“金胎”漂浮在原始水面上，是宇宙之光的萌芽。中世纪的西方人和古巴比伦人都把矿物设想为地母所怀的胎。矿物在铸工或炼金术士的熔炉中，就像胎儿在母腹中完全成熟。印度人把钻石理解为地母孕育而成的水晶；越南人认为金子是在地母腹中成熟的青铜形成的。此外，胎盘也被视为孕育了最初生命的瀛海与大地。在毛利人的语汇中，“胎盘”与“大地”是同一个词。一些五花八门的诞生礼仪都把埋葬胎盘作为必要的回归本原的表示。马王堆三号汉墓出土帛书中有《禹藏埋胞图》，托为大禹所制藏，指示婴儿出生后埋葬胞衣的方法，更引人注目的还有为新生儿“重返先天”所安排的土浴洗礼。出土帛书《胎产书》云：

字者，且垂字（临产），先取市土濡请（清）者，□之方三四尺，高三四寸。

[1] 参看萧兵、叶舒宪：《老子的文化解读》下篇，第4章第4节“婴儿崇拜”，湖北人民出版社1994年版，第828页。

[2]《胎息口诀并序》，《云笈七籤》卷五十八，齐鲁书社影印本，第326页。

子既产，置土上，勿庸□，　令婴儿□上，其身尽得土，乃浴之，为劲有力。[1]

帛书整理者按："以婴儿初生时周身粘土，寓土生万物，土能长养之意，使婴儿得泥土之气而健康强壮。但这种方法既迷信，又使婴儿增加感染受病的机会，不足取法。"[2] 此说点明了土浴所具有的法术性质：让生养万物的土包裹婴儿全身是为了将生命之气传感给新生者。但进一步从象征方面看，尚可揭示出"二次孕育"的神话母题，即让婴儿之诞生同时成为重返地母之腹的仪式性过渡。受此神话观念支配的古人自然不会考虑这种仪式行为的卫生与否了。笔者还怀疑庄子所说"真人息以踵"的诀窍或许也是类似胎息、食母的原理。人的脚踵不正是人体与大地母亲直接接触的重心所在吗？孕育生命的原力莫非假道踵之息从土地传感到真人那里？希腊神话中的巨人力士安泰只有在踵不离地的情况下才能保持其万夫不当之力，一旦双足离开地面就全然丧失了英雄本色，这难道不正应验了壶子说的"机发于踵"的神话哲理吗？

土地生人的类似神话母题在世界范围内十分常见，甚至还有根据耕种作物的经验而类比出来的播植人种于土地的题材。台湾邹人的一则神话说：古时候哈莫天神从天上降临特富野社，播植人种。他播下的种子从土地里长出来，就成为现在人类的祖先，所以人叫作"滋木非多久阿"，意思是"从土里长出来的"。天神造人，就是最初那一次，以后的人都是由泥土中长出来的人相互交配而渐渐繁殖增多的。[3] 这则神话调解了土生人与人类自己繁殖的矛盾，把土生者确认为正宗原生之人，而后来的人则被视为次生的和非正宗的。此类神话可有助于我们理会"人生于土，死后归土"的流行说法。

[1] 周一谋、萧佐桃主编：《马王堆医书考注》，天津科技出版社 1988 年版，第 360 页。
[2] 周一谋、萧佐桃主编：《马王堆医书考注》，天津科技出版社 1988 年版，第 361 页。
[3] 浦忠成：《台湾邹族的风土神话》，台北：台原出版社 1993 年版，第 137 页。

图50　枭头再生女神像（采自坎贝尔）

列维－斯特劳斯在分析神话中的肿脚英雄母题时指出："在神话中，人类诞生于大地是普遍性的特征，当人类从大地深处出现时，他们不会走路或只能笨拙地行走。"[1]在这种情形中，不便行走的脚似乎还承担着比行走更重要的原始功能——介乎胎息与脐带之间的母子生命传感？因为在走出母腹并割断脐带之后，人与生母脱离了直接的身体联系，而作为两足动物的脚却终生与地母（大自然母性生命力之本）保持着息息相通的接触。西方典故中有阿喀琉斯之踵（Achilles' Heel）一说，希腊神话说这位英雄初生时被母亲握住脚踵倒浸在冥河之水中，除踵部外全身刀枪不入，后被帕里斯射中脚跟而死。阿喀琉斯之踵遂专喻指致命之处。从结构分析的立场看，脚踵在这里象征性地暗示着母子生命关系的中介。而把脚踵视为同咽喉一样的人体致命处，从科学生理学观点看纯粹是荒谬的，但神话却信奉为真理，派生出此一类传奇性的故事。这些都可为庄子的"息以踵"和"机发于踵"之说提供深远的信仰背景。

与神话思维传统保持着内在联系的经脉学说对于理解庄子的踵息说与后世胎息说的相通之处提供了又一种参照系。近有学者据此提出踵息法是一种高级的从脚胫内穴向上引气的方法，并对照马王堆出土的经脉学佚书《足臂十一脉灸经》和《阴阳十一脉灸经》加以具体说明。帛书中的足六经是：足阳明脉、足太阴脉、足太阳脉、足少阴脉、足少阳脉、足厥阳脉。其中三条

[1] 列维－斯特劳斯：《神话的结构研究》，见叶舒宪编：《结构主义神话学》，陕西师范大学出版社1988年版，第26页。

足阳脉是由足踝（胻）至头部，三条足阴脉是由足到股、腹部。比如足阳脉的起止穴位是：起于胻中，到膝中，至股，上至少腹，再至乳内廉，至嗌（咽喉），至口，止于鼻。这样看来，庄子说的踵息法“其息深深”，在口鼻呼吸和胎息法之外又辟出一条吸收自然元气之路，“与其他呼吸法相辅相成，构成了一个多方位的‘内息’系统”。[1]再从踵息法的经脉学阐释返回老子“专气致柔能婴儿”的奇妙言论，或许对于返胎神话中包蕴的古老智慧还会有新的体悟吧。

五、列子复朴

道家话语中与“归根”“抱一”“为婴儿”“比赤子”等语词相类似的另一术语是“复朴”。壶子经历了四次示相的返胎实验，吓退了郑之神巫季咸，却也使道心未坚、修炼不足的列子受到一次最彻底的启蒙教育。壶子用身教（示相）与言传（释相）相结合的方式开启了心浮气躁的弟子之茅塞，让他体会到什么是真正的“至道”，从而有了曾经沧海难为水的终生效应，也仿效壶子的逆向生命运动程序，尝试他自己的“复朴”努力。《应帝王》篇的这一节故事是以如下描述来结尾的：

然后列子自以为未始学而归，三年不出。为其妻爨，食豕如食人。于事无与亲，雕琢复朴，块然独以其形立。纷而封哉，一以是终。[2]

此则寓言作为完整的一幕剧来看，开场是列子被神巫所惑，终场是列子觉悟和归真返朴，中间四场壶子唱主角，显得波澜起伏，首尾圆贯。故事情

[1] 陈广忠：《庄子气功试解》，《庄子与中国文化》，安徽人民出版社 1991 年版，第 367 页。
[2]《庄子集释》，第 306 页。

节的展开模式有如《旧约》中的堕落与拯救、《新约》中的浪子回头，呈现为所谓先抑后扬的喜剧式结构，教育和启迪的效应十分显豁。壶子的精彩表演既已完成，后面的赘述列子是否有画蛇添足之嫌呢？看来并不尽然。庄子特意安排的这一结局不仅有效地反衬出壶子言传身教的立竿见影之效，而且曲终奏雅式地回扣《应帝王》全篇之主旨，用一系列重要意象——朴、独、封、一（壹）[1]等来呼应浑沌与壶胎的思想观念之原型。

此处的“纷而封哉”，《列子·黄帝篇》作“份然而封戎”。李桢根据前后六句押韵的情形判断，应以《列子》为正。“哉”乃传写之误，其说可从。“封”的意义是此句核心，郭注为“虽动而真不散也”；成疏则云：“封，守也。虽复涉世纷扰，和光接物，而守于真本，确尔不移。”[2]守住自身的本真元气，使之不外散，这个“封”的功用同前面一再提到的“塞”与“闭”实在是异曲同工的。每一个修道之人若能做到自身小宇宙的这种自我封闭，有如葫芦瓶塞住了口，自然就有“洞同天地，浑沌为朴”的壶中空间，距离为婴返胎的化境也就相去不远了。王夫之《庄子解》谓“纷者皆封，即撄宁”。这是将列子封闭其身的功夫同《大宗师》所讲的朝彻见独后的寂静心态对等起来了。

“雕琢复朴”句郭象注：“去华取实。”成玄英疏：“雕琢华饰之务，悉皆弃除，直置任真，复于朴素之道者也。”意思虽讲得通，但“雕琢”二字如何解为弃除雕琢，还让人不免犯疑。李勉说：“‘雕’字误，应作‘去’。言雕琢之事，悉皆废去，复归于朴。”这才觉得顺畅起来。从来源上看，复朴和返胎的思想都非庄子所创，而是直接取自老子。《道德经》先后八次使用“朴”这个词，其中七次都明显带有导向性，希望人们效法“朴”，用“朴”来抵消“欲”，通过“复归于朴”的途径来体悟“道”。如此看来，庄子所

[1]“一以是终”《列子·黄帝篇》作“壹以是终”。
[2]《庄子集释》，第 307 页。

塑造的壶子与列子师徒二人的形象都可以视为老子关于“朴”的人格理想的某种投胎转世。

意大利籍学者贺荣一教授曾以“朴”这个概念去统合老子的政治哲学思想，称之为“朴治主义”。他解释说：“‘朴’其本义是指未经雕斫的原木。而原木所表现的状态是质朴无文。质朴无文就是原木本来的自然面目。因此朴的含义即是质朴自然。”[1]所谓“朴治主义”，就是以质朴无文的自然方式治民的学说。治民经国的学说当属政治学的范围，又因此说乃依据深奥哲理而创作，因此又可归为一种“政治哲学学说”。此说颇有道理，却未能穷尽“朴”的多重象征意义。在我们看来，“朴”不仅与经国治民有关，从根本上看还蕴含着某种天人合一的生态学说，以及由此而类推出来的人生理想。从《淮南子·诠言训》“浑沌为朴”的说法看，“朴”作为原初的整体、未分化之意象，与混沌意象几乎是类同的。只是从取象之原上看，混沌取象于原始洪荒大水，或如老庄所言之“渊”；而“朴”则取象于有机物——植物的生命世界。如果不太拘泥的话，《逍遥游》篇结尾处惠子先后讲到的两种硕大而无用的植物——大瓠与大樗，都应看作是“朴”之原型的置换变体（displacement）。也只有借助于原型象征的意义网络，从《逍遥游》到《应帝王》的整体呼应与内在联系才会一目了然，在表面上杂乱无章、旁出变幻的寓言、重言的丛林中把握住万变不离其宗的“卮言”结构。

具体而言，《逍遥游》和《应帝王》是内七篇中提到列子这个人物的仅有两篇，而且其名称也仅限于“列子”一种。至外、杂诸篇，列子的出现频次渐多，有时称“列子”，有时亦称“列御寇”或“子列子”。参照之下，内篇分别在开端一篇和结尾一篇让列子两次现身，其间的照应之义颇耐人寻味。《逍遥游》讲到列子是在讨论“有待”与“无待”的语境中，作者把他

[1] 贺荣一：《老子之朴治主义》，百花文艺出版社 1994 年版，第 10 页。

同宋荣子、宰官等相提并论，作为“有待”因而不得逍遥的例证，与“无待”因而得以逍遥的“以游无穷者”（即至人、神人、圣人）形成正反两面的鲜明对照。如此看来，此时的列子虽已有一定的道术（能够“御风而行”），但还不能像至人等神圣人物那样做到“无己”“无功”“无名”，因而尚不吻合庄生之人格理想。而在《应帝王》篇中，庄子又“显形”为壶子给列子上了铭心刻骨的一课，示以返婴归胎之术，终于使之幡然悔悟，三年后完成了归真复朴的道行，达到或至少趋近了“至人无己”的理想境界。如此说来，内篇中塑造的列子形象只有先后对照起来看，才是完整的。壶子示相与列子复朴这两个情节在《应帝王》本篇之内具有逻辑上的因果关联，毋庸置疑。而这两个形象分别回应《逍遥游》中的“大瓠”与“大樗”之喻，却远非人人所能觉察了。

六、朴的原型：大瓠、大树

瓠与壶的通用关系前章已有说明，我们据此关系将壶子理解为瓠即葫芦的人格化，当然也应同时考虑《庄子》首篇中就已出现的、具有预表（prefiguration）作用的大瓠意象。惠子说起他种的大瓠有五石之巨，既不能用来盛水，又不能剖开做瓢，干脆把它当废物而毁弃掉。庄子听后反唇相讥，认为惠子“拙于用大”又“有蓬之心”，并讲述了不龟手之药一事，说明“所用之异”，效果会有天壤之差，不该将大瓠弄坏：

今子有五石之瓠，何不虑以为大樽而浮乎江湖。

旧注谓“惠子所以起此大匏之譬，以讥庄子之书，虽复词旨恢宏，而不切机务，故致此词而更相激发者也”。而打破大瓠的举动也旨在“刺庄子之言，不救时要，有同此瓠，应须屏削也”。[1]从庄惠二人的态度看，大瓠的价值截然不同，或以为是无用之废物，或以为无用之用乃有大用，作者对瓠这一意象的微妙寄托和褒扬之情已为壶子之登场做了某种暗中铺垫。井筒俊彦认为，超常之大是“至人”特征，由此派生出的诸种“大而无用”之物象皆为庄书中重要的象征，如大瓠、大树、犛牛等，皆可视为“怪诞幻想的象征”（fantastic symbols），与庄书开篇的两种神幻意象鲲和鹏有异曲同工之用：让我们借此超常规之“大”的想象去超越人类生存于其中的有限现实世界的种种束缚和限制，去接近至人所逍遥的那个无限、无何有的“无用”世界。[2]这一象征视角的透视将看似毫无牵连的瓠与鲲鹏的意象放置在异形同构的义理层面上，使《逍遥游》篇首尾的怪诞形象得以贯通理解，归结到至人无待而逍遥的中心题旨上，对于后代注《庄》之人，当有重要启迪。

还有学者将惠子的“有蓬之心”同跳跃蓬蒿之间的“二虫”联系起来，再同大瓠与鲲鹏的空间性寓意相对比，揭示出大瓠的“复归本根”之义：

“大瓠”原本“自然”，原本萌生茁长于“无局限空间”，一如“鲲”之孕生于北冥，运化转生为“鹏”，而飞行至南冥。“大瓠”者，“天池”中之生命也，其自生自长自足自得，其生命自我圆满于“大自然大空间”。而惠子却以蓬蒿二虫之自我剖割之心，初欲以其为盛水之器，又欲以其为瓢，此等均欲令“自然空间”横受人为之割截而局限为“二虫”的“蓬蒿”。

针对惠子之“有蓬之心”，庄子提出解消之方，此方无他，即令大瓠复归其本根也（为大樽、浮江湖）……“瓠”者“鲲”也，“樽”者“鹏”也，而“江湖”即“天池”也。“鲲”须运化升扬为“鹏”，而“瓠”则须运化升扬为“樽”，“浮乎江湖”，逍遥游于无局限的空间，这才是大生命大心

[1]《庄子集释》，第 36 页，引成玄英疏。
[2] 井筒俊彦：《苏斐教与道家》，东京，1983 年，英文版。第 437—439 页。

灵的无待、自然的本色。而此根本之道，实即“致虚极，守静笃”，亦即“无己”“无功”“无名”。[1]

此一解说与前引井简俊彦的解说所遵循的共同原则是，不能用孤立静止的僵固眼光去看待庄书中的意象，而须从整体的和前后联系的思想脉络出发去解决局部的问题。如果我们再进一步，把考察的视野从《逍遥游》单篇的前后联系拓展到整个内七篇的前后联系，那就不难发现大瓠的复归本根与壶子的复归本根如何构成同一主旋律之复调变奏。所不同处在于，大瓠的浮江湖仅出于庄子一厢情愿的建议，远非以世俗实用之“有为”眼光考虑问题的惠子所能理会。而人格化的大瓠假借至人壶子的面目再度出场时，作者不仅完全兑现了“无为”胜“有为”的初衷，而且让壶子返胎归宗的演示成为教化列子复朴抱一的活教材。《逍遥游》中胜负未分的庄惠之争到了《应帝王》中改换为壶子所向无敌的一边倒式胜利。同一个旋律延展到外、杂篇中仍在变奏出新的乐章，《天地》篇重弹“无为复朴”之曲；《山木》篇又演“复归于朴”的活剧；《天下》篇以惋惜惠子的感叹为全书结尾，希望所有“逐万物而不反”的迷途者引以为戒。

从“永恒回归”的神话主题着眼，大瓠的生命循环意蕴仍有待于进一步的揭示。惠子谈到大瓠时明确告知其来源——“魏王贻我大瓠之种”，从种子到栽培，再到长成大瓠，全都是惠子之功，但功成之后便不知如何“归”和“返”了，只想从有为有用的功利角度去中断其自然生命的延续，这正是庄子一贯反对的。无论是用瓠做容器盛水，还是剖成瓢来使用，都是以人为的宰割扭曲伤害了瓠之真朴，更不要说“为其无用而掊之”的残忍举动了。《国语·鲁语》有“苦瓠不材，与人共济”之说，指不能食用或器用的苦瓠可不

[1] 潘朝阳：《庄子逍遥游的空间论》，《当代中国学》创刊号，台北，1991年1月，第122页。

加剖判地完整保留下来作为类似救生圈的水上漂浮物。庄子以为此种保全大瓠原初完整的归宿才是其最佳的保持真朴的无用之用，所以有“虑以为樽”而游荡江湖的设想。

再从精神分析的层面去分析，水面上漂流着大瓠这一意象正可构成人祖诞生神话的开始场景。我国的苗、瑶、黎、侗、壮、彝、佤等民族都流传着伏羲女娲藏在葫芦内躲避洪水之灾，凭借葫芦而保证人类生命的绵续的神话。“巴姆巴拉人视葫芦为孕育有形生命的宇宙之卵、妊娠、母腹的象征。他们把脐带叫作小孩子的‘葫芦藤’”。[1] 英雄神话讲到英雄诞生常引入“弃儿”的母题，即将新生儿装入葫芦、罐子、箱子、盒子、蒲草筐等不透水之容器漂流于江湖之上。弗洛伊德派学者提供的解释说，那盛放婴儿的容器是子宫的象征，容器浮于水上，是生育时羊水破裂的象征。弃儿母题的深层意义在于让新生者经历象征性的二次孕育与二次诞生，从而获取超凡的生命力或神祖保佑的幸运。[2] 如此看来，庄子希望大瓠保持完整并浮于江湖的构想不会是凭空虚构，也不仅仅是效法“苦瓠济人”的实用典故，其中所蕴含的回归生命循环之起点的意思，不是同《应帝王》篇的壶子返胎完全一致了吗？“二次孕育”这个神话观念的引入，使我们清楚地看到基督教的“洗礼”、佛教的“剃度”等入教仪式的精神新生意义，也对道家圣人孜孜以求的“返朴”和道教徒的“胎息”一类实践功夫的仿生学原理有了理性透视的有效视角。

大瓠的象征性背景既已明晰，再来看人樽之喻的“朴”之主题也就容易切入了。瓠作为樽而浮于江湖，实际上并未遭受人工剖判的解体命运；“朴”既指未经雕斫的原木，也是以其自然生成的本来面目而受到道家取喻者的青睐的。惠子所拥有的第二件大得出奇的怪诞之物便是一株大树，常人都厌恶

[1] 谢瓦利埃等编：《世界文化象征辞典》，中译本，第 345 页。

[2] 松村武雄：《神话学原论》下卷，东京，培风馆，昭和十五至十六年，第 856 页。参看叶舒宪：《水：生命的象征》，《批评家》1988 年第 5 期。

地称之为"樗"，因为它既没有采伐加工的使用价值，还散发出难闻的怪味，其树干弯弯曲曲、疙疙瘩瘩，木匠对它根本不屑一顾。惠子也对其无用而犯愁。庄子却对此大树同对大瓠一样情有独钟，因为它又是一个无用之用的极佳标本，或者说恰恰符合"朴"的原型特征。正由于这樗的不中用，"不中规矩"，才得以保全其自然本真的性质，"不夭斤斧，物无害者"，这才是世俗功利的实用价值之外的生命的最大价值。从功利世界的价值标准看最没有用的东西，转换到非功利世界中看却是最理想的存在方式。所以庄子又建议将这大树移植而去，省得世俗之人觉得它大而无用，碍手碍脚：

今子有大树，患其无用，何不树之于无何有之乡，广莫之野，彷徨乎无为其侧，逍遥乎寝卧其下。[1]

如果拘泥地用现实的地理学眼光去寻找"无何有之乡""广莫之野"的实际所指，显然永远不会有结果。这种措辞方式意指的是某种主体性的心理空间，道家的生态乌托邦和政治乌托邦都依托于此种心理空间而展开，逍遥之游的超越可能也是建立在每个觉悟的个体的这种心理能量之基础上。"无何有"与"广莫"或可直译为今语"莫须有"，与托马斯·莫尔 1516 年著作《乌托邦》书名正相吻合，西文中 Utopia（乌托邦）这个词的本义也是"无何有之地"（noplace）。莫尔取希腊文里表示否定的 ou 和表示地方的 tópos 合成这个新词，旨在表达他想象中的那个理想岛国。如此看来，庄子为大瓠和大樗所设想的理想归宿并不在此岸世界。"无何有"一类的语词本身就暗示了这种理想国只能靠主体自身的内心探求和恢复真性而得。从这一意义上看，复朴、返婴等逆向生命运动实在就是逍遥、无为的实现方式了。

[1]《庄子集释》，第 40 页。

《逍遥游》篇末的大樗意象不仅为《应帝王》中列子复朴的情节埋下了伏笔，也为整个《庄子》确认了思想主调。《人间世》中的齐之社树与商丘大木、《山木》篇开端讲述的山中大木因其不材无用而免遭砍伐的寓言，都一再回应大樗与大瓠的“复朴”理想，所突出的“大”又与《老子》第二十八章“大制无割”说似有默契。再看《马蹄》篇对世俗所称“伯乐善治马”的尖锐批判，对有违“真性”的所有人为施治措施的强烈反感，就更能体会老庄为何对“复朴”“抱朴”“无失其朴”“纯朴”“素朴”如此醉心。难怪列子效法壶子之闭门修炼术而达到“复朴”境界后，再也别无所求，“纷而封戎，一以是终”，就好像浮士德博士实现了“真美”的追求，当即倒地而逝，也类似孔圣人说的“朝闻道，夕死可矣”。

从庄子为壶子与列子的这则寓言后附的那段议论来看，他是把这两位能够返胎和复朴的悟道者同“体尽无穷，而游无朕”的至人视为同类的。后人用“先天元神”和“后天识神”的对立范畴来解说这种主观内求的心理训练功夫，“复朴”的比喻说法也被转化为“后天返先天”的原理。如培真先生所述：“后天返先天，是修道者逆用人生的过程，也是颠倒了生命信息功用的程序。先哲们对此逆用人生生命的程序的方法称之为‘数往者顺，知来者逆’，又形容为‘能于日用颠倒求，大地尘沙尽成宝’，‘顺为凡，逆为仙，只在中间颠倒颠’，‘寻归来时路’，等等。这也可以形容为走生命的回头路。”[1] 所谓“后天识神”，指的是人降生到复杂多变的人世中以后为了适应求生存的需要，本来淳朴无瑕的先天元神（心神）受到侵害，变得复杂多变起来。这种后天识神焦躁而妄动，必然耗散生命能量，把人推向疲惫、疾患和衰老之途不能自拔。在道家圣人看来，要使整个社会归真返朴，回到谦下不争的自然无为状态，需要从每个个人做起，自觉抵制世俗的功名利禄和

[1] 培真：《超凡入圣》，北京体育大学出版社 1993 年版，第 83 页。

权力财富对后天识神的诱导作用，保守身体禀赋的生命能量——精、气、神。为此，老子教导人们要“啬”，庄子又补充了一个“忘”，皆可视为向内收敛后天识神的修行法则。奚密曾对照德里达与庄子在心灵的“忘”这一状态上所达成的默契，认为德里达所主张的“忘”来源于尼采。尼采为了反叛理性和逻辑对人的禁锢而倡导“主动遗忘”（active forgetfulness）和“忘之术”（the art of forgetting），这一方法早由中国的庄子以“坐忘”的名义正面提出来了。而且作为忘术的逍遥游和梦在庄子思想中占有重要地位，尼采则建议用狂舞和梦的意象来辅助人的主动遗忘之努力。[1]令我们惊奇的不是“忘”的思想的相似性，而是借助于主动性的遗忘重返先天的要求为什么在中西思想史上有那样长的时间差。德里达因袭尼采的思路而主张“忘”，是为了摆脱“逻各斯中心主义”的两千年统治；庄子的“忘”则是回返生命之源并与“道”合一的有效途径。仅此一差别就可以凸显出这两个最高范畴的相异取向了。简单地讲，逻各斯作为语言、理性的至上标记，当然与后天识神难脱干系，而“道”则是先天识神之本源，是人与自然的统一归宿。老子已在“道可道，非常道”的第一命题中说清了道不依赖语言而存在的大奥秘，那么尚无发音能力的婴儿虽然无知无欲，却能与道共在的道理也就不难理解了。“如婴儿之未孩”，实在是杜绝任何后天识神骚扰的妙法良方。《庄子・外物》说“婴儿生无石（硕）师而能言，与能言者处也”[2]。生而能言，则去道渐远，不若胎中未生之时，故又说出“知者不言”“天地有大美而不言”“圣人行不言之教”等效法婴儿静默理想的话。

当代语言学中有“言语行为”理论，将人类的语言活动视为其行为的一方面。庄子也看到了“有为”与有言、“无为”与无言的相互关联，明确意识到实现无为复朴的必要条件也包括大智不言。《人间世》篇仲尼云：“言

[1] 奚密：《解构之道：德里达与庄子的比较研究》，《中国哲学杂志》第10期，夏威夷，1983年，第115—116页。
[2]《庄子集释》，第934页。

者，风波也；行者，实丧也。风波易以动，实丧易以危。”成疏：“风鼓水波，易为动荡，譬言丧实理，危殆不难也。”[1]这也令人想起老子关于“希言自然”的谆谆教诲。希言者，稀言也。大自然毕竟是默默无言地守持着它那真朴和原生之貌的。

[1]《庄子集释》，第161页。

THE SIXTH PART

第六章

道之数

数的本质是认识之因，它能在困惑和未知的问题上指引和教导每一个人。

——狄尔斯编：《费劳罗残篇》

吾知道之可以贵，可以贱，可以约，可以散，此吾所以知道之数也。

——《庄子·知北游》

一、《庄子》与神秘数字

从“形式即内容”这一有机整体性原则去考察庄书，自然会有前人看不到的意外发现。比如“道数”的发现就是一个显例。

所谓“道数”是笔者对庄子书中使用的具有象征性的神秘数字的总和概括之词，其命名之依据乃在于《天下》篇的“道术”之说及《知北游》篇的“道之数”之说。庄书中屡见不鲜的神秘数字，其运用看似自然无心，仔细推敲却总有深意可以发掘，其基本原则就是与“道”相对应，成为体现“道”的周行不殆运动规律的数字编码，喻示永恒循环之周期性韵律的数理哲学之象征。

《庄子》书中对数字的使用极为突出，而且颇有个性化的特色，往往于平常之中见出神奇。在大量出现于庄书中的各种数字用法中，可以确认有相当一部分是作为“道数”来用的，并不仅仅用来表示数字本身实指的数量意义，而是另有所寄寓，或可视为某种简化了的寓言。《知北游》篇有泰清问无穷“道之数”的故事，似可引为解读庄书中神秘数字的参考线索：

于是泰清问乎无穷曰：“子知道乎？”

无穷曰：“吾不知。”

又问乎无为，无为曰：“吾知道。”

曰：“子之知道，亦有数乎？”

曰：“有。”

曰：“其数若何？”

无为曰：“吾知道之可以贵，可以贱，可以约，可以散，此吾所以知道之数也。”[1]

成玄英以“名数”释此“数”，约相当于今语所说的“道理”，与《则阳》所云“计物之数”[2]的实指数字明显有别。“道之数”的原理在于道的运行循环无端，所以无为用“贵贱”“约散”两组对立范畴加以说明。成玄英疏云：“贵为帝王，贱为仆隶，约聚为生，分散为死，数乃无极。此略言之，欲明非名而名，非数而数也。”此处所说“数乃无极”和“非数而数”可借来说明“神秘数字”的根本特性。

什么样的数字在神话思维传统中本来就具有“数乃无极”的象征蕴含呢？答案当然是那些用来表示宇宙之道运行周期的循环基数、进位数。这些数有些是国际性的，为人类大多数民族文化所共有，如四、七、十二、二十八等，分别对应季节的演变、天象的变化和时间、空间的度量尺度。也有些基数出于个别文化传统特有的神话或礼仪，成为富有民族特色的神秘数字，只是在较为有限的时空界域内才具备“非数而数”的象征意义。[3]《庄子》书中对这两种“道数”均有相当普遍的运用，前者之例有：“四子”“四问”“四时”“其数一二三四”“六通四辟”“七日而后能外物”“七日而浑沌死”“七日不火食”“七日七夜至老子之所”“斋七日”“今兵不起七年矣”“七年而天成”“七圣皆迷”“天子棺椁七重”“十二经”“十二世”“十有二年而未得”；后者之例则可举出“天有六极五常”“行之以五德”“灭文章散五采”“三军五兵之运”“五变而形名可举”“五年而未得也”“三皇五帝之礼仪法度”“夫三王五帝之治天下不同”“五纪六位将有别乎”“乱五色”“于五音无当也”“五声乱耳”“五味浊口”“五刑之辟”“制以五行”“愁其五脏以为仁义”“凶

[1]《庄子集释》，第 756—757 页。
[2]《庄子集释》，第 913 页。
[3] 参看叶舒宪、田大宪：《中国古代神秘数字》，社会科学文献出版社 1996 年版。

德有五""九日而后能外生""渊有九名""九变而赏罚可言也""九年而大妙""必在九重之渊而骊龙颔下""九洛之事""游乎九州""人卒九州""昔者十日并出""十数而未止也""霖雨十日""十日而问""十日自愁""十日戒""合十姓百名""臣之刀十九年矣""吾与夫子游十九年矣""黄帝立为天子十九年""寓言十九，重言十七""奸者七十二君""七十二钻而无遗筴"，等等。

关于前一类国际性的"道数"之起源及意义传承，已有原始思维研究者和象征符号学家做了大量调查研究，这些神秘数字的数外之意也已获得约定俗成的认可，成为人文研究中的常识。[1]关于后一类"道数"即富有中华民族特色的神秘数，近半个多世纪以来国内学人也做了一些研究和阐释，有些数字的起源和象征用法已基本得到解决，但仍有相当多的问题悬而未决或有待深入。比如数字"五"与五行思想的关系，数字"十"与殷商十个太阳的神话观念和旬制记日法，数字"九"与"阳数之极"的观念，等等，人们已大致达成共识。而对"七十二""三十六""十九"等神秘数的由来，还缺乏众所公认的结论。本章拟针对《庄子》书中"七""十九""七十二"等"道数"的用例，对问题做进一步的探讨，期望可由此而获得理解庄书整体性的新途径。比如说，《庄子》一书在古代传承中篇目和内容都经历了很大变动，而内篇的篇数七却从古到今没有改变，这其中的奥妙何在呢？作者在内篇第七篇《应帝王》的末尾处安排了一个充分体现"七"数神秘蕴含的故事，让在神话中通常作为创生之本源的浑沌在这里被凿开七窍而死，而整个开窍的手术仪式又恰恰进行了整整七天，这一切都是偶然的巧合呢，还是匠心独运的有意设计呢？问题的这一提法已经表明我们倾向于后一种观点，因为在"道

[1] 参看列维－布留尔：《原始思维》，丁由译，商务印书馆1981年版，第5章；赫福德（J.R. Hurford）：《语言与数》（*Language and Number*），纽约，1987年；瑟洛特（J.E.Cirlot）编：《象征辞典》（*A Dictionary of Symbols*），英译本，纽约，1971年。

术”与“道数”之间对应关系的启发之下，我们已经确认了庄书“形式就是内容”的表达诀窍，当然不会轻易放过任何一个“非数而数”的象征蕴含之发掘。再比如，“十九”这个数在《庄子》中连续出现的频率达七次之多，而且贯通于内、外、杂篇之中，有心的读者都会对此有所疑问；如果这只是个平常的数量之词，庄书作者为什么对它如此偏爱，抑或出于某种不可告人的语言习惯？相对照来看，十三、十四、十五、十六、十八等非神秘数字却在十余万言的庄书中从未出现过一次，这就更加反衬出“十九”的非同寻常的性质，激发着敏感的学人去搞个水落石出。

杨希枚先生曾把神秘数字看作是与人的世俗语言（worldly language）相对的“鬼神语言”，他写道：“所谓鬼神的话却是人类在超现实社会中用于与鬼神打交道的，即用于宗教或神秘生活的语言，故可称之为神秘语言（sacred language）。神秘语言常是非自喻性的，也即隐喻性或象征性的（metaphorical or symbolistical）语言。这种语言另有其神秘性的意义，而非可就世俗语言的观点而直接求其了解的。例如同一个‘十’字，就基督教徒而言，就显然有不同的，甚至非一语可以道尽的复杂神秘意义。”[1]我们已经了解到道家思想与上古神话与宗教传承有密切关联，那么庄书中的“道数”之用当然也可以通过上溯至神权时代的“鬼神语言”而查明其来源，破解其象征隐义了。在《苏雪林先生〈天问研究〉评介》《古籍神秘性编撰形式补证》[2]等文章中，杨先生还反驳了王充《论衡·正说》篇否认“经传篇数皆有所法”的意见，指出有相当一部分古书的句数和篇数取法于神秘数字，如《吕览》十二纪、慎到《十二论》《列仙传》七十二卷等，可惜未论及《庄子》一书。

[1] 杨希枚：《中国古代的神秘数字论稿》，台北：“中央研究院”《民族学研究所集刊》第33期，1972年，第89页。

[2] 杨希枚：《先秦文化史论集》，中国社会科学出版社1995年版，第717—737页。

二、内篇“七”与“七窍”“七圣”

“七”是世界文化中使用最广、影响最深远的神秘数字之一。只要想想我们今天被确认为人类通用历法的公历，为什么会以七天为一个礼拜（星期），就不难体会到这个数字对我们的生活和思想所产生的潜在制约作用了。

对于“七”这个圣数的神秘性之由来，笔者曾从比较神话学的角度，结合《圣经·创世记》的七日创世模式（六天创造，一天休息）、芬兰《创世歌》的七只宇宙卵、中国的女娲七十化和《庄子·应帝王》篇浑沌被凿开七窍等文献素材，以及中国古代民间流行的正月七日为人日的新年礼俗，《墨子·迎敌祠》与殷商的图腾编码空间结构（鸡犬羊猪对应东南西北），甲骨文中“七”的构形等旁证材料，尝试解说为三维空间意识（东南西北下上中）象征，并由空间方位的极限意义引申出循环基数与宇宙论的蕴含。笔者的这一研究先以论文形式发表[1]，后修订补充，成为《中国神话哲学》一书的第七章“混沌七窍”。此一课题在国内同行中引发了一定的兴趣。胡文辉先生撰文对《人日之谜》一文的观点提出商榷；辛世彪先生寄来他的新作《中国诗歌五言与七言模式的起源：人类学的视角》[2]，主张七言诗的形式本身具有象征宇宙和谐的意义；张德鑫先生撰文赞同笔者的见解，并在更广阔的文化范围中对“七”这个数的宇宙观、宗教观、创生观、民俗观、语文观等多种维度加以探讨；[3]钟年先生寄来他的论文，对拙著中的观点提出修正和补充意见，如《楚辞·招魂》中有向东南西北上下中七方呼号“魂兮归来”的招魂词。[4]凡此种种，

[1]叶舒宪：《原型数字“七”之谜——兼论原型研究对比较文学的启示》，《外国文学评论》1990年第1期；《人日之谜：中国上古创世神话发掘》，《中国文化》创刊号，1989年。

[2]原文为英文：*The Origins of Five-syllable and Seven-syllable Patterns of Chinese Poetry：An Anthropological Orientation*，未刊稿，1995年。

[3]张德鑫：《数字“七”的文化解码》，《中国文化与世界》第1辑，上海外语教育出版社1993年版，第16页。

[4]钟年：《数字“七”发微》，《中南民族学院学报》1994年第4期。

都拓展了我们考察神秘数“七”在中国文化中的模式化运用的范围，深化了对这个专题的认识。

现在再来看《庄子》内篇的篇数问题，似已有了提出新假说的较充足理由。在讨论“卮言与天钧”的一章中已经提到，庄书的整体构思中蕴藏着某种回环往复的宇宙论意义，旨在体现天道的永恒回归运行法则。而且古本《庄子》的实际篇数恰为七七四十九之数，内、外和杂篇的具体划分也皆以“七”或“七”的倍数为记（内篇七、外篇二十八、杂篇十四）。这些迹象都促使我们对内篇以七为单位的现象做象征论的解释。

首先，庄子非常熟悉的前辈哲人老子的五千言中根本没有写到过“七”，而庄书却先后十七次使用这个数。像“七日而浑沌死”“七日不火食”“七日七夜至老子之所”“今兵不起七年矣”“七年而天成”一类用法显然具有神秘意义。其次，庄子把浑沌君在七日之内被凿七窍的故事不早不晚地安排在第七篇《应帝王》的第七节，[1]作为整个内篇的终结，其匠心设计围绕“七”之数而展开，给人以强烈的象征结构性的暗示，不能简单地视为纯然之巧合，因为庄子不像老子那样对这个圣数漫不经心，反而处处表明他对其模式用法及循环基数意义是完全自觉的。再次，如我们以前已论证过的，“七”在从一至七的序列整体中作为方位符号，总是象征着中或中央的，即处于东南西北下上六合的包围之中。而《内篇》第七篇第七节的主人公浑沌之帝也同“七”的这一位置象征完全吻合。作者在他刚出场时就明确告诉人们，他是被南海之帝和北海之帝夹在中间的“中央之帝”。正像一些创世神话总是先讲述天地四方的生成，最终才讲到人类的诞生并把人安置在“中”的位置上，庄子对此类神话叙述程式了然于心，特意为浑沌留下中央的位置。因为“浑沌的

[1]《应帝王》分七节，参看蔡宗阳《庄子之文学》，台北：文史哲出版社 1983 年版，第 159 页；陈鼓应《庄子今注今译》，中华书局 1983 年版，第 210 页。

神话就是浑沌哲学，换言之，也就是庄周的哲学”[1]。如此有心安排的七篇结尾，正所谓“曲终奏雅”，余味深长。山田庆儿先生还认为此处之浑沌即是《左传》所说黄帝之子浑敦，在《山海经》里却作为黄帝本人了。我们知道在《礼记·月令》和《吕氏春秋》十二纪中所出现的五方帝观念，也将黄帝确认为“中央”之帝。[2]在五行与五色的对应模式中，“黄”亦为中央之色。山田氏在将浑沌还原为黄帝之后，对《庄子》的这个寓言之原型做出了如下推测：最初世界由黄帝统治，后来把南海北海让给儿孙来统治，把南海给了禺号，北海给了禺强。分治的结果是引发了争执，儿子们借一次应邀赴宴的机会把黄帝杀了，二人平分天下，因此有秩序的世界就取代混沌无序而产生了。按《庄子》的暗示，南海之帝与北海之帝不仅把空间，而且把时间也一分为二了，南海的禺号管昼和夏，北海的禺强管夜和冬。于是，无分别的中央象征黄帝（以无面目为特征）就被规则划分的空间与时间（昼夜与四季）程序所替换了。这一有趣的推测一方面使我们想起古希腊开辟神话所讲的父子二代之争，另一方面也想到《庄子·徐无鬼》中以黄帝为中心的“七圣”故事：

黄帝将见大隗乎具茨之山，方明为御，昌寓骖乘，张若謵朋前马，昆阍滑稽后车；至于襄城之野，七圣皆迷，无所问涂。

这时碰到一位牧马小童，他不仅知道具茨之山与大隗之所在，还懂得“为天下”的道理。黄帝向他请教，小童说：

[1] 山田庆儿：《空间·分类·范畴》，《日本学者论中国哲学史》，中华书局 1986 年版，第 46 页。

[2] 关于上古六种不同的“五帝”说，参看刘起釪《几次组合纷纭错杂的“三皇五帝”》，《古史续辨》，中国社会科学出版社 1991 年版，第 92—119 页。

夫为天下者，亦若此而已矣，又奚事焉？予少而自游于六合之内，予适有瞀病，有长者教予曰，“若乘日车而游于襄城之野。”今予病少痊，予又且复游于六合之外。夫为天下亦若此而已。予又奚事焉！[1]

黄帝闻教后佩服得五体投地，“称天师而退”。成疏云：“顿悟圣言，故身心爱敬，退其分外，至乎大隗，合乎天然之道，其在吾师乎！”把这故事解为求道寓言。耐人寻味的是“七圣”之名与所谓“六合”“日车”的潜在关联。《经典释文》释“七圣”：黄帝一，方明二，昌寓三，张若四，謵朋五，昆阍六，滑稽七也。显然把黄帝也算在七圣之数中了。其余六圣的名字每一个都隐约与太阳有关，如明、昌、昆、阍、謵、稽等字皆从日，而方明、昌寓、张若、昆阍四名又同《史记·殷本纪》中殷商神话祖先的名字昭明、昌若、冥、昏微如出一辙。王国维先生从殷人以日为名或以时辰为名的习惯加以解释：“自契以下，若昭明，若昌若，若冥，皆含朝莫明晦之意。而王恒之名亦取象于月弦，是以时为名或号者。乃殷俗也。夏后氏之以日为名者，有孔甲，有履癸，要在王亥及上甲之后矣。”[2]吴其昌先生进一步分析说，昏微是夜之意，昭明是清晨，昌若之意为日中（午），冥之意为晚暮。并且追问道：“何以齐整划一，必间一代而有此奇异名字……晨午晚夜，以次而下，何以‘昌若’不在‘冥’之后，‘昏微’不在‘昭明’之前耶？此皆足以证明：此种名称，此种次序，定出于人造，而非出于天然也。定出于幻想，而非出于事实也。定出于后人之口，而非出于原先之史也。”[3]笔者根据神话宇宙观时空混同的特征，又尝试将这个圣王系列解为对应于创世神话的空间生成模式（以太阳运行为轨迹）的“六合”象征。[4]现在看来，《史记》中这些奇异的殷祖

[1]《庄子集释》，第830—832页。
[2]王国维：《殷卜辞中所见先公先王考》，《观堂集林》卷九，中华书局1959年版，第418页。
[3]吴其昌：《卜辞所见殷先公先王三续考》，《古史辨》第7册，第350页。
[4]叶舒宪：《中国神话哲学》，中国社会科学出版社1992年版，第320—322页。

之名与《庄子·徐无鬼》的七圣之名实在难脱干系，王、吴诸前辈学者未能注意到这一层联系，因而尚未从所以然上解决这个疑点，兹略为说如下。

已知黄帝为中央之象征，则围绕在黄帝周围，形成前呼后拥之势的六圣不是可以理解为六合中的六个方位象征吗？殷先祖昭明与方明形成对应，自不待言。昌若一名，又似乎是合成了七圣中的昌寓和张若二名而得来的。昏微则脱胎于七圣中的昆阍。黄帝将见大隗而迷途，七圣茫茫然不知何去何从。这是为什么呢？从牧童的提示可知，游于六合之内与游于六合之外完全是两种境界。而被六圣簇拥于中央的黄帝似乎根本无法超越六合的界限，也就无法在有限的时空中找到无限的"道"（以大隗为象征）。郭象注云："圣者名也，名生而物迷矣，虽欲之乎大隗，其可得乎！"黄帝之寓意本为浑沌未分的无名状态，六圣则代表各有其名的空间分割。一旦有了名称与分割，浑沌也就不复存在了。如此看七圣的求道之旅，其与道相背驰的情形，如泰戈尔诗中所说："那些把灯背在背上的人把他们的影子投到了自己前面。"

鉴于七圣寓言中的牧童两次提到"六合"，这就使黄帝与六圣的关系有了推测的线索：正像《应帝王》中的中央之帝浑沌一旦有了视听食息的七窍，能够分辨宇宙方位，也就意味着浑然未分的原初生命之死亡，《徐无鬼》中的黄帝也只有摆脱六圣的前呼后拥，做到自然无为而独化，即化七而归一，才能找到他所要找的大隗吧。经过上述推论，可见七圣寓言与七窍寓言看似毫不相干，实则相反相成，"为天下"之道理与"应帝王"之道理本来就只是一种道理。

从七圣寓言所显示的时空象征意义回到内篇的"七"数结构，还可看出庄子为照应"七"之数所做的又一安排，那就是"七窍"的母题。通观《庄子》全书，提到人体之窍，总是按照上古较通行的说法称"九窍"。内篇《齐物论》、外篇《达生》和《知北游》先后三次皆用"九窍"之说（详见第四章第六节）。参验于其他典籍，《管子》《高唐赋》《黄帝内经·素问》《周礼・天官》《难经・三十七难》《吕氏春秋》《淮南子》等多言“九窍”而罕及“七窍”。唯《淮南子・泰族训》《灵枢经・脉度》等效法庄子“七窍”之称。不过《淮南子》全书中言“七窍”仅一例，言“九窍”则有八例之多，对照之中可见上古“七窍”远不如“九窍”流行。究其原委，或由于“七窍”一词本有另外的含义。《史记・殷本纪》说比干强谏纣王，纣怒曰：“吾闻圣人心有七窍。”剖比干，观其心。《正义》引《括地志》与上所述大同小异，也包括纣所说“吾闻圣人心有七窍”一句。[1]可知

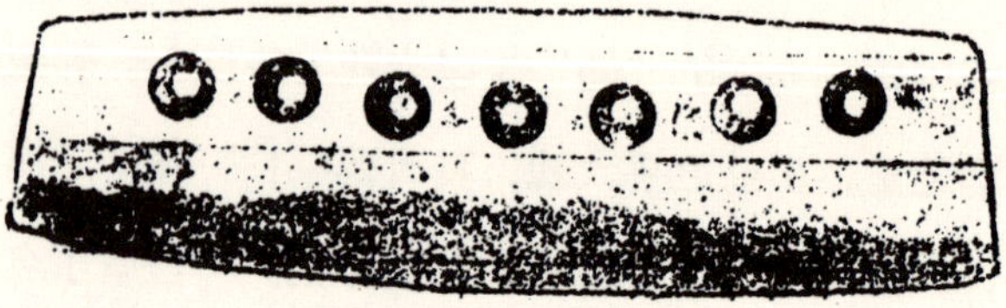

图 51 新石器文化的七孔石刀
（江苏南京北阴阳营遗址出土）

“七窍”亦指圣人心脏特有的七孔，司马迁言之凿凿，必有所本，盖自殷商以来古老传说，已流行甚久，与庄子凿七窍说的所指完全不同。

既然指人体孔窍已有通行的九窍一词，那么庄子在《应帝王》篇第七段的浑沌故事中为什么偏偏不用“九窍”成说，而要另起炉灶，将指称圣人之心的“七窍”一名转用于指五官呢？况且这一用法仅仅出现在第七篇第七节的上下文中一次，其余诸篇再无此例。合理的推测是，那是庄子出于照应神秘数字“七”的应用，让“七窍”配合日凿一窍的七日开凿程序，正像耶和华只能将第七日指定为安息日一样。作为这种推测的旁证，庄书中除《应帝王》篇外，还有五处用“七日”这个神秘的时间单位，可知为模式化的用法。其他古书中类似的用例更不胜枚举。

[1]《史记会注考证附校补》，上海古籍出版社 1986 年版，第 66 页。

以上分析表明，《庄子》一书的作者对神秘数字“七”的宇宙论蕴含有着充分自觉的意识，并多次巧妙地运用此一数字：或直接作为时间单位，或在一篇之中安排七节，或将七篇设计为一个首尾圆照的象征整体，使之成为体现道的循环回归运行法则的形式载体，从而更加强化全书的体道悟道之召唤结构的效应。其匠心独运之处，可与乔伊思、艾略特、米兰·昆德拉等现代艺术大师相媲美。

如果有人怀疑一位精明的作者或编者会不会把他的智慧耗费在作品的章节数目的安排上，那么我们最好请现今还活在世上的天才作家自己来回答这种质疑。当有记者询问米兰·昆德拉为什么他的小说都分为七章，这位作家答道：似乎只有七章的结构才最能体现整体的完美，“从我自己来讲，既不是借用一个魔术数字来做迷信式的卖俏，也不是什么理性的计算，而是一个深刻的、无意识的、不可理解的必需，是我无法逃避的形式原型。我的小说都是以数字七为基础的同一建筑风格的不同变种”。[1] 这一回答或许会为原型心理学家容格引为知音之论，因为他始终坚持认为，原型存在于集体无意识之中，“给我们祖先的无数典型经验赋以形式，它们是无数同类经验的心理凝结物”。[2] 原型总是自动地要求呈现的机会，由此构成艺术家创作的“自主情结”，引导乃至操纵他的构思和写作。这正是昆德拉所感到的那种“无法逃避”的七数结构的力量，用庄子放在庖丁口中的话就叫作“官知止而神欲行”；用更通俗的说法，就是进入了化境。不过这种不由自主的创作情形并不是所有作家的通例。现在有待于思索的是，《庄子》对“七”的运用究竟是“官知止而神欲行”一类的无意识行为呢，还是刻意为之？从前文分析的种种迹象来看，后一种的可能性更大一些。

思想史上的情况表明，创世神话不仅为某一文化传统中其他类型的

[1] 米兰·昆德拉：《小说的艺术》，孟湄译，三联书店 1992 年版，第 83—84 页。
[2] 容格：《论分析心理学与诗的关系》，中译文见叶舒宪编《神话—原型批评》，第 100 页。

神话提供表达模式，而且也为非神话的语言表达奠定了基本的原型程式。神秘数“七”以及七方空间、七日时间便是由神话扩散到整个文化传统中的。对古代神话情有独钟的庄子继承创世神话的这类表述程式，自然不足为奇。在他之后的枚乘创作《七发》，从而引出了《七启》《七辩》《七激》等几十种以“七”为名目的作品；汉代校书家刘歆把前代之书六百三家一万三千二百一十九卷编为目录七卷并题为《七略》，开中国图书分类目录的先河，又引发出齐王俭《七志》、梁阮孝绪《七录》等后继之作；齐梁间道教经典的编纂亦采用七部分类法，如孟法师《玉纬七部目录》；“七部”包括三洞四辅，后来干脆成为道经的同义语，可以指整个《道藏》之书。《云笈七籤》所录《七部序》云：

夫七部者，盖乃总道化之教方，统玄门之正典，包罗群艺，综括众文，六综之辩莫阶，五时之说非拟。睹斯法海靡不成真，涉此慈波咸皆舍伪者也。

七部者，今因《正一经》次，一者洞神部，二者洞玄部，三者洞真部，四者太清部，五者太平部，六者太玄部，七者正一部。[1]

从比较宗教学的立场看，道经七部“总道化之教方”的根本宗旨仍是脱胎于“道”的创世神话观，并同所谓“永恒回归”的宗教主题密切配合的。“三洞”之“洞”，既然与“混元混洞开辟劫运”的观念相呼应，就或隐或显地体现出创世主题。如《三洞序》释“洞”为“通”也，洞真者，灵秘不杂，故得名真；洞玄者，生天立地，功用不滞，故得名玄；洞神者，召制鬼神，其功不测，故得名神。此三法皆能通凡入圣，同契大象，故得名洞也。[2]再看四辅之末曰“正一”，一为万物之宗，“正一”隐含归宗、抱一义。顾

[1] 张君房辑：《云笈七签》卷六，齐鲁书社影印本，1988 年，第 28 页。
[2] 张君房辑：《云笈七签》卷六，齐鲁书社影印本，1988 年，第 25 页。

欢《夷夏论》云："道称正一，一归无死。" 这就把《庄子》通天下一气的循环生命观体现在道经书名和分类结构中了。

中国图书分类法和道教经书的"七"数结构又和中医方剂学的大、小、缓、急、奇、偶、复的"七方"结构暗中对应，成为医家制方的传统规范。这种分类图式的渊源当可跨越庄子的时代，一直上溯至孕育创世神话观与三维空间意识的史前文化中去。因为圣数"七"的循环基数性质和宇宙象征意义都植根于此。"七圣"寓言中的"六合"加上"中央"，乃体现着"七"的原始神秘真相。把"六合"六方位中的上和下两方认同为天地，把中央认同为处于天地之间的人，则七方宇宙又可表述为天地人三才加上东南西北四方。又据空间与时间的神话认同规则，还可表述为天地人加上四时（春夏秋冬）。这就是《尚书大传·唐传·尧典》对"七政"的解释：春秋冬夏、天文、地理、人道，以及《汉书·律历志上》所云："七者，天地人四时之始也。"人类学者对宇宙论模式与社会结构之间对应关系的研究有助于理解中国文化中七数分类法的由来及其文化无意识基础。布莱因·莫里斯《宗教的人类学研究》针对祖尼印第安人的宇宙观写道：

构成祖尼人分类体系的基本原则是把空间划分为七方位：北、南、西、东、天底、天顶、中央。宇宙中几乎所有的事物甚至连道德品质都可以归属到这七个方位中的某一个。早期人类学者弗兰克·库欣(Frank Cushing)写道，"太阳、月亮和星球、天空、陆地和海洋，以及所有相关的现象和成分，所有的植物、动物、人和无机物"都被划分和整合到这七方位体系中。此种分类图式也体现在氏族的分类中。在氏族之内的印第安人村庄也按照人们自身的归属判断划为七个部分。[1]

[1] 莫里斯（Brain Morris）：《宗教的人类学研究》（*Anthropological Studies of Religion*），剑桥大学出版社 1987 年版，第 132—133 页。

有了对这种原始的神话宇宙观的分类图式的了解，再面对古本《庄子》的七七四十九篇结构或七节为一篇的篇章结构，以及七日凿七窍、七圣迷于六合之内的对应母题，乃至道经和中国图书的七部分类模式等文化现象，我们也许就不会再陷入茫然和疑惑了。“七”如何凝聚着神话思维、集体无意识的原型和文化传统的复合力，并通过敏锐的艺术家、思想家得到显现，萨尔蒙和昆德拉关于结构艺术的谈话中最后的对白或可引做本节结尾：

萨尔蒙：在您的小说中，有两种形式—原型：（1）复调结构，它把不同质的因素结合在以数字七为基础的建筑中。（2）滑稽可笑的、同质的、戏剧性结构，它近乎不可相信。

昆德位：我从来都梦想有一次非凡和意外的不忠行为。但是，直到目前我还没能成功地逃避这两个形式的双重婚姻。[1]

三、“十九年”

《庄子》中七次出现的“十九”之数，有四次用于度量时间的合成词“十九年”，这似乎暗示着揭开“道数”十九的入门线索。

从世界文化的大范围看，十九显然不是那种具有超时空普遍适用性的神秘数，现有的西文《象征辞典》一类工具书中都找不到这一数的条目。即使在华夏文化的有限范围内，十九之数也远远不如五、九、三十六、七十二等民族性的圣数那样普及和流行，这就使《庄子》中的特殊用法更加显得神秘莫测。《养生主》篇著名的“庖丁解牛”故事中两次提到“十九年”这个时

[1] 米兰·昆德拉：《小说的艺术》，中译本，第95页。

间单位：

良庖岁更刀，割也；族庖月更刀，折也。今臣之刀十九年矣，所解数千牛矣，而刀刃若新发于硎。彼节者有间，而刀刃者无厚；以无厚入有间，恢恢乎其游刃必有余地矣，是以十九年而刀刃若新发于硎。[1]

庖丁向文惠君解释自己用刀的技巧，并同一般的庖人和高明的庖人换刀的时间周期加以对比，于是用十九年刀刃丝毫无损的状况同一年一换刀及一月一换刀的通常情形相比较。这里所言“十九年”似乎正是庖丁从业的累计时间，成玄英疏“臣以神遇而不以目视”句时就是这样看的：“经乎一十九年，合阴阳之妙数，率精神以会理，岂假目以看之！”这就把“十九年”时间的特殊性解释为“合阴阳之妙数”了。后面的疏语更进一步说：“十，阴数也；九，阳数也；故十九年极阴阳之妙也。是以年经十九，牛解数千，游空涉虚，不损锋刃，故其刀锐利，犹若新磨者也。”[2] 成玄英将“十九”之数与量词“年”分开，再将“十九”分解为“十”与“九”两个数字，以为其象征意义就在于阴阳妙合，这样看“十九年”就有了亦虚亦实的双重蕴含。这种解释的根据可追溯到《易·系辞上》天数地数之说，所谓“天数五，地数五，五位相得而各有合。……此所以成变化而行鬼神也。”又云：“天一地二，天三地四，天五地六，天七地八，天九地十。”尚秉和注：“此天地数明大衍数之本也。一三五七九，天数；二四六八十，地数。五位谓奇耦之位。”[3] 把一至十数按照奇偶分为两组，奇数为天数，偶数为地数。《京房易传》卷下又将天数等同于阳数，地数等同于阴数。这样九和十两数就分别成为阳数之极

[1]《庄子集释》，第 119 页。
[2]《庄子集释》，第 120—122 页。
[3] 尚秉和：《周易尚氏学》卷十八，中华书局 1980 年版，第 298 页。

和阴数之极了。在古人的数字观念中，九和十两数均有数之极的意义，并非始自《易·系辞》。《管子·五行》："天道以九制。"注："九，老阳之数。"《说文》："九，阳之变也。"《广雅·释诂四》："九，究也。"《黄帝内经·素问·三部九候论》："天地之至数，始于一，终于九焉。"刘师培先生说：

《楚辞九歌》本十一篇，而以"九数"标目，则数之不止于九者，亦可以九为数。盖"九"训为"究"，又为极数，凡数之指其极者，皆得称之为九，不必泥于实数也。[1]

"十"作为数之极，与"九"一样由来已久。《国语·周语》伯阳父说过"若国亡，不过十年，数之纪也"。《说文》则云："十，数之具也。"《左传·庄公十六年》杜预注："数满于十。"《汉书·律历志》："数始于一，终于十。"如此看来，"十九"这个数作为两个极数的阴阳组合，好像确有象征的依据。不过，仅凭这种推测就将"十九年"的寓意落实到"极阴阳之妙"，似乎还不足以服人。从更悠久的传统看，"十"并非代表阴的"地数"，它本来倒是代表十干即天干的阳数，又与殷商的十日神话和旬制相对应，把"十"说成阴数并与阳数"九"相比照的观念显然是后起的。成玄英在《养生主》疏中发挥了"阴阳之妙"的解说后，在《德充符》篇申徒嘉"吾与夫子游十九年矣"句疏语中，又非常自信地重申了他的这一看法："……故能穷阴阳之妙要，极至理之精微。"[2]

然而，后人不满于成玄英对"十九年"的说解，试图另辟蹊径，找出破解这一数码的另外方式。如王孝鱼在《庄子内篇新解》中，初次面对《养生主》中的"十九年"时尚未留意深究；再次碰到《德充符》中的"十九年"时，

[1] 刘师培：《古书疑义举例补》，《古书疑义举例五种》，中华书局1956年版，第176—177页。
[2]《庄子集释》，第201页。

似有所了悟，体味到这个数目的非同寻常性质，于是录下了他自己的疑惑："我个人引为奇怪的一点是，《养生主》的庖丁解牛，庖丁之刀用了十九年；此处的申徒嘉，同伯昏无人游了十九年；《大宗师》的女偊，训练卜梁倚学道，基本功夫则用了十九日。十九这个数目，在庄子思想中必有神秘的一种理解，可惜《庄子》书中没有说明。是一遗憾。我们也难妄作解释。"[1]庄书中一而再、再而三地使用这个数，诱使王氏做出"必有神秘的一种理解"的肯定判断。不过，指望庄子自己说明"道之数"的使用原理，有如奢望禅师直接道出禅机一样，有违于体道悟道的传授方式，也不符合庄生特有的神秘表达风格。当《庄子内篇新解》在《大宗师》篇第三次遭逢十九之数时，不敢"妄作解释"的作者终于抵挡不住解释的诱惑，对女偊所教导的十九日朝彻见独之功做了如下分而解之的尝试：

至于三日、七日、九日之分，不能确知其如何裁定，或者三是由《老子》"道生一，一生二，二生三，三生万物"而来，以三为万物的始基。三日既定，七日九日便随之而生，其所以不用五日，或者是因上古相传，《洛书》以五为中，中故不用之故，但这亦只是一种猜测，不足为据。[2]

如此猜测对于理解后世修道者"七返九还"之说或有帮助，但对解"十九"之谜似未得其门。钟泰《庄子发微》为避免过于玄虚的猜测，便只从实数的意义上去看，以为：

"十九年"，十年九年也。《尚书·无逸篇》曰："或五六年，或四三年。"

[1] 王孝鱼：《庄子内篇新解·庄子通疏证》，岳麓书社 1983 年版，第 104 页。
[2] 王孝鱼：《庄子内篇新解·庄子通疏证》，岳麓书社 1983 年版，第 126 页。

此云十九，犹彼言四三矣。[1]

钟氏并且在《德充符》的“十九年”注释中依然坚持这种“十年九年也”的分割式解释。可是到了《在宥》篇“黄帝立为天子十九年”句下，分割式的“十年、九年”之说难以维持下去，故干脆无注。也有学者尝试从庄子自身的生活经历上为“十九年”寻找出处，如刘光义先生所论：

庄周身隐漆园，或是一段长时间。其内篇文中，屡以“十九年”为言，或喻其隐于漆园的时间邪？若然，十九年是段长时间。[2]

此一解释的长处是能够兼顾到《庄子》中多次出现的“十九年”的一贯性，而且不把这个合成的时空量度概念切割分解为几部分。但是支持这一观点的论据几乎没有，庄子是否在漆园待了十九年，恐怕永远也难以得到确证，只能是一种由其书而推其人的臆度，并非真正的知其人而论其书的贯通阐释。假若十九年之数真是庄生个人经历中得出的，那么就算不上具有文化蕴含的民族性神秘数字，也就没有做深入考察的必要了。可是《左传·僖公二十八年》有“晋侯在外十九年矣”之说；《襄公三十一年》有“于是昭公十九年矣，犹有童心。君子是以知其不能终也”的话；《昭公十三年》有“亡十九年，守志弥笃”的说法；凡此种种，皆是模式化的用法，以突出时间之长久，并不一定实指十九年，可为《庄子》的神秘用法提供先例，并且表明“十九年”的象征蕴含似在于某种整体时间的周期性，而不在于阴数阳数之合或十年九年相加。

《墨子·明鬼下》云：“昔者郑穆公，当昼日中处乎庙，有神入门而

[1] 钟泰：《庄子发微》，上海古籍出版社 1988 年版，第 69 页。
[2] 刘光义：《庄学蠡测》，台北：学生书局 1986 年版，第 245 页。

左，鸟身，素服三绝，面状正方。郑穆公见之，乃恐惧犇，神曰：‘无惧！帝享女明德，使予锡女寿十年有九，使若国家蕃昌，子孙茂，毋失。’郑穆公再拜稽首曰：‘敢问神名？’曰：‘予为句芒。’”[1]《论衡·无形篇》载此事作“秦缪公”，叙述颇简：“秦缪公有明德，上帝赐之十九年。”[2]《论衡·福虚篇》再称此事，又作“秦穆公有明德，上帝赐之九十年”。[3]孙诒让校改：“‘九十年’，依《墨子》当作‘十九年’，前《无形篇》正作‘十九年’，此误。”[4]又校改《墨子》云：“（郑穆公）实当为秦穆公之讹。毕云：‘郭璞注，《山海经》引此作‘秦穆公’。又《太平御览》《太平广记》引‘穆’作‘缪’。诒让案：郭引作‘秦’是也。《玉烛宝典》引《墨子》曰‘昔秦穆公有明德，上帝使句芒赐之寿十九年也’，即约此文。”[5]据上述材料看，不论主人公是郑穆公还是秦穆公，上帝使句芒之神赐寿十九年的传说确实自先秦以来曾流行。值得我们关注的是，上帝赐寿给明德之人的年限为什么不多不少恰恰为“十九年”？与《庄子》《左传》的用例联系起来看，“十九年”作为周期循环之极限数才会有此神秘的象征寓意，其虚指时之长久，未必落实于一十九度春秋。

既然推测十九年之说具有循环周期的意蕴，那就只有从古史中找出确凿的事实，才能从根源上说明问题。正像七、十二、二十八等数的神秘蕴含均始源于天文历法上的基数，十九亦可作如是观。《汉书·律历志下》所载中国第一部完整的历法《三统历》首章所列八十七个数据中，便有“十九年七闰”之说，并对十九这个数字做出了神秘解说：依据《易·系辞》中的“天九地十”将十九释为“合天地终数”。好像“十九年七闰”的法则是由天地终数

[1] 孙诒让：《墨子间诂》卷八，中华书局1986年版，第205—206页。
[2] 王充：《论衡》，“诸子集成”本，第57页。
[3] 王充：《论衡》，“诸子集成”本，第14页。
[4] 孙诒让：《札迻》卷九，中华书局1989年版，第205页。
[5] 孙诒让：《墨子间诂》卷八，中华书局1986年版，第205页。

为基准而设立的。《后汉书·律历志下》也有相关的记载："……月分成闰，闰七而尽，其岁十九，名之曰章。"《集解》云：

惠栋曰：古历十九年为一章，章有七闰。入章三年闰九月，六年闰六月，九年闰三月，十一年闰十一月，十四年闰八月，十七年闰四月，十九年闰十二月。此据元首初章也。李锐曰：一岁月余分七，积十九岁得余分一百三十三，满其法，十九成七闰而余分尽，故以十九岁为章。[1]

原来十九年作为周期循环之基数是从上古置闰的历制中得以确认的。我们知道世界上的历法大体上可分为太阳历、太阴历、阴阳合历三类。太阳历以太阳年（地球绕太阳一周的时间）为单位。太阴历以朔望月为单位。阴阳合历则是太阳历和太阴历折中调和的产物。"决定所使用的历法是哪一种历法的标准不在于它是否存在大小月，而在于它是否存在一个整月的闰月"。[2]中国古代历法便是采用一个整月的闰月的阴阳合历：平年十二个月，其中六个大月各三十天，六个小月各二十九天，全年共三百五十四天，比一个太阳年的三百六十五天少了十一天多，积三年就差了一个月以上的时间，所以用闰月来调和阴历阳历之差。《左传·文公六年》云："闰以正时，时以做事，事以厚生，生民之道于是乎在矣。"《春秋元命苞》云："三年闰不告朔，非礼也。夫闰，正时以做事，厚民生之道，枢机在是。"[3]可以想见古人对置闰的重视程度，是将它作为天道与人事的调节枢纽来看的。这样一来，"十九年"这个置闰的周期当然就显得格外重要，并因此而成为模式数，具有象征无限大的神秘意义。

---

[1] 王先谦：《后汉书集解》，中华书局影印本，1984 年，第 1079 页。
[2] 薮内清：《中国·科学·文明》，梁策译，中国社会科学出版社 1988 年版，第 16 页。
[3]《春秋元命苞》，《古微书》本，见《纬书集成》，上海古籍出版社 1994 年版，第 404 页。

从置闰的实践看，“十九年七闰”法这样一种精密的日程设计显然是长期发展成熟的结晶，而不会是为了附会《周易》的天地之数而凭空捏造出来的人为产物。王力先生主编的《古代汉语》认为三年一闰的置闰法最先产生，在实践中发现三年一闰还不够，又采用五年二闰法，有《易·系辞上传》和《说文》“五岁再闰”为证。五年二闰又多了些，“后来规定十九年共闰七个月”。[1]这个“后来”究竟在什么时代呢？该书并未具体说明。日本学者薮内清专门研究过中国古代历法，认为“到了大约公元前4世纪时，才基本上得到完善，形成了一个十九年七闰的方法，即每十九年插入七次闰月的方法”。[2]从《左传》《墨子》《庄子》等书中“十九年”的模式用法判断，这个推测未免太迟了些。董作宾先生《殷历谱》确认商代历法已为阴阳合历，而且还推断商代已行十九年七闰法。这一观点虽还有待进一步证明，但毕竟拓展了我们考察“十九年”原型意蕴的眼界，从春秋战国时期上溯到文明之初。

有趣的是，在甲骨卜辞中似已可找到“十九”这个数的特殊用法。如第四期甲骨文称：

丁子卜，又于十立伊又九。（《粹》一九四，又《摭续》二〇一）

郭沫若先生解释说：“又于十立伊又九义颇难解，疑是又于伊十立又九之倒文。立当读为位，盖谓为坛位也。”于省吾先生又举出甲骨文中以倒文为句的诸多旁证，补充郭说，结论为：“甲骨文把先世功臣排列为十又九位，加入祀典，而以伊尹为首，故有‘又（侑）于伊十又九立（位）’的占卜。”[3]倘若我们按照殷商祭谱通常安排为周而复始的循环程序来判断，那么以伊尹

[1] 王力主编：《古代汉语》下册，第1分册，中华书局1978年版，第793页。
[2] 薮内清：《中国·科学·文明》，中译本，第19页。
[3] 于省吾：《甲骨文字释林》，中华书局1979年版，第206页。

为首的十九位先世功臣之祭典是否与十九年之周期数有某种对应关系呢？近年来发表的研究商人周祭系统的报告显示，在第二祭祀系统中，“除王一祀的月份情况不明外，从王二祀到王十祀九年中，共有四次闰月（三祀、六祀、八祀、十祀），平均两年多一次。这也许说明在商代末期十九年七闰法已有萌芽”。[1]此种“平均两年多一次”的置闰程序正好介于“三年一闰”和“五年二闰”之间，标志着置闰实践已脱离初始阶段而走向成熟和精确，在此基础上产生十九年七闰法可以说是自然而然的。“由周祭的祭祀周期可以看到，商人已经有了一定的历法知识。他们不但懂得设置大小月，而且已经注意到调节太阴月与太阳年的不符了，到商代末期，很可能已萌生了十九年七闰的置闰法数了”。[2]历法的周期与祭祀的周期本来就是一而二、二而一的，所以重要的周期数字既是调节天道与人事的中介枢纽之象征，也是人的社会与鬼神世界沟通的“神秘语言”。如此看来，早在东周以降的《周易》天地阴阳之数概念产生之前很久，“十九年”已随着置闰法的进化而具有了特殊的数外之意。殷商时代遗留下来的这笔思想观念的遗产，在周人统治的世界中必然遭到某种程度的否认和遗忘。我们在《尚书》《诗经》《论语》《孟子》等宗周的、儒家的文献中根本看不到“十九年”的丝毫迹象，为什么《墨子》和《庄子》偏偏成为例外呢？

笔者在探讨殷商时代的图腾编码世界观（鸡、犬、羊、猪分别对应东、南、西、北）与《墨子》所载迎敌祠古礼的渊源关系时，对这一疑问已有所解答。[3]现在看来，庄子与墨子虽属不同学派，但二人都出于宋国，即殷之末裔之地，只有在宋人的文化传承之中才更多地保存着先商的宗教礼仪和观念习俗，不肯轻易地向宗周倾向的主流意识形态臣服归化。难怪墨家、道家均以非儒的

[1] 常玉芝：《商代周祭制度》，中国社会科学出版社 1987 年版，第 290—291 页。
[2] 常玉芝：《商代周祭制度》，中国社会科学出版社 1987 年版，第 307 页。
[3] 叶舒宪：《中国神话哲学》，中国社会科学出版社 1992 年版，第 280—283 页。

姿态出现在先秦思想的舞台上，与殷商礼俗相联系的“十九年”神秘数也唯有在他们两家的著述中才不绝如缕地沿袭下来。这种情况正像商代盛行的十日神话在儒者之书中往往避而不道，偏偏是非主流话语的代表如《庄子》《山海经》等书才津津乐道一样。《红楼梦》中那位离经叛道的贾宝玉始于大荒山青埂峰下的顽石，红尘历劫十九年后又回归于顽石，可否视为庄子“十九年”周期的千古回响呢？

四、寓言十九重言十七

在洞悉了“十九年”的原型意蕴之后，再来接着考察庄书中“十九”这个数字的使用奥妙，也许还会有顺手牵羊一类的额外收获。

《庄子》中“十九”共七见，其中四例用于“十九年”，分别见于内篇的《养生主》《德充符》和外篇的《在宥》；另外三例单独作为数词而出现，均见于杂篇：《则阳》中一见，《寓言》中二见。如果按照通行的看法，以为内篇早出，为庄子本人所作，外篇次之，为庄子弟子手笔，杂篇晚出，为庄门后学所补，那么“十九年”的神秘性模式用法上承殷商置闰礼俗，为反周非儒的庄子所袭用于内篇，这就无异于为后成的各篇提供了模式化的先例。我们能否将外篇中的一处“十九年”和杂篇中的三处“十九”均视为对内篇用法的承袭和模仿呢？这当然要看“十九”这个数在上下文中做何种解释。若按照传统的一贯看法，以为“十九”指十分之九，那就不用说与“十九年”的整体象征性毫无关系，我们当然也就无须冒着穿凿附会的风险将庄书中“十九七现”的情况与殷末以来的“十九年七闰”之法相牵合，落得个自讨苦吃的结果。但是，《庄子》书中确实有一次又一次的暗示告诉后人，这部书在写法上非同于一般，它是以言合道，“和以天倪”的，又是“得其环中，以应无穷”的。道虽然神秘莫测，难以言说，却可间接通过“道之数”来加以体会。《天下》篇再度提到“道之数”时置换为另一种别名“本数”，并将“明于本数，系于末度，六通四辟，小大精粗，其运无乎不在”[1]的古之人，确认为理想人格的化身。这就不能不使我们多一层心眼，对庄书中有心无心反复运用的神秘数字即“道数”另眼相看，期望从中找到前呼后应、整体贯通的解读线索，充分领略庄书形式与内容水乳不分的体道妙境。

既然如此，就让我们从《寓言》篇交代的庄书序例——著名的“三言”之论入手，重新检讨“十九”“十七”之类玄奥之数的数外之旨吧。《寓言》篇与《天下》篇均被王夫之视为庄书的凡例，但《天下》历述各家思想要点，脉络清晰，条理井然，而《寓言》却显得杂乱无章，全篇由七节文字拼合而成，彼此之间没有明确的逻辑联系。除了首节概论“三言”之用，对解读全书确有发凡起例之效外，其余六节都是各自独立的寓言故事。所以多数学者并不以王夫之之说为然。像“罔两问景”一节本出于《齐物论》、孔子行年六十而六十化之说本出于《则阳》称蘧伯玉。好像全篇拼合成文的目的只是为凑足“七”节之数，以体现“道数”那始卒若环、莫得其伦的象征性。篇中前五节的共同特点是围绕着神秘数字做文章。如首节的“十九”与“十七”，二节的“六十”，三节的“三”与“三千”，四节的“一、二、三、四、五、六、七、八、九”，五节则提出“天有历数”[2]之说，回扣“莫知其所终”和“莫知其所始”的一贯命题，让人再度想起“七”“十九”等数字原来皆属于此种“大有历数”之例。带着对数的这种敏感，回到《寓言》首节足以称为全书凡例的“三言”通论，看一看这里四次出现的两个谜一般的数字究竟该做何解：

寓言十九，重言十七，卮言日出，和以天倪。寓言十九，藉外论之。亲父不为其子媒。亲父誉之，不若非其父者也。非吾罪也，人之罪也。与己同

[1]《庄子集释》，第1067页。

[2]《庄子集释》，第958页。

则应，不与己同则反。同于己为是之，异于己为非之。重言十七，所以已言也。是为耆艾。年先矣，而无经纬本末以期年耆者，是非先也。人而无以先人，无人道也；人而无人道，是之谓陈人。[1]

这一段话的前十六个字构成总论，有如一首有韵的四言诗[2]。以下则分述寓言、重言、卮言各自的特点与作用。关于“十九”“十七”，主要有两种解释，郭象注：“寄之他人，则十言而九见信。”“世之所重，则十言而七见信”。成玄英疏：“寓，寄也……寄之他人，则十言而信九矣。”“重言，长老乡闾尊重者也。老人之言，犹十信其七也”。这就是说，寓言、重言对于接受者（听者）来说分别有十分之九和十分之七的可信度。吕惠卿《庄子解》否认这种解说，主张从创作者（说者）方面去理解问题，则寓言占十分之九，非寓而言者占十分之一；重言占十分之七，非重而言者占十分之三。后之注家多依吕说，如宣颖说，“寄寓之言十居其九”，“引重之言十居其七”。这两种解释只是角度不同，把“十九”“十七”理解为分数则是一致的。不过，十分之九加上十分之七就成了十分之十六，庄书作者还不至于如此粗心吧。注家们为维持分数式的解释，只有从两方面入手去摆脱此种自相矛盾的困境。一方面，有人以为“十七”的“七”是“弌”之坏字，这样重言就是十分之一，与十分之九的寓言刚好对合无间。曹础基先生据此认为：“九成是借他人之口说的，一成是作者直接论说的。《庄子》一书实际也基本如此。”[3]另一方面，以为寓言与重言二者相互可以兼容，这样庄书中有九成寓言又有七成重言就不矛盾了。如张默生先生说：“寓言的成分，已占有全书的十分之九了，剩下的也不过还有十分之一，为什么重言又占全书的十分之七呢？《庄子》

[1]《庄子集释》，第947—949页。
[2]朱季海云：此文倪作入声，与七、出相叶。见《庄子故言》，中华书局1987年版，第127页。
[3]曹础基：《庄子浅注》，中华书局1982年版，第421页。

书中，往往寓言里有重言，重言里也有寓言，是交互错综的，因此寓言的成分，即使占了全书的十分之九，仍无害于重言的占十分之七。”[1] 今日之注庄者大都采用的是这一种观点[2]。尽管诸家对于寓言、重言的理解不尽相同，比例说却几乎成了众口一词的定论。

吴光明先生不拘泥于数字上的精确性，另辟蹊径地从逻辑层面上讨论“三言”的相关性，分解为四类语言技巧：

（a）自缠的首尾一贯（self-involved consistency）：存在含义及情况的缠路（如在真人自忘的纯凝）。

（b）自缠的首尾不一贯（self-involved inconsistency）：反语、讽刺（如梦、无为、无知，互依而方生方死）。以上两个操作描写“寓言”。

（c）将论证、故事、名言等对照重叠拼贴成为一种蒙太奇式的混合画，松杂的意味，而可有种种的诠释。这是庄子的“重言”。

（d）上述的操作产生万花筒式的效果，读者可得无限止的意味，依照读者如何倾向其情况，犹如倾注卮器。这就是庄子的“卮言”了。[3]

此四类语言技巧构成一种特殊的逻辑，将我们带入实在的生活里，激发我们参与“物化”，唤起我们体验“齐物”之道，以诙谐的人生态度超越人生的悲剧境况。如此解说之下，“三言”成为庄子透过语言所昭示的人生哲学之逻辑：包括逆理的逻辑，讽刺反语的逻辑，及人生互缠的逻辑。“逆理的逻辑是被实在冲碎的论理，以破碎的大小来测量实在冲击的大小，如在重叠含义的‘重言’。讽刺反语的逻辑是互不相容的因素并置的论理，由是互相反映启发，如在含蓄的‘寓言’。人生互缠的逻辑是合时适切的因素共生共栖之论理，如在‘卮言’。依这三个论理庄子将意念及论议互凑拼集成为

[1] 张默生：《庄子新释》，台北：时代书局 1974 年版，第 11—14 页。
[2] 参看杨柳桥《庄子译诂》；陈鼓应《庄子今注今译》；仲兆环等《南华经》；王世舜等编《老庄词典》。
[3] 吴光明：《庄子》，台北：东大图书公司 1988 年版，第 212 页。

混合画的比喻书、喜剧书”。[1]如此说来，谁还能将“三言”作为纯粹的语言形式和文字技巧呢？这一见解可谓深得庄书之文心，且足以发人深思。可是“十九“十七”的数论意蕴却无形中被回避掉了。

钟泰先生经过多年的“反复思之”，也对此二数能否按照比例意义去解说提出了质疑：

《天下篇》曰：“以卮言为曼衍，以重言为真，以寓言为广。”“曼衍”者，无穷者也。无穷，则不可以数稽也。故于此言“卮言日出”。日出不已，犹曼衍也。故不言十之几，卮言之中而有重言焉，有寓言焉。

……由是观之，“十九”之云，特以表其深切，以发人得意忘言之悟。若如吕（惠卿）说“寓者九而非寓者一”，一之与九，试问将从何而定之？……“人而无以先人无人道”者，言未能尽人之道。“人而无人道之谓陈人”，“陈人”者，陈死之人，言其不足取也。观于此言，则知庄子择取之慎，而所以言“重言十七”，初不在数之比例明矣。[2]

从先秦汉语表达比例的用词习惯上看，用“十九”“十七”表达十分之九或十分之七，现在还看不到先例。《诗》《书》《易》《春秋左传》《论语》《孟子》《老子》《墨子》《荀子》等常见典籍中均没有这样的用法。除了《周礼·地官》（或成书于汉初）讲到载师征税有“近郊十一，远郊二十而三，甸稍县都皆无过十二”[3]的用法外，用“十”作为分数中的分母而又省去“分”“之”等分数标志词的情况较为罕见。因为这样的分数很难同实数相区别。如《左传·哀公七年》景伯曰：“周之王也，制礼上物不

[1] 吴光明：《庄子》，台北：东大图书公司1988年版，第213页。
[2] 钟泰：《庄子发微》，上海古籍出版社1988年版，第649—652页。
[3] 孙诒让：《周礼正义》，中华书局1987年版，第962页。

过十二，以为天之大数也。今弃周礼而曰必百牢。”疏引郑玄云：“是天子之礼，十二牢也。”[1]此言“十二”，即为实数；而《庄子·马蹄》“马之死者十二三矣”，因为不是实数，所以做分数理解为“十之二三”，并不会混淆。更常见的表达十分之几的用字是“什”。如《墨子·号令》：“有能捕告，赐什三。”“有能得若告之，赏之什三”。《穀梁传·庄公二十八年》：“古者税什一。”《公羊传·宣公十五年》：“古者什一而藉。”《孟子·滕文公上》：“周人百亩而彻，其实皆什一也。”《汉书·赵充国传》：“充国计者什三，中什五，最后什八。”《史记·越王勾践世家》：“候时转物，逐什一之利。”《荀子·王制》：“田野什一。”《汉书·地理志下》：“量其富，居什六。”《汉书·高惠高后文功臣表》：“户口可得而数，裁十二三。”师古注：“十分之内，才有二三也。”上古汉语的上述通例表明，“十九”和“十七”解作“十分之九”和“十分之七”，确实是较为勉强的，因为当时的语言习惯与此不同。

吴慧颖先生认为，古人表达分数有四种方式，第三种简式可以省略“分”“之”，只用母数加上子数。“十”用于分母时常作“什”。[2]如果不能把《庄子》一书看作特别的例外情况，就还需对“十九”与“十七”的非比例用法另做思考了。

善于利用数字之加减来做语言的智力游戏，可说是《庄子》一书给人留下的深刻体会之一。这方面的实例只要举出《齐物论》中的“一与言为二，二与一为三”，《应帝王》中的“日凿一窍，七日而浑沌死”，《天下》中的“一尺之棰，日取其半，万世不竭”，《人间世》中的“三围四围”和“七围八围”，以及现在仍活在汉语成语中的“朝三暮四”和与之相对的“朝四暮三”，就会引起足够的注意。在“狙公赋芧”，众狙为朝三暮四而怒，又为朝四暮三

[1] 阮元：《十三经注疏》，中华书局 1980 年版，第 2162 页。
[2] 吴慧颖：《中国数文化》，岳麓书社 1995 年版，第 202 页。

而喜的闹剧之后，庄生首次标示出他的“天钧”之理，让人们悟出“朝三暮四，朝四暮三，其于七数，并皆是一”[1]的底蕴。受此启示，我们能否灵活一下脑筋，在再一次标出“天均”之理的《寓言》篇这里，运用朝三加暮四式的简单计算，去求解“十九”与“十七”的谜底呢？

当读者屈指得出“三十六”之数时，也许会大惑不解：庄生难道又在玩什么数字游戏吗？他是不是聪明得过了头，拿后世的无数读书人当猴（众狙）耍？熟悉禅门公案的人或许对庄子的这种恶作剧感到似曾相识，不以为非，更不以为怪；熟悉中国古代神秘数的人则会进一步追问十九加十七等于三十六的神秘暗示究竟是什么？

杨宪益先生提出一个大胆假说，认为庄子自著的内篇本来的篇数就是三十六。如果把《庄子》内篇当作一篇东西来读，即可见其中的寓言自成段落，而且自首篇鲲鹏寓言起，至末篇浑沌寓言止，一共是不多不少三十六篇：

（一）鲲与鹏　　（二）尧与许由

（三）肩吾闻言于接舆　　（四）惠子问庄子

（五）南郭子綦与颜成子　　（六）齧缺问于王倪

（七）瞿鹊子问于长梧子　　（八）罔两问景

（九）庄子梦蝶　　（十）庖丁解牛

（十一）公文轩见右师　　（十二）秦失吊老聃

（十三）颜回见仲尼　　（十四）叶公子高问仲尼

（十五）颜阖问蘧伯玉　　（十六）匠石见社树

（十七）南伯子綦见大木　　（十八）孔子适楚

（十九）常季问仲尼　　（二十）申徒嘉与子产

（二十一）叔山无趾见仲尼　　（二十二）鲁哀公问仲尼

[1]《齐物论》成玄英疏，见《庄子集释》，第73页。

（二十三）惠子与庄子　　（二十四）南伯子葵（当作綦）问女偶
（二十五）子祀与子舆　　（二十六）孔子吊子桑户
（二十七）颜回问仲尼　　（二十八）意而子见许由
（二十九）颜回与仲尼　　（三十）子舆与子桑
（三十一）齧缺问王倪　　（三十二）肩吾见狂接舆
（三十三）天根与无名人　　（三十四）阳子居见老聃
（三十五）列子问壶子　　（三十六）儵忽与浑沌[1]

既然作者从头至尾精心安排了三十六个寓言，那又为什么会有“寓言十九，重言十七”的说法呢？杨先生以为寓言是假借古人姓名而发论者；重言当即是假借同一古人姓名而重发新论者。把原本《庄子》视为三十六篇，其中十九篇是假借古人姓名的寓言，十七篇是假借相同古人姓名重发新论的寓言（亦即重言）。带着这个假说，杨宪益先生又对上述三十六个寓言做了逐个排比，发现其中大半都以几个著名的古人为中心。见于两处以上的古人有庄子、仲尼、南伯子綦、许由、子舆、王倪、老聃、接舆等八人。计假借孔子的寓言有九篇，庄子三篇，南伯子綦三篇，许由、子舆、王倪、老聃、接舆各二篇。换言之，假借相同古人姓名重发新论的寓言共十七篇，此外的寓言共十九篇。由此得出结论说：三十六篇寓言的两类安排“与重言十七篇寓言十九的话又完全相符，这如果都是巧合则未免太巧了。因此我们认为原本《庄子》当为三十六篇，其中寓言共十九篇，重言共十七篇，亦即今本的《庄子·内篇》。《外篇》与《杂篇》则为汉晋人所增益”。[2]这一结论虽然可以自圆其说，但要想成为定论恐怕还有待于新的证据。我们尽管还没有确凿的把握去论定“原本《庄子》”的篇目，但杨先生对三十六个寓言的独到分析却为解开“十九”“十七”二数的死结，深入理解“道数”在庄书中的有

[1] 杨宪益：《庄子的原来篇目》，《译余偶拾》，三联书店 1983 年版，第 110—111 页。
[2] 杨宪益：《庄子的原来篇目》，《译余偶拾》，三联书店 1983 年版，第 112 页。

机作用，提供了有益的启迪。我们可以在他止步的地方，再做深入一层的追问："寓言十九重言十七"果真暗示着三十六的话，显然不是无心栽柳柳成荫的偶然产物，而是作者精心设计所致。这样设计的初衷是什么呢？换句话说，庄子在内篇（我们仍按现有的七篇来理解）中从头至尾安排三十六个寓言的目的何在，根据何在，其数外的象征意义是什么？

这一系列相关的疑问当然只有从中国文化中家喻户晓的神秘数字三十六本身去求解。可惜的是，三十六之数虽然早已弥漫在文化长河之中，却同"十九"一样，并未得到所以然的本源性认识。下文结合《庄子》中"六"与"七十二"两个数的情况，做一个探本求源的说明。

五、"三十六"与"七十二"的由来

《庄子》全书中没有直接出现"三十六"这个数，除了"十九"与"十七"两数之和的暗示，还有一个数可作为其变式，那就是七十二。七十二在《天运》和《外物》两篇中共出现了三次。《天运》篇孔子谓老聃曰：

丘治《诗》《书》《礼》《乐》《春秋》六经，自以为久矣，孰知其故矣；以奸者七十二君，论先王之道而明周召之迹，一君无所钩用，甚矣夫！人之难说也，道之难明邪？[1]

刘师培云："古人于浩繁之数，有不能确指其目者，则所举之数，或曰三十六，或曰七十二，如三十六天、三十六宫是也。三十六天之例，与九天同；三十六宫之例，与千门万户同；不必泥定数以求也。又《史记·封禅书》，

[1]《庄子集释》，第531页。

载管子对桓公语，谓‘古之封禅者七十有二家，夷吾所记者十有二’。夫其详既不可得闻，则七十二家之数，亦系以虚拟之词，表其众多。《庄子》载孔子语，谓‘以六艺干七十二君’。夫孔子所经之国，不过十余，则七十二君，亦系虚拟之词，不必确求其数也。”[1]严灵峰亦云：“且春秋时只十二诸侯，亦无七十二国，其经所记为鲁十二君而已，似孔子未能见七十二君之多。疑‘七’乃‘已’字之，兹以意改。”[2]刘以“三十六”和“七十二”为古人习用之虚数，却未说明为什么这两个数会成为虚数。严则以实数求“七十二”之真相，与事实相违，反过来疑“七十二”为“十二”之讹，正刘所说“泥定数以求”之误也。面对《外物》篇“乃刳龟，七十二钻而无遗筴”之说，是不是又要疑之为“十二钻”之讹呢？钟泰先生说，六经之说，盖起于孔子殁后，非孔子之言明矣。孔子历聘，不过齐、卫、陈、宋诸国，所见之君，不过鲁定、鲁哀、齐景、卫灵等数人。干七十二君之说，其非事实又明矣。“庄子虽托之寓言，而必留其隙以示后人，吾于是见此老之苦心焉”[3]。这“苦心”中是否包括对“道数”妙用之苦心，则未能明示。根据庄书中“七”“十九”等神秘数字的用例，可以确信“七十二”也是这样一种具有循环基数性质的数，其由来则与“三十六”密切相关。

关于“三十六”与“七十二”的由来，也可同“一百零八”结合起来考虑。《水浒》中用三十六天罡、七十二地煞一百零八条好汉的规则性比例排列，把这一组数字的神秘性渲染到了极致。迄今对这些数字神秘蕴含的由来，有如下五种解说。

其一，阴阳五行说。闻一多等三位研究者于20世纪40年代撰有《七十二》一文，认为《史记·高祖本纪》正义已经提供了解答七十二之谜

[1] 刘师培：《古书疑义举例补》，中华书局1956年版，第172页。
[2] 严灵峰：《老庄研究》，转引自陈鼓应《庄子今注今译》，第390页。
[3] 钟泰：《庄子发微》，上海古籍出版社1988年版，第339页。

的答案："七十二黑子者，赤帝七十二之数也。木火土金水各居一方，一岁三百六十日，四方分之，各得九十日。土居中央，并索四季各十八日，俱成七十二日。故高祖七十二黑子者，应火德七十二日之征也。"据此推论，七十二是由五行思想衍化出来的一种术语。[1]

其二，八九两数之积说。杨希枚《再论古代某些数字和古籍编撰的神秘性》一文认为，七十二这个数应是象征天地的两个数即八九两数的积数，从而也就是象征至大无极且具天地交泰与至善至美的意义的一个神秘极数。[2]杨氏又在《中国古代的神秘数字论稿》中发挥说，十以下神秘数字产生于与《易》卦有关的天地数（如阳三阴四），十以上神秘数是十以下神秘数的积数，或与揲蓍立数以定卦象的立数原则相涉。又引魏人关朗《易传》"三天两地"说作为合乎易卦立数原则的最早解释：

阳六爻，一爻三十六策。阴六爻，一爻二十四策。三天两地，举生成而六之也。三六而又二之，故三十六策为乾。二六而又二之，故二十四策为坤。三其二十四，与二其三十六，皆得七十二焉。……

以天三地二之积（六）配合成数就是《易》卦立数的基本原则，三十六、七十二等神秘数即由此而来，杨氏总结出十数以上神秘数的立数算式为如下两种：

（1）$x = n(3 \times 4)$……"叁天两地"小衍神秘数立数式

（2）$x = n(8 \times 9)$……"叁天两地"大衍神秘数立数式

[1] 闻一多、季镇淮、何善周：《七十二》，西南联合大学师范学院《国文月刊》卷二十二，1943年。收入《闻一多全集》第1册，三联书店1982年版，第207—220页。

[2] 见《大陆杂志》第42卷5期，台北，1971年。

还得出七十二“仅与天地有关，而至少与五行无涉”的结论。[1]

其三，天地人三才之数说。谢瓦利埃等合编的《世界文化象征辞典》“三十六”条目下云：“36是天数，72是地数，108是人数。36、72和108之间的关系如同1、2、3之间的关系。一个顶角为和108度的等腰三角形给了黄金分割的比例，实际上呈现了一个特别协调的面貌。”又云：“以72和108为起点进行的公差为2的两组几何级数能分别得到4608和6912，这是八卦的192条阴爻的值（192×24）和192条阳爻的值（192×36），24和36本身是从12乘以2和3得来的，2和3分别是偶数和奇数的标志。……天与地就其本质的组合：6912（天）+4608（地）=11520（人）：三才的新表达法。”[2]

其四，秦人尚六说。美国汉学家爱伯哈德认为：“秦始皇以‘六’为基数来管理中国，他将全国分为六六三十六郡，他的随从由三十六辆马车组成。中国本土分为三十六郡，它被想象为方形。四周是三十六个野蛮民族或外国；也就是说，在中国本土的每一方之外，都有九个蛮夷。……这样，也就合乎逻辑地得出了三十六的数字概念。”[3] 吴慧颖先生说：对三十六的起源之解释，目前尚缺乏充足的材料，不过秦人尚六之风派生出六六三十六之数，对三十六的广为流播起了积极作用。先秦典籍中三十六甚少，秦汉以后才多起来。[4]

其五，十月太阳历说。刘尧汉先生的《中国文明源头新探》一书从彝族十月历出发寻觅三十六与七十二的来源，否定了闻一多等的说法，以为七十二为三十六之倍数，撇开三十六而谈七十二，绝不可能究明它的来历。

[1] 杨希枚：《中国古代的神秘数字论稿》，台北，“中央研究院”《民族学研究所集刊》1972年第33期，第89—118页。

[2] 谢瓦利埃等编：《世界文化象征辞典》中译本，湖南文艺出版社1994年版，第767页。

[3] 爱伯哈德：《中国文化象征词典》，陈建宪译，湖南文艺出版社1990年版，第297页。

[4] 吴慧颖：《中国数文化》，岳麓书社1995年版，第124页。

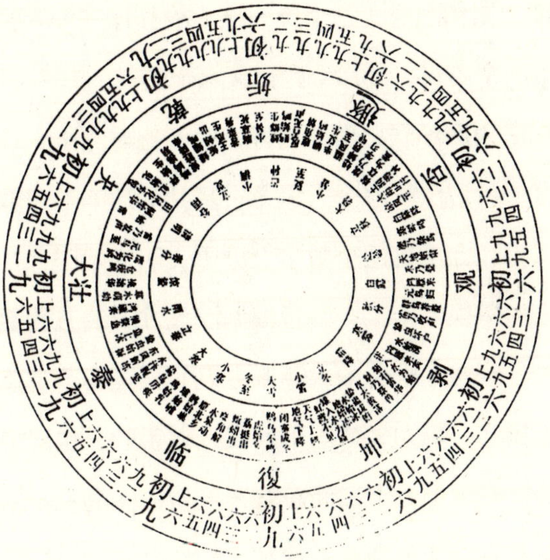

图 52 卦气七十二候图
（据宋代李溉所传，见朱震《汉上易传·周易卦图》卷中）

唯一可以究明三十六来历的是十月太阳历：“它以十二兽轮回纪日，三个轮回三十六天为一个月；三十个轮回即三百六十天为一年；一年十个月，另有五至六天余岁日，共三六五·二五日；……将一年分为五季，一季分雌雄两个月，每季两个月共七十二天。这便是三十六和七十二这两个成数的来历。”[1]刘先生还引证《魏书·释老志》转述老子之意：“二仪之间有三十六天”，认为老子之所以能了解三十六这个成数，在于其道生一、一生二的思想源出于彝族十月历。庄子在《外物》中所说杀龟以卜吉，“七十二钻而无遗筴”，这反映了彝族祭司乃据一个月三十六天，两个月七十二天为一季的历法来卜日子吉凶。另一位彝族学者卢央在《彝族星占学》中提到与每月三十六日历法相对应的“虎星三十六日占”，据传曾在十代人以前使用过，现在罕有人知了。其结构是以三个虎，即白虎、黑虎、小虎轮流值日，每虎十二日，一轮共三十六日。虎的身体各部位代表一颗虎星，即头、耳、眼、口、心、掌、

[1] 刘尧汉：《中国文明源头新探》，云南人民出版社 1985 年版，第 153 页。

腰、肝、肺、脚、尾和回身。三个虎一样，故共计三十六星。每月三十六天所占结果，共十八个吉日，十二个凶日，六个差日。[1]

以上五种说法角度不同，理据各异，对于追寻三十六、七十二的来源均有启发，但没有一种说法能够令人满意。其共同缺陷是只围绕着传世典籍转圈子，实不能从年代上把这两个数字上溯于文明初始时代。具体来看，五行起源说撇开三十六单谈七十二，并且根据汉代才有的五德始终说解释七十二神秘意义的发生，确实是难免舍本逐末之讥。又轻易否定《庄子》书中两处提到七十二数的真实，以为是“出于西汉人之手”，也显得过于武断。八九两数之积说也是只着眼于七十二而忽略了更为根本的三十六，把东周以后产生的《易》学天地数观念作为所有神秘数字的唯一来源，这不仅把流当成了源，而且专就易卦立数法则去解说十以上的神秘数，反而使问题越发神秘化了。后出的《易传》更不足以论证先于《易》就已存在的神秘数观念。天地人三才之数的解释和秦人尚六的解释也同样是以流为源，把神秘数的发生上限大大后移了。至于彝族十月太阳历说，体现了近年民族学研究对古史的旁证作用，一月三十六日的古历也确有“礼失而求诸野”的重要启发作用。不过持此说者仍然未能解决年代上的巨大差异：有什么实际证据可以说明现今发现的彝族古历在华夏文明的源头时期就已存在，并对汉文化产生了影响呢?

在笔者看来，三十六与七十二两数的神秘性同七、十九等“道数”一样，首先是从天道循环的周期尺度方面获得的，是作为某周而复始的轮转变化之基数而具有了数字之外的象征意义。现存古籍中所有关于这两个数的记载，都只是流而不是源。现在可看到的最早的七十二之书证，出自《庄子》，但这不是个人之发明，而是对更古老的传统观念的因袭。最早的三十六之书证，如果不算《庄子》内篇中十九与十七两数之和，及三十六个寓言的安排，还

[1] 参看卢央：《彝族星占学》，云南人民出版社 1989 年版，第 88—90 页。

可以举出《墨子·杂守》中“斗食终岁三十六石”、《荀子·大略》中“立视前六尺，而大之六六三十六三丈六尺”（可作为秦人重六之先声？）、《韩非子·五蠹》中“徐堰王处汉东，地方五百里，行仁义，割地而朝者三十有六国”，等等。皆可证明秦以前这个数字的模式化用法已经流行。

19世纪末年在中原发现的甲骨卜辞为古史学者提供了文献资料以外的“二重证据”，近百年来的成果已在相当程度上改写了商代的历史。对于考察神秘数字的由来，甲骨学的材料和研究成果是唯一能够上溯到周代之前的宝贵线索，也是比任何一种传世文献都更为有力的证据。自董作宾先生率先发现商代王室对其祖先的祭祀遵循着相当严密的周而复始之体系，海内外

一．由王二祀一譜推出的王三祀一譜

王三祀（三十六旬型）	月份	1			2			3			4			5			6		
	旬序	甲寅	甲子	甲戌	甲申	甲午	甲辰	甲寅	甲子	甲戌	甲申	甲午	甲辰	甲寅	甲子	甲戌	甲申	甲午	甲辰
	祀序	彡大甲	彡小甲	○	彡戔甲	彡羌甲	彡陽甲	○	彡祖甲	▲	翌工典	翌上甲	○	翌大甲	翌小甲	○	翌戔甲	翌羌甲	翌陽甲

7			8			9			10			10			11			12		
甲寅	甲子	甲戌	甲申	甲午	甲辰	甲寅	甲子	甲戌	甲申	甲午	甲辰	甲寅	甲子	甲戌	甲申	甲午	甲辰	甲寅	甲子	甲戌
○	翌祖甲	祭工典	祭上甲	○	祭大甲	祭小甲	○	祭戔甲	祭羌甲	祭陽甲	○	祭祖甲	○	○	彡工典	彡上甲	○	彡大甲	彡小甲	○

《懷特》1915

二、由王二祀二譜推出的王三祀二譜

王三祀（三十六旬型）	月份	1			2			3			4			5			6		
	旬序	甲辰	甲寅	甲子	甲戌	甲申	甲午	甲辰	甲寅	甲子	甲戌	甲申	甲午	甲辰	甲寅	甲子	甲戌	甲申	甲午
	祀序	○	彡大甲	彡小甲	○	彡戔甲	彡羌甲	彡陽甲	○	彡祖甲	▲	翌工典	翌上甲	○	翌大甲	翌小甲	○	翌戔甲	翌羌甲

7			8			9			10			10			11			12		
甲辰	甲寅	甲子	甲戌	甲申	甲午	甲辰	甲寅	甲子	甲戌	甲申	甲午	甲辰	甲寅	甲子	甲戌	甲申	甲午	甲辰	甲寅	甲子
翌陽甲	○	翌祖甲	祭工典	祭上甲	○	祭大甲	祭小甲	○	祭戔甲	祭羌甲	祭陽甲	○	祭祖甲	○	○	彡工典	彡上甲	○	彡大甲	彡小甲

《懷特》1915

图53 三十六旬型商代循环祭祀谱（采自常玉芝）

学者对于周祭制度的研究已取得可观的成就。其中最引人注目的莫过于第五期卜辞所显示出的三十六旬一周期的五种祀典：以彡（日）→翌（日）→祭→壹→劦→彡（日）的顺序轮转举行。[1]董先生把这种循环规则的祭典体系命名为“五祀统”，陈梦家先生在《殷墟卜辞综述》中又改称为“周祭”，已为学界广泛采用。但他认为周祭之周期不是三十六旬，而为三十七旬的观点，已被认为是有问题的。日本学者岛邦男的《殷墟卜辞研究》（1958）[2]和加拿大学者许进雄的《殷卜辞中五种祭祀的研究》（1968）分别提出，五种祀典对先王先妣轮番祭祀的周期有三十六旬和三十七旬两种。常玉芝先生在综合了前人观点的基础上，对三十六旬和三十七旬并存说加以修订补充，认为这两种“都是黄组周祭卜辞反映的祭祀周期”；至于两种周期并存的原因，“很可能是为了迎合天时而设置的。如一个太阳年是三百六十五天（约数），而三十六旬的周期才三百六十天，不足一年，故设三十七旬型周期予以调整，使两个祭祀周期约相当于两个太阳年的时间。从而保持周祭周期与太阳年的日数的基本平衡。”[3]从常先生所复原的周祭祀谱中可以看出，三十六旬与三十七旬两种周期的设置，并不是严格的依次交替，很像是在一定时期内因时制宜就便错置的。如第一祭祀系统王二祀至王十祀的九种循环周期分别是：

二祀　　三十七旬型

三祀　　三十六旬型

四祀　　三十七旬型

五祀　　三十六旬型

六祀　　三十七旬型

---

[1] 董作宾：《殷历谱》上编卷一，1945年，第3页。

[2] 有温天河等中译本，台北：鼎文书局1975年版。

[3] 常玉芝：《商代周祭制度》，中国社会科学出版社1987年版，第199—200页。

七祀　　三十六旬型

八祀　　三十六旬型

九祀　　三十六旬型

十祀　　三十七旬型[1]

从三十七旬型周期是在三十六旬型周期之上再插入一旬的情况看，可以确信三十六旬型是基本型，三十七旬型为其变式。卜辞中称年为“祀”，这种周而复始的三十六旬祀礼，也就是体现天道运行规则的“仪式历法”。与彝族的十月太阳历相比，一为三十六乘十的进位原理，一为十乘三十六的进位原理，二者都意味着三十六进位制的成立，可谓无独有偶。不过从年代上判断，孰先孰后几乎是不言自明的。因此，与其把汉文化中的“三十六”上溯到彝族历法，实不如直接落实到殷商王室的仪式历法中去。

关于三十六进位制的仪式历法之形式，显然并不是一朝一夕的人为发明，而是经历了漫长的发展和完善过程后的产物。它一旦得到制度化，对于人们观念的巨大而深远的作用是可想而知的。《周易·系辞上传》谓：“乾之册二百一十有六，坤之册百四十有四，凡三百有六十，当期之日。”尚氏注：“十二月为一期，乾坤策正三百六十。故曰当期之日。”[2]作为三十六旬总日数的三百六十就这样成为派生的神秘数。《淮南子·精神训》《文子·九守篇》《春秋繁露·人副天数篇》都说“天有三百六十日，人亦有三百六十节”[3]，已经使这个循环“道数”达到天人合一之境了。白川静先生认为，“倘若我们以贞卜的本质乃是修祓王所支配的时间空间的立场来说的话，那么像五祀周祭那样把祀典排满全年的祖祭体系，其成立，莫非是想

[1] 常玉芝：《商代周祭制度》，中国社会科学出版社 1987 年版，第 260 页。

[2] 尚秉和：《周易尚氏学》卷十八，中华书局 1980 年版，第 298 页。

[3] 原文或作“三百六十六日”，依王念孙、刘文典说改，参看《读书杂志》卷十三。

借以达成修祓时间的意图吧！”[1]商朝的覆灭使商王用仪式历法修祓时空的法术幻想化为云烟，但三十六进位的循环观念却并不因此而绝灭，连同其倍数七十二一起沉积到华夏文明集体无意识底层，滋生出后世无穷尽的神秘数现象。

对于远古传承的“道数”有着高度敏感的《庄子》一书的作者，不仅对“十九年”“七十二君”或“七十二钻”一类循环极数津津乐道，还将“七”与“三十六”两个原型数或明或暗地编织为内篇整体的结构素，使其文本从篇数和寓言数两方面均与道的永恒回归运动暗中吻合对应，即使从形式上也达到了“始卒若环，莫得其伦”的神妙效果，堪称古代著述中的一项奇观。仅就这种“形式即内容”的匠心设计而言，西方现代派文学的两大经典之作——乔伊思的《芬尼根的守灵夜》和福克纳的《喧哗与骚动》，正可与《庄子》相媲美而对观者也。

倘若我们把追索三十六之数的目光从商代周祭的循环数再向史前拓展的话，那么距今六千多年的西安半坡遗址出土陶片图案中的等差数列，或可成

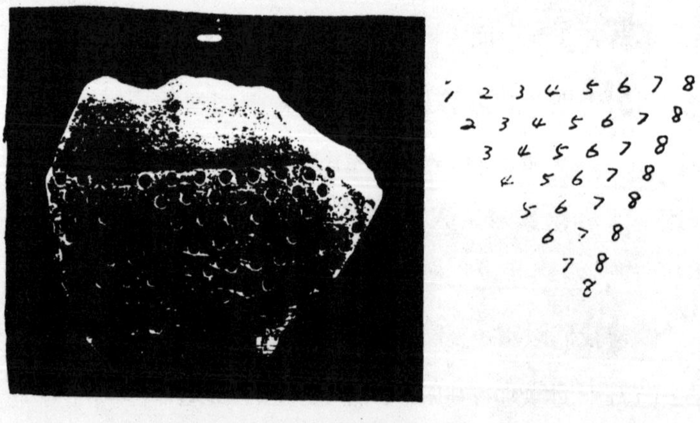

图 54　西安半坡遗址出土陶器残片上的等差数列三角形
此三角形共由 1+2+3+4+5+6+7+8 ＝ 36 洞组成

[1] 白川静：《甲骨文的世界》，温天河、蔡哲茂译，台北：巨流图书公司 1977 年版，第 81 页。

为探源求本的首选目标。考古工作者在半坡陶片上发现两种由锥刺洞组成的等边三角形图案。其中一种类型是由10个锥刺洞组成的等边三角形，或正立，或倒立。图案由四行锥刺洞组成，每行有锥刺洞依次为4个、3个、2个和1个，锥刺洞总数为4+3+2+1 = 10。另一种类型是由36个锥刺洞组成的等边正三角形。锥刺洞共分8行，上面一行为8个洞，以下依次为7、6、5、4、3、2、1个洞，总计8+7+6+5+4+3+2+1 = 36个洞。三角形每条边都呈现为8个洞，洞与洞之间呈等距离。学者们称此图案为“等差数列”[1]，甚至有人将其同毕达哥拉斯的等差数列相提并论。笔者以为，若不将此类数排列图案看成毫无深意的偶然所为，那就可以视为抽象的数观念尚未成熟以前，用几何形状排列式所表示的10和36两种循环数字的直观形态。原始思维和发生认识论方面的研究都表明，人类（不论是族类还是个体儿童）早期的计数方法正是由实物到标记符号，再由标记符号到抽象数字概念的。半坡人已有10和36这两个重要的基数的符号表现方法，数千年后的殷商人终于将这两个数发展为基本的进位数，十干、旬制和周祭便在此基础上成为文化编码的重要单位。而在我们民族集体无意识深处的这两个原型数字当然还要寻求各种显现的机会，像十日神话、海外三十六国的传说以及三十六计故事等就这样依次应运而生了。

[1] 西安半坡博物馆编：《半坡仰韶文化纵横谈》，文物出版社1988年版，第99—100页。

THE SEVENTH PART

第七章

四段循环式

时间现在和时间过去
也许都存在于时间将来，
而时间将来包容于时间过去。
如果时间都永远是现在，
所有的时间都不能够得到拯救。

——T.S. 艾略特：《四个四重奏》

天之大，阴阳尽之矣。地之大，刚柔尽之矣。阴阳尽而四时成焉，刚柔尽而四维成焉。夫四时、四维者，天地至大之谓也。

——邵雍：《皇极经世书》

周而复始的循环时间观和历史观通常以依次更替的阶段的形式而展开和运转，阶段的数目以四为习见。从古希腊的黄金时代神话起，四段循环的思想模式就在西方文明中不绝如缕地传承下来，而印欧人种的另一分支所创建的南亚次大陆的印度文明，同样流传着四时代更替轮转的神话思想，乃至佛教义理中概括出成、住、坏、空的四段公式。东亚的华夏文明亦不例外，《周易》有元、亨、利、贞的四段式，《老子》有“道生一，一生二，二生三，三生万物”的四段创生说，《庄子》则概括为一、分、成、毁的存在规律。20世纪西方文化史和文学史研究中，四阶段循环的原型模式以新的理论建构形式获得空前的复兴，对当代文化思想产生了深刻影响。本章先对斯宾格勒、弗莱与邵雍思想中的四段模式做个案分析，从中透视原型模式对理论思维的铸塑作用，以期为庄子和中国文化中的此类现象提供阐释框架。

一、四段循环论：斯宾格勒、弗莱、邵雍

伴随着文化人类学的观念和知识的流传和普及，人文科学范围内接受文化相对主义的价值观，在相应的学科中引发出破除传统的欧洲中心主义偏见，建立新的世界性文化观的努力。在第一次世界大战后以巨大的思想冲击力在西方知识界刮起旋风的斯宾格勒《西方的没落》一书，使以充分自觉的意识去打破和消解自古典时代传承下来的西方人的历史错觉——把欧洲的历史及其尺度错误地夸大为具有世界性普遍意义的概念。[1] 以耶稣之诞生为“纪元”，这对于基督教笼罩下的西方文化当然可以显示划时代意义，但是对于阿拉伯人、印度人或中国人而言，怎么会有同样重要的意义呢？以罗马帝国

[1] 斯宾格勒：《西方的没落》第1章，陈晓林译，黑龙江教育出版社1988年版。

的覆灭来确认“中古”和“近代”的分界，只适用于衡量欧洲自身的历史进程，又怎么能将这种分期尺度生硬地强加给世界上众多的非欧洲文明和民族国家的历史呢？斯宾格勒的这种尖锐质问对于战后处于末日氛围中的西方读者来说，同他所宣告的历史宿命“西方的没落”一样，具有振聋发聩的效应，也就不足为奇了。卡西尔回顾当时的情形说：“或许，还从未有过一部哲学书像这本书那样引起如此轰动的成功。它几乎有任何语言的译本，几乎有各种各样的读者——不管是哲学家还是科学家，历史学家还是政治家，学生还是专家，商人还是街头乞丐都在捧读这部书。到底是什么原因使这本书获得如此史无前例的成功，到底是什么魔力如此吸引着读者们的心呢？这看来似乎不可思议。”[1]

在历史哲学的层面上，斯宾格勒以足够的力度打破了西方文明有史以来就建立和发展起来的自我中心主义精神幻觉，这也许就像把沉睡在迷梦中的人猛然唤醒一样，尽管唤醒的方式未必恰当完美，但其所产生的效应却异常强烈和深远吧？《西方的没落》并非一般实证意义上的历史学著作，其中所突出表达的历史循环论思想也并非作者个人之独创，但它能够生逢其时地成为直线进步历史观的对立面和消解力量，主要还是由于世界大战的血腥与疯狂彻底动摇了自启蒙时代以来西方几代人所坚信的理性权威和进步理想。斯宾格勒用来打破西方文明中心论偏见的有力武器还是取自尼采的（更确切地说是源于史前神话的）“永恒循环”生命观。

《西方的没落》把有机生命的衍化规则运用于文化史的建构，划分出文化的生、荣、衰、枯四大阶段，分别命名为“前文化的阶段”（pre-cultural stage）、“文化的早期阶段”（early period of culture）、“文化的晚期阶段”（late period of culture）、“文明阶段”（the period

[1] 卡西尔：《国家的神话》，张国忠译，浙江人民出版社 1988 年版，第 324 页。

of civilization）。世界各民族文化的历史的道路虽各具特色，但大致上都可与上述四阶段更替模式相吻合，体现出某种类似生物学的“异形同构”（homology）之倾向。因而也有人称这种历史观为“历史形态学”。斯宾格勒在他这部大书的结尾处还精心制造出“精神”“文化”和“政治”三种表格，以揭示不同的文化灵魂表现的形态规则。关于精神发展的四大阶段之标志，他是借神话思维中四季的类比原型而展开的：

春天：乡野一直觉、新觉醒的梦想，凝重的灵魂之伟大创造，超个人的统一与完满。

夏天：成熟的意识，最早期的城市的与批评的活跃或鼓动。

秋天：城市的智慧，严格理智的创造性的顶峰。

冬天：大城市文明的破晓，精神创生力的消灭，生命自身成为问题，一种非宗教形而上学的世界主义的种种伦理倾向。[1]

在这个四季图式中，似乎多少还可以看到黑格尔关于绝对精神之必然行程的思想面影，但这种行程的足迹却变得更加清晰而具体化了。按照斯宾格勒的诊断，现代西方文化已步入冬季。物质主义世界观的流行，对机械和技术的膜拜成为这个时代的标志。大多数知识精英都卷入到技术理性、战争和强权政治中去了。“他们将成为裘利斯·恺撒，而不是莎士比亚”。

诺斯洛普·弗莱指出，《西方的没落》问世以后招来了无数的批评，但是如果我们要反驳斯宾格勒的真实论点，就必须抓住他的中心假说或中心隐喻。这个中心假说是：历史中存在着文化或社会的巨大变迁，有如有机物之生命遵循着同样一种节律——生长、成熟、衰败和死亡，每一生命个体都不例外。“我们不必像斯宾格勒那样断定文化就是有机的。在这一点上我不想直接反对或赞许斯宾格勒的看法。我只想提出给人深刻印象的另外两方面的

[1] 参看刘述先：《文化哲学》，黑龙江教育出版社 1988 年版，第 51 页。

考虑，它们足以使我意识到斯宾格勒的确属于现代思想的创造者的行列”。[1]弗莱所说的另外两种考虑首先是：当代学者中的一些著名人物在试图采纳某种普遍的历史观时似乎与斯宾格勒的文化有机论殊途同归。最典型的例子为汤因比，他说他曾着迷于斯宾格勒，并在《历史研究》中改进了文化有机论。斯宾格勒的概括范围是八种文明，汤因比扩展为二十一种，并将有机生命的隐喻应用到其中的二十种。其四阶段模式与《西方的没落》大体相仿，而名称各异。汤因比称作“文明的起源”“文明的生长”“文明的衰落”和“文明的解体”。[2]只有第二十一种文明即汤因比自身所属的西方文明没有被另外二十种文明的衰落宿命所笼罩，这样就将一线希望从斯宾格勒的悲观宿命论中解救出来，留给迷茫无主的现代西方人。[3]

除了这个主要差别外，斯宾格勒和汤因比的另一不同之处在于对各文明机体发展中与其他文明的关系的看法。“在斯宾格勒这里各个文化的孤立性完整得就像莱布尼兹的单子一样。它们之间的时间、地点和类似性的关系，只有从历史学家的超然观点来看，才是可知觉的。而对于汤因比，则这些关系虽然是外部的，却形成了文明本身经验的一部分”。[4]由于这一差异，汤因比的世界史观念就更加强调文化之间的彼此交往和相互作用对于发展的动力作用，因而更加体现出“整体大于部分之和”的整合原则。尽管有这些差异，弗莱还是确信，汤因比的文化观只是对斯宾格勒的天才和独创性的一种补充性“贡献”，或许还是“不情愿”的贡献。

弗莱推崇斯宾格勒的第二个考虑是，现代文化已然认可了他的中心主题，正像达尔文、马克思、弗洛伊德和爱因斯坦的中心思想——进化、阶级斗争、

[1] 弗莱：《奥斯瓦尔多·斯宾格勒》，见《读解世界》（*Reading The World*，*selected Writings*，1935—1976），邓南（R. D. Denham）编，兰彼得出版公司1990年版，第322页。

[2] 参看汤因比《历史研究》，曹未风等译，上海人民出版社1966年版。

[3] 弗莱：《奥斯瓦尔多·斯宾格勒》，见《读解世界》（*Reading The World*，selected Writings，1935—1976），邓南（R. D. Denham）编，兰彼得出版公司1990年版，第323页。

[4] 柯林武德：《历史的观念》，何兆武等译，中国社会科学出版社1986年版，第208页。

潜意识和相对论已经成为改变人类思想的持久源头那样。“第一流思想家的重要标志就是那种洞察自己鼻子前面的事物的能力”[1]。与上述几位思想大师稍有不同的是，斯宾格勒更富有艺术气质和想象天赋，如果说他也揭示了真实，“其真实乃是诗的或预言的真实，而不是科学的真实”[2]。正像卡西尔将《西方的没落》视为神话与哲学的混同，称其为“一部历史的占星术著作——一部展现预言者自身忧郁的神示直觉的书”一样，[3] 弗莱也不止一次地将其称为“世界上最伟大的浪漫主义诗作之一”[4]，并把自己从这部伟大诗篇中所获得的启示充分运用到文学理论和文学史的重新建构中去。

在《奥斯瓦尔多·斯宾格勒》这篇备受推崇的讲话稿发表两年之后，弗莱向世人展现了他自己的“占星术式”的文论著作《批评的解剖》。在该书结论部分特意提到受斯宾格勒文化观影响而产生的理论倾向：

艺术的生产常常被描述为有机生命的“创造的”隐喻。在人类生活中存在一种奇特的倾向，即模拟“低等”的生存形式的某些方面，就像那些微妙地效法植物生命的年周期韵律的仪式行为。人类文化的发展无意识地效法一种有机物的节奏，这本身并非毫无道理。艺术家们倾向于模仿他们的前辈并采用更为复杂的方式，这样就造成了文化“老化”（aging）之传统，这种传统发展下去直到某种剧烈变革终止了这个过程，然后又重新开启新的过程。因此，历史的批评的容纳形式自然呈现出文化生长的某种准有机物的节奏，就像当今时代大多数历史哲学家以这样或那样的形式所揭示的那样，尤其以斯宾格勒揭示得最为明确。[5]

[1] 弗莱：《奥斯瓦尔多·斯宾格勒》，《读解世界》，第 323 页。

[2] 弗莱：《奥斯瓦尔多·斯宾格勒》，《读解世界》，第 319 页。

[3] 卡西尔：《国家的神话》，中译本，第 326 页。

[4] 弗莱：《奥斯瓦尔多·斯宾格勒》，《读解世界》，第 320 页；又见弗莱：《斯宾格勒的〈西方的没落〉》，美国艺术与科学学院《代达罗斯》（*Daedalus*）1974 年冬季号，第 6 页。

[5] 弗莱：《批评的解剖》（*Anatomy of Criticism*），普林斯顿大学出版社 1957 年版，第 343 页。

《批评的解剖》全书中充满了效法文化有机观的文学史有机整体精神，如第一篇“历史的批评”中开列出四阶段的模式：（一）虚构的模式（Fictional Modes）；（二）悲剧的模式；（三）喜剧的模式；（四）主题的模式（Thematic Modes）。第二篇“伦理的批评”则依次论述了文学象征的四种表现方式：（一）描写相，象征作为母题和符号；（二）形式相，象征作为意象；（三）神话相，象征作为原型；（四）寓意相，象征作为单元（monad）。第三篇“原型批评”讨论了原型意义理论的三种层面之后，详尽地展开体现史、论合一原则的“叙述程式”（Mythos）理论的四阶段循环模式：（一）春天的程式，喜剧；（二）夏天的程式，传奇；（三）秋天的程式，悲剧；（四）冬天的程式，反讽。到了第四篇“修辞的批评”，先探讨四类常见的文体的生命节奏：（一）复现的节奏，叙事诗；（二）连续的节奏，散文；（三）礼仪的节奏，戏剧；（四）联想的节奏，抒情诗。再分析四种特殊的文体：（一）特殊形式的戏剧；（二）特殊的主题性形式（抒情诗和叙事诗）；（三）特殊的连续性形式（散文体说）；（四）特殊的百科全书性形式。

综观全书，《批评的解剖》如何按照斯宾格勒、汤因比和弗雷泽等人的有机框架写成一部体系严谨、结构精致的“四个四重奏”，已经成为有目共睹的理论著述奇观。两年前弗莱还对《西方的没落》所表现的循环论略有微词，现在他自己却把生命循环的思想发挥到无以复加的极端。柯林武德对汤因比的下述批评似可直接挪用于弗莱：“他的总的历史观归根到底是自然主义的；他把一个社会生命看作是一种自然生命而不是一种精神生命，根本上是某种纯属生物学的东西而且最好是根据生物学的类比来加以理解。”[1] 当然我们

[1] 柯林武德：《历史的观念》，中译本，第185页。

也可以借用弗莱替斯宾格勒辩护的话来替他自己辩护：尽管斯宾格勒的众多批评者看上去比斯宾格勒的观点更严谨也更有道理，但是斯宾格勒的著作仍然比对他的所有批评都更能给人以灵感。也许正是出于此种自信，弗莱才会把《西方的没落》中不完整、不彻底的自然循环生命观加以发扬光大吧。“天真类比和经验类比体现了神话对自然的适应：对于人类幻想的最终目标，它们给我们的不是城市和花园，而是建筑和种植的过程。过程的基本形式是循环运动：盛与衰、劳与逸、生与死的交替发生都是过程本身的韵律”。[1]

弗莱精心发掘出西方文学中充分体现“对自然的适应”的七类意象系统，作为生命循环运动模式的标本，其中讲到第六种意象系统时又点明了斯宾格勒的影响：

一般说来，诗人像批评家一样，一直是斯宾格勒哲学的信奉者，因为在诗歌中如同在斯宾格勒观点中那样：文明社会的生命常常等同于有机物的循环过程：生长，成熟，衰落，死亡，以及另一个体形式的再生。诗歌的主题包括：昔日的黄金时代或英雄时代，未来的太平盛世，社会生活中的宿命之轮，怀古幽思的咏叹，面对废墟陈迹的冥想，追念已经逝去的田园生活的淳朴，对于一个帝国的崩溃所表现出的悔恨或狂喜。[2]

既然历史和文学都像植物生命那样历经生长、成熟、衰落、死亡的宿命式行程，那么这样一种四阶段的循环模式自然会相当普遍地体现在个体的作家和诗人的创作中。弗莱带着斯宾格勒和弗雷泽所提供的这种启示去观照具体作品，更加强化了他关于原型模式的信念。

[1] 弗莱：《批评的解剖》，英文版，第158页。中译文引自叶舒宪编：《神话—原型批评》，陕西师范大学出版社1987年版，第209页。

[2] 弗莱：《批评的解剖》，英文版，第160页。中译文引自叶舒宪编：《神话—原型批评》，陕西师范大学出版社1987年版，第211—212页。

1974年为美国艺术与科学学院院刊《代达罗斯》专号“20世纪经典重估”撰写的专评《斯宾格勒的〈西方的没落〉》一文中，弗莱不光是重申了他20年前的观点——《西方的没落》是世界上最伟大的浪漫主义诗作之一，而且找出了现代主义文学经典作品中与之相应的有机模式，从而将四阶段循环确认为文学想象的伟大语法之一。如T.S.艾略特于1922年发表的诗歌里程碑《荒原》，其中虽未明确提及斯宾格勒，却明确显示出四季循环意象的深层结构：

春	夏	秋	冬
晨	午	晚	夜
少年	成年	衰老	死亡
春雨	泰晤士河	入海口	海洋
中世纪	伊丽莎白盛世	18世纪	20世纪[1]

弗莱还指出《荒原》的历史时代象征表现与斯宾格勒文化观的某些暗合之处，以及奥登（W. H. Auden）的诗歌《罗马的衰落》、叶芝和庞德的诗歌等所显示的斯宾格勒思想影响，说明人们不论是否赞同《西方的没落》的有机文化观，都已将其历史幻觉作为自己思考的基础。“没落或老化作为西方之宿命就像电子和恐龙一样已成为我们今天的精神景观之一部分，在此意义上说，我们全都是斯宾格勒派了”。[2] 四年之后当有记者问到循环无尽的思想通过仪式和神话的反复作用是否已构成当代人的神经官能症时，弗莱显得较审慎，回答说：“我不愿把这问题放入因果关系的模式。我认为人类就是一种神经质的动物，他的仪式模式要表现神经症，也同样要表现与之相

[1] 弗莱：《斯宾格勒的〈西方的没落〉》，《代达罗斯》1974年冬季号，第7页。
[2] 弗莱：《斯宾格勒的〈西方的没落〉》，《代达罗斯》1974年冬季号，第7页。

反的东西。”[1] 看来他不愿意简单地把神话与仪式的永恒回归主题同人的生理一心理感受机械地联系在一起。在一篇探讨时间观念的文章《时间的节奏》中，弗莱又回到这个使他心醉神迷的循环模式上来。

他指出，有关时间的最大困难总是在于：时间是生命的最重要、最基本的方面，是首要的经验范畴，但它同时又根本不存在。时间的中心好像就是现在的时刻，可每当我们试图把握这个“现在”时，就会发现我们在追逐一种处于已逝去的和尚未到来的之间的东西，它在不断地消失，永不停止，难以捉摸。[2] 古往今来的诗人和哲人都尝试用自己的方式去把握时间那神秘的节奏，大自然本身的周期性变化现象就这样被认同为共有的尺度：春生秋杀、夏暑冬寒，于是焉获得四阶段更替的普遍规则和既定程序。弗莱结合西方诗人约翰·戴维斯、弥尔顿、斯宾塞、但丁、拜伦、雪莱和 T.S. 艾略特等人的诗歌，分析了所谓“四层次的传统时间观”（time on four levels of experience）[3] 的种种表现形式，尤其是艾略特的名篇《四个四重奏》中的循环哲学及其同基督教再生信仰的联系。弗莱的这一分析可视为对斯宾格勒如下观点的发挥和引申：人类童年期的灵魂有如婴孩的原初感受，驱使它要寻找各种方法来捕捉和处理广延世界中的各种陌生力量。用规则的形式和理智的范畴把神秘的事物捕获了来并使之条理化，世界恐惧便随着理解而静静止息了。这是所有伟大文化共有的方法，“也是文化灵魂所知道的唯一实现自己的途径，即：把广延加以象征化”[4]。诗人们之所以万变不离其宗地回复到同一种四层次或四阶段的时间模式上来，似可以理解为文化之灵魂借助

[1] 弗莱与董·哈伦（Don Harron）的谈话：《在天堂与启示之间》（*Between Paradise and Apocalypse*），邓南编：《沙粒中的世界》，兰彼得出版公司 1991 年版，第 138 页。

[2] 弗莱：《时间的节奏》（*The Rhythms of Time*），《神话与隐喻》（*Myth and Metaphor*），邓南编，弗吉尼亚大学出版社 1990 年版，第 157 页。

[3] 弗莱：《时间的节奏》（*The Rhythms of Time*），《神话与隐喻》（*Myth and Metaphor*），邓南编，弗吉尼亚大学出版社 1990 年版，第 162 页。

[4] 斯宾格勒：《西方的没落》，陈晓林译，黑龙江教育出版社 1988 年版，第 78—79 页。

于个体无意识而显现出的共有的象征。换言之，四阶段模式由大自然的自身运动节奏给人类经验提供启示，又通过诗人和哲人的象征与概括转化为具有更广泛的蕴含的文化模式，反过来普遍应用于自然现象和社会现象，成为去除陌生感，赋予未知事物以节奏规则，把握历史脉动的有效手段。斯宾格勒也好，弗莱也好，都不是此一模式的发明人，他们只是用更为理智的方式使这种模式更清晰明确地呈现出来，使之从无意识状态变为意识状态而已。

弗莱在讨论英国诗人布莱克的论文《开门的钥匙》中就说到，这位18世纪诗人的一系列诗作中已预示出斯宾格勒式的四阶段模式，并由此而构成了《天真之歌》《天地之婚》《法国大革命》《美国》等作品间的逻辑联系，其意象系统可图示如下：

儿童天真→成人经验＝尤里参（Urizen）＝现状之“天”
└→受挫欲望＝渥克（Ore）＝反叛之“地狱”[1]

在弗莱看来，布莱克诗中的渥克和尤里参是这样一组对立的形象：前者代表人类潜在的能量和欲望，追求自由与性爱的冲动，后者代表从人类身体之外获得的各种知识和信念。从某种意义上可以把渥克认同为弗洛伊德所说的“快乐原则”，而把尤里参认同为“现实原则”。历史上常有由渥克一类“可怕的男孩”的诞生或再生所象征表达的政治革命，但他们当中的每一个终究要平息下来并化入同样的尤里参式现实形态。在《天地之婚》一诗中可以看到这样一种神话结构，它同时表现了弗洛伊德心理学和马克思的政治革命学说，也显现出浪漫主义运动本身的二重性：对政治革命的反映和旨在反

[1] 弗莱：《开门的钥匙》（*The Keys to the Gates*），《坚固的结构：批评与社会论集》，麦休恩出版公司1980年版，第180页。

对理性统治的情感和欲望的张扬。[1] 如果从更深远的文化史大背景上看，渥克与尤里参的相互作用显现为某种周而复始的循环运动。最早的渥克式反叛可上溯到《圣经》中记述的以色列人出埃及之事件。以色列的十二个部落组成的社会便是渥克，由黄道十二宫所象征的律法机制便是尤里参，亚伦被立为第一位祭司长标志着尤里参的胜利（他的胸甲上的十二石象征着黄道与部落在数目上的对应）。那被钉上杆子的铜蛇象征着渥克被尤里参彻底征服，这个意象承前呼应亚当的犯罪与放逐，启后预示着耶稣被钉上十字架。于是，耶稣成为又一个渥克式形象，他收了十二个门徒，开启一种新的文明。基督教文明同其先驱者犹太教一样，也最终采纳了尤里参形式，这在布莱克所生活的时代已体现得十分明显。布莱克希望一种革命的启示录，在《美国》诗中将此一希望落实到作为欧洲文明终结时期出现于新大陆的又一次渥克式反叛，表现为一种群体性的复活，与基督复活的传统神话意象相对应。

在布莱克的晚期预言诗中，一种斯宾格勒式的四阶段循环历史观已发展成熟，甚至有许多意象都与斯宾格勒书中相同。[2] 第一阶段乃是渥克的革命性诞生；第二阶段，渥克的力量达到顶点后开始向尤里参转化，与之相随的是对渥克的束缚与驯化；第三阶段，现实意识的强化，象征表现为尤里参探测的巨牙；第四阶段，毁灭与混沌，象征表现为渥克被钉于十字架或将那蛇吊上死亡之树。布莱克还认为他所处的时代正进入历史的第四阶段，其特征是大众战争、技术和机械的复杂化、非想象的艺术——尤其是在建筑方面。这一阶段的中心象征是迷宫和荒漠、废墟。这些都是斯宾格勒体系所采用的原型意象。

1985 年在加州大学所做的《〈芬尼根的守灵夜〉中的循环与启示》演讲，

[1] 弗莱：《开门的钥匙》（*The Keys to the Gates*），《坚固的结构：批评与社会论集》，麦休恩出版公司 1980 年版，第 180 页。

[2] 弗莱：《开门的钥匙》，《坚固的结构：批评与社会论集》，麦休恩出版公司 1980 年版，第 184 页。

进一步将四阶段模式的解读效应落实到现代主义小说经典作家乔伊思的晚期代表作，对这部以晦涩难懂著称的大部头作品做出理性分析和思想渊源的发掘，认为维柯的四阶段历史观和布鲁诺（Giordano Bruno）的二分哲学给这部小说铸就了结构的原则。弗莱细心地论证说，乔伊思在构思这部长篇的结构时不仅受惠于上述两位意大利人，而且还从弗洛伊德、容格、布特勒、伯克利、叶芝、布莱克和《圣经》中获得启示。维柯在《新科学》中改造希腊神话中四时代循环主题，建立起新的历史循环论，其四阶段依次为：神话的或诗性的时代，又称神的世纪；然后是由英雄统治的贵族政治时代；接下来是一个平民的时代；最后是一个复归于初（ricorso）的时代，世界重返混沌以便开启新的循环程序。20 世纪的斯宾格勒所构拟出的历史循环论与维柯的十分相近，只是没有采用维柯的圆圈隐喻，而改用了有机生命的隐喻。斯宾格勒给予叶芝的创作以重大影响，但对乔伊思却影响不大。《芬尼根的守灵夜》主要依据维柯的圆环模式而展开：第一部共有八章，讲述诸神的神话和传说，乃是神话时代或诗性的时代；第二部共四章，讲述的是贵族时代；第三部也是四章，讲述平民时代；第四部共十七章，演示复归于初的场景。[1]小说中还设计了三重梦的循环：个人的、自传性的和普遍的梦；二分对立的原型显现：兄弟间的争斗，女性形象之间的对立，个人梦幻者的内心冲突；等等。所有这些匠心安排使这部头绪纷繁的作品具有整体上的有机统一性，成为演示人类历史和宿命的现代大寓言。

从斯宾格勒的占星术式历史哲学预言到乔伊思的小说式人类宿命的寓言，弗莱解读出理论思维和文学想象所共同遵循的语法模式，但他不情愿将这模式看成一种终始相续的简单循环，更希望从中引出某种类似汤因比的开放结构，从而将永恒回归的封闭圆环升华为螺旋演进的轨迹。就此而言，循

[1] 弗莱：《〈芬尼根的守灵夜〉中的循环与启示》（*Cycle and Apocalypse in Finnegans Wake*），《神话与隐喻》，邓南编，弗吉尼亚大学出版社 1990 年版，第 357—358 页。

环性足以使文学解释成为一种永不重复的、历久弥新的任务。用美国学者霍埃的话说，由于过去的知识并非正好就是现在的知识，解释学的反省可被描述为“一种认识到自己限度的历史循环论的反省”[1]。

时间的四段论可以转换为空间的四分法，这也就是中国哲人以“四维”匹配“四时”的理由。

弗莱指出，从一开始，诗歌的想象就处在大地的中央位置。在其上面是天空，在其下面是那神秘的诞生和死亡之国，动物和植物生于斯也归于斯。于是，文学中有了四种主要的叙述活动，它们是：其一，由上界下降；其二，下降到下界；其三，从下界上升；其四，上升到上界。所有的文学故事都是这四种叙述根本的复杂化或隐喻变体。

在基督教文化中，这些上升和下降的四类模式遍布在由四个主要层次构成的神话宇宙之中。其中两个层次高于我们生活的这个层次，另一个低于它。最高一层是天界，上帝显现的地方，它本是超越空间的，但可用象征来表现，如但丁的《天堂篇》，用天上的一些空间隐喻来表现天堂、太阳、月亮和星星。第二层是地上乐园或伊甸园，那里是人类堕落以前居住的地方。“堕落”（fall）这个词的联想便意指伊甸被设想为世上的最高点，如但丁作品中所给定的地理位置。第三层是我们现在生存于其中的日常经验世界，动物和植物似乎非常适应这个世界，但是，人虽然降生在这里，却不属于此界。人的自然家园在第二层，那是最初由上帝指派给人祖生存的地方。第四层是魔鬼世界或阴间地狱，那是没有自然的秩序的地方，自治自足，常常位于大地之下。[2]

在一篇讨论叶芝诗歌的论文《塔顶：叶芝的意象研究》中，弗莱又提到诗歌创作中的四层次象征世界。“所有的诗人都说着同一种象征的语言，但他们需要凭本能或无意识从其他诗人那里学会这种象征语言。在西方世界的

[1] 霍埃：《批评的循环》，兰金仁译，辽宁人民出版社 1987 年版，第 177 页。
[2] 弗莱（N.Frye）：《世俗的圣书》（*The Secular Scripture*），哈佛大学出版社 1976 年版，第 97—98 页。

诗歌史上，从中古时期直到今天，一直存在着一种具有四个主要层次的诗歌象征框架”。[1]这四个层次是：（1）逻各斯的视野（the Logos vision），包括传统意义上的宗教天国，上帝显现的地方，其中心象征为圣城，如《圣经》中的新耶路撒冷，有时也用数学的或音乐的隐喻来描绘。（2）厄洛斯的视野（the Eros vision），人祖堕落以后失去了地上乐园，但人的灵魂仍要求上升并复归乐园状态，此种灵魂的升华便是诗歌象征的又一个层次，弗莱借用希腊神话中小爱神之名将之命名为厄洛斯的视野，其中心形象是一位疏离的诗人，他因为在爱情上受挫而转向诗歌创作——创造力的生命源于爱欲能量的替代性升华。（3）悲剧的视野，即人祖亚当犯罪后堕入的尘俗世界，也是后人降生的那个世界，其中心形象乃是将死之神阿都尼斯或狄奥尼索斯，其功能还被基督上十字架的造型所吸取。在这个悲剧性的或反讽的经验世界之下，（4）是死亡的视野（the Thanatos vision），包括基督教所说的地狱和我们日常生活的反讽性观照——表达那种在死亡中的无尽生活的体验。

时间观的四段式与空间观的四分法分别构成相对稳定的表达程序，中国宋代哲人邵雍依据神话宇宙观时空混同的表现传统，将两方面统合起来，建立了他的“四府”论。他的《皇极经世书》便尝试用“四府”论为元语言重构包罗宇宙万物和人类历史的四分体系，正可与斯宾格勒和弗莱的四段循环式相互参照：

夫昊天之尽物，圣人之尽民，皆有四府焉。昊天之四府者，春夏秋冬之谓也，阴阳升降于其间矣；圣人之四府者，《易》《书》《诗》《春秋》之谓也，礼乐污隆于其间矣。

春为生物之府，夏为长物之府，秋为收物之府，冬为藏物之府。号物之

[1] 弗莱：《塔顶》（*The Top of the Tower*），《坚固的结构：批评与社会论文集》（*The Stubborn Structure*），麦休恩出版公司1980年版，第257页。

庶谓之万，虽曰万之又万，其庶能出此昊天之四府者乎？《易》为生民之府，《书》为长民之府，《诗》为收民之府，《春秋》为藏民之府。号民之庶谓之万，虽曰万之又万，其庶能出此圣人之四府者乎？昊天之四府者，时也。圣人之四府者，经也。昊天以时授人，圣人以经法天，天人之事，当如何哉？[1]

由这种贯通天人之际的四府论，邵雍又推衍出“皇、帝、王、伯”的四段退化历史循环说，并且依年月日时的数字编制出“元、会、运、世”的世界历史年表：三十年为一世，十二世为一运，三十运为一会，十二会为一元。一元总计有十二万九千六百年，周而复始。再将干支、五行、卦气等名目配合进来推算古今兴衰治乱之命运，比西方的历史循环说更具规模和详尽，后世推为“康节神数”，连朱熹这样的饱学之士也被瞒过。这充分显示了四段循环论的中国特色，其本土渊源亦可上推至《周易》与老庄。朱子云：“康节其初只是看得太极生两仪，两仪生四象，心只管在上面转，久之便透想得一举眼便成四片。其法，四之外又有四焉。……自有《易》以来，只有康节说一个物事如此齐整。”[2] 朱子此说唯着眼于《周易》四象说，却忽略了另一个可能的渊源——老庄哲学。今试为说之。

二、《庄子》中的四段式

四阶段循环模式既然是文化用来捕捉和解释自然变异的一种普遍的通用语汇，体现着理性试图消解陌生事物及神秘色彩的条理化、秩序化尝试，那么考察这种模式在庄子思想系统中的显现方式和特殊作用，就成为把握道家哲学永恒回归主题的一个重要方面。下文拟针对四阶段模式在庄书中的种种

[1] 邵雍：《皇极经世书·观物内篇之三》，四库全书本。
[2] 马端临《文献通考·经籍考》卷三十七引《朱子语录》，华东师大出版社 1985 年版，标校本，第 865—866 页。

变体形式加以逐个辨析和讨论，追索神话哲学的“元语言”对于形成和表达思想的潜在铸塑作用，昭示其在中国思想发展中的影响。

1. 一、分、成、毁

《齐物论》中论述认识与价值的相对性，有一段重要的文字揭示“道通为一”的总原理：

可乎可，不可乎不可。道行之而成，物谓之而然。恶乎然？然于然。恶乎不然？不然于不然。物固有所然，物固有所可。无物不然，无物不可。故为是举莛与楹，厉与西施，恢恑憰怪，道通为一。其分也，成也；其成也，毁也。凡物无成与毁，复通为一。唯达者知通为一，为是不用而寓诸庸。庸也者，用也；用也者，通也；通也者，得也；适得而几矣。因是已，已而不知其然，谓之道。劳神明为一而不知其同也，谓之朝三。何谓朝三？狙公赋芧，曰：“朝三而暮四，”众狙皆怒。曰：“然则朝四而暮三。”众狙皆悦。名实未亏而喜怒为用，亦因是也。是以圣人和之以是非而休乎天钧，是之谓两行。[1]

庄子为说明事物之间本没有是非与可否之类的判别标准，用道路是人们行走而踏出来的、事物名称是人们叫出来的为譬喻，劝告人们不必执着于价值判断的武断性，因为在掌握了“道”的通达之人看来，一棵小草与一大顶梁柱，丑恶的厉鬼与美女西施，都没有截然划分的绝对界限，反倒是可以融会贯通为同一种道理的。如果把世俗的眼光改换成“道通为一”的眼光，天下的种种是非争辩似可顿时得以止息了。蒋锡昌先生说：“……大小起于比较，苟无比较，何来大小？美丑别于人眼，鱼鸟见之则同；万物之情多端，然其适性则一；此皆自然之故，非辩者所能为别也。”[2]为了进一步昭

[1]《庄子集释》，第69—70页。
[2] 蒋锡昌：《庄子哲学·齐物论校释》，商务印书馆1935年版，第135页。

示“道通为一”之理，庄子又举出事物发展变化的情形加以说明，于是有了“一”与“分、成、毁”四种名目，如若将“复通为一”之“复”作为独立的名目替换掉“一”，那么这个模式亦可表示为分、成、毁、复。梅维恒教授用英语中的四个动词来翻译这些名目，依次为split，create，destroy，revert。[1]从命名用词上看，四者当然是有区别的，可是庄子偏要透过这名相上的区别去揭示它们相通相同的实质。

历来注家对此一段的解释多依据郭象注：“夫物或在此以为散而彼以为成。”“我之所谓成而彼或谓之毁”。“夫成毁者，生于自见而不见彼也。故无成与毁，犹无是与非也”。[2]成玄英疏：“夫物或于此为散，于彼为成，欲明聚散无恒，不可定执。或于此为成，于彼为毁。物之涉用，有此不同，则散毛成毡，伐木为舍等也。”这种解释把分与成、成与毁的差别看成由不同事物的彼此立场差别之反映，是否契合庄子原意，似可再做讨论。笔者以为即使从同一事物本身的发生、发展、变化过程着眼，分、成、毁、复的依次衔接转化也是可以说得圆通的，未必非要牵合到不同的事物去做解释。

简单地说，“分”可指事物由“一”的整全状态分化开来，如植物幼芽从种子中萌生，或动物幼子从母体中分身而出。这就相当于有机物生命周期的初始阶段，或斯宾格勒四阶段说的“生长”阶段。“成”接替“分”的阶段而来，可指事物的发展、成熟，植物的繁盛期与动物的发育壮大过程。“物壮则老”[3]是事物发展的必然规则，所以庄子把“成”看成是“毁”的原因，做出“其成也，毁也”的直接判断。“毁”指事物的衰败、毁坏、消灭，相当于植物的凋零枯萎或动物的衰老死亡。从“成”到“毁”只不过一步之遥，

[1]Victor H.Mair：*Wandering On The Way*，Bantam Books，1994，p.16.
[2]《庄子集释》，第72页。
[3]《老子》第三十章，第五十五章。

如同盛夏之繁茂过后紧随而来的便是秋风肃杀，正午的太阳不久即将西沉一样。善于用发展变化的眼光看待事物的人很容易由物之“壮”看到其“老”的先兆，从如日中天的人生顶峰状态预感到必然而来的衰落。庄子在“分”与“成”和“成”与“毁”之前都画上了等值符号，这实际上是用压缩省略的形式表达的前因后果关系：有分就有成，有成就有毁；如同有生就有壮，有壮就有老。不过在道家观念中，无论是“毁”“老”，还是“死”都不是事物的终结或止息，而是开启新的运动周期的准备，所以庄子在“毁”的阶段之后特意强调“复”的必然性，这自然使人想到老子一再申说的“万物并作，吾以观其复”[1]；“既知其子，复守其母，没身不殆”；“用其光，复归其明”；“知其雄，守其雌，为天下蹊。为天下蹊，常德不离，复归于婴儿”。[2]老子说的“复守其母”和“复归于婴儿”意味着重回母腹中的胎儿状态，也就是“分”之前的那种混同为一的状态，精神分析学家称之为回归子宫，与庄子所言“复通为一”的境界不是正相吻合吗？

从循环变易的角度去看待“一、分、成、毁”的运动过程，似乎比流行已久的“此物之分，彼物之成”的解释更加切近“通”与“复”的辩证蕴含。王孝鱼先生说：“天地之间的万物，其分化与完成，其完成与毁灭，乃是一个相互连贯的完整过程。其分化就是在完成，其完成就是在毁灭。所以凡是万物，并无成与毁的截然界限，而是要通而为一。也可以这样说，无成就无毁，无毁也就无成，我们不应该被一时的现象所迷，以成毁为定型，一成而不可移易。”[3]这种用“连贯的过程”来考察分、成、毁之间相互关联的见解，似较切近道家思想的特征，若再补足“复通为一”一项，就显得更加周全完整，可略窥庄子四阶段模式的圆通之效了。所谓“天钧”与“两行”，都只有还

[1] 蒋锡昌《老子校诂》：“‘作’，生长也。万物自生至死，犹人行路之往而复来，比喻适当，此正老子用字之精。”商务印书馆 1937 年版，第 100 页。

[2]《老子》第五十二章，第二十八章。

[3] 王孝鱼：《庄子内篇新解》，岳麓书社 1983 年版，第 42—43 页。

原为形而下的旋转不已的具象事物，方易于理解。

2. 发、留、杀、厌

事物的存在状态可相对划分为一、分、成、毁四阶段，那么人类的心理状态是否也可以做类似的划分呢？《齐物论》在开篇提示“吾丧我”之境界并引出“三籁”寓言后，有一段文字专门描述世俗的人类心态变化以及由此而导致的精神困境，其言曰：

大知闲闲，小知间间，大言炎炎，小言詹詹。其寐也魂交，其觉也形开，与接为构，日以心斗。缦者，窖者，密者。小恐惴惴，大恐缦缦。其发若机栝，其司是非之谓也。其留如诅盟，其守胜之谓也。其杀如秋冬，以言其日消也，其溺之所为之，不可使复之也。其厌也如缄，以言其老洫也，近死之心莫使复阳也，喜、怒、哀、乐、虑、叹、变，姚佚启态，乐出虚，蒸成菌，日夜相代乎前，而莫知其所萌。[1]

把此一段与前文相联系起来看，宣颖认为本段说的是与地籁相配的内容；蒋锡昌顺承其意说，这里的文字“言各派辩士各种心境活动之状态，犹众窍怒号万有不同也”。[2] 冯友兰先生以为，“这一段所谈的跟上一段所谈的，有分别而又有联系。上面讲大风一段，是用形象化的语言描写自然界中的事物的千变万化；这一段是用形象化的语言描写心理现象的千变万化。上一段讲的是客观世界；这一段讲的是主观世界。在上一段，他提出了发动者的问题而归结为‘咸其自取’。在这一段话里，在描写了各种各样的心理现象之后……说：这些现象怎样开始也是不可能知道的（‘莫知其所萌’）”；[3]

[1]《庄子集释》，第 51 页；断句依王孝鱼《庄子内篇新解》，第 32 页。
[2] 蒋锡昌：《庄子哲学·齐物论校释》，第 116 页。
[3] 冯友兰：《中国哲学史新编》第 2 册，人民出版社 1984 年版，第 111—112 页。

这是用西方哲学的主客范畴说解庄子之例，下文中还会时常碰到。此处与本节论题相关的是庄子在表述人心变化时所标出的几种名目：郭庆藩本断句法为五项：发、留、杀、溺、厌；蒋锡昌本断句法为四项：发与留、杀、溺、厌；王孝鱼本断句法为另四项：发、留、杀与溺、厌。今从王本为说。小知狭劣之徒，纠缠于是非之辩，各人偏执己见，于是是其所是而非其所非，言论繁兴，驳议不息。有辩士骤然发言，敏若机括，速如发弩，唯恐其不多，以求先声夺人之势而必胜也。若暂未得势，或后发制人者，则留而不发，默若诅盟，唯恐其守口不固，实则在积聚能量，等候必胜之隙。谁知或发或留，均不可以长久，心理能量之有限和无常变化，正如春夏过后必有秋冬一样，沉溺于辩论者岂知道争是非之徒然与生命之空耗。成玄英疏解“其杀如秋冬”与“其溺之所为之”二句云：“夫素秋摇落，玄冬肃杀，物景贸迁，骤如交臂，愚惑之类，岂能觉耶！唯争虚妄是非，讵知日新消毁，人之衰老，其状例然。

图 55　克里特文化的宝石雕刻
月之圆缺变化类比生命女神的再生循环

滞溺于境，其来已久，所为之事，背道乖真。欲使复命还源，无由可致。”[1]天道运行之规则曰“返”或“复”，而人若不明察此理，只能是悖天而行，往而不返，去而难复。这就同万物“复通为一”的运动归宿有了差距，庄子一连用了两个“不可使复之”和“莫使复阳也”的否定句表明沉溺于世俗之辩者的“近死之心”无可挽回的宿命，点明任性妄为、违反天道者的可悲结局。告诫世人言不可恃，辩不可久。喜怒哀乐与思虑嗟叹、恐怖轻浮与疏忽变态，人心之种种变化虽然为数颇多，但皆与大道之行毫不相干。你看那蒸气结成朝菌，你听那乐音出于虚空，那才是自然而然，“不知所以然而然”，焉用机辩之智和喜怒之情？庄子又举出他常常提到的自然循环现象来做进一步的启发：“日夜相代乎前，而莫知其所萌。”

郭象对于此句的循环之理心领神会，故注文云：“日夜相代，代故以新也。夫天地万物，变化日新，与时俱往，何物萌之哉？自然而然耳。”成玄英进而发挥道：“日昼月夜，轮转循环，更相递代，互为前后。推求根绪，莫知其状者也。”[2]论述至此，所揭示的道理与前文讨论“一、分、成、毁”的变化之理完全相通了。辩士若能“旦暮得此”，悟透这种循行不已之道，或许还有条件从“近死”之绝处回心转意，走上“复阳”的再生之途，这就是庄子在这段文字末尾要叹问“其所由以生乎”的原因吧。

庄子描述世俗辩士之心态情貌变化所用的四组名目“发、留、杀（与溺）、厌”，多少也透露出取法四季变迁景物特征的迹象，如春与发的对应，夏与留的对应，秋与杀的隐喻关联，厌与冬的意义联系。所不同的是，四时之变化是循环无端、首尾相接的，而辩者却往而不返。马叙伦注“杀”字云：“犹衰也。”陈鼓应亦云：“杀（shài，晒）：犹‘衰’，喻凋萎。”[3]可知仍是

[1]《庄子集释》，第 53 页。
[2]《庄子集释》，第 55 页。
[3] 陈鼓应：《庄子今注今译》，第 44 页。

取用有机生命的运转变异作为设喻的基础。至如“其厌也如缄，以言其老洫也”一句，各家解说出入颇大。成玄英以“没溺也”解“厌”字。钟泰引《孟子》言“乡原阉然媚于世”之阉，以为与“厌”音义相通，谓闭藏也。“洫，败也。老洫，老而败坏也”[1]。章炳麟以为“洫”为“侐”之借字，《说文》：“侐，静也。”于省吾据《释文》“洫本作溢”一说，另出新解：溢、泆、佚、逸，古字通用。《大宗师》“佚我以老”，郭注“老为我佚”，成疏：“老既无能，暂时闲逸。”然则老溢即老佚老逸也。上言“其厌也如缄”，老逸与厌缄之义，正相因也。[2]杨树达谓“洫”当读为“或”，古“或”与“惑”字同，“老洫”即“老惑”，犹言“老悖”。[3]各家持论各异，莫衷一是。唯举出四季之中大自然生命变动的节律，可约略从春生、夏茂、秋衰、冬藏的现象中体会庄子取喻的原型背景。从局外旁观者的角度去看那些沉溺于言辩舌战的人，其“发、留、杀、厌”之种种情状乍看起来出于当事者的意志和愿望，实则受制于自然变迁的盛衰荣枯法则；用静止眼光看似判然有别，用“道”的眼光看不过“复通为一”。

3. 无、有、封、是非

《齐物论》篇不仅讲述了事物存在的一、分、成、毁四种样态和世俗人心的发、留、杀、厌四种样态，而且还从认识论的角度说明主体对客体的认识也有四种依次展开的样态，或可用无、有、封、是非四个名目来加以概括。庄子认为这四个认识阶段的依次展开过程也就是人越来越远离道而日益陷溺于无意义争执的过程，每一个后起的阶段相对前一阶段而言都是一种退步，也就是认识上的一种退化和蒙蔽，正可谓每况愈下：

---

[1] 钟泰：《庄子发微》，上海古籍出版社 1988 年版，第 32 页。

[2] 于省吾：《双剑庄子新证》卷一，《庄子论文集》，台北：木铎出版社 1976 年版，第 103—104 页。

[3] 杨树达：《庄子拾遗》，《庄子论文集》，第 150 页。

古之人，其知有所至矣。恶乎至？有以为未始有物者，至矣，尽矣，不可以加矣。其次以为有物矣，而未始有封也。其次以为有封焉，而未始有是非也。是非之彰也，道之所以亏也。道之所以亏，爱之所以成。[1]

此一段紧接在关于事物的一、分、成、毁四段论之后，把人的主观认识的历史过程也纳入了依次沦降的四段模式，而把作者所处的时代落实到第四阶段，这和所有采纳四段退化程序的思想家（希腊神话、老子、维柯、斯宾格勒、汤因比、弗莱等）一样，意味着对现状的批判、否定以及对复归初始阶段理想的明确要求。庄子把所谓“古之人”的认识水平视为登峰造极的理想，无以复加的楷模。其标志就是“有以为未始有物者”。成疏：“未始，犹未曾。世所有法，悉皆非有，唯物与我，内外咸空。”似有援佛释道之意。陆长庚《南华副墨》云：“未始有物之先，即无极也。有物，即太极也。有封，即动静阴阳也。有是非，即五性感动而善恶分，万事出也。”[2]虽有援儒家《易》理以释庄之意，但仍能把握四阶段的分际标准。钟泰云：“未始有物，即所谓无有也。”蒋锡昌提出，“未始有物”即《老子》第一章所谓“无名，天地之始”；四十章所谓“天下万物生于有，有生于无”。“古之人”盖即指老子而言。此谓原夫天地之始，一切无有；此唯古之至人有此最高智慧而了解之，故能忘天地，遗万物，超脱一切，无可无不可也。[3]如此以《老子》释《庄子》，似较之援儒佛以释庄的尝试更为稳妥贴切。“未始有物”作为认识的第一阶段，也就是无物阶段，即无的体认。

无的体认作为认识之开端，亦可视为混沌的体认。如下文所说“圣人愚芚”，呼应老子所说的“圣人无常心”（第四十九章）或“浑其心”。《则阳》

[1]《庄子集释》，第74页。
[2]胡远濬：《庄子诠诂》引，商务印书馆1931年版，第16页。
[3]蒋锡昌：《庄子哲学·齐物论校释》，第138页。

篇再次说到圣人的这种认识境界："夫圣人未始有天，未始有人，未始有始，未始有物。"[1]《庚桑楚》篇则重复着《齐物论》中"未始有物"一段，在"其次以为有物矣"句后改换为讨论生死一体的文字。[2]同篇还讲道："天门者，无有也，万物出乎无有，有不能以有为有，必出乎无有，而无有一无有，圣人藏乎是。"[3]仍然是对圣人体无境界的推崇。《徐无鬼》篇讥刺浅薄自满之徒，所谓暖姝者，认为其在认识上的致命缺陷就在于"未知未始有物也"[4]，换言之，就是不能做到"浑其心"和体认无。《齐物论》开篇的"吾丧我"寓言，实际上是从正面启发世人如何忘却自己的成心偏见，回复到古之人那种"未始有物"的认识境界。

从"未始有物"到"其次以为有物矣，而未始有封"，是认识退化史上的第一个步骤。封指封疆、界限，"未始有封"就是指继认识史上的黄金时代"未始有物"之后的白银时代，其特征是虽以为有一切之物的存在，但物与我之间、彼与此之间尚未有截然划分的界限。这种认识境界距离理想境界十分接近，因为庄子在后面专门说明"天地与我并生，而万物与我为一"的齐物宗旨正与此相通；又因为庄子还特意点明"道未始有封"的特征，"封"之有无显然已成为体道悟道的前提条件了。"玄同"也罢，"同于大通"也罢，"复通为一"也罢，都旨在强调那种无畛域、无封界的认知状态。

从"有物矣，而未始有封"的阶段再一次退化下来，就进入了认识史上的第三阶段黄铜时代，这时不仅有了对万物存在的明确意识，而且还有对认识者与认识对象之间、认识对象与认识对象之间的种种差别划分，使原来那种理想化的"通一"式体认不复成立，"齐物"观被种种疆界畛域的机械划分所打破、所切割。好在这时尚未从事物的彼此界限之间引发出好恶、是非、

[1]《庄子集释》，第885页。
[2]《庄子集释》，第802页。
[3]《庄子集释》，第800页。
[4]《庄子集释》，第863页。

高下、取舍的价值观念，所以庄子称此一阶段为“其次以为有封焉，而未始有是非也”，这毕竟还算是不幸中的有幸，未跌落到最次的一种水平上。“有封”究竟指哪些具体的界限，下文中似有举例式的说明：

夫道未始有封，言未始有常，为是而有畛也，请言其畛：有左，有右，有伦，有义，有分，有辩，有竞，有争，此之谓八德。[1]

这里的“畛”指“封域畛陌”，与“封”为同义语。所列举的“八德”，据成玄英疏，是八种功用之名。“群生功用，转变无穷，略而陈之，有此八种。斯则释前有畛之义也”。细究八德之分，蒋锡昌参照《天下》篇以为皆儒墨所分之界：“‘左’指卑或下言，‘右’指尊或上言；‘伦’对疏戚言，‘义’对贵贱言；此谓儒家所述人类关系，有此四种大别也。”“‘分’者谓分析万物，《天下》所谓‘判天地之美，析万物之理’是也。‘辩’者谓辩其所是，《天下》所谓‘以坚、白、同、异之辩相訾’是也。‘竞’者谓竞说不休，《天下》所谓‘惠施不辞而应，不虑而对，遍为万物说，说而不休，多而无已，犹以为寡，益之以怪’是也。‘争’者谓争得胜利，《天下》所谓‘欲以胜人为名’是也。此谓墨家（包括其他各派辩士）之术，有此四种大别也。”[2]按照这种理解，“有封”或“有畛”的认识阶段至少在儒墨显学出现的春秋时期就已经兑现了。“八德”的划分实已为是非好恶的价值纷争准备了条件，到庄子所生活的战国时代，终于堕入认识退化史的最后一个阶段即第四阶段：从“有封而未始有是非”的状态转化为“是非之彰也，道之所以亏也。道之所以亏，爱之所以成”的状态。这里的“爱”是与是非之彰同来的，指个人之私好、偏爱，如成疏所言“虚玄之道，既以亏损，爱染之情，于是乎成著

[1]《庄子集释》，第83页。
[2] 蒋锡昌：《庄子哲学·齐物论校释》，第150—151页。

矣”。这种出于一己之私的爱恶之心一旦确定下来，便成为认识上达致“齐物”境界的根本障碍，遂使天下物论难齐，纷争不息。辩者各逞其才，溺于黑铁时代而不自知。

综合以上讨论，可将庄子所言认识的四阶段关系用以下图式来概括：

一 ——→ 分 ——→ 成 ——→ 毁

无物 ——→ 有物 ——→ 有封 ——→ 有是非

（有物—有封：齐物；有封—有是非：不齐物）

道（全）——→ 道亏 ——→ 爱恶

古之人 ——————→ 今人

王煜先生借用西方哲学观点来评价这四个阶段，前三个阶段属于古人，后一阶段属于今人。“头等的心智认可浑沌的原始质料，而不认可个体；二等的心智重视个体的存在，而不承认个体的际限；第三等的心智肯定个体的客观界限，而未酝酿主观的爱恶是非”。“庄子讽刺今（当时）人的心智堕落至有物有封有是非的第四阶段，特别是儒、墨诸家，同样以所爱为是、所恶为非，由形躯的封畛界域造成主观的偏执，缺乏客观的价值标准”。[1]不过，同上文所述人心的种种变化一样，四阶段退化的终点仍是相对的。也就是说并不存在绝对的“往而不返”，或永久性的每况愈下。是非纷争最盛的时候也就是距离泯灭是非不远的时候。庄子当此之时倡导“齐物”“丧我”“通一”“以明”，乃至“心斋”“坐忘”“撄宁”“浑沌”，等等，其实际指向无非是回归到“古之人”或“圣人”的认识境界，实现认识退化史上的物极必反之圆形循环。“庄子明知形躯的封域确不可免，唯有主张主体在境界上消灭物我的疆界，回归有物无封、无物甚至无无的高层妙境，这才算是大成。”[2]从无物之境历经三次堕落之后再从有物、有封、有是非的泥沼中解

[1] 王煜：《封·封戎》，《中国哲学辞典大全》，韦政通主编，台北：水牛出版社 1989 年版，第 422—423 页。
[2] 王煜：《老庄论道之沦降》，《老庄思想论集》，台北：联经出版事业公司 1979 年版，第 69 页。

脱出来，重新返回无物之境，可知庄子精心设计出的种种四段模式，目的不在于做出机械、静止的判断，而在于昭示“周行而不殆”的进程，彰显一种“圆而无圆”之圆教。将老子的“道”从客观方面引向主观方面，为世人开启一条体道悟道的可行途径。如牟宗三先生说，庄子以辩证的描述、辩证的融化把道的客观性、实体性加以化除，统摄于主观境界上来讲。“逍遥乘化，自由自在，即是道，即是无，即是自然，即是一。以自足无待为逍遥，化有待为无待，破‘他然’为自然，此即是道之境界，无之境界，一之境界”。[1]庄子所向往的认识上的“无物”境界，用牟先生的措辞来说是为了构建一种“境界形态之形上学”。

4. 混芒至一、顺而不一、安而不顺、文博惑乱

《齐物论》从认识论角度提出“古之人”的理想境界，但并未说明“古之人”在历史上的时代坐标，而《外篇》的《缮性》再次排列出以“古之人”开头的四时代退化模式时，却清楚地表明所谓“古之人”的时代“古”到何种程度：原来还在三皇五帝之前，即相当于新石器时代前期。

古之人，在混芒之中，与一世而得淡漠焉。当是时也，阴阳和静，鬼神不扰，四时得节，万物不伤，群生不夭，人虽有知，无所用之，此之谓至一。当是时也，莫之为而常自然。

逮德下衰，及燧人伏羲始为天下，是故顺而不一。

德又下衰，及神农黄帝始为天下，是故安而不顺。

德又下衰，及唐虞始为天下，兴治化之流，澆淳散朴，离道以善，险德以行，然后去性而从于心。心与心识知而不足以定天下，然后附之以文，益之以博。文灭质，博溺心，然后民始惑乱，无以反其性情而复其初。[2]

[1] 牟宗三：《才性与玄理》，台北：学生书局 1985 年版，第 178—179 页。
[2]《庄子集释》，第 551—552 页。

这一段话完整而明确地表述了道家特有的退化历史观及其四段交替模式。从“下衰”和“又下衰”的措辞中可以看到古希腊黄金时代神话的类似母题，而传说中燧人氏、伏羲氏、神农黄帝及唐尧虞舜等古帝王的依次排列，又给这个衰落神话赋予了充分的本土文化色彩和古史的实际线索。相当于黄金时代的照例是最古之时，其特征为“古之人在混芒之中”，成疏谓“三皇之前，玄古无名号之君也。其时淳风未散，故处在混沌芒昧之中而与时世为一，冥然无迹，君臣上下不相往来，俱得恬淡寂漠无为之道也”，[1]盖想当然之推测耳，既是“无名号”，安知其必为“君”乎？既是“混芒”合一，又岂有“君臣上下”之界分？这岂不是把“有封”倒置于“古之人”的“未始有物”之时了吗？正因为物我不二，天人未分，才会有“至一”美称；梅维恒以“ultimate unity”[2]当之，似不若翟理斯译为“perfection of unity”[3]更为传神。这完整混一的理想境界上承老子的混沌之恋，下启道教信仰中的“初始完美”观念，又成为批判儒家政治理念的最古之典据，把一种任性自然、无君无为的美妙幻觉留给了后人。

艾利亚德曾区分过两种不同指向的宗教怀恋：其一是要求重新统一存在于创造世界之前的原始整体性（达雅克型宗教怀恋）；其二是要求回复到创世之后立即开始的那个原始时代（阿兰达型宗教怀恋）。在第二种类型中，怀恋所追求的是部落的“神圣历史”。[4]在老子和庄子的回归初始要求中，这一差异也是依稀可辨的。老子一再说到“归根”和“复命”的必要性，并在《道德经》第二十八章标示出“常德不离”的三种回归目标，即“复归于

[1]《庄子集释》，第551页。

[2]Vietor，H.Mair：*Wandering On The Way*，p.149.

[3]Herbert A.Giles：*Chuang Tzu*，Mandala Books，1926，p.156.

[4]艾利亚德：《宇宙创生神话和“神圣的历史”》，《西方神话学论文选》，朝戈金等译，上海文艺出版社1994年版，第202页。

婴儿”“复归于无极”和“复归于朴”。从象征的意义上看，这三个目标可谓殊途同归，均喻示着创世之前的混沌状态，也就是相当于艾利亚德所归纳出的达雅克型宗教怀恋。《道德经》第八十章虽也有关于“小国寡民”的社会理想描述，却因为缺乏明确的时间坐标而具有非历史的乌托邦色彩。第十七章隐约透露的四阶段退化模式也是如此，与现有的中国古史脉络搭不上关系，成为虚幻游离于文化传统之外的、超越具体时空的政治理念。[1]庄子《缮性》篇中的这段描述由于安置在三皇五帝的古史系谱之上，应该属于艾利亚德所说的阿兰达型宗教怀恋，回归的目标不是创世前的未分化状态，而是部族“神圣历史”的初始阶段，相当于《圣经·旧约》中描绘的伊甸乐园状态。就此而言，庄子的至德全盛的社会理想与远古时流行的乐园神话实有渊源承继的联系。

所有关于乐园、天堂、黄金时代的神话都几乎没有例外地将那理想状态放置在历史的开端之处，并同所谓“古之人”或民族、部落的最早祖先联系在一起。“由于神话思维的浑融性，神幻的往昔作为包罗万象的初源，不仅堪称‘典范’叙述，而且不啻神圣的渊薮，纳入其中者不仅有初象，而且不乏法术和精神之力”。[2]老庄关于“德”这概念的理解，在很大程度上可以认同为神幻时代所特有的这种“精神之力”。后来的历史展开之所以沿着退化衰落的阶段模式，正因为此种神圣的“精神之力”遭到分化和瓦解。把老子关于“常德不离”的说法同庄子信奉的“至德之世”相联系，再来看《缮性》所说的“逮德下衰”和两个“德又下衰”，就不难发现其间的逻辑联系，从而洞悉精神生命力的耗散衰减如何与整个历史的进程成反比了。此种“德”与“时”成反比发展的思路还是来自神话。“从根本上说来，神话思维是非

[1] 参看胡楚生：《老子的理想政治：〈道德经〉第十七章辨义》，《老庄研究》，台北：学生书局 1992 年版，第 35—40 页。

[2]〔苏〕梅列金斯基：《神话的诗学》，魏庆征译，商务印书馆 1990 年版，第 191 页。

历史的，它置历史的异源多相于不顾，并将世俗化经验时期的纷繁变迁一概归之于超验的、虔敬化的神幻时期那一蹴而就的创始之举。反之，纯属神幻的原初事迹继而反复再现于仪礼，并被设想为范例；借助于这种范例，发生于或可能发生于未来的、纯属经验的事迹可获得阐释，或者与此类范例相‘契合’”。[1] 从庄子的“至一”圣世经过三次“德”之衰变而进入尧舜以来的历史现实，虽然外在的“文”与“博”大大发展起来，但是由于“文灭质，博溺心”的副作用，人民已经失去了昔日的理想范例，进入“惑乱”状态，[2] 乃至“无以反其性情而复其初”，背离了回归往复的宇宙之道而不自知。庄子罗列出世道沦降的四段过程，其用意并不在于确认这一退化过程本身，而是要警示人们如下的问题：“人如何能够忍受历史？”[3] 这个问题使每个个人都会当下觉悟到自己在历史时间的循环行程中处于何种位置，进而激发起复朴返真的范例效应。在道家圣人看来，如果历史进程在现阶段还没有达到“复其初”的条件，那么救世的重任就唯有落在先觉的个人身上。个人通过精神的修炼而实现“反其性情”，这就无异于借助自己的力量兑现了“复其初”的理想境况。所谓“反一无迹”，说的就是个人性回返“至一”圣世的可能性：

古之所谓隐士者，非伏其身而弗见也，非闭其言而不出也，非藏其知而不发也，时命大谬[4] 也。当时命而大行乎天下，则反一无迹；不当时命而大穷乎天下，则深根宁极而待；此存身之道也。[5]

胡远濬注云：“此言世既不一，而圣人未始不淡漠也。故其德隐，深根

[1]〔苏〕梅列金斯基：《神话的诗学》，魏庆征译，商务印书馆 1990 年版，第 195 页。

[2] 阮元《复性辨》以为周、孔、颜、曾之学重文与博，后人才力浅弱，不能文、博，于是有复初之要求。见《经室续三集》卷三。

[3] 艾利亚德：《永恒回归的神话》，特拉斯克英译本，罗特累齐与凯根·保尔公司 1954 年版，第 130 页。

[4] 旧注以“伪妄”释“谬”，不妥，于鬯谓“大谬”犹言“大异”，可从。见《香草续校书》。

[5]《庄子集释》，第 555 页。

宁极以存身，所谓淡漠也。”[1]可知“古之人”的“混芒”与“淡漠”之世虽然不可轻易再得，但个人通过“内圣”之修而保持“淡漠”之性却并非没有可能。如《刻意》篇所称：“夫恬淡寂漠虚无无为，此天地之本而道德之质也。故圣人休焉，休则平易矣，平易则恬淡矣。平易恬淡，则忧患不能入，邪气不能袭，故其德全而神不亏。”[2]凡此种种，皆是庄生及其后学所构想出的回归战术，即身处德之下衰最甚的第四时代却能使精神重返第一时代的不二法门。

5. 德、命、形、性

《庄子》一书中反复出现的四阶段交替模式有的侧重于昭示大道之衰与退化历史观，也有的旨在说明循环回归的程序与步骤。《天地》篇中出现的“德、命、形、性”四段论便属于后一种情况，这里的四阶段运动不强调德之下衰与世之沦降，而是为了说明生命运动始于德而返于德的循环之理：

泰初有无，无有无名；一之所起，有一而未形。物得以生，谓之德；未形者有分，且然无间，谓之命；留动而生物，物成生理，谓之形；形体保神，各有仪则，谓之性。性修反德，德至同于初。同乃虚，虚乃大，合喙鸣。喙鸣合，与天地为合。其合缗缗，若愚若昏，是谓玄德，同乎大顺。[3]

这段话以宇宙发生论的理念为背景，说明创生之动力与过程，其中使用了前述四阶段模式语汇“一、分、成、毁”中的“一”“分”“成”和“发、留、杀、厌”中的“留”，显示出与前几种四分模式的异名同构的对应性。创生本源被说成太初之无，刘文典、胡远濬等主张将首句断句为“泰初有无无，

[1] 胡远濬：《庄子诠诂》，第130页。

[2]《庄子集释》，第538页。俞樾《诸子平议》卷十八谓“至、质古通用，至可为质，质亦可为至矣。道德之质，即道德之至也”。其说可从。

[3]《庄子集释》，第424页。

有无名”[1]，但除引证《知北游》“予能有无矣，而未能无无也”为参照外，理由尚不充分。成玄英疏：“太初之时，唯有此无，未有于有。有既未有，名将安寄！故无有无名。”虽辩，不若引证老子“有无相生”和“有生于无”之说更能明确庄书所本。以下根据文中四个“谓之……”所确定的阶段程序略做探讨。

创生第一阶段谓之“德”，这也是“一”的阶段。相对于“无”而言，“一”已是“有”，相当于“太极生两仪”的太极，对应于“一分成毁”之“一”，或混芒“至一”的状态。推其本源，仍为老子所标示的“道生一”和“万物得一以生”。无和一究竟有何种关联？钟泰先生辨析甚详，其说云：

> 无何由而转为一？既可转而为一，何为立无之名？为破此疑，故曰“一之所起，有一而未形”。此九字当分两层看。“一之所起”，言一起于无，无则非一也。无既非一，则一何由起？曰：无中实有一，特未形耳，以是故能起一。此破无何由而转为一之疑也。无虽一之所起，虽实有此一，而当其在无时，一固未形也。一既未形，自不得名之为一，自不害有无之名。此破无转为一何为而立无之名之疑也。曰无曰一，皆推物之本源超于物以为之名者。[2]

再根据道家文本中“一”与“道”的交互指涉关系，《天地》篇这段创生说表面上以德为生的动力与归宿，其实仍然是道与德并重的，只不过此处用“一”来隐喻道而已。其思想来源可上溯至《道德经》第五十一章的创生四段论：

[1] 参看刘文典：《庄子补正》，云南人民出版社 1980 年版，第 390 页。
[2] 钟泰：《庄子发微》卷之二，上海古籍出版社 1988 年版，第 260 页。

道生之，德畜之，物形之，势成之；是以万物莫不尊道而贵德。道之尊，德之贵，夫莫之命而常自然。故道生之，德畜之；长之育之，亭之毒之，养之覆之。生而不有，为而不恃，长而不宰，是谓玄德。[1]

对照起来看，庄书中的“生”“德”“物”“形”“成”“命”“玄德”等词语似都有了出处，而庄子的“德、命、形、性”四段式与老子的“生、畜、形、成”四段式的大体对应，也是一目了然的。王弼注老云：“物生而后畜，畜而后形，形而后成。何由而生？道也。何得而畜？德也。何由而形？物也。何质而成？势也。唯因也，故能无物而不形。唯势也，故能无物而不成。凡物之所以生，功之所以成，皆有所由。有所由焉，则莫不由乎道也。故推而极之，亦至道也。随其所因，故各有称焉”。把《道德经》第五十一章同第三十九章结合起来读，“道”与“一”分别作为创生之源的隐喻互指关联就较易显露出来了。第三十九章云：“昔之得一者，天得一以清，地得一以宁，神得一以灵，谷得一以盈，万物得一以生，侯王得一以为天下贞。”王弼注：“昔，始也。一，数之始而物之极也。各是一物之生所以为主也。物皆各得此一以成。既成，而舍以居成。居成，则失其母，故皆裂、发、歇、竭、灭、蹶也。”牟宗三先生评注云：“此以‘一’代表道。物皆各得此一以成……‘既成’后，若舍一以居于成，则即‘失其母’，而裂、发、歇、竭、灭、蹶也。一即母也。失其母即失其本。”[2]准此，则《庄子·天地》以“一”为创生之源也无异于以“道”为创生之源。吴怡先生区别对待老庄书中的“一”，以为“庄子是通‘一’以归体，而老子则是得‘一’以为用”，[3]这就只看到二者在“一”的使用上不尽相同的一面，而忽略了其因袭和相同

[1] 蒋锡昌：《老子校诂》，商务印书馆 1937 年版，第 316—319 页。
[2] 牟宗三：《才性与玄理》，台北：学生书局 1985 年版，第 157—158 页。
[3] 吴怡：《庄子内篇中的一些重要术语》，《逍遥的庄子》，台北：东大图书公司 1991 年版，第 150 页。

的一面。《在宥》有云："中而不可不高者，德也；一而不可不易者，道也。"[1]这可视为庄书中"一"与"道"互指的内证。

创生的第二阶段"未形者有分"，对应《齐物论》"一、分、成、毁"之"分"，又相当于老子所说的"一生二"或《易·系辞传》之"太极生两仪"。宣颖说"有分"指"分阴分阳"。《释文》引家世父曰："一阴一阳之谓道，继之者善也，成之者性也。物得其生，所谓继之者善也，未有德之名也。至凝而为命，而性含焉，所谓成之者性也。命立而各肖乎形，践形而乃反乎性，各有仪则，尽性之功也。庄生于此盖亦得其恍惚。"注家或以西文之 desting[2]、command[3]，或以宋儒所说"天命流行"之"天命"来释此"命"；福永光司则解为"万物先天性的存在条件"，都未免过于抽象玄虚，不若杜而未的解说明白晓畅："阴阳无间断的活动起来，形成万物，这种现象就叫作命。"[4]不过他还主张这阴阳所由分出的道、一或无均指月亮而言，实在陷入以偏概全之成见。

创生的第三阶段叫"留动而生物，物成生理"，更难索解。成疏云："留，静也。阳动阴静，氤氲升降，分布三才，化生万物，物得成就，生理具足，谓之形也。"[5]以阴静阳动释"留动"，其生物之理还嫌抽象。若再引证《淮南子·精神训》中半人格化的创生说，其神话底蕴就很容易看明白了："古未有天地之时，唯象无形。……有二神混生，经天营地，孔乎莫知其所终极，滔乎莫知其所止息，于是乃别为阴阳，离为八极，刚柔相成，万物乃形，烦气为虫，精气为人。"[6]高诱注"二神"云：阴阳之神也。可见阴阳二元相互作用而生成万物的哲理来源于父母二神（又称宇宙父母）创造

[1]《庄子集释》，第 398 页。
[2]Mair：*Wandering On The Way*，p.108.
[3]Toshihiko Izutsu：*Sufism and Taoism*，Tokyo，1983，p.400 页 .
[4] 杜而未：《庄子宗教与神话》，台北：学生书局 1985 年版，第 30 页。
[5]《庄子集释》，第 425 页。
[6] 刘文典：《淮南鸿烈集解》卷七，中华书局 1989 年版，第 218 页。

世界的神话。“万物乃形”的第一形不是别物，就是天地之分。《庄子·则阳》说，“天地者，形之大者也”。天地先有形而万物后有形，所以庄子称此一阶段“物成生理，谓之形”，指的是生成后的万物各具其自身的形貌条理。根据古人的看法，天属阴，地属阳；阴在上，阳在下。[1]《庄子·田子方》借老聃追述“物之初”的创生过程而宣称：“至阴肃肃，至阳赫赫。肃肃出乎天，赫赫发乎地。两者交通成和，而物生焉。”这一说法正可挪来用作“留动而生物”一句的脚注。庞朴先生指出：“阴、阳分别从天、地出发，然后碰到一起，生成万物。这同‘天无伏阴’‘阳气俱蒸’‘阳气始上’‘阴气始下’（见《周语下》《管子·形势解》等）等描述相通，应该是那时思想家们的共识，即：阳乃土之气，发乎地；阴为天之气，出乎天。”[2]这种阴天阳地的观念与后来的观念正相颠倒，其转换的情况，有如殷道之坤乾和周易的乾坤。或许是文明以来日益强化的父权制社会的意识形态作用改造了阴尊阳卑、阴先阳后的古老次序，让“大哉乾元”高高凌驾在大地母亲之上方。一大批男性化的天神取代昔日生殖崇拜的母神偶像，[3]以适应现实世界中男尊女卑价值观的强烈需要。王充《论衡·自然篇》：“儒者说夫妇之道取法于天地。”于是天父地母说成为天经地义。董仲舒《春秋繁露》第七十七篇题为《循天之道》，其中有“天地之阴阳当男女，人之男女当阴阳。阴阳亦可以谓男女，男女亦可以谓阴阳”[4]之类比推论；第七十八篇《天地之行》也明确了“为人君者，其法取象于天”的说法，又

[1] 与大多数父权制文明的天父地母神话模式相异，最古老的埃及神话以天为母，以地为父，似可同我国上古天阴地阳观念相对照。参看肖特尔（A.W.Shorter）《埃及神》（*The Egyptian Gods*），罗特累齐与凯根·保尔公司 1937 年版，第 53—68 页。

[2] 庞朴：《阴阳：道器之间》，《道家文化研究》第 5 辑，上海古籍出版社 1994 年版，第 3 页。

[3] 类似的过程在整个欧亚大陆文明初期均有表现。参看默林·斯通《上帝为女性时》（*When God Was A Woman*），朱纹纳维克出版公司 1976 年版；理安·艾斯勒：《圣杯与剑》，中译本，社会科学文献出版社 1993 年版，第 6—7 章。

[4] 苏舆：《春秋繁露义证》卷十六，中华书局 1992 年版，第 446 页。

有“为天者务刚其气，为君者务坚其政，刚坚然后阳道制命”[1]的感应论，“天阴地阳”的古训遂湮没无闻。如此看来，《庄子》创生论虽未像《老子》那样突出母性和玄牝的本源性，却毕竟保留了些许先于阳性中心意识形态的远古信息，同样值得治文化史者留意。

创生的第四阶段为“形体保神，各有仪则，谓之性”的阶段。宣颖说：“形载神而保合之，视听言动各有当然之则，乃所谓性也。……言性在形之后者，性须形载之，故曰形体保神。”[2]据此判断，这一阶段的创生乃针对能够“视听言动”的人而言。当然也可以笼统地把人同物比类合观，如冯友兰先生对此句的解释：“每一个物都有自己的形体，保持着精神使它跟形体不分离开。每一种东西都有这一类东西所特有的性质。这也就是《吕氏春秋》所说的：‘万物殊类殊形，皆有分职。’这就是这一类东西的所有的特殊的规律，特殊的性质和特殊的作用。这就是这一类东西的本性或本质。”[3]若要进一步追问是什么东西可以保持精神使它跟形体不分离开，那么答案似乎只能是人而非物。按照创世神话的普遍程式，叙述天地万物的产生过程实际是为人的诞生提供自然背景，所以该类神话的结尾总是讲到造人一类的主题，或称为人类起源神话。看来庄子的创生四段论也是如此，最后归结到具有精神品质的人的创生上来。钟泰先生就明确地指出过这一点，他认为：

……所谓“物成生理谓之形”，尚就一切物言，未说到人上，至“形体保神，各有仪则，谓之性”，乃专就人说。盖形体留滞者也，而神则非留滞者也，故以形体言，人与物未始有异；而以神言，则人与物迥然不同。是神也，

[1] 苏舆：《春秋繁露义证》卷十七，中华书局 1992 年版，第 458—459 页。
[2] 王先谦：《庄子集解》卷三，“诸子集成”本，第 73 页。
[3] 冯友兰：《中国哲学史新编》第 2 册，人民出版社 1984 年版，第 128 页。

即无间之命之粹然者也。以有是以为一身之主，故不独耳聪目明，手持足行，而肝仁肺义，心礼脾智，俨然备四时之气，同阴阳之和，是“各有仪则谓之性”者，乃人之所得以生之德。[1]

人固然可视为万物之灵，《旧约·创世记》讲上帝造人的初衷，也是让人去治理宇宙万物，包括天空中的飞鸟，陆地上的走兽和海水中的游鱼。就此而言，人作为最后被创生的造物，理应凌驾于先于人而生的一切事物之上。撇开造物主的全能与权威不谈，创生论的神话叙述中本身含有强烈的人类中心主义的价值倾向，自不待言。庄子的创生论脱胎于创世神话，故将人的创生放置在四段程序之末。但是庄子却无意于过分强调人为万物之灵的特殊性，而是谦恭地把人视为大自然整体中的一部分，让他从一开始就承诺了回归自然、复返于初的使命。《秋水》篇这样确认人在自然中的位置：“号物之数谓之万，人处一焉”。在万与一的反差之下，人实在显得渺小，又何以成为“万物的尺度”或世界之中心呢？难怪主张人能胜天的荀子对庄子大为不满，讥刺他说“庄子蔽于天而不知人”[2]。杨倞《荀子注》说：“天，谓无为自然之道，庄子但推治乱于天，而不知在人也。”其实，荀子自认为是“解蔽”的东西在庄子那里是作为大蔽来看待的。以庄子之智慧和博学，岂能不知人与自然万物之差异？只是他不愿意附和世人高唱人类中心主义的赞歌，所以才故意用种种措辞消解人的自大与狂妄。《秋水》篇又假托河伯求教于北海若的故事印证了这种天人观：

（河伯）曰：“何谓天？何谓人？”

北海若曰：“牛马四足，是谓天；落马首，穿牛鼻，是谓人。故曰，无

[1] 钟泰：《庄子发微》，上海古籍出版社 1988 年版，第 262 页。
[2]《荀子·解蔽》，“诸子集成”本。

以人灭天，无以故灭命，无以得殉名。谨守而勿失，是谓反其真。”[1]

成疏：“夫牛马禀于天，自然有四脚，非关人事，故谓之天。羁勒马头，贯穿牛鼻，出自人意，故谓之人。”可见庄子于天人之分际还是十分清楚的，他希望人谨守其自然本分，不要急功近利地去做伤天害理之事和违反天然的慕求虚名之举。所谓“反其真”，郭象注云，“真在性分之内”。成疏：“谓反本还源，复于真性者也。”原来，人出于自然，又超越了自然，但人的本真之性仍植根于自然。道家圣人强调返朴归真，也就是不愿让人的主体性无限膨胀，导致任性妄为，迷失了自然本性。无怪乎《天地》篇叙完创生四阶段过程之后，还要特意说明“返”和“归”的必要性，把人的创生引向复返自然的循环轨道——“性修反德，德至同于初……与天地为合。其合缗缗，若愚若昏，是谓玄德，同乎大顺”。这就明确了人道应效法天道，遵循永恒回归的宇宙大法，将人的生命纳入同样的自然秩序之中。从《天地》所说“性修反德”到《秋水》所说“反其真”，我们再次体会到“卮言日出”的反复喻示之效。

6. 气、形、生、死

“反德”和“反真”的要求贯穿于《庄子》全书，而“玄德”和“大顺”等措辞皆源自老子。永恒回归主题在道家的两位创始人那里无疑是一脉相承的。《至乐》篇再次面对生与死的主题时，“反德”之说又置换为老子的比喻语汇“出生入死”。该篇末句说：“万物皆出于机，皆入于机。”郭注：“此言一气而万形，有变化而无死生也。”成疏谓“人既从无生有，又反入归无也。岂唯在人，万物皆尔。……出入机变，谓之死生。既知变化无穷，宁复欣生恶死！体斯趣旨，谓之至乐也”。[2]《至乐》作者为昭示这种“至乐”的道理，

[1]《庄子集释》，第590—591页。
[2]《庄子集释》，第629页。

一方面将死之宿命淡化表达为“人久反入于机”[1]，另一方面又让庄生现身说法，上演鼓盆而歌其妻之死的生动一幕：

> 庄子妻死，惠子吊之，庄子则方箕踞鼓盆而歌。惠子曰：“与人居，长子老身，死不哭亦足矣，又鼓盆而歌，不亦甚乎！”庄子曰：“不然，是其始死也，我独何能无概然！察其始而本无生，非徒无生也而本无形，非徒无形也而本无气。杂乎芒芴之间，变而有气，气变而有形，形变而有生，今又变而之死，是相与为春秋冬夏四时行也。人且偃然寝于巨室，而我噭噭然随而哭之，自以为不通乎命，故止也。[2]

庄子在向惠子解释自己为何对死去的妻子鼓盆而歌的道理时，又一次运用了四阶段循环变化的表达模式，或可称为生命的“四变曲”。与前文所讨论的“一、分、成、毁”和“德、命、形、性”两种四段论的差别是，这里又引入了气化生命观的思想，让“气”充当了创生的源头和载体：一变而有气，二变而有形，三变而有生，四变而之死。其节奏韵律与春夏秋冬的更替一样自然天成，又何须用世俗的哀乐好恶之情去评判和阻止这伟大的循环呢？只有昧于天道和“不通乎命”的俗人才会对那安然归返天地间“巨室”的逝者发出噭噭然的哭号吧。苏辙评《至乐》篇云：“本自常情，但文字宛转，绵密汪洋，唱叹自是，人不能及。”马其昶则说：“古大儒名臣未有不勘破生死者，庄子书尤数数言此，特诙诡出之，遂觉词旨别耳。”[3]而处于21世纪初的我们由于有了现代西方死亡哲学的参照系，对于庄子化悲为喜的诙诡演出反倒不觉其诙诡了。请听德国哲人布洛赫在《死亡研究之旅》中的如下告白：

---

[1] 原文为“人又反入于机”，从俞樾说改。“人久反入于机者，言人老复入于机也。《列子・天瑞篇》正作人久入于机”。见《诸子平议》卷十八。

[2]《庄子集释》，第614—615页。

[3] 引自胡远濬《庄子诠诂》，第142页。

人们会避开最后的恐惧吗？其实这根本谈不上恐惧。如果一个健全的人临终绝望，有时竟会产生完全不同的感觉。恐惧一变而为罕见的好奇，换句话说，以知道死亡对自身作用为乐事。因为死亡本身是一场固有的巨大变革，它会令人产生激情。上述好奇之心把徐徐落下的一幕，一变而为慢慢开启的幕布。[1]

法国作家加缪在日记中写道："对尚未克服死亡恐惧感的人，是无自由可言的。"看来能否做到精神生命的逍遥，一个首要的条件就是像庄子那样消解对死的焦虑；而打消死亡焦虑的一种特效良方就是随缘乘化的循环生命观，把"落幕"与"开幕"、"出于机"与"入于机"、"生于土"与"反于土"（《在宥》）用辩证的圆环串联为一体。套用叶芝诗歌中的话语，就是"把死亡之前和死亡之后的生命称为一个轮子相等的两部分，并按轮子来量度生命"，[2]正像庄子用四季或昼夜的自然之轮来量度人生旅程那样。[3]至于《天下》篇所述名家"轮不碾地"之命题，《大宗师》篇"浸假而化予之尻以为轮"的奇想妙喻，均可自循环生命观的立场去加以释读。

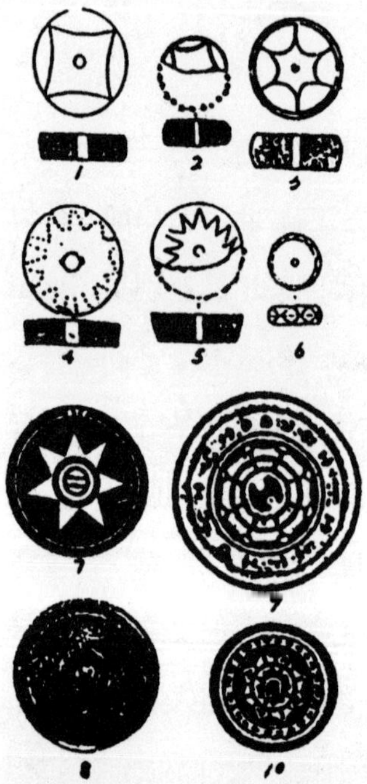

图56　纺轮是人造的最早之"轮"轮中的多角星形可象征太阳辐射之光（采自刘昭瑞）

[1] 布洛赫：《死亡研究之旅》，贝克勒等编：《向死而生》，张念东等译，三联书店1993年版，第132页。
[2] 叶芝：《幻象》，西蒙译，国际文化出版公司1990年版，第155页。
[3]《至乐》中滑介叔曰："死生为昼夜。"见《庄子集释》，第616页。

研究象征语言的美国哲学家威尔赖特指出："同许多其他的原型性象征一样，轮子也潜藏着自身相反的性征。它既可以有积极的意义又可以有消极的意义，有时还二者兼有。从消极方面来看，轮子在西方能够象征对命运的冒险赌博，在东方可以象征那人们力求逃脱出来的死生之间无休止的轮回。"[1]威尔赖特在此指的是佛教之轮回思想，其立论基础为灵魂转世和再托生的信仰，故佛徒修行的目的在于拯救灵魂，超离那永无止息的生死轮回之宿命，而道家却以加入宇宙循环之道为最高理想，所以仍是从积极方面来使用轮子的象征。关于这一方面的主要象征表现形式，法国学者让·谢瓦利埃和阿兰·海尔布兰特合编的《世界文化象征辞典》有较详的讨论，如说到"轮是世界的象征"，有如下多种表现：

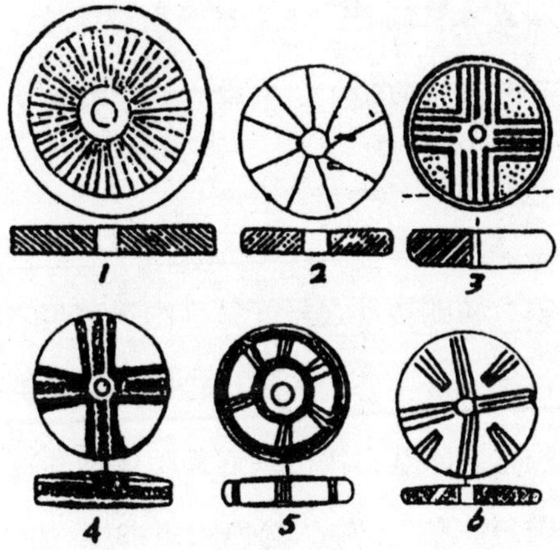

图 57 中国出土的新石器时代纺轮类型图
1. 东南地区湖熟文化
2. 青莲岗文化
3. 屈家岭文化
4. 马家窑文化半山类型
5 和 6. 马家窑文化马厂类型
（采自刘昭瑞）

毂是它静止的中心和本原，而辋则是在辐射作用下形成的有形世界。辐条显示圆周与中心的关系。最简单的轮有四根辐条：代表空间的四个方向扩展，也表示月相变化和四季交替。六辐的轮重现太阳的象征；它还使人想到基督的符号，好像是六杠十字架的水平投影。最常见的轮有八根辐条，象征四面八方，跟八瓣荷花相同，轮与荷花本来就是具有同一性的东西。八片花

[1] 威尔赖特：《原型性的象征》，叶舒宪：《神话—原型批评》，陕西师范大学出版社 1987 年版，第 230 页。

瓣或八根辐条，还象征新生和循环。从凯尔特地区到迦勒底，到印度，到处可见八辐的轮子。中国的八卦图也与此类似。[1]

如此看来，中国文化中最具有表现力的符号——太极图，又何尝不是宇宙之轮的转动之象征？[2]由于宇宙之轮的转动环绕着一个不动的中心，所以位于这个中心的人号称转轮王，如佛陀、爪哇岛和吴哥的国王都曾获得这种称号。印度古代诗人迦梨陀娑的名剧《沙恭达罗》中就同时表现轮的正负两重象征意义，主人公既祈求神恩“把我同再生（轮回）永远地割断联系”[3]，又能生育贵子，“成为一个转轮圣王”[4]。这种处于转轮不变的中心的观念在《庄子》书中有一个专门的词叫“环中”，先后在《齐物论》和《则阳》中两次使用，一则曰：

彼是莫得其偶，谓之道枢。枢始得其环中，以应无穷。[5]

再则曰：

冉相氏得其环中以随成，与物无终无始，无机无时。日与物化者，一不化者也，阖尝舍之。[6]

“环中”既是可“得”的，那么“得其环中”当是“得道”的又一层隐喻置换。得道者可谓入于不死不生之境，故得环中者或“以应无穷”，或“与

[1]《世界文化象征辞典》“轮”字条，中译本，湖南文艺出版社1994年版，第572—573页。
[2]叶舒宪：《英雄与太阳》，上海社会科学院出版社1991年版，第165—166页。
[3]迦梨陀娑：《沙恭达罗》，季羡林译，人民文学出版社1980年版，第114页。
[4]迦梨陀娑：《沙恭达罗》，季羡林译，人民文学出版社1980年版，第113页。
[5]《庄子集释》，第66页。
[6]《庄子集释》，第885页。

物无终无始”。成疏云：“无始，无过去；无终，无未来也；无机无时，无见在也。体化合变，与物俱在，故无三时也。”这种对“环中”效应的理解与20世纪法国哲学家西蒙·韦伊论死的必要性的见解几乎殊途而同归：“死亡，这个既无过去也无未来的即刻状态对找到进入永恒的入口来说是不可缺少的。”[1]得其环中者能超离于时间行程之外的道理，在这种古今思想对话的大语境中或可得到更透彻的理解。庄子思维的敏锐力度和深度亦将由此而更加彰显。

“环中”作为轮之象征的变体之一，还可引发出另一层深意，那就是“空”与“无”的观念。郭象《则阳》篇注云：“冉相氏，古之圣王也。居空以随物，物自成。”成疏云：“冉相氏，三皇以前无为皇帝也。环，中之空也。言古之圣王，得真空之道，体环中之妙，故道顺群生，混成庶品。”寻绎其取喻之象，庄书有关环中的构思，似仍可追溯于老子关于轮子的形式与功能的妙喻，即“三十辐共一毂，当其无，有车之用”[2]。《考工记》亦云：“利转者以无有为用也。”二者都说的是车轮因为有毂中的空无，所以有利于轴心的转动，实现车的功用。“环中”所体现的“中空之道”显然与老子崇“无”思想不无关联。冉相氏能够妙得“环中”，“居空以随物”，不啻为虚无之王的最古楷模。按照存在主义思想家雅斯贝尔斯的见解，“对死的恐惧其实也就是对虚无的恐惧”。[3]老庄作为向往真空之道的智者，实即拥抱虚无的勇者，他们能够“外物”和“外死生”的理由便在于此。毂中之“无”也好，“环中”之“空”也好，皆可喻指作为“道之枢纽”的虚无。既能体无，当然就不再沾滞于有，达致“以应无穷”或“与物无终无始”之境界。《则阳》篇又假容成氏之口描述此种境界说：“除日无岁，无

[1] 西蒙·韦伊：《重力和恩惠》，贝克勒等编《向死而生》，第134页。
[2] 蒋锡昌：《老子校诂》，第63页。
[3] 雅斯贝尔斯：《死》，《向死而生》，第151页。

内无外。”庄子鼓盆而歌的诙诡表演现在看来不正是对冉相氏和容成氏这类虚无圣帝的自觉仿效么？[1]

从“气、形、生、死”的轮转运动着眼，每一阶段的“变”都可视为环状生命链上对前一轮运行轨迹的一种返还。就此意义而言，亦可称之为“运转”或“轮回”。《知北游》篇说到气化生死观时对此论证得更加雄辩有力：

生也死之徒，死也生之始，孰知其纪！人之生，气之聚也；聚则为生，散则为死。若死生为徒，吾又何患？故万物一也，是其所美者为神奇，其所恶者为臭腐；臭腐复化为神奇，神奇复化为臭腐。故曰“通天下一气耳”。圣人故贵一。[2]

这一段关于生与死、神奇与臭腐相互转化回环的论述，对《至乐》篇“气、形、生、死”的四段模式提供了动因方面的补充说明，用气之聚与散的形而下表象去阐明生、长、衰、死的渐变过程之内在动力，解释“命运”这一形而上概念的底蕴，给后代思想留下深远的影响，尤其是传统文化中对“气”的高度重视。汉代的道教经典《太平经》就完全确认了这种以气为生命本根的信念，其中说道：“天地开辟贵本根，乃气之元也。欲致太平，念本根也。不思其根，名大烦，举事不得，灾并来也。此非人过也，失根基也。离本求末，祸不治，故当深思之。夫一者，乃道之根也，气之始也，命之所系属，众心之主也。当欲知其实，在中央为根，命之府也。”[3]又有把“一气”分解为“三气”而说之理，可视为对老庄气化生命观的拓展：“元气自然，共为天地之性也。

[1] 庄子对无的崇奉，可以结合《知北游》中“无”的四分人格化表现再做探讨。
[2]《庄子集释》，第733页。
[3] 王明：《太平经合校》，中华书局1960年版，第12—13页。

六合八方悦喜，则善应矣；不悦喜，则恶应矣。状类景象其形、响和其声也。太阴、太阳、中和三气共为理，更相感动，人为枢机，故当深知之。”[1]

此种贯通于天人之间的气的概念，确实奠定了中国文化中生命观的基础。从老庄所言之气，到后世道教徒所讲的气，都不仅仅指物质的气体，而是兼有物、心，乃至神的品性的。唯其如此，《太平经》等道教文献中才发展出所谓体内神之说，以为四季五行之气变为人体内在的精神。中国古代的医学哲学，也按照气之聚散的思路来解说生命过程。日本学者石田秀实先生指出，《灵枢·天年》有由诞生开始至五十岁为止兴起的“气的凝集”，此后而起的“气的分散”之相关记载。这里宿于五脏之内的气的分散，以每十年的循环，可如图式般说出。如至五十岁，肝气始散，肝叶变薄，胆汁渐消……至九十岁，肾气竭，脏系枯，经脉亦虚。至百岁，五脏全空，神气尽出于体之外，只剩一具躯壳，便终结生命。通过对此类理论的分析，石田发现古人对身体抱持着两重眼光：“作为场域的身体”和“流动的身体”，前者指作为气的住宿之场的脏腑，后者指借气之运动而形成的身体流动性的本质。中国古代医学便是建立在这种可称为“流体生理学”的生气论基础之上的，故与西医理念大异其趣。[2]

美籍华裔学者吴光明先生则透过《庄子》表达的生气论看到一种与西方哲学迥异的“人体宇宙学”，可称之为“庄子的身体思维”。他写道：“在庄子的思想脉络中，身体不是思考所要追求的理想（ideal），而是思考的基本杠杆（leverage）；不是思想的原则，而是思想进行的环境（ambience）；试将身体的因素由人的思想抽离掉，那么人的思想也就不知其所谓了。”[3]

庄子的思想不受任何现实事物的限制，他的不羁的想象力让人惊恐，却又是

[1] 王明：《太平经合校》，中华书局 1960 年版，第 17—18 页。

[2] 石田秀实：《气·流动的身体》，东京，平河出版社 1987 年版，第 1 章。

[3] 吴光明：《庄子的身体思维》，蔡丽玲译，收入《中国古代思想中的气论及身体观》，杨儒宾主编，台北：巨流图书公司 1993 年版，第 397 页。

平凡的。借用格林·葛雷（J. Glenn Gray）的说法，庄子的身体思维具有“超越自身”的能力，也是“和所有的事物（未有的，已有的）契合一体的能力”。就庄子书中的表现而言，身体思维至少包括两项任务：“体”现人生的理想，以及与宇宙万有合为一“体”。庄生笔下的真人乃是其人生理想之化身，如《大宗师》所述，“其心志，其容寂，其颡頯；凄然似秋，煖然似春，喜怒通四时，与物有宜而莫知其极”。真人这种不俗的身体特征足以确保他们能够同万有合为一体。《达生》中“与天为一”，《天地》等篇中的“物物”，《徐无鬼》所云宇宙之“大方”合为一“体”等，皆是身体朗现事物之大道（the way of things）之例。[1] 作为庄子这种人体宇宙学立论的基石，我们可以补充说，正是“通天下一气”充当了沟通人天、融合物我的必要传媒。当今的气功学者奉《庄子》一书为气功思想之源头，韩国汉学家郑世根以“气化论”窥探庄学体系之堂奥，称其“一气”说为气化本体论，聚散说为气化人生论，物化说为气化对象论，心斋说为气化修养论，逍遥说为气化审美论，[2] 等等，都是把握住了气作为合天人之媒介的关键作用。

7. 子祀、子舆、子犁、子来

四阶段模式在《庄子》一书中不光以结构素方式表现在叙事与说理的过程中，还会以拟人化的方式在一些重要篇章中穿插出现，让人格化的形象以四位一体的形式去成全“卮言日出”的循环效果。这种四联形象不仅要通过现身说法的表演直接表达永恒回归的思想主题，而且他们每位人格之命名也常常寄寓着某种思想观念，使这些形象本身具有一种暗示性的寓言特征。《大宗师》中的“四子”和《知北游》中的“四无”，就是这方面的典型例子。此处先探讨“四子”寓言的象征蕴含与循环回归主题的表里如一之关系。《大宗师》曰：

[1] 吴光明：《庄子的身体思维》，《中国古代思想中的气论及身体观》，第 400 页。
[2] 参看郑世根（Jeong，Se Geun）：《庄子气化论》，台北：学生书局 1993 年版。

子祀子舆子犁子来四人相与语曰："孰能以无为首，以生为脊，以死为尻，孰知死生存亡之一体者，吾与之友矣。"四人相视而笑，莫逆于心，遂相与为友。

俄而子舆有病，子祀往问之。曰："伟哉夫造物者，将以予为此拘拘也！曲偻发背，上有五管，颐隐于齐，肩高于顶，句赘指天。"阴阳之气有沴，其心闲而无事，跰𨇤而鉴于井，曰："嗟乎！夫造物者又将以予为此拘拘也！"

子祀曰："女恶之乎？"

曰："亡，予何恶！浸假而化予之左臂以为鸡，予因以求时夜；浸假而化予之右臂以为弹，予因以求鸮炙；浸假而化予之尻以为轮，以神为马，予因以乘之，岂更驾哉！且夫得者，时也，失者，顺也；安时而处顺，哀乐不能入也。此古之所谓悬解也，而不能自解者，物有结之。且夫物不胜天久矣，吾又何恶焉！"

俄而子来有病，喘喘然将死，其妻子环而泣之。子犁往问之，曰："叱！避！无怛化！"倚其户与之语曰："伟哉造化！又将奚以汝为，将奚以汝适？以汝为鼠肝乎？以汝为虫臂乎？"

子来曰："父母于子，东西南北，唯命之从。阴阳于人，不翅于父母；彼近吾死而我不听，我则悍矣，彼何罪焉！夫大块载我以形，劳我以生，佚我以老，息我以死。故善吾生者，乃所以善吾死也。今大冶铸金，金踊跃曰：'我且必为镆铘'，大冶必以为不祥之金。今一犯人之形，而曰'人耳人耳'，夫造化者必以为不祥之人。今一以天地为大炉，以造化为大冶，恶乎往而不可哉！"成然寐，蘧然觉。

此则寓言构想出奇，妙喻迭出，首尾圆通，前呼后应，生动传神地表达了以死生一体的循环意识去消解世人恋生惧死心态的主旨，是庄子书中象征暗示和比喻推理的范例。这段文字从文意上看，除个别词语在校斠和注释上有争议外，大体上并不艰涩。但作者精心设置的四位一体的主人公及其象征意义却没有得到历代注家和研究者的重视，这里拟尝试由名称入手加以破解。

庄子善于在人物的命名上做文章，其寓托之意有些较为显豁直接，有些稍隐晦曲折。子祀、子舆、子犁、子来四者名称由来，皆取象于循环往复运动之具体事物，可视为形而上的回归主题的形而下活化身。对此四子，郭象失注；善于发微索隐的成玄英疏也感到无能为力，因为实在无法从典籍中捕捉到丝毫的踪迹，只得敷衍说："子祀四人，未详所据。观其心迹，并方外之士，情同淡水，共结素交，叙莫逆于虚玄，述忘言于至道。"[1]这里所说"方外之士"与"方内之士"相对而言，指"游心环宇之外"或"游心于常教之外"[2]的圣人，既无典据出处，当是作者虚拟的人物，若以"孔子所谓狂士"[3]当之，未免过于拘泥，作为凭空假托的子虚乌有先生反而更易解说。四子中的子舆在本篇末节又与子桑为友，而子祀在《淮南子·精神训》中引作子求。俞樾据《淮南子》中"子求行年五十有四而病伛偻"的记述，推断此子求当为子来之误，因二字传写中形近而互易。又由此推测本节先言子舆有病，当作子来有病；下文中"俄而子来有病"当作子舆有病。[4]这同四子出场的先后次序上看，显然不大吻合了，所以还是谨依原文为好。庄书英译者翟理斯、冯友兰皆以音译法翻译四子之名[5]，这对于外域读者来说，其名称中的隐喻意义就全然被遮蔽了，似不若梅维恒译本以意译法将四子之名分别翻为"祭祀先生"（Sir Sacrifice）、"马车先生"（Sir Chariot）、"犁先生"（Sir Plow）和"来先生"（Sir Come）[6]更能启发人们从寓意的角度去理解和深思。不过梅维恒之意译也有一点问题，即前三子之名较好理解，子来之名译

[1]《庄子集释》，第 258 页。
[2]《庄子集释》，第 268 页。
[3] 钟泰：《庄子发微》，第 149 页。
[4] 俞樾：《诸子平议》卷十七，上海书店 1988 年影印本，第 339 页。
[5]Giles：*Chuang Tzu*，p.791；Fung Yu-Lan：*Chuang-Tzu*，Beijing，1989，p.98.
[6]Mair：*Wandering On The Way*，p.57.

为come，成了来去之来，实不知古汉语之“来”字本义为“麦”，以“麦子先生”（Sir Wheat）来译之可能会更妥当一些。

倘若我们透过作者的别出心裁之命名术去寻找四子之名中蕴藏着的共同要素，那就不难发现祭祀活动、车轮的转动、犁的使用与麦子的枯荣，实际上都是具有周期变化和终始循环之特征的。庄子让人格化的祀、车、犁、麦相互搭配为“莫逆于心”的四位神交密友，通过他们的言行去揭示“死生存亡之一体”的道理，实在是达到了道成肉身、现身说法的至妙之境。此四种意象可分可合，互为印证又互为补充，将循环变易和相反相成的“道”之运动规律做了生动演示。

图58 金文中的“祭”与“祀”

先看子祀的象征意蕴。《说文》“祀”字条下云：“祭无已也，从示巳声。”“祭”字条下又云：“祭礼也，从示，以手持肉。”可知祀与祭为同义词，故可合称“祭祀”。若细加分辨，祀字还有“无已”之意。《尚书·洪范》所说“八政”之中“三曰祀”；《诗经·大雅·生民》有“克禋克祀”之说；《左传》则流传下来“国之大事，在祀与戎”的上古名言，可见祭祀活动在古代社会是何等重要的大事。用人类学的视角去看，祭祀属于宗教仪式性的行为，而仪式之发生总与初民社会的循环时间观念密切联系在一起，乃至最初的历法亦可视为某种终始相续的仪礼活动日程，故又称“仪式历法”（ceremonial calendars）。史前

图59 西周铜器上的祭拜符号

社会往往按照观测天象所得的经验来确定季节转换的时间，并用隆重的礼仪庆典活动来保证和强化宇宙秩序的运行。[1]祭祀活动就是在这种原始信仰的背景之中发展起来的宗教行为，所以同季节时间的确认密切相关。《孝经》云：“春秋祭祀，以时思之。”郑玄注：“寒暑变移，益用增感，以时祭祀，展其孝思也。”《礼记·月令》：“春祀户，夏祀灶，秋祀门，冬祀行，中央土祀中霤。”都强调了祭祀活动与季节运行变易的对应关系，用仪式理论的专家范根纳普（Van Gennep）的话说，仪式活动“有如在佛教或永恒回归理论中那样，具有一种周而复始的或宇宙性的形式”。[2]在巴厘岛民社会中，时间的循环观念与祖灵再生的仪式结合为一体，死者的灵魂在火葬之后得到净化，可以在特定的日期降临于神社或父亲亲族集团的寺院，接受祭祀和供品，尔后有可能转变为某个子孙。“死不仅仅是单纯的死，而是为了转世再生的死”[3]。这种循环的时间观和生死观不仅体现在仪式方面。“亲族称谓同样也具有循环性。曾祖父母和曾孙的称谓相同，称孔庇（kumpi）……曾祖父母的父母和曾孙之子的称谓相同，称布尤（buyut）。即上下相隔三代，其称谓相同”。[4]巴厘人的名字也按照出生顺序而重复使用，构成无穷尽的环形链：在首陀罗种姓中，假如一家有八个儿子，那么第一子和第五子、第二子和第六子、第三子和第七子、第四子和第八子的名字分别相同，也就是说依出生顺序每隔

图 60　古埃及的阳物祭坛

[1] 参看提泰（M.Titiev）：《人的科学》（*The Science of Man*），1963 年，英文版，第 524 页。
[2] 莫里斯（Brain Morris）：《宗教的人类学研究》，剑桥大学出版社 1987 年版，第 247 页。
[3] 吉田祯吾：《宗教人类学》，王子今等译，陕西人民教育出版社 1991 年版，第 57 页。
[4] 吉田祯吾：《宗教人类学》，王子今等译，陕西人民教育出版社 1991 年版，第 58 页。

三子即重复采用相同的名字。

名称可以通过间隔性的重复而无限延伸下去，祭祀仪式也是借着间隔性的重复而年复一年地延展着，似乎永无穷尽。“子祀”这个命名当然也和“祀”一样，具有“祭无已”的潜在特征。桂馥《说文解字义证》解说许慎的释义：

祭无已也者，祀已声相近。何休云：祀者无已，长久之词。《急就篇》：“祠祀社稷丛腊奉。”颜注：祀者，祭无已也。《一切经音义》二：“祀，祭无已也。谓年常祭祀洁敬无已也。”馥案：年常，取载祀之义。《释名》：唐虞曰载，殷曰祀。祀，已也。新气升，故气已也。[1]

原来一年半载的“载”和“祀”同可作为循环时间观的衡量单位，而“载”字从车，又和子舆之“舆”一样可由滚滚转动之车轮作为象征取义之原型，庄生用心之良苦，实在瞒过世人太久了。验证于考古发现的新证据，甲骨学家董作宾在20世纪40年代曾提出“周祭”制的观点，认为商代君王及王室贵族以五种祀典对其祖先做轮番的、周而复始的祭祀。这一发现不仅揭示出商代国家级最有系统的祭祀规则，为研究三代礼制提供了确凿的新材料，而且也成为重构商代历法和帝王系谱的重要依据。罗振玉《殷墟书契考释》就曾说：“商称年曰祀，亦曰祠。”董作宾结合周祭制的发现进一步确认了商人称年为祀的时代和起因：“即帝乙帝辛时重修祖甲时之祀典，以彡、翌、祭、壹、𣪘五种祭祀为主干，遍祭先祖妣，一周之期，恰满三十六旬，近于一年之日数，故即称一年为一祀。”[2]参照《尔雅·释天》“夏曰岁，商曰祀，周曰年，唐虞曰载”的说法，不难看出“祀”的概念正是“仪式历法”所派生出的兼具宗教学的与岁时的双重蕴含的循环概念。庄子选中这个字作为人

[1] 桂馥：《说文解字义证》卷一，齐鲁书社影印本，1987年，第9页。
[2] 董作宾：《殷历谱》上编卷三，1945年版，第2页。

名，乃是出于表达“生死一体”的循环生命观之需要。套用古埃及《亡灵书》中太阳神的自诩之词，庄子笔下的子祀子舆同样可以这样说：“我是年岁的王子，我的躯体是永恒。”[1]

既然循环运动是获得“永恒”的必要条件，周祭制的目的也就不言自明了。常玉芝先生指出，殷商人的祭祀既繁多又严密，“他们对自己的祖先按照一个既定的祭祀谱，几乎是每天必祭，每旬必祭，每年必祭，这样日复一日、月复一月、年复一年地祭祀下去，其祭祀的目的无非是祈求鬼神保佑自己及其宗室的统治”。[2]作为补充的理由，是否还可以说周祭本身也具有目的性，中国人所谓“香火不断”不正意味着永恒吗？化用存在主义的名言，又将有“我祀故我在”的宗教存在哲学原理。为了确实保证祭祀的程序能够同时历的节奏在总体上吻合无间，请看一下我们殷商时代的祖先是怎样费尽心机让祀的周期与天道运行的秩序相协调的。由于殷历是阴阳合历，年有大小之分，或在三百六十日至三百七十日之间，所以周祭的时间周期也相应变化，呈现为三十七旬型与三十六旬型交错编排的样式。两种周期次数接近，大致上以交替出现为规则。这表明该种仪式历法特别设置出三十七旬型周期乃是为了调整太阳年与太阴月的不符合处，以便使两祀的过程大致相当于两年的时间。[3]周以后的礼制虽不像殷人那样精密，但与时历的吻合传统却一脉相承地保留下来，正可用庄子《盗跖》篇“与时消息”一句来概括，而所谓“时有终始”（《则阳》）或“安时处顺”（《养生主》）的观念，亦可放在此种祭礼传统中来理解，因为在《庄子》中，“时”与“祀”的相关性依然明确保留着迹象。如《让王》篇伯夷叔齐拒绝周王之请时说：“昔者神农之有天下也，时祀尽敬而不祈喜……”[4]此处之“时祀”便是按时祭祀，成疏为“四时祭祀”；

[1]《亡灵书》，中译本，吉林人民出版社1957年版，第14页。
[2]常玉芝：《商代周祭制度》，中国社会科学出版社1987年版，第307页。
[3]参看陈梦家：《殷墟卜辞综述》，科学出版社1956年版，第396页；常玉芝：《商代周祭制度》，第260页。
[4]《庄子集释》，第988页。

“不祈喜”则为“无所求焉”。可见时祀本身就可视为目的，并非为了向神祈求什么。俞樾云：“喜当作禧。《尔雅·释诂》：‘禧，福也。’不祈喜者，不祈福也。《吕氏春秋·诚廉篇》作‘时祀尽敬而不祈福也’，与此字异义同。”[1]

从无所求的祭祀到功利目的明确的祭祀，“与时消息”的模式却依然不变。周以后之祭礼不若殷商时那样繁复，其周期也渐同四季的节律相认同。《春秋繁露·祭义》云：“奉四时所受于天者而上之，为上祭，贵天赐，且尊宗庙也。孔子受君赐则以祭，况受天赐乎。一年之中，天赐四至，至则上之，此宗庙所以岁四祭也。”[2] 此种一岁四祭的传统礼制对于农耕文化的意识形态具有深远的影响，不仅构成四阶段循环模式的生成性基础，[3] 而且也为哲学和思想奠定了时空语言的尺度和范畴。王煜先生在《道家的时间观念》一文中，就论述到庄子思想中“四时”的问题，其中说道：

图 61 “我祀故我在”
克里特文化中操蛇女祭司像

真人通合四时。“阴阳相照、相盖、相治”，譬如“四时迭起”（《天运》）、“四时相代、相生、相杀”（《则阳》），伟大在“四时有明法而不议”（《知北游》），如孔子所赞“四时行焉，百物生焉。天何言哉！”人的生死“是相与为春秋冬夏四时行也”（《至乐》），生老病死，即易经所言始、壮、究，佛家所说成、住、坏、空，当可类比于四时。明知“日月照而四时行”（《天道》）、“四时殊气”（《则阳》），“真人……凄然似秋，煖然似春，喜

[1] 俞樾：《诸子平议》卷十九，上海书店影印本，第 379 页。
[2] 苏舆：《春秋繁露义证》，中华书局 1992 年版，第 441 页。
[3] 叶舒宪：《中国神话哲学》第 3 章，中国社会科学出版社 1992 年版。

图 62 神之降临
克里特文化出土印章

怒（内在的阴阳）通四时，与物有宜，莫知其极”。正如儒家圣人“与四时合其序”（《易系》），理想人格不外天道的人格化，所以孟子褒扬孔子为“圣之时者”。[1]

道家此种以“四时迭起”为线索的循行时间观既然同远古的仪式历法及相应的周祭活动有着一脉相承的关系，这就为我们破解以“子祀”为首的四子之名称提供了有益的启示，从而更透彻地把握庄子所体会到的死生一体之理。

子祀的命名之奥妙一旦揭开，子舆之名的言外之旨也就可以得到顺理成章的解释。

“舆”字意指车，故车与舆在上古汉语中本可通用。《庄子·让王》篇有“乘以王舆”之句，指国王乘坐的车子。庄书中用于非人名的舆字，还有《让王》中“舆马之饰”一例，舆马如言车马，《盗跖》篇即有“车马有行色”的说法，可见车与舆在庄书中是作为同义词而使用的。《说文》：“车，舆轮之总名也。夏后时，奚仲所造，象形。”段注：“车之事多矣，独言舆轮者，以毂辐牙

[1] 王煜：《道家的时间观念》，《老庄思想论集》，台北：联经出版事业公司 1979 年版，第 111 页。

皆统于轮，轼较……皆统于舆，辀与轴，则所以行此舆轮者也。故仓颉之制字，但象其一舆两轮一轴，许君之说字，谓之舆轮之总名，言轮而轴见矣。”[1]由此可知，车为总名，舆则可专指车上乘人载物的部分，即车厢。车厢车轮车轴合起来构成车之整体。今观甲骨文中的车字，正是三部分清晰可见的象形字。故析言之，舆与车有部分与整体的差别，笼统言之，则二者无别。《汉书》颜师古注："舆即车也。"《后汉书·光武纪下》注："舆者，车之总名也。"《说文》释"舆"字云："车舆也。"段注引《考工记》"舆人为车"句注："车，舆也。"这些互训的材料或可表明，庄子在给子舆命名时如何构想车这种事物的人格形式。歌德曾说过"万物皆符号"，加达默尔则以解释学的原则发挥说，不存在不能表明某种含义的事物，一切事物都指示出其他事物，特殊的事物具有代表整体的功能。歌德的话可理解为解释学思想的高度概括：艺术语言表达了属于一切存在物的象征特征。[2]既然如此，子舆之名的底蕴当在车这种事物的象征性中去寻求。

与祭祀活动的起源相比，车辆的产生显然要晚得多。无论是制造技术还是道路的修筑，在史前社会的漫漫长夜中都是很不发达的，这两方面的条件制约着车子的发明和使用。文化史上最早的车恰恰出现在从原始到文明的过渡时期，因而学者们把车轮的发明同文字、历法、税收制、数学和神庙象征性建筑等事物的发明并列起来，作为地球上出现"高文明"（high civilizations）的几大标志[3]，其发源地亦被确认为公元前3500年的两河流域古国苏美尔。[4]从考古发现、历史传说和甲骨文中有大量车字的事实看，中国文明中使用车的起始期约为夏代或夏商之交。《尚书·甘誓》中记载夏启讨伐有扈氏的战前誓词曰："左不攻于左，汝不恭命。右不攻于右，汝不

[1] 段玉裁：《说文解字注》，上海古籍出版社影印本，1981 年，第 720 页。
[2] 加达默尔：《哲学解释学》，夏镇平等译，上海译文出版社 1994 年版，第 104 页。
[3] 约瑟夫·坎贝尔（J.Campbell）：《神之面具：原始神话学》，纽约：海盗出版公司 1959 年版，第 135 页。
[4] 塞顿·劳埃德（Seton Lioyd）：《美索不达米亚考古》，杨建华译本，文物出版社 1990 年版，第 46 页。

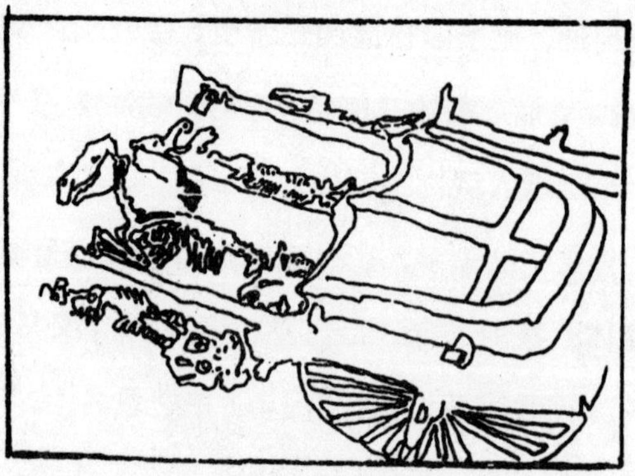

图63 北京房山琉璃河西周战车示意图

恭命。御非其马之正，汝不恭命。用命赏于祖，不用命戮于社，予则孥戮汝。”这段誓言强调车兵的职责：每车之上的车左、车右和御者都应忠于职守，听命者可于祖庙封赏，不听命者于社坛受刑，还要殃及其家人。从誓词的内容推测当时（公元前21世纪）战争中已用车，而且车兵在作战中起着决定性作用。连古人所称“军”亦以兵车为条件（《说文》：“军，兵车也。”）。《墨子·明鬼下》说商汤攻伐夏桀时，“汤以良车九辆，鸟阵雁行”，亦可见夏商之际车战流行的一个侧影。殷商时期考古发现中多有车马出土，有一车二马的，也有一车四马的，后者更为多见。学者以为一车二马用为乘车、田车，而一车四马用为战车。印证于考古实物的形制，人们对甲骨卜辞中繁复的车形字系做了五类之划分：

（1）象车之一轴二轮以及车辖之形。

（2）象车之一轴二轮和车舆之形。

（3）象车之一轴二轮和车上之伞盖之形。

（4）象车之一轴二轮、辕、衡及两轭之形。

（5）象车之一轴二轮、一舆一辕、一衡二轭之形。[1]

现实生活中车舆的广泛应用自然在意识和语言中产生有关车（轮）的种种象征性类比，如车如流水、车载斗量、前车之鉴等成语中所反映的。不过，最具根本性的一种象征是把天地自然的运行比作一个永动不息的大车轮，[2]

[1] 参看温少峰等：《殷墟卜辞研究——科学技术篇》，四川省社会科学院出版社1983年版，第258—259页。

[2]《吕氏春秋·大乐》云：“天地车轮，终则复始，极则复反，莫不咸当。”

庄子巧设子舆一名即以此为取喻之根基。《大戴礼·保傅》所说的“巾车教之道”便是此种象征类比的绝好说明：

古之为路车也，盖圆以象天，二十八橑以象列星，轸方以象地，三十辐以象月。故仰则观天文，俯则察地理，前视则睹鸾和之声，侧听则观四时之运，此巾车教之道也。[1]

把大自然的周期变化比作车辆的运行，所谓“四时之运”的特点仍是终始循环，首尾相续。《庄子·天运》一篇的篇名即取喻于此：

天其运乎？地其处乎？日月其争于所乎？孰主张是？孰维纲是？孰居无事推而行是？意者其有机缄而不得已邪？意者其运转而不能自止邪？[2]

图 64 战国铜器上的战车图案

宇宙之车轮的运转既无人推拉，也没有固定的目的地，一切任其自然，无为而无不为。所以巫咸祒说“帝王顺之则治，逆之则凶”。《大宗师》篇的子舆更明白这种逆顺宇宙之轮的利害道理，于是庄子通过他的口说出“安时处顺”的人生哲学。郭象注“得者，时也，失者，顺也”句说：“当所遇之时，世谓之得。时不暂停，顺往而去，世谓之失。”成疏云：“得者，生也，失者，死也。夫忽然而得，时应生也；倏然而失，顺理死也。是以安于时则不欣于生，处于顺则不恶于死。”[3]生与死既然同处在自然车轮运转

[1] 王聘珍：《大戴礼记解诂》卷三，中华书局 1983 年版，第 61—62 页。
[2]《庄子集释》，第 493 页。
[3]《庄子集释》，第 261 页。

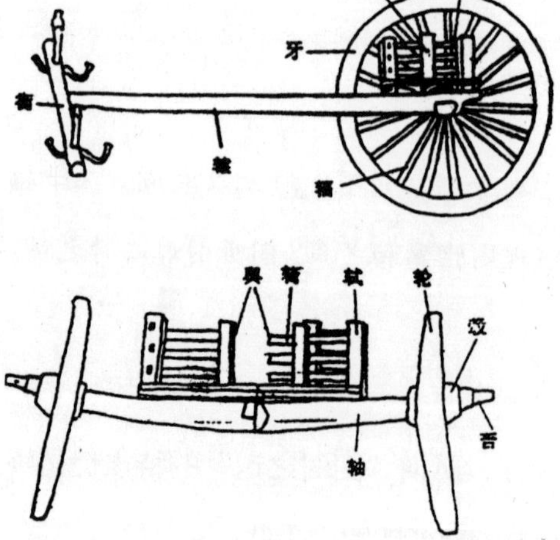

图 65 古战车构造示意图

之中，便很容易从中引出生死轮回的观念。子舆作为车轮回转之人格化，自会体认死生一体之至理，又怎么会把自己的病态疾患放在心上呢？造物者好像故意同魔鬼打赌似的，无缘无故地让子舆变成人间怪物：躬腰驼背，脸面隐在肚脐之下，五脏之管却长在身体之上，肩头高过脑袋，项椎突起，直指天空，[1]这种形象比受到上帝无端惩罚的约伯之病状还令人望而生畏。可子舆却根本不会像约伯那样自以为受了天大的委屈，乃至愤愤不平地要向老天爷讨个公道。在他看来，自己的畸形只不过反过来证明了“伟哉夫造物者”的调度能力。倘若造化再让我的左右两臂化为鸡和弹，我就用鸡去报晓，用弹去打斑鸠烤了吃，有什么不好呢？这就叫顺从命运之轮的安排。造化若把我的尻骨化为车轮，让神充当驾车的马，我当然会当仁不让乘着这马车去遨游，难道还会去奢求另外的车马吗？

有了这则寓言，个人化为车轮的奇妙构想不是同天地车轮的古老象征完全对应统一起来了吗？谁说庄子创作出来的子舆这个形象不是其天人合一理想的某种化身表现呢？“舆”这个象征性名字和“化轮”的神话情节两相映衬，将安时处顺之理全然寄寓到荒诞不经的神话形象中了。

拉开距离看，这车轮意象所暗示的顺化之意上承《养生主》篇已讲过一次的“安时而处顺”以及《人间世》篇所说“顺始无穷”，下启《天地》篇“同

[1] 句赘指天，《淮南子》作烛营指天，刘文典释云：“烛，阴华，营，其窍也。”这是一种更显得越轨的“狂欢化”形象。

乎大顺”之说、《说剑》篇“上法圆天以顺三光，下法方地以顺四时”，构成庄书中时隐时现的一条思想脉络，或可总称为顺化论或车轮哲学了。它外与《周易》所言“坤道其顺”或“顺天休命”“顺乎天而应乎人”“顺相保也”“天之所助者顺也”等暗中呼应[1]，形成中国思想传统中一个重要主题。从人名寓意上看，《田子方》篇为田子方之师安排的“东郭顺子”这个名字也还是同一主题的体现吧。

王治心先生论述上古宗教思想的变迁，认为老庄二人以一种机械运转的观念去改造和取代自古相传的有意志而具人格的天神观念，对春秋以前的超自然信仰给以很大打击：“庄子又叫这种机械的运转为‘天钧’，‘天伦’，‘自生’，‘自化’——自生者不得不生，自化者不得不化——这里所说的天均的天，明明不同于前面所说的昊天的天，所以老子提出一个‘道’字来替代，庄子又提出一个‘自’字来替代，是要表明天地不过是一部大机器，既然把它开了，便没有人把它停止，四时的运行，万物的变化，无非是这大机器行动发生的现象，并没有什么意志在中间的。所以庄子说：‘天道运而无所积，故万物成。’又说：‘万物皆种也，以不同形相禅，始卒若环，莫得其伦’，与老子‘绳绳不可名，复归于无物’同为一种‘轮化’的机械观念，是属于天演进化的思想。”[2]笔者以为用“轮化”机械观来概括老庄天道思想是颇为中肯的，但此种“轮化”运动能否导致“进化”却值得怀疑。从老庄一再要求的归真返朴着眼，倒更像是一种退化观。此外，老庄这种天道运转回环的思想虽是对人格化天神信仰的一种淡化和消解，但其思想来源仍在于史前留传下来的神话观念，尤其是永恒回归的神话。如果将此种轮化天道观还原为信仰的语言，那么庄子仍有“真宰”“造物者”“同帝”一类名号。从“轮耕并合，

[1] 儒家经典中所讲之“顺”，可参看阮元《释顺》，《揅经室一集》卷一。
[2] 王治心：《中国宗教思想史大纲》，香港：崇正出版社重印本，第 47 页。

出入周通”[1]的比喻意义上求解“同帝”之“同”的名原，或可得之乎？

从天道与人道的关系看，子舆化轮之寓言恰可充当人法天的合一范例，显示个人如何通过调适自身的精神状态而达到死生一体的境界，实现个体生命与宇宙运行的同步，即所谓“同乎大顺”也。庄子的这一思想确实成为后来道教修行的指导性目标。《太平经》卷九十四至九十五记神人语真人言曰：“古始学道之时，神游守柔以自全，积德不止道致仙，乘云驾龙行天门，随天转易若循环。真人专一老寿，命与天连。”[2]能够“随天转易若循环”，也就是庄子所说的“安时处顺”，或称“与时消息”。得仙之理即在于此，“命与天连”乃是“守一”“得道”的最后证明。

四子中的第三位子犁也同子舆一样，是以文明以来的人类伟大生产发明物作为命名之源的。考古方面的材料显示，车的使用与犁的使用大致在同一时期出现，都是冶金技术发展到一定程度的产物。不过在金属造的犁之前也还有石制或木制的类似农具，有学者称之为“石犁”，远在龙山文化时期便已用于耕地。

农耕生产的进化历程可用代表生产力水平的工具和耕作技术的变迁为标志。于是有人把农业之衍化分为三阶段：刀耕农业→锄耕农业→犁耕农业。犁耕的出现对于耕作技术的贡献非同小可，它具有翻地效率高而且耕地深的特点，使小农式的锄耕作业向较大规模的集约农业发展，不仅提高了生产力，而且催生出较高级的社会组织形式，为文明的确立准备了一个方面的条件。人类学家泰勒曾引用一个瑞典传说来说明犁耕的起源：人们先将木锄在地上拖曳，用这种方法深耕出沟痕；随后对这工具加以改进，由两部分组成，上面有把手和供牵引用的轩或辕；再后给犁头镶上铁头；最后用双牛或双马代替人拉犁。这个传说启发泰勒得出结论，犁的前身就是拖曳在地上的原始的

[1]《艺文类聚》卷七十一“舟车部”引后汉李尤《天轶车铭》语。
[2] 王明：《太平经合校》，中华书局 1960 年版，第 403 页。

锄。尼罗河流域曾是农业高度发展的最早区域之一。一幅古埃及的农耕图画似乎给泰勒的论断提供了直观性的旁证。画面中一人扶犁在前，另一人挥锄在后，似在打碎新翻起的土块。泰勒注意到那锄的奇特形状，它有长长的弯木刃，用绳子缚在把手上。再看那犁，它是用类似的锄构成的，只是加上了牵引用的绳。[1]

然而，较晚近的研究却对犁源于锄的假说不利。伊萨克写道："今天，大多数学者相信犁不可能是从锄发展来的，因为它们的操作方法不同。用锄时是一种向前的弧形运动，破碎的土被向后送，用锄人从已锄的地方走向前面未锄的地方。可是犁是被向前拖，从而开出一条沟。掘棒和犁一样，也常被用来划地，但运动的方向是从已划的地方退向未划的地方。锹也是这样。例如乌尔里希·贝尔纳就相信，锹毫无疑问是从掘棒发展来的。[2]所以，说犁起源于掘棒的推测，要比说锄起源于它更强有力，但仍然存在着运动方向上的矛盾，因为用掘棒的人向后走，用犁的人向前走。"[3]这位学者还引述

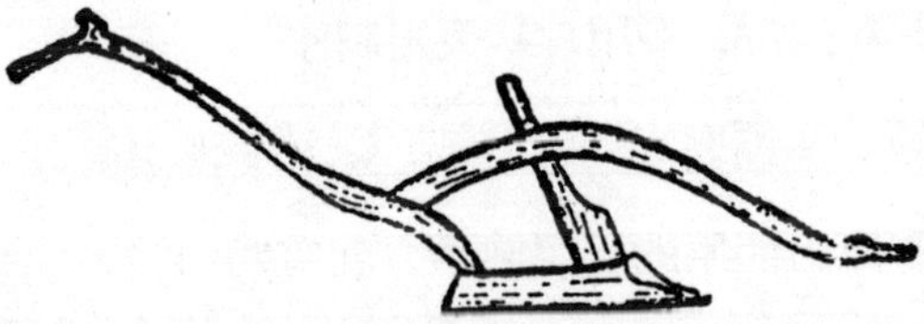

图 66 原始的犁

弗里茨·克拉默《开垦土地》（*Breaking ground*）一文的见解说，中国可能是第一个用犁的地方，那里的开沟器（furrowers，耧）、拖锹和动物以某种方式组合起来，就成了动物拖的犁。

在我国学界对犁耕起源时间问题尚未有定论。一种意见认为早在龙山文

[1] 泰勒（E. B. Tylor）：《人类学——人及其文化研究》，连树声译，上海文艺出版社 1993 年版，第 182—183 页。
[2] 贝尔纳：《犁的产生及其有关问题》，德文版，《一般研究》第Ⅱ卷 6 期，1958 年，第 365 页。
[3] 埃里奇·伊萨克：《驯化地理学》，葛以德译，商务印书馆 1987 年版，第 50—51 页。

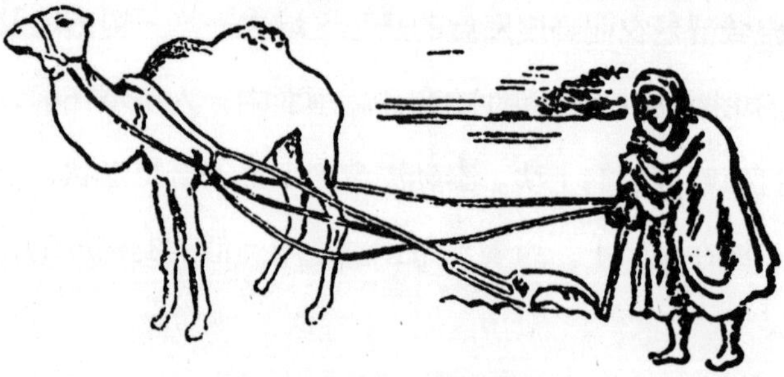

图 67　卡拜尔人的驼拉木犁

图 68　古埃及的犁和锄

化阶段就已进入犁耕农业了，当时南北方大部分地区用于翻地的耕具虽主要是石铲，但个别地区亦有少量石犁出土。[1] 如太湖流域部分良渚文化遗址中，发现石犁和大量石犁残片，多用片状页岩制作。

从其体形扁薄、两侧磨出光滑刃部，以及平面上有孔等情况，可推测此种石犁是安装在犁床上使用的。民族学方面有四川省木里等县少数民族所使用的木犁形制可作为旁证。[2] 另一种观点依据“犁”字从牛所暗示的信息，把犁耕之始等同于牛耕之始，其时间便推后到了商周之际。对此，已有古文字学者提出质疑，以为犁耕之前身为人拉犁，甲骨文中的“勿”便是犁字之初文，[3]“勿田”即指耕田；而山东济南发现商代青铜犁铧，其耕地之效率比史前之石犁又大进了一步。只是目前尚未有明确的商代牛耕之证，推想当

[1] 李仰松：《中国原始社会生产工具试探》，《考古》1980 年第 6 期；余扶危等：《试论我国犁耕农业的起源》，《农业考古》1981 年第 1 期。

[2] 宋兆麟等：《中国原始社会史》，文物出版社 1983 年版，第 257 页。

[3] 郭沫若：《甲骨文字研究·释勿勿》，《郭沫若全集·考古编》第 1 卷，第 82—92 页。

时之犁耕或有如《新唐书·北狄传》所称“剡木为犁，人挽以耕”的情景。

从神话方面得到的线索，牛耕产生的年代在西周时期。《山海经·大荒西经》说：“有西周之国，姬姓，食谷。有人方耕，名曰叔均。”《海内经》又说：“稷之孙曰叔均，是始作牛耕。”郭璞注：“始用牛犁。”《大荒北经》再度提及叔均，又称他为田祖了。可见农业社会对于发明牛耕的伟人是视若神明的。叔是男子美称，均指均田，又可写作畇。《诗经·小雅·信南山》有“畇畇原隰，曾孙田之”句，毛传：“畇畇，垦辟貌。”可知叔均之名就指“垦地耕田的好男儿”[1]，同庄子构想的子犁一样，均可视为犁耕的一种人格化。

犁耕不论是用人，抑或是用牛或马，其共同的特点还是遵循仪式历法的既定程序，呈现为年复一年的周期性活动。所谓“春耕、夏耘、秋收、冬藏，四者不失时，故五谷不绝”[2]，说的就是这种时间程序的必要性。上古之帝王作为沟通天人的中介者，当然也要充当取法天时的活榜样，在每年发春之季率先实施躬耕籍田之礼。《礼记·月令》云：

孟春之月……东风解冻，蛰虫始振，鱼上冰，獭祭鱼，鸿雁来。……乃择元辰，天子……躬耕帝籍。

从仪式的象征意义上看，天子代表阳性之宇宙力与大地之母的阴性力两相结合的最佳时机就在于孟春之月的这种躬耕礼仪。因为“是月也，天气下降，地气上腾，天地和同，草木萌动”。天子的籍田实际充当着为地母授精播种的法术作用，是所谓增殖仪式的一种表现。犁这种以切入土地为特征的农具也由此获得了象征意蕴。瑟洛特的《象征辞典》中有对此的简要说明：

[1] 刘城淮：《中国上古神话》，上海文艺出版社 1988 年版，第 311 页。
[2]《荀子·王制》，“诸子集成”本。

犁（Plough），增殖的象征。在雅利安传说中，罗摩的配偶叫悉多（Sita），意为犁沟。由于大地为阴性，犁耕则成为阴阳结合的象征。由帝王躬耕于其统治期开始之时的中国礼俗便与这种象征相联系。[1]

在犁与生殖作用之间的这种类比还得到语源方面的佐证。艾利亚德指出，梵语中的“犁”和“林伽”（阳具）具有同源关系，二者都从一个同时表示“锹”和“阴茎”的词根中派生出来。“有人这样说明犁的象征意义，在原始的思想中，犁既有耕作，也有授精的意思，春天的节日里的狂欢，在中世纪时就常用犁做标记”。[2]了解到犁与播种的关联以及播种与授精的隐喻类比，子来有病而子犁来探问的情节就释然可解了，二者之间的朋友关系中还潜伏着一层象征的因缘：没有播种，岂有麦收？农作物的生命周期与耕作活动的周期本来就是相互依存和相互为据的。由这种因果关联出发去索解子来这个虚拟人格的寓意，那正是四联象征中的第四种循环意象——麦子。

《说文解字》释“来”字云：“周所受瑞麦来麰。一来二缝，象芒束之

图69 狄奥尼索斯祭典游行图

与植物神再生相伴的是夸张的阳具之柱（公元前6世纪古希腊瓶画）

[1] 瑟洛特（J.E.Cirlot）：《象征辞典》，英译本，哲学图书公司1971年第二版，第260页。

[2] 让·谢瓦利埃等：《世界文化象征辞典》，中译本，湖南文艺出版社1994年版，第502页。

图 70 丰殖崇拜礼仪图：迈西尼文化出土金环

形。天所来也，故为行来之来。《诗》曰：诒我来麰。凡来之属皆从来。”桂馥《义证》云：“本书棶，齐谓麦棶也。《广韵》作䅘，又作𪎊，云：小麦。《广雅》：小麦，𪎊也。”[1]朱骏声《说文通训定声》认为，往来之来，正字为麦；菽麦之麦，正字是来。三代以还承用互易，许慎未能订正，故沿至今。又释“棶”字说：齐谓麦棶也，从禾来声。因来字专借为行来之来，故又制此字，即来之或体也。[2]可见“来”与“麦”原是可以互换使用的同义词，古人以为农作物的收成是天所恩赐而来的，所以“麦”就叫“来”，由此引申出来去之来的意思。来与去，合起来构成某种往复运动；麦种之去与麦穗之来同样有类似的往复变化，这就更加强化了麦子意象的生命循环意蕴。庄子用子来做人名暗示这种往来不绝的生命之环，正像《山海经·海内经》叙述后稷所葬之处都广之野“百谷自生”一样。子来和后稷，虽分别以麦和稷为原型，但作为农作物的生死一体、循环不已之理还是一样的。对于华夏社会的农耕经验来说，稷是最早种植的农作物之一，仰韶文化的半坡村遗址中已有稷仓储粮的发现；而种麦的历史相对晚得多，但却有后来居上

[1] 桂馥：《说文解字义证》卷十五。
[2] 朱骏声：《说文通训定声》“颐部第五”武汉市古籍书店影印本，1983 年，第 193 页。

的渐变趋势，成为北方农耕的主要作物。从殷商卜辞所反映的情况看，谷类作物粟、黍仍作为主要的粮食生产对象，但也开始有少量有关种麦的记载。这可从“受来”“受年来”“食麦”“告麦”“呼麦”等词例中略见一斑。“值得注意的是，在今天的藏语中，仍称青稞为‘来’，与古代称麦类作物为‘来’‘来麰’很相近。汉语藏语同源，在藏语中保存着若干汉语的古音”。[1]《庄子》书中“麦”字仅一见，即《外物》篇儒者发冢时引诗云：“青青之麦，生陵之陂。生不施，死何含珠为？”此诗言麦作为起兴，引出生死之理。庄书中更多用“来”字喻生，用“来”的反义词“去”或“往”喻死。如《达生》篇谓“生之来不能却，其去不能止”[2]，成疏：“生死去来，委之造物，妙达斯原，故无所恶。”《田子方》篇孙叔敖亦云：“吾以其来不可却也，其去不可止也，吾以为得失之非我也，而无忧色而已矣。”《知北游》篇讲到万物以形相生，“其来无迹，其往无崖”，成疏以为“夫以不来为来者，虽来而无踪迹；不往为往者，虽往而无崖际”。[3]《庚桑楚》篇说到至人“翛然而往，侗然而来，是谓卫生之经已”。《则阳》篇末又论生与死的问题，仍以往来为喻：“死生非远也……吾观之本，其往无

图 71　象征谷物生命循环再生的希腊地母神得默忒耳浮雕

[1] 温少峰等：《殷墟卜辞研究——科学技术篇》，四川省社科院出版社 1983 年版，第 175 页。
[2]《庄子集释》，第 630 页。
[3]《庄子集释》，第 742 页。

穷；吾求之末，其来无止。无穷无止，言之无也，与物同理；或使莫为，言之本也，与物终始。”[1]《天下》篇泛论三言之用，乃有“独与天地精神往来”[2]之语。凡此种种，皆可相互参照比观，互为发明，以为子来之命名提供语义背景和思想背景。

有了对麦之意象的分析和对来往生死之喻的理解，回过头来再看子来对子犁的一番答语，就会有司空见惯、不足为怪的感觉了：“今一以天地为大炉，以造化为大冶，恶乎往而不可哉！”这最末一个动词“往”出自子来之口，恰好与其命名之“来”构成一种巧妙的对应，明眼读者当于此有所会心。而前面的话中关于“大块载我以形，劳我以生，佚我以老，息我以死”的四段式表达，若还原为麦子的播种、发芽、抽穗、收割的生命循环过程去看，也许更容易解释清楚。“大块”一词《大宗师》中两见，《齐物论》中已有“大块噫气，其名为风”之说，注家或解为无，或以为元气，或以为混成，或以为天，唯俞樾力排众说，认为“大块者地也”。块乃凷之或体，《说文》“土部”：凷，墣也。盖即《中庸》所谓一撮土之多者，积而至于广大，则成地矣。故以地为大块也。司马云，大朴之貌；郭注曰，大块者无物也。并失其义。此本说地籁，然则大块非地而何？[3]陶鸿庆《读诸子札记二》赞同此说，并补充旁证说：“《汉书·天文志》云：迅雷风祆，怪云变气，此皆阴阳之精，其本在地而上发于天者也。皆与泰西地文之说合。”[4]确认了大块为地，子来为麦，则“载我以形”说的便是麦种播入土地而赋形得生；“劳我以生”指麦苗生长全为人类提供食粮，自身之生只是徒劳一场而已；至如“佚我以老，息我以死”指麦熟与割麦对于徒然来世上走一遭的麦而言，无异于一种休息和解脱。整个四段论循环生命观放在人格化的麦子口中道出，显得合

[1]《庄子集释》，第917页。
[2]《庄子集释》，第1098页。
[3]俞樾：《诸子平议》卷十七，上海书店影印本，第328页。
[4]陶鸿庆：《读诸子札记二》，《庄子论文集》，台北：木铎出版社1976年版，第79页。

情合理，又贴切自然，而《大宗师》篇前文中插入的同样一段议论却显得突兀无着落，马叙伦等人断为错简衍文，是有道理的。

人类学家早有报告说，农业社会之初民把农作物之生长与收割的周期性变异视为生与死的交替运动。艾利亚德氏在《比较宗教学模式》一书中用了两章一百多页的篇幅探讨与此相关的信仰、仪式和象征在世界各地的异同表现。耕种与收获的交替运作给人类生活带来前所未有的时间规范和劳作秩序，季节更替现象成为农耕社会中宗教经验的最重要的一环。可以说整个社会的世俗生活和神圣礼仪都开始围绕着农作物生长周期这个核心而展开。[1]庄子用代表耕种的子犁和代表麦收的子来作为双簧戏的主角，正是以此种由来已久的农耕宗教经验为构思基础的。麦穗之收割意味着死，也意味着重新回复到麦种的状态。艾利亚德在“种子与死者”小节中说：死与生均与土地密切相关。种子有待播入地中，而死人也需埋于地下。种子入地意味着回归母亲的子宫，神秘的孕育与再生便由此而开端。死去的人也在坟墓中静待着新形式的重生机会。[2]如此看来，子来有病而子犁往问之的情节，不正是即将被收割的麦子在临死前又得重新化为麦种而播于地下的寓言表达吗？难怪这位“喘喘然将死”的子来毫无惧死恋生之意，反倒一再赞叹造化的伟大安排。“大地母亲看护着种子的命运，也以同样方式看护着死者的命运”[3]。也只有在地母的无限再生力量为强大后援的前提下，“死生一体”的无尽循环才得以兑现吧。

英国人类学家利奇认为，原始社会中似乎并不存在环状运动的时间观念。“相反，他们把时间体验为某种不继续的东西，某种不断逆转的重复，或两

[1] 艾利亚德：《比较宗教学模式》（*Patterns in Comparative Religion*），希德与沃德出版公司 1958 年版，第 349 页。

[2] 艾利亚德：《比较宗教学模式》（*Patterns in Comparative Religion*），希德与沃德出版公司 1958 年版，第 349 页。

[3] 艾利亚德：《比较宗教学模式》（*Patterns in Comparative Religion*），希德与沃德出版公司 1958 年版，第 351 页。

图 72 地母神的再生功能以飞轮之车为象征
古希腊阿提克瓶画中的得墨忒耳神

极之间摆动的序列，如日与夜、冬与夏、干旱与洪水、老年与青年、生命与死亡。在这样的图式中，过去没有‘深度’，一切过去都是同样的过去，只是现在的反面而已”。[1] 犁的一用一藏，麦的一种一收，当然都属于这种“不断逆转的重复，或两极之间摆动的序列”，庄子利用麦与来的同名关系在生来死往之间的循行运动上大做文章，从而超离出原始时间观，建立起终始相续的环状时间观，将直接源自植物生长经验的“生与再生”型古老信仰[2] 改造为“出于机入于机”、来不却往不拒的生死一如道家哲学。

如果将《大宗师》四子寓言作为整体来考察，我们还会发现四种人格化的循环意象两两搭配为一组，分别叙述为一人有病另一人探问之的形式，合起来却构成相互联系的深层象征叙述线索，那就是周期性祭祀礼仪，促进土地生命力的周期性变化，周期性的犁耕播种，确证农作物的周期性收获。做出这种阐释的关键是子舆这个人物的象征意义的再发掘。前文中已将他视为轮和车的人格化身，现在还可结合另外三种意象再进一步透析这个意象的多

[1] 利奇（E.R.Leach）：《关于时间的象征表示》，中译文见史宗主编：《20 世纪西方宗教人类学文选》，上海三联书店 1995 年版，第 490 页。

[2] 参看艾利亚德：《生与再生》（*Birth and Rebirth*），哈泼兄弟出版公司 1958 年版，第 3 章“从部落仪式到神秘崇拜”。

图 73　辽宁喀左东山嘴出土（地）母神偶像侧视图

边象征结构。既然祭祀、犁耕、收成皆围绕着土地而展开，那么子舆是否也应和土地有某种潜在联系呢？这样的问题一旦提出，答案就已经是现成的了。神话思维将大地设想为负载万物的伟大载体，这就自然同装载重物的车辆发生了类比关系。前面提到"天地车轮"的比喻若再细分，则方形的车身最适宜比喻大地，如东汉李尤《小车铭》云：

员盖象天，方舆则地，轮法阴阳，动不相离。[1]

追索本源，以地为舆的类比在《周易·说卦传》中已有表现，"坤为地，为母……为大舆"，高亨注："舆，车也。地载万物，大车能载人载物，故坤为大舆。"[2]《正韵》："舆，堪舆天地之总名。"《后汉书·循吏·王景传》中"堪舆日相之属"句注云："舆，地道也。"《淮南子·原道训》亦有"以地为舆"之说。由于舆和地的此种隐喻关系，古人又组合二字为词，如"舆地""坤舆"之类。司马贞《史记索隐》释"舆地图"一词说：谓地为舆者，天地有覆载之德，故谓天为盖，谓地为舆，故地图称舆地图。疑自古有此名，非始汉也。厉荃《事物异名录》卷三题为"坤舆部"，其中有关地的别名如"黄舆""方舆"[3]等皆以这一隐喻为根。这样一种大地为车的神话想象不仅使子舆这个人名得到双重的

[1]《艺文类聚》卷七十引。

[2] 高亨：《周易大传今注》，齐鲁书社 1979 年版，第 623 页。

[3] 厉荃辑，关槐增纂：《事物异名录》，岳麓书社 1991 年版，第 33 页。

象征蕴含，也使另外三子的存在和相互关系显得更为顺理成章。如众所熟知的那样，犁是用于土地的农具，麦（来）是生于土地的作物，而祀也有专指祭祀土地的用法。《礼记·礼运》："祀社于国，所以列地利也。"《尔雅·释诂》中释"祀"为"祭也"，疏云："祀，地祭也。"《一切经音义》引舍人曰："祀，地祭也。"由此看来，子舆有病而子祀往问之的表层叙述似又可解读为：土地有疾而以祭祀疗救之？其祭社祭地的本义都一样，就是法术性地促进大地生命力的循行不受阻碍。子祀、子舆、子犁、子来的"相与为友"，原来就因为他们四者之间本身就具备"死生存亡之一体"的依存关系。

《大宗师》的四子寓言在《知北游》中又再度置换为无穷、无为、无始、无有，虽然侧重表达的意旨已从生命循环转到了"无"，但四位一体的象征寓言表达式却依然如故。从溯本求源的意义上看，《庄子》惯用的四段循环式和四联人物还可与《周易》的影响联系起来考察，以便进一步透视这种"元语言"在儒道两家体系中相通与相异的情形。

三、《周易》的四段式：元亨利贞

《周易·乾卦》卦辞的第一句提出四个相关的范畴，作为统合天道与人事的中介，贯穿于全书之中，在卦辞、爻辞中反复出现，总共使用了一百八十八次。[1] 这四个范畴就是：元、亨、利、贞。

古今对此四字的解说差异很大，争议颇多，这里希望能够借助于原型批评的模式理论对此做出新的诠释与更广泛的意义会通。较早的解释出自《文言传》，它把元亨利贞说成四种德行，对后世影响较大，其言曰：

[1] 据高亨《周易古经今注》之统计，中华书局 1984 年版，第 124 页。

元者，善之长也；亨者，嘉之会也；利者，义之和也；贞者，事之干也。君子体仁足以长人，嘉会足以合礼，利物足以和义，贞固足以干事。君子行此四德者，故曰："乾：元亨利贞。"

《左传·襄公九年》记载穆姜对元亨利贞的解释与《文言传》大体相同，二者显然有渊源关系。崔述《洙泗考信录》卷三认为是穆姜之说在前，《文言传》删去了后两句，又加上"君子"一语在四句之首，使四德说与儒家的君子理想挂上钩。"然则是作《传》者采之鲁史而失其义耳，非孔子所为也"。[1]与《文言传》相异的《彖传》不以君子之德解释元亨利贞，而以天德释之，似更贴近其本体论的意义。孔颖达疏引《子夏传》云："元，始也；亨，通也；利，和也；贞，正也。"张载《正蒙·大易》发挥说："天下之理得，元也；会而通，亨也；说诸心，利也；一天下之动，贞也。"这就与《庄子》的"复通为一"说相去不远了。朱熹充分发挥了循环论的解释，并将四德之本分别追溯到春夏秋冬四个季节的轮回背景中：

元者，生物之始，天地之德莫先于此，故于时为春，于人则为仁，而众善之长也。亨者，生物之通，物至于此莫不嘉美，故于时为夏，于人则为礼，而众美之会也。利者，生物之遂，物各得宜，不相妨害，故于时为秋，于人则为义，而得其分之和。贞者，生物之成，实理具备，随在各足，故于时为冬，于人则为智，而为众事之干。干，木之身，而枝叶所依以立者也。[2]

由朱子的这种解说中不难看出《周易》的变易思想是如何依照神话宇宙

[1] 崔述：《崔东壁遗书》，顾颉刚编订，上海古籍出版社 1983 年版，第 311 页。
[2] 朱熹：《周易本义》卷一。

观的四阶段原型模式而展开的。在这里，四季的划分为天德说奠定基础，“天德”又进一步在人间社会中寻求对应，催生了君子四德说。朱熹在《朱子语类》中还结合神话宇宙论的时空混同特点对四德说做了更为广泛的引譬连类式说明，使中国哲学思维与神话类比思维的渊源承继关系充分凸显出来。将四阶段循环程式用于植物生命，有如下之比类：

初生为元，开花为亨，结子为利，成熟为贞。物生为元，长为亨，成而未全为利，成熟为贞。[1]

将此一程式用于人体，则又有：

元譬之则人之首也，手足之运动，则有亨底意思，利则配之胸脏，贞则元气之所藏也。又曰：以五脏配之尤明白。且如肝属木，木便是元。心属火，火便是亨。肺属金，金便是利。肾属水，水便是贞。

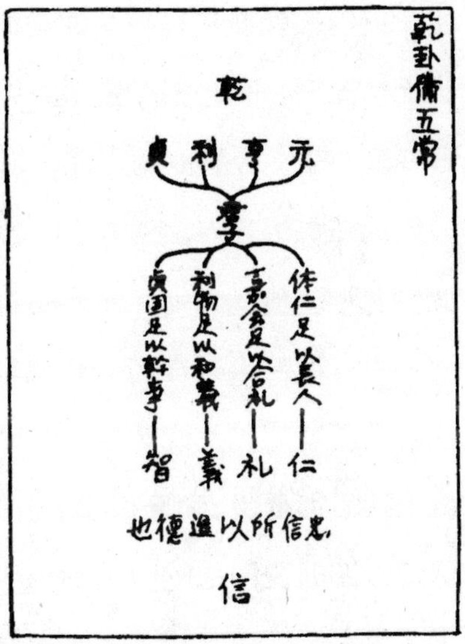

图 74 乾卦四德对应“仁义礼智”
（《周易三极图贯 · 贞集上》）

至于四者之间的依存和转换关系，朱子也借用多种自然物象的变化来加以类比式说明，并特意强调其间的循环主题：“元亨利贞，无断处，贞了又元。今日子时前，便是前日亥时。”又说：“气无始无终，且从元处说起，元之前又是贞了。”“以天道言之，为元亨利贞；以四时言之，为春夏秋冬；以人道言之，为仁义礼智；以气候言之，为温凉燥湿；以四方

[1] 朱熹：《朱子七经语类》第四卷易四，上海古籍出版社 1992 年版，第 71 页。

言之，为东西南北。温底是元，热底是亨，凉底是利，寒底是贞。”[1]这些具有原型性的观念当然可以同庄子书中大量出现的类似表达相互比照，如《刻意》说道“圣人之生也天行，其死也物化；静而与阴同德，动而与阳同波；不为福先，不为祸始；感而后应，迫而后动，不得已而后起；去知与故，循天之理”。也是把天道运行的规则作为人道所效法的楷模，但是没有向道德价值方面引申。又如《至乐》中引庄子论生死一段话，也将生命的阶段性变化过程与四季循环相类比：“察其始而本无生，非徒无生也而本无形，非徒无形也而本无气。杂乎芒芴之间，变而有气，气变而有形，形变而有生，今又变而之死，是相与为春秋冬夏四时行也。”[2]成玄英疏：“大道在恍惚之内，造化芒昧之中，和杂清浊，变成阴阳二气，二气凝结，变而有形，形既成就，变而生育。且从无出有，变而为生，自有还无，变而为死。而生来死往，变化循环，亦犹春秋冬夏，四时代序。”[3]可知以四季的更替来类比说明生命运动过程并非朱子之发明，而是对古老的原型传统的自觉承袭。尚秉和《周易尚氏学》对文献书证做了大量排比分析之后，认定以四时说四德的做法始于西汉扬雄的《太玄经》，后儒释此者，莫过于《太玄》。

《玄》文云：罔直蒙酋冥。罔北方也，冬也，未有形也。直东方也，春也，直而未有文也。蒙南方也，夏也，物之修长也。酋西方也，秋也，物皆成象而就也。有形则复于无形？故曰冥。故万物罔乎北，直乎东，蒙乎南，酋乎西，冥乎北。罔舍其气，直触其类，蒙极其修，酋考其就，冥反其奥。罔蒙相极，直酋相敕，出冥入冥，新故代更。将来者进，成功者退，已用则贱，

[1] 朱熹：《朱子七经语类》第四卷易四，上海古籍出版社 1992 年版，第 71 页。
[2]《庄子集释》，第 615 页。
[3]《庄子集释》，第 615 页。

当时则贵。[1]

尚氏以为扬雄阐发四字之理至矣尽矣，无以复加。其所谓直蒙酋，即震春离夏兑秋，即元亨利也；所谓罔冥，即坎冬，即贞也。必以二字拟贞者，盖以子复为界，子复者冬至也，故由亥坤至子复为冥，由子复至泰寅为罔。罔不直也，冬至以后，万物虽枉屈，不能见形于外，然阳气已生，与冬至前之冥然罔觉者异矣。故曰罔舍其气，舍者蓄也，养也，即彖传所谓保合太和也。这一解释把四德的发生完全落实到大自然一年四季的生命流转过程，即古人所说的天道变化，使我们更容易追索到伦理化、价值化的四德说背后的神话宇宙论背景。

卡西尔指出，对于神话意识和情感而言，一种生物学的时间观先于严格的宇宙时间观而出现，即以生命现象有节律的兴衰流转为尺度来考虑和把握时间。“事实上，宇宙时间本身在神话中被理解为这样一种独特的生物形式，因为对于神话意识来说，自然进程的规则性、行星和季节的周期性都完全以生命进程的形式出现。当初的神话意识对日夜交替、花草枯荣和季节循环的秩序之把握只能通过投射来实现，即将这些自然现象投射到人类存在之中，有如在镜中的观照。这种相互的关系催生出神话的时间感，并由此在人生的主观形式与自然的客观直观之间架起沟通的桥梁。即使在法术阶段，这两种形式也紧密地交织在一起，这就说明了客观的过程如何由法术所控制”。[2]卡西尔从精神分析学那里借取的“投射”（projecting）这个概念既可说明神话思维的运作方式，也可用来揭示中国古代思想中天道与人道相互认同和类比对应的机制。而法术实践试图借助于人为活动控制、调节自然进程的普遍现象也有助于说明《周易》占卜文化的由来背景，以及由此而发展出来的

[1] 尚秉和：《周易尚氏学》卷一，中华书局 1980 年版，第 13 页。
[2] 卡西尔：《象征形式哲学》第 2 卷，拉尔夫·曼海姆英译本，耶鲁大学出版社 1955 年版，第 109—110 页。

天人合一哲理。

尚秉和先生以为元亨利贞四字正可概括这种易理："盖元亨利贞，合之为乾德，分之为八卦之德。故即为六十四卦之根本。彖或曰亨，或曰元亨，或曰贞，或曰利贞，或曰亨利贞，或曰利贞亨，或曰元亨利贞。似以此四德，为衡量卦德之准的者。然如无妄凶卦也，亦曰元亨利贞，则似别无标识，而非论卦德。端木国瑚曰：易遇东南方春夏之卦，则曰元亨。遇西北方秋冬之卦，则曰利贞。由其言推之，屯下震春也，故曰元亨。上坎冬也，故曰利贞。无妄下震故曰元亨。上乾为冬，故曰利贞。革下离互巽，故曰元亨。上兑为秋，互乾为冬，故曰利贞。其余虽不尽当，然大概如是也。总之元亨利贞，春夏秋冬。东南西北，仁义礼智，一二三四，兹数者，合之一之，混之同之，融会贯通，遗貌御神，天人不分。陶冶既久，然后知此四字，已括尽易理，非言诠所能尽。"[1]读此不难理解，易理之精要就在于沟通天德与人德，一方面昭示"天行健"的伟大自然进程，另一方面也为"君子自强不息"提供本体论的依据和效法之典范："天道刚健，君子观此卦象，以天为法，从而自强不息。"[2]天道运行的节奏若用二分法来衡量，那便是寒暑易节，日月代兴，这显然是更古老的时间观念，对应于上古汉语只言"春秋"而不言"冬夏"的惯例，亦即一年二季之划分。随后又在二季之上再划出冬夏，于是乃有四分法的天道节奏观，并派生出四方对应四季、四色、四动物、四数字、四风神、四德……以及种种四阶段循环观念。[3]元、亨、利、贞的四字占辞当然是四分法时间观的最好体现，不过在解经实践中，更为悠久的二分法尺度依然间或发挥作用，所以又有"元亨"为一组，"利贞"为一组的断句法及相应的解说。李镜池先生在《周易通义》中便认为，元亨、利贞是两个贞兆辞。

[1] 尚秉和：《周易尚氏学》卷一，第15—16页。

[2] 高亨：《周易大传今注》卷一，齐鲁书社1979年版，第56页。

[3] 参看叶舒宪、田大宪：《中国古代神秘数字》，社会科学文献出版社1996年版，第4章"四象运衡玑"。

元亨约同于大吉，利贞指利于贞问，所以两个都是吉占。[1] 此种二分法与四分法还可以并存不悖的方式穿插在一起。《庄子·天运》中黄帝对北门成问乐一段话即是如此：

> 夫至乐者，先应之以人事，顺之以天理，行之以五德，应之以自然，然后调理四时，太和万物。四时迭起，万物循生；一盛一衰，文武伦经；一清一浊，阴阳调和，流光其声。[2]

此处的“四时迭起”虽以四为数说明万物变易之理，却又标出二分法的“盛衰”“清浊”和“阴阳”，以为更高一级的概括之词。

四时的观念兴起之后在人类意识中留下永恒的印记，种种四阶段运动程式均直接取法于四时更替。仅就《周易》的经和传来说，例证就多不胜举。《恒》曰：“四时变化而能久成。”突出的是四阶段运动的永恒和无限性。《节》曰：“天地节而四时成。”《革》则说“天地革而四时成”。似乎都把二分法的天地阴阳视为四分法的基础。《传》云：“变通莫大乎四时。”又云：“变通配四时。”还有“变通者，趣时者也”。都是教导人的行为效法自然运行本有的节律，所谓“天地盈虚，与时消息”，也就略同于《庄子·大宗师》所言“死生，命也；其有夜旦之常，天也”[3]；或“大块载我以形，劳我以生，佚我以老，息我以死”之类意思。《上九》《乾·九三》《损》《益》皆云：“与时偕极”“与时偕行”，皆有取法四季运行，随时变而动的思想。至《艮·彖传》总结为一套行为规则，曰“时止则止，时行则行；动静不失其时，其道光明”。

---

[1] 李镜池：《周易通义》，中华书局 1981 年版，第 1 页。
[2]《庄子集释》，第 502 页。
[3]《庄子集释》，第 241 页。《庄子·盗跖》亦有“与时消息”之语。

又可与庄子所言“安时而处顺”[1]、“应时而变”[2]、“与时俱化”、“以顺四时”等说法相互对观，从中找到共同的天人合德之理念。

牟宗三先生以亚里士多德的四因说来诠释《易传》中体现的儒家思想，特别讨论到终始问题和元亨利贞四概念的意义。《乾彖》曰：“大哉乾元，万物资始。乾道变化，各正性命。保合太和，乃利贞。”牟先生评论说：乾元的作用是作为天地万物的开始，与“始”相对的字就是“终”，终的观念表示在坤卦。物之开始就是生，从始说生，始生连在一起说。始对着终而言，生对着成而言。所以儒家讲始终、生成。乾元是“创造原则”(principle of creativity)，创始原则、创生原则，代表始生、开端。坤元代表“终成原则”（又叫“保聚原则”，principle of conservation），终成就是目的达到了，所以，中国思想若想贯通到亚里士多德的目的因，就必须重视这“终成”二字。[3]

关于元亨利贞，牟先生借用西方话语做了如下诠释：天地变化的整个过程就是“元、亨、利、贞”的过程，这种过程就叫作本体宇宙论的过程（onto-cosmological process），或者说是生成过程（becoming process）。用亚里士多德四因说来衡量，首先透显的是“动力因”和“目的因”。在元亨那个地方显“动力因”，在利贞那个地方显“目的因”。元亨代表始、代表生，利贞代表终、代表成。利，利刃之利，利刃下及于贞。贞，成也、正也。亨，通也。亨上溯到元。元是开始，这个开始是价值意义的开始。时间的开始是没有的。“大哉乾元”这个“元”乃是个价值的观念，从此开出一个元亨利贞的过程，既是创造过程，也是终成过程，至于贞便达到目的，使万物成其为万物。[4]如果我们把牟先生讲的本体宇宙论话语再进一步还原为神话宇宙

[1]《庄子·养生主》，《庄子集释》，第128页。
[2]《庄子·天运》，《庄子集释》，第515页。
[3]牟宗三：《四因说演讲录》，卢雪昆记录整理，《鹅湖》1994年第11期，第2—3页。
[4]牟宗三：《四因说演讲录》，卢雪昆记录整理，《鹅湖》1994年第11期，第5—6页。

论话语，那么就可将“元亨”所代表的动力因视为宇宙发生神话的展开过程，将“利贞”所代表的目的因视为宇宙衰亡神话的展开过程。[1] 把这两个过程中的每一个再加以二元分解，就有了“永恒回归”主题的四阶段表达模式；将这两个过程的对立加以消解，使之贯通为一，便可与道家的终而复始循环圆圈的原型观念相互对应了。

由此可见，永恒回归的神话主题以及相关的四阶段过程模式在儒、道两家思想中有其相通相应的一面，只是由于儒家思想更加强调始和生的一端，并把其神话宇宙观的色彩加以消解淡化，引向伦理价值的建构方向，所以未能像道家思想那样突出终始相续、周而复始的循环论神话主题。《中庸》说“诚者，物之终始，不诚无物”，便用主观价值色彩的概念“诚”置换了本体论的概念“成”，用正心诚意之诚替代了成住坏空之成。《孟子·离娄上》把诚确认为贯通天道与人道的至高道德范畴：“诚者，天之道也；思诚者，人之道也。至诚而不动者，未之有也；不诚未有能动者也。”[2]《荀子·不苟》也将“天之道”的“诚”从变化代兴的本体过程引申到“人之道”方面，提出“君子养心莫善于诚”的道德原则，将天人合一的理念落实到修身养心的主体实践中。《中庸》又由此出发提出所谓圣人的中庸之道理想：

诚者，天之道也；诚之者，人之道也。诚者，不勉而中，不思而得，从容中道，圣人也。

这种以持守“从容中道”为本的儒家圣人同“随天转易若循环”的道家真人相比，在处世哲学方面可谓同源而异流，分道扬镳了。

[1] 杨宗范说，元亨属阳，利贞属阴。两两相合，表明消长变化之理。《朱子七经语类》第四卷易四引，上海古籍出版社 1992 年版，第 69 页。

[2] 注云：“授人诚善之性者天也，故曰天道。思行其诚以奉天者，人之道也。至诚而不动者，未之有也。不诚，未有能动者也。”见焦循：《孟子正义》卷七，“诸子集成”本，第 299 页。

唯其如此，当印度思想中的四段循环论通过佛教而输入中国时，真为其发挥接引和融合效应的不是儒家，而是道家思想。就连“成、住、坏、空”或“生、住、异、灭”一类的佛典译名亦明显与庄子的措辞相近似，而与元亨利贞说较疏远。近人考邵康节四分模式之源流，只强调其受佛家成、住、坏、空说之启迪，否认其与道家道教传统有关，[1] 未免陷入刘勰所批评的“东向而望，不见西墙”的自我蒙蔽之境。看来全面把握四段循环论在中国思想中的源流情况，仍有待于进一步的细致探究。

[1] 赵纪彬：《中国哲学史纲要》，《赵纪彬文集》一，河南人民出版社 1985 年版，第 257 页。

THE EIGHTH PART

第八章

庄子轮回观

尻无识而为轮，神有知而作马，因渐渍而变化，乘轮马以遨游，苟随任以安排，亦于何而不适者也。

——成玄英：《大宗师》疏

正是这个神，包容由五元素形成身体的一切物类，通过类似车轮般的运动，使它们依次由出生到成长，由成长到灭亡。

——《摩奴法典》12·124

佛所言者，列御寇、庄周言之详矣。

——李翱：《去佛斋论》

一、印度轮回观

说到轮回，人们都知道是佛教思想的重要一环，发源于古代印度。似乎是南亚次大陆古老文明的一项思想专利。然而文化人类学所提供的广泛资料表明，轮回观念导源于原始人的灵魂信仰，它以各种不同的形式出现在时空跨度极大的多种文化传统中，并不是哪个民族所独有的专利品，只不过在印度宗教——尤其是佛教中获得了极端的发展和繁复的理论体系，因而显得格外突出。丁福保《佛学大辞典》释“轮回”云：

（术语）众生无始以来，旋转于六道之生死，如车轮之转而无穷也。《法华经方便品》曰：“以诸欲因缘，坠堕三恶道，轮回六趣中，备受诸苦毒。”《心地观经》三曰：“有情轮回生六道，犹如车轮无始终。”《观佛三昧经》六曰：“三界众生，轮回六趣，如旋火轮。”《身观经》曰：“循环三界内，犹如汲井轮。”《观念法门》曰：“生死凡夫罪障深重，轮回六道。”[1]

佛教所言“三界”指欲界、色界、无色界，“六道”指天、人、阿修罗、畜生、饿鬼、地狱。众生各依所作善恶业因，一直在此三界六道之中生死相续，升堕不定，循环不已。这就是所谓轮回。这种观念的产生并不自佛教始。有学者以为《梨俱吠陀》中如下诗句（1·164·38）已透露出轮回说的苗头：

不死者与当死者为同族，依自性以向彼方此方而游行，此二者常存而向异方游行，而其一可认，其他则不知之。

[1] 丁福保：《佛学大辞典》，上海书店影印本，1991 年，第 2638 页。

也有学者以为这诗中的轮回思想不甚明确，应将其开端下推至梵书时代。《百段梵书》（10·4，3）曰："诸神畏死，欲避之，而奉祭于他神，但无灵验。于是生主教彼等以一种祭祀，祭时以祭坛之石表种种符征之形而行祭，由是诸神皆得不死。然死神怒曰：若如是，则一切人皆不死，何以为我领分？诸神惊知其意，对曰：尔后只脱身相者可入不死。凡欲得不死者，不可不依智与行。"高楠顺次郎据此认为，既然不依正确之智识行神事者死后再生于此世，屡为死之饵食，这就明确了生死更换的轮回思想，并可凭人之业力为再生解脱（不死）之因。[1]《百段梵书》（10·4，3，10）又云："为善者当受善生，为恶者当受恶生，依净行而净，依污行而污。""死后之灵魂悬于天秤，视其善恶之业以行赏罚"。这已有因果报应与灵魂转生相结合的条件了。高楠顺次郎还把这种善恶报应说追溯到《阿达婆吠陀》，以为那是代表下层信仰的，很可能出自非雅利安的土族信仰。[2] 英国学者渥德尔也认为灵魂投胎转世之说可能出自印度本土原住民，因为雅利安人的《吠陀》文献中没有此说的明确迹象，但在《吠陀》之外的婆罗门历史传统中却已公开承认。这很可能与往世书中所理解的宇宙循环演进说有关联：宇宙演进再演进，经过无穷个百千万亿年的周期，最终瓦解分裂为它的构成要素。灵魂也是宇宙构成的要素之一，所以也会随之而变化无穷。[3] 佛陀在世（前 566—前 486）时的沙门运动便已吸收了婆罗门教的轮回观，并得到适当的改造和补充。"那个时代似乎有很多人相信他们记得前世的生活。接受轮回说也许反映拒绝人们在单独一生中不合理的乐与苦的经验：这种信仰希望有某种自然补偿法则在宇宙中起作用，保证得到最终的公平。另一方面，在此时期大多数哲学家

[1] 高楠顺次郎、木村泰贤：《印度哲学宗教史》，高观庐译，商务印书馆 1935 年版，第 222 页。
[2] 高楠顺次郎、木村泰贤：《印度哲学宗教史》，高观庐译，商务印书馆 1935 年版，第 226 页。
[3] 渥德尔（A. K. Warder）：《印度佛教史》，王世安译，商务印书馆 1987 年版，第 30 页。

认为宇宙间的生活整个儿都是苦，他们的目的不是在宇宙内更好的环境中重生，无论如何那也只是暂时的，他们的目的是永远不再投生转世”。[1] 这个难题的提出成了佛教修行所围绕的一个中心问题。

图 75 叶芝《幻象》卷首的巨轮象征图

这幅图是对生命和历史的总概括。诗人在“献辞”中说：“我永远是它的一部分，也许无法摆脱，忘记生命，又回归生命，不断轮回，就像草根里的一只昆虫。”

相传佛陀出家修行的历程就是以悟透轮回与解脱之理而获得成功的。巴利文《中阿含》记述佛陀夜间习禅而获三明（vidyā）的情形说，他忆起了前世生活，懂得了众生按照他们的行为而轮回，恶行获恶报，善行得善果。最后发现四谛，这是佛法的核心，解脱的知识。有漏势力（包括爱欲、生存欲望、无明愚昧）使众生堕入轮回，明白了一个人的漏法可尽，他就明白了一个人不复投生，由此可得解脱自由。根据经文表示，佛陀所悟之道：“包括了二明，即理解轮回的由来，关于轮回机制的四谛（苦、集、灭、道），以及结束一个人堕入轮回的影响势力。从另一种观点说，所获正觉，即是消灭了生老病死，等等，使释迦成佛入涅槃的道理。”[2] 从比较宗教学的立场看，佛教轮回观的构成是两大思想要素结合的结果：一是灵魂转世再生的思想，一是异时的因果报应关系的思想。

[1] 渥德尔：《印度佛教史》，第 40 页。
[2] 渥德尔：《印度佛教史》，第 52 页。

婆罗门教和佛教将这二者编织到一个体系中，使之成为有效调控现世生活言行的某种规范，具有浓厚的宗教伦理色彩。

伏尔泰便从比较文化的角度指出，轮回说直接铸塑成了印度人温驯的民族性格。理由在于，“印度人信奉轮回转生之说，于是多了一种约束，当他们杀人或杀牲时，一种唯恐杀死父母的心理，使他们对凶杀和一切暴力行为感到害怕，因此不开杀戒便成为他们的第二天性。所有的印度人凡不是与阿拉伯人或鞑靼人联姻的，至今仍是人类中最温驯的人。他们的宗教和炎热气候使他们同我们饲养在羊圈和鸽舍里任人宰杀的那些驯良动物一模一样”。[1]此话虽不乏片面性及“文化误读”的成分，但毕竟把握到轮回观在印度文化中的特殊发展形式及其对人生观的决定作用。我们在婆罗门教的圣典《摩奴法典》中已可清楚地看到，轮回果报如何以法律条文的形式禁戒着生人的行为：

55. 杀害婆罗门的罪犯，视罪情的轻重，转生到狗、野猪、驴、骆驼、牡牛、公山羊、公羊、野兽、鸟、旃陀罗和弗迦娑的体内。

56. 饮酒的婆罗门，要托生虫豸、飞蝗、食粪鸟和残暴兽类的形象。

62. 偷食粮，下世变老鼠；偷铜变天鹅；偷水变潜水鸟；偷蜜变牛虻；偷牛奶变乌鸦；偷植物榨汁变狗；偷酥油变獴鼠。

70. 当（四个）种姓（的人），并非迫不得已而背离其特定的义务时，要转生到最低贱的体内，沦为敌人手下的奴隶。[2]

在巴利文的原始佛教文献《经集》第三品第十章“拘迦利耶经”中，业报主题通过主人公堕入莲花地狱的戏剧性情节得以展示：拘迦利耶比丘因为

[1] 伏尔泰：《风俗论》，梁守锵译，商务印书馆 1995 年版，第 68—69 页。
[2] 迭朗善译：《摩奴法典》第 12 卷“轮回、最后解脱”，马香雪转译，商务印书馆 1982 年版，第 295—296 页。

向世尊乔达摩说舍利弗和目犍连的坏话，回去不久身染恶疾；周身发出芥末粒般大的脓疱，又由芥末粒般变成菜豆般、枣子般乃至比利果般，最后脓疮破裂而死，死后堕入地狱。有个比丘问世尊，一个人在地狱中要多久。世尊举例答道：一辆萨罗国大车装有二十斛芝麻，有人每过一百年取走一粒芝麻，要用多少时间才能将二十斛芝麻取完；而在水泡地狱里的时间却比这还要长。水泡地狱是十种地狱中时间最短的，从水泡地狱到莲花地狱，每一种地狱之间的时间又相差二十倍。可见恶有恶报的简单思想如何被印度人特有的想象力给予极端夸张化的强烈改造，反过来成为制约个人行为的有力工具。"地狱的生活如此悲惨，里面的时间又如此漫长，因此，纯洁、仁慈、品德高尚的人应该始终慎思谨言"。[1] 世上恐怕不会有比佛教描绘的阴曹地府更令人望而生畏的去处了。轮回说就这样被利用为以恐吓威吓为手段的宗教伦理教育的思想支柱，成为佛家惩恶劝善的法宝了。这样一来，古朴的再生信仰当作死后希望而向往的东西，现在已全然失去了诱人的属性。生是痛苦，死后仍是痛苦，脱离苦海的途径只剩下禁欲苦修走向涅槃这一条。佛教轮回说的根本性社会功能也就从劝善入手直接导向布道传教了。

二、庄子与中国本土的轮回思想（上）

轮回思想在印度文明中发展到蔚为大观的境界并经由佛教东传而输入中国，对中古以降的中国思想产生了极大的影响，这已是无可争议的事实。问题在于，中国本土思想中是否也存在某种轮回观念？如果根本没有一点这种观念，又如何能够轻易地理解和普遍接受此种外来的思想产品呢？如果本土传统中就有轮回说的土壤条件，它又是怎样同移植而来的佛教轮回说相容纳、

[1]《经集》，郭良鋆译，中国社会科学出版社 1990 年版，第 100 页。

相适应，使之在华夏社会中扎根生长的呢？这样的问题的提出，显然属于文化人类学所说的文化涵化（acculturation）现象的一个个案，这里拟就庄子轮回观的实际情况为此一个案提供若干解释的线索。

庄子轮回观这样的命题本身就一定会引起异议，或以为这样的说法是搞错了历史时间，犯了张冠李戴的错误。其实并不尽然。前文已经明确，轮回观的产生并不局限于印度一地，其来源在于灵魂流转的史前信仰和永恒回归的生命神话。因此，大凡流行过这类信仰和神话的地方，都具有滋生轮回观的条件，只是未必同三界六道的宇宙体系和业报因果的观念组合为一体。

一则台湾泰雅人的传说讲道：人死之时即前赴灵魂之家。经过灵魂之桥时，即会有一螃蟹来查看你的手。若是生前为男子且曾获首级，为女子善织且完成杂红的花布，螃蟹想要擦掉其手上的红彩，也擦不掉，它就会让他们顺利到达灵魂之家；若是没有能力的男女来到，它就阻住灵魂之桥，让他们绕路而行，要掉光头发，体无完肤方能到达。[1] 这个故事表明，类似于果报的观念如何能够由原始思想中自发地产生出来，未必都是佛教传播的影响结果。根据个人生前的表现来决定其死后的待遇，是许多文化中共有的思想。至于灵魂转世托生的信念，似乎更加普及于各原始文化中。

有人类学之父之誉的英国学者泰勒在其《原始文化》一书中为“灵魂”概念下定义时写道：

> 它是稀薄而无实质的肖像，在特征上属于蒸气、影像或阴影。它是个体的生命和思想的原因；……在人的身体死后仍然继续存在和对人显现；能够进入和占据其他人或动物甚至物体的躯体并在其中活动。[2]

---

[1] 小川尚义等：《原语台湾高砂族传说集》，余万居译，见《台湾山胞各族传统神话故事与传说文献编纂研究》，尹建中编：《台湾大学考古人类学专刊》第二十种，1994 年，第 106 页。

[2] 泰勒：《原始文化》（*Primitive Culture*），纽约，1989 年，第 429 页。

这个经典性的灵魂定义已包括转世托生的意思。人类学的广阔视野使西方文明人在印度次大陆以外看到轮回观的各种表现。如有关死去的祖先灵魂重新投胎为婴儿的信念，可用来解释婴孩与父母的家族相似之事实。非洲的约鲁巴人（Yoruba）遇到新生婴儿，就问候说：“你来了！”这自然使我们联想到庄子惯用的生来死往之喻的深广信仰背景。约鲁巴人还要认真地确认出“来”者的真正身份：究竟是哪位先祖的灵魂在新的肉体中转生。泰勒还指出，不应当由此认为，灵魂为自己找到的新托生对象必定是人，它完全可能进入狼或熊的体内，或者成为一只飞翔的鸟，或者如祖鲁人所想的，它会投胎到房屋周围爬行的无害的蛇体之内，那些蛇像爱它的祖先那样，喜爱家庭炉灶的温暖。如果是本家老人所投生转世的蛇，那就会继续怀有好感地接受儿孙们所给的食物。[1]在巴厘岛民的社会中，同样流行着这种祖灵再生信仰，其与印度轮回观的细节差异主要是：“祖灵再生子孙必定在同一父系亲族集团内部，不可能发生在异姓部族，而且祖灵也不会再生为人类以外的其他生物。哪位祖先再生为婴儿，父母预先去萨德古（sadeg，萨满）那里打听其姓名。由于父母的告知，孩子长大后一般都知道自己是某个祖先托生的。”[2]在这样的转生之轮的观念下，死亡当然可以视为某种出外旅行，而降生的新生命则是旅行者的归来，用“出入”“来去”“往返”等语词去表达，恰恰可以缓和生与死之间巨大的情感张力。庄子所言“生之来不能却，其去不能止”，实在是参透轮回真相后的随缘乘化之洒脱表现，同《楚辞·国殇》中“出不入兮往不反，平原忽兮路超远”一类悲壮之语大异其趣。

在北美印第安人社会中，轮回转生观念与乌龟这种动物密切相关。莫基人包括若干图腾氏族——熊族、鹿族、狼族、兔族，等等。他们认为这

[1] 参看泰勒：《人类学——人及其文化研究》，连树声译，上海文艺出版社 1993 年版，第 324 页。
[2] 吉田祯吾：《宗教人类学》，王子今等译，陕西人民教育出版社 1991 年版，第 56 页。

些氏族的祖先是熊、鹿、狼、兔，等等，每个氏族的成员死去时，依他所属的氏族而转生，分别为熊、狼，等等。祖尼人与莫基人同属一族，他们也分为氏族，有一个图腾就是乌龟。死后转生为龟的信念由此种图腾信仰派生而出。为了要把死者之魂魄从乌龟体中请回来招待，祖尼人采用仪式上杀龟的办法以便释放这些灵魂。[1]在招待过这些归来的灵魂之后还要再送他们上路。在西伯利亚东部通古斯族的吉利亚克人中，每年一月要举行熊节，男女排队跳舞，模仿熊的姿态。当地人们相信如果一个猎人同熊搏斗死去，他的灵魂就转移到这野兽的躯体中了。苏门答腊的巴塔克人拥有复杂的灵魂观念，他们认为氏族中每人至少有一个灵魂永远寄存体外，倘此体外灵魂毁灭，其人也跟着死亡。每个氏族都禁止食用一种特殊动物的血肉，比如某氏族不吃虎肉，另一氏族不吃猴肉，或不吃鳄鱼，不吃狗肉、猫肉、鸽肉、白毛水牛、蚱蜢，等等。理由是他们死后灵魂会转生为该种动物，或他们的体外灵魂就寄居在这些动物体内。印度尼西亚小巽他群岛东端的阿洛尔岛民（Alor）相信灵魂的转移是畅行无阻的，因而人可以变化为动物，动物也可以变化为人。[2]

与此相应，《庄子·大宗师》篇讲到子舆左臂变鸡右臂变弹的怪谈，也可以从灵魂流转托生的意义上去理解；而子犁对将死的子来所发出的有关变身的疑问——“造化要把你变成老鼠的肝吗？要把你变成虫子的臂膀吗？”——唯有放置在轮回观的思想背景上才能做出合理的解释吧。四子寓言的最后一句话是“成然寐，蘧然觉”。用酣睡与醒觉的隐喻去说明子来出入死生轮回的“无往不可”之状，与其妻子“环而泣之”的世俗悲伤形成鲜明对照。子来的这种觉悟境界又同本篇中前一寓言——“南伯子葵问乎女偊”

[1] 参看弗雷泽：《金枝》，中译本，中国民间文艺出版社 1987 年版，第 725 页。

[2] 参看杜波伊斯（Cora Du Bois）：《阿洛尔人》（*The People of Alor*），明尼苏达大学出版社 1944 年版，第 315—316、336 页。

的结尾相互照应。女偊告之以“闻道”妙方，有所谓“朝”“见独”“无古今”“入于不死不生”一番道理，究其实质，仍是加入轮回而捐弃世俗情感的意思：

杀生者不死，生生者不生。其为物，无不将也，无不迎也；无不毁也，无不成也。其名为撄宁。撄宁也者，撄而后成者也。[1]

成疏云：“杀，灭也；死，亦灭也。谓此死者未曾灭，谓此生者未曾生。既死既生，能入于无死无生，故体于法，无生灭也。”又云：“将，送也。夫道之为物，拯济无方，虽复不灭不生，亦而生而灭，是以迎无穷之生，送无量之死也。不送而送，无不毁灭；不迎而迎，无不生成也。”[2]生命既处于轮盘式的循回运转之中，则生死相续如往来相续，亦如出于机入于机的不断重复，其出即生也，成也，其入即死也，毁也；每逢其出、其来，则无不迎之如迎宾客；每逢其入、其往，无不送之如送行人。如此便将乐生厌死之世俗常情从根本上加以化解，达到女偊所称的“外天下”“外物”“外生”“朝”“见独”的悟道境界，突破日常的时间大限，进入不受古今、生死等对立概念拘限的超越状态，有如佛家所说的“涅槃生死等空华”或“生死只在一念中”的解脱之悟。

当南伯子葵听了女偊这番关于得道的至理名言，如茅塞顿开般受到启发，欲进一步追问其说之传承由来时，女偊竟然开玩笑似的一连列举出九个子虚乌有式的人物，让南伯子葵自己去体会这其中的轮回无端亦无始的奥妙，应答之间颇有禅家公案之意趣：

（女偊）曰：“闻诸副墨之子，副墨之子闻诸洛诵之孙，洛诵之孙闻之瞻明，

[1]《庄子集释》，第 252—253 页。
[2]《庄子集释》，第 254—255 页。

瞻明闻之聂许，聂许闻之需役，需役闻之於讴，於讴闻之玄冥，玄冥闻之参寥，参寥闻之疑始。”[1]

尽管古今注家不免挖空心思去为这些虚实难辨的人名寻找出处或寓意，如谓副墨为翰墨、文字，谓洛诵为背文，谓瞻明为视、神明洞彻，谓聂许为附耳私语，但这九个人依次传承所构成的整体循环意义却无人深究。我们知道古人以九为阳数之极，亦可用为循环之基数。女偊自称其闻道之历程，即有三日而后能外天下，七日而后能外物，九日而后能外生的递进系列；《应帝王》中壶子说“渊有九名”；《寓言》篇颜成子游谓东郭子綦曰：“自吾闻子之言，一年而野，二年而从，三年而通，四年而物，五年而来，六年而鬼入，七年而天成，八年而不知死不知生，九年而大妙”；《逍遥游》叙大鹏之腾飞用“抟扶摇而上九万里”为形容——都是将九之数用为极数、基数之例。而九又同久谐音，可喻时间之长久、永恒。女偊不厌其烦地历数出九位传道圣人，最后以“疑始”这个象征无始无终的人名为结，这其中寄寓的回环往复之意，不是以曲终奏雅的方式暗示出来了吗？对照《寓言》篇颜成子游“九年而大妙”之后的一段补充说明，仍然在演示生死之轮的无始无终性质：

恶乎其所适，恶乎其所不适？天有历数，地有人据，吾恶乎求之？莫知其所终，若之何其无命也？莫知其所始，若之何其有命也？有以相应也，若之何其无鬼邪？无以相应也，若之何其有鬼邪？[2]

成疏：“夫死去生来，犹春秋冬夏，既无终始，岂其命乎？其有命者，

[1]《庄子集释》，第256页。
[2]《庄子集释》，第958页。

言无命也。”“鬼，神识也。夫耳眼应于声色，心智应于物境，义同影响，岂无灵乎？其无鬼者，言其有之也。夫人睡中，则不知外物，虽有眼耳，则不应色声。若其有灵，如何不应？其有鬼者，言其无也。此又遣其有也”。[1]这一段解说有灵无灵，验之于人的耳眼对声色影响的反应机制，又以醒时与睡时的不同反应喻示生死有无的相对性，可以启发我们在女偊所举九位传道者中的前八位名称中解读出眼耳交替、视觉反应与听觉反应轮回无已的潜在意蕴。简言之，九人之中的第一人副墨之子、第三人瞻明、第五人需役、第七人玄冥，皆以文字、明暗之类诉诸视觉的对象为寓托；而第二人洛诵之孙、第四人聂许、第六人於讴、第八人参寥，皆以诉诸听觉的对象为寓托。所谓“诵”与“讴”明指诵读及歌吟，聂许暗指附耳私语，而参寥则喻寂寥无声。联系起来分析，自第一人至第七人，喻示视觉感知由明晰渐至昏暗模糊：副墨为翰墨文字，或可指白帛黑字，至明至白；瞻明指视觉物象，虽不若文字之精确不移，仍不失为古人仰观俯察之象；需役或指动作、身体语言，比之文字与意象，已经较为含混难辨；再到所谓玄冥，实指黑暗昏昧，也就是什么也看不见了，可对应于《老子》第十四章所说的“视之不见，名曰夷”。[2]自第二人至第八人，喻示听觉感知由大声明白的诵读之音渐至于低语乃至寂寥无声，可对应于《老子》所说的“听之不闻，名曰希”。这样一种眼与耳的功能轮番递降的程序以第九人“疑始”为终点，似乎要启发人们，道本不可传授，因为它看不见也听不着，[3]无始也无终，轮回运转无极，乃可长久（九）。在行文上，庄子一连用了九个“闻诸”或“闻之”，不避重复，就像最质拙的民间文学叙述方式。在句式上，让前八人每人的名字先后出现两次，以便同下一位的名字构成连环，环环相扣，层层递进，又可称之为“顶真”，实

[1]《庄子集释》，第959页。

[2]“夷”，古本作“几”。傅奕云：“几者幽而无象也。”可与“玄冥”相参证。见《老子校释》，第52页。

[3]《知北游》谓“视之无形，听之无声，于人之论者，谓之冥冥，所以论道，而非道也”。又谓“明见无值，辩不若默，道不可闻，闻不若塞”。则“冥冥”可与“玄冥”认同；“默”和“塞”可与“参寥”对应。

为永恒回归之道在形式上的体现。正可谓“言无言，终身言，未尝言；终身不言，未尝不言……非卮言日出，和以天倪，孰得其久！”

既然传道的程序经历了九连环的视听轮回之后指向了“大音希声”和“大象无形”，这对于睁大眼睛竖起耳朵渴望获知得道秘诀的南伯子葵来说，实在是猜谜一般的智力考验，他究竟能否从这一连串的莫须有先生之名称中悟到“言无言”的真谛，会不会像贝克特《等待戈多》中的弗拉狄米尔和埃斯特拉根那样陷入毫无希望的苦苦等待，我们尚不能断言。至少，从后世无数高明的注《庄》大家都无法参破庄子在这九个人名中埋藏的信息来看，南伯子葵恐怕也不大容易由此而悟道的吧。

把“言无言”的形式技巧同“玄冥”“参寥”所暗示的感官虚无状态相联系，似可把庄子的求道寓言与《老子》第五十六章所讲的收视反听和光同尘之理相对照：

知者不言，言者不知。塞其兑，闭其门，挫其锐，解其忿，和其光，同其尘，是谓玄同。[1]

此处“兑”与“门”喻耳目口鼻，即人与外部世界相交通的感官渠道。只有完全关闭了这些感官渠道，进入视而不见、听之无声的寂寥心境，方会有“明道若昧”（第四十一章）的修行效果。老子称之为“玄同”，兼具庄子所说的“玄冥”与“参寥”双重效应。“玄”之初义为黑，为幽远，古有定论。唯今人据甲骨文字形为说，如郭沫若、杨向奎均确认卜辞中有兆文术语曰“不玄冥”，郭沫若推测“玄乃鏇之初文”，[2]鏇主旋运，眩晕即以旋运为特征，眩晕则头昏目黑，故玄字由旋转之义引出昏黑之义，转义固

[1]《老子校释》，第227—228页。
[2] 郭沫若：《卜辞通纂》，《郭沫若全集·考古编》第2卷，科学出版社1982年版，第222页。

定而初义遂失。这一新释对我们理解道家重“玄”的现象极富启示。老子屡言“玄之又玄”“玄德深远”“玄牝之门是谓天地根”“微妙玄通”，五千言中“玄”字凡十二见；庄子除继承老子的玄同、玄德之说外，还使用了玄古、玄冥、玄宫、玄天、玄水、玄圣、玄珠七种语词。如若从“旋”的意义上去解读这些“玄”，虽然未必处处无碍，却足以将道家崇玄之风同永恒回归神话及相关的“环中”“天倪”“天钧”“天运”“天道”“道枢”“道未始有封”“始卒若环”“终古不息”“无所终穷”“中央氏”“中央之帝为浑沌”“始终相反乎无端”“化予之尻以为轮”等一系列命题有机联系起来，做整合性的把握和贯通为一的理解。这对于透视庄子的轮化宇宙观和轮回生命观的底蕴，也多提供了一种切入角度。

三、庄子与中国本土的轮回思想（下）

“轮回”一词在梵语中写作 Samsara，音译“僧娑洛”，意译除作“轮回”外，又作“沦回”“轮转”“流转”等。僧娑洛之音译之所以未能在汉语中流行开来，这同汉语中本有的“轮”与“回”二词对佛教思想的受容和阐释作用是分不开的。正因为本土语汇中已有的概念对于吸收融化外来思想发挥了积极作用，佛教轮回说在中国思想土壤中才得以根深叶茂，乃至完全普及到民间百姓的人生观层面去。

鉴于前章已对《庄子》中子舆化轮的寓言所表达的生死流转观念做出解析，这里再进一步考察庄子轮回说与佛家轮回说的对应与差别，就已有了申论的基础。首先需要关注的核心词乃是构成合成概念“轮回”的另一半“回”字。其实“回”与上一节讨论的道家关键词“玄”本有异名同指的关系，与《庄子》中常用的“环”、“归”、“反”（返）、“复”、“还”等字，亦有相当密切的对应关系。王力先生在《同源字典》中为“回”字所列的同源字情况如下：

回：还环（微元旁转）。

回：运园沄（微文对转）。

说文："回，转也。"诗大雅云汉："昭回于天。"传："回，转也。"楚辞离骚："回朕车以复路兮。"注："回，旋也。"

国语吴语："将还玩吴国于股掌之上。"注："还，转也。"楚辞招魂："引车右还。"注："还，转也。"汉书淮阳宪王钦传："不意大王还意反义，结以朱颜。"师古曰："还，犹回也。"

国语晋语二："戎翟之民实环之。"注："环，绕也。"越语上："三江环之。"注："环，绕也。"字亦作"还"。尔雅释丘："水潦所还，埒丘。"注："谓丘边有界埒，水绕环之也。"

广雅释诂四："运，转也。"公羊传定公十五年："三卜之运也。"注："运，转也。"庄子逍遥游："是鸟也，海运则将徙于南冥。"释文引司马注："运，转也。"[1]

同书又训"旋"之同源字云：

旋：镟漩（同音）。

说文："旋，周旋旌旗之指麾也。"广雅释诂四："旋，还也。"小尔雅广言："旋，还也。"文选宋玉神女赋："若将来而复旋。"注引字林："旋，回也。"楚辞宋玉招魂："旋入雷渊。"注："旋，转也。"……[2]

[1] 王力：《同源字典》，商务印书馆 1987 年版，第 398—399 页。
[2] 王力：《同源字典》，商务印书馆 1987 年版，第 580—581 页。

以上诸多训诂材料充分表明，“轮回”之“回”本有旋转、回环运转之义，与老庄惯用的“玄”“返”“还”“归”等概念处在同一语义平面上。而旋转、回环运动的最直接、最常见表象为轮的转动，这一运动与古人构想的天道运行规则恰好契合为一。庄子借子舆化轮的意象将个体生命的轮转方式与天道运行的轮转方式合而为一，这就充分证明了死生一体、回环变化的生命观是符合大道的永恒回归特点的。到了秦丞相吕不韦召集门客总结先秦学术经验，撰成《吕氏春秋》，专门辟出《圜道》一篇概述天道运行的回环之理。圜与圆、环等字相通，是形容旋转轨迹的又一说法。综观《吕览》一书，《应同》《有始》《大乐》《圜道》等篇所标榜之天道，作为人生效法的楷模，有一共通之处，就是说：“天道是往复循环，运转不已的。它是发生万物，成就万物的；万物和它是属于一体的。”[1]《序意》篇转述黄帝语干脆称上天为“大圜”，这和《广雅·释诂》二以“玄”为“道”之别名一样，都是以旋转运动之特征来换喻表达天道之本体。《吕氏春秋》还发挥老庄以死为归的观念，认为人死就没有了知觉，

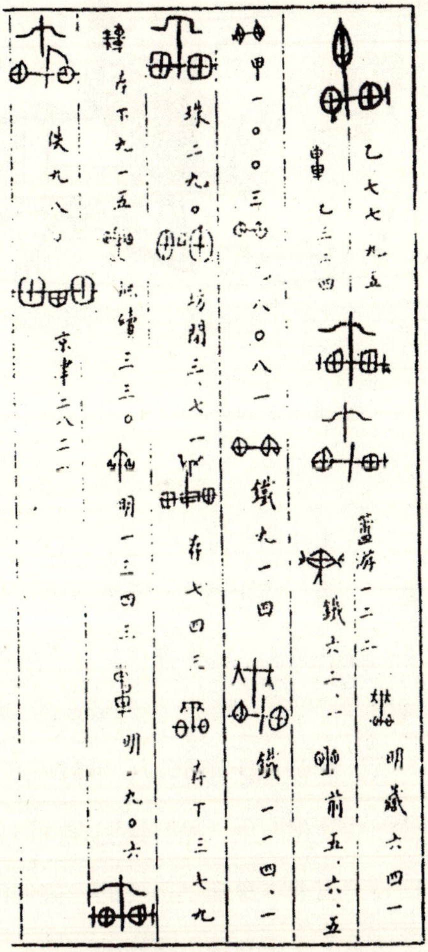

图 76 甲骨文中“车”字的诸表象
注意那万变不离其宗的“两轮”标记

[1] 王范之：《吕氏春秋研究》，内蒙古大学出版社 1993 年版，第 204 页。

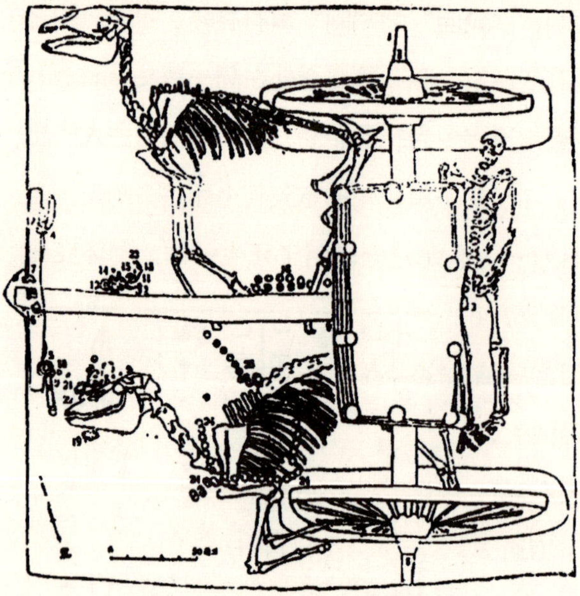

图 77　河南安阳出土商代车马残迹

但生命并未消失，又回复到未生之前的状态："所谓死者，无有所以知，复其未生也。"[1]从复归于未生，再到新的诞生，也就是庄子生死轮回说的意思。

人死之后，靠的是什么回复于未生之前呢？在《庄子》书中似有两种解释可以回答这个疑问。一是灵魂，一是气。《知北游》篇关于魂魄不死的看法或可同佛家神不灭论相沟通：

人生天地之间，若白驹之过郤，忽然而已。注然勃然，莫不出焉；油然漻然，莫不入焉。已化而生，又化而死，生物哀之，人类悲之。解其天弢，堕其天袠，纷乎宛乎，魂魄将往，乃身从之，乃大归乎！[2]

人的躯体之于灵魂，就好比天生的弓衣和天生的口袋。灵魂套上弓衣或口袋便化而生，抛开这弓衣或口袋又化而死。然而出生入死的只是弓衣和口袋，灵魂本身却是不死的。类似的表达还有《德充符》所说的"灵府"，《达生》《庚桑楚》所说的"灵台"，这类语词把灵魂寄居人体的部位更加具体化了。亚里士多德说："确定灵魂最不一般的特征有两点，即位移和思

[1]《吕氏春秋·仲春纪》，"诸子集成"本，第 15 页。
[2]《庄子集释》，第 746 页。

维、判断、知觉。”[1]这两个特征构成了生命躯体的本原。正由于可以移动位置，才有“府”和“台”一类处所名，用来接纳游魂；也有了《大宗师》中子贡所言“外其形骸”的可能。同篇孟孙氏寓言中更有“彼有骇形而无损心，有旦宅而无情死”[2]的说法，也是将心魂与形骸分开来看待的表现。郭象注云：“变化为形之骇动耳，故不以死生损累其心。以形骸之变为旦宅之日新耳，其情不以为死。”成疏又云：“旦，日新也。宅者，神之舍也。以形之改变为宅舍之日新耳，其性灵凝淡，终无死生之累者也。”意思是说，魂灵对于肉体的损毁与死亡是不会在乎的，它完全可以像搬家换宅一样自由挪动。《知北游》篇被衣对啮缺说的“摄汝知，一汝度，神将来舍”也是这个意思。

除灵魂以外，构成庄子生命轮回观的另一种动力因素是“气”。《知北游》关于气之聚散决定人之生死的那一段论述，我们已经很熟悉了。所谓“通天下一气耳”的道理，又演示为“臭腐复化为神奇，神奇复化为臭腐”[3]的循环变化，可确认为一种标准的二道（相对于佛家之六道而言）轮回程式。

佛教史研究家已留意到，“佛教传入中国以后，人们在长时期以来对佛教的四谛、八正道等出家的教义也没有引起广泛的重视，而对于善恶报应，灵魂轮回转生的教义却接受得很快”。[4]究其原因，似乎同庄子以来本土文化中已有的生死轮回观之铺垫作用不无关系。人们只需要把庄子讲的二道轮回扩大范围、延长界域，并牵合善恶报应之说，就足以同印度的轮回说相对接了。而四谛、八正道一类纯属外来的教义正因为在本土传统中难觅其生长点，所以才迟迟不被国人接受吧。

佛经的汉化过程中还有一个有趣的现象，就是《高僧传》卷四《竺法雅

[1] 亚里士多德：《论灵魂》，《亚里士多德全集》第3卷，中国人民大学出版社1992年版，第71页。
[2]《庄子集释》，第275页。
[3]《庄子集释》，第273页。
[4] 任继愈主编：《中国佛教史》，中国社会科学出版社1981年版，第208页。

传》所说的“格义”。据汤用彤先生解释，格义是用原本中国观念对比外来佛教的观念，让人们以熟悉的中国固有概念去达到充分理解印度学说的一种方法。[1] 如援用“五行”去解说印度的“四大”概念，用“五常”（仁、义、礼、智、信）去对接佛教的“五戒”（不杀生、不邪淫、不饮酒、不盗、不妄语），用道家所言之“道”去译解佛家之“涅槃”“成道”，等等。这其中自然免不了有许多相互的“文化误读”，其最极端的情形莫过于把老子等本土圣人说成“入夷狄为浮屠”的交流使者。

在两大思想传统经过交接、碰撞而趋于融合的历程中，本土道家之学起到了很关键的作用。“老庄之学与佛教有近似点，它不仅成为佛教导入的媒介，而且也成为固守各自立场的人们之间关于道佛争论的基础”。[2] 在将庄学轮回说接引佛教轮回说这一方面，成于魏晋之际的《列子》一书功不可没。张湛《列子序》说：“其书大略明群有以至虚为宗，万品以终灭为验；……然其所明往往与佛经相参[3]，大归同于老庄。属辞引类特与《庄子》相似。”[4]《列子》这种“与佛经相参”又与《庄子》相似的现象也可说是一种“格义”的自觉选择之结果。季羡林先生在《列子与佛典》文中举出《生经》机关木人故事为证，说明《列子》袭用佛经的情况，并赞同章炳麟推测张湛伪造《列子》本文。[5] 这一观点顺承唐柳宗元以来的《列子》伪书说，更进一步把成书时间界定在《生经》汉译的太康六年（285）之后，虽然未必就能确证整部《列子》全系晋人伪托，[6] 至少可以帮助我们认识魏晋之际道佛对话与黏合的文化传播现象。

[1] 汤用彤：《论“格义”——最早一种融合印度佛教和中国思想的方法》，石峻译，《理学·佛学·玄学》，北京大学出版社 1991 年版，第 283 页。

[2] 加地哲定：《中国佛教文学》，刘卫星译，今日中国出版社 1990 年版，第 13 页。

[3] 释文：“犹云佛经往往与《列子》相参，此为文者词语互陈也。”

[4] 杨伯峻：《列子集释》附录二，中华书局 1979 年版，第 279 页。

[5] 季羡林：《中印文化关系史论文集》，三联书店 1982 年版，第 312—322 页。

[6] 反对《列子》伪书说的学者认为，该书本出于先秦，但经后人之手改动，有些段落、字句是后加上去的。说见武内义雄《列子冤词》、严灵峰《列子辩诬及其中心思想》、许抗生《列子考辨》等。

钱大昕《十驾斋养新录》中有一则读《列子·天瑞篇》的笔记，题为“释氏轮回之说”，其言曰：

《列子·天瑞篇》：林类曰，死之与生，一往一反，故死于是者，安知不生于彼。释氏轮回之说，盖出于此。《列子》书晋时始行，恐即晋人依托。[1]

梁章钜《退菴随笔》亦在上引林类之言后评论说：“轮回之说，盖出于此。”[2]此类见解常被后来学者当作笑料，而我们却由此看到中印思想对话沟通的时代风尚，更可沿波讨源，以观援庄接佛的实际尝试是如何在不知不觉中悄然展开的。通览《天瑞篇》之旨趣，意在论说生死问题，阐发存亡变化之理。这是我们在庄书中早已熟悉的主题；其行文中或引用、挪用、化用庄子之言，可谓比比皆是。此处的死生往反之喻即是一例。所以如果说轮回之说出于《列子》，倒不如推本溯源，物归其主，上追到老庄那里。钱锺书先生便在《管锥编》中“列子张湛注”札记部分对此做了精细的分辨，兹引述如下：

“万物皆出于机，皆入于机”云云：《注》，“生于此者，或死于彼，死于彼者，或生于此，而形生之主未尝蹔无。是以圣人知生不常存，死不永灭，一气之变，所适万形。”按《列子》此节取《庄子·至乐》结尾铺张增饰，郭象注云：“此言一气而万形，有变化而无死生也。”张湛注袭郭象语，复用《列子》本篇下文林类节之“故死于是者，安知不生于彼”，及《杨朱》篇之“知生之蹔来，知死之蹔往”。移花接木，而托梁易柱，阴以《庄子》之变化牵合释氏之轮回，正如《弘明集》卷五以恒谭“薪火之譬”牵合释氏

[1] 钱大昕：《十驾斋养新录》卷十八，商务印书馆 1937 年版，第 436 页。
[2] 杨伯峻：《列子集释》卷一引，中华书局 1979 年版，第 25 页。

神不灭之教也。虽乖《庄子》原意，却得《列子》用心。《庄子·知北游》：“生也死之徒，死也生之始。……臭腐复化为神奇，神奇复化为臭腐，故曰通天下一气耳”；未尝不可资深文附会，作轮回说之张本，郭、张两注中“一气”二字即自此出。故《列子》实每骎骎已入乎释，而貌犹依依未离乎道，窃取而若袖手，逸出而似裹足，洵工于阴阳向背者，亦依托之雄哉！[1]

此段分析着眼于语词的因袭，重在揭示由庄子生死观向释氏轮回说靠拢和对接的迹象，让人们看到《列子》此篇的创作者脚跨道与佛两只船的良苦用心，以及那“明修栈道，暗度陈仓”的“依托”绝技，难怪钱先生要感叹说：“使《列子》果张湛所伪撰，不足以贬《列子》，祇足以尊张湛。魏晋唯阮籍《大人先生论》与刘伶《酒德颂》，小有庄生风致，外此无闻焉尔。能赝作《列子》者，其手笔驾曹、徐而超嵇、陆，论文于建安、义熙之间，得不以斯人为巨擘哉？”[2]

庄子的生死一气说既然可以“作轮回说之张本”，那么不妨视之为中国本土已有的轮回说雏形，或称之为未使用轮回一词的轮回观吧。它同释氏轮回说之间的契合之处促使《列子》的作者注者大显身手，极尽其牵合融会之能事。但是再巧妙的良媒也不能在这场思想观念的大撮合中抹杀双方难以调和的差异之处。在钱先生看来，“生死轮回之于形气变化，弥近似而易乱真。变化祇言形不常存，轮回则主神不终灭；变化知有形一端而已，轮回则剖形神为两橛，形体可更而昭灵不昧、元神无改”。[3]对庄子变化说与佛教轮回说的这一区别论说似乎还不够中肯。因为庄子生死观中除有了形气变化一说之外，同时也有形骸与魂魄分为两橛的观点，并且也表达了精神脱离肉体而

[1] 钱锺书：《管锥编》，中华书局1979年版，第471—472页。
[2] 钱锺书：《管锥编》，中华书局1979年版，第468页。
[3] 钱锺书：《管锥编》，中华书局1979年版，第472页。

长存的信念。前文对此已有讨论。此处尚可补充说明的是，《庄子》书中关于气化生死的论述与关于灵魂不灭的论述处在不同篇章的不同段落中，彼此之间缺乏整合性的理论概括，有如散珠一般。不过，人类学和比较宗教学方面的透视似可帮助我们将散珠贯串为一体：神话思维时代的一个普遍信念就是灵魂寄宿在气之中。[1] 由此看来，气聚则生就相当于魂灵（神）来舍；气散则死就相当“魂魄将往”，离开了弓衣和口袋。气形变化说与形神二分说在理论思维的逻辑层面似无联系，但在神话思维的隐喻层面上却是互为表里的。

其实，就连《列子·天瑞篇》中“死于是者，安知不生于彼”的观念也同《庄子》有密切关联。前引《大宗师》中子犁对子来将死所做的感叹便是一个明显例子：“伟大啊！造化者，又要把你变成什么东西，要把你送到哪里？要把你变成老鼠的肝吗？要把你变成小虫的膀子吗？”[2]子来死于此，而鼠肝、虫臂生于彼，看起来只是变形转生，实际上这种转化表象背后的信仰仍是灵魂之转移。人类学家将此概括为原始轮回信仰的附加产品：

尸体旁边出现蠕虫，或者是蝴蝶、臭虫、蜻蜓、鸟，特别是蜥蜴和蛇，均可看成是灵魂新的结合。死人甚至可以选择他乐于生活其中的动物种类。[3]

在子犁、子来那里，死后转生的动物种类似已不由死者本人意志所能选择了，这一权力已被归奉给“造化”，但造化作为大自然万般变化的至高主宰，一定比个人更加公正无私，听从他的安排调度，就是顺应自然轮化转生之道。所以子犁会对围着垂死的子来哭泣的妻儿们呵斥说：“去，走开！不要惊扰

[1] 参看叶舒宪《中国神话哲学》第 8 章第 2 节“息壤原型发隐”。
[2] 陈鼓应：《庄子今注今译》，第 192 页。
[3] 利普斯：《事物的起源》，汪宁生译，四川民族出版社 1982 年版，第 341 页。

将变形转生的人！”既然死于此是生于彼的条件，出入往返于死生之间就如仪式的例行程序一般，有什么值得大惊小怪的呢?

除了鼠肝、虫臂和为鸡、为弹两例之外，庄书屡屡半开玩笑半认真似的讲到蝴蝶、蛇、蝉、鱼鸟、鲲鹏等以变形为特征的生物，以及与灵魂关系密切的骷髅，都或明或暗地在形变的表象之后隐藏着灵轮转生不死的古老信念吧。[1]

四、文化涵化与中印轮回观的互阐

总结本章的讨论，似可对庄子与佛教两种轮回思想的实质相通之处做出相当肯定的确认。正因为存在这种契合对接的可能性，所以《列子》的作者和注者只不过是顺应中印思想对话与会通的时代趋势，自觉充当了媒介者的角色而已。即使不是他出面承担这一角色，也迟早会有其他学人来完成这一历史性的使命。对于佛教思想传播而言，道家思想已有观念对它的“前理解”使误读、改造成为接受和吸收的必然前提。汉化佛教不同于藏传佛教，小乘佛教不同于大乘佛教，从宗教学本身的立场看是分支流派上的差异，而从人类学的立场看则是不同的本土文化对同一种外来思想进行诠释和解码的结果。以佛经汉译为例，“早期的译者，对佛典的固有名词和梵语译字以外的抽象名词，多沿用中国原有的语言来表述。他们并不介意这些词语能否准确地表达佛教术语的含义”。[2]正因为老庄思想中已有轮化宇宙观和循环回归的中心主题，所以译经者才会以十足的前理解造出“轮回”这个合成词去接引佛教的“僧娑洛”（Samsāra）。传播的事实表明，带有道家前理解特色

[1] 关于庄书中“魂”与“神”“鬼”诸概念之关系，可参看郑志明《庄子的鬼神观》一文，《鹅湖》1994年第11期，第15—27页。

[2] 加地哲定：《中国佛教文学》，刘卫星译，今日中国出版社1990年版，第6页。

的"轮回"一词通行无阻地在官方和民间场合流行开来，而纯正不杂的外来词"僧娑洛"只能默默地被遗忘。

从文化涵化的角度看待庄子轮回观与印度轮回说的关系，"再阐释"（reinterpretation）这个术语有助于理清问题的两方面线索。美国人类学家赫斯科维茨认为："再阐释标志着文化变迁的所有方面。它是把旧有的意义赋予新的形式，或是新的价值改变了旧有形式的文化意义的那种过程。"[1]也有的学者习惯用"重组"（reorgnization）或"综摄"（syncretism）来指称再阐释，意思都是说某种借入的文化因素经过重新诠释后即可整合到受方文化中去。由此看来，无论是《列子》式的援庄引佛，还是解庄史上自支道林至章太炎式的援佛释庄，都可视为文化涵化过程中再阐释需求的个性化表现。对于本土的文化受容一方而言，庄子轮回观之雏形在同释氏轮回说相对接的过程中所获致的新意义正可从二者的根本差异上去探寻。前已言及，二者的差异不在气化生死观与灵肉形神二分观方面，因为它们的发生根源都是关于灵魂转生不死的原始信仰和永恒回归的神话观念。然而自婆罗门教至原始佛教，这种灵魂转生观念都同另一种来源的异时因果报应关系的思想有机组合为一体，构成具有十足印度特色的宗教伦理观。从某种意义上讲，这种以业报为旨归的轮回观已经完全不同于原始轮回观了，它具有了丰富的宗教价值意义，成为生命之"悲"的根源，人生之"苦"的象征。反观庄子轮回观，大体是顺承原始的灵魂转生说而来，并未与异时因果报应及善恶伦理观念相挂钩，所以轮回仍是自然生命之道的规则体现，所谓"吾已往来焉而不知其所终"[2]非但不可悲不可怕，反倒是修行者努力追求的目标，齐生死之真人们要求加入的对象。

[1]赫斯科维茨（M. J. Herskovits）：《文化动力》（*Cultural Dynamics*），阿尔弗雷德·诺夫公司，纽约，1964年，第190页。

[2]《知北游》庄子对东郭子语，见《庄子集释》，第752页。

在庄子看来，加入轮回即可摆脱死亡恐惧，获得精神的解放。而在佛徒看来，只有跳出轮回才有解脱可言。因为“时间的循环，从而历史的重复，并不意味着时间是无穷的，或历史是无限的。恰恰相反，循环是偶然性、本体论限制、时间的封闭、历史的往复以及事件的偶发性的象征。……倘若有人想拯救自己，获得生存，那么他必须冲破时间的包围。人们必须脱离时间的支配，不是跑向始终处于前方的未来，而是跳出循环圈”。[1]如此看来，跳出死生循环之轮与加入这一循环，才是庄子轮回观与佛教轮回观的最大不同之处。同一个死生之轮的意象，在佛家那里是无尽的业报和无情的折磨之象征，在道家那里却是“圜道”的“玄而又玄”或“旋而又旋”的永恒运动之标志。援庄以接佛的最终结果，是双向的再阐释过程的实现：一方面印度轮回说以中国文化所熟悉的语言和形式得以扎根和生长，另一方面则是佛家业报轮回的思想改造和整合了本土原有的朴素的灵魂转生观，使之成为外来学说的立足基础和新的生长点。这一认识也是我们探讨庄子轮回观的思想史意义之所在。

元代学者李治在其《敬斋古今黈》中写道：

西方之书与中国之书，往往更相假借以为夸。《韩诗外传》曰：“人死曰鬼，鬼者归也。精气归于天，肉归于土……呼吸之气复归于人。”《圆觉经》四大之说，大概与此同之。但韩传所谓归者，一十有三，而圆觉之所谓归者，止四而已。顾韩说之繁重，实不若圆觉之约且足也。然不知韩传窃彼书耶，亦彼书之窃韩传耶？韩婴在圆觉前，不应掠取浮屠语。吾意译润者盗婴语耳。[2]

---

[1] 帕尼卡：《印度传统中的时间和历史：时间和羯磨》，见《文化与时间》，联合国教科文组织编，中译本，浙江人民出版社1988年版，第93页。

[2] 李治：《敬斋古今黈》卷九，中华书局1995年版，第118页。

此处所言中西之书“更相假借以为夸”的现象，实与人类学所称的文化交流中的再阐释原理相通。只可惜古代学者不能摆脱“我族中心主义”世界观的束缚，去探寻此种“更相假借”表象之中的文化蕴含和涵化规则，只是一味地去追求“彼窃此或此窃彼”的出典公案之判断。钱锺书先生读《列子》注之札记中所引用的一大批著述，多属此类。如《朱文公文集》和《朱子语类》屡言道士不知读老、庄书，反“为释氏窃而用之”；佛书“大抵都是剽窃老子、列子意思”，“佛家先偷列子”；《全唐文》卷六三六李翱《去佛斋论》：“佛所言者，列御寇、庄周言之详矣”；宋祁《笔记》卷中：“释迦、文殊剟言之瘢，刮法之痕，与中国老聃、庄周、列御寇之言相出入”；蒋湘南《七经楼文钞》卷三《经咒本旨》：“大概中国之佛经窃诸庄、列，西方之佛经本诸婆罗门”；[1]诸如此类，多有捉贼捉赃之雅兴，罕见辨识文化融合轨迹之卓见。胡适之先生曾把吾国学术考据之传统比作法官断案，[2]良有以也。

法官断狱重在证据，学人考据亦主实证。把握住此一实事求是原则，似乎每一考据家皆可做包公了。然而人类学家的文化研究却不满足于此，他们的兴趣与其说像法官，倒不如说像犯罪心理学家。比谁偷窃了谁一类问题更具有理论意义的问题是：“为什么一个特定的社会采用了某种外来的新观念或新事物，却拒绝了其他的新观念或新事物？通常的解说是：那些与该文化的先在模式相符合的因素会被接受，而那些不符合的则被拒绝。”[3]赫斯科维茨还认为，“再阐释”这个概念配合“文化核心”（cultual focus）的概念，可以引入一种必要的心理学视角，“使我们得以理解导致人们接受或拒绝一种可能的发明之动机，从而能够真正理解文化变迁的过程”。[4]这样一种寻

[1] 钱锺书：《管锥编》，中华书局1979年版，第481—482页。
[2] 胡适：《考据学的责任与方法》，《胡适作品集》第15册，台北：远流出版公司1986年版，第176—177页。
[3] 赫斯科维茨：《文化动力》，英文版，第193页。
[4] 赫斯科维茨：《文化动力》，英文版，第194页。

求现象背后所以然的研究思路，显然较之于断案式的捉赃露窃更深入了一层，也更能显示理性分析的力度。

根据与受容一方文化模式相合的外来因素易被接受的原则，佛教轮回说的两大构成要素均可在华夏文化土壤中找到对接点。关于灵魂转生观念已有庄子轮回观作为内在的接引媒介，已如前论；关于异时因果报应的观念，实际上也有商周以来“保德罚恶”的天命观念，乃至《太平经》中的“承负先人之过”的说法作为铺垫。《太平经》卷一百一十《有德人禄命诀》有“行善可尽年命，行恶失长就短，恶恶不止，祸及未生”[1]的报应理念；引而申之，则是“善仁人自贵年在寿曹”，乃至不死成仙；犯有不孝等罪过者“不可久生”，早变为鬼。其间的善恶因果甚为分明。至于善人却得恶报的情况，那是“承负先人之过，流灾前后积来害此人也”。恶人却得善果者，“是先人深有积畜大功，来流及此人也”。[2]这就体现了果报的非现世性，与印度的异时因果关系说大有相通之处了。任继愈先生举出《国语·周语》载太子晋谏灵王之言等例，说明“承负”说不始于《太平经》，此种“有报应而无轮回”的观念是中国固有的一种宗教思想。[3]这就可以确认，构成印度轮回观的基本要素在中国本土文化中皆已齐备，只是未能将灵魂转生观与异时因果报应说有机统合为一体。佛教轮回说的传入实际上充当了对本土思想中这两种因素的“再阐释”和“重组”的催化作用。从此种文化涵化过程中的双向交流效应上看，不论是争辩是否佛书偷窃了《列子》，或是否《列子》将《庄子》佛教化了，都已没有太大的意义。因为“再阐释”或“重组”的必然要求已经决定了这种“更相假借以为”的现象是不可避免的，“移花接木”与“托梁易柱”以及各种程度的“文化误读”均具有其历史合

[1] 王明：《太平经合校》，第 549 页。
[2] 王明：《太平经合校》，第 22 页。
[3] 任继愈主编：《中国佛教史》，第 1 卷，中国社会科学出版社 1981 年版，第 133 页。

理性，当事者只是不自知地充当了文化传播与文化变迁的先锋和工具。人类学家恩伯夫妇关于文化传播问题有如下结论：

> 文化借取是有选择性的而不是自动化的，因而我们可以对某个特定的被借取的文化特质怎样被接受文化所修改加以描述。但是，我们却无法确定这些结果中的某一个将在什么时候出现，在什么条件下会出现传播，以及为什么以这种方式出现而不以另一种方式出现。[1]

就轮回观的文化特质而言，最不容易解释的难题或许是：为什么在印度、中国乃至其他的文化传统中都存在灵魂转世再生和异时因果报应的思想，却唯独由印度思想将二者有机组合起来，构成世所罕见的业报轮回宗教教义呢？从比较宗教学家所说的“永恒回归”神话思想的世界性分布来看，加入循环的主题具有极大的普遍性，而跳出时间循环之轮以求最终解脱的印度主题却显得格外独特。造成这种差异的深刻原因是什么呢？研究印度宗教思想的早期权威高楠顺次郎等就试图解答这个难题，其切入的线索是从下层信仰与上流哲学相结合这种现象考察《梵书》终期之“我”的思想对原始转生观念的加工改制作用。“一切生物其肉体必有死灭，而其生命本质之我体又认为常住；即认为常住，则必求一肉体以为依托，若加入移生说与业说之思想，则当然随业而移生于其他种类相异之肉体，亦属自然之结论。换言之，即同一本性之我，依所作之业而移生于人类动物等种种之境也。诸有情之肉体，既皆有生灭，则此我不可不循环于种种之境，遂得流转说之结论。”[2] 此种解释在何种程度上可以解决这个难题，恐怕还是一个见仁见智的悬念吧。至

[1]C. 恩伯、M. 恩伯：《文化人类学》（*Cultural Anthropology*），中译本名《文化的变异》，杜杉杉译，辽宁人民出版社 1988 年版，第 542 页。

[2] 高楠顺次郎、木村泰贤：《印度哲学宗教史》，中译本，第 226 页。

少可以从比较文化的立场上对此种回答问题的单向度思路做出方法论上的质疑。要说明业报轮回说何以在印度文化中孕育成熟，单纯从印度思想史上找原因是不够的，还应反过来说明为什么业报轮回说不能在非印度文化中孕生。正如马克思·韦伯为说明资本主义为什么只在西欧社会中出现，不得不回过头来研究东方的历史和宗教，进而说明为什么这些东方宗教未能像基督教新教那样催生出所谓的“资本主义精神”。

限于本书题旨，这个文化难题的充分解释，只有留待将来之“轮”的再一“回”相遇了。

THE NINTH PART

第九章

解之双解
——《养生主》的生命礼仪

文本是由具有双重意思的词构成的。每个人物都可以从一个方面去理解，然而，却有人可以从两个方面去理解，去理解在其面前说话的所有人物的哑语：这个人便正好是读者。于是，写作的完整存在状况便昭然若揭：一个文本是由多种写作构成的。

——罗兰·巴特：《作者之死》

正言若反。

——《老子》第七十八章

古人用字，往往以相反为义。

——邓廷桢：《双砚斋笔记》卷四

《养生主》一篇的回环式结构甚为明显，始于“有涯 / 无涯”之对立及其消融，终于“穷尽 / 不尽”的火传之喻，启发生命世界的微妙智慧，以及养生全生的道理。中间穿插庖丁、右师、泽雉、秦失四个寓言，作为分论，而以“缘督以为经”一段议论文字为总论，使全篇七个自然段环环相扣，终始相应，极尽起、承、转、合的章法之妙，实为内七篇中最为精炼的哲理散文之标本。

从卮言循环无端，无始无终的意义上说，《养生主》开篇一段与结束一段是同一意思的两种说法，其所暗示的道理也就体现在这种终与始往复回旋的表达形式中：

“生也有涯”即相当于“指穷于为薪”；

“知也无涯”即相当于“不知其尽也”的火传；

使有穷尽的化为无穷尽的，也就是使有涯变无涯，这便是养生之大法所循，用神话学的通用术语来解释就叫作“加入循环”。全篇精妙之处就在于将养生之道完全天衣无缝地寄寓到首尾通贯如一的文本结构中了：行文上的循环往复同义理上的循环往复成为水乳交融之一体，把握了形式也就把握了思想，把握了思想才能更好地理解形式。

一、“殆”的物化观

从永恒回归的时间观出发去看待世界，同以直线性时间观的眼光所看到的世界是截然不同的两种世界，其间差别之大，价值之悖反，似乎是无法调和及沟通的。所谓道不同，不相与谋，可以借来说明此种情况。

同样的语言文字、概念范畴，用于不同世界观的语境之中，其意义也是大不一样的。老庄皆向往“正言若反”的表达境界，这并不是他们个人的修辞癖好或可有可无的说话习惯，而恰恰是其永恒回归宇宙观所预先确定了的意义的生成运动模式。如果用常人所习以为常的日常语言的意义传达方式去阅读老庄的文本，自然难免在许多关键之处格格不入，甚至南辕北辙。

“殆”这个词汇便是一个极好的例子。《养生主》一篇的回环结构之所以无法为后人所领会，开篇首一句名言中“殆”字的误读或许正是一个决定性的意义陷阱吧？

吾生也有涯，而知也无涯，以有涯随无涯，殆已。

最早注解“殆”字的向秀说：“疲困之谓。”郭象注则云：“以有限之性寻无极之知，安得而不困哉！”[1]王先谦引向秀注：“殆，穷困。”[2]疲困与穷困均指生命的耗损，其极致便是死亡。因而又有以“危险”训“殆”之说。[3]冯友兰先生英译本以“perilous”（危险的）译“殆”字，[4]瞿里斯以“fatal”（致命的）一语翻译之，[5]正符合所谓逐知戕生[6]之说。

验之上古典籍，危险之说似乎更有理据。《左传·宣公十二年》知庄子曰：“此师殆哉。”又《昭公四年》晋之臣有“三殆”“三不殆”之辩，皆取危殆之义。《论语》中四言“殆”，其中三者皆指危。如《卫灵公》篇子曰：“放郑声，远佞人。郑声淫，佞人殆。”《微子》述楚狂歌而过之孔子，曰：“凤兮凤兮，何德之衰？往者不可谏，来者犹可追。已而已而，今之从政者殆而。”《为政》说子张学干禄，子曰：“多闻缺疑，慎言其余，则寡尤；多见缺殆，慎行其余，则寡悔。言寡尤，行寡悔，禄在其中矣。”注云：“包曰：尤，

[1]《庄子集释》，第116页引。

[2]王先谦：《庄子集解》，“诸子集成”本，第18页。

[3]钟泰：《庄子发微》，上海古籍出版社1988年版，第65页；曹础基《庄子浅注》，中华书局1982年版，第43页。

[4]FungYu—Lan：*Chuang—Tzu*，the Commercial Press，1931，p.59.

[5]H.A.Giles：*Chuang Tzu*，Mandala Books,1980，p48.

[6]胡远濬：《庄子诠诂》，商务印书馆1931年版，第25页。

过也，疑则缺之。其余不疑，犹慎言之，则少过。殆，危也，所见危者，缺而不行，则少悔。”《论语》中唯有一处“殆”字似不作危殆解，即《为政》篇“子曰：‘学而不思则罔，思而不学则殆’”。注家以疲殆解此“殆”字，意思是说光思考而不读书学习，就会使精神疲困。刘宝楠《论语正义》又引证孔子在其他场合的言论作为参证：“夫子言，吾尝终日不食，终夜不寝，以思，无益。不如学也。又《韩诗外传》引子曰：‘不学而好思，虽知不广矣。’是言徒思无益也。赵注《孟子》‘心之官’云：‘官，精神所在。’是思属心。心之能思，即精神也。然思过则损脾，故精神易致疲殆。殆与怠同，《释文》云，依义当作怠。即本此注。”[1] 由此不难看出向秀注《庄子》所言“疲困”正和《论语·为政》此“殆”字旧注同谊。至如王引之《经义述闻》谓此“殆”字和“多闻缺殆”的“殆”均应作疑来解；杨伯峻《论语译注》以为精神疲殆说难以圆通，此“殆”可作疑惑或危殆两解，等等意见，可存而不论。

今考“殆”字之名原，似有终始同构的迹象。“殆”字从歹从台，前者训残、死，后者则有初始之义。故“台”可加女旁为“始”，又可加月旁为“胎”，二字皆含初始义。“殆”本身通训为“危”，含有坏、终之义；却又可训“始”，转为“近”“似”之义。《说文》：“殆，危也，从歺，台声。”《广雅·释诂一》：“殆，坏也。”《诗经·豳风·七月》“殆及公子同归”，毛传：“殆，始。”郑玄笺也顺承毛传之义云：“悲则始有与公子同归之志。”[2] 朱熹《诗集传》以“将及公子同归”释“殆及公子同归”，[3] 因“将”比“始”更突出未然之义；方玉润《诗经原始》则云：“曰‘殆及’者，或然而未必然之词也。”[4] 殆可训始的事实对于重新思考“生有涯”与“知无涯”的关系提供了可能性。臧克和先生分析《说文·歺部》诸字，标出“死

[1] 刘宝楠：《论语正义》卷二，“诸子集成”本，第 31—32 页。
[2] 王先谦：《诗三家义集疏》卷十三，中华书局 1987 年版，第 513 页。
[3] 朱熹：《诗集传》卷八，上海古籍出版社 1958 年版，第 91 页。
[4] 方玉润：《诗经原始》卷八，中华书局 1986 年版，第 312 页。

生同根，终始一源”为题，如“殂”字语义指向死亡、终结，又有“开始”义，作“殆”。再如：生前为万物之灵，为自然元素之精，而一旦死后，即回归到物化形态。故“歾”“物”亦同出一源。《说文·歺部》：“歾，终也，从，勿声。”而“物”亦从“勿”得声。是故古人称死又作“化去”“物化”。古汉语里，“物”可通“歾”，“物故”则为汉代甚至上古时代之恒语。[1]

鉴于“物化”正是《庄子》哲学的核心概念，从有涯到无涯的生命转换亦不妨以“物化”视之，这里既有旧物之终结、死亡，又有新物之开始、新生，兼蕴终与始二义的“殆”字在此可解为加入大化的意思。井筒俊彦先生主张从两方面理解“物化”：其一为单个之物转变、化入绝对之整体，这是超时间的物化；其二为甲物转化为乙物，这是暂时性的物化。从超时间观点看，甲物与乙物在形而上的意义上是同一的，二者的差别只是现象上的。[2] 吴怡先生认为，“物化”是庄书第二篇《齐物论》的结语，于梦蝶寓言里庄周与蝶的关系中得到揭示，呼应着《齐物论》首段提出的“吾丧我”：唯有真我才是物化的主体，也唯有超脱了形体的我，万物与我才能以各自的真我共游。所以物化并不是使我们向下坠落，变得和物一样的，相反的，却是使万物都提升了上来，与我共游。[3]

如此看来，单纯地视“殆”为危殆、疲困，皆未免偏枯，拘执于成见，有违于庄生“物化”之理，正像“吾丧我”之“丧”不能机械地理解为“死丧”一样，都是庄子所批评的“往而不反”，或“一曲之士”的短见、俗见。紧接在《齐物论》之“物化”结语后而展开的《养生主》篇，自然顺承着前篇所讲“吾丧我”原理及齐物之旨来谈生死问题。“殆”字的一名二边正好承当起齐死生、兼终始的意指圆环作用。《说文·歺部》在“殆”字

[1] 臧克和：《说文解字的文化说解》，湖北人民出版社 1994 年版，第 282 页。
[2] 井筒俊彦：《苏斐教与道家》，东京，1983 年，英文版，第 313 页。
[3] 吴怡：《庄子内篇中的一些重要术语》，《逍遥的庄子》附录，台北：东大图书公司 1991 年版，第 156 页。

后还有“殰”字，训为“杀羊出其胎也”，略近今言“剖宫产”。对母羊而言“殰”即是死，对子羊而言“殰”则为生，终始相续之义至为明晰。用井简氏超时物化观视之，则母与子又是一物之所化，因而是同一的，恰似“薪尽”与“火传”的同一关系。

二、“知无涯”与“不知死”

“知也无涯”的“知”，一般都解作认识、知识。似乎庄生在拿有限的生命同“学海无边”的境界做对比，叫人放弃那样一种西绪福斯式的无意义生命赌注，不要以短暂的不可重复的生命年华去追求永无止境的知识。林希逸说：“知，思也。心思却无穷尽，以有尽之身随无尽之思，纷纷扰扰，何时而止。”[1]成玄英说：“所凛形性，各有限极，而分别之智，徇物无涯。遂使心困形劳，未慊其愿，不能止分，非养生之主也。”又说：“夫生也有限，知也无涯，是以用有限之生逐无涯之知，故形劳神弊而危殆者也。”[2]林纾则从“未慊其愿”一句中受到启发，认为庄子此处所言“知”，应作愿望解，故此句意思是说生命有限而欲望无穷，告诫人们不能追随一己之欲。这样两种“反智论”的养生观与“禁欲论”的养生观都反过来加诸庄生头上，实在是有点勉强。

庄子真的那样害怕有限生命的危殆吗？“夫大块载我以形，劳我以生，佚我以老，息我以死”[3]，这才是庄子所信奉不移的生死一体观，“养生”若不孤立起来看，也就和“善死”是同一个意思，所以他要声明：“善吾生者，乃所以善吾死也。”从这层意义上去把握“正言若反”的意义逻辑，就能更透彻地理解《养生主》一篇的辩证原理了。

[1] 林希逸：《南华真经口义》。
[2]《庄子集释》，第116页。
[3]《庄子·大宗师》，《庄子集释》，第242页，又见第262页。

既然要讲“养生”之妙道，为什么一开始就说“殆”呢？篇中取喻更不惜以数千牛之死的重大代价以成全庖丁自鸣得意的宰杀技艺，岂不违反了“天人不相胜”的生态伦理，显得过于残酷了吗？为何进而又写到右师伤残的身体和老子的死丧之事，致使一篇谈“生”的短文从头到尾弥漫着“死气沉沉”的味道呢？如此“自我解构”的悖论笔法当然不是寻常的阅读习惯所能参悟的。

从视死如归的角度看，情形就大不相同了。庖丁虽为专业屠夫，却和接生婆一样从事于生物生命中转变化的仪式主持人之职，是不折不扣地“依乎天理”而例行公事，为牛类息老送终，具有十足的礼仪性严格程序与恭谨态度：

> 虽然，每至于族，吾见其难为，怵然为戒，视为止，行为迟。动刀甚微，謋然已解，牛不知其死也，如土委地。[1]

相传牛知死亡来临会眼中流泪，《孟子》所讲齐宣王见人杀牛也不忍心看那牛浑身发抖地被戮之景象。[2]可见杀牛的场景对于以农业为本的社会集团来说确实是一种十分残忍可怕的视觉刺激和心理震撼。于心不忍的情感反应正说明了这一点。可是庄子却不以常人之心去看待死亡，所以也不会产生孟子所述的齐宣王那样的妇人之仁一类的情感反应；恰恰相反，他所导演的“解牛”戏剧既已完全扬弃了与死亡相联系的悲剧色彩，反倒呈现出某种自然而然的喜剧特征：剧中那目睹解牛礼仪全过程的唯一观众——文惠君的即兴表现就很能说明问题，他先是惊叹而发问：

> 嘻，善哉！技盖至此乎？

---

[1] 通行本缺“牛不知其死也”六字，陈鼓应据陈碧虚《庄子阙误》引文如海、刘得一本增补，见《庄子今注今译》，第96页。

[2] 参看《孟子·梁惠王上》。

在听了庖丁的经验之谈后又恍然而大悟，如茅塞顿开一般高兴：

善哉！吾闻庖丁之言，得养生焉。

从刀光剑影、血肉横飞的死亡礼仪中悟出的“养生”之道究竟是一种什么样的道理呢？齐宣王以为以牛为牺牲的祭礼过于残忍，对于被杀的牛来说也极不公平——“若无罪而就死地”。[1]这是因为他眼中“死”仅仅是“死”而已，更确切地说，仅仅是“牛死”，所以居然会有以羊易牛的伟大命令，乃至孟子能以“见牛未见羊也”的话加以质问，更敷衍出儒家君子一套仁爱教义：

君子之于禽兽也，见其生，不忍见其死；闻其声，不忍食其肉。是以君子远庖厨也。[2]

图 78 解牛图
克里特文化凹雕

[1]《孟子·梁惠王上》，“诸子集成”本，《孟子正义》，第 47 页。
[2]《孟子·梁惠王上》，“诸子集成”本，《孟子正义》，第 50 页。

《大戴礼·解诂》叙三代之天子礼，亦有这样一段："于禽兽，见其生不食其死，闻其声不尝其肉，故远庖厨，所以长恩且明有仁也。食以礼，彻以乐。失度，则史书之，工诵之，三公进而读之，宰夫减其膳，是天子不得为非也。"[1]

图79 西周金文中的牛首符号

可见儒家理想中的君子和天子对禽兽之死抱有怎样的大慈大悲之心，这完全是将死看成生的截然对立面的缘故。所谓"见其生不忍见其死"或"见其生不食其死"的衡量标准若施之于庄子笔下的文惠君，那么显然他既算不上"君"（君子），也太不够"文"和"惠"了。竟然面对屠戮之庖厨而拍手称善，哪里有一丝一毫"远庖厨"的仁人之心呢？

自古以来的学者一直有个大疑惑，庄子与孟子同时，可二人在各自的著述言谈中都从未提到过对方，好像根本不知道彼此的存在一样。读过《养生主》的解牛之喻再反观《孟子·梁惠王上》的以羊易牛故事，或许有助于理解儒道两家生死观的极大差异。庄子以高唱庖厨颂赞的方式宣讲道家养生说，实际上也是对儒家"远庖厨"说的不指名的尖锐批判。庖丁刚开始操刀为屠的时候，和凡俗的庖厨宰夫没有什么大的分别，"所见无非全牛者"。在这种状态下，他所看到的"死"与齐宣王不忍看到的"死"还是一样的。由于庖丁对"道"的孜孜以求，日积月累地改变了他的思想境界和生死观念，他虽然仍在从事解牛的工作，可三年之后，"未尝见全牛也"。"解"者与"被解"者之间的对立关系开始消融，既然已看不到被屠之牛了，自然就看不到牛之"死"了。

[1] 王聘珍：《大戴礼记解诂》，中华书局1983年校点本，第54页。

修道训练的最终结果使庖丁在生理心理方面均发生了微妙变化，以至与“解”的艺术完全融为一体了；用他自己的话说——“方今之时，臣以神遇而不以目视，官知止而神欲行。”他在主持为牛类息老送终的生命礼仪方面达到了出神入化的境地，常人凡心所理解的生死界限早已消解得无影无踪。

图 80 合于桑林之舞
迈西尼文化出土金环上的圣树祭舞

换句话讲，庖丁“所好者道也”，由道的视界去看，方能达致《齐物论》篇所喻示的“吾丧我”之境界，从而齐万物，一死生，真正彻悟随缘从化的宇宙大法；或如《大宗师》篇所反复强调的：“善吾生者，乃所以善吾死也。”正是出于这种通达透脱、超凡拔俗的生死观，庖丁才能只知“解”而不见牛死，可谓“善牛生者，乃所以善牛死也”，乃至“牛不知其死也”的安然归化之境。解者不知其死，被解者亦不知其死，这就从根本上消弭了生死转换之际的恐惧与悲伤，打消了儒家君子“见其生不忍见其死”的偏执和有限性，也就有条件洞悉圣人真人们的养生诀窍了。

此种“不见全牛”和“不知其死”的“知”，才是庄子在《养生主》开篇所说的“无涯”之“知”，也是唯有他的“无端崖之辞”才能够有效传达的“知”。养生的前提未必在于反智主义或禁欲主义的努力，恰恰相反，就在于如何通过体道悟道的功夫而达到这种“知”，实现“以有涯随无涯”的愿望。《养生主》先让庖丁以现身说法的方式展现“知也无涯”的体认如何化解了“生也有涯”的忧虑，使“为善无近名，为恶无近刑”的养生之术落实到“好道”的具体实践中；再让被庖丁所解之牛也跟着解者的神妙道术而超离“生也有涯”的界限，在“不知其死也，如土委地”的过渡仪式中完成生命的转化与回归。

在解者与被解者的双重示范效应之下，观者文惠君也悟得养生之道，获得转化“有涯”到“无涯”的通行证。整个解牛寓言中的三个生灵就这样依次从“生也有涯”的有限之中超度而出，又不知将使多少有心的读者也加入到这“知也无涯”的行列中来。

在《大宗师》中，庄子果然大大扩展了“知”者的范围，甚至连孔门师徒弟子也都被编排到“以有涯随无涯”的活剧之中。下面这两段话中的“知”与《养生主》开篇的“知也无涯”之“知”可否相互认同，读者可以自己去体会和判断：

> 子祀、子舆、子犁、子来四人相与语曰：“孰能以无为首，以生为脊，以死为尻，孰知死生存亡之一体者，吾与之友矣。”[1]

> 孔子曰：“……彼方且与造物者为人，而游乎天地之一气。彼以生为附赘悬疣，以死为决疣溃痈，夫若然者，又恶知死生先后之所在！”[2]

看了孔子的这一觉悟，谁还能怀疑永恒回归的生命运动法则呢？既然生与死只不过是同一个躯体的不同部位，那又何必非此即彼或厚此薄彼呢？孟子所标榜的“见其生不忍见其死”的君子之仁，在庄子眼中岂不成了“见其

[1]《庄子集释》，第 258 页。
[2]《庄子集释》，第 268 页。

脊而不忍见其尻”的“有涯”偏执了吗？明白这些道理，可算是得养生之主矣。篇末的薪尽火传之喻，收束全篇且回应篇首的“以有涯随无涯”之理，把“知”的过程与道的行迹冥契为一。而最终一句“不知其尽也”，不仅再度彰显“不知”的“知”与无涯相通，而且还让人再度想起庖丁刀下的牛“不知其死也”的那种静穆和安详。

印度诗圣泰戈尔有句云：

生如夏花之绚烂，死如秋叶之静美。

这“静美”由何而来？庄子的“不知其尽也”或可援为一解乎？

三、“解牛”的仪式观

“解”字同“殆”字一样，是古代汉语中充分体现辩证精神的词汇，它既用于指代杀戮和死亡、消解，又可用于生命的解救、解脱和解放。庄子在《养生主》篇中正是巧妙地利用了“解”字的一名多边来传达他的循环回归思想的。

简要地说，作者在本篇中四个寓言中两次使用“解”的概念，即头一个寓言的“解牛”之“解”和末一个寓言的“悬解”之“解”。更详细地考察还可看出，第一个意义上的“解”出现在头一个寓言的头一句话中：“庖丁为文惠君解牛”；第二个“解”安排在末一个寓言的最后一句话中：“安时而处顺，哀乐不能入也，古者谓是帝之悬解。”不愿意过分穿凿的读者也许只能把这一前一后相反相成的“解”当作偶然的巧合吧？

可是在经历了“卮言日出，和以天倪。因以曼衍，所以穷年”的教诲之后，我们不得不多一层心眼，把“解”的一词两义的终始对应看成是作者特有的表达策略之体现。顺着如此的思路线索，从“庖丁解牛”这个中国人最熟悉的寓言入手，让我们用“入乎其内又出乎其外”的考察方式，对道家文本中富有多边意涵的“解”这一概念做一番仔细思考。

《说文》：“解，判也。从刀判牛角。”段注释为会意字。其本义取象于以刀分解牛角的行为，似不专指宰杀。《吕氏春秋》和《礼记·月令》中都有“鹿角解”之说，好像不是人为的剖解，而是自然的脱落。注云：“解，堕。”又《吕氏春秋·古乐》“万物散解”句注：“解，落也。”从刀判牛角的行为扩展到其他剖解行为的，有《左传·宣公四年》的“宰夫将解鼋”一说。引申可指屠宰一类的所有行为。然而“解牛”之合成词，盖为庄生的首创，先秦其他文献中未见有先例。

指代屠宰禽兽的其他词汇很多，而且远比“解”这个词用得更加广泛、普及，这就给庄子创造的“解牛”之说提供了对比和反照的背景。如《诗经》中“解”字五见，其中四例用于“匪解”，作懈怠解，读如懈。如《大雅·烝民》：“夙夜匪解，以事一人。”《韩诗外传》卷八引作“懈”。一例用于“不解于位”（《大雅·假乐》），亦当懈字解。说到宰杀动物，有《七月》“曰杀羔羊”之杀，《周颂·良耜》“杀时犉牡，有捄其角”之杀，亦有《小雅·楚茨》“或剥或亨，或肆或将”之剥与肆[1]，还有《周颂·我将》“我将我享，维羊维牛”的“享”，乃是杀牺以祭的文雅化说法。再如《荀子·强国》说良剑镆铘之锋利，有“劙盘盂，刎牛马，忽然耳”[2]的描绘，此处的“劙”与“刎”都是“解”的同义语，《广雅·释诂》云：“劙、刎，解也。”《战国策》中赵奢对田单说：“吴干将之剑，肉试则断牛马，金试则截盘盂。”此外，指代宰杀的词还有屠（《韩诗外传》卷九第二十八章有屠宰专业户名屠牛吐）、宰（《庄子·说剑》和《韩非子·内储说下》都说到“宰人”之职，《礼记·檀弓》

[1]《夏小正》“七月貍子肇肆”传：“或曰：肆，杀也。”于省吾说《大雅·皇矣》“是伐是肆”即是伐是杀。见《泽螺居诗经新证》，中华书局1982年版，第54页。

[2] 王先谦：《荀子集解》卷十一，“诸子集成”本，第194页。

和《仪礼·聘礼》都有“宰夫”之职，通常解释为“庖丁也，厨夫也”）、斩、戮、卯（卜辞时代即用以指称牲畜之肢解，如“武丁伐十人，卯三牢”）、刳、割等一大批。相形之下，似乎没有一个像“解”字那样具有相反为训的潜在张力。庄子不说杀牛、宰牛、剥牛、剖牛、屠牛……偏偏要别出心裁地造出解牛一语，谁说不是用意良苦的精心选择呢？

简言之，只有这个“解”字的语义张力结构才足以为庄生担负起消解死生之对立，把庖丁的十九年屠杀美化为践行大道的绝妙艺术表演的重要使命。换句话说，在“庖丁杀牛”和“庖丁解牛”这两种貌合神离的措辞之间，潜伏着平庸屠夫刽子手与伟大的悟道艺术家的天壤之别。从近处看，这一个“解”字既改变了屠宰职业的血腥气息，又为众牛之“若无罪而就死地”的悲惨命运彻底翻了案：庖丁那游刃有余的利刃不是在剥夺它们生存的权利，而是在为它们主持神圣的生命转化仪式，让它们在“不知其死也”的毫无痛苦的状态下归返于大化。众牛被“解”的只是它们的形躯，而被“解脱”的则是它们真正的生命。不信的话，请看那特意点染的一句：

谍然已解，牛不知其死也，如土委地。

郭象注云：“离解而无刀迹，若聚土也。”成玄英疏：“然，骨肉离之声也。运动鸾刀，甚自微妙，依于天理，所以不难，如土委地，有何迹！”其说虽辩，却未尽如人意。如用以庄注庄的方式，此处的“委”字就大有讲究。《知北游》篇“舜问乎丞”一段连续使用了四个“委”字[1]，最能说明其用例：

[1]《庄子》中用作动词的“委”字共有六处，除《养生主》“如土委地”外，均集中在此。

舜问乎丞曰："道可得而有乎？"

曰："汝身非汝有也，汝何得有夫道？"

舜曰："吾身非吾有也，孰有之哉？"

曰："是天地之委形也。生非汝有，是天地之委和也。性命非汝有，是天地之委顺也。孙子非汝有，是天地之委蜕也。"[1]

郭注"委"为委结；成玄英疏释为"结聚"，正像用"聚土"来解释"如土委地"一样，未得其要。《经典释文》引司马彪注："委，积也。"仍在老套中。俞樾则引《战国策》"愿委之于子"。高注曰："委，付也。"据此发挥说："天地之委形，谓天地所付属之形也。下三委字并同。"[2]用今语来说，此处的"委"乃委托、寄存的意思。人的生命和子孙后代，动物的生命和繁衍，都是天地造化暂且托付于世间的东西，所以庄生要让舜觉悟过来：他的身体、性命、子孙都不是他所能占有的。既然生物之生是造化所委托寄形，那么生物之死不也可视为将生命重新委托给天地造化吗？由于这一委托具有偿还、复原的意蕴，所以老庄坚信死乃是回归，是解脱。从这一立场上去理解"謋然已解"的"解"，哪里还会有一点死神的狰狞，地狱的恐怖呢？再看"如土委地"之"委"，牛之生命复归其根的意思也就不难把握了吧。常言道：落叶归根。又说：人死归土。以是观之，牛又何异于落叶与人？这个"委"字和"解"字实在是前呼后应，相得益彰，把一个屠宰的场景转化为标准的"过渡礼仪"（rite de passage）了。[3]这自然使我们联想到西方贤哲笔下那些渴求回归的呼声：

[1]《庄子集释》，第739页引。

[2]《庄子集释》，第740页引。

[3]后世道教徒深得此二字之心传，描述不死成仙的秘诀，乃有"尸解之方，委化之道"的名目。参看《云笈七签》卷八十四《尸解叙》。

容格（Jung）在《力比多的变形》中说：人类最大的愿望就是"让黑暗的死亡之水变为生命之泉，让死亡和它那冰冷的拥抱变成母亲的胸怀，这胸怀如同大海，虽然吞没了太阳，却又在其深处孕育着太阳的新生"。……尼采则写道："无机物便是母亲的胸怀。生命之解脱意味着回归于真实，意味着臻于完美之境。无论什么人都应该明白，复归于无感情的尘土是一种快乐（joy）。"乔叟更将他的祈求放在一个不能解脱而去的老人口中：

日日夜夜，我拿着拐杖，

叩问大地——我母亲的门槛，

说道："噢，亲爱的妈妈，让我进来吧。"[1]

在西方的大地母亲神话和中国的非人格化地母崇拜——"社"的信仰之中，我们可以了解到回归土地的要求也就是回归母腹——生命孕育的源头。而精神分析家则强调说复返子宫是每一个活人的无意识欲望。在人生得意的时候，这种欲望当然隐而不彰；可一旦遭逢人生的挫折、厄难，这种欲望就会强烈地寻求表现和要求兑现。用通俗的民间语言来说，就是所谓"人穷则反本"，或"临危便叫娘"。

图 81　基督之船超度信徒

死而复生的基督之船超度信徒前往天国：天使摇桨，圣灵（鸽）护航（15 世纪意大利插图）

老子生逢大动荡的社会变乱，提出"复归于婴儿"的心理战略，并将大地母亲的生孕之门"玄牝"奉为崇拜之偶像，号召"知雄守雌"的柔性人生观。

[1] 引自西蒙娜·德·波伏瓦（Simone de Beauvoir）：《第二性》，帕什利（H. M. Parshley）英译本，纽约，1974 年，第 167 页。

凡此种种，庄子当然心领神会，他在发扬这一套思想体系的时候，更加针对战国时代的残酷现实，强调万物齐一、生死贯通的一面，旨在为危难之中的士人建构一种既可养生全生，又可直面死亡的精神医学上的自我治疗术，其准宗教功能比之老子的柔道人生观，非但毫不逊色，反而给后世的道教思想准备了更丰厚的心理遗产。自史前宗教以来的不死理想首次在庄子这里获得了认识论上的全面论证，宰夫庖丁居然有如超度亡灵的神职牧师，对自己主持的“解”之仪礼是那样专注和那样自信：面对着“如土委地”的归化生灵，他“提刀而立，为之四顾，为之踌躇满志，善刀而藏之”。真好像他刚刚做完的不是“杀生”工作，而是类似佛教徒的“放生”善举。

这一百八十度的转弯究竟是如何实现的呢？倘若归因于“解”字一名两边的阐释循环，那么，构成这种语义学上的对立统一之基础又是什么呢？

老子也相信天道循环、生死相续之理，但他毕竟还执着于生与死的形式对立和差别，所以要说：

勇于敢，则杀，勇于不敢，则活。此两者或利或害。[1]

又说：

人之生也柔弱，其死也坚强。万物草木之生也柔脆，其死也枯槁。故，坚强者死之徒，柔弱者生之徒。[2]

由于生的条件被缩约为“不敢”和“柔弱”，求生者只能是胆小畏缩的柔弱者；而“柔”与“刚”、“弱”与“强”、“不敢”和“敢”之间并不

[1]《老子》第七十三章。
[2]《老子》第七十三章。

是齐一对等的，却是有优劣高下的价值差别的，如“柔弱胜刚强”[1]，“柔之胜刚”[2]和“柔弱处上”[3]，等等，所以，生与死之间的价值差别当然也是不言自明的，老子的人生教义亦建立在此基础上：

人之所教，我亦教之：“强梁者不得其死”，吾将以为教父。[4]

当然，他也出于对不同等级的人在“生”上的厚薄悬殊之差异的洞察，而说过“民之轻死，以其上求生之厚，是以轻死。夫唯无以生为者，是贤于贵生”[5]一类的话，希望养尊处优的“求生之厚”者留心不怕死的人铤而走险。“贤于”一词的价值判断又在贵生和轻死之间分出了高下优劣。凡此种种，都给人这样的印象：不论是在生与死之间，还是在对待生与死的态度之间，都存在着价值差别，二者并不相等齐平。对于以“齐物”为大宗的庄子来说，对此当会有所保留。诸如弱者生强者死或柔胜刚一类有圆滑世故之嫌的话，他已不像老子那样随时挂在嘴边。唯有《老子》第五十章那深藏着“过渡仪式”的辩证精神的伟大比喻，才真正让他折服得五体投地，从心有灵犀的默契，到念念不忘的模仿和重复。这个比喻是：

出生入死。生之徒十有三，死之徒十有三，人之生，动之死地，十有三。夫何故？以其生生之厚……[6]

此一段话用字平易，似出于当年之口语，但后人在理解上却有很大分歧。

[1]《老子》第七十六章。
[2]《老子》第三十六章。
[3]《老子》第七十八章。
[4]《老子》第四十二章。
[5]《老子》第七十五章。
[6] 据朱谦之《老子校释》本断句，第198—199页。

王弼注说“徒”与“途”通，罗振玉据敦煌本说“十”当作“什”，范应元据《韩非子·解老》说最后一个“十有三”前当补“亦”字，如此等等，似乎还只是无关宏旨的枝节问题，关键在于三个“十有三”究竟是什么意思，“生之徒”“死之徒”和“动之死地”者究竟何所指？韩非、河上公、碧虚子和叶梦得等人把“十有三”当作数字十三的别称，又在人体上找出四肢加九窍，凑足十三之数为说，多数学者认为是附会。杜广成以十恶三业为十三，范应元以五行生死之数为十三，都难跳出十三这个数的误导怪圈。王弼注：“十有三，犹云十分有三分。”今之注本多从此说。也有略做变通的，如任继愈先生认为，“十有三指十分之三，这是大致的说法，用通常的说法，就是占三成。”[1]“十分有三分”说和“三成”说都遗留下另一分或一成没有着落，由此又分化出两类解说。一类以高延第为代表，其《老子证义》说：

“生之徒”，谓得天厚者，可以久生；“死之徒”，谓得天薄者，中道而夭；“动而之死”者，谓得天本厚，可以久生，而不自保持，自蹈死地。盖天地之大，人物之蕃，生死纷纭，总不出此三者。“生生之厚”，谓富贵之人厚自奉养，服食药饵以求长生，适自蹈于死地，此即动而之死者之一端。缘世人但知戕贼为伤生，而以厚自奉养者为能养生，不知其取死同也，故申言之。夫天下之人以十分为率，夭死者居其三，自蹈于死者居其三，幸而得遂其生死之常者，仅居十之三耳。吁！此正命之人所由少与！[2]

高氏还认为，此章为处乱世者指示凶暴不祥，喻世路之崎岖，人情之险诈。读庄子《养生主》《人间世》二篇足尽老子之旨。另一类见解则认为老子以“不言之教”的方式，故意明说三个“十有三”，实际暗伏着十分之一作为潜台词。

[1] 任继愈：《老子新译》（修订本），上海古籍出版社 1985 年版，第 167 页。
[2] 转引自《老子校释》，第 199 页。

苏辙《道德真经注》云：生死之道者九，而不生不死之道一，《老子》之言其九，不言其一，使人自得之。焦竑《焦氏笔乘》卷三也记录了李彦平的类似心得。

李彦平一日读《老子》至“出生入死”章，大悟游戏生死之道，因言曰：“所谓‘生之徒十有三’，此畏死而欲长生者；‘死之徒十有三’，此轻生而乐寂灭者；‘动之死地亦十有三’，此不学冥行，而颠顿于死生之途者。是三者皆非中道，彼善于此则有之矣。《易》论天地之数，自一而至十，则十者阴阳之成数，老氏独缺其一，何也？盖道生一，一者形变之始。乾元用九，妙万物而不役于物者也。故天地得之而清宁。老氏缺之者，圣人之得一也。得此则翕张造化，游戏死生。”[1]

苏辙所析出的“不生不死之道”与李彦平悟透的“游戏死生”之说是否符合老君初衷，今人一般持否定态度，或以为是“以佛解《老》”[2]之误说。用后结构主义的眼光视之，何尝不可归入“创造性误读”（Creatlve misreading）之例。唯其“误读”之源未必是佛理，完全可从庄子求之。“不生不死”即“生死齐一”之谓也，“游戏死生”也只有在完全消解了死生之间的情感张力和价值高下以后方可能兑现。此即庄子用心之处，又何待释家之言。傅伟勋先生认为庄子“是中国哲学史上头一个创造性诠释家，以超越老子突破老子的方式了解老子诠释老子，而在哲理上解决了老子形而上学中‘道体’‘道原’等棘手难题”。[3]在生死观的问题上，我们亦可作如是观。前引高延第的见解虽力主生死之道的三分法，却也揭明了庄子之书“足尽老

[1] 焦竑：《焦氏笔乘》，李剑雄点校本，上海古籍出版社 1986 年版，第 94 页。
[2] 朱谦之：《老子校释》，第 199 页。
[3] 傅伟勋：《老庄、郭象与禅宗——禅道哲理联贯性的诠释学试探》，见《从西方哲学到禅佛教》，三联书店 1989 年版，第 390 页。

子之旨”的可能性，只是这种“足尽”并非以“续貂”或“添足”的形式展开，而是以突破和超越为起点的。

四、“出生入死”的隐喻之根

庄子对《老子》第五十章所言生死问题之超越，原来不是他别出心裁的结果，而是借助于老子所用的千古之喻“出生入死”而获得灵感的。庄书中见不到“十有三”之类机械划分生死之途的经验之谈，却对“出入”之喻情有独钟，反复玩味，一再化用，使之同“解”和“委”等词语一样成为建构生死一体观的符号工具。

《大宗师》云：“古之真人，不知说生，不知恶死。其出不訢，其入不距。”[1]

这里将“出生入死”四字分开来用于描绘真人的人格，四个“不”字则把常人悦生恶死的价值偏倾完全摆平了。成玄英疏：“气聚而生，生为我时；气散而死，死为我顺。既冥变化，故不以悦恶存怀。”“时应出生，本无情于忻乐；时应入死，岂有意于距讳耶！”陆德明《经典释文》：“忻，音欣，又音祈。”“距，本又作拒，音巨。李云：欣出则营生，距入则恶死”。[2]古之真人这种不以生为乐、不以死为悲的态度正是《养生主》中秦失老子的根据，所谓“适来，夫子时也；适去，夫子顺也”，乃“其出不䜣，其入不拒”的通用注解乎？此言“来去”与彼言“出入”实在是异名同实，可相互为训的。再回味那被“解”之牛的“如土委地”，又岂有丝毫悦生恶死之心？可谓“其入不拒”的礼仪性示范演出了。

[1]《庄子集释》，第229页。
[2]陆德明：《经典释文》，中华书局1963年版，第369页。

若再进一层追问“出生入死”的方向依托：“出”于何处又“入”于何处？那么仍然是《庄子》给出的答案最可信，《在宥》篇借广成子教导黄帝之言曰：“今夫百昌，皆生于土，而反于土。故余将去女，入无穷之门，以游无极之野……”[1]反于土，也就意味着回归生之本源，所以把死亡解说为反于土，无异于说“入无穷之门”，如此“入死”与“出生”相较，当然不会有优劣高下好恶欣拒之区别了。今人把“出生入死”翻译成“离开了生存必然走向死亡”[2]，显然是对庄子的出入说视而未见，同时也全然忽略了老子妙喻的深远神话背景。

《韩非子·解老》云：“人始于生而卒于死，始谓之出，卒谓之入，故曰‘出生入死’。”[3]韩非的这一解释其实已经由庄子预先准备好了：庄子在把生死同出入、来去相提并论时，就等于确认了它们之间的隐喻关联。做到这一层无异于为老子的“出生入死”做了字面上的解释，而所以然方面的解释则韩非、庄周皆未涉及，兹为补叙如下，以示生死一体观的神话思维渊源。

从经验观察中可知，出于土而生、入于土而死的是植物而不是人。把人之生死说成是“出入”或“来去”，显然是某种类比推理的产物，所取类的现实原型，除了植物荣枯变化外，最主要的莫过于变化周期更短的天体表象——太阳。从卜辞中可以看到，“出入”二字更多地用于太阳，所谓“出日”和“入日”这样的说法，完全是神话拟人化的体现，即把朝出夕落的太阳设想为有生命、有灵性的神。又依据太阳运动过程中光和热的强弱变化，类推为神之生命力的兴衰循环。人类学家指出：

在所罗门群岛上，灵魂是和落日一起进入海洋；这一观念和太阳早晨升

[1]《庄子集释》，第383—384页。
[2] 任继愈：《老子新译》（修订本），上海古籍出版社1985年版，第167页。
[3] 陈奇猷校注：《韩非子集释》，上海人民出版社1974年版，第371页。

起就是出生、黄昏落下就是死亡的信仰是有密切关系的。因为地球上没有任何活的东西比太阳更早，太阳第一个“出生”，也第一个“死亡”。玻利尼西亚人有一个神话和这种思想相联系，即认为太阳神“毛以”不死，在它之后的人类也不会死亡。[1]

太阳的循环出入为永恒回归的神话主题确立了具有无穷启示的运动表象，也使神话思维为人的生死变化找到隐喻类比的原型依据。于是，先民们一边唱着“日出而作，日入而息”的歌谣，一边又将“出入”“作息”“来去”“往返”等一系列相关概念同“生死”联系在一起，把人的永生希望托付给周而复始照耀寰宇的太阳。一旦理性的成熟要求人们区分人的生命的有限性与太阳的生命的无限性，从而打破人类不死的幻想时，对宗教的强大心理需求也就应运而生。“出生入死”的观念从神话信仰转化为文学修辞。《汉郊庙歌辞》中《日出入》一首写道：

日出入安穷，
时世不与人同。
故春非我春，
夏非我夏，
秋非我秋，
冬非我冬。
泊如四海之池，
遍观是耶谓何？
吾知所乐，

[1]〔德〕利普斯：《事物的起源》，汪宁生译，四川民族出版社1982年版，第341页。

独乐六龙。

六龙之调，

使我心若。

訾黄其何不徕下。[1]

日之出入依旧无穷，但人已意识到“天人之分”，感念“时世不与人同”，春夏秋冬往复无极，而人的生命却如白驹过隙，转眼百年。于是，在这种刺激性极大的对照之下，自然会有感时伤身和恋生拒死的情感反应。所谓对酒当歌，人生几何？所谓宇宙无穷，人生有限……从《古诗十九首》到《春江花月夜》，褒之者称为“人的觉醒”，“宇宙意识”的萌生；贬之者看到的却是死亡恐惧、心理空虚。创造了“出生入死”这个成语的老子和创造了“白驹过隙”这个成语的庄子可以说是中国文化史上最先具有宇宙意识的觉醒之人，他们为驱散死亡恐惧所做的智慧努力成就了道家哲学和道教信仰的核心内容——不死或不知死。

在这一思想创造孕育的过程中，源自神话时代的永恒回归原型及“出入”的隐喻发挥了重要功用。老子首发其凡，庄子及其后学继踵于后，不仅变本加厉，而且推陈出新。

《田子方》中仲尼曰：“恶！可不察与？夫哀莫大于心死，而人死亦次之。日出东方而入于西极，万物莫不比方。有目有趾者，待是而后成功。是出则存，是入则亡。万物亦然。有待也而死，有待也而生，吾一受其成形，而不化以待尽，效物而动，日夜无隙，而不知其所终。薰然其成形，知命不能规乎其前，丘以是日徂。”[2]作者在此借孔圣人之口道出万物比方太阳东出西入之理，确认人之宿命亦难逃自然大法，由此而引发悲哀之情。“心

[1]《日出入》，《先秦汉魏晋南北朝诗》，逯钦立辑校，中华书局1983年版，第150页。
[2]《庄子集释》，第707页。

图 82 日出入安穷
南阳汉画像石羲和捧日图

死”比“人死”更悲哀的命题，则为从心入手解决死亡恐惧留下了充分的余地。《田子方》接下来讲述孔子求教老子一段，终于成功地解除了死神的心理压力。原来老子是这样开导孔子的：他说他“游心于物之初”而悟得大道——

至阴肃肃，至阳赫赫；肃肃出乎天，赫赫发乎地；两者交通成和而物生焉，或为之纪而莫见其形。消息满虚，一晦一明，日改月化，月有所为，而莫见其功。生有所乎萌，死有所乎归，始终相反乎无端而莫知乎其所穷。非是也，且孰为之宗！[1]

孔子听了老子这段描绘，茅塞为之大开，且心向往之，便又向老子探问究竟，老子答出的如下秘诀原来就是庄子拥有专利的相对论：

草食之兽不疾易薮，水生之虫不疾易水，行小变而不失其大常也，喜怒哀乐不入于胸次。夫天下也者，万物之所一也。得其所一而同焉，则四支百体将为尘垢，而死生终始将为昼夜而莫之能滑，而况得丧祸福之所介乎！弃隶者若弃泥涂，知身贵于隶也，贵在于我而不失于变。且万化而未始有极也，夫孰足以患心！已为道者解于此。[2]

[1]《庄子集释》，第 712 页。
[2]《庄子集释》，第 714 页。

郭象在句末的“解”字下注云：“所谓悬解。”让人们再回想到《养生主》篇的“帝之悬解”以及为其张本的“解牛”大寓言。仿佛庄书不仅每篇都自成一个“圆解”，而且全书也在有意构造一个仿效道之运行的大循环。借用诸葛孔明形容其八卦阵法的话说，就是“如常山之蛇，击其首则尾应；击其尾则首应”。不论从哪一篇读起，最终还会回到出发点，真所谓“日出入安穷”了！这莫非就是《寓言》篇昭告世人的“卮言日出，和以天倪，因以曼衍，所以穷年”吗？原来庄子也利用“不言之教”的方式，只说“卮言日出”，却隐埋了“卮言日入”的另一半，就像《逍遥游》只说鲲之化鹏由北极向南极的半圆式运动，却不说鹏之化鲲由南极向北极的复归运动一样，剩下的半个圆是留给求道之后人自己去体悟的。

五、从“悬解”到“尸解”

老庄用“出入”这样一种人们司空见惯的行为表象去隐喻生死之间的转换，其淡化恐惧、化解张力的心理释放作用已如前述。《养生主》篇的另一个重要比喻“悬解”正是充分借用“解”的反训意义而成立的，它在道家和道教的思想传承中发挥了“关键词”（keywords）的作用，值得做专门的讨论。关于庄子所运用的“悬解”之喻，古今学人多有注意。徐复观先生曾结合时代背景加以说明：

庄子认为在战国时代的人生，受各种束缚压迫的情形，有如用绳子吊起来（悬），或用枷锁锁起来一样。因为是悬，是枷锁，便很迫切地要求“解悬”，去“枷锁”。所以《养生主》便说“古者谓是帝之悬解”，《大宗师》便说“此古之所谓悬解也”，《德充符》便说“解其桎梏”。由此可以了解庄子对不自由的情形，感受到如何痛切。[1]

《庄子》书先后两次使用“悬解”这个概念，后一次相伴而用的还有“自解”一说，而前一次提出“悬解”的背景正是《养生主》讲过解牛故事后不久的“秦失吊老聃”之寓言。

老聃死，秦失吊之，三号而出。弟子曰：“非夫子之友邪？”曰：“然。”“然则吊焉若此，可乎？”曰：“然。始也吾以为其人也，而今非也。向吾入而吊焉，有老者哭之，如哭其子；少者哭之，如哭其母。彼其所以会之，必有不蕲言而言，不蕲哭而哭者。是遁天倍情，忘其所受，古者谓之遁天之刑。适来，夫子时也；适去，夫子顺也。安时而处顺，哀乐不能入也，古者谓是帝之悬解。”[2]

这里的“适来”与“适去”之对，其实就是“出生入死”的又一层转喻。庄子在《大宗师》篇再假子舆之口重述“悬解”之理时，又将“来去”之对置换为“得失”之对：“且夫得者，时也；失者，顺也；安时而处顺，哀乐不能入也。此古之所谓悬解也，而不能自解者，物有结之。”[3] 由于庄书两次说到悬解时与“结”对言，这就从相反相成的角度提供了解说的线索。注云：“不能自解，则众物共结之矣。故能解则无所不解，不解则无所而解也。”什么是此处所说的“结”呢？为什么不能自解的人，众物都来“结”他呢？成玄英云：“处顺忘时，萧然无系，古昔至人，谓为悬解。若夫当生虑死，而以憎恶存怀者，既内心不能自解，故为外物结缚之也。”[4] 经过这样层层诠释之后，我们明白“悬解”之喻旨在表达两种截然有别的精神状态。“悬”

[1] 徐复观：《中国人性论史》，台北：“商务印书馆”1986 年版，第 389 页。
[2]《庄子集释》，第 127—128 页。
[3]《庄子集释》，第 260 页。
[4]《庄子集释》，第 261 页。

与“系”“结”相通，均指好生恶死之人面对生命的大限而忧惧、苦恼、悲哀，好像被无形的绳索团团束缚起来，甚至吊起来悬在半空中。这样一种“悬”的滋味对每个有过类似体验的人都是心有灵犀的。俗话所云“心有千千结”“心有解不开的疙瘩”“心如乱麻”等皆为“结”的种种换喻。

庄子第一次说到“悬解”称“古者谓是帝之悬解”，第二次说到时又称“此古之所谓悬解也”，两次均点明是复述古人之常语，当归入他的“重言十七”之例。不过，两种措辞间的微妙差异仍颇值得玩味。先云“帝之悬解”，则“解”的主动者并非需要“解”的当事人自己，而是外在的“帝”之神力；后云“悬解”不提“帝”，反附上“自解”一词，这就表明“帝”不是别的什么神，就是能够悟透安时处顺之理，哀乐不能入其心的得道者自己，这也就是庄生所说的“同帝”之“帝”吧。用歌德的一句名言去表达，就是“神助自助者”了。

奥修大师充满睿智的金言告诉世人，世上的人有的活得很累，有人却活得极轻松。活得累的大都是聪明人，活得轻松的主要是两种人：孩童和智者（精神障碍者除外）。“悬解”这个比喻的劝世效应显然也在这里。庄生希望大家都能参透生死之结，把精神从紧张状态下解放出来，实现轻松快活的无为逍遥。从《孟子·公孙丑章句上》所说“万乘之国行仁政，民之悦之，犹解倒悬也”[1]的话来看，“解倒悬”或“悬解”之喻确实是往古流传深远的措辞，或有某种宗教心理学的背景，亦未可知。从庄子的用法来看，明显是针对“物有结之”的受束缚心理状况而对症下药的。秦失看到那些吊唁老聃的老老少少好像在哭泣他们自己的儿子或母亲一般，以为实在没有这个必要。生死之转换既然是自然造化的安排，要以人为的方式逃避它，就是古人批评的“遁天之刑”，这正是不能做到安时处顺的“结”与“悬”的世俗表现。用这种

[1] 焦循：《孟子正义》卷三，“诸子集成”本，第110页。

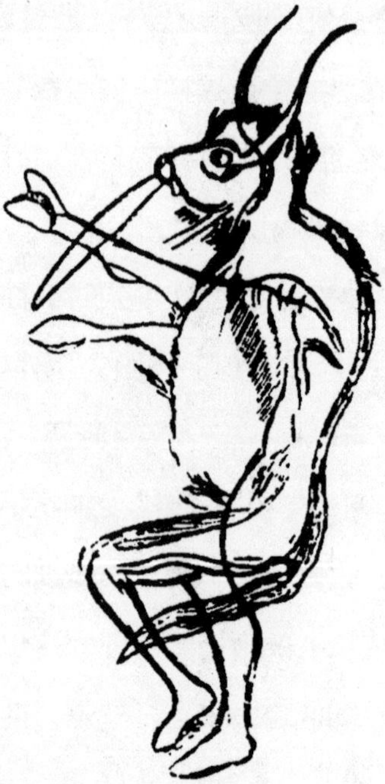

图 83 人牛之间
欧洲史前洞穴壁画中主持狩猎祭仪的化装巫师

世俗标准的乐生恶死的眼光去看，“殆”只能是往而不反的生命终结，“解牛”无非是屠杀生命，替天行“刑”的庖丁自然成了刽子手。庄子在《养生主》篇末借秦失一段关于“天刑”和“悬解”的议论，来说明安时处顺的必要，同时也回扣“解牛”的生命仪式主题，启发“自解”的内在觉醒之要求。

宗教学家指出，宗教修行的方式千差万别，但其根本的目的却大致相似，那就是摆脱各种自我施加的束缚。斯特伦写道：“精神修炼是人们克服人类束缚的手段或过程。它也是发挥一个人精神潜能的方法。但是人类必须摆脱或克服的这种束缚或局限又是什么呢？它部分地是指日常的思维过程，以及一般的情感反应（诸如悲伤与挫折）。”[1] 人们在日常的思维和情感反应的驱动下，往往执着于某种事物，如权力、理智、财富等，但这些东西反过来成了对人的“外物结缚”，或简称为“物累”。正因为如此，才有了一切宗教的去累解缚之需求。斯特伦接着指出：“人们只要执着变化不居的事物，到头来只能是痛苦。但是绝大多数人又都默默地在家里忍受着痛苦，他们认为忍受人类境遇中的苦难，要比寻求思想变革容易得多。他们或者学会了坚韧不拔，或者学会自认命运不济，他们力图通过自我嘲笑或玩笑、想象、药物、酒精来逃避痛苦……但在执着精神修炼的人们看来，他们这样做只能使自己在痛苦中越陷越深。”[2]《养生主》表面上似在传授养生之法，实际上是要将解除人生痛苦的根本大

[1] 斯特伦（Frederick J. Streng）：《人与神》，金泽等译，上海人民出版社 1991 年版，第 133 页。
[2] 斯特伦（Frederick J. Streng）：《人与神》，金泽等译，上海人民出版社 1991 年版，第 134 页。

法用层层深入的方式展现开来。“解牛”之“解”和“悬解”之“解”的前呼后应，正反对照，充分昭示了庄子“养生”说的宗教精神向度，也使一个完整的生命礼仪主题由一个具有十足的反训张力的字得到精确的概括。

由于《养生主》篇用一个“解”字的相反为训来传达齐死生的主题，这就为此概念的宗教化奠定了语用基础。一旦中国思想开始接纳印度宗教的Vimukta说，承担格义重任的本土概念就责无旁贷地落在“解”字身上。《成唯识论述记》卷一：

纵任无碍，尘累不能拘，解脱也。

又《显扬圣教论》卷十三用类似“悬解”的比喻阐释“解脱”说：

能脱种种贪等系缚，故名解脱。

如再进一步把死也看作生之累的大解脱，这就回到了“解牛”礼仪的根本象征蕴意。成玄英对“帝之悬解”的释义清楚表明了以庄子之“解”牵合佛家“解脱”说的良苦用心：

帝者，天也。为生死所系者为悬，则无死无生者悬解也。夫死生不能系，忧乐不能入，而远古圣人谓是天然之解脱也。[1]

如果说“解”的第一义为消解、解体、死亡，其第二义为解放、缓解、化解，那么后一义的本土应用已为迎接佛教“解脱”说做好了充足的准备，并不能

[1]《庄子集释》，第129页。

仅仅归功于庄子一人。

用于第二义的“解”首见于《周易》六十四卦中的第四十卦“解”卦：

解：利西南；无所往，其来复吉；有攸往，夙吉。

《序卦传》谓“解者，缓也”。《正义》亦曰：“解者，险难解释，物情舒缓。”西南象征“众庶”之地，利西南，意为险难之纾解，利在施于众庶，使群情共获舒缓。《彖》曰：“解，险以动，动而免乎险。解，解利西南，往得众也。无所往，其来复吉，乃得中也。有攸往夙吉，往有功也，天地解而雷雨作，雷雨作而百果草木皆甲坼，解之时大矣哉。”[1]

与舒解、缓解、解救之义相通的别的词汇有纾、抒等。《方言》卷十二：“纾，退，缓也。”《诗·小雅·采菽》“匪交匪纾”句毛传：“纾，缓也。”《广雅·释诂》：“纾，解也。”王先谦疏证：“纾与抒通，亦作舒、摰，即《方言》瘛字也。”[2]《左传·庄公三十年》：“纾楚国之难。”《战国策·赵策三》：“所贵于天下之士者，为人排患释难解纷乱而无所取也。”汉语成语“排难解纷”一说由是而出，此皆可为庄生“悬解”说相参证的语言背景。

危难之开释可曰“解”，疾病之去除亦可曰“解”。故《中华大字典》有云：“解，医家谓汗出病退曰解。”推而广之，与汗一类从人体内排释而出的废弃之物，连同排泄本身皆可曰“解”，俗言雅语中都说的“解手”“大解”“小解”即是此例。由此看来，老天爷那打雷下雨的功能当然也可类比为舒缓内部张力的排泄行为。古希腊喜剧大师阿里斯托芬的剧作《云》中就通过主人公的对话说过：“我先前以为雨水是宙斯从筛子里撒的尿呢！”而

[1] 据尚秉和：《周易尚氏学》卷十一，中华书局 1980 年版，第 188 页。
[2] 王先谦：《广雅疏证》，上海古籍出版社 1989 年版，第 365 页。

天父排精为雨的观念在神话之中则更为多见。[1]按照精神分析的性压抑理论，任何排放压抑的行为当然都是一种缓解和解放。钱锺书先生论及古诗文取譬于秽琐切身之事物时指出，《野获编》卷二六载周如斗、胡宗宪联句“瓶倒壶撒溺”云云，《柳南随笔》卷三载湖上某禅师咏雪诗“天公大吐痰”云云，蜀西樵也《樵说》载或仿李白诗“小时不识雨，只当天下痢”云云，均为同类游戏之笔。《史记·天官书》记星象，有“天厕”之名，且曰：“矢黄则吉，青、白、黑凶”；称雷雨为天之遗溺矢气，自是题中应有之义。[2]由天公的撒尿下痢之喻回到人类自身的排放冲动，精神分析学家还将普遍出现在世界各地的大洪水神话也视为人类潜意识中要求“解”的冲动。如吉泽·若海姆（Geza Roheim）曾分析说：洪水神话起源于想要排尿的梦，其功能在于防止尿床。[3]

由生理上的张力缓解推及心理上的张力纾解，自然是顺理成章的。《庄子·在宥》讲到人若能同大道运行一样“复归其根”，就会有“解心释神”的奇效产生。成玄英谓此处“解释”意为“遣荡”[4]，并把“在寡”一名亦释为“自在宽宥”，[5]宽宥当与宽解相通。又《庚桑楚》亦有“解心”一喻，观其上下文，当可知又是“悬解”说的一种置换变形（displacement）的表达式：

彻志之勃，解心之谬，去德之累，达道之塞。贵富显严名利六者，勃志也；容动色理气意六者，谬心也；恶欲喜怒哀乐六者，累德也；去就取与知能六者，塞道也。此四六者不荡胸中则正，正则静，静则明，明则虚，虚则无为而无不为也。[6]

[1] 叶舒宪：《云雨原型在中西文学中的际遇》，《中国比较文学》1992 年第 1 期。
[2] 钱锺书：《管锥编》，中华书局 1979 年版，第 748—749 页。
[3] 参看弗莱：《圣经文学与神话》，叶舒宪编：《神话—原型批评》，第 393—394 页。
[4]《庄子集释》，第 391 页。
[5]《庄子集释》，第 364 页。
[6]《庄子集释》，第 810 页。

注家以为“谬”即“缪”，指束缚。“心之谬”即束缚心灵不得自由的六种事物：容貌、变动、颜色、辞理、气调、情意。这样，“解心之谬”就进一步将《在宥》篇所说的“解心”具体化了，当是作为心斋训练之组成部分的自我治疗技术，通向“无为而无不为”境界的前提之一。

有“心解”，当然也有“形解”，这是庄子为后世准备的又一术语。《田子方》篇首节讲魏文侯听田子方描述其师东郭顺子：“其为人也真，人貌而天虚，缘而葆真，清而容物。物无道，正容以悟之，使人之意也消。”田子方离开后，文侯怅然自失，整天不讲一句话，最后召集臣下向他们宣告：

远矣，全德之君子！始吾以圣知之言仁义之行为至矣，吾闻子方之师，吾形解而不欲动，口钳而不欲言。吾所学者直土梗耳，夫魏真为我累耳！[1]

成玄英疏：“我初昔修学，用先王圣智之言，周孔仁义之行，为穷理至极；今闻说子方之师，其道弘博，遂使吾形解散，不能动止，口舌钳困，无可言语。”[2]此处的“吾形解散，不能动止”虽形容文侯因真人而悟道后的身心反应，却使人想到庖丁所解之牛，“謋然已解，如土委地”的情形。原来“形解”虽指躯体而言，但言外仍有灵魂解化之意，所以后人为庄子的“形解”添加了“销化”一词，合称表示使灵魂解脱离体之方法。司马迁《史记·封禅书》云：“宋毋忌……为方仙道，形解销化，依于鬼神之事。”此虽方士神秘之说，但其取意效法庄生之言，可查源知流者也。

古语习惯上有“解”与“懈”相通的情况。[3]“解牛”之“解”与“心

[1]《庄子集释》，第703页。
[2]《庄子集释》，第704页。
[3]《诗·大雅·烝民》：“古训是式，威仪是力。”郑笺：“不解于位。”《经典释文》：“解，本又作懈。”

解”“形解”之“解”虽相背为训，但从“懈”字训诂中可知两种背反的意义之间相互联系的一面。《释名》说：“懈，解也，骨节解缓也。”可知从骨节的分解（所谓“以无厚入有间”）到骨节的缓解，其实不妨视作同一事物的程度差别。《史记会注考证附校补》引张晏注“形解销化”一词曰：“人老而解去故骨，如变化也。今山中有龙骨，世人谓之龙解骨化去也。”[1]这些解化事迹显然都是未借助外力而自己完成的，与庖丁故事的他解不同，庄子也没有忘记另造一个词“自解”，来区分这两种情形，遂亦为后人所沿用，更催生出“尸解”。

《云笈七签》卷八十五收录有《太极真人飞仙宝剑上经叙》一篇专论“尸解”，兹引述如下：

夫尸解者，尸形之化也，本真之炼蜕也，躯质遁变也，五属之隐适也。虽是仙品之下第，而其禀受所承未必轻也。或未欲升天而高栖名山，或崇明世教令生死道绝，欲断子孙之近恋，盖神仙为难矣。或欲长观世化，惮仙官之劬劳也。妙道一备，高下任适，故不可用明死生以制其定格也。所谓隐回三光，白日陆沉者也。又云以録形灵丸涂火炭，则他人见形而烧死，谓之火解。以一丸和水而饮之，抱木而卧，则他人见已伤死于空室中，谓之兵解。凡百纵任，即不得还故邑也，当变姓名易容貌尔。昔有人作此法入林虑山，积三年而复还家也。夫修下尸解者，皆不得反望故乡。此谓上解之道，名配紫简，三官不得复窥其间隙，岂妄以死加之也。[2]

此用“形化”“炼蜕”“遁变”诸语来说明尸解之义，本于庄书，形迹显然可见。但在“解”的方式方法上却大为丰富多样化，“不可用明死生以

[1]〔日〕泷川资言：《史记会注考证附校补》卷二十八，上海古籍出版社1986年版，第786页。
[2]张君房辑：《云笈七签》，齐鲁书社1988年版，第479页。

制其定格”了。文中提到“火解”“兵解”和“上解”“下解”之别，究其神话学实质，皆可谓中国特色的死而复活信仰，推及其教主，则非漆园而莫属也。至《灵宝无量度人上经大法》，又将尸解之方体系化改造为“五解”，附会五行，在神秘之中又显示秩序感：

隐迹五解品，是为隐身五脱之法。以庚子日行金解，甲子日行木解，丙子日行火解，壬子日行水解，戊子日行土解。

此“五解”又别称“五脱”，这种用语习惯正对应成玄英在庖丁解牛的方式中所领会的“解脱”妙道。其疏“依乎天理，批大郤”句云：“间郤交际之处，用刀而批戾之，令其筋骨各相离异。亦犹学之人，生死穷通之际，用心观照，令其解脱。”[1] 由庄子之“解”到成玄英之“解脱”，隐约透露着道教尸解观的来龙去脉及与佛家解脱说的合流迹象。《太一守尸》把庄子文本中两个关键词“解”与“化”合成为“解化”概念，作为尸解的别名，认为解化的方式几乎是无限多样的：

夫解化之道，其有万途。[2]

在这“万途”之中撮其要者，大约包括了道教仙话的方方面面。若溯本求源，仍可跨越庄书而至上古变形神话之渊薮。

或隐遁林泉，或周游异域，或亲逢圣匠，或会遇真灵，或授箓而记他生，或交带而传仙诀，或坐死空谷，或立化幽岩，或髻发但存，或衣结不解，乃

[1]《庄子集释》，第120页。
[2]《云笈七签》卷八十六，第480页。

至水火荡炼，经千载而复生，兵杖伤残，断四肢而犹活，一足不化，五脏生华。若赵成子之类，皆名著紫府，籍在丹台，是得三官太一守尸而不泯也。[1]

从“悬解”到“尸解”的一脉相承变化中，解脱的观念如何借神仙家的奇思妙想而幻化出五花八门的操作方式，于此可略见一斑。李丰先生指出：在魏晋时期神仙变化说中，对不死的探求多集中于变化形体，旧形化去而隐显身在，可以遨游山川，游戏人间，这是尸解说与隐逸说的结合。以丹药、符术涂于杖上或剑上，以代己形之遁化，逐渐取代火解、兵解，尤其药解法通过服药解去旧形，成为变现自在的神通，介于出世入世之间，成为中国人之梦。[2]

若按照《庄子·知北游》篇揭明的“生也死之徒，死也生之始”的逻辑，“解”作为生命的结束，当然也意味着新生命在死亡中的孕育，它兼含死与再生两义也就不足为怪了。前引《周易·解卦·彖辞》中“天地解而雷雨作，雷雨作而百果草木皆甲坼，解之时大矣哉”一句，尚秉和给予如下说明：“雷震坎雨，是天地解也。震为春，为百草果木。离为甲，孙星衍云：甲皮也。震动故甲坼。坼《说文》裂也。言草木当春，得雷雨胚胎迸裂，蓓蕾怒发，芽孽潜滋，而外甲坼也。《史记·律书》：甲者言万物剖符甲而出。又《礼记·月令》：其日甲乙。郑注云：‘时万物皆解孚甲。’皆甲坼之的解也。”[3]可见“解”并非人类特有之专利，其仿生学的依据就在于天地万物皆有“解”的周期性需要。此种广义之“解”，也就是“物化”的表现形式。

[1]《云笈七签》卷八十六，第480页。
[2] 李丰楙：《不死的探求》，《中外文学》第15卷5期，1986年10月，第54—55页。
[3] 尚秉和：《周易尚氏学》，中华书局1980年版，第188页。

THE TENTH PART

第十章

道的创世记

君子通于道之谓通，穷于道之谓穷。

——《庄子·让王》

道与一，神之强名也。以神为神者，至言也。

——邵雍：《皇极经世书·观物外篇》

美国罗吉斯（Rutgers）大学古典学教授艾德蒙（Lowell Edmunds）在他所编的《希腊神话研究法》（*Approaches to Greek Myth*）一书导言中指出，由于关于神话的理论古往今来层出不穷，所以“神话”的定义也是变了又变。迪廷（Marcel Detiene）在1981年所做的《神话的创作》（*L' invention de la mythologie*）中干脆作出激进的论断说：神话并不存在！神话什么也不是，只是一种可以溯源于神话学（mythology）的知识或学术的建构。这便是18世纪开端的方特奈尔（Fontenelle）对神话进行的科学研究的见解。后来创造出神话体系的乃是神话中的耻辱感。神话乃是宗教、理性或文明的“他者”（Other），神话学的产生是为了解释耻辱。不仅如此，作为特殊性的希腊神话当然也不存在，希腊神话体系也不存在，这一体系是在现代由解说希腊神话的科学所培育出来的，这门科学在古代只有极小规模的先驱者，未能形成气候。某些希腊学者如赫卡忒乌斯（Hecataeus）、菲瑞塞德斯（Pherecydes）和希罗多德，开始对口头传说加以系统化，并将它简约为书面文献。自柏拉图起，有了对口传文化的更为系统化的整理和改造。事实上，柏拉图是第一个使用“神话体系”这个词的人，用来指称他所拒斥的那种文化。柏拉图又是第一个写作他自己的神话的人，他把改写了的神话整编到哲理对话之中。柏拉图堪称古代神话学的创建者。这就是迪廷的论点。[1]

中国文化中本没有“神话”这一概念。如果将西方的“神话”概念借用来考察先秦思想家的著作，那么能够与柏拉图利用和改造神话，乃至写作他自己的神话这一类功绩相提并论的人，恐怕非庄子莫属了。如果再要借用迪廷对柏拉图的评价，庄子也可算是我们这个没有“神话”之名的文化传统中创建“神话学”的先驱了。子所不语，庄生偏偏要语，而且大语特语。什么“《齐谐》者，志怪者也”，庄书一开篇就明摆出一副偏偏要和孔圣人反神

[1]Lowell Edmunds ed.：*Approaches to Greek Myth*，Johns Hopkins University Press，1990，p.l.

话态度对着干的架势，难怪《天下》篇中要声称自己的话语属于“荒唐之言，无端崖之辞”。其实，神话幻想之“荒唐”，仅是针对实用理性而言。神话自身有其毫不荒唐的神圣历史。在所有神话类型中最庄重也最根本的乃是创世神话。庄子似乎对此深有领悟，将创世神话作为他的全部思想和整个著作的基础和核心。

《庄子》内七篇中多次化用创世神话，最明显的一处是在最后一篇《应帝王》的末尾处出现的浑沌开窍故事。现代的神话研究者对此多有注意，本书第三章已有讨论。较为隐晦的创世主题潜伏在首篇《逍遥游》开篇处的鲲鹏故事，我在另外的著作中曾论及鲲鹏故事的宇宙论蕴含，指出“水族动物化为飞行动物，从黑暗的北极向光明的南极运行，这正是‘道’的运动、太极的运动”。它取法的是太阳的循环运行这一模式，也是“太阳创世主”型的创世神话的象征原型。[1] 吴光明先生也认为“庄书开端的那伟大的鱼鸟故事必定是模仿当时通行的宇宙形成论的打油诗文”，“比较圣经那庄肃的天地形成论，庄书这样的天地形成真是太平淡太俗气了”。[2] 罗伯特·艾利森教授则从认识论的意义上强调鲲鹏神话的“超越”功能：庄子用神话作为自己著述的开场白绝非出自偶然，这似乎在提醒人们，这部书是超越概念系统的精神牢房、解放人的心灵之书；因而读者必须响应神话文本的召唤，回到前概念的、原始的认识方式上来，随着腾空而去的大鹏去体验自我超越的精神之旅。

一、“道”的创世记

主体的精神超越并非凭空产生的幻象，而是以本体论的超越为范本和基

[1] 叶舒宪：《中国神话哲学》，中国社会科学出版社 1992 年版，第 57、219—220 页。
[2] 吴光明：《庄子》，台北：东大图书公司 1988 年版，第 110 页。

础的。本体论的超越突出体现在道家哲学的至高范畴“道”的神秘特性之上。老子已先于庄子强调了“道”作为创生本源和“万物之奥”[1]的宇宙论意义，庄子为昭示其真人理想，也自然而然地顺承老子之意念，把“道”作为宇宙创生之总根源和总动力，是超越时间和空间而存在的本体。《庄子》全书中最集中、最全面论述“道”的一段言论出自《大宗师》，兹引述如下：

夫道，有情有信，无为无形；可传而不可受，可得而不可见，自本自根，未有天地自古以固存；神鬼神帝，生天生地；在太极之先而不为高，在六极之下而不为深；先天地生而不为久，长于上古而不为老。狶韦氏得之，以挈天地；伏戏氏得之，以袭气母；维斗得之，终古不忒；日月得之，终古不息；堪坏得之，以袭昆仑；冯夷得之，以游大川；肩吾得之，以处大山；黄帝得之，以登云天；颛顼得之，以处玄宫；禺彊得之，立乎北极；西王母得之，坐乎少广，莫知其始，莫知其终；彭祖得之，上及有虞，下及五伯；傅说得之，以相武丁，奄有天下，乘东维，骑箕尾，而比于列星。[2]

这一段论“道”之言是《庄子·内篇》中最难解的段落之一，因而自古迄今争议未息。本来关于“道”的种种描述在老子那里就是玄而又玄，难以捉摸的，从“道可道，非常道”这种惊人的开场白起，就预先确认了“道”的不可言说性。而庄子偏偏还要在言说不可言说的“道”时变本加厉，火上浇油，敷衍出一大串令人摸不着头脑的得道者的行迹，让善于征古解经的注家们如堕五里雾中。既然无法解释，最简便的办法就是否定其合法性。施天侔《庄子疑检》便把“狶韦氏”以下一段视为不属于庄书的衍文；较高明的注庄专家如宣颖也说：“以上诸神半出荒唐，庄子但取以寓意，不暇论也。”

[1] 朱谦之：《老子校释》，中华书局 1984 年版，第 252 页。
[2]《庄子集释》卷三上，第 246—247 页。

近代严复也采取类似的态度，认为《大宗师》中论道一段数百言“是《庄》文最无内心处，不必深加研究”。今人陈鼓应教授附和上述各家之说，以为“这一节神话，疑是后人添加，亦无深意，无妨删去”[1]。

然而，从《庄子》全书的一贯风格看，引用和改造古神话传说，创作寓言故事，正是其特征所在。庄书中不止一次地说到黄帝、狶韦氏、伏戏氏（又写作“伏戏”“伏羲”“伏羲氏”等，见《人间世》《田子方》《缮性》《胠箧》等篇）、肩吾、彭祖等神话人物，似乎不能仅从理性标准出发轻易贬为后人添加，更不宜随便行使“无妨删去”的专断权力。

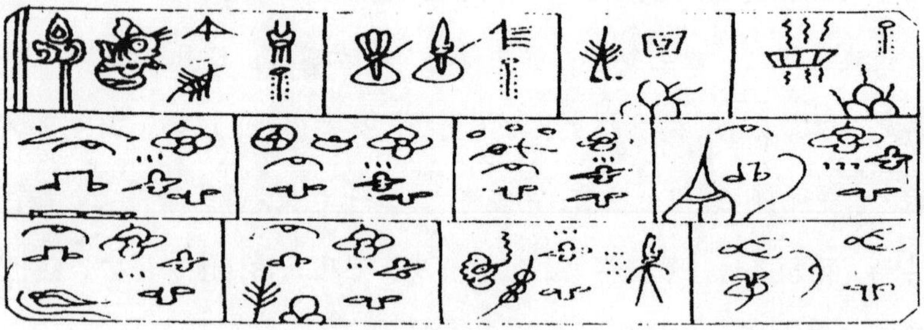

图 84　创世神话的象形字

“从前的时候，天下浑沌……”图为云南丽江么些（纳西）族创世神话的象形字记录（采自李霖灿等《么些经典译注九种》）

神话故事和神话意象、神话人物对于庄子来说，有如柏拉图，都是寄寓“深意”、暗传微旨的用心设计和表达策略所必需，似不可从实证要求出发视之为虚妄或以概念推理标准贬之为“无深意”。王煜先生认为，庄子这一段关于得道者的排比罗列并非自创的神话，而是征引传说中古帝王和山水神灵以辅助陈述天道的全能与遍在。自“狶韦氏挈天地”以下一段，王煜先生是这样说明的：人类发明文字以前的上古帝王狶韦氏，由于得道，能够提携（俗作携）万民与混同庶物；远古帝王伏羲氏得道，便能“画八卦、演六爻、

[1] 陈鼓应：《庄子今注今译》，中华书局 1983 年版，第 182 页。

调阴阳、合元气”（成疏）；作为宇宙纲维的北斗星获道，就可永免差谬；日月得道，便亘古常照；人面兽身的神人堪坏得道，就当了昆仑山的山神；华阴人冯夷得道，便成遨游黄河的神灵河伯；肩吾得道，就永为泰山的山神；黄帝得道，便升天仙化；黄帝的孙儿颛顼（姓姬，二十岁即位称“帝高阳”）得道，便居北方之宫做北方之帝；黄帝另一孙子禺强得道，便当北海神；仙女西王母得道，就坐镇西方的少广山，后人不知她的生死始终。[1]这种解释肯定了庄子借用神话来表达思想的可能性，并主张从叙述的象征层面（而不是字面上）去理解其哲学意蕴，这些都是可取的。不过，仅遵循唐人成玄英的疏释去说明远古神话的所指，某些地方就显得隔膜或未得要领。如按照成疏将狶韦氏确认为“人类发明文字以前的帝王”，未免将神话历史化了，而且也没有什么史料可做依据。再如将黄帝和西王母视为仙人仙女，也就将神话改作了仙话。类似的倾向又见于詹石窗先生的《道教文学史》，认为庄子笔下这些古帝王“由神化而为仙”，把维斗、日月等天然星体也同神仙相提并论：“庄子把天地、自然、神仙都在道的基点上统一起来。这就更显出神仙的所谓‘无始无终’的特征。”[2]经过此番仙话的解释，古老神话叙述的重要原型模式就不容易显现出来了。因为庄子《大宗师》以“道”为核心和动力的“创世记”并不同于一般的神话或仙话故事，其结构意义完全取决于构成原始意识形态宇宙论基础的创世神话。

从“夫道”至“长于上古而不为老”，旨在概括阐明“道”的创生本源价值和先于时空而存在的超越性，与老子所述没有太大的差别。像“有情有信”一说本于《老子》第二十一章“其中有精”“其中有信”，迹象显然。帛书本《老子》“有精”作“有请”，可知情、请、精三字通假。“无为无形”句本于

[1] 王煜：《庄子论道之先在性与实现性》，《老庄思想论集》，台北：联经出版事业公司1979年版，第2—3页。
[2] 詹石窗：《道教文学史》，上海文艺出版社1992年版，第559—560页。较早认定庄子这段怪说为神仙家说话的是顾颉刚先生，参看他的《论〈竹柏山房丛书〉及〈庄子内篇〉书》，《古史辨》第1册，第18页。

《老子》第三十七章“道常无为”，第四十一章“大象无形”和第十四章“无状之状”“无物之象”。“可传而不可受，可得而不可见”二句本于《老子》第十四章“视之不见”“听之不闻”和“执古之道”。“先天地生而不为久，长于上古而不为老”二句本于《老子》第二十五章“有物混成，先天地生。寂兮寥兮，独立不改，周行而不殆。可以为天下母。吾不知其名，字之曰道。强为之名曰大。大曰逝，逝曰远，远曰返”。“自古以固存”句本于《老子》第二十一章“道之为物……自古及今，其名不去，以阅众甫”。“神鬼神帝”句本于《老子》第三十九章“神得一以灵”和第六十章“以道莅天下，其鬼不神”。“生天生地”一说本于《老子》第四十二章“道生一，一生二……”和第二十五章“可以为天下母”。由此看来，《庄子·大宗师》概述“道”之言论可谓“无一句无出处”了。本着知源查流的原则，只需弄清《老子》的“道”的形而下来源，庄子的论“道”玄言也就释然可解了。

道家因以为名的“道”之所以成为中国思想传统中的第一范畴，获得万世不移的至上本体地位，当然与老子和庄子的大力强化密不可分。从“道法自然”这一简明扼要的表白中已可看出，中国人所推崇的这个至高范畴既不同于希伯来文化所塑造的凌驾于自然与人之上的上帝，也不同于古希腊文化作为与自然对立面的理性范畴“逻各斯”。作为宇宙万有之本源与创生动力，“道”的创世记也要体现“无为而无不为的”自然法则，突出“万物将自化”的创生过程。牟宗三先生说：“将自定自化，推之，亦可言将自生自成。是则定也，化也，生也，成也，皆落于万事万物之自身说。然则非道生之，化之，定之，成之也。道只是一种冲虚之德。冲虚无为，不塞其源，则物即自定自化矣。此自定自化之无不为由乎道而来，由乎道而然，则反过来，即是‘道生之’矣。”[1]老子的这种“道法自然”的思想在庄子的书中得到多种方式

[1] 牟宗三：《才性与玄理》，台北：学生书局1985年版，第161页。

的变奏。我们尽管未必完全赞同那种说“《道德经》的思想便是庄子的起点”[1]的见解，但二者之间显而易见的承继关系仍然鲜明地表现在《大宗师》论“道”的叙述之中。宇宙时空的创生表现为十多位天神与人王依次“自化”的象征过程，又把“道”的无为无不为直接体现在这些神人圣人的逍遥自处状态之中。从相对主义的价值观出发，“道”似乎绝不是唯一的，而是多种多样的，[2]正像每一位得道者都有他们自己的“道”之经验。

笔者在《老子的文化解读》一书中辟有“道的特性与神话”一节，专门讨论了老子宇宙创生论与创世神话之间的渊源承继关系，并提出如下观点：“若将哲学的创生论视为创世神话的抽象发展，那么各种创生论之差别也当从创世神话的不同类型着眼加以探讨。儒家创生论以天地为起点，这显然是天父地母型（又称世界父母型）创世神话的逻辑引申；而道家的创生论强调天地开辟之前的‘道’，这乃是象征太阳初升的宇宙卵型创世神话的必然发展。”[3]现在结合《大宗师》所述创生论，似可发现一种以人格化的诸神先后“得道”为展开序列的更为详备的创世神话：它从“狶韦氏”开始，直到“傅说”事迹为止，似乎严格按照创世发生后的历时性顺序加以叙述。这一段文字与前一段相比并非直接取自《老子》之书，若不是庄子个人发明出来的，至少是他依循神话模式而编排成的。

二、狶韦氏契天地

“狶韦氏得之，以挈天地”一句，成玄英疏：“狶韦氏，文字以前远古帝王号也。得灵通之道，故能驱驭群品，提挈二仪。又作契字者，契，合

[1] 牟复礼（Frederick W. Mote）：《中国知识分子之根》，阿尔弗雷德·诺夫出版公司，纽约，1971年，第81页。

[2] 汉森（Chad Hanson）：《庄子中的道之道》，梅维恒编：《庄子试论》，夏威夷大学出版社1983年版，第24页。

[3] 萧兵、叶舒宪：《老子的文化解读》，湖北人民出版社1994年版，第87页。

也，言能混同万物，符合二仪者也。”[1]此处的“提挈二仪”“符合二仪”之说未妥。契有合义，亦有锲义，即以刃器切割也；“挈天地”似指天地之剖判，这正是创世神话的常见母题。梅维恒先生新译英文版《庄子》将“挈”字译作“划分”（demarcated）[2]，与神话剖判义近似。因而可将韦氏视为开天辟地的大神，而不是什么远古帝王。即使史书中所载殷商世系中诸先公之名如昭明、昌若、冥、微等，亦可理解为开辟后的时间流程——晨、午、晚、夜——之象征。[3]笔者据此曾推测：“我们已知太阳的日周期在原型象征系统中与年周期相互认同，即晨午晚夜的循环等于春夏秋冬的循环，而时间的循环又可认同于东南西北四方位的空间位置的变换，所以在具有时空象征蕴含的殷商七代祖神背后潜隐着表现开天辟地和时空秩序构成的创世神话，确实是完全可能的。”[4]《荀子·成相》云：“契玄王生昭明”，可从神话学角度理解为混沌剖判迎来光明。

图 85　古埃及壁画中的创世神话母题
舒把天母努特和地父盖布分开

作为殷商始祖之“契”乃是凿破鸿蒙、天地开辟之象征。《庄子》所说“契天地”之狶韦当是另外一位开辟大神。今之注庄者有的说“整顿天地”，也有的说“开辟天地”，[5]但对契（挈）之真意似未揭破[6]，对狶韦氏的身份亦未有深究。一般皆因袭旧注，以不知年代且事迹不详的古帝王搪塞过去。唯朱季海《庄子故言》以《方言》“猪……南楚谓之狶”为据，佐之以《说

[1]《庄子集释》，第 248 页。
[2]Victor H.Mair：*Wandering on the Way*，A Bantam Book，New York，1994，p.55.
[3] 吴其昌：《卜辞所见殷先公先王三续考》，《燕京学报》第 14 期。
[4] 叶舒宪：《中国神话哲学》，中国社会科学出版社 1992 年版，第 320 页。
[5] 钟泰：《庄子发微》，上海古籍出版社 1988 年版，第 144 页。
[6]《尔雅·释诂》：“契，绝也。”可为“契天地”说提供确解。

文》“豕，读与豨同”之说，认为豨韦氏就是豕韦氏的楚方言叫法。[1]准此，行使开天辟地神圣职责的乃是某种类似猪的神物。好在上古神话中确有封豨神兽存在：《楚辞·天问》“封豨是射”句王逸注：“封豨，神兽也。”封豨即大猪，豨亦有大猪之意。《庄子·知北游》“监市履豨”句释文云：“豨，大豕也。”古人心目中神兽大猪，用今天的眼光看当为图腾动物，曾作为崇拜的对象，因而具有超自然的神性。我国内蒙古境内红山文化遗存中所发现之猪头龙身玉雕、辽宁牛河梁女神庙遗址出土之猪头神像，均表明构成华夏文明之基础的北方新石器文化中存在着广泛的猪图腾崇拜。汉字“家”的原初构形即取象于猪在屋下，亦有以猪为家神的嫌疑。由此观之，作为猪图腾祖先的豕韦氏或豨韦氏绝非出于庄生的向壁虚构，当有其深远的宗教和神话背景。

图 86 天下有豨
西周铜器上的“族徽”

甲骨学者认为，卜辞中的“室”和“家”等字均表示祭祀所用之宗庙，与后世所称世俗意义上的家室有所不同。《说文》释“家”云：“居也，从宀，豭省声。”当是“家”的神圣意义淡化以后派生的说法。在大汶口早、中期的十三座新石器时代墓葬中，有七座墓共随葬了十二个猪头。而首次发掘的总共一百三十三座墓葬中有三分之一殉猪。三里河的一座墓中随葬猪下颌骨达三十二个之多。[2]这些葬俗背后潜在的史前宗教观念是怎样集中在猪的身上，可想而知。值得注意的还有，“莒县陵阳河和诸城前寨大汶口文化陶器上发现的四个字，就其结构与甲骨文的家字一样”。[3]这些迹象或可帮助理解从猪图腾信仰到祭猪宗庙“家”，再到世俗之“家”的漫长衍化过程。

[1] 朱季海：《庄子故言》，中华书局 1987 年版，第 38 页。
[2]《新中国的考古发现和研究》，文物出版社 1984 年版，第 91 页。
[3] 唐兰：《再论大汶口文化的社会性质和大汶口陶器文字》，《光明日报》1978 年 2 月 23 日。

比大汶口文化更早的南方新石器文化典型——河姆渡文化中，采集到的较完整猪骨标本达三百件。在遗址第四层出土一件捏塑而成的陶猪，腹部硕大而下垂，四肢较短，身躯肥胖做挪动状。据分析，“依其形态，前后躯所占比例几乎相等，与现代家猪较接近，大致属于野猪向家猪过渡的中间类型”。[1] 如果七千多年前的河姆渡人不是出于艺术审美的动机而塑造这具陶像的话，那么合理的推测只能倾向于宗教祭礼或崇拜的对象了。既然我国南北方的新石器文化均有猪崇拜观念的悠久传统，则两千多年前的《庄子》中出现豨韦氏创世大神，也就不但不足为怪，而且是渊源深远、意味深长的了。

图 87 顶天立地之豨
西周铜器上的“族徽”

猪神崇拜观念的基础是什么？美国人类学家拉·巴尔指出：旧石器时代以来女性雕像皆以肥硕为造型特征，暗示着某种介于女性、肥硕和生育之间的信仰联系。肥猪所以受到敬奉，因为它的多育能力和它的肥胖多脂在原始观念中是一回事。[2] 从食物再生产的效率上看，养猪比饲养其他动物显出绝对的优势。“在整个动物王国中，猪是把碳水化合物转化为蛋白质和脂肪效率最高的动物之一。猪每吃 100 磅饲料，就大约能长 20 磅肉，而牛吃同样多的饲料只长大约 7 磅肉”。[3] 这就足以说明以食为天的中华文化为什么自始至终选择猪作

图 88 河姆渡新石器时代陶猪

[1] 林华东：《河姆渡文化初探》，浙江人民出版社 1992 年版，第 179 页。
[2] 拉·巴尔（Weston La Barre）：《脑髓：一种石器时代的性迷信》（*Muelos: A Stone Age Superstition About Sexuality*），哥伦比亚大学出版社 1984 年版，第 86 页。
[3] 马文·哈里斯：《文化的起源》，黄晴译，华夏出版社 1988 年版，第 125 页。

为主要肉食来源，并同禁食猪肉、视猪为恶的其他文化形成鲜明对照。

神话学家的研究表明："古老神话中的首创业绩，无不系于生存并活动于神幻时期的人物，此类人物可称之为'始祖—造物主—文化英雄'。有关上述三范畴的概念错综交织，确切地说，浑然难分。……在澳大利亚中部地区诸部落及古非洲诸民族，在一定程度上也包括巴布亚人及美洲印第安人的一些集团，神幻人物也就是图腾祖先。他们既是某种动物的原初生育者或创造者，又是人类一定的氏族群体的原初生育者或创造者。"[1] 图腾祖先或以兽形出现，或以人兽同体形象出现，也有的则以人形出现。他们同时充当造物主和文化英雄，在神话中往往衍化为天神，即成为种种自然现象和社会现象的主宰。狶韦氏的真实出身似可从这个角度获得新的理解。无独有偶，在印度婆罗门教神话中，就有"生主化为野猪，将大地自水中拖出"[2]，从而完成开辟伟业的情节。作为猪图腾祖先神兼创世主的狶韦氏，其开天辟地之功除《庄子》外别无可考，仅从他在整个创世过程中的首要位置便可推知他在年代上甚至比伏羲、黄帝等后人较熟悉的大神或始祖更为古老。《庄子·外物》有云："夫尊古而卑今，学者之流也。且以狶韦氏之流观今之世，夫孰能不波。"[3] 这里将狶韦氏的时代与当今之世做古今对照，显然也因为其最早最古吧。

图 89 山东胶县三里河出土大汶口文化的猪鬶

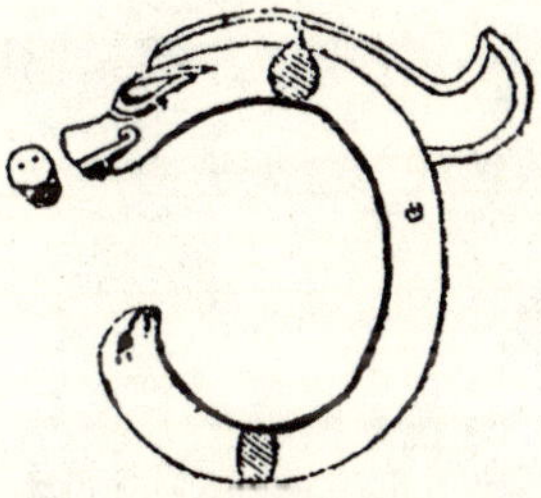

图 90 内蒙古三星他拉出土红山文化玉猪龙

[1] 梅列金斯基：《神话的诗学》，魏庄征译，商务印书馆 1990 年版，第 197 页。

[2] 梅列金斯基：《神话的诗学》，魏庄征译，商务印书馆 1990 年版，第 232 页。

[3]《庄子集释》，第 938 页。成疏："狶韦，三皇已前帝号也。以玄古之风御于今代。"把狶韦氏定在三皇以前，就因为《大宗师》将他排在伏戏氏（三皇之首）之前。

三、伏戏氏袭气母

狶韦氏的开辟之功主要表现为“契”，有如希腊神话中的创造主将天父地母拥抱合一的原始状态从中分割开来，至于如何使分开的天地保持空间上的距离，不使它们重新抱合在一起，则需要另外的神力来完成了。根据经验的观察，在天与地中间是无尽的空气在运动，神话思维构想出的分隔天地的媒介物常常就是气或风。所以紧接着狶韦氏契天地出现的是伏戏氏“以袭气母”，注家多以为指元气之母，其实不妨解作分隔天地的举动。

《庄子》中多次提到伏戏氏，传写每每变而不一，给他排定的位格也含混不定。如《胠箧》篇述及至德之世，历数十二位古帝之名，伏戏氏（写作伏牺氏）位列十一，仅在神农氏之前：

昔者容成氏、大庭氏、伯皇氏、中央氏、栗陆氏、骊畜氏、轩辕氏、赫胥氏、尊卢氏、祝融氏、伏牺氏、神农氏，当是时也，民结绳而用之，甘其食，美其服……[1]

这里提到的古帝谱系是战国末年兴起的“三皇五帝”说之前的、更古老的说法，伏戏氏的地位既不突出，也不显赫，远不如“三皇”观念流行后的情况。《人间世》篇说“是万物之化也，禹舜之所纽也，伏戏几蘧之所行终，而况散焉者乎”。[2]将伏戏与另一位名不见经传的神秘者几蘧并提。《释文》：“伏戏本又作羲，亦作牺，同。许宜反。即太皞，三皇之始也。几蘧其居反。向云：古之帝王也。李云：上古帝王。”成疏亦云：“伏牛乘马，号曰伏戏，姓风，即太昊。几蘧者，三皇已前无文字之君也。言此心斋

[1]《庄子集释》，第357页。
[2]《庄子集释》，第150页。

之道，夏禹虞舜以为应物纲纽，伏戏几蘧行之以终其身，而况世间凡鄙疏散之人，轨辙此道而欲化物。”对几蘧的定位与狶韦氏相同，皆为“三皇以前无文字之君”，蘧字又从豕，二者或有什么联系，亦未可知。《缮性》篇又提到伏羲，作为古之人混芒之世终结以后“德”下衰的时代标志，与燧人并列，在神农黄帝之世前。[1]《田子方》篇第五次提到伏戏，是指古之真人，智者不得说，伏戏黄帝不得友。[2]这后二种说法大体上与以伏羲、神农、黄帝为三皇的排序相吻合。此排序又与“三坟五典”说相应。伪《古文尚书·序》谓“伏牺、神农、黄帝之书，谓之《三坟》，言大道也”。这种三皇说“成了晋以后一千七八百年来全民所共同遵信的古代‘信史’，认为是自从盘古开辟天地以后最早的三个圣皇”。[3]刘起釪先生以为此三皇说初见于汉代纬书，似未察其与《庄子》的联系。至如把另一种三皇说（燧人、伏羲、神农）之首皇燧人氏在古文献中始见记录确认为《韩非子》[4]，也没有考虑到《缮性》的说法。总之，《庄子》中多次说到伏戏，位格尚未固定，总不在古神古帝之首位，但其后于狶韦、几蘧、燧人，先于神农、黄帝的排序已为后起的三皇说提供了线索。随着宗教与神话的“历史化”，伏戏从神变为人王。范文澜《中国通史》将伏戏氏时代作为中国原始社会发展中的一个阶段，位于有巢氏的巢居时代和燧人氏的火食时代之后，神农氏的耕作时代之前。徐旭生《中国古史的传说时代》则从空间地域的划分着眼，推测伏羲女娲之说为战国中叶以后由南方的苗蛮集团流传到中原来，加入古史系统的。而《庄子》恰充当了此一文化传播的先驱和中介。徐先生据庄书以前典籍中不见伏羲之名，庄书以后称述他的还是不多的现象，认为“《庄子》书

[1]《庄子集释》，第 551 页。
[2]《庄子集释》，第 727 页。
[3] 刘起釪：《古史续辨》，中国社会科学出版社 1991 年版，第 114 页。
[4] 刘起釪：《古史续辨》，中国社会科学出版社 1991 年版，第 111 页。

是一部最好谈伏羲的古书了”[1]。原因在于苗人传述人类起源于伏羲女娲的神话，经楚国势力而入华夏，“首先受它的影响的是庄子一派人。庄周……有受各方影响的可能性。并且庄周游心远古，话说得越远越好，这样正投到他的嗜好。女娲一名女希，那《大宗师》篇内的狶韦，是否同她有点关系也很难说。”[2]这一推测的不足之处是未能考虑汉族古籍中的伏羲女娲一开始都是各自独立的神，未必有什么情节上的牵连，如《楚辞》《淮南子》《山海经》等都和《庄子》一样单独讲到伏羲（《庄子》中未直接出现女娲）。汉代以后的文献才开始把二人说成兄妹、夫妻或兄妹兼夫妻，画像中也大量出现人首蛇身的男女二神交尾造型。这显然是古神话发展到后来被附会和改制、增饰的结果。以苗族为主的西南少数民族中的伏羲女娲神话则与这种对偶化的类型相应，而且以洪水神话和葫芦避水作为叙述中心，与先秦文献中的独立神类型相去甚远，[3]很难断定是汉籍记述流传至西南，还是西南神话渗透到中原典籍。

西汉司马迁著《史记》时，面对有关黄帝的纷纭异说，尚且感到难辨真伪，“其言不雅驯”，更不要说黄帝以前的三皇众说了。所以他只谨慎地作《五帝本纪》，以为华夏历史之首篇，将伏羲一类不可靠的传说材料舍弃不用。唐人司马贞以为这是一大缺憾，“古今君臣宜应上自开辟，下迄当代，以为一家之首尾”。故采集汉以来诸书补作《三皇本纪》，以伏牺为首，其辞云：“太皞庖牺氏，风姓，代燧人氏，继天而王。母曰华胥，履大人迹于雷泽，而生庖牺于成纪。蛇身人首，有圣德……”[4]完全把伏戏当成画八卦、造书契的人间王者，其可信程度有多大，能否超过司马迁记录在案的黄帝事迹，已可想而知了。

[1] 徐旭生：《中国古史的传说时代》，增订本，文物出版社 1985 年版，第 233 页。
[2] 徐旭生：《中国古史的传说时代》，增订本，文物出版社 1985 年版，第 239 页。
[3] 参看谷野典之：《女娲、伏羲神话系统考》，《东方学》第五十九辑，东京，1980 年 1 月，第 1—17 页。
[4]《史记会注考证附校补》，上海古籍出版社 1986 年版，第 3 页。

回到《大宗师》“道”的创世记中为伏戏氏安排的位置，明显与开天辟地时的伟大创举有关。什么是“袭气母”呢？成疏：“袭，合也。气母者，元气之母，应道也。”胡远云：袭，取而有也。气母，陆长庚曰，即老子所谓守母食母。[1]刘武则认为指调和“天地之气”。因为《则阳》篇有“阴阳，气之大”一说，所以“气母”即可指“阴阳”。[2]郑世根发挥说：庄子以气为“天地之母”。在庄子宇宙论中，“气母”象征“气”在宇宙万物生成过程中所扮演的角色。“气”，对宇宙万物而言，是“母”。这位母亲所做的生产与养育是宇宙万物的诞生与成长。于是，庄子以“气母”来代表“气”的最大特征——宇宙万物的生成与变化的“主体”。[3]如此“气化本体论”的解释总算挣脱了以伏戏为画八卦之人王的旧套路，为其还原为创世神话中的神异角色开辟了新的理解方向，只是尚未跳出气化论哲学的义理缠绕，用神话学的眼光去审视伏戏氏的实际神格。

图 91 伏羲女娲图
（东汉山东嘉祥县武梁祠画像砖）

《释文》引司马彪云：“袭，入也。气母，元气之母也。崔云：取元气之本。”笔者以为，“袭气母”是紧接在狶韦氏“契天地”后发生的，似指进一步分隔天地阴阳两界的行为。伏戏氏借助于得道的创生力量而入于鸿蒙元气之本，使被狶韦氏契开的天和地保持间距，甚而扩大这一间距，以为随后创生的日月星辰提供足够的活动空间。这种创造天地之方式极类似古巴比伦创世史诗《艾努玛·艾利什》：创造主马杜克用风将混沌海怪——阴性老母的肚皮从

[1] 胡远濬：《庄子诠诂》，商务印书馆 1931 年版，第 53 页。
[2] 刘武：《庄子集解内篇补正》，台北：汉京出版公司 1988 年版，第 158 页。
[3] 郑世根：《庄子气化论》，台北：学生书局 1993 年版，第 85 页。

中分裂开来，上半为天，下半为地。[1]在更早的苏美尔神话中行使同一职能的是空气之神（the air-god）恩利尔（Enlil），同时也被视为风神。恩利尔是天父安（An）和地母基（Ki）所生，他一出世就使本来合为一体的天地分隔开来，这正是不断膨胀扩展的空气作用之结果。[2]可以说恩利尔在苏美尔神话中的突出地位同伏戏氏在中国神话中的地位同样显赫，作为创造主兼文化英雄，他们在开辟过程中的作用亦完全一致，原来正由于他们的神格也有相近似的一面：恩利尔便是风神，伏戏恰恰是“风姓”[3]。还有比这更巧合的么？难怪二者都能用各自的方式去“袭气母”、分天地呢。伏戏在古人心目中最受称道的业绩是始作八卦，据《王子年拾遗记》的说法：他是先“听八风之气”，然后“乃画八卦”[4]的，这似乎正合乎他的“风姓”本义。《世本·帝系篇》说“伏羲乐曰《扶来》”，张澍注云《扶来》亦即《凤来》。凤风在甲骨文时代就是相互通用的，难道说风姓的伏戏氏本来便是一位失去原初面目的风神？

我们知道神话人物的姓氏获得往往与其神格有关。《春秋命历序》云：“伏羲遂人，始名物虫鸟兽。”注引《古三坟》云：“伏羲，燧人之子也，因风而生，故风姓。”[5]因风而生说纯属神话，古代与之相应的观念有“风化”，《天运》篇对此有生动的描述。其神话思维的信仰基础是，风为大自然的气息，又可认同为天帝的呼吸，灵魂与生命的载体和传播媒介。[6]“风”不仅是化感生命之动力源，又是发声发语的动力源，《人间世》篇因此而有“夫言者风波也”的隐喻；有了言语才会有万事万物的命名编码与秩序，《圣经·创

[1]胡克（S.H.Hooke）：《中东神话》（*Middle Eastern Mythology*），“企鹅丛书”本，1963年，第44—45页。

[2]克拉莫尔（S.N.Kramer）：《苏美尔神话》（*Sumerian Mythology*），美国哲学学会，1944年，第73页。

[3]司马贞：《史记·补三皇本纪》注云：“伏牺风姓，出《国语》。”似为先秦古说，非后人妄加。

[4]《太平御览》卷九引。

[5]《春秋命历序》，《纬书集成》，上海古籍出版社1994年版，第458页。

[6]叶舒宪：《诗经的文化阐释》第8章“风的世界”，湖北人民出版社1994年版，第570页以下。

世记》中耶和华如何行使发言命名的神圣职能创造出万物和人类，已是众所周知的故事。风神伏戏也是给事物赋予语言名称的大神，所谓“始名物虫鸟兽”一类创举，一定发生在画八卦、造书契之类事迹之先，因为有声语言（风波？）先于文字符号，亦是无须证明的事实。

伏羲作为风神的更重要证据不用远求，就潜藏在他的名号“羲”字之中。《说文》：“羲，气也，从兮，羲声。”段注：“谓气之吹嘘也。”羲所代表的吹嘘之气当然不是人间凡夫俗子的呼吸使然，而是充塞天地之间的神之吹嘘，它既是生命化感之本源，又是日月星辰的运行所乘坐的风车。羲和日御的神话观念正由此而起。《逍遥游》讲大鹏之飞往南冥，特意强调风的这种作用：

“去以六月息者也”（《释文》引家世父曰：“犹言乘长风也”）。野马也，尘埃也，生物之以息相吹也。天之苍苍，其正色邪？其远而无所至极邪？其视下也，亦若是则已矣。[1]

天地之间充满着无穷无尽的风气，其苍苍之色，不论从下向上看，还是从上向下看，都是一样的。其奔腾之状又如野马之驰。成疏：“天地之间，生物气息更相吹动以举于鹏者也。”大鹏之飞仰赖此风气之运，日月之行亦复如此。《广雅·释天》：“日御谓之羲和。”《山海经·大荒南经》注：“羲和盖天地始生主日月者也。”看来“羲和”之名的由来不是偶然的，其神话观念基础就是风气为日月运行之动力或载体的类比联想。正像没有“六月息”就没有鹏的天池之旅一样。庄子又说：“故九万里，则风斯在下矣，而后乃今培风，背负青天而莫之夭阏者，而后乃今将图南。”

[1]《庄子集释》，第4页。

了解到伏羲一名所潜藏的神话观念，对于理解气化宇宙论的形而下基础颇有帮助。为什么开辟神话常常引入风或气的母题作为创生之源，亦可由此做贯通的解说。如瑶族创世史诗《密洛陀》首章唱道：

咿吔——
暖风吹过一百二十道岭，
热气流过一百二十座山。
暖风吹动不浪费，
热气升腾有因缘。
暖风吹动铸造元些，
热气升腾凝造雅些。
风要造化洛陀得有个地方，
气要化成洛西得有个家园。
元些是母亲降生的温床，
雅些是亲娘出世的摇篮。[1]

这些古朴的诗句可与伏戏氏"以袭气母"说相互参照，看出气与母的隐喻类比如何植根于世界初创的神圣语境之中。下面的叙述进一步表明风与气在创世过程中构成空间与生化神灵的双重作用：

是风造化了密洛陀，
是气孕育出密洛西。
又是什么造化的风，

[1] 蓝怀昌等译：《密洛陀》，中国民间文艺出版社 1988 年版，第 9 页。

又是什么孕育的气？

神仙师傅吹气变成大风，

神仙师傅呼吸变成大气。

什么变成神仙师傅？

师傅是海龙来变成。

……

聪明的密洛陀，

智慧的密洛西，

她想要造天，

她想要造地。

用什么造天？

拿什么造地？

洛陀是风造成的，

洛西是气形成的。

她又对风叫喊，

她又对气呼唤。

呼风来帮她造天，

唤气来为她造地。

暖风轻轻吹到身边，

热气微微吹到身前。

风来使她体大无穷，

气到使她力大无边。

她做成一个大盖子，

她做成一个大底子。

她用头把盖子顶起，

上面的盖子成了天；

再用脚向底子踏去，

下面的底子成了地。

……

于是天地两分开，

再也不会拢起来。

头上是无际的天空，

脚下是无边的大地。

洛陀害怕天会塌下，

洛西忧虑地会陷底。

她又呼风来帮助，

她又唤气来帮忙。

暖风听了吹过来，

热气听了到身旁。

她叫风变成十二根天梁，

她叫气变成十二根地柱。

十二根天梁横架，

十二根地柱牢竖。

于是造成了天，

于是造成了地。

天永远不会塌落，

地永远不会陷底。[1]

[1] 蓝怀昌等译：《密洛陀》，中国民间文艺出版社 1988 年版，第 10—13 页。

整个这一段铺叙无非是要表明风与气怎样化生了创造女神，又怎样生成天和地，并化作梁柱使天地之间的分隔空间保持永久。实际上正相当于《圣经·创世记》中耶和华第二日的创造活动：

上帝说："诸水之间要有空气，将水分为上下。"上帝就造出空气，将空气以下的水、空气以上的水分开了。事就这样成了。上帝称空气为天。有晚上，有早晨，是第二日。[1]

空气以上的水为云雨，空气以下的水为江海，空气的创造实质在于分隔空间，形成上天与下地的世界格局。神话的想象在细节方面千差万别，可在解说现存世界的空间由来时总是诉诸日常经验的风、气表象。"上帝称空气为天"，既是命名，又是确认宇宙秩序，所谓"天经地义"，由此而获得永恒的效力。反观《大宗师》在狶韦氏契天地后讲述伏戏氏袭气母，文字虽极精简，其在创世中的地位和作用完全可借助比较神话学的旁证材料得到确认。这一确认又可在《大宗师》这一段文本的上下文联系中得到验证，从而复原其神话的本相。

神话中的风和气在创世之初一方面承担分隔天地的空间职能，另一方面又作为生命世界的化感之源。这一层意思也体现在伏羲之名的训诂之中。《广雅·释诂三》："羲，施也。"羲即指气，如何能"施"？原来"施"就指施化或分阴分阳。彝族史诗《裴妥梅妮》第一篇所叙创世观就表明了风神的这种施化功能：

远古的时代，
天地浑沌沌，

[1]《旧约·创世记》第1章第6—8节。

明暗难分辨。

过了数百年，

生出气神来，

气神名赛添（清浊二气之神）。

又过几千年，

雷神出现了，

雷神名西伦。

再过万万年，

风神也现身，

风神是默查。

赛添放清浊，

默查施阴阳，

西伦劈下雷。

清气升为天，

浊气沉为地。[1]

风神施阴阳以佐助上天下地的分化和定位，在此看得十分清楚，也有助于对伏戏氏之名的训释。《经典释文》卷二《尚书音义·尚书序》“伏牺”名下云：

本又作羲，亦作戏。许皮反。《说文》云：贾侍中说此牺非古字。张揖《字诂》云：羲，古字，戏，今字。[2]

[1]《裴妥梅妮》第23辑，云南少数民族古籍译丛，云南民族出版社1988年版，第2页。
[2]陆德明：《经典释文》，中华书局影印本，1983年，第36页。

几个字对照之下，可看出还是张楫所说的古字“羲”字最贴近风神施化的创造本义。此外，“伏”字亦有讲究的余地。《庄子·庚桑楚》篇中庚桑子云：“奔蜂不能化藿蠋，越鸡不能伏鹄卵，鲁鸡固能矣。”[1]此“伏”与“化”对言，有孵化新生命之义，与“孚”通。《说文》：“孚，孵也。从爪从子会意。”《广雅·释诂一》：“孚，生也。”段注引《通俗文》：“卵化曰孚。”武文先生据此认为伏羲之名隐含生育生殖神的身份，他论证说：“伏（孵）来自于原始人类对鸟禽卵生的启示。原始人认为，人与虫、鱼、鸟类一样，似乎也能生出蛋来，人也是孵化的结果。西北民间至今流传着伏羲、女娲造人烟的神话。大意是，洪水之后，兄妹结为夫妻。不久，女娲生了个肉蛋，兄妹轮流把它抱在怀里取暖。过了四十九天，肉蛋破了，生出来一群男女。”[2]从这神话所看到的伏羲已可称为孵羲了，其生命施化之作用甚为直观，其想象的原型则为宇宙卵型创世神话。

四、伏戏氏与日月星

人们对《大宗师》论“道”一段叙述之所以普遍产生怀疑和不信任感，一个十分明显的原因就在于，“得道”的系列之中十分杂乱，一会儿是名不见经传的古神古帝，一会儿是山神水怪等自然生灵，一会儿是长寿的彭祖和贤明的君臣，一会儿又是日月星辰等天体。实在有些不伦不类、七拼八凑的感觉。一位“其学无所不窥”的思想大师，岂会写出这样不成体统的文章来呢？现在，我们经过多方参照，把这一段叙述还原到世界性的神话叙述程式——创世神话的背景中来重新解读，杂乱表象背后的秩序和叙述逻辑已清晰可辨。

据现存世界上最早的创世神话——苏美尔神话，风神恩利尔完成了以空

[1]《庄子集释》，第779页。
[2] 武文：《伏羲——原始生殖祖神》，霍想有主编：《伏羲文化》，中国社会出版社1994年版，第96页。

气分开天地的伟业之后，世界的空间已具雏形，接下来的创世过程是恩利尔以气化生出月亮，又从月亮中化生出太阳。[1]《大宗师》中隐含的创世母题也是按照同样的顺序展开的，伏戏氏完成气化空间的直接结果，便是北斗星和太阳、月亮三种发光体的出现：“维斗得之，终古不忒；日月得之，终古不息。”北斗因有众星之纲维的意义，故称“维斗”，实可喻指群星。“不忒”就是不变：斗柄所指可作为永远有效的空间方位坐标，而日月的“终古不息”则喻示着宇宙时间的永恒流动。至此，由豨韦氏契天地以来的创世功业已进入秩序化的时空体系，随后将有进一步具体化的时空分割。

在《圣经·创世记》中，耶和华的创造程序将第四日作为日月星的出现日，并且明确说到这些发光体的时间坐标功能：

> 上帝说：“天上要有光体，可以分昼夜，做记号，定节令、日子、年岁。并要发光在天空，普照在地上。”事就这样成了。于是上帝造了两个大光。大的管昼，小的管夜。又造众星。就把这些光摆列在天空，普照在地上。[2]

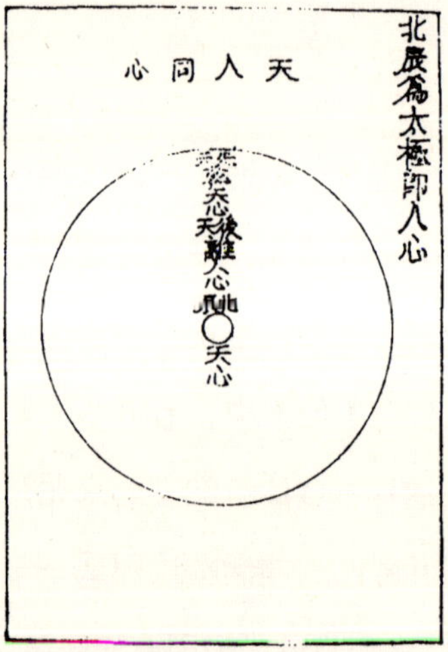

图92 北辰为太极即人心图
（《周易三极图贯·元集上》）

上帝与恩利尔一样，是创造的主体，日月星都只不过是造物主意志实现的被造对象。庄子一方面突出“道”的创生伟力，另一方面又依循老子“道法自然”的原则，所以在“道”的创世记中不谈“造”与被造的问题，让北斗星和日月自为主体，通过它们的“得道”而实现自定自化。从这一层“得道”者典范的

[1] 克拉莫尔：《苏美尔神话》，第74页。
[2]《旧约·创世记》第1章第14—17节。

意义看，日月星虽为天体无机物，却同诸神和人王们同样体现着道家的无为理想。如牟宗三先生所说：“老庄之自然皆真是‘自己而然’者。故以‘圆满具足’定之。此是圣人、至人境界。”[1]庄子上演此一部“道”的创世记，目的似不在于突出造物主的无上权威，而在于为修道之人援引往古的神圣榜样。这样，伏戏与日月星的关系就隐而不彰了。

再参看瑶族创世歌所描述的万物生成次序，也是在完成天地的定位后接着讲到太阳、月亮与众星的创造。这一次照例由密洛陀女神借助于风和气来完成：

天是造成了，
地是造成了。
洛陀往后看仍然阴沉沉，
洛西朝前看还是黑漆漆。
没有光看不见天，
没有亮辨不清地。
宇宙一团混沌，
大地一片死寂。
洛陀又想到要造火把，
洛西又想到要造明灯。
火把怎么造起？
明灯怎样制成？
她又呼来风，
她又唤来气。

[1] 牟宗三：《才性与玄理》，台北：学生书局1985年版，第179页。

风送洛陀力量，
气给洛西智慧。
她朝前吐了十二口唾涎，
左手指天画了个大圈。
呼风来相陪，
唤气来做伴。
过了一千二百岁，
过去一千二百年。
大圈变成火球一个
……
火球火光就是太阳，
光芒万丈照凡间。
她又朝前吐了十二口唾涎，
右手指天画了个小圈。
……
小圈变成银盘一只，
小圈变成白灯一盏。
银盘明朗朗，
白灯亮闪闪。
银盘白灯就是月亮。
洒下银辉满凡间。[1]

风和气对于创造太阳、月亮和星星的这种施化作用，或可辅助说明由伏

[1] 蓝怀昌等译：《密洛陀》，中国民间文艺出版社 1988 年版，第 13—15 页。

戏氏袭气母到维斗终古不忒和日月终古不息之间的潜在联系，因为这种生成程序不是随机性的，它已由创世神话的叙述逻辑所事先确定好了。尽管庄子为了强调万物自生自化，没有让风神伏戏充当创造主之角色，但伏戏作为气化宇宙论的人格化形象，多少仍透露着些许造物者的影子。后世的创世说如敦煌写本《天地开辟以来帝王纪》便将伏戏的这部分创造功能全然复原出来了，他不仅有“成立万物”之功，而且日月星辰四时也由他所定，几乎同耶和华、密洛陀的造物主身份不相上下：

问曰：伏羲何所制作，受命几许？答曰：伏羲龙身，姓风，名王。能造衣裳，定日月星辰，成立万物，推其阴阳，以成冬夏。尔时人民，顽愚质朴，未能分别礼仪，未有五谷、衣裳、田宅、屋室，穴居巢处，逢男为夫，逢女为妇。万物未备，□□天下。以造天下八卦，伏羲伏牛叶化马，受命一万八千岁，乃则变为天地、百卉、兽禽、龙蛇、鱼鳖、金银、珠玉，政万物欲未祥龙言，号曰伏羲也。[1]

此一叙事是迄今所见有关伏戏伟绩的较详备者，几乎把他当作天地万物的创造主。庄子上演的“道”之创世在这里又还原为神之创世了。

至少在汉代人的神话观念中，伏戏同日月阴阳的关联是十分明确的。只不过这时的伏戏神较少以独神的面目出现，而较多同另一位创造大神女娲形成二合一的对偶神，以人首蛇身或人首龙身的形态普遍出现在造型艺术中。较早的伏羲女娲人首蛇身的画像，是西汉时期的墓葬壁画和帛画，如洛阳卜千秋墓顶壁画、马王堆汉墓帛画。稍晚一些见于汉墓中流行的石刻画像，如陕北、四川、河南、江苏、山东等地均有发现。马王堆汉墓帛画上部中央站

[1]《天地开辟以来帝王纪》，郭锋校注，《敦煌学辑刊》1988 年第 1、2 期。

着一位人首蛇身之神，有人以为是烛龙，也有人说是日神羲和，钟敬文先生对照汉画像石的情况，解释为伏羲。他论证说：“从考古学的资料看，自西汉以后，各地坟墓里关于伏羲、女娲像，往往伴随日月图。它们大都被画在他们的顶上，也有画在他们两人交体中间的上下部的。例如重庆沙坪坝石棺的画像、陕西米脂官庄村墓门的刻像及新疆吐鲁番墓中的绢画等。关于帛画里的日月图……我想它们跟中间站着的大神（我们认为伏羲）可能有比较密切的关系。这种假想，在文献上到底有什么根据呢？我们知道：在《易乾坤凿度》里，曾说伏羲有‘立四正’的功绩。所谓‘四正’，就是一、‘定气’，二、‘日月出没’，三、‘阴阳交争’，四、‘天地德正’。据这种说法，就是当时（西汉末）有伏羲调理太阳和月亮的传说。”[1]现在参照庄子“道”的创世记中伏羲的特殊位置——开天辟地之后，日月星出现之前，再对证敦煌本《天地开辟以来帝王纪》的叙述，我们可以对伏羲“立四正”之说补充相当明确的神话学证据。所谓“定日月星辰，成立万物，推其阴阳，以成冬夏”的说法，同汉画像中手托日月或手持规矩的伏羲女娲形象毕竟有相互对应的地方。曹植《伏羲赞》诗中说他“龙瑞名官，法地象天”，王彪《伏羲赞》中称“无为而化，出道之凝。不知有始，冥感自兴”，等等，都反映着他作为造物大神的施化神功。不过，从气化宇宙论之人格化的伏羲到后世西南少数民族神话中的兄妹婚母题，这位以元气之本化感阴阳、定日月星之序、确立时间尺度的宇宙大神逐渐转变为祖先神，其本来面目也就含混不清了。

五、七神：宇宙七方的象征

在创世神话中，“宇宙的形成过程可被想象为神系的沿革”[2]。这过程

[1] 钟敬文：《马王堆汉墓帛画的神话史意义》，《中华文史论丛》1979 年第 2 辑，第 80 页。
[2] 梅列金斯基：《神话的诗学》，魏庆征译，商务印书馆 1990 年版，第 228 页。

常用具有宇宙象征意义的神秘数字“七”为结构要素：如芬兰创世歌中的七个蛋；《旧约·创世记》中的七日造万有；《庄子·应帝王》中的浑沌开七窍；已佚古神话中的一日造鸡至七日造人序列；[1] 等等。反观《大宗师》隐含之的创世神话，在日月星带来宇宙光明以下，至人祖彭祖氏事迹之前，恰好又罗列了七位大神或文化英雄的业绩，同时总是或隐或显地暗示出他们作为地域性的神灵所象征的某一特定方位，合起来构成东南西北下上中的完整严密的三维七方宇宙系统，与创世神话的七数深层结构吻合无间。

具体而言，先出现的堪坏袭昆仑，象征着天地四方之“中”的位置的神圣确认。这一点只需了解昆仑作为神话中的宇宙山如何具有宇宙轴心的意义，就不言自明了。接着登场的依次为冯夷游大川、肩吾处大山、黄帝登云天、颛顼处玄宫、禺彊立北极和西王母坐少广。后二者因为明确用了“北”和“西”的字样，其方位象征意义已揭破。而“黄帝登云天”和“颛顼处玄宫”分别对应着上天入地的运动方向，分别喻指上与下两方位的神圣确认，当无可疑。

图 93 “禺彊得之，立乎北极”
马王堆汉墓帛画细部

[1] 叶舒宪：《中国神话哲学》第 7 章，中国社会科学出版社 1992 年版。

图94 “西王母得之，坐乎少广”
汉画像石中的西王母与东王公

剩下来的只有冯夷、肩吾二者尚未落实了。若依照注释家旧说，肩吾乃“不死”之山神，“大山”即泰山，又或写作“太山”，后世称东岳，当为东方之象征无疑了。唯一费些周折的是冯夷，陆德明《释文》引司马云，冯夷是“华阴潼乡堤首人，服八石，得水仙，是为河伯”。[1]竟然把一位远古神灵的籍贯乡里都考出来了，越发不可置信。后人不察，因袭此说，冯夷就同黄河之神河伯有了瓜葛，久而久之，干脆混为一谈，真伪难辨了。今考古书中“大川”一词的用例，皆泛指大江大河或浩荡大水，并未落实到黄河一条河上。如《周易·需卦》：“需：有孚，光亨，贞吉，利涉大川。”李鼎祚《周易集解》引何妥曰：“大川者，大难也。”是以大江大河喻指艰难险阻。《周易》共有九处“利涉大川”，形成一种模式化的表达，反过来也有“不利涉大川”和“不可涉大川”各一句，无一专指黄河而言。《尚书·禹贡》述禹之伟绩，有“禹敷土随山刊木，奠高山大川”的记录，此“大川”与“高山”对言，泛指大水。《礼记·王制》：“天子祭天下名山大川”，也是泛指用法。依此惯例，似无理由将《庄子》所说“大川”定为黄河，冯夷作为水神，亦不宜与河伯混为一谈。《淮南子·齐俗训》因袭《庄子》说：“昔者冯夷得道，以潜大川。”这都是把水神的活动区域确认在江河之中。按照《老子》所说“水几于道”的道理，水神的活动其实和“道”的运行一样，也是循环往复而无极的：

[1]《淮南子·齐俗训》，高诱注略同。

水的象征性循环：由雨水到泉水，由泉水到溪流与江河，再由江河到海水，海水蒸发又化为雨水。如此往复不已。[1]

东晋王彪作《水赋》也说到水的这种变化循环："故委输而作四海，决导而流百川，承液而生云雨，涌凝而为甘泉。"[2] 由此可知，"游大川"或"潜大川"只是水神活动的一个方面，除此之外他还能够腾云升天。《淮南子·原道训》便明确说：

昔者冯夷，大丙之御也，乘云车，入云蜺，游微雾，骛恍忽，历远弥高以极往；经霜雪而无迹，照日光而无景，扶摇抮抱羊角而上；经纪山川，蹈腾昆仑，排阊阖，沦天门。

此处的冯夷作为泛水之神的循环运动行迹几乎无所不至，乃至冲上霄汉，浸沦天门，岂是专主黄河的河伯所能比拟？观其"扶摇羊角而上"的特征，不是和奔往南冥即天池的大鹏极相似了吗？"天门"与"天池"均以南方为定位，这正是神话宇宙观上南下北的模式使然。倘若不把"大川"误认为黄河的话，倒是江南川河纵横的地理特征更适宜做冯夷之归宿。尚秉和《周易尚氏学》对"大川"的独到解释可引为参考："坤为水，为大川。《易林》贲之损云：'龙'蛇所聚，大水来处。'以损互震为龙蛇。互坤为水，又师之复，渊泉隄防，水道利通，亦以复坤为泉为水。"[3] 既以"大川"为水地，则与其认定它在北方旱地，不如说喻指南国水乡更为妥当。

[1] 弗莱（Northrop Frye）：《批评的解剖》（*Anatomy of Criticism*），普林斯顿大学出版社 1957 年版，第 160 页。
[2]《初学记》卷六引。
[3] 尚秉和：《周易尚氏学》，中华书局 1980 年版，第 50 页。

这样，《大宗师》论“道”之创生功能一段话，自“堪坏袭昆仑”至“西王母坐少广”七句，既是诸神的系列展开，又是立体空间七方位的依次创生，其顺序为中、南、东、上、下、北、西，构成一组较罕见的循环运动程式，故下文云“莫知其始，莫知其终”，显然是对七方位依次更替循环的补充说明，不宜解作对西王母一神的说明。

我们已知创世神话的本质在于确认空间和时间从无（混沌）中开始，从而为人类的降生提供有序的世界背景，[1] 所以叙述时空开辟之后往往接着叙说人祖的创生及种族的绵续。《大宗师》所崇奉之“道”也是如此，它并不因自然世界的告成而停止其功业，而是继续延伸向人类社会，于是有了“彭祖延寿”不衰和“傅说相武丁取天下”一段创世尾声，将华族文化之渊源流变直接同神圣宇宙的诞生联系为一体，充分体现“道”贯通自然与社会的天人合一属性。至此，一篇首尾完整的创世史诗的叙述框架已清晰地呈现出来。《庄子》书中最令儒者头疼的一段“荒唐之言”原来是“道”借助于得道者现身说法的开辟大寓言，它非但不是“最无内心处”，反倒是最为核心的了。如艾利亚德氏所说：“讲述宇宙创生的神话必然成为一切神话的基础和范本，因为它为所有的创造提供了‘原型模式’，也为所有重要的仪式和人类活动确定了效法的范例。”[2] 庄生为描绘真人体道的理想而搬出创世神话，以大道的终古不息的运行为“死生一如”的人生观提供本体论的证明，从表达策略上看，这可以说是“寓言”与“重言”的双重运用。后人不能从神话思维角度去看待这段重要的文字，遂使其宇宙发生论的蕴含隐而难明，最终不免湮没无闻了。

从比较神话学的立场出发，我们还可将“道”的创生故事同其他文化中

[1]《创世神话与教义》，《新大英百科全书》1973—1974 年，第 5 卷，第 239 页。

[2] 艾利亚德（M.Eliade）：《比较宗教学模式》（*Patterns in Comparative Religion*），英译本，希德与沃德出版公司 1958 年版，第 410 页。

类似的创世神话做整体性的对照，从而寻求对被庄子寓言化再造之前的更为古朴、具体的神话形式的理解。在笔者看来，古代印度关于宇宙卵—梵的创生叙述与《庄子·大宗师》的“道”创生论最为接近，只是在时间、空间和诸神的划分排列上更为具体和详备：

没有光辉，没有明亮，各方面都为黑暗所笼罩，出现了一个巨卵，是众生的不灭的种子。传说这是在由伽（时代）之初形成的巨大神物；传说其中有真实存在，光，梵，永恒，奇异，不可思议，处处相同，是未显现的细微原因，具有真实与非真实本性。从这里生出了老祖，主宰，唯一的生主，梵天，天神祖宗，天柱，摩奴，谁，最上者，波罗吉多族，还有陀刹和陀刹七子，从此生出了二十一位众生之主。还有那本质无限量的布卢沙（人）。这一切是仙人们都知晓的。还有一切神，阿提迭，婆薮，双马童，药叉，沙提耶，毕舍遮，俱希迦，祖先。从此生出了有知识的，有教养的，无污垢的众梵仙，以及许多具备一切品德的王仙，还有水，天，地，风，空，八方，年，季，月，半月，日，夜，依次出现；还有世间见到的一切。所有这些眼见的，静止的和活动的，出现的东西，到由伽（时代）灭尽时全世界又在减缩起来。正如季节中种种季节现象都变换一样，在由伽（时代）之初这种种事物再出现。这样，这无始无终的，造成出现物收缩的轮子，无始无终地在世间旋转。[1]

这个神话把开辟前的状态描绘为黑暗笼罩中的巨卵，正相当于庄子所说的“未有天地自古以固存”之“道”，或老子所说的“有物混成，先天地生”；这个宇宙卵被说成是“众生的不灭的种子”，喻指生命万有之源，与庄子说的“自本自根”相对应。“传说其中有真实存在”，类同于庄子说的“有情

[1] 金克木等译：《摩诃婆罗多》第 1 卷初篇，中国社科出版社 1993 年版，第 23—24 页。

有信”和老子说的“其中有精，其精甚真，其中有信”。至于印度神话说到宇宙卵“永恒”“奇异”“不可思议”诸特性，也类同于庄子说的“长于上古而不为老”“无为无形”“可传而不可受”等。接下来叙述诸神及人祖的化生，相当于庄子罗列的十三位得道者；同时化生出的水、天、地、风、空、八方，象征空间结构的产生，而年、季、月、日、夜等则为时间的大小尺度。万物在时空秩序中的定位及运转像轮子一样是“无始无终的”，这用语和庄子的“莫知其始，莫知其终”简直如出一辙。这种圆轮般的永恒循环在《寓言》篇中又表达为“天钧”，其说如下：

万物皆种也，以不同形相禅，始卒若环，莫得其伦，是谓天钧。

疏云：“禅，代也。夫物云云，禀之造化，受气一种而形质不同，运运迁流而更相代谢。物之迁贸，譬彼循环，死去生来，终而复始。”[1]用艾利亚德氏的术语，印度神话中的轮子说和庄子神话中的天钧循环说都出自同一个神话主题——“永恒回归”或“永恒循环”，这乃是一切宗教、仪式和神话的一个基本的原型模式。[2]庄子不但借用这一原型模式表达他的哲学理念和真人理想，就连他的表达形式也精心设计为“始卒若环”的艺术整体，以便同天道的运动规则吻合无间。所谓“卮言日出，和以天倪”，此之谓也。

本章对潜含于《庄子》内篇文本中的创世神话的结构和主题做了初步的发掘和清理。根据艾利亚德等宗教史学家和神话学家的见解：创世神话构成特定文化之中世界观和价值观的基型，也因此而成为其他神话的结构原型和主题范本。《庄子》内七篇中创世神话的多次反复出现是作者匠心独运的有意识安排，绝非随意引用或生发所致。这些前后呼应的创世主题不仅构成庄

[1]《庄子集释》，第951页。
[2] 艾利亚德：《永恒回归的神话》，特拉斯克（W.R.Trask）英译本，伦敦，1954年，第3页。

子乃至道家哲学宇宙发生论的基础、真人式的人格理想的本体论依据，而且也使《庄子》内七篇文本具有了一种潜在的艺术结构上的完整性和统一性。以往的研究者只从思想内容方面和语用习惯方面去论证内七篇为自成系统的庄子本人作品，却忽略了内七篇作为自足圆贯的艺术整体的特殊意义。通过神话学的考察，可以发现七篇之间的联系不是外在的并列关系，而是内在的循环往复的整体性关系。按照整体大于部分之和的原理，内七篇本身构成一部“道”的创世记：始于以鲲鹏相化为象征的开辟鸿蒙，终于以浑沌开窍为喻的宇宙再生之希冀，中间穿插着种种喻道、体道、得道的寓言、重言、卮言、谜语、反论、诡辩和玩笑。合起来看有如一部启发人们悟“道”的大寓言，一个设计精巧而完美的“筌”。至于能用这个“筌”捕到什么样的“鱼”，那就全然是对读者的智力和悟性的测验与挑战了。

THE ELEVENTH PART

第十一章

人神之间
——神话置换为仙话的轨迹

中国人创生理论的背后还隐含着另一个观念，即一种生物完全可能，或经常会转化为另一种生物。对于这个熟悉由虫到蛹、由蛹到蛾的演化过程，因而对在公元前两千年就掌握丝织技术的民族来说，这种信仰能在他们中间流行并非怪事。

——迈克尔·罗维：《宇宙·神谕与人伦》

千岁厌世，去而上仙，乘彼白云，至于帝乡。

——《庄子·天地》华封人语

变化无日上下无时谓之神。

——《管子·水地》

一、《庄子》与神仙思想

原始信仰中的超自然存在以具体的、对象化的神的形式出现在神话中，而随着神话和信仰的同步衰微过程，超自然存在也难免要寻求新的置换变形。道家思想在这场大转换之际应运而生，正是充当了此种置换变形的有效媒介。换言之，原始信仰及相关的神话体系在文明以后的中国历史中不断遭到质疑、否定、拒斥、消解的同时，也不得不改换形式以新的道家信仰的面目在民间继续传承。中国式的神话变体——仙话正是以老庄思想为契机而完成其信仰和观念之置换变形的。顾颉刚先生认为，仙人观念不是自古就有的。古人以为人死为鬼，都到上帝那边去，此乃祖先崇拜之缘由。然而，“古代的社会阶级森严，说不上有什么自由，人们也不易想到争取自由，因此，他们没有在意识中构成一种自由的鬼，浪漫地游戏于人世之外，像战国以来所说的仙人”。[1]推考有关仙人的最初史料，除了《史记》中说到的燕齐之方士外，重要来源之一当推庄子：

《庄子》里说的“真人”也颇有仙人的意味。这书讲普通人的呼吸都在喉咙里，真人的呼吸却在脚跟上。真人的本领，会入了水不湿，入了火不热。有一位列御寇能腾空走路，常常很舒服地御风而行，一去就是半个月。藐姑射山上住一个神人，他的皮肤好像冰雪一样白……[2]

此处所举的几个例子也都是被当作庄书中神话色彩最浓厚之例的，顾先生不以神话视之，只当作庄子时代新创造出来的东西。他分析这种仙人思想

[1] 顾颉刚：《秦汉的方士与儒生》，上海古籍出版社 1978 年版，第 9 页。
[2] 顾颉刚：《秦汉的方士与儒生》，上海古籍出版社 1978 年版，第 10 页。

的来源，曾点出两个原因：其一是时代压迫。战国时期的社会剧变给当时士人造成苦闷，又想不出解决的办法。苦闷到极度，只好借助玄想去解决，于是有了“吸风饮露，游乎四海之外”的超人。其二是思想的解放。战国时旧制度和旧信仰纷纷解体，“天地不仁”“其鬼不神”的口号喊出来了，在上帝之先的“道”也寻出来了，在政治上取得权力的个人自然会想在生命上取得自由，脱离上帝的羁绊，做无拘无束之仙人。《庄子》中常说“与造物者游”，“与造物者为人”，此“造物者”即上帝之别称，是过去信仰中最神圣的至尊之神，人间除了膜拜和顺从之外再不敢想什么。现在庄子却说上帝管不着他，还可以做与上帝同游共乐的朋友，这真是前所未有的平等思想。这思想对个人心理的解放作用有如佛教所说的人人皆可成佛。仙道之说在民间得以广泛传播，这种平等的意识当是一个原因。顾先生讲的这两方面原因看来都还有再探讨的必要。前一原因“压迫”说似可归入精神分析的“愿望达成”理论：时代压迫造成的苦闷在现实中找不到解决办法，转而在玄想世界中去解决，这不正和弗洛伊德派分析的梦与文艺的达成被压抑愿望的功能完全一致吗？顺着这一思路去考虑，还可对中国仙话产生的主体条件做深入的文化精神分析的阐释：为什么时代压迫一类现象中外皆然，唯独在此一文化中生出蔚为大观的仙人幻想世界呢？日本的道教研究家窪德忠即认为，神仙思想为中国之特异思想，在其他国家是没有的。[1] 如果我们再从庄子思想亦为中国本土所独有的现象去联系起来看，则更易说明问题。关键似在于，庄子如何一方面解构旧有的宗教和信仰，另一方面又通过置换和改造完成从神话向仙话之过渡的。这也就涉及顾先生所揭出的第二个原因——思想的解放。不过，他以为这种解放的由来是“个人既在政治上取得权力”[2] 后转而在生命上求取自由，似未妥当。老子官至周守藏史，谈不上多少权力；庄子为漆园

[1] 窪德忠：《道教史》，东京，山川出版社 1977 年版。
[2] 顾颉刚：《秦汉的方士与儒生》，上海古籍出版社 1978 年版，第 11 页。

小吏，更与政治权力相去万里。从政治态度上看，庄子却是以权力之激进的对抗者、解构者的角色在著书立说，很难说他的真人神人理想同秦皇汉武的寻仙求药有直接的联系，后者才是凭借权力而不是凭借精神去追求不朽的。

至于说到庄子神话与仙话的关系，有些实证性的环节有待完成。日本的山田利明先生在《神仙道》中即持较为审慎的态度，他说：

仙人和《庄子》所说的神人、真人究竟是什么关系？现在仍无法判定二者孰先孰后，谁吸收了谁。只可以简单地说，二者有极密切的关系。《庄子》中出现了寿八百的仙人彭祖、昆仑山女仙西王母和仙人之祖黄帝等。这些仙人故事是否在《庄子》成书前就已经出现，且当别论，不过，这些故事表明仙人和神人的形象在战国后半期已经流传相当广泛，并受到崇信。而且，它们与不死思想结合在一起，成为构成方术的要素。[1]

这里将仙人故事与不死思想看成本来相互分立的东西，战国时才结合在一起，并对庄子神人说与仙人说之间孰先孰后问题持保留态度。虽承认二者有“极密切”的关系，却不轻易等同齐观，实际上对闻一多《神仙考》以来多数学者所接受的神人真人即仙人的看法打上了一个问号。理由似在于一种先天或后天成仙的差异上，而不仅仅是名称上的差别。山田利明又说：“《庄子》中的神人和仙人是相等的神。它们不是普通人变成的，出现时已经就是神仙了。在这一意义上，它们是真正的神仙，与后来通过修行或不死药而成的仙人不同。”[2] 如果说庄子所推崇的只是先天而成的神人真人，普通人无法企及其飞升和不死的超越境界，那么也就谈不上“平等”和“解放”作用了。庄书中一再谈到坐忘、守形、导引、辟谷等修道技术，其实都是民间已

[1] 福井康顺等监修：《道教》，第1卷，朱越利译，上海古籍出版社1990年版，第276页。
[2] 福井康顺等监修：《道教》，第1卷，朱越利译，上海古籍出版社1990年版，第277页。

有的仙道实践，正是为普通人达致超越境界而敞开的大门。至于将通过服不死药而成的仙人说成“后来”的，也有不确切之嫌。因为《山海经》中早有此类服药而成的不死民，虽未以仙称名，当今的仙话研究者多以此为神仙说的祖型。《中国仙话》一书的编者在前言中说：仙话产生于春秋战国时期，“从现存资料看，最早的仙人是《山海经》中的不死民。……不死民的长生是靠吃甘木（不死药）而做到的，与后世仙人特点相符”。[1] 袁珂先生也认为，《山海经》作为中国神话的总结集，其中多处出现了仙话的影子。《海外南经》《大荒南经》《海内经》《大荒西经》《海外西经》等均有不死国、不死民、不死药一类主题。他过去以为这是仙话“侵入”神话造成的现象，后来认为神话中有仙话成分。[2] 朱越利先生认为，长生不死的观念早在我国原始社会时期即已出现，《山海经》的昆仑神话中，即包括复活和不死两种长生不死的神话。这类神话在春秋战国之际演变为神仙观念，长生不死的人称为仙人，也称为真人、神人等，《庄子》与《楚辞》中有不少神仙信仰的记载。[3] 詹石窗先生提出，仙话大体可分为四类：一为羽人式，二为寿国式，三为帝师式，四为方术式。其中第一类羽人式仙话突出表现飞人主题，“从《山海经》到《庄子》所描写的这些飞人、神人，虽然并没有明确指为‘仙’，但却包含有轻举上升这一‘仙’的基本含义。这些传说、想象以飞鸟、飞人为主角，而不出现‘仙’字，恰好说明了其形象性，而与纯‘仙理’的宣传有区别”。[4] 以上诸家观点都有将仙的观念提前而溯至《山海经》的要求，这反映了仙话研究昌盛以来的视界扩大和追本溯源的努力。许地山先生于 20 世纪 30 年代著《道教史》，已于第六章“神仙底信仰与追求”中将仙的思想来源上推至

---

[1] 郑土有、陈晓勤编：《中国仙话》，上海文艺出版社 1990 年版，第 1 页。

[2] 袁珂：《中国神话史》，上海文艺出版社 1988 年版，第 125—127 页。

[3] 朱越利：《从〈山海经〉看道教神学的渊源》，《世界宗教研究》1989 年第 1 期；《道经总论》第 1 章第 1 节“继承神仙信仰”，辽宁教育出版社 1991 年版，第 2 页。

[4] 詹石窗：《道教文学史》附录“仙与仙话”，上海文艺出版社 1992 年版，第 554 页。

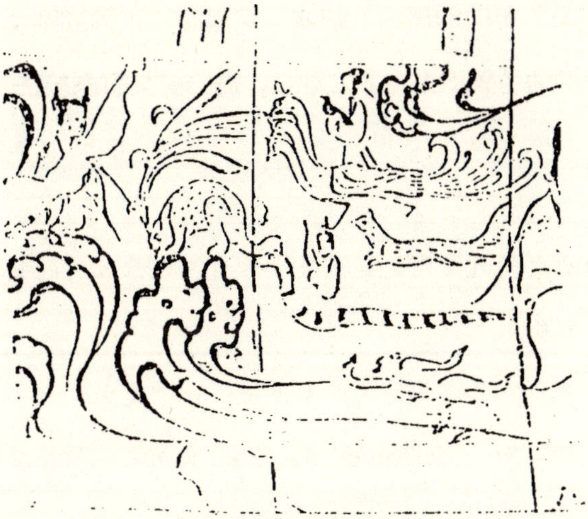

图 95 升仙的理想
画面右方女墓主乘三头凤、男墓主乘龙（蛇）飞往仙界，左上角有女仙出迎
[洛阳卜千秋墓主室壁画（顶部）摹本]

《山海经》《楚辞》和《庄子》《列子》等典籍，并引用日本青木正儿的看法，把神仙说的发展分为地仙说与天仙说两种，又在地仙说中分出山岳说与海岛说，前者产生于西方的山岳区，后者产生于东方的渤海湾区，而以山岳说为早。齐威王宣王以后才有海上仙山说；《山海经》《庄子》《楚辞》都已讲到神仙住在昆仑山上。[1] 据日本学者御手洗胜的研究，《史记》和《列子》等书中提到的仙山名称，都可以从发音上统合为"归墟"二音，由此推论《楚辞》以来的仙乡传说并非各自独立产生出来的，而是从统一的归墟信仰派生而来的。所谓归墟是指天下之水所归的东海中的无府之谷。[2]《庄子·秋水》篇讲到的"尾闾"，永不停息地泄漏着海水，使万川归海之水不至于溢满出来，《列子》称之为无府之谷和归墟，其他古书又称归塘尾闾、沃焦、海东川等，萧兵先生以为即是日出于东的"汤谷"。[3] 王孝廉先生也赞同将仙话想象之

[1] 许地山：《道教史》，上海书店 1991 年影印版，第 143 页；青木正儿：《从神仙说看列子》，原刊于《支那学》第 2 卷第 1 号。
[2] 御手洗胜：《神仙传说与归墟传说》，《东方学论集》第 2 集，昭和二十九年。
[3] 萧兵：《汤谷、沃焦和尾闾》，《楚辞新探》，天津古籍出版社 1988 年版，第 75—86 页。

源头上溯至《庄子》所说的尾闾—归墟，并据此修正顾颉刚《庄子和楚辞中昆仑和蓬莱两个神话系统的融合》之观点，提出更具有系统性的“仙乡传说”起源论：

西方天上白云之间的黄河之源以及东方黄河之水入海的归聚之处，就是古代人所信仰的仙乡。

中国古代的仙乡，可以归纳为两个系统：一个是由仙人、方士、蓬莱、归墟所组成的东方仙乡；一个是由神、巫、昆仑、黄河之源所组成的西方仙乡。[1]

两种仙乡信仰在战国时代随着秦、楚两国的势力拓展而相互结合，形成《庄子》《山海经》和《楚辞》等书的新神话世界。以上所述前贤诸观点或有不同，不过在承认仙人思想与《庄子》一书有特殊关联这一点上是大体一致的，不论把这种关联落实到真人、神人一类特殊形象，还是东海尾闾、归墟信仰、昆仑山与不死药，等等。这些都将成为本章探讨《庄子》与仙话关系的基础。

庄子思想与神仙说虽有密切关联，但二者毕竟不是完全同形同质的体系，在某些观念上有一些出入甚至抵牾不合，亦不足为怪。晋人葛洪就曾指出，庄子之生死观与神仙说有很大差别。其《抱朴子·释滞》言曰：“……或复齐死生，谓无异以存活为徭役，以殂殁为休息，其去神仙，已千亿里矣，岂足耽玩哉？”[2]蒙文通先生据葛洪此言论断说：此见道家之学，于神仙之事原相违隔，故葛书诋之。至庄子讥斥长生，曾不一事。葛书所指，即《庄书·至乐》诸篇义，其言曰：“人之生也，与忧俱生，寿者惛惛，久忧不死，何之

[1] 王孝廉：《中国神话诸相》第3章“仙乡传说——仙山与归墟的信仰”，自刊本，第219页。
[2] 王明：《抱朴子内篇校释》（增订本），中华书局1985年版，第151页。

苦也。”《刻意篇》言：“圣人之生也天行，其死也物化。”[1] 凡所引证，虽然未若王明先生校释葛书所引《淮南子·俶真篇》“休我以死”高注引《庄子》佚文“生乃徭役，死乃休息也”更为精当，却毕竟在庄子生死观与仙人思想之间找出了尚待探讨和阐释的某些关键问题。由此切入做进一步的思考，确实可以揭示道家与道教关于人神关系和生死关系的最具特色的思想层面。笔者以为，《庄子》中有关“死也物化”或“死乃休息”的观念与长生不死的神仙理想之间，看似差异很大，骨子里却又是息息相通的。二者同样建立在以神话为源头的变化哲学的观念基础上，因为“化”即寄寓着不死的意思，“物化”说取法于某些富有中国特色的变形动物之神话，本章以下各节拟从神话背景中的神与人、生与死的相关性入手，对构成神仙思想的中心理念——“变化”做形而下的还原式研究，并由此而透析庄子乃至中国文化中“神”的观念之特质及其同“精”等观念的内在联系。

二、人神分际：“绝地天通”与失乐园

为了透彻地理解庄子的真人和道教神仙学说在中华文化中的发生原因和功能效应，有必要弄清上古神话中确认的人与神隔绝和分途的中国式失乐园观念，以及由此引发的超越人神界限的强烈欲求如何为变形神话的道家翻版提供创作动力，为仙的想象拓开广阔前景。

无论是有文字记载的神话故事中，还是无文字社会的口头传说中，人们都可以找到关于远古黄金时代或乐土乐国一类的想象境地，作为不尽如人意的乃至罪恶昭彰的现实世界之反照。《诗经·魏风·硕鼠》中咏叹的“乐土乐土，爰得我所”，“乐国乐国，爰得我直”，“乐郊乐郊，谁之永号”，

[1] 蒙文通：《晚周仙道分三派考》，《图书集刊》第8期，1948年6月；收入《古学甄微》“蒙文通文集”第1卷），巴蜀书社1987年版，第339页。

便鲜明地反映了不满于现世生活境况的古人向往乐园世界的执着心态。郑玄笺“乐土”云：“有德之国。”又笺“乐郊”句云：“永，歌也，乐郊之地，谁独当往而歌号者。言皆喜说（悦）无忧苦。”[1] 这种只有喜悦无忧苦的有德之国是否与庄子的“至德之世”或“无何有之乡”有某种关系，现已无从考索了。仅从字面意义上看，倒可与《圣经·创世记》描述的伊甸乐园相比照。那里也是唯有喜悦无忧苦，只有生命无死亡的神幻境界。未犯原罪的人祖亚当夏娃是可以像神一样安享永生之福的。澳大利亚原住民的神话把乐园时代上溯到创世之初的“梦幻”（the dreaming）期，那是与世俗的今日现实相对的“神圣”时期，必须用“超自然”一词来界定它，因为它和梦一样超出于日常生活经验之外。[2] 对于神话的信奉者而言，那也是最深的敬重之对象，至高的幸福和不死的神力伴随着那时的人。台湾邹人的神话说，尼弗奴神初造人类的时候，每个人的寿命都像阿里山上的桧树那样长久，即使死了，尼弗奴神也能让死者复活，每个人都要经过五次救活之后，才会真的死去。梭也梭哈神常常模仿尼弗奴神行神奇的能力，但每每事与愿违。有一次有人第一次死亡，正巧尼弗奴神不在，被梭也梭哈神发现，就在家屋里挖洞穴埋了死者，并且站在旁边哭泣。不久尼弗奴神归来，想让死者复活，但因为梭也梭哈神已先哭泣过了，无法再让死者复活，于是那人就真的死去了。从此以后，人死了一次，就没有办法再复活了。[3] 从上引希伯来、澳大利亚和台湾邹人的神话看，失乐园神话也就是人类死亡起源神话。或者由于人祖犯罪、过失，或者由于神的疏忽，人类不可避免地失去了当初的不朽神性，告别了那有乐无忧的永生乐园。此类神话既在劝诫人们安于现状，接受必死的事实，又在

[1] 王先谦：《诗三家义集疏》卷七，中华书局 1987 年版，第 413 页。

[2] 参看列维 - 布留尔（LLēvy-Bruhl）：《原始神话学》（*Primitive Mythology*），艾利奥特英译本，昆士兰大学出版社 1983 年版，第 14—15 页。

[3] 浦忠成：《台湾邹族神话研究》附录《邹族神话汇编》，台北，“中国文化大学”博士论文，1994 年，第 264—265 页。

诱发着回归乐园、超越死神的幻想可能。

弗雷泽在分析了数十种死亡起源神话后指出：“死的问题十分自然地在所有年龄的人心中存在，不像那些只有少数思想家才关心的问题。既然一个智障者和一位圣人同样不免于死，就连最无心的人有时也会问一问自己死后会怎样。在人类思想史上，某些最高的智慧为此寻求答案。尽管他们的解答穿上了美丽的言辞和诗的意象所编织的外衣，但实际上同野蛮人粗陋的猜测还是十分相像的。看来就是最伟大的心灵也难以穿透隐藏在生命尽头的这一层坚硬帷幕。不过，一般人也许不至于为解答这个问题而过于费神。他们所要知道的，也是我们所要知道的：死亡对于个人来说是否是一切的终结？我们意识的人格是伴随着躯体而死去，还是能继续存活一段时间或活到永远？这就是对降生到这个世界上来的所有人类之成员提出的谜，是那如此之多的探索者曾经枉然叩过的门扇。此一问题在一个有限的形式中实际上已经成为普遍的关注焦点：没有哪个人类的种族不考虑这个神秘之谜并且以或多或少的自信执着相信着某种答案。但并非所有的种族对此付出了相等的关注，程度上的轻重差别显而易见。”[1]死亡的降临作为乐园状态的终结，这一点对于千差万别的神话叙述来说都是无法否认的。另一种强调人类必死性的表达方式是区分神（不死）与人（必死）的本质差异，以及二者之间难以逾越的界限。这种表达方式也常常同失乐园主题相结合：把人神相对平等、共享不朽的某个初始时期看作一去不复返的遥远过去，把人神隔绝不通、生死有别的现状视为失乐园的永久性后果。清代思想家龚自珍在《壬癸之际胎观第一》中说道：

人之初，天下通，人上通，旦上天，夕上天；天与人，旦有语，夕有语。

[1] 弗雷泽（J.G.Frazer）：《不死的信仰和死者崇拜》（*Belief in Immortality and the Worship of the Dead*）第1卷，麦克米兰公司，伦敦，1913年，第31—32页。

这是从空间上消除了天（神）人两界之间的实际隔绝，将初始时期设想为神与人自由上下往来、相互沟通的幻想表现。这使人想起《管子·水地》篇所说的“变化无日上下无时谓之神”。这种上下无时的本领在失乐园以前亦为人所拥有，所以人神之间并无空间界限的阻隔。可惜到失乐园以后唯有龙一类神物才拥有这种本领了。这种神人分离的状况也曾激发个别早期的神话英雄的顽强抗争，或者要求与神同样的天上地位，或不甘于死亡而求索不死药，但各族神话为他们安排的命运几乎都是悲剧性的失败，似乎要让人们相信，即使是这些超凡的英雄也不能再打破人神之间的阻隔、圣与俗之间的法定界限了。

汉族先秦古书中还有一种“绝地天通”的追述，作为失乐园主题的一种变相表达。《国语·楚语》中的一段对话为“人之初，天下通，人上通”局面的结束做了最详尽的说明：

昭王问于观射父曰：《周书》所谓重黎实使天地不通者，何也？若无然，民将能登天乎？

对曰：非此之谓也。古者民神不杂，民之精爽不携贰者，而又能齐肃衷正，其智能上下比义，其圣能光远宣朗，其明能光照之，其聪能听彻之，如是则明神降之，在男曰觋，在女曰巫。……及少皞之衰也，九黎乱德，民神杂糅，不可方物。……颛顼受之，乃命南正重司天以属神，命火正黎司地以属民，使复旧常，无相侵渎，是谓绝地天通。[1]

韦昭注：“绝地民与天神相通之道。”这一“绝”有如亚当夏娃被上帝

[1]《国语》卷十八，上海古籍出版社1988年版，第559—562页。

逐出伊甸园，从此再也不能接近生命之树。人的地位下降所导致的直接后果便是神的地位提高，人类只有凭借虔诚的祭祀和祈祷一类的宗教行为才可以和那些超然在上的神灵进行十分有限的交往，并以卑躬屈膝的顶礼膜拜去讨得天神的欢喜和庇佑。相应的，社会上的权力也自然向那些专门代理人神沟通关系的神职人员——巫师萨满和祭司神父们那里集中。礼仪活动作为人神交往的象征性手段得到极度的重视；已死的祖先成为生人与神灵世界联系的中介之一。“在商人的观念中，祖先的世界与神的世界是直接打通的，但生人的世界与祖先的世界之间，或生人的世界与神的世界之间，则靠巫觋的仪式来传达消息。但东周时代的重黎神话，说明祖先的世界或是人的世界都需要靠巫觋的力量来与神的世界交通，因此代表商周神话史的一个关键性的转变，即祖先的世界与人的世界为近，而与神的世界直接交往的关系被隔断了。它进一步说明东周时代的思想趋势是使这神仙的世界‘变成’一个不论生人还是先祖都难以达到的世界；另一方面使这个世界成为一个美化的乐园，代表生人的理想”。[1]庄子对于充任人神间交往媒人的巫觋们抱着怎样一种态度，只要留心《应帝王》中壶子嘲弄神巫季咸一幕就会很明白了。他似乎鼓励人们摆脱这些冒牌的代理人，自己努力去寻求回返乐园境界的途径。在老子和庄子的退化历史观中，社会的衰败和人性的堕落并非人祖犯罪或神灵过失所致，而是人的有为彻底违背了浑沌的无为原则。《缮性》篇追忆了古之人在混芒之中的至福状态，所谓“阴阳和静，鬼神不扰，四时得节，万物不伤，群生不夭”，完全是自然无为的理想乐国。可惜远古帝王们不知珍惜这淳朴自然的初始状态，偏要用“凿”和“为”去毁坏原始的和谐，遂导致“德”的衰散，人类面临凶险而且每况愈下。杨儒宾先生觉得奇怪，庄子在表述他的失乐园主题时为什么没有直接采用古已有之的“绝地天通”说。不过在把《尚

[1] 张光直：《中国青铜时代》，三联书店 1983 年版，第 271 页。

书·吕刑》中因蚩尤作乱而导致的绝地天通故事同道家的历史倒退论相比较之后，杨先生发现一人犯错拖累全民的观念仍是一致的，进而认为“庄子的历史腐化说乃是绝地天通神话母题的改写”[1]。至于庄子做出这一改写的动机为何，若能做进一层的追问，会是很有趣的吧。

也许庄子从内心深处就不情愿承认绝地天通的无奈事实，在他看来“绝”与“通”的对立本身就是相对的。历史的腐化退步也不会呈现为无止境的线性展开。老子不是说过“为学日益，为道日损，损之又损之，以至于无为”的话吗？同样道理，腐之又腐，退之又退，也未尝没有物极必反的效应。庄子希望人们领悟：从齐物的观点看，“绝”与“通”的相互转化也许比它们表面的对立更加值得玩味。于是，他在首篇《逍遥游》的开端处就导演出一幕冠绝古今的神话剧，让鲲向鹏的自然生化彻底扫除绝地天通以来的一切公认的界限与阻隔，将自北冥至天池的广阔空间变作大鹏练翅的好场所。从精神超越的象征层面去理解，这一雄伟的开篇意象有如庄生独自营造的一座巴比伦塔，或是一架直接通往“人之初，天下通，人上通”时代的天梯[2]，启迪读者抛却往昔成见和禁规，开启复乐园的欲望和幻想之门，从自我的内心之中去寻求不死药或生命树。

艾利森教授把鲲鹏神话视为《庄子》全书的中心神话，并提请人们注意其在叙述方面与《圣经·创世记》的一点类似之处：“中心神话有两重叙述，不过我认为第一重叙述具有更加重要的意义。两重叙述的差别在于，第一叙述明确讲到变形主题（theme of transformation），而第二叙述的特别之处是将那鱼和那鸟讲成两种独立分开的生物。”[3]圣经学的研究已经表明“摩西五经”至少有四种不同的材料来源，所以创世神话的两重叙述是由不同素

[1] 杨儒宾：《道家的原始乐园思想》，台北，汉学研究中心“中国神话与传说学术研讨会”论文，1995 年 4 月。
[2] 关于天梯神话的讨论，可参看张福三、傅光宇《天梯神话的象征》，《思想战线》1984 年第 4 期。
[3] 艾利森：《精神超越的庄子》，纽约州立大学出版社 1989 年版，第 41 页。

材的拼合所造成的。艾利森也推测说《逍遥游》中第二次讲到鲲与鹏是后代编者附加上去的，因而并不能自觉地照应庄子的中心主题。我们看所谓第二叙述是以“汤之问棘”的方式插入的，因此还符合庄书行文的“重言”惯例，轻易视为后人附加恐难证实。不过，前后对照之中，庄子改制古老的传说题材，突出水生动物与飞禽之间的变形转化的意图也就更加清楚了。不管“天池”与天堂、天国、乐园的隐喻关联是明或是暗，飞鸟一类翱翔意象在宗教和神话语境中一向作为灵魂向导而出现。艾利森有理由把大鹏视为个人自由与超越的象征，并把大鹏九万里南游的目的地——天池也相应解说为至福状态的心理实现：

> 变形的结果即是自由的获得，这也就是幸福的获得。[1]

如果这一提示能够成立，那么庄书开篇的破题就是一部精心编制的复乐园神话了。笔者主张从龙凤、鹰蛇的原型置换意义上去把握鲲鹏神话的宇宙论蕴含（参看第三章二节），也主张把内七篇作为整体来把握，将艾利森所推崇的鲲鹏神话和他所轻视的浑沌神话联系在同一种宇宙论背景中做对照性的探讨。现在参照中国式失乐园主题的“绝地天通”观念，又可将内篇的结尾浑沌开窍而死理解为道家特色的失乐园神话，恰恰同鲲鹏变形式的复乐园神话相反相成。只有浑沌未分的整体状态被打破，才会有大地开辟和空间分割的圣俗界限，自然无为的原初状态结束后迎来的是有为—妄为的人性堕落。不过按照老子已经提示的归根复朴模式，重回浑沌乐园状态成为身处末世之中唯一可行的选择。庄子更希望借助古老的变形神话及信仰，重新确认人通向神的可能性，把自“绝地天通”以来的死亡恐惧消解在个人精神超越的觉

[1] 艾利森：《精神超越的庄子》，纽约州立大学出版社 1989 年版，第 42 页。

醒之中。从庄子的这种超越尝试到神仙道教的飞升实验，最清楚地体现出弗雷泽所说的面对死亡难题所做出的富有民族文化特色的答案。《国语·晋语》九记赵简子叹曰：

雀入于海为蛤，雉入于淮为蜃。鼋鼍鱼鳖，莫不能化，唯人不能。哀夫！[1]

对者虽举出贵族之后被放逐畎亩的事例来说明"人之化"，但这种身份地位的变更与生命形态的改变毕竟是两码事。庄子似乎针对这种人能不能"化"的难题做过深入的思考，并提出了一个足以兼指人与万物的"物化"概念，强调"自化"与"独化"的优越性，以使变化的思想同无为思想吻合一致。与赵简子的哀叹形成鲜明对照，《大宗师》宣称："若人之形者，万化而未始有极也。"同篇还把变化哲思应用在贯通生死方面，使人神分途以来最大的忧患得到排解释放：

（仲尼曰：）孟孙氏不知所以生，不知所以死；不知就先，不知就后；若化为物，以待其所不知之化已乎！且方将化，恶知不化哉？方将不化，恶知已化哉？[2]

能够做到"与化俱往，无劳在生忧死"（成疏语）的孟孙才，之所以面对母亲的死而"居丧不哀"，就因为他已在内心中拆除了天与地、圣与俗、神与人、生与死的一切界限，把自己从世俗生活中提升到神人、至人、真人的精神境界中来了。孟孙才与赵简子的全部差别，就在一个"化"字的理解上，由此既可观照神话与理性之分际，也可透视儒道两家的思想分野。

[1]《国语》卷十五，上海古籍出版社 1988 年版，第 498—499 页。
[2]《庄子集释》，第 274—275 页。

三、蚕与龙：变化哲学的形而下视角

在以跨文化的视点考察“仙”的观念时，刘达先生指出：

实际上，仙人概念是从某些最基本的中国哲学概念，即从远古时代中国思想成形的概念发展来的。最基本的设想是人是宇宙的自然成分，可与天地相参，共同服从循环变化的法则。因为天地人都同等地受到自然过程的影响，所以一个顺应自然的人能像天地一样长期生存。从这个观点看，大多数人早死的不幸现象，就是违反了自然、妨碍了人与自然的天然协调的破坏性结果。[1]

成仙之道也就是顺从于宇宙自然的循环变化，并由此而恢复到与自然协调的状态，可见“仙”的理想中包孕着某种朴素的生态学思想。

事实上，与“仙”密切相关的“变”字本身就蕴藏着生物生态方面的信息。汉字中的“变”字，《说文》训为更，即变更、更替的意思。所从“䜌”，又解说如下：

乱也。一曰治也。一曰不绝也。从言丝。[2]

此处第二个“一曰”称“不绝”，可为“变”字在变化更替中不绝如缕的意思做一点旁证，这个意思又可用“变”的同义词“化”来表示。《荀子·正名》曰：“状变而实无别而为异者谓之化。”《淮南子·说林训》：“蚕食而不饮，

[1]〔美〕刘达：《道与中国文化》，刘泰山等译，广西人民出版社1990年版，第104页。

[2] 桂馥《说文解字义证》卷七提示说“蛮”字亦从“䜌”，也有不绝之义。这也使我们想到蛮与蚕的形与声相关性。

二十一日而化。”可知古人观察到蚕的生命历程是以定期变化外形为特征的，这种来自世界上最早的养蚕经验之邦或丝绸之国的直观表象，理所当然地为造字者们所直接取用，“变”字从丝的事实，就这样透露着古人关于变化的概念如何同形而下的蚕吐丝而化的表象联系在一起。围绕着这一表象，中国特色的变形神话留下了丰富的联想，也为后来的仙话提供了通过变化外形而使生命延续“不绝”的表达原型。《荀子·赋篇》中关于蚕的特征有一段占卜之辞，可引来说明许慎为何用“乱”“治”和“不绝”三义来说解“䜌”字，并由此而体悟“变”字取义于“䜌”也就相当取象于蚕的道理：

五泰占之曰：此夫身女好而头马首者与？屡化而不寿者与？善壮而拙老者与？有父母而无牝牡者与？冬伏而夏游，食桑而吐丝，前乱而后治，夏生而恶暑，喜湿而恶雨。蛹以为母，蛾以为父。三俯三起，事乃大已。夫是之谓蚕理。[1]

杨倞注“前乱而后治”句云：“茧乱而丝治也。”[2]这就为“䜌”字的歧义找到了统一的依据。至于“屡化而不寿”，说的是蚕的生命形态多次改变，似乎每种形态都不能持久，要被后来的变形所取代。如王充《论衡·无形篇》所述：“蚕食桑，老绩而为茧，茧又化而为蛾，蛾有两翼，变去蚕形。”这里既曰“变”又曰“化”，把这对同义词与蚕的原型关联和盘托出了。《说文》释“蚕”为“吐丝虫”，释“蛾”为“蚕化飞虫”，皆可为“变”字做形、音、义的佐证。由于蚕的这种周期变化可以成为不死之神的化身，所以《荀子·赋篇》又谓“其状屡化如神”，杨注：“变化即谓三俯三起成蛾蛹之类也。”从变形神话引出的生命不死观念成为中国人对“神”理解的一个重要方面。《系

[1] 王先谦：《荀子集解》，“诸子集成”本，第317页。
[2] 王先谦：《荀子集解》，“诸子集成”本，第317页。

辞传》就说："穷神知化，德之盛也。"这里的"德"显然指生命原力而言。又说："知变化之道者，其知神之所为乎。"变化本身就已成为神的某种表象了。

李丰楙先生说："从生物观察所启发的变化观念，为造字时的基本观念，不管是象形或会意，都从具象的事物取象取意，这是合乎造字原则的，月令以及相关律历保存的生物变态说，可为异常生殖的实例。《山海经》保存的变化神话，习用'化'字，叙述人物之间、物物之间的奇特变化，则已近于神话思维方式。"[1]郑在书先生在《不死的神话与思想——从〈山海经〉到〈神仙传〉》一书中，将神仙思想定义为"想超越实际的肉体死亡之意识形态"，并将其源头追溯至萨满教变形神话和《山海经》中的不死神话。[2]我们从蚕的生命历程已可看出超越肉体死亡的观念如何借变形信仰表达于汉字之中，使"变"与"神"发生了联想。

像蚕一样因其"屡化如神"而受到初民特殊的关注的另一神异动物无疑首推龙。《庄子》中没有直接出现蚕，却多次提到龙。《天运》篇孔子见老聃，把老聃的神妙不测比喻为龙："孔子曰：吾乃今于是乎见龙。龙，合而成体，散而成章，乘云气而养乎阴阳。"讲的正是龙的变化本领。郭注："谓老聃能变化。"能像龙一样变化的人当然可视为神人了。成疏："夫龙之德，变化不恒。以况至人隐显无定，故本合而成妙体，妙体窈冥；迹散而起文章，文章焕烂。"[3]龙作为虚构想象之中的神话动物，比现实生活中常见的蚕更能通过变形和超越生物界限的运动而体现"神"的能力，它被国人奉为神物，也就不难理解了。马王堆出土帛书《二三子问》也有孔子对龙的赞叹之词：

[1] 李丰楙：《不死的探求》，《中外文学》第15卷第5期，台北，1986年。
[2] 郑在书：《不死的神话与思想》（韩文版），首尔，民音社1994年版，第339页。
[3]《庄子集释》，第525页。

二三子问曰：易屡称于龙，龙之德何如？孔子曰：龙大矣。龙刑（形）䙴（迁），叚（假）宾于帝，俔神圣之德也。高尚行虖（乎）星辰日月而不眺，能阳也；下纶穷深潚（渊）之潚（渊）而不沫，能阴也。……龙既能云变，有（又）能蛇变，有（又）能鱼变，蜚（飞）鸟蚰蟲，唯所欲化，而不失本刑（形），神能之至也。[1]

如果将蚕视为现实中的变形生物，那么龙则是华夏先民虚构出来的变形之神物了，它那上天入地、唯所欲化的变化本领被奉为“神能之至”，难怪道家理想中的神人、至人要效法它的榜样。《庄子·田子方》云：“夫至人者，上阙青天，下潜黄泉，挥斥八极，神气不变。”成疏云：“夫至德之人，与大空等量，故能上阙青天，下隐黄泉，譬彼神龙，升沉无定，纵放八方，精神不改，临彼万仞，何足介怀！”[2]好一个“与大（太）空等量”，经过如此渲染的至人已经完全成了人间之神，其升天入地之本领亦与神龙无异，可知道家人格理想与变形神话实有一脉相承之关系。就是《二三子问》“龙形䙴，叚宾于帝”的说法，也和《大宗师》篇“登假于道”之说暗中应合，而“䙴”者作为变化的代用词又成为“僊”（仙）概念成立的基础。龙蛇之变可称䙴，人之变化不正可称僊了么？《庄子·天地》所说的圣人，“千岁厌世，去而上僊，乘彼白云，至于帝乡”，[3]正不妨看作“登假于道”说的文学化表现。

《说文》释“僊”字曰：“长生僊去，从人从䙴，䙴亦声。”桂馥《义证》：“长生僊去者，《庄子》：‘千岁厌世，去而上僊。’桓谭《新论》：‘圣人皆形解仙去……’《仙经》：‘神仙轻举，谓之天仙。’”[4]此处“形解”“轻

[1] 陈松长、廖名春：帛书《二三子问》释文，《道家文化研究》第3辑，上海古籍出版社1993年版，第424页。
[2]《庄子集释》，第726、421页。
[3]《庄子集释》，第726、421页。
[4] 桂馥：《说文解字义证》卷二十四，齐鲁书社影印本，第706页。

举”，都是“僊”的具体变化形式，当可同神龙与至人的变化本领相参照。《庄子·在宥》又通过广成子之口描述了长生久视的得道者形象，其词云：

至道之精，窈窈冥冥；至道之极，昏昏默默。无视无听，抱神以静，形将自正。必静必清，无劳女形，无摇女精，乃可以长生。……我为女遂于大明之上矣，至彼至阳之原也；为女入于窈冥之门矣，至彼至阴之原也。天地有官，阴阳有藏，慎守女身，物将自壮。我守其一以处其和，故我修身千二百岁矣，吾形未常衰。[1]

蒙文通先生据此段描绘确认“是于古有神僊之人也”[2]，近还有学者以为是开内丹学之先河的“古代炁功家言”[3]。更值得笔者注意的仍是作为仙人原型的广成子上天入地、阴阳变化之能力及其与神龙的相关性。前引帛书《二三子问》已有“高尚行乎星辰日月而不眺，能阳也”，“下纶穷深渊之渊而不沬，能阴也”一类对神龙的赞词，而广成子遂于大明之上，至彼至阳之原与入于窈冥之门，至彼至阴之原的特异本领，以及《齐物论》称至人“大泽焚而不能热，河汉沍而不能寒”，“骑日月，而游乎四海之外”；《大宗师》称真人“登高不栗，入水不濡，入火不热”；等等，皆可视为神龙变化本领的人类置换形式；或者说是变形神话为仙人（至人、真人）理想提供的超越性手段。倘若修道之人自己还不具备这种升沉变化的特异体能，那也不要紧，《逍遥游》篇告诉人们还有另一种直接利用龙而“游乎四海之外”的方式，那就是像藐姑射山的神人——“乘云气，御飞龙”。成疏：“智照灵通，无心顺物，故曰乘云气。不疾而速，变现无常，故曰御飞龙。寄生万物之上而神超六合之表，

[1]《庄子集释》，第381页。
[2]蒙文通：《晚周仙道分三派考》，《古学甄微》，第335页。
[3]胡孚琛：《道教史上的内丹学》，《世界宗教研究》1989年第2期。

故曰游乎四海之外也。”[1]这就把缥缈的神话幻想解说成实有其事的道理了。然而，按照现代神话学的视角来判断，无论是真人龙变，抑或是神人御龙，都是变形神话的衍生和置换。陈其南先生认为，人类在神话世界中制造出许多怪异的生物，这些怪异生物也有共同特征，就是不能按照日常经验来为其归类。希腊神话如此，中国神话尤甚。龙便是个典型。孔子曾说：“鸟，吾知其能飞；鱼，吾知其能游；兽，吾知其能走。走者可以为罔，游者可以为纶，飞者可以为矰。至于龙，吾不能知其乘风云而上天。”可见龙因为不可分类的特质，而自然获得一种超越的神性。“因此，被认为与龙有密切关联的凡人，也就获得大家所公认的超越神性，受到万民膜拜”[2]。这些话虽是针对古代的统治者——真龙天子们讲的，但也同样适用于道家的御龙神仙。只是这些能够与龙俱变的“超人”并不是政治权力的化身，反倒是远离世俗政治的独善其身者。《天下》篇说到圣人的标准是：“以天为宗，以德为本，以道为门，兆于变化。”同时还提到天人、神人和至人。郭象注与成玄英疏都认为这四种人其实为一，“随其功用，故有四名也”[3]。“兆于变化”，指的是能够“观于机兆，随物变化”。同篇讲到庄周之学，“变化”一词同样引人注目：

芴漠无形，变化无常，死与生与，天地并与，神明往与！芒乎何之，忽乎何适，万物毕罗，莫足以归，古之道术有在于是者，庄周闻其风而悦之……[4]

只有像蚕与龙那样，随物变化，才有可能将死生完全置之度外，做到“独与天地精神往来，而不敖倪于万物”，实现对生命有限性的超越。关于此种随物变化观念的神话渊源，无疑应追溯到变形神话。卡西尔曾指出，

[1]《庄子集释》，第 30 页。
[2] 陈其南：《文化的轨迹》，春风文艺出版社 1987 年版，第 44 页。
[3]《庄子集释》，第 1066 页。
[4]《庄子集释》，第 1098 页。

在神话思维中，“任何事物可能来源于任何事物，因为任何事物能够在时间或空间上与任何事物保持联系。经验主义的思维谈到‘变化’（change）并试图依据普遍法则寻求对它的理解，而神话思维却只知道一种简单的变形（metamorphosis）”。[1] 我们在《逍遥游》的鲲鹏相化故事中对这种变形主题已有充分认识，至于大瓠虑以为大樽，大樗移植无何有之乡，壶子返胎与列子复朴，子舆化尻为轮，子来化鼠肝虫臂……在在都是同一变形主题的复调变奏，或可解读为庄子版的《变形记》了。庄子旨在通过这些反复表演的变形剧揭示一种由人化神的途径，也不妨视为《在宥》篇正面提出仙人理想的事先铺垫或预演。如成玄英法师所论：“夫圣人达生死之不二，通变化之为一，故能尽天年之修短，厌嚣俗以消升。何必鼎湖之举，独为上仙，安期之寿，方称千岁。”[2] 能够“通变化为一”，也就能使人类个体的有限生命像变形动物那样持续而不绝。可知仙道思想的产生直接承袭着原始的变形信仰，并基于某种神话的仿生学原则。“任何事物可能来源于任何事物”的变形信念，在哲学理性萌发之后自然会受到质疑和否定，但在道家一道教的神话思维传承中却不绝如缕，甚至到了后代仍然滋生出蔚为大观的变形神话，从比较文化的立场上看尤为引人注目。比如五代时谭峭所作《化书》，即可视为古老的变形神话及相关信仰的一部集大成之作。作者用道家思想的至高范畴来统合解说一切变形解化之现象，认为“道之委也，虚化神，神化气，气化形，形生万物所以塞也”。这和《天下》篇所讲古之道术在“变化无常”中体现出来的庄周之学实有遥相呼应之关系。谭峭又在“老枫”条目下发挥庄子“通变化为一”的观点说：“老枫化为羽人，朽麦化为蝴蝶，自无情而之有情也；贤女化为贞石，山蚯化为百合，自有情而之无情也。是故土木金石皆有情性精魄，虚无所不至，神无所不通，气无所不同，形无所不类，孰

[1] 卡西尔：《象征形式哲学》第 2 卷，曼海姆英译本，耶鲁大学出版社 1955 年版，第 46 页。
[2]《庄子集释》，第 422 页。

为彼，孰为我，孰为有识，孰为无识，万物一物也，万神一神也，斯道之至矣。”[1]此处所云“万物一物”既可称“齐物”，亦可称“玄同”；而“万神一神”却不是一神教的那个绝对唯一之神，只有庄子的“同帝”才与此默契冥合吧。凡是能够随缘乘化，加入造化的循环变易和永恒回归之旅的一切生命，皆可位列神籍而认同为帝。取代神话思维而确立的西方理性传统对此类变形信仰的主题采取毫不留情的排斥态度，正像柏拉图贬抑诗人、排斥荷马一样。不过，直接由神话置换而来的文学表现却依然眷恋着此类主题，变奏出万古常新的乐章。西方文学批评家所总结出的两种表达“不死”奢望的原型模式，看来足以冲破国族和文化的界线而升格为世界通用的象征程式语言：

1. 从时间中逃脱：重返乐园的理想境界，也就是人类失去不死性之前所享有的那种永生极乐境界。

2. 神秘地化入循环时间中：无休止的死与再生的主题——人类通过加入自然永恒循环的宏大而神秘的节奏，获取一种周而复始的不死性。[2]

受道家的变化哲学之启迪，中国文学在上述两种原型模式的表现方面都有绝佳的上乘之作。除了蔚为大观的仙话创作之外，我们在较为晚出的某些著名神话作品中亦可找到变形动物的重要原型，以及由此而引发的通过循环变易而通向生命永恒的仙话主题。中国民间家喻户晓的嫦娥奔月神话便是一个绝妙的例子，它可以有效地显示变形、飞升、不死的相关母题如何从神话导向仙话。从这一意义上，我们也不妨将它视为被误认成神话的仙话或准仙话。

下文将从比较神话学和性别批评的双重立场以嫦娥故事做变化哲学的又一案例分析。

---

[1]《道藏》第 36 册，文物出版社、上海书店、天津古籍出版社 1988 年版，第 297 页。

[2] 居因（W.L.Guerin）等：《文学批评方法要览》，1966 年，英文版，第 122 页。

四、嫦娥奔月：变化哲学的形而下视角（续）

嫦娥应悔偷灵药，碧海青天夜夜心。

李商隐的这句脍炙人口的诗句，表明嫦娥奔月的神话在唐代已是家喻户晓的常谈了。嫦娥在早些时候叫“常娥”，后来才派生出加“女”字旁的“嫦”字。唐初大学者李善为《文选》所载谢庄《月赋》做注解时，曾引用古书《归藏》中的一句话：

昔常娥以不死之药奔月。

李善注解王僧达《祭颜光禄文》时又一次引用同一则神话的另一种说法：

昔常娥以西王母不死之药服之，遂奔月为月精。

嫦娥的神话始终与不死药和月亮相关，在神话作者心目中，嫦娥之所以能飞升到月亮上去化为月精，完全是服食了不死药的结果。在汉代之书《淮南子》中还有一种对嫦娥很不利的记载，说她是从丈夫羿那里偷窃了不死药，独自吞食后奔往月宫的。这种说法显然比嫦娥从西王母处得到不死药一说更为普及流行，李商隐不正是把嫦娥当作这样一个小偷，希望她在冷冷清清的天上能够幡然悔过，痛改前非吗？毫无疑问，在父权制社会中流行的嫦娥神话已深深地打上了性别偏见的印记。妻子偷吃丈夫的不死药，自己成仙不死，却害了丈夫的性命。这就是美妙传说背后潜在的女人祸水论主题。

无独有偶，在现存世界上最早的史诗，公元前 2000 年的巴比伦作品《吉尔伽美什》中，也讲到了一桩不死药失窃案。不过窃贼不是女人，而是一条蛇。

史诗在近结尾处叙述主人公经历千难万险后得到不死药草，正准备把它带回人间让所有的人分享，走到半途准备歇脚过夜：

这时，吉尔伽美什看到一个冷水泉，

他便下到水里去净身洗澡。

有条蛇被草的香气吸引，

它从水里出来把草叼跑。

他回来一看，这里只有蛇蜕的皮，

于是，吉尔伽美什坐下来悲恸号啕，

满脸泪水滔滔。[1]

这情景自然使我们联想到嫦娥窃药奔月后，丈夫羿“怅然有失，无以续之”（《淮南子·览冥训》）的绝望心情。看来，若不是蛇和女人分别行窃的话，英雄主人公本来完全可以借助于灵药神力而获得永生的。蛇和女人真是给男人（代表人类）带来死亡宿命的罪魁吗？犹太—基督教的《圣经》神话进一步发挥了这个主题，让罪恶的蛇先引诱夏娃偷吃禁果，然后又教唆亚当也吃，结果被上帝发现，将他们双双赶出伊甸乐园，永远见不到园中的不死树（不死药的另一种形态），因而人类必须面对死神。

父权制社会炮制出的神话原来有共同的模式，嫦娥也好，夏娃也好，偷窃也好，引诱也好，在实质上是一样的，即给人类带来死亡的主因。从象征意义上看，二者都行使着蛇的功能。在我国汉代的画像砖上，分明可以看到拖着长长的蛇身尾巴而飞往月亮的嫦娥形象。女人与蛇，作为不死药的窃者，原是互为象征的。汉语中“美女蛇”典故的产生绝非偶然吧。以上所举中国、

[1]《吉尔伽美什》，赵乐译，辽宁人民出版社 1981 年版，第 96 页。

巴比伦、希伯来三种不同文化中的作品，意在说明不同民族用不同的形式讲述着同一个死亡由来的故事，真可谓人同此心，心同此理了。不过，从比较中确认死亡主题与女人祸水主题在父权制意识形态中结缘，这还只是嫦娥奔月故事中较表面的意义，更深一层的“所以然”仍有待于发掘：

嫦娥为什么叫常娥，又叫常仪、常羲、姮娥？

为什么神话要把女人和蛇说成是偷不死药者，这同月亮又有什么必然联系呢？

假如我们把古代神话视为人类祖先用象征语言记述的密码信息，那么它的破解是我们理解上述问题的前提，而神话密码的底蕴只能求之于神话思维的逻辑。

死亡和不死这一对矛盾对立关系在神话思维中总是通过具体的意象来表现的。不死药的得与失便是常见的例子。好在不死药的名称上就表明了生命与死亡的对立，其象征意义比较容易识别。比不死药的意象较为隐晦的是变形意象：生命通过循环的，或周期性的变化而战胜死亡，达到永生不死。通常的变形意象总是初民经验世界中常见的物体，如月亮的阴晴圆缺周期变化，就被理解为生与死之间永恒的较量，古人把月由缺到圆称为“生霸”，由圆到缺称为“死霸”，正说明了这一点。屈原《天问》中有“夜光何德，死则又育”一问，意思是说，那月亮有什么诀窍，眼看着残缺消亡了，又会起死复生，变化无穷呢？屈原用理性思维去看神话，当然无法理解变形意象的潜在信息。

图 96　人身蛇躯的日月之神
（汉画像石摹本）

蛇在神话思维中也是典型的变形意象。初民观察到蛇具有周期性蜕皮的变化，就以为蛇具有返老还童、更新生命形态的神力，因而蛇也可充当不死的象征物。还有的神话干脆把蛇的这种不死性解说为偷食了不死药的结果，前举巴比伦史诗即为此例，其中专门提到蛇偷食药草逃后，留下的却是象征衰老死亡的蜕皮。中国道教迷信的化仙方法有所谓“蛇解”一法，乃是取法蛇蜕皮变形而求永生不死的意思。

蝉与蛇同样，也可因其脱壳变化而象征摆脱死亡，达到永生。所以道教中与“蛇解”相并列的尸解化仙方法中又有“蝉蜕”一法。成语中所说“金蝉脱壳”，意指从危亡境地中逃生出来。这一典故的原型无疑也是蝉蜕所象征的死而复生。后代通俗小说中曾把嫦娥混同为婵娟，而婵娟除了代表美女外，又是永生之月亮的代称。苏东坡那家喻户晓的名句“但愿人长久，千里共婵娟”（《水调歌头》），不正是用婵娟象征明月吗？《希麟续音义》卷六解释“婵娟”一词说：

二字并从“女”，蝉捐省声也。

可知“婵”之本字为“蝉”，古汉语中有“婵连”和“蝉连”一类措辞，意指连续不断，大概也取象于蝉蜕变化所昭示的生命永续，至于白居易的《井底引银瓶》诗中有“婵娟两鬓秋蝉翼”之句，更明确地点出了“蝉”与“婵”

图 97　蛇身嫦娥奔月图
（江苏武进寺墩遗址出土汉画）

在音和义两方面的关联对应关系。

从婵娟回到嫦娥，二者虽在象征月亮美人上是一致的，但各自的原型意象却仍有别：婵娟是蝉的美化和女性化，嫦娥则是蛾的美化和女性化。道理很简单，蛾同蝉、蛇一样也是以规则性地改变生命形态为特征的动物。初民观察到从产卵、成蛹、化蛾再到产卵的循环过程，因而视之为生命通过变换形式而战胜单一静止的死亡，达致永恒的象征。唯其如此，神话思维才创造出一位与月亮、不死药紧密联系在一起的常娥或姮娥，让她去行使蛇那样的自吞灵药而得永生的情节功能。这样看来，“娥”之美称只不过是“蛾”的神化和拟人化而已，“常”和“姮”则是不死的永恒生命力之象征。汉代字书《说文解字》中只有“恒”字而没有“姮”字，这说明“姮”是后起的字。古代学者庄达吉认为，嫦娥最早只叫恒娥，汉文帝名恒，为避讳，恒娥只得改作姮娥或常娥。在我们看来，“姮”与“恒”是同音替代，“常”与“恒”是同义替代，而“嫦”则又是“常”的同音替代。经过这几重改名之后，嫦娥的原型意义也就逐渐被人们忘却了。

嫦娥和月亮之间的象征性认同关系既然是以“不死”为基础的，这则神话的另外一些枝节和派生形式也就不难求解了。《山海经·大荒西经》说到一位生育十二个月亮的女神叫常羲；《世本·作篇》又说到黄帝时有位占月的天文官叫常仪。她们同嫦娥是什么关系呢？《周官》注云：仪、俄二字古皆音娥。羲字古音也读作娥，可见三者异名而同实，都是不死的月亮派生出的人物。（参看清人杭世骏《订类编》卷五“月为常仪”条。）

嫦娥神话还有一种说法，那就是唐代类书《初学记》卷一所引古本《淮南子》的记载，说姮娥窃药奔月后，“托身于月，是为蟾蜍，而为月精”。蟾蜍是蛙类的两栖动物，俗称就叫蛤蟆。月中有蛤蟆的传说起源甚古，居然也是嫦娥的化身。它同蝉、蛇、蛾的共同特征还是变形，即从小蝌蚪变为长有四肢的蛙，蛙繁育后代又化作小蝌蚪，其周期性规则至为明显，难怪神话思维把它类比于月亮呢。后世文人习惯于用玉蟾指称月亮，用蟾宫指代月宫，但两者象征生命在变形中永恒的神话观念却随着神话思维时代的远去而模糊难辨了。如果追根究底的话，中国新石器时代出土文物中便有玉蝉，而在同一时代的陶纹上就常见蛙纹了。甚至有人说古人崇拜的女性大神女娲又叫女娃、女蛙，其原型正是六千年前的圣蛙图腾。倘若要进一层追问初民为什么崇拜蝉、蛙一类动物，答案应是：它们同蛇（龙）一样，因周期性地变化形态而被当作生命不死的象征，或者说是神话思维所确认的生命之“常”或生命之“恒”，是不断变换的外形之中所蕴藏着的生命蝉联永续的神力。

至于蟾蜍如何升格为女娲大神、蝉蛾如何幻化出婵娟嫦娥的问题，当然还需从女性与月亮的类比认同着眼去解释。同男性相比，女性之所以更容易被类比于月亮，这也是早自石器时代就传下来的经验：只有女性身体才表现出一种不可捉摸的、却又有规则的周期变化，这种变化的周期又大致与月亮的圆缺相一致，因而获得“月事”之名，也不是偶然。李时珍《本草纲目》对这一类比的逻辑依据交代得很清楚：

月有盈亏，潮有朝夕，月事一月一行，与之相符，故谓之月水、月信、月经。

至此，我们总算对不死药、月亮与女性的嫦娥、婵娟及其种种动物化身（蛙、蛾、蛇、蝉等）之间的必然联系有了明确的认识，从美人奔月的叙述密码中揭示出神话发生的内在逻辑，从而在父权制的男性中心意识形态之外窥测到更原始的人类信息。

可以推知，人类曾经历过一个只崇拜女性的时期，当时人确信具有周期变化特征的女性拥有男性所不具备的神力。迄今在欧洲和中国所发现的最早的神像均为女性偶像，这个事实足以帮助我们超越父权文明的界域，从窃药奔月的嫦娥表象背后去寻觅那早已逝去的女神宗教的世纪。[1]

五、“守精”与“同帝”

对于传统文化中的道家与道教，一般的看法是应该分开来区别对待，把道家视为以老庄思想为基础和主体的先秦哲学，把道教视为由东汉时期五斗米道和太平道发展而成的民间宗教。从历史的脉络上看，这样的区分当然是无可厚非的，但也不宜过分拘泥。老庄的思想虽被今人确定为哲学思想，但毕竟同原始宗教保持着深刻的联系，而且也包含着一些宗教语汇和信仰内容，因此也不妨从宗教的维度给予思考和探究，正像儒家也可以作为“儒教”来观照一样。杜而未先生《庄子宗教与神话》一书便以十四章篇幅（全书十五章）讨论庄子宗教，可惜仅从“月神宗教”一端去加以诠解，思路受到限制。本节拟就庄书中守精通神的观念略做阐发。

《庄子·刻意》中有“同帝”之说，乃可视为道家宗教观的典型表现，其辞云：

精神四达并流，无所不极。上际于天，下蟠于地，化育万物，不可为象；其名为同帝。纯素之道，唯精是守。守而勿失，与神为一；一之精通，合于天伦。[2]

从字面上判断，庄生命名为“同帝”的这位大神确实具有全能创世主的神格，既“化育万物”，又“不可为象”，正好像《旧约》中备受崇拜却无偶像可观的上帝耶和华。从有形象有偶像的神，到没有形象的神，是宗教思

[1] 参看叶舒宪《千面女神》，上海社会科学院出版社 2004 年版。

[2]《庄子集释》，第 544—546 页。

想进化过程中的一大抽象。正由于没有了形象，才能够凌驾于有形象的万有之上，成为超越而神秘的存在。然而中国的"同帝"毕竟不同于希伯来人的上帝，他不直接用赏罚去干预、调控人的行为，把自己的意志强行推广于人类社会，而只是以自然化育的方式为人类与众生物提供不朽的生命力，因此可以称之为精气、精神、精魂，等等。这些大同小异的词汇表明中国式的宗教信仰中总是把超自然力同"精"的概念相联系，因而带有某种医学哲学的色彩。《庄子》称"四达并流"之"精神"为"同帝"，并非个人独创的异说。请看一些类似的说法。

《老子》第三十九章："昔之得一者：天得一以清；地得一以宁；神得一以灵；谷得一以盈；万物得一以生；侯王得一以为天下正。"这段话为庄子"一之精通，合以天伦"说所本。《易·系辞上传》："精气为物，游魂为变，是故知鬼神之情状。"《管子·内业》："凡物之精，比则为生，下生五谷，上为列星。流于天地之间，谓之鬼神。"这些以"精"为神的看法显示出中国古代鬼神信仰的特殊品格，又开以"精、气、神"为核心理念的中医思想的先河。正因为这样，西方宗教强调上帝的全知全能和绝对意志，中国宗教却强调天人合一式的生命贯通。所谓"气功"，不过是试图将个人一体中的有限之气同宇宙自然的无限之气调和贯通为一体，以达致生命长久延续的目的。西方宗教特别重视教堂礼拜祈祷等仪典行为，中国宗教自老庄开始便特别看中个人的精神训练，讲"守精"和"养生"。《庄子》书中除了专门辟出一篇《养生主》外，还在其他篇章中反复说及同一个道理。《人间世》认为这种内心修养功夫做到家，便会产生"鬼神将来舍"的效果，实际上等于说人心中自能生出鬼神。《刻意》篇还把此种修养功夫称为"养神之道"。该篇这样写道：

若夫不刻意而高，无仁义而修，无功名而治，无江海而闲，不道引而寿，无不忘也，无不有也，澹然无极而众美从之。此天地之道，圣人之德也。

故曰：夫恬惔、寂寞、虚无、无为，此天地之平而道德之质也。

故曰：圣人休休焉，则平易矣；平易，则恬惔矣。平易、恬惔，则忧患不能入，邪气不能袭，故其德全而神不亏。

……故曰：纯粹而不杂，静一而不变，惔而无为，动而以天行，此养神之道也。[1]

这种通过退守内心而摆脱功名利禄等人世诱惑的修养之方，从哲理讲叫作虚无或无为，从情绪上讲叫恬淡，其心态又可称寂寞。能够持守这种恬淡寂寞就等于守住了原初禀赋的生命能量，“岂唯外形无毁，亦乃内德圆全。形德既安，则精神无损亏矣”（成疏）。精神不损亏的凡人可以比类于自然造化的无冕之王，此即《应帝王》篇名的取义所在，而应为帝王的凡人也就超凡而脱俗，等同于天帝神灵了，这正是“同帝”一名的呼应内篇义理之处。井筒俊彦曾把庄子的养神主张同伊斯兰教苏斐派神秘主义哲学家伊本·阿拉比（Ibn'Arabi）的学说进行比较，分析其“坐忘”“洗心”等技术步骤上的相似性，认为二者的实质都在于创造出一个全新的自我，即将经验的自我（the empirical Ego）提升为宇宙性自我（the cosmic Ego）。[2]这个宇宙性自我的概念或可借来为“同帝”一名做心理学的注解。此种“无不有也”的宇宙感觉与“无不忘也”的洗心术原来是互为表里的。美国学者刘达说，静坐的直接目的，是通过排除欲望和情绪而使心神安宁。所以，它主要是一个“坐忘”过程。人们把这个过程叫作“养神”或“养心”，但是这种比喻容易造成误解，除非人们了解中国人关于人类生命精神方面的概念。像 spirit 或 mind 这些词，大部分都被正确地译为“神”。每个人都相信在自己体内

[1]《庄子集释》，第 537—544 页。标点有改动。

[2] 井筒俊彦：《苏斐教与道家》，东京，1983 年，英文版，第 475 页。

有一个“神”，它是所有情绪、思想、意向、其他精神活动和性情的核心。[1]西方思想中的神是外在于人并且与人的存在形成对立的，而庄子和道家所讲的神却是个人可以“养”在其体内的，这真可谓彼之神不同于此之神也。

从把人提升为神的意义上看，整部《庄子》皆可视为拯救世人的“福音书”了。王邦雄先生把《逍遥游》和《齐物论》两篇联系起来加以解说，认为前者是讲主体生命的超拔提升，个人怎样从有限的自我出发消解有限（逍），从而达到开发无限（遥），使人间变成可“游”的。“假定《逍遥游》是自己得救，则《齐物论》是大家都得救。从《逍遥游》到《齐物论》，就是从自我的提升到天下的平等，即众生平等。对儒家来说是：人人皆可为尧舜；由道家来说是：人人皆可为真人，转俗成真”。[2]此种转俗成真和人人皆可为真人的信念恰恰构成中国特色的仙人理想的基石与核心，也是使后起的道教有别于其他宗教体系的重要标志之一。儒家的尧舜理想引导世人做外在的事业追求和道德实现，庄子的同帝说告诉人们向内心中寻求拥抱全宇宙的途径。

庄子所信仰的超自然存在“同帝”虽说是“不可为象”的抽象物，但“神”本身却并不仅仅是超自然的生命，“神”同样可以出现在自然生命形态之中，这一点奠定了中国道家有神论与西方有神论的根本差异所在。在西方宗教中，由于超自然的神同处于自然之中的人构成永恒的对立，宗教行为的根本目的便在于沟通和调解这种神人对立，于是有程式化的教堂礼拜仪式，祈祷和忏悔的沟通方式，等等。而在中国道家的“神”概念之中，本来便存在着超自然生命与自然生命之间的实质性沟通和一体化。神以超自然的、抽象的方式出现为“同帝”，又以自然的、具体的方式出现为“神人”。《庄子》一书不仅八次提到神人，而且还对神人的特征给予了生动的描绘，成为启发后代

[1] 刘达：《道与中国文化》，刘泰山等译，广西人民出版社 1990 年版，第 76 页。
[2] 王邦雄：《庄子系列（二）——齐物论》，《鹅湖》第 211 期，1993 年 1 月。

修道者与寻仙者的不竭的灵感源头。

《天下》篇讲到神人的所以然仅有四个字，叫作“不离于精”，可与《刻意》中的“唯精是守”、《天地》中的“神之又神而能精焉”、《秋水》中的“形精不亏”、《知北游》中的“神明至精”等说法联系起来看，洞悉“精”与“神”的依存关系。从《在宥》篇“今我愿合六气之精以育群生”的说法着眼，不难发现“精”以气为运载媒介，流动于寰宇万物之间，成为化育生命的原动力。神人之所以能以肉体凡胎之身而享有神的不死性，“不离于精”当是必要的条件。《逍遥游》篇给人深刻印象的藐姑射山神人，“肌肤若冰雪，绰约若处子。不食五谷，吸风饮露。乘云气，御飞龙，而游乎四海之外。其神凝，使物不疵疠而年谷熟”。[1]

在这里，庄子主要从饮食的构成特征方面界定了神人与常人之间的差异，所谓“不食五谷”也就是不以常人的粮食为食，“吸风饮露”也就是以宇宙之气为生命营养的来源，难怪此种神人能以其自然之躯而秉承长生久视之道呢。

自庄子开始，食谷与食气的差别成为引人注目的一大问题留给后世，成为导引吐纳养生之学的重要标准。鉴于气与精的密切关联，食气对于积精、守精从而通神或同帝的重要作用很自然地成为修道者们共同的理论信条。[2] 马王堆出土帛书中，有一篇同《阴阳十一灸经》和《导引图》写在同一幅帛上的文书，被帛书整理小组据文中内容命名为《却谷食气》，其中主要传授了如何依据年龄和四季变化进行食气训练，以求祛病养身、增寿延年的原理和方法。所谓“却谷”，原文作“去谷”，帛书整理小组引证《史记·留侯世家》“乃学辟谷，道（导）引轻身”之说，认为“去谷”即“却谷”或“辟谷”，意指不吃谷物。原文“食韦”，则引《山海经·大荒西经》“有

[1]《庄子集释》，第28页。
[2] 参看《云笈七签》卷六十二《服气杂法》有关服气胜于凡人饮酒食肉的观点。

人名曰石夷，来风曰韦”，释为一种气。[1]却未能用《庄子》的“不食五谷，吸风饮露”之说作为参照。文中“旬五而止”的技术要求又使我们想到《逍遥游》中御风而行的列子，也是“旬有五日而后返”[2]的，难道“御风”的轻举之术本身也暗示着某种高级的“食气”活动？凡此种种对应之点，至少可使人们意识到庄书中这一类似虚似幻的半神话记载原来是有上古的导引养生之修持实践为其基石的，并非纯然出于想象。只不过汉代的却谷食气之术仅作为健身延年之气功锻炼，而庄子笔下的神人形象却是不让鬼神、特立独行，与天地并生的自然之子，其间境界之高下判然可见。这又给人以这样一种印象，似乎对应于老子《道德经》第三十八章所说的“失道而后德，失德而后仁，失仁而后义，失义而后礼”的退化程序，道家的理想人格和修炼技术也同样经历着每况愈下的过程。随着文明对自然的日益戕害，理性对人体原始功能的压抑，呈现为“失同帝而神人，失神人而真人，失真人而圣人，失圣人而凡人”的无可奈何之趋势。对照孟子所慨叹的“王者之迹熄而诗亡，诗亡然后春秋作”的情形，我们也不禁要发出“神人之迹熄而神话亡，神话亡而仙话作”的推论了。而庄子以他那不合时宜，“大而无用，众所同去也”（惠子谓庄子语）的怪力乱神之说，如何为神话置换为仙话的历史过程充当了中介和桥梁作用，也将在这历时性的透视中看得更为分明。

庄子虽然不能以其个人的力量挽回“道术将为天下裂”的世风趋向，却毕竟留下了一部以拯救人心为主旨的“福音书”，让坚守人与自然之间原始亲缘关系的食气守精之神人与身为万乘之主、万民之君的帝王平起平坐，为后世一切不愿屈从于理性的霸权和政治压迫之人指出了一条自我完善和自我

[1] 周一谋、萧佐桃主编：《马王堆医书考注》，天津科技出版社 1988 年版，第 228—230 页。
[2]《庄子集释》，第 17 页。

实现的心理调节之术。由庄子所首创的合成概念“精神”[1]，尽管到了现代已可以同阿Q“精神胜利法”的负面榜样相牵合，但它作为“物质”的对立面，作为“不朽”的非肉体符号标记，已然成为世界上使用人数最多的语言——汉语中不可或缺的高频用语，成为我们这个注重精神追求的文化传统的某种标志性的主题词了。从这种角度去观照自神话向仙话的置换，那就不仅仅是文学史上的某种形式体裁的变化，而且也是伴随着所谓古典时代或轴心时代的结束而发生的重要文化变迁事项了。

英国人类学家利奇指出，不论什么地方的宗教，都是以最初的生与死的二律背反来吸引人的。宗教试图超越生与死这种二项对立的语言羁绊，因而宗教便创造出了“来世”及具有永恒生命的死者之国的神秘观念。此世的不完整性通过来世的完整性而求得平衡，神也随之成为属于来世的东西。因此宗教的中心课题就回到了“在人与神之间架起桥梁”[2]。利奇还认为，宗教的此种在人神之间架桥的要求必然体现在神话之中，起初是人神有别，继而出现人神间的各种联系，而对中介者给予更多的关注。利奇讲述这个见解的出发点表面上是“不论什么地方的宗教”，但实际上仍以盛行天堂地狱说和来世说的基督教文化为主要背景。这也为我们反观倡导现世成神的仙人思想的特殊意义提供了参照。从《庄子》的“神人”概念的语词组合上看，就正是试图在人与神之间架设桥梁的中介角色。从神人到仙人或神仙，变化的是名称，不变的是“精神”。神人在生活习性和身心状态诸方面与凡人有所区别，但却不属于来世，由此诱发的仙人理想也鼓励凡人在此世的修行中得道成仙，这似乎是要在此岸世界之中营造复乐园的人间天堂和不死之邦。为此目的之达成，除了变形神话和变化哲学所启迪的诸种技术手段（如蝉蜕、蛇解、龙变、

[1] 参看钱穆：《释道家精神义》，《庄老通辨》，台北：三民书局 1971 年版，第 229 页以下。

[2] 利奇：《作为神话的〈创世记〉》，中译文见叶舒宪编《结构主义神话学》，陕西师范大学出版社 1988 年版，第 130—131 页。

蚕化等）外，最核心的要义仍在于“澡雪而精神”[1]，“归精神乎无始而甘冥乎无何有之乡”[2]。王充《论衡·道虚篇》说：

世或以老子之道为可以度世，恬淡无欲，养精爱气。夫人以精神为寿命，精神不伤，则寿命长而不死。

此说体现了由老庄修道思想到神仙说的渊源承继关系。若再向纵深追索，仍可将老子的“精”和庄子的“精神”还原为史前宗教中的谷灵信仰和阳性生殖力崇拜。汉字“精”字从“米”的农作物表象已多少暗示了这一概念发生的农耕文化信仰背景，而《管子》等古书所讲的“凡人之生，天出其精，地出其形”也透露着天为精之源，为阳性生殖力之本的信念。谷物之穗与人之头颅，皆高高在上与天阳交感者也，汉字“天”训为人之头顶，房中书则始终坚持“还精补脑”之长寿原则，这都可视为石器时代的生命观遗留在农业文明中的悠远回声。[3]反观《庄子》的贵精、守精、无摇女（汝）精、吾欲取天地之精、形全精复、形精不亏等一系列主张，其在思想史和宗教史上的承前启后之功用，继往开来之贡献，可不言自明了吧。郑志明先生指出，庄子一方面把原始人类的生活状态视为“鬼神不扰”“万物不伤”的理想状态，表现出和原始思维的某种认同，另一方面又将精灵崇拜加以境界化，指出一条通过精化或精神化而达到“神”的境界之途径。“由物之精到精之神，即是物灵精化以至神化的历程，由精灵发展到神灵的存在，神灵即是宇宙中最为超越的灵体形式。这种灵体，庄子称之为‘精神’，超越一切有限形体

[1]《庄子集释》，第741页。

[2]《庄子集释》，第1047页。

[3]参看拉·巴尔（W. La Barre）：《脑髓：一种石器时代的性迷信》，哥伦比亚大学出版社1984年版；叶舒宪：《诗经的文化阐释》第7章第5节“稷的原型”，湖北人民出版社1994年版。

的限制，成为宇宙最高的主宰”。[1]由精化神的这种修养程序，既可从宗教学角度理解为个人性的拯救、解脱、复乐园之实践，也可从哲学角度称之为“精神超越”，或按照心理学术语称之为经验自我向宇宙性自我的升华。内丹学家从中看到鼎炉功法的基本原理，气功学家于此发现大小宇宙交感的行气奥秘，自然都在情理之中，无足为怪。以上这些门类划分，本来就是“道术为天下裂”之后的分化产物，而庄子所向往的古之人却是处在混芒之中的，根本就没有这些人为的划分。混沌玄同即可为帝王、为同帝、为神人的道理亦在于此。

如果说在道术未裂的古之时，人人皆可为神人，那么随着历史退化的展开，这种可能性在人口总数中的概率也就相应减少，修行的强度和难度自然也会与日俱增。所以庄书中与神人相提并论的还有真人、至人、圣人等，注家一般视为同类高人，并无分别。恐怕从道术的高下、守精化神的程度上看，还是有一些差别的。不过其间的差别只是后天的门派和功力之别，经过修行炼养可以由低级向高级逐步攀升，最终达致“同帝”水平。庄书中的多数求道寓言都有启人觉悟、逐级而上的示范效应。不过到了东汉时的道教经典《太平经》中，诸类得道之人的高下次序不但清晰有别地排列出来，而且被说成是先天的宿命，似乎已没有更改的可能。如该经中《致善除邪令人受道戒文第一百八》一篇，授道主人公为神人，学道者为真人，二者的师徒高下是一目了然的，与《庄子》中的并列现象有所不同。当真人问道“吾生有禄命邪，侥幸也，乃得与神人相遭逢”时，神人这样回答：

然，六人生各自有命，一为神人，二为真人，三为仙人，四为道人，五为圣人，六为贤人，此皆助天治也。神人主天，真人主地，仙人主风雨，道

[1] 郑志明：《庄子的鬼神观》，《鹅湖》第20卷第5期，1994年11月。

人主教化吉凶，圣人主治百姓，贤人辅助圣人……故人生各有命也，命贵不能为贱，命贱不能为贵也。子欲知其审实，若鱼虽乘水，而不因水气而蜚，龙亦乘水，因水气乃上青云为天使乎？[1]

这里说到的六种人似由《黄帝内经·素问·上古天真论》所言四种人发展而来，这四种人是上古之真人，呼吸精气，独立守神，能寿敝天地，无有终时；中古之至人，去世离俗，积精全神，益其寿命而强者也；其次有圣人，形体不敝，精神不散，亦可以百数；其次有贤人，法则天地，象似日月，亦可使益寿，而有极时。[2]四种人在历史上出现的次序以时代划分，此亦不同于《庄子》。唯积精守神的生活原则并无二致。《太平经》则把历时的次序置换为共时的等级差异，让六种人各司其职，成为“助天治”者，似已背离庄生无为之旨。尤其是对圣人贤人二者的解说，已呈现为儒家色彩，与积精守神的道家养生原则有所不合。值得注意的倒是其首先列神人，其次真人，其次仙人，其次道人的排序，从中隐约可看出逻辑与历史的统一之处，大体对应着神话衰亡而庄学兴，庄学沉寂而仙话起，随后又有道教道士形象登上意识形态舞台的发展实况。

总结本章的讨论，我们看到《庄子》通过变化哲学、神人真人等理想人格和“精神”的概念，充分发掘、改造了古代神话与原始信仰的某些原型成分，使他的学说具有超越人神界限，在旧宗教衰微之际拯救人心、树立新的生存范型的宗教意义，成为神仙道教和气功养生学的共同思想源头之一。

[1] 王明：《太平经合校》卷七十一，中华书局 1960 年版，第 289 页。
[2]《黄帝内经·素问》卷一，“二十二子”本，上海古籍出版社 1986 年版，第 876 页。

THE TWELFTH PART

第十二章

庄子生态观

有机械者必有机事，有机事者必有机心。

——《庄子·天地》

现在很清楚，工艺的人不仅靠牺牲其他的生命形式来扩大自己的领域，而且原则上碰到一种限度。超过这种限度，他的扩张就成为不可能，或者是自我破坏。

——哈茨霍恩：《工艺的环境后果》

被我们视为进步标志的许多东西实际上只是重新达到史前人类普遍享受标准而已。

——M. 哈里斯：《文化的起源》

一、“天之苍苍”与太空视点

《逍遥游》篇引用志怪之书《齐谐》所述大鹏徙于南冥一段后云：

野马也，尘埃，生物之以息相吹也。天之苍苍，其正色邪？其远而无所至极邪？其视下也，亦若是则已矣。

这一段议论针对生物视野中天空的颜色问题，似乎与本篇所论逍遥游主旨不甚切合，故古今论者对此注意不多。立足于 20 世纪末叶全球性生态意识大觉醒的背景之上，重读庄子此论，却能解读出始料不及的另一层蕴含，且与庄子整个思想中的生态观基础密切相关，兹试为解说如下。

关于“野马、尘埃”一句，注家以为特指鹏飞所凭借的天地间游气。成玄英以隐喻来疏释说：“此言青春之时，阳气发动，遥望薮泽之中，犹如奔马，故谓之野马也。扬土曰尘，尘之细者曰埃。天地之间，生物气息更吹动以举于鹏者也。夫四生杂沓，万物参差，形性不同，资待宜异。故鹏鼓垂天之翼，托风气以逍遥；蜩张决起之翅，抢榆枋而自得。斯皆率性而动，禀之造化，非有情于遐迩，岂措意于骄矜！体斯趣者，于何而语夸企乎！”[1] 鹏之巨大与蜩之渺小虽对比强烈，但其作为“生物”之本性仍然是别无二致的。充塞于天地之间的生命之气，不论从比喻的意义上称之为奔腾野马，还是从直观经验出发视之为游动尘埃，都不会从根本上改变其作为“生物之以息相吹”的实质。如此看来，庄子说到的野马尘埃，是为了下文从两方面认同生命世界的本相而做的铺垫，其用意似不在于表明鹏飞要凭借要资待的东西。郭注

[1]《庄子集释》，第 6 页。

“天之苍苍”一句云：

今观天之苍苍，竟未知便是天之正色邪？天为之远而无极邪？鹏之自上以视地，亦若人之自地视天。则止而图南矣，言鹏不知道里之远近，趣足以自胜而逝。

成疏又续此义云：“仰视圆穹，其为迢递，碧空高远，算数无穷，苍苍茫昧，岂天正色！然鹏处中天，人居下地，而鹏之俯视，不异人之仰观。人既不辨天之正色，鹏亦讵知地之远近！自胜取足，适至南冥，鹏之图度，止在于是矣。”[1]这两位注家都围绕着鹏之“自胜而逝”去立论，于“天之苍苍”的阐说有未尽之遗憾。现代人因航空技术之便，可以感同身受地领略翱翔于中天之上的鹏那种“视下”的境界了，所以对于此段话的理解也就有了新的立足前提。方东美先生便从乘飞机的经验出发重新解说庄子这段文章，进而对学习哲学的学生提出第一课要“坐飞机”，并在多种场合反复强调这第一课的重要性。

在《原始儒家道家哲学》讲稿中，方氏说：“在此之前，我常告诉同学，学哲学的人第一课题先要请他坐一次飞机。平常由常识看法，吾人生在人世间，但对人世间并没有充分的了解。甚至生在此世，对世界也不知欣赏只知诅咒。稍不如意，便由痛苦经验去误解、诅咒世界，认定它为荒谬。在飞机上，由高空俯视，所谓黑暗痛苦的世界，却有许多光明面。我曾经五次在美加交界的大湖区，由两万尺以上高度再俯视人世间，看到这个世界周遭被极美丽的云霞点着了，成为一个光明灿烂的世界，这种美满的意象，正如 heaven on earth（天国临于人间）实现了。关于这点，庄子很清楚，他的精神化为

[1]《庄子集释》，第6页。

大鹏，抟扶摇而上者九万里，在未上之时，昂首天空苍苍茫茫，而一上之后再俯视此世，由时空相对的观点看来：‘天之苍苍……其视下也，亦若是则已矣。’因此人间世亦是美丽的，这可以纠正我们对世界的误解。”[1]由此更进而引申出哲学与智慧的认识条件问题：在高空以自由精神纵横驰骋，回顾世界人间，才能产生种种哲学和智慧。用这个标准看，西方文明中的第一位哲人泰勒士显然就不够格，他连走路时都仰望高空，一心想究明天之苍苍表象之后的实质，却不小心自己掉进了井中。笔者引用哲学史上的这个佳话丝毫没有要贬低西方哲学之祖的意思，只想借此反衬庄生“视下”补足“视上”的双重视野之效应。大概每一位有过从飞机上“视下”体验的人都可能对方东美先生的现代解读发生共鸣。不过，方先生以他在北美洲大湖区上空的飞行观感来阐说庄子“天之苍苍”的两面观，似嫌略有些偏离原义。笔者于1995年4月飞往以绿色生态农业著称的祖国宝岛台湾，同年10月31日自咸阳机场起飞赴海南岛时途经秦岭上空的两次视觉体验，充分领略了“视下”亦“苍苍”的那种意境，对于庄子化鹏而游的神话也就更觉亲切与难忘。

《说文》释“苍”：“草色也，从艸仓声。”《广雅·释器》：“苍，青也。”《素问·阴阳应象大论》“在色为苍”句注：“薄青色。”用今语来说，苍是介乎蓝色与绿色之间的那种颜色。所以，古人既称天为“苍天”，也称草木一类绿色植物为“苍翠”。《诗经》中的《黄鸟》一篇有“彼苍者天”之说，《正义》：“彼苍苍者，是在上之天。”《巷伯》亦云：“苍天苍天”；《黍离》云：“悠悠苍天。”《毛传》：“苍天，以体言之。……据远视之苍苍然，则称苍天。”[2]把称天为“苍”的视觉原理交代得清清楚楚。《蒹葭》一诗又有著名的“蒹葭苍苍，白露为霜”的色彩对

[1] 方东美：《中国哲学精神》，蒋国保等编：《方东美新儒学论著辑要：生命理想与文化类型》，中国广播电视出版社1992年版，第234—235页。

[2] 马瑞辰：《毛诗传笺通释》卷七，中华书局1989年版，第229页。

比，《毛传》：“苍苍，盛也。”指青色的“苍苍”又可兼指草木之茂盛，如今语说“郁郁葱葱”。《尔雅·释天》：“春为苍天。”《吕氏春秋·有始览》：“东方曰苍天。”《释名》解释这种命名的视感官经验基础说：“阳气始发，色苍苍也。”正如把色彩“青”与季节“春”组合为“青春”一样，春游又叫“踏青”。庄子在《逍遥游》中还说到“适莽苍者，三飡而反”，是用视觉上的色彩感来指代空间地点。《经典释文》：“司马云：莽苍，近郊之色也。李云：近野也。支遁云：冢间也。崔云：草野之色。”成玄英又云：“莽苍，郊野之色，遥望之不甚分明也。”[1]大致说来，今人的色彩分类将“绿”和“蓝”区分得很清楚，不易相混。可古人所说“苍”或“青”的颜色是可以兼指蓝天与绿草的。《荀子·劝学》所说青出于蓝，既认为二者有差异，又承认二者的渊源联系。庄子时代虽无飞行空中的技术条件，不过他一定是有登高视下一类丰富体验。在当时的生态条件下，森林和植被的覆盖率也是可想而知的，以至用“莽苍”来指代郊野之色。这样，庄子就有充分的感观基础去设想鹏之“视下”的那种满眼“苍苍”的直观印象了。在他看来，“天之苍苍”并非天空自己的本来颜色，而是生物之息相吹所形成的游气所造成的视觉远观效果，正像从高空远观大地，却看不到黄色土壤，只看到一片苍苍植被那样。“其视下也，亦若是则已矣”，乃是这种反观生命绿色世界的惊人发现。

现代科学告诉我们，地球是迄今所知全宇宙中唯一存有生命的一个星球。生命在这个星球上经历了30亿年的繁衍历史，构成了堪称宇宙第一奇迹的生物圈系统。各物种在这个系统中相互依存和相互作用的复杂关系，成为今日之显学——生态学的关注对象。对于“天之苍苍”的视觉印象问题，生态理论已有相当肯定的答复，在我们看来似乎是庄子“生物之以息相吹”的千

[1]《庄子集释》，第10页。

年古说之现代翻版：地球上植物和藻类生命的大量繁殖和长久积累，产生了我们称为生命之气的“氧气”，进而演变成包裹在这个星球外表之上的大气层，又反过来对地球上的土壤、水质、气候和物种演变产生重要作用。看来庄子以“气”之聚散来破解生死现象之谜的观点之中确实隐伏着极深刻的生态智慧。只可惜两千多年来人类肆无忌惮地劫取与妄为已经在许多局部范围内破坏了“天之苍苍”的生态景观，不仅长年看不到蓝天和耀眼的星空，反而不时蒙受烟尘、风沙、酸雨的侵袭。“缺氧”已成为威胁着整个生物圈生存的严峻课题。

现代宇航科学的进展一方面大大拓宽了人类向外求索生命的范围，另一方面也为人类向内反观地球生命价值提供了前所未有的太空视角，使时空相对的认识原理再度成为启迪哲思与智慧的有利条件，把“其视下也”的眼光拓展到太阳系和银河系的更大参照背景之中。L.K.科德韦尔在《联合国教科文组织通讯》上发表的《关于保护环境的国际政策》一文中写道：

苏联和美国宇航员所见到的孤零零一个蓝色行星的图景对地球上的人民产生了深刻的心理影响。全世界历史中任何其他事件都没有如此有力地强调生态圈的单一和脆弱性。[1]

过去的生命哲学只告诉过我们个体生命的一次性与不可重复性；当今宇航学却要告诉我们宇宙间生命现象的出现似乎也是一次性的，并且还是不可重复的。成千上万的生物种已经灭绝，永远不会再度出现；还有成千上万的物种濒临灭绝或正在走向灭绝，[2]这些都更加强化了生命一次性信念对当今

[1] 转引自什科连科：《哲学·生态学·宇航学》，范习新译，辽宁人民出版社 1988 年版，第 103—104 页。

[2] 生态学家们预计，到 2000 年，地球上所有物种的 15% ~ 20%（即 75 万至 100 万种）行将消失，这一速度是自然灭绝的 1000 倍。

人类的震撼。美国宇航局斯坦福市艾姆斯研究中心 20 世纪 70 年代实施的以希腊神话中独眼巨人命名的“库克罗普斯”（Cyclops）计划——探索地球以外智慧生命计划，为世人发出如下报告：“已经发现，金星表面的温度对于生命来说太高；而从水手号发回的照片表明，火星的表面很像月球的表面，没有空气，谈不到在这个行星上有发达的生命；最后确立一种意见，除了地球以外，太阳系是无生育力的。我们的行星，从宇宙来看它，是如此美丽，如此不像月球和火星被深沟覆盖的面貌，从而保护我们自己的世界的重要性比起开发其他世界来说，变得越来越深入人心。”[1]A. 索维《零度增长吗？》一书回应罗马俱乐部生态学家们的“增长极限”说，同时也惊讶地说明了太空视点的“其视下也”给我们带来的生态意识大觉醒：“现在我们奇怪的是，我们没有更早地考虑养育我们的行星的资源局限。难以置信的是，正是月球上的发现和第一批宇宙飞行引起了这种意识。”[2]

其实，不是我们的古人根本没有考虑过这些问题，只是没有引起我们的充分注意，未能真正体会到古代思想家有关思考的生态学价值而已。庄子和道家哲学在这方面堪称上古的楷模。庄子发明的“视上”与“视下”两苍苍的相对化视点的生态理念也许注定要等到飞机和太空船的时代才能得到普遍认同。道家的至德之世或小国寡民之理想，也只有在全球性人口爆炸成为人人皆知的重大危机时，才能真正显露出潜隐已久的正面价值。至于道家的核心概念“道”与“德”所蕴含的宝贵生态思想，也必然随着新时代的生命哲学与自然哲学观念的更新而得到再阐释和再估价的机缘。

在为美国密歇根州立大学的学生出的考题中，方东美先生曾打趣地设了这样一问：假如庄生魂游今日美国，会有怎样的反应呢？许多学生答卷中说，庄子一定吓跑掉了。但在未跑之前很高兴，因为他看到今人造火箭、飞船，

[1] 什科连科：《哲学・生态学・宇航学》，第 104 页。
[2] 什科连科：《哲学・生态学・宇航学》，第 104 页。

做太空旅行，这是不满于平面世界之局限，要求精神起飞的表现。但是再看看太空舱里面种种仪器的限制及束缚，庄子一定感到难以忍受，要跳出来，凌空步虚。这个事例十分有趣，是阐释活动跨越时空的一项实验，既有以今度古，又有拟想中的以古度今，从而将思想的沟通建立在古今对话的尝试上。对话中尽管难免有误读，可误读中也或有创造性的火花闪现。过去都说庄子主张出世、厌世，可方东美先生却由此体察到庄生对这个世界的爱恋。他又举出乘飞机下看人间一例，针对《逍遥游》“天之苍苍”一段，做出如下“我注六经”式的新解：“这一段是什么意思呢？就是，在地上有时看见天上光明灿烂，便希望把人的精神从地面上超升到天上很高的境界去。但是等你真正到达那高明的境界之后，自己的智慧高了，再回顾向下便看见地球上有种种美丽境界，人间也有种种美丽事情，这时你从天上看地，把地也可以当作天。这样一来，哲学家才不至于对地球开小差，才不至于对人群开小差。然后再拿了解、同情、欣赏的态度，回到人间。”[1] 他还据此判断“庄子的精神比老子的精神还要伟大”，因为庄子不仅注意精神向上发展，还懂得如何向下，接触现实世界、现实人生，并进而使之美化。在笔者看来，与其把庄子说的“苍苍”之色理解为光明灿烂，不如按其原义解为生命之色。这样，我们虽不必像美国大学生那样把这位看守漆树之园的古代小官塞进太空船的座舱里去，却足以根据颜色感这种人类通用的语言把庄子生命观同今日的“绿色和平”一派相对接，以求对话和互阐之效果。

二、“至德之世”的人类学参照

长久以来，道家创始者老子和庄子的社会理想被视为某种反文化的虚构，

[1] 方东美：《中国大乘佛学》引论，《生命理想与文化类型》，第289页。

或贬为反对进步、逆历史潮流而动的精神鸦片。毫无疑问，在一个把永恒的进步奉为不可置疑的普遍真理而信奉的时代，在“人定胜天”的自大狂陶醉和无限地劫取、控制自然，使宇宙变为漫无边际的狩猎区的妄想支配下，老庄的清静无为说自然显得落后、保守、愚蠢，甚至反动。只有当永恒进步的信念发生动摇，增长的极限和生产发展的负面效应开始向人类敲响警钟的时候，道家始祖的社会理想才有可能获得全新的理解和评估。

生态人类学家马文·哈里斯指出：“若干世纪以来，西方人一直心安理得地沉溺于物质进步将永无止境的信念。我们把汽车、电话和暖气视为今天的生活比我们祖父母的生活更为舒适的证明。尽管我们也意识到进步的过程可能是缓慢曲折的，有时还会出现倒退，但我们仍觉得未来的生活从总的方面来说会比现在优裕得多。”[1] 哈里斯认为这种进步观是随着一百年前崛起的科学理论而形成并得到强化的。维多利亚时代的人们陶醉于工业文明的前景中，对它可能带来的好处言过其实，同时又夸大了原始人的物质贫困。在上帝的拯救日渐丧失权威的今天，似乎只有技术的进步才是人类未来的拯救希望。然而，运用生态学理论重新考察文化进化史的结果，使今天的人们产生了与此相异的观点：伟大的工业繁荣不仅用垃圾毒物核废料污染了我们的地球，还不断生产出日益昂贵和低劣的产品与服务。康奈尔大学的戴维·平曼特尔指出，在美国，为了生产和运输一听含 270 卡路里热量的玉米罐头，人们要耗费 2790 卡路里的能量；要用 22000 卡能量生产 100 克小牛肉（其热量也仅为 270 卡）。假如世界其他国家也突然采用了和美国农业一样的耗能比例，那么世上已知的全部石油储量将会在 11 年内消耗干净。[2] 这一事例告诉人们，从急功近利的当下眼光看是“进步”和实惠的举动，从长远眼光看可能无异于自掘坟墓。如果现存的人类不仅仅要为自身谋利益，而且也要

[1] 马文·哈里斯（M. Harris）：《文化的起源》，黄晴译，华夏出版社 1988 年版，第 1 页。
[2] 马文·哈里斯（M. Harris）：《文化的起源》，黄晴译，华夏出版社 1988 年版，第 180 页。

为子孙后代着想的话，用不断强化生产技术手段去维持和改进不断膨胀的人口之生活质量的做法，现在应该打上一个大大的问号了。我们在为石油和煤的产量倍增而庆幸之后，在为新发现的油田、气田而欢呼喝彩之余，是否也应反过来思索一下，大自然真的会默默无声地永久忍受我们无限贪婪的欲望和强行索取吗？如果不会的话，那么我们又应怎样调整我们的观念和行为，尽可能限制一下无止境的欲望呢？

当我们发现童年时代印象中的“天之苍苍”至今只剩下了“天之灰灰”，那些曾在我们的屋檐下结巢的燕子、城楼前盘旋鸣叫的乌鸦，以及树梢上蹦跳的麻雀都不知不觉地离我们而去，而且一去不返的时候；当我们看到儿时戏水的清澈小溪如今已换成散发着恶臭的黑色浊流，当年郊游的茂密山林现已变为毛发稀疏的土山包时，又怎能面对德国诗人的如下诗句无动于衷呢：

这是谋杀之罪，
对大地的秀丽和恩宠，
对动物模糊的魅力，
这是极度深重的罪，
也对赋予它生气的怒火，
败坏它的手段，折磨它的痛苦，
和覆盖它的污泥。[1]

难道天真无邪的我们也在一夜之间变成了凶手？随着“谋杀”之罪而到来的惩罚又是什么呢？历史学家汤因比回答说：“人类在以往二百年间对生命层所获得的权力是史无前例的。在如此纷乱的情况下，肯定可以提出一个

[1]A. 德罗斯特－许尔斯霍夫：《呻吟的生物》，见《人与自然》，狄特富尔特等编，周美琪译，三联书店1993年版，第207页。

假设：人，大地母亲的孩子，不会在谋害母亲的罪行中幸免于难。”[1]背负着这新的“原罪”，我们不由自主地要想到道家自然观所曾给予的教诲。这些教诲虽未能阻止对大地母亲的谋杀行为，但对于悔过自新的尝试仍不失为一种智慧的参考。

《道德经》第八十章云：

小国寡人，使有什佰之器而不用，使人重死而不远徙。虽有舟舆，无所乘之；虽有甲兵，无所陈之。使民复结绳而用之。甘其食，美其服，安其居，乐其俗，邻国相望，鸡狗之声相闻，民至老死，不相往来。[2]

《庄子·马蹄》篇发挥老子之说为“至德之世”，其生存状况则是“其行填填，其视颠颠。当是时也，山无蹊隧，泽无舟梁；万物群生，连属其乡；禽兽成群，草木遂长。是故禽兽可系羁而游，鸟鹊之巢可攀援而窥。夫至德之世，同与禽兽居，族与万物并，恶乎知君子小人哉！同乎无知，其德不离；同乎无欲，是谓素朴；素朴而民性得矣。”[3]庄子把符合自然之道的生存理念同“素朴”的人性理念看成是相辅相成的。郭象注：“足性而止，无吞夷之欲，故物全。与物无害，故物驯也。”成玄英疏：“飞禽走兽不害，所以成群；蔬草果木不伐，遂其盛茂。人无害物之心，物无畏人之虑。故山禽野兽，可羁系而遨游；鸟鹊巢窠，可攀援而窥望也。”[4]这可真是一幅诗意的自然人的写生图景了，其可信度究竟有多少呢？

从老子所描绘的“小国寡人”，到庄子所向往的“至德之世”，道家的两位始祖似乎分别从空间（国）和时间（世）两个向度上确认了一种原始而

[1] 汤因比：《人类和大地母亲》，见《人与自然》，第 216 页。
[2] 朱谦之：《老子校释》，中华书局 1984 年版。别本“寡人”又作“寡民”。
[3]《庄子集释》，第 334—336 页。
[4]《庄子集释》，第 336 页。

淳朴的社会生存状态的存在。这种生存状态同老庄所处的春秋战国时代的社会现实相距甚远，因而成为道家哲学文本中的一种理想观念，又被后人普遍视为一种道家圣人所虚构的乌托邦话语传统。似乎它只能是一种幻想中的存在，而无任何现实的基础；它只能作为对现实生活的批判性反照而以海市蜃楼的方式闪烁在人的虚空理念世界之中，成为消极避世者、厌世和弃世的隐遁之士们自我安慰和自我欺骗的一剂麻醉药。

的确，对于那些尚未了解以生态学为基本要素的后现代世界观的人们来说，老庄的社会理想一定同科学家的下述判断一样荒诞不经："若不是进化导致了人类的出现，整个生物圈今天也许会更加健康。如果人种在不荼毒大气层或不伤害其他物种的前提下而消失，我们相信，生物圈会渐渐从我们的劫掠中恢复过来。"[1] 这不是要全然抹杀人类数百万年以来的优胜地位吗?

关于老子理想社会的虚幻性，大家好像早已达成某种共识。胡适说：老子的目标在于"把一切……制度文物全行毁除，使人类依旧回到那无知无欲、老死不相往来的乌托邦"[2]。即使对道家思想有所体认和同情的人，在谈到其小国寡民的社会规划时，也视之为向壁虚设的不能充饥之画饼，为"乌托邦思想，逆行退化，在现实上不可能实现者"[3]。还有学者把《老子》八十章所述看成他个人心境的投射，只有价值义，而非事实义。[4]牟宗三先生也说，道家思想是"境界型态之形上学"，不是"实有型态之形上学"[5]。境界如果同实有绝了缘，价值同事实相背反，也就难免沦为捕风捉影或白日做梦了。

近代受西学濡染的学者严复曾把庄子的社会理想与卢梭的自然主义相比，并指出二者的不现实性。其《庄子评点》，在评注《马蹄》篇时说："此

[1] 科布（J.B.Cobb）：《生态学、科学和宗教：走向一种后现代世界观》，大卫·格里芬编：《后现代科学》，马季方译，中央编译出版社 1995 年版，第 139 页。

[2] 胡适：《中国古代哲学史》，台北："商务印书馆"1958 年版，第 59 页。

[3] 吴康：《老庄哲学》，台北："商务印书馆"1969 年版，第 45 页。

[4] 王邦雄：《老子的哲学》，台北：东大图书公司 1983 年版，第 173 页。

[5] 牟宗三：《中国哲学十九讲》第七讲，台北：学生书局 1983 年版。

篇持说，极似法之卢梭，卢梭为《民约论》等书，即操此义，以初民为最乐，顾以事实言，乃最苦者，故其说尽破，言自由平等者，其知之。”[1]严复评《胠箧》篇描述至德之世的一段时又说：

此说与卢梭正同，然而大谬。庄所谓至德之世，世间固无此物，而今日非澳各洲，内地未开化之民，其所当乃至苦，如是而曰至治，何足慕乎？[2]

严复批判庄子与卢梭的主要依据是，以初民为最乐的说法与“事实”不符，所以他们宣称向往的境界“世间固无此物”。什么是严复所确认的“事实”呢？那就是当今澳洲、非洲等地的原始民族，他们的生存非但无至乐，反而“最苦”或“至苦”。因此，对于道家理想的原始淳朴社会的判断，实际上变成对当今原始民族生活究竟是“乐”还是“苦”的体认。这当然只能从人类学的角度才可以获得明确答复。早期的西方探险家、传教士等曾把新发现的原始民族描绘成茹毛饮血的野蛮生灵。随着20世纪以来人类学的广泛深入发展，此种偏见已经得到纠正。新进化论第二代领袖、美国人类学家萨林斯在大量统计分析的基础上，著有《石器时代经济学》一书，把现今滞留在狩猎采集阶段的某些原始社会指称为“原始的丰裕社会”[3]，从而对其“乐”与“苦”的判断提供了新的基准，有助于我们重新审视道家的社会理想。

然而，由于当代生态人类学在我国远未普及，新近还有的学者试图引证古典人类学家的某些著作，进一步批驳道家创始人虚设的“浪漫幻想”的不切实际：

[1] 严复：《庄子评点》《中国哲学史研究》1983年版，第4期。
[2] 严复：《庄子评点》《中国哲学史研究》1983年版，第4期。
[3] 萨林斯（Marshall Sahlins）：《石器时代经济学》（*Stone Age Eeonomics*），芝加哥，1972年。

《庄子》描写在“至德之世”，“禽兽可系羁而游，鸟鹊之巢可攀援而窥”，人们“甘其食，美其服，安其居，乐其俗”。这就是说，原始状态下的人与自然（如动物）的关系是极其和谐友善而无任何对立和斗争；原始人的内心世界是极其恬静安宁而无丝毫纷扰和不安。实际上，这是浪漫的幻想。几乎没有一个认真地和科学地考察初民社会状态的学者，会没有发现或不承认那时人类的生存是十分艰难的。摩尔根写道：“各种动物在时间顺序上均早于人类。……如果说，人类初诞生之时既无经验，又无武器，而周围到处都是凶猛的野兽，那么，为了保障安全，他们很可能栖息在树上，至少部分人是如此。”（《古代社会》第 19 页）摩尔根在这里对人类初期的自然环境及人与自然关系的叙述，虽然不能说是很全面的和完全准确的，但是，通过一个科学家的历史眼光看，初民社会绝不可能像《庄子》所描写的“赫胥氏之时，含哺而熙，鼓腹而游”那样，生活得十分安适。准确描述原始人类的精神世界是更加困难的事情。但根据法国人类学家列维－布留尔对原始思维的研究，可以断定，原始人的精神世界绝不是平静的。[1]

在这里，所引述的人类学家摩尔根的话只是非常笼统地说到人类刚从自然界中分化出来时的情形，大致相当于所谓“类人猿”状态，同汉语中“初民”一词还有相当距离。如果把文明发生之前的新石器时代的人类生活视为“初民”生活，会显得更加贴切一些。况且，摩尔根和列维－布留尔也并没有去论证史前人类的生存是如何艰苦而沉重，他们的精神又是如何骚动不安。倒是更为晚近的人类学的具体材料——特别是对现存原始民族生活的实地考察报告，为道家哲人所描述的理想社会提供了大量坚实可靠的旁证，确证了

[1] 崔大华：《庄学研究》，人民出版社 1992 年版，第 253 页。

那种近似于神话的安适而和谐的生存方式不仅过去曾存在过，而且至今仍然在世界的某些地区存在着。这些客观的调查报告对于习惯于把原始人的生活想象为危难中挣扎的现代人来说，简直显得难以置信。然而，在实际上却是无可置疑的现实存在。下面就让我们来看看两个实例。一个是在非洲卡拉哈里沙漠地区极为恶劣的环境中过着狩猎和采集生活的多比・昆人；另一个是在南美秘鲁东南部从事农耕的印第安人。这两种生存方式按照生态人类学的观点来看，正是人类适应自然环境的两种最早的模式，分别对应于旧石器时代和新石器时代。

昆人是一个非洲人群体，现仅存四万五千人，大部分居住在博茨瓦纳、纳米比亚和安哥拉，正在被周围的农业和畜牧业社会所同化，唯有住在卡拉哈里沙漠北缘的多比地区的几百名昆人依然过着完全自给自足的狩猎采集生活。美国人类学家理查德・B.李于20世纪60年代中期来到他们中间做田野作业[1]，发现他们对农业、放牧和火器没有任何兴趣。他们既不交税，也不享受国家的任何福利，真有些“小国寡民”的特色。自然条件的恶劣是多比地区相对独立、未被文明同化的主因。这里温差和降雨量的变化很大；土壤的沙化使农业不可能展开；植物分散，不能养活大批兽群。但是，多比・昆人却在这样的环境中生活得颇为舒适。他们广泛利用多种动植物资源，所食用的植物将近100种、动物50种。他们采集坚果、浆果、瓜和其他水果；挖掘根和块茎；获取蜂蜜；他们打猎，从野猪、豹斑陆龟到野兔、珍珠鸡和大蟒无所不包。他们就地取材，有效地满足了其他方面的生活需要：比比皆是的树枝和草用来建造他们的棚屋，俯拾即是的鸵鸟蛋壳可当作理想的装水容器。花一个小时削成的木棍，可供挖掘达几个月之久；只用几天制造的武器就可用上好几年。少量的奢侈品——鸵鸟蛋壳项链、拇指琴、精雕的烟斗

[1] 理查德・B.李（Richard B.Lee）：《博茨瓦纳的昆布须曼人》，见比契里（M.G.Bicchieri）编《今日的狩猎和采集民族》（*Hunters and Gatherers Today*），纽约，1972年，第327—368页。

及玩具都同样是捡拾地上的材料所制成的。总之，“需求有限，资源显得丰盛，多比·昆人在获得食物和初级材料方面没有什么问题”[1]。

这里所说的“需求有限”不正对应着老庄所谓的“少私寡欲”和“去奢去泰”么？看来简朴而自在的“至德之世”同人本身的有限欲求及随遇而安的生活态度还是互为表里的。在道家的人生理想和原始生活的现实之间确有某种若隐若现的真实联系。后代人因无法看到此种联系，所以把老庄的理想国当成纯粹虚构出的乌托邦了。其实，即使是多少有些文学夸张的“甘其食，美其服，安其居，乐其俗”，和“含哺而熙，鼓腹而游”“昼拾橡栗，暮栖木上”一类描写，也还是有其现实基础的。让我们再回到上述的实例，看看人类学家是怎样记述的：

问题仍然存在——他们的生活有多好？在哈佛小组研究这些人以前，许多人都想当然地认为多比·昆人都在“不断为生存而斗争”，天天抵抗着饥饿和营养不良。他们毕竟生活在猎物稀少的地区，工具原始，无储藏植物的方法。表面看来，他们过着一种朝不保夕、勉强活命的生活。但是，20世纪60年代对多比·昆人潜心研究的结果表明，这种表面现象与实际情况相去甚远。实际上，与其他一些群体相比，多比·昆人过着一种相对稳定、轻松的生活。[2]

为了以较精确的量化形式来评估昆人生活的质量，理查德·B.李从1964年7月6日到8月2日用日记记录了一个营寨中正常的生计活动：多少人出去打猎、采集，每个劳动者获取食物的时间，所获动、植物的品种、重量。然后用每一周个人劳动小时的总和与获取食物的总量除以营寨中的人

[1] 参看普洛格（F.Plog）等著：《文化演进与人类行为》，吴爱明等译，辽宁人民出版社1988年版，第142页。
[2] 普洛格等：《文化演进与人类行为》，吴爱明等译，辽宁人民出版社1988年版，第146—147页。

口数，统计出昆人的工作强度和食物消费量。结果相当惊人。

原来男人打猎带回的肉食并不像人们想象的那样是构成多比·昆人生死攸关的因素，而是仅占食物消费量的 20%~ 25%。妇女采集的植物食物才是日常饮食的主要部分。这是因为，在该地区采集的生产力是狩猎的 2.4 倍。男人每小时打猎可获取近 800 卡热量的食物；女人每小时采集可获取近 2000 卡热量的食物。营寨中每人每天摄取 2140 卡热量，42.1 克蛋白质，营养供给远远高于外界的估计。而他们平均每周的劳动时间是 12~19 小时，也就是每日平均工作 1.7~2.7 小时。若按照现代文明社会中普遍实施的 8 小时工作制计算，多比·昆人每周只需工作两天左右就足以维持生计了。这真可谓“两天打鱼，五天晒网”式的悠闲生活。

实际上，多比·昆人男性用 5~6 天打猎，然后休息 1~2 周，走亲访友，串门送礼，进行频繁的社交活动。这一点倒是与老子说的“民至老死不相往来”大相径庭。昆人每周安排 2~3 次的通宵舞会，尽情地享受着放松的乐趣。甚至有时一个男子认为运气不佳时干脆休假一个月，当然无须向上级请假，也不会担心扣发工资之类的事。至于妇女则闲暇更多。她们一天采集的食物就足够全家吃三五天；操持家务也只占 2~3 小时，这就剩下大量空余时间从事社交和娱乐活动。多比·昆人的这种闲散自得的生存状态或可视为现实存在的“至德之世”的例证。

三、“小国寡民”的生态蕴含

人类学家帕斯皮西尔在 1963 年研究巴布亚新几内亚高地居民的生活质量时，做了一项类似于理查德·B. 李对多比·昆人所做的统计分析工作。他测量了 140 个种植园，仔细地划分了农业周期的各种操作时间，计算庄稼产量，甚至在收获白薯时每天称白薯的重量。依据这些相当确凿的抽样资料数据，再加上他对家务劳动的调查和分析数据，帕斯皮西尔明确揭示出当地各家族耕种土地的数量与可以刈草的妇女人数之间的关系，以及妇女的刈草劳动在全部农业生产中所具有的关键意义。数据表明，就投入的劳动量来说，密植和复种比山区实行的广种和抛荒轮耕制花费更多的劳动。譬如，后者的劳动时间是，男子平均每天 2 小时，妇女平均每天 1.7 小时。其劳动强度和时间都大大低于现代工业社会中任何一种职业的平均水平。帕斯皮西尔的报告使人们对“土著民族的农业耕作方式劳动时间长、劳动强度大的传统看法产生了很大疑问”[1]。被文明人所蔑视的原始的园艺式农业耕作方式，在当时的环境资源条件下，或许比大规模灌溉式的精耕农业更加轻松和自然。被后人渲染得野蛮而落后的刀耕火种或游耕式生产，对于资源负荷力充沛而人口密度极小的农业社会来说，那才是体现“素朴”和“天放”本性的农业生活。后代的精耕农业虽然在产量上大大提高了，但与之相伴的高强度劳作和“汗滴禾下土”式的终生辛苦也成为所有农夫与生俱来的宿命。人类学新材料足以表明，小规模的原始园艺式农业是继狩猎采集式生活之后首先出现的农耕生产方式，它先于对社会组织形式提出更高要求的精耕农业而存在。相对来看，后人所感慨的“谁知盘中餐，粒粒皆辛苦”的情形在那时尚不普遍。因为抛荒轮耕和游耕的农业劳动强度与狩猎采集维生的劳动强度最为接近。“经研究，秘鲁东南部的农业轮耕者的每日时间安排是：男人平均每天在田地里劳动 2.4 小时，妇女 0.9 小时；打猎和采集野生植物，成年已婚男子每日 2 小时，妇女 0.9 小时；制造器物及准备食物也得用一定时间。这是 135 天内对 3495 人调查的结果，资料是由计算机处理的。”[2] 在这里，我们又一次感受到道家创始人所描述的理想社会的真实性。或许可以推测说，老子和庄子生活在

[1]〔美〕R.McC. 内亭：《文化生态学与生态人类学》，张雪慧摘译，见《当代国外文化学研究》，中央民族学院出版社 1986 年版，第 132 页。

[2]〔美〕R.McC. 内亭：《文化生态学与生态人类学》，张雪慧摘译，见《当代国外文化学研究》，中央民族学院出版社 1986 年版，第 133 页。

大规模奴隶劳动早已成为现实的精耕农业时代，面对“十千为耦”式的辛苦农业劳动场景，以及与此相伴随的阶级压迫、贪欲横流、纷争四起的局面，才重新追念已经逝去的小国寡民式的园艺农业生活，并将当时的生态状况奉为至上理想，从而倡导归真返璞和清静无为的吧。与其把道家的主张当作主观臆造，不如从远古事实中推考这些观点和主张所由产生的社会原貌，进而从中透析那种也许比现代社会生活更加符合生态环境的自然主义生活伦理。

从生态系统中人口数量的变化这一角度考察文化的演进，人类学家还提出了战争起源的新假说：门津人和雅诺玛莫人的人口密度每平方英里不足一人，即使在这些部落里也感到人口增长的“生殖压力”。战争的出现充当了减缓这种压力的现实手段。“有重要的证据表明，人和资源之间的平衡事实上是部落村庄之间战争的根源，正是由于工业时代以前的民族未能发展出一套代价较低，较为人道的降低人口密度、降低人口增长率的办法，因而导致了战祸”。[1]《庄子·则阳》篇的蜗角之国寓言告诉我们，当时“相与争地而战”的规模已经到了“伏尸数万”[2]的程度。在“寡民”状态下这样的杀伐数字当是不可想象的。

生态人类学的理论表明，人类任何群体的生活水平部分地决定于人口和资源的比例。农耕和畜牧社会可以人为地扩大种植和饲养的数量，工业社会可以人为地开发利用新的能源，从而使人口和资源的比例得到调节，以适应人口的高速增长（当然这种增长也是有限度的）。唯有原始的狩猎和采集社会单纯依靠自然生态所提供的资源而生存，他们无法人为地增加资源的量或改进资源的质，因此其人口控制对于维持生态平衡就显得至关重要了。

道家创始人一再强调其理想社会的人口特征是“少”，这就有意无意间暗含了宝贵的生态思想：老子首先提出“小国寡民”，针对的是现实中的大

[1] 马文·哈里斯：《文化的起源》，中译本，第 30 页。
[2]《庄子集释》，第 891—892 页。

国和多民所造成的社会问题。有限的资源由过多的人民分享，势必引发利害之争，导致人群中的不和和欲望的膨胀，这正是老子所认为的一切祸害之源。从“鸡狗之声相闻”的细节构想看，老子的理想社会似乎是小农经济的田园生活，而不是狩猎采集式经济生活，因为只是伴随农耕文化的发生，才有了饲养家鸡家犬的新生态因素出现。不过，老子对人口数量要少的要求，却更深远地植根于原始的狩猎采集社会控制人口的实践经验。

庄子一方面因袭着老子所提倡的小农社会的理想，另一方面又揭示出农耕社会以前的生态环境特征。所谓“古者禽兽多而人少”，说的正是“有巢氏”时代的狩猎采集者的真实处境，与当代人类学的有关研究大致相吻合。禽兽多而人少，恰恰同今日世界人口爆炸而动物大量灭绝的现实形成鲜明对照。对于狩猎采集者来说，禽兽多便意味着食用资源的丰富供给，人少则意味着人均猎获食物的数量和时间相对要求不高，使原始共产式的分享和“不争”建立在优裕的物质和生态基础上。禽兽多和人少的远古现实还使人口与资源的比例处在最优状态，使“棒打狍子瓢舀鱼，野鸡飞到饭锅里”的生存理想尽可能兑现。人们在优游卒岁的生活方式中当然也不会激发出过分追求物质利益的贪欲和奢望，那正是老庄标举的“无为”哲学盛行于世的地方。所有这一切理论上的推测，在人类学家所报告的多比·昆人社会中均可得到验证。

多比·昆人的人口控制行之有效，似乎他们的繁殖力异常的低。平均来看，每个多比·昆人妇女生完一个小孩后四年才能再次受孕。其中的原因尚不清楚。当地妇女自己的解释是，由于神的吝啬，把小孩子都留在天堂上他们的身边，所以降生到世间的很少。人类学家当然不相信这种解释，但也没有发现机械的节育措施。一个可能的推测是，漫长的哺乳期使妇女生育间隔加长。由于多比·昆人以采集的坚果为主食，没有细软食物让婴儿断奶，以至于母亲哺乳婴儿的时间达三年以上，直到孩子能消化成人食用的坚硬食物。此外，多比·昆人中间还保留着史前人类控制人口增长的常见方法——杀婴。

对于现代文明人来说，这似乎构成了犯罪行为，而且手段残忍，情节恶劣。但是考虑到多比地区食物较易获取而水资源十分有限的情形，多比·昆人杀婴之俗乃是控制人口与资源比例均衡，维持其朴素而闲适的生存方式的有效手段，它实际上以婴儿为牺牲确保多比·昆人与自然环境之间的生态平衡。相反，如果禽兽多而人亦多的话，这个族群是否能够存活至今，还是值得怀疑的问题。

人类学家们还发现，狩猎采集社会的根本特征就是群体人数最少，平均包括 25 到 50 人。多数狩猎采集群都把人口数量稳定在他们土地的人口容纳量之下。他们的居住区域实际上能够维持比现有人口多两倍到四倍的人口生存。“从长远观点看，与其无限制地扩张人口而冒被突如其来、出乎意料的自然食物资源减缩来裁减人口之险，还不如保持其人口数量的低水平更加适当些。狩猎采集群的人口密度很少超过每平方英里一人，密度很低；他们的资源还可维持更多人口的生存”。[1] 在这里，我们似乎又一次领略了中国道家圣人的超前智慧。原来所谓“小国寡民”和“禽兽多而人少”的说法并不是凭空虚设的神话，而是实现“道法自然”和“天与人不相胜”（《庄子·大宗师》）的生存理想所必不可少的生态前提。

生态人类学将一种生态系统的成分划分为三类，它们分别为能源的生产者（植物）、消费者（食草木的动物和食肉动物、人）和分解者（细菌和真菌）。生态系统的平衡就在于此三者之间相互依存和相互作用的关系。生产者即绿色植物把阳光和土壤中的养分化合成食物，实际上是太阳能经光合作用的转化。动物和人类直接或间接地消费着由植物提供的能源，动、植物死后由细菌进行分解，重新化作土壤中的有机物养分，再提供给生产者。如此循环往复而不已，构成生态系统的生命之网。在数万种生物中，人类常常是自然生

[1]〔美〕哈维兰（W.A.Haviland）：《人类学》，王铭铭等中译本名《当代人类学》，上海人民出版社 1988 年版，第 336 页。

态的最重要的破坏者，而人类对自己的破坏作用总是无意识的。人口增长超过一定限度，势必导致动、植物数量的减少，使整个生态系统的平衡遭到损害。直至20世纪的今天，在全人类范围内才第一次真正唤醒了生态平衡和保护自然意识，并采用种种人为手段去限制人口的增长，以求为子孙后代留下一个尽可能好的生存环境。在这种时代条件下重读《庄子》描述的至德之世的人类生活情景：人与禽兽同居，万物并生，不相伤害；所有的物种都尽性生长，常德不离，保其天年。这是两千多年前的人类所能构想出的最真实、最自然的生活。它既没有制礼作乐的繁文缛节之干扰，也没有依仗技术优势无限地开发劫取自然的贪婪和急功近利。难怪庄子把处于此种生活状态中的人描绘为“无知无欲”之人，原来技术之“知”和贪心之“欲”正是戕害自然真性、破坏生命和谐共存之网的罪魁祸首。

同乎无知，其德不离；同乎无欲，是谓素朴；素朴而民性得矣。

彼民有常性，织而衣，耕而食，是谓同德；一而不党，命曰天放。（《马蹄》）

无知无欲之民就是素朴理想的体现者，他们是真正有“德”之人，《庄子·天地》篇称之为“德人”。谆芒对苑风描述德人说：“财用有余，而不知其自来，饮食取足，而不知其所从。此谓德人之容。”这里所说的物质财富充足供给正是以人口数量的“少”和自然生态的完美状态为条件的。可见道家圣人标榜之“德”与儒家之“德”大不相同，它似乎不指伦理道德方面的理想，而是喻指某种人与自然获得生命和谐的生态理想。“天放之民”也好，“德人之容”也好，都透露着人与自然之间这种依存供求关系的均衡。《知北游》篇又称之为“天和”，《天地》《刻意》《天道》等篇亦曰“天德”，而《寓言》篇则比喻为“天均”“天倪”。对此，学者们多从训诂和玄理方面去解说，尚未有一致的看法。从生态人类学的立场看，庄子关于"天均"的观念同其"至德之世"及"德人"的社会理想是互为表里的。若用意译的白话说，"天均"也就相当于自然生态的均衡吧。

四、"德"与"无为"的环境伦理观

前文已注意到庄子在为他的理想世界和理想人格命名时都曾用"德"这一概念。"至德之世"也好，"德人"也好，乃至"德友""德机""德配天地""大德""厚德""建德""全德""盛德""玄德""修德""上德""天德"等十多种词语充斥《庄子》全书，内七篇中还有以"德"命篇的《德充符》。单独使用的"德"字更多达一百四十多处，与"道"连言的"道德"一词在外、杂篇共出现了十六次。这些迹象似乎表明"德"在庄书中是仅次于"道"的核心范畴之一。而在老子那里，已奠定了这个范畴的使用先例。《道德经》中"德"出现了三十多次，"道"则有六十次。这种一比二的比例也大致保持在《庄子》中。[1]

"德"的概念在中国古代哲学中的纷纭聚讼虽较之"道"的概念要少得多，但此一词亦为古汉语中最受推崇的褒美词之一，因而在各种不同语境中歧义甚多，仅《中文大辞典》中就罗列出了二十几种。诸如"修养""品格""本性""行为""节操""贤明""真理""始生""善教""恩惠""幸福""利""植""得"等等，若要把握这些歧义之间的逻辑联系，实在令人感到无从下手。不过仔细排比尚可看出，众多歧义中有几个与生命哲学关系密切者，似可视为这个字的道德哲学意义之基础或本源，那就是"始生""植"和"四时之旺盛"。由这些义例可知"德"与"道"同样

[1] 庄书中"道"的使用频率为二百八十多次，约为"德"的两倍。

既用于自然，又用于人。比照之下，当是用于自然者在先，用于人者在后。价值方面的引申义出自生命自然方面的本体意义。

《礼记·月令》："先立春三日，大史谒天子，曰：'某日立春，盛德在木'。天子乃斋。立春之日，天子亲率三公九卿诸侯大夫，迎春于东郊。"注释家以"四时之旺气"解说此处的"盛德"，可知就是指宇宙自然中的生命之气。春天是阳气萌动勃发，催生万物的时节。以立春之日为盛德在木的征兆，人间小太阳——天子亦有相应的东郊迎春之礼，其实质当然是接引阳气也。"旺气"即日气、火气，与阴相对而言。《礼记正义》引孔疏云：

盛德在木者，天以覆盖生民为德，四时各有盛时，春则为生。天之生育，盛德在于木位，故云盛德在木。

天子在迎春礼上还要封赏下属，据信也是借阳气兴盛之机：

春，阳气始著，仁泽之时，故顺其时而赏朝臣及诸侯也。[1]

在大自然的"盛德"激发之下，天子之赏赐当然也可视为"德"之表现，所谓"施德""布德"是也。"德"的概念引申为恩惠、恩德，当然顺理成章。

"德"训"植"也出于同样的生命理念，"植"与"殖"通，二者分别指植物和动物的生命传衍。《管子·心术》云："化育万物，谓之德。"这里的"德"不就是生命力或生育力吗？同书又说"德者道之舍"，可见"德"与"道"二者在实质上本来相关。郭沫若释"舍"为施舍，也就等于说"德"是"道"所施舍的产物。[2] 二者虽俱指生命本质，但"道"更具有本源性，

[1]《礼记正义》，《十三经注疏》本，中华书局1979年版，第1356页。
[2] 郭沫若：《管子集校》，《郭沫若全集·历史编》第6卷，第417页。

或可视作生命第一因，创生之本根。《庄子·庚桑楚》又云：

生者德之光也。（成玄英疏：天地之大德曰生，故生化万物者，盛德之光华也。）[1]

“道”作为阳力可以发光之太阳为表征，“德”既然也以发光为生命特征，看来也与太阳、阳精、火精具有潜在联系。“道”可以“明”，“德”同样可以“明”，二者作为阳力的外显特征大致无二。阳力虽为生生之本，但仍需与阴力相辅相成，所以有《易·系辞》“一阴一阳之谓道”的说法；同样有“通乎神明之德”的说法；《周易九家注》：“阴阳交通，谓之德。”如此看来，道在阴阳，德亦在阴阳。但这并不妨碍“德”以纯阳之气的形态进入人体之中。老子《道德经》第五十五章有一段话对于理解“德”之本义极有启示：

含德之厚，比于赤子。毒虫不螫，猛兽不据，攫鸟不搏。骨弱筋柔而握固，未知牝牡之合而竣作，精之至也。

任继愈先生对上段的白话语译是：包含“德”的深厚程度，应该比得上无知无欲的婴儿。毒虫对他不刺，猛兽对他不扑，恶鸟对他不抓。他骨弱、筋柔，而握持得牢固。他还不知道什么是男女交合，而他的小生殖器常常勃起，因为他有充沛的精气。[2] 蒋锡昌先生对“竣作”一句的解说是：竣，又作朘，小儿阳物也。作，挺举也。此言赤子未知男女之合而阳物挺举，乃出精气极

[1]《庄子集释》，第811页。
[2]任继愈：《老子新译》（修订本），上海古籍出版社1985年版，第178—179页。

充满所致也。[1]老子的这一比喻把“德”与促成阳物勃起的“精”视为同类，这就充分说明道家始祖倡导的“含德”“积德”“修德”，皆有积聚体内生命力的意思，与伦理、品格等方面尚无确切关系。《庄子·天地篇》描述的“德人”亦可引为佐证：

德人者，居无思，行无虑，不藏是非美恶。四海之内共利之之谓悦，共给之之谓安。怊乎若婴儿之失其母也，傥乎若行而失其道也，财用有余而不知其所自来，饮食取足而不知其所从。此谓德人之容。[2]

在老庄看来，只有这种无思无虑、超然于是非善恶的世俗价值之上的人，才能积德体道，成为生命力最健全、最旺盛的人。老庄一再用“赤子”“婴儿”来比喻他们理想中的德人，这也表明他们所标榜的“德”与社会道德价值无关，是与生命同在的阳性力。可见儒道两家所讲的“德”其实是同名而异实的。

把“道”与“德”的概念伦理化，使之具有强烈的价值色彩，是儒家利用和改造生命哲学语汇的结果。汉初学者贾谊著有《道德说》，围绕“德”的概念构建理论体系，试图将道家生命哲学与儒家的伦理学说相融合。其主要论点为“德有六美”：（1）道，德之本；（2）仁，德之出；（3）义，德之理；（4）忠，德之厚；（5）信，德之固；（6）密，德之高。六美的顺序似脱胎于老子“失道而后德，失德而后仁”之说；但把“德”具体阐释为仁、义、忠、信等品格，则完成了“德”概念的儒家伦理化改造。[3]

如果说作为生命哲学概念的“德”在《庄子》中也多少有了向伦理方向衍化的迹象，那么这应该是一种生态伦理或环境伦理的观念，而不是世俗所

[1] 蒋锡昌：《老子校诂》，商务印书馆1937年版，第339页。
[2]《庄子集释》，第441页。
[3]《贾子新书》卷八，“二十二子”本，上海古籍出版社1986年版，第755页。

说的伦理道德的意思。老子率先提出“道法自然”的生态哲学命题，又将“道生之，德畜之……万物莫不尊道而贵德”确认为宇宙万有的根本大法。这样一来，“德”首先就意味以自然为准则。《道德经》第五十一章：

道之尊，德之贵，夫莫之命而常自然。故道生之，德畜之，长之育之，成之熟之，养之覆之。生而不有，为而不恃，长而不宰，是谓玄德。[1]

庄子不仅接受了“玄德”“自然”等语词，而且也充分继承了以自然无为为生命理想的观点。“天德”说的提出，便是其环境伦理的直接体现。《天地》篇云：

天地虽大，其化均也；万物虽多，其治一也；人卒虽众，其主君也。君原于德而成于天，故曰，玄古之君天下，无为也，天德而已矣。[2]

郭注：“以德为原，无物不得。得者自得，故得而不谢，所以成天也。”又注“天德”云：“任自然之运动。”成疏：“夫君主人物，必须以德为宗，物各自得，故全成自然之性。”[3]“天”在庄书中常作为自然的同义语来使用，“天德”也就是自然之德，此乃人类所效法的生命原则。自然之德的最大特征就是无为，庄子认为那也是玄古之君、至德之世的理想所在。后代之人一切有为的妄动，都必然破坏生物环境原有的自然秩序，所以庄子反对“机械”“机事”和“机心”，对技术的进步持怀疑态度。这对于信奉人类中心主义、主张“制天命而用之”的荀子来说，就成了“蔽于天而不知人”的盲视。[4]

[1] 朱谦之：《老子校释》，第 203—204 页。
[2]《庄子集释》，第 403 页。
[3]《庄子集释》，第 404 页。
[4] 参看胡楚生：《试析荀子对于老庄思想的批评》，《老庄研究》，台北：学生书局 1992 年版，第 302 页。

其实，二人站位不同，出发点不一，所以会有生态伦理观与人本伦理观的冲突，“天德”与“制天”正代表着两种截然对立的自然观：顺其自然还是征服自然。后者虽风行了两千多年，却在今日遭到全面清算。已有学者尝试归纳庄子环境伦理的基本原则：

顺物自然，无为而为：为了要把握大自然概念本身所含的自然本性之真，庄子提出两面伦理以保持“生态律则”不被干扰：（1）积极的环境伦理，即“顺物自然”“常因自然”“以天待人”“依乎天理”。

（2）消极的环境伦理：即上述的“不以人助天”“无以人灭天”“不以人入天”。如果“以人灭天”会有什么后果呢？庄生借着寓言告诉我们有为、人为的后果是败亡。[1]

庄子的这种警告对于人类来说意味着什么呢？“人定胜天”的信念已经把宇航员送上了太空，面临地球资源危机的当今之人又斗胆提出了“开发宇宙潜能”的宏伟规划。其前景究竟是得救还是毁灭，现在还难见分晓。美国科学家、太空物理学博士克里斯韦尔做出如下统计：过去 400 年中，全世界对原材料的使用量一直以每年 6%的速度增长。这意味着每 12 年增长一倍。一旦人类在太空定居，对原材料的使用量将激增到 20%，即每 3 年多增长一倍。按照这样的速度，现存的太阳系将很快消耗殆尽：火星和木星轨道间的小行星将在 2140 年被用尽，而木星在 2600 年时将不复存在。[2] 这样的结果一定会让当年主张“制天命而用之”的荀子目瞪口呆，更不用说信守无为之德的老庄了。

李约瑟用相反相成的诠释法来看待庄子的“无为”，他的英译完全吻合

[1] 庄庆信：《庄子生态哲学初探》，《东吴文史学报》1994 年 3 月第 12 期，台北：第 136 页。
[2] 里吉斯（Ed Regis）：《科学也疯狂》，张明德等译，中国对外翻译出版公司 1994 年版，第 217 页。

环境伦理的原则，大多数汉学家都用 action（行为）来译“为”这个词，这样一来“无为”就变成 non-action（无所作为）或 inactivity（不活动）了。李约瑟指出：这种译法误解了道家思想，对于老庄这样的“原始科学家”来说，“无为”的意思就是“不做违反自然的活动”（refraining from activity contrary to Nature），亦即不固执地要违反事物的本性，不强使物质材料完成它们所不适合的功能。他还援引《应帝王》《天道》两篇见解，对庄子做如下评价：“对于这种不违反自然的活动，即‘无为’，《庄子》称它是一切盛名之主。在论及古代帝王时，他说，他们如果不做（违反自然的）事，便能使整个世界为自己所用，而且还能做到绰绰有余；但是他们如果要做（违反自然的）事，那就不能充分尽到世界对他们所要求的职责了。（无为也，则用天下而有余；有为也，则为天下用而不足。）”[1] 这一解说可谓庄子环境伦理观的千载知音之论。当今日的人们千方百计地算计着如何开发地球上所有的能量和资源，并试图建立太空工业以索取宇宙潜能以弥补地球之匮乏时，庄子“为天下用而不足”的古老箴言也许就更值得三思了。

五、齐物：消解人类中心观

人类在宇宙自然中处于怎样的位置，他与周围万物之间具有怎样的关系？这是自古以来任何一种哲学都要首先解决的世界观问题之基础。正是由于对此类问题的看法有很大分歧，各种学派和思想才各执一端，相持不下。大体上说，人类中心主义的世界观在历史上曾经占据着长久的统治地位，对人们的生活和思想给予重要的支配性影响。只是在最近几十年中才真正遇到根本性的质疑和挑战，并逐渐开始消解和弱化。[2] 相形之下，万物平等的物

[1] 李约瑟：《中国科学技术史》第 2 卷，中译本，科学出版社、上海古籍出版社 1990 年版，第 76—79 页。
[2] 参看威廉·莱斯：《自然的控制》，岳长龄等译，重庆出版社 1993 年版。

道主义价值观在思想文化史上一直处于微弱的、少数的和异端的地位，现在却获得越来越多的理解、认同和支持，有可能取代人类中心观而成为新世纪的主流世界观。立足于这场有史以来最深刻的人类思想大变革的背景之中，重新估价庄子的齐物之说，可以收到古今对话的启发效果。

《庄子》内篇中的第二篇《齐物论》，历来在庄学研究中占有重要地位，甚至有些学者认为它是最集中体现庄周思想精义的一篇。[1]关于“齐物论”这个篇名的含义，可从两种角度去理解：或为齐一万物之论，与《秋水》篇的“万物一齐，孰短孰长”之说相符应；或为齐一各种学说的“物论”，以相对论去消解是非之争，优劣之辩。前一理解可称为齐万物，后一理解则可称为齐是非。从文章内容上看确实兼有这两方面的意思，究其实质则为相对主义的价值观对形形色色的自我中心世俗偏见的解构。推考齐物之说的由来，可从《天下》篇评述黄老学派的如下一段见其端倪：

> 公而不当（党），易而无私，决然无主，趣物而不两，不顾于虑，不谋于知，于物无择，与之俱往，古之道术有在于是者。彭蒙田骈慎到闻其风而悦之，齐万物以为首，曰：“天能覆之而不能载之，地能载之而不能覆之，大道能包之而不能辩之，知万物皆有所可，有所不可，故曰选则不遍，教则不至，道则无遗者矣。”[2]

这种“齐万物以为首”的学说显然开庄子齐物论之先河，不过庄子并不完全认同其说，更辅之以内心修养功夫，让“吾丧我”的精神体验成为实现

[1] 吴怡先生说：“《齐物论》是庄子书中最重要的一篇，也是最有理论体系的一篇。该篇首先提出‘吾丧我’的这个真我，接着强调这个真宰、真君，事实上，也就是真我。然后从现象界的各种是非、生死、美丑、成毁等的相对性，以说明真知乃是照之于天，也就是归于自然。所谓自然也即是顺万物的自体，因为万物都各有其真我。最后归之于人的真我与万物的真我共化。”见《逍遥的庄子》，台北：东大图书公司1991年版，第140页。

[2]《庄子集释》，第1086页。

齐物观的必要前提。《齐物论》开篇就讲“吾丧我”的寓言，终篇以“庄周梦蝶”的故事，皆旨在消解物我之间的偏执分割，为精神超越基础之上的齐物境界提供示范表演。艾利森把《庄子》全书视为这样一种展现觉悟体验的示范，梦蝶隐喻植根于我们从梦中醒来的那种日常经验，这是只有从内在方面才能体会到的。[1] 从内心体验上所达到的这种物我合一之境成为庄子《齐物论》的基石，故与“于物无择，与之俱往”的彭蒙、田骈、慎到的机械齐万物说并不雷同。

如果从生态人类学的角度去审视《齐物论》的性质和作用，那就不妨说是从人类中心主义的迷梦中惊醒过来的一剂解毒良药了。章太炎《齐物论释》云：“齐物者，一往平等之谈，详其实义，非独等视有情，无所优劣，盖离言说相，离名字相，离心缘相，毕竟平等，乃合齐物之义。……若其情存彼此，智有是非，虽复凡爱兼利，人我毕足，封畛已分，乃奚齐之有哉？”这是以平等释齐物的典型说法。要求人与物之间讲平等，当然首先要彻底清算人类自大的傲慢偏见，“丧我”正为此而设计。只有做到丧我，才有条件避免“与物相刃相靡”的不由自主状态，回归万物与我为一的自然平等状态。

从生态意义上看，道家的返胎归根情结和婴儿食母之恋实际上与齐物的自然观是互为表里、相互映衬的。人类尚未从自然母亲的怀抱中脱离出来时，毕竟是不那么乖张和自大的。齐物在那时是无师自通的普遍观念。技术的发展使人类优越性幻觉日渐滋长，终于催生出“人定胜天”一类自我中心的价值观，以及“人是万物的尺度”之类的狂妄设想，从而彻底放弃了齐物——平等的原有立场。蓝德曼说：正像宗教世界观使上帝成为世界的主宰一样，它也使人类在上帝的特别关照下成为地球的主人。宗教世界观并非只是神学中心论，它也是人类中心论。他还举例说：“在《圣经》的宗教中，人相信

[1] 艾利森：《精神超越的庄子——内篇解析》，纽约州立大学出版社 1989 年版，第 81 页。

自己高于其他创造物而被选择，于是，在人类世界中，每一群体也相信自己高于其他群体而被选择，以致唯有他的观点、价值和习俗才是真实的。”[1]庄子对于这种自我中心的错觉及其产生根源早有深刻的洞察，《齐物论》中借王倪之口说道：

民湿寝，则腰疾偏死；鳝然乎哉？木处，则惴栗恂惧，猨猴然乎哉？三者孰知正处？民食刍豢，麋鹿食荐，蝍蛆甘带，鸱鸦耆鼠，四者孰知正味？猨猵狙以为雌，麋与鹿交，鳝与鱼游。毛嫱丽姬，人之所美也；鱼见之深入，鸟见之高飞，麋鹿见之决骤。四者孰知天下之正色哉？自我观之，仁义之端，是非之涂，樊然殽乱，吾恶能知其辩！[2]

人不能成为万物的尺度，正像鳝鱼、麋鹿和猿猴不能成为人的尺度。每一种生物都有其特定的适应环境的生存方式，彼此之间全无优劣高下的判别基准，所以齐物说也就是生命形态的相对论，它否定一切自以为中心或尺度的偏执之见，用更具有普遍性的物道主义纠正人道主义膨胀的自大心态，教人学会设身处地用异己的立场、角度和眼光去看待是非之争。如此齐物之情怀在现代人眼中已不再显得怪异了。

比如，生物学家伯奇写道：“唐纳德·R.格里芬认为，研究动物行为最迫切的步骤是力图了解动物的心思，并提出达到这一目标的方法。我不能真正了解黑猩猩的所思所想，更不要说蜜蜂了，除非我是一只黑猩猩或蜜蜂。我也不知道，我如果不是我而是你的话会怎样。但在后一种情况下，我们可以竭尽想象之能事而进入到相互的生活当中。为什么我们不应该力求像其他

[1] 蓝德曼：《哲学人类学》，彭富春译，工人出版社 1988 年版，第 106 页。
[2]《庄子集释》，第 93 页。

生命有机体那样生存？”[1]类似的设想在《庄子》一书中并不少见。既然放弃了自我中心的立场，乃至达到“丧我”圣境，“物化”也就是顺理成章的了。

人与物的齐一，又是返回自然的实际体现。弗洛姆指出：“婴儿生殖于母体，处在历史幼年期的人类则生殖于自然。人类虽然已经从自然脱颖而出，但自然界仍是他的发祥地；这个发祥地一直是他生存的根基。人类为了寻求保护，便试图回到自然，使自身与自然、与动植物世界相一致。”[2]老庄有关归真返朴的执着理念从这种自然母亲的隐喻层面即可获得生态学的理解。那种单纯地视自然万物为功利的、实用的、可劫取的对象的世俗观点正是妨碍人们归返生存根基的心理屏障，如何用虚己丧我之精神修炼去克服这种障碍，达致物化、齐物之境界，乃是《庄子》一书的主要用心所在。

现代的生态伦理和生物伦理告诉人们：人类与自然的对峙原来是人为的结果。人类只注重自己的利益和权力，就会视自然为异己的和敌对的力量，在天人相争的张力意识的压迫下去为所欲为，使自然生态网络遭到毁坏，最终危及人类自身的生存和发展。生态人类学旨在探讨恢复人的自然与非人类的自然之间的和谐均衡关系，其思想前提就是类似于《齐物论》的平等观念。“非人类的自然有它自己的独立权力，这一点现在已不被人们仅仅局限于艺术和美学范围。相反，它要求人类不再以损害非人类的自然为代价，去把上述紧张关系……保持在可容忍的范围之内。否则，非人类的自然就会负担过重”。[3]不堪重负的自然将怎样回应人类的贪欲和残忍呢？霍克海默提出的“自然的反抗”这一概念已经部分地提供了答案，而庄子关于“不伤物者，物亦不能伤”的箴言似乎早已预示了道家对此的明确表态。

日本学者岸根卓郎从生态环境的差异着手试图把东西方文明划分为“森

[1] 查尔斯·伯奇：《后现代对生物学的挑战》，见《后现代科学》，马季方译，中央编译出版社1995年版，第93—94页。

[2] 弗洛姆：《健全的社会》，欧阳谦译，中国文联出版公司1988年版，第47页。

[3] R.玛勒：《哲学伦理学与行为准则：伦理学与生态学》，林明译，《自然科学哲学问题丛刊》1983年第2期。

林文明”和“草场文明”，“自然共处型文明”与“自然破坏型文明”。其具体论证虽有不甚谨严完善之处，但这种从自然观、生态观上区分文化特质的尝试还是颇具启发性的。他认为喜马拉雅山脉以东的气候环境形成了凶猛而难以征服的自然，这使得东方人对自然顺从、吸收、忍让，他们不是去征服自然、驾驭自然，而是以自然为师、学习自然，形成了与自然共处的自然观，以老庄为最深刻的代表。[1] 岸根卓郎还具体分析了从老子的“无为自然”“虚无自然”到庄子的“无差别的自然”和“命运自然”的理论演进，把道家哲学自然观的形成视为东方森林生态系统中产生的、与佛教轮回转世说一样同当今生态学理论相契合的文化遗产。关于庄子对老子自然观的发展与补充，他这样论述说：与老子的“虚无自然”相对，庄子提出了“无差别的自然”。其区别在于，老子定义的自然是：“天地所以能长且久者，以其不自生，故能长生。”其中的“自生”指“人为”，而庄子虽同样把“自生”看作是“人为”，但它的内容却有“差别”。人在认识中的对立范畴如此与彼、善与恶、美与丑、生与死等，都是就差别而言的。本来，人处于混沌状态是无所谓差别的，人为的差别损害了事物本来的样子，即“自然”被分割成了两部分。庄子说，如果人们不抛弃“差别”这个“人为”的分割，就不可能看到“本来的自然”。把庄子自然观称作“无差别自然”，其根基就是庄子有关万物齐同的思想。[2] 就此意义而言，作为认识论相对主义的“齐物”说，也可以理解为生态论上的相对主义价值观。

在庄子看来，世间万物本来都是平等的，只因有人的主观评价后，才被划分出优劣高下之别。世界的生物本来都是自然而然的，只因有人的功利需要后，才被纳入“有用”与“无用”的非此即彼铁床，而凡是对人有用的生物则不免横遭劫难，只有那些对人来说无所用的生物才得以尽享天年。《人间世》篇的“社树”寓言让大栎树以人格化的形式为木匠石托梦，诉说生物

[1] 岸根卓郎：《文明论——文明兴衰的法则》，北京大学出版社 1992 年版，第 136 页。
[2] 岸根卓郎：《文明论——文明兴衰的法则》，北京大学出版社 1992 年版，第 139 页。

为避人为祸害而求全生的苦衷：

“你想把我比作什么呢？你想用那些有用的好木材来比方我吗？那些山楂树、梨树、橘子树、柚子树以及能结果实和瓜瓠的所有植物，一旦果实成熟，便遭人采摘，被采便受辱，大枝折断，小枝弄弯，一生遭受无尽的折磨，不能得到善终，半途夭折。这是它们自己招来的世俗之害，事物都是这样的。我只求没有用处，已经很久了，也快要死去。现在总算得知了全生之法，成为我的大用处。假如我是有用之材，怎能长到如此之大呢？况且，你与我都属于物，你怎么能只把我当作物呢？……”[1]成玄英疏末句云：“汝之与我，皆造化之一物也，与物岂能相知！”自司马彪以来，注家多谓此寓言在申明庄生有关居乱世之明哲保身之术，我们却也可从栎树的表白中直接体悟到质疑人类中心主义的相对主义生命观。人类出于实用的功利需要对自然生命的肆意践踏乃是完全背离齐物之旨的妄为，其终极结果不仅是对生态的破坏，也将是对自身生存的破坏。《知北游》篇重申此理云：

圣人处物而不伤物。不伤物者，物亦不能伤也。唯无所伤者，为能与人相将迎。[2]

这话若反过来说便是：凡伤物者，亦将为物所伤。连物都要伤的人，又怎能与人和睦相处呢。现代人类在经历了世界大战的惨痛“自伤”之后，总算开始懂得“不伤物”的必要了。王煜先生说：“在老庄眼中，避孕、解剖、消灭害虫、注射疫苗、人道毁灭、海底与蛮荒与太空的探险都戕贼自然。……以人类为中心的儒家认为服牛乘马和吃牛肉是天经地道的自然，以宇宙为立场的道家却以为应该让牛马在原野奔驰，充其极用于耕耘，但已剥夺了它们

[1] 据《庄子集释》第172页语译。
[2]《庄子集释》，第765页。

的天性。世俗养鸟于笼，道家认为鸟类宜以无限的空间做‘无笼之笼’。”[1]他还评价说庄子的生活态度显得吊儿郎当，潇洒有余，责任感与使命感不足，无力推动文化的巨轮，“如依庄子所教而不计划预谋、不做主持，人很可能浑噩终生，甚至饿死”。[2]与这一苛刻批评形成对照的是，美国当代诗人加里·斯奈德（Gary Snyder）以庄子为精神导师，主动要求作为人类的代言者而向整个自然界请罪致歉，特别是被榨取得最严重的动物、树木、水、空气和草场。斯奈德还要求对“人道主义”和“民主”两个概念重新定义，使之包括非人类的自然在内。[3]与斯奈德的向自然道歉的主张相呼应，法兰克福学派的哲学家威廉·莱斯（William Leiss）提出重新解释在西方文明中流行了几千年的“控制自然”的观念：“即它的主旨在于伦理的或道德的发展，而不是科学和技术的革新。从这个角度来看，控制自然中的进步同时是解放自然中的进步。……控制自然的任务应当理解为把人的欲望的非理性和破坏性的方面置于控制之下。这种努力的成功将是自然的解放——即人性的解放：人类在和平中自由享受它的丰富智慧的成果。”[4]把“控制自然”重新解说为“解放自然”，“控制”的直接对象也就置换为人类欲望的破坏性了。至于如何实现这种控制，莱斯并未从手段方面具体说明，或许庄子为达到齐物境界而特设的虚己丧我之术，正好为现代人提供了可资借镜的有效手段。

六、生态智慧的原始寻根

世上没有无源之水，无本之木。

[1] 王煜：《老庄衍论》，《老庄思想论集》，台北：联经出版事业公司 1979 年版，第 459 页。

[2] 王煜：《老庄衍论》，《老庄思想论集》，台北：联经出版事业公司 1979 年版，第 460 页。

[3] 参看叶维廉（Wailim Yip）：《反控制：向自然道歉者斯奈德》（*Against Domination*），《中国文本》（*The Chinese Text*），周英雄编，香港中文大学出版社 1986 年版，第 75—84 页。

[4] 莱斯：《自然的控制》，岳长龄等译，重庆出版社 1993 年版，第 168 页。

庄子及道家的生态智慧从何而来？在两千多年前物质生产尚不发达、人口也相对稀少的文化环境中，如何能够催生出如此具有超前性的宝贵思想的花朵呢？

如果不把老庄的自然观当作纯然独创的个人发明[1]，那么其思想渊源只有跨越古典时期，到神话思维的时代中去寻觅。比较神话学的素材表明，远古神话在其奇思异想的稚拙故事中确实传承着人类最早的生态思想的种子，其认识价值也只有到了今天全球生态意识大觉醒的时代背景中方才真正显露出来，为人们所珍视。一首北美印第安民谣唱道：

只有当最后一棵树被刨，
最后一条河中毒，
最后一条鱼被捕，
你们才发觉，
钱财不能吃。

此歌的批判对象是为了聚敛钱财而对大自然疯狂劫取的人类行为。歌词虽然简单朴实，其思想蕴含却十分耐人寻味。作歌人显然同道家圣人们一样，站在私有 / 文明社会的对立面而发言：正是私有财产的制度导致了原始人谦逊平等的生活状态之瓦解，激发了人的占有欲和无限贪婪。随之而来的商品交换和货币崇拜终于把人类引向异化之途——把既不能吃又不能穿的“钱财”作为人生主要追求目标，把自然万物当成了可以换取钱财的天赐筹码，殊不知自然的赐予是有限的，而人的贪欲则无止境。正是此种供求之间的矛盾加剧着自然资源的枯竭和环境的破坏，其最终的结局是可想而知的。不知名的

[1] 除道家外，先秦诸子思想中不乏类似的生态保护观念，可参看王尔敏《先秦两汉之生态保育思想》，《汉学研究》第 10 卷第 2 期，台北，1992 年。

印第安歌谣作者排列出三种相关的意象，作为生态灾难的预警信号——最后一棵树被刨，最后一条河中毒，最后一条鱼被捕，这样的景象虽出于假想，但其教训意义仍是发人深省的，有如一句中国俗语所云“不见棺材不落泪”。而歌词中所体现的生态意识又可用中国成语“竭泽而渔”或“杀鸡取卵”来比照，与老子所言“少私寡欲”“去甚、去奢、去泰”的教导有相通之处。近年以罗马俱乐部的名义出版的一批未来学著作均以“极限”为中心主题，对人类开发索取自然的前景提出警告，好像是以更严谨、更系统的理论化形式重复着古老的原始歌谣中早已传达出的生态终结论观点。

新几内亚岛民的传说也涉及人与自然共生共存的主题，比如下面一则：

世界之初一片汪洋，只有一条鳄鱼居其中。鳄鱼生人，人依赖鳄鱼而生，后来人寻求独立，便以石头击杀鳄鱼。可是鳄鱼一死，人后悔了，流泪不止，形成希匹克歌。[1]

我们读着这古朴天真的忏悔之歌，耳畔想起的却是道家有关“天与人不相胜”（《大宗师》）的信条，以及庄子“马生人”之说。《至乐》篇叙述列子在路上碰到百岁髑髅讲死生之理，随后有一大段议论表明人与自然以及整个有机生命世界的依存关系，不少现代学者以为是中国上古的进化论思想：

种有几，得水则为㡭，得水土之际则为蛙蠙之衣，生于陵屯则为陵舄，陵舄得郁栖则为乌足，乌足之根为蛴螬，其叶为胡蝶。胡蝶胥也化而为虫，生于竈下，其状若脱，其名为鸲掇。鸲掇千日为鸟，其名为干余骨。干余骨之沫为斯弥，斯弥为食醯。颐辂生乎食醯，黄軦生于九猷，瞀芮生乎腐蠸。

[1] 转引自李亦园：《性与死》序言，《文化的图像》，台北：允晨文化实业公司1992年版，第151页。

羊奚比乎不箰，久竹生青宁，青宁生程，程生马，马生人，人又反入于机。万物皆出于机，皆入于机。[1]

章太炎、胡适、严灵峰等均以达尔文进化论为参照系来阐说庄子的“种有几”之论。[2] 蒋锡昌则援引庄书之内证，说明这是人与万物一体的自然观之表现，似乎更贴近道家生态观之原意：庄子用“机”字以喻天道或物种，以机之放发有不能自止之势，正如天道之运动或物种之滋生亦有不能自止之势也。《至乐》言“种”之分散有无数之变化，程可被化而为马，马可被化为人，人又返入于“种”，以待再化。盖万物皆被化而出于“种”，皆被化而入于“种”。《逍遥游》“将旁礴万物以为一”，以万物之种本为一体之故也。《齐物论》“而万物与我为一”，言万物与我为一体，以万物之“种”，本为一体之故也。《大宗师》“假于异物，托于同体”；言万物之生假于异形之物，而其来源则托于同“种”之一体也。[3] 从更深广的文化背景看，庄子这一段关于生物依存衍化的论述不会是他个人臆造出来的，因为人与生物同源同种的信念必然要上溯到自然崇拜与图腾信仰等原始宗教观中去。新几内亚岛民的鳄鱼生人说与庄子的马生人说[4]，观点上似有差异，但在实质上却是一致的，那就是确认人在生物界和自然界的相对性与依赖性，不同于那种强调人为万物主宰的人类中心主义价值观。

既然马或鳄鱼为人的生命之源，人类当然要对这些生物给予特殊的崇敬和感恩之情。贝专纳人便将鳄鱼视为最神圣的东西，甚至称它为父亲，凭鳄鱼起誓，并在节日时纪念它。弗雷泽搜集的材料中还有许多类似的原始习

[1]《庄子集释》，第 624—625 页。

[2] 参看胡适：《中国哲学史大纲》，商务印书馆 1919 年版，第 259—261 页。

[3] 蒋锡昌：《庄子哲学》，商务印书馆 1935 年版，第 8—9 页。

[4] 高亨《庄子新笺》认为“马”字乃“为”字之误，“为”指母猴，即猕猴，“为生人”与人出于猿说合。这也是用进化论观点解庄之例。但庄子所本当为原始神话。

俗，均可表明在人类优越论和人类中心论的思想形成之前，人们确实是对生物世界敬若神明的。“山羊是马达纳桑那布须曼人的神圣动物，但是如果用眼看了他，会使人立即不洁，并且说不出的神魂不宁。奥马哈印第安人的麋族认为哪怕只摸一下公麋，身上都会出水泡，冒白头子。在萨摩亚，人们尊蝴蝶为神，他们认为谁如果捉了一只蝴蝶，蝴蝶就会将他打死。印度中部的比尔人的莫里族崇奉孔雀为图腾，奉献谷物给它”。[1] 以马为图腾祖先的信仰或许与原始农业社会的特定宗教观有关。谷物的精灵或谷神，常常由马这种动物来代表：“在罗马和非洲的风俗中，动物显然是代表谷精的，人们认为它的尾巴富有增殖力。欧洲民间风俗中也有这后一种想法。春天用马尾血洗熏羊群的做法也可以和春天用老太婆、闺女或克里阿克谷捆做马料或圣诞节时做牲口料的做法相比拟，也可以和春天拿圣诞牛给耕牛耕马吃相比拟。所有这些做法，目的都是求谷精在这一年内保佑全家，保佑家里的人。”[2] 马作为谷精的观念据说还同大地——母亲、月亮——水、性欲——繁殖力，植物——周期性再生的联想密切相关。象征学家还认为：“从史前期到有文字记载的历史时期，人类经常把马神圣化，应不足为怪。在各民族象征性动物的寓言集里，唯一可能比马更加微妙的动物要数蛇……在永久往复运动中，马和蛇的秘密通道就是水路：两者都经常出没于泉水与河流中。因此，在许多神奇故事里，马和蛇是可以相互替代的主角；或者两者交配产下一个半马半蛇的怪妖，这就是中国的龙马，它给大禹带来了河图，也称作马图。”[3] 既然神话哲学已将龙与马合为一体，那么与“龙的传人”相对应的“马的传人”之观念也就不足为奇了。看来庄子马生人之说确有所本，当是由来久远的史前观念之余绪。庄子生当战国之世，原始宗教已经式微，人类中心说已然成

[1] 弗雷泽：《金枝》，徐育新译，中国民间文艺出版社 1987 年版，第 685 页。
[2] 弗雷泽：《金枝》，徐育新译，中国民间文艺出版社 1987 年版，第 691 页。
[3]《世界文化象征辞典》，湖南文艺出版社 1994 年版，第 593 页。

为意识形态中的主流声音，驯马御马之实践也早将崇马敬马之古俗荡涤殆尽。庄书中那篇批评伯乐的《马蹄》，原来也是通过人与马之关系来寓托人与自然的生态关系的：

马，蹄可以践霜雪，毛可以御风寒，龁草饮水，翘足而陆，此马之真性也。虽有义台路寝，无所用之。及至伯乐，曰："我善治马。"烧之，剔之，刻之，雒之，连之以羁馽，编之以皂栈，马之死者十二三矣；饥之，渴之，驰之，骤之，整之，齐之，前有橛饰之患，而后有鞭筴之威，而马之死者已过半矣。陶者曰："我善治埴，圆者中规，方者中矩。"匠人曰："我善治木，曲者中钩，直者应绳。"夫埴木之性，岂欲中规矩钩绳哉？然且世世称之曰："伯乐善治马而陶匠善治埴木。"此亦治天下者之过也。[1]

如果把"马生人"之说同人治马的残酷现实联系起来，用庄子的齐物观之物道主义眼光来看，那么人类对马的役使和迫害确实已到了令人发指的程度。可是人们还将善治马的伯乐奉为高超技艺的楷模，这实在与自然无为的生态律则形成悖反之势，或者可以借用人伦孝道的准则，将"治马"视同为"弑亲"一类的大罪了。既然马是生育人类的原父母，人类又岂能如此无情无义，恩将仇报呢？只可惜庄子物道主义那种悲天悯物之情怀与当时占主流地位的人类中心观格格不入，因而只能被当作不合时宜的妇人之仁，被大家弃之不顾了。今日西方的生态哲学家使用法学术语来谈论动物的权利，大声疾呼地要求为保护动物生命不受人的侵害而立法制宪，不正可视为庄生齐物生态观的现代反响吗？较为极端的意见如美国哲学家范伯格的假说：如果人类以某种方式消灭自己，同时不给其余的地球生物和自然带来损害，那么"这

[1]《庄子集释》，第330页。

就不会破坏任何生命的权利”，[1]这就比庄子更进一步，从“齐物”发展到“舍己为物”了。

《秋水》篇再度借人与动物间的关系来寓托齐物与无为的自然生态伦理，用河伯向北海若讨教的方式展开观点，显得格外清晰：

（河伯）曰：“何谓天？何谓人？”

北海若曰：“牛马四足，是谓天；落马首，穿牛鼻，是谓人。故曰，无以人灭天，无以故灭命，无以得殉名。谨守而勿失，是谓反其真。”[2]

人由天所生，以人灭天无异于人之自灭。我们把这里的“天”理解为自然，落马首、穿牛鼻之类行为当属自然无为的反面。人类以万物之灵的自大心态对自然生物的征服与利用已伴随着文明的进程而延续了数千年，只是到20世纪后期才有日渐高涨的“反其真”的呼声。绿色和平也好，动物保护协会也好，放生与抢救的运动也好，都体现出道家自然观的全面复兴，以及对过分膨胀的人类中心主义及其负面效应的痛切反思。为了防止“最后一棵树被刨”的生态灾难，道家圣人和我们史前祖先的生态智慧不是同样值得珍视吗？

“无以人灭天”“天与人不相胜”“以道观之，物无贵贱”，庄子的这些话或许可为世人提供无穷的启迪吧。

[1]J. 范伯格：《动物和后代的权利》，转引自《哲学·生态学·宇航学》，第113页。
[2]《庄子集释》，第590—591页。